# 现代教育技术教程

## （二级）（第三版）

■ 吴　疆　主编

■ 张攀峰　常　樱　副主编

■ 北京市高等学校师资培训中心　审定

人民邮电出版社

北　京

**图书在版编目（CIP）数据**

现代教育技术教程．2级／吴疆主编．—3版．—北京：人民邮电出版社，2009.9（2014.4 重印）
ISBN 978-7-115-20162-1

Ⅰ. 现… Ⅱ.吴… Ⅲ.教育技术学－高等学校－教材 Ⅳ.G40-057

中国版本图书馆CIP数据核字（2009）第130562号

## 内 容 提 要

本书共分为七个模块，各个模块采用“单元—环节—问题—学习资料—案例分析”的编排方式，用“情境式教学”和“启发式教学”方法进行介绍。第一个模块至第三个模块主要介绍 21 世纪的教学理念、教学技能和教学设计，第四个模块至第七个模块主要介绍图像处理、电子文稿设计与制作、演示文稿的高级应用和网络课程设计与开发。通过对本书的学习，读者可以全面了解现代教学观念的基本思想、现代教学方法、教学模式以及教学媒体的基本特征，熟悉教学技能的应用和教学设计的基本原理与方法，掌握电子文稿、演示文稿和图像处理软件的使用方法以及网络课程的概念、开发过程和开发技术等。

本书是北京市高等学校教师现代教育技术等级培训指定用书，也可作为高校教育技术专业现代教育技术课程的教材，还适合教学管理人员以及从事多媒体课件制作等工作的教师和技术人员阅读。

**现代教育技术教程（二级）（第三版）**

◆ 主　　编　吴　疆
副 主 编　张攀峰　常　樱
审　　定　北京市高等学校师资培训中心
责任编辑　刘　朋

◆ 人民邮电出版社出版发行　　北京市丰台区成寿寺路 11 号
邮编　100164　　电子邮件　315@ptpress.com.cn
网址　http://www.ptpress.com.cn
三河市潮河印业有限公司印刷

◆ 开本：787×1092　1/16
印张：27
字数：657 千字　　2009 年 9 月第 3 版
印数：27 001－28 200 册　　2014 年 4 月河北第 8 次印刷

ISBN 978-7-115-20162-1

定价：55.00 元

**读者服务热线：(010)81055410　印装质量热线：(010)81055316**
**反盗版热线：(010)81055315**

# 本书编委会

主　　编：吴　疆

副 主 编：张攀峰　常　樱

编　　委：吴　疆　张攀峰　常　樱　韩立华
　　　　　刘成锁　龚媛媛　吴　琼

审　　定：北京市高等学校师资培训中心

# 序

重新改版后的《现代教育技术教程（一级）》和《现代教育技术教程（二级）》（以下统称为《现代教育技术教程》）终于要与读者见面了。令人欣喜的是，这次改版在教育技术培训的理念、内容、方法等方面都有了重大的改进。这些改进，也恰恰体现了信息技术应用于教育的发展，体现了高等教育对信息技术需求方式的改变，体现了教育技术在高等学校教学中地位的提高。

在教育技术领域中，国际上公认信息技术用于教育共经历了三个阶段。第一个阶段称为“Learning about IT”，即把信息技术作为学习对象。在这个阶段，人们将计算机、网络等信息技术看作是学习的对象而专门开设学习它们的课程，目的是为了提高学习者的计算机、网络等信息技术的应用水平。这是一个初级阶段，“计算机模块考试”就是这个阶段的产物。第二个阶段称为“Learning from IT”，即把信息技术当作教学的辅助工具。在这个阶段，人们用计算机、网络等信息技术辅助学校的传统教学。改版前《现代教育技术教程》正好反映了这一阶段教师对信息技术的需求。新改版的培训教程预示着我们进入了第三个阶段，这个阶段被称为“Learning with IT”，即把信息技术作为学习者的认知工具，而教师将要考虑如何将信息技术与学科教学更好地整合起来。

提到整合，就不能不说一说教学设计，因为人们普遍认为教学设计是信息技术与学科教学有效整合的有力工具。教学设计是教育技术学的实践性理论，又是现代教育技术中除媒体技术、媒传技术之外行之有效的“软技术”。教学设计有为一节课做的课堂教学设计和为一门课做的课程教学设计。如今，在这套新改版的《现代教育技术教程》中，教学设计已经作为非常重要的内容呈现出来了，而且特别强调了完整的课程教学设计。因为只做课堂教学设计更容易产生为使用信息技术而使用信息技术的情况。只有全面、完整地设计整个课程的教学，才能充分利用信息技术的优势，做到适时适度的使用，达到最佳的教学效果。

北京市在全国率先开展了高等学校教师现代教育技术培训工作，至今已进行了数年，取得了一定的成绩。为适应我市高等学校教育信息化的发展，北京市高等学校师资培训中心组织人员重新编写了这套培训教程。该教程以案例式教学为主，更适合学员自学，更有利于广大教师学以致用。

我衷心地希望《现代教育技术教程》的这次重新出版对推进北京市高等学校教育学改革，促进教育信息化起到更大的作用。

北京市教育委员会主任　刘利民

# 再版前言

计算机技术、通信技术和网络技术的迅猛发展将人类带入了信息社会，我国的教育领域因而也迎来了信息化变革时代。不断发展的信息技术为教育带来了前所未有的新动力，同时对教育工作者提出了更高的要求和挑战。

教育的信息化既包括教育设施设备的现代化，更包括教育思想、教育内容、教育方法手段以及教育管理等的信息化。当前大多数学校的教育环境有了很大改善，教学内容不断丰富，教学方法更加注重以学生为主体，重视对学习过程和学习资源的研究，重视现代教学技术的应用等，但各高校对现代教育技术的应用水平参差不齐，应用领域不够宽广，应用态度不够自觉，还需从整体上提高。

为使广大一线教师能够学习、了解和掌握现代教育技术的方法和应用，按照教育部颁布的《现代教育技术等级培训大纲》的要求，2003 年我们组织有关从事教育技术研究和培训工作的专家与教师共同编写了《现代教育技术教程（一级）》和《现代教育技术教程（二级）》。根据技术的发展和第一版教材在实际使用中存在的不足，2006 年我们对第一版教材进行了修订，编写了《现代教育技术教程（一级）》（第二版）和《现代教育技术教程（二级）》（第二版）。

随着教育理论、教学实践以及教育技术的不断深入和发展，原来的教程已不能满足广大教师的教学需要，因此，北京市高等学校师资培训中心组织人员编写了《现代教育技术教程（一级）》（第三版）和《现代教育技术教程（二级）》（第三版）。与前两版相比，第三版教材重点突出了教育技术在教学中的实用性，无论是在教学内容还是在编写体例上都有了较大程度的创新，内容更加精练实用。第三版教材以丰富的实例贯穿知识点的讲授，加大了对案例的分析，充分切合教师的需要，让读者以“DIY”的方式迅速掌握有关内容。在叙述方式上，第三版教材摒弃了传统的章节式叙述结构，创造性地提出了“模块—单元—环节—问题—学习材料—案例分析”式的新体例结构，采用了“情境式教学”和“启发式教学”方法，使读者置身于丰富的问题情境中，通过环环相扣的环节设置和问题引导将读者的学习不断引向深入，使读者在不知不觉中学到知识、提高能力。

通过对本套教材的学习，读者可以全面了解现代教学观念的基本思想、现代教学方法以及教学媒体的基本特征，了解现代教育技术对优化教育教学工作、变革教学模式和教育理念的重要作用，掌握互联网信息搜索和媒体处理方法，熟悉教学技能的应用和教学设计的基本原理与方法，掌握电子文稿、演示文稿和图像处理软件的使用方法以及多媒体课件制作的常用技术，了解网络课程的概念、开发过程和开发技术等。

本书是北京市高等学校现代教育技术等级培训指定用书，又可作为高校教育技术专业现代教育技术课程的教材，也适合教学管理人员以及从事多媒体课件制作、网络课程开发等工作的教师和技术人员阅读。

由于编者水平有限，加之编写时间仓促，书中难免存在疏漏和不当之处，敬请专家及广大读者批评指正。

# 目　录

# 模块一 21世纪的教学理念

## 第一单元 重新认识教育——今日课堂与明日课堂的差别

### 环节一 教育的含义

**问题情境**

在你以前上学时，老师是如何教你的？对于你所接受的教育方式，你喜欢其中的哪些方面？又有哪些方面你感到遗憾和受挫呢？带着这个问题，请你阅读下面有关教育发展的内容，回答“今日课堂与明日课堂的差别是什么”。

**问题一 教育是什么，经历了哪些历程？**

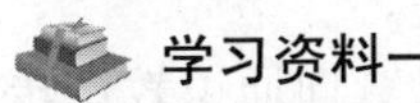

**学习资料一**

教育是一种复杂的社会活动，其实践和思想、理论都有着悠久的发展历史。中国教育界长期以来受唐代教育家韩愈《师说》的影响，认为教育就是“传道、授业、解惑”。随着科学技术的发展，人们对教育有了更为广泛的认识。从广义上说，凡是增进人们的知识和技能，影响人们的思想品德的活动都是教育。狭义的教育主要是指学校教育，其含义是教育者根据一定社会（或阶级）的要求，有目的、有计划、有组织地对受教育者的身心施加影响，把他们培养成为一定社会（或阶级）所需要的人的活动。

在西方，教育一词源于拉丁文 Educarl，指“引出”、“导出”其英文为 Education。他们侧重个体的发展，强调人人都要接受教育，而且通过教育可将个体的优势引导出来，使蕴藏在肌体中的潜力得以显露和发展。美国教育家杜威在所著的《明日之学校》书中提出“教育即生长”、“教育即生活”、“教育即经验继续不断的改造”。他认为教育只是一种过程，教学要以儿童为中心，要“从做中学”，促进儿童本能的自然生长。

在原始社会中，由于生产力低下，教育的主要方式就是年长者对年幼者进行行为和活动的直接传授，年幼者跟随年长者劳动，学习各种生产和生活的经验。随着历史的不断发展，学校的产生使教育范围扩大了，也使教育成为了一个新的独立的专门领域，标志着教育在历史发展中步入了一个新的阶段。此时，教育制度出现了两种不同模式。一种是由小学到初中到职业学校，目的在于把学习者培养成适合生产需要，掌握一定文化和技术的工人。另一种是由小学到初中到高中再到大学，目的在于培养能够担当管理国家重任的人才。

随着生产力的发展，人类对自身的生命价值、人生的态度、价值观念及生活方式的重新认识，也极大地影响到教育的改革和发展，使得教育制度、教育观念、教育内容及教育形式均发生了深刻变化，教育民主化、教育终身化、教育多样化、教育个性化及教育国际化的现代化特征逐渐在教育中得到发展。

## 问题二　你是如何认识教育发展的？现代教学观和传统教学观有哪些不同？

### 学习资料二

人类社会的产生是历史发展到一定阶段的产物，它经历了原始社会、奴隶社会、封建社会、资本主义社会和社会主义社会，以至到共产主义社会这样一个从低到高的社会发展历程。教育作为一种社会现象，它与人类社会几乎是同时产生的。在不同的历史阶段中，由于生产力发展的水平不同，生产关系和政治制度不同，教育也就具有不同的性质和特点，形成了各种历史形态。

教学观是存在于一定社会形态下，人们对于教学内涵、教学模式和教学控制方式等的总体认识、理解与看法，也是人们对教学活动的根本看法，随着时代的变化而不断发展。传统的教学观主要是指存在于以往的农业社会和工业社会形态下，以知识、经验传授为主，以学科体系为中心，以教师为主体，强调教学就是教育者（教师）实施教的行为的有关教学的观点、看法。

现代教学观则是指信息社会知识经济条件下的有关教学内涵、教学模式、教学控制方式的总的观点与看法。和传统教学观相比，它的主要特点是以综合课程知识、能力为重点，以学生为主体，教师为主导，强调教学是“教”与“学”的双向活动过程。

当代社会正在从工业社会向信息社会转型，当代教育正在从专才教育向通识教育转变，这一切有力地牵动着教学观念的变革。从重心转移的角度看，当代教学观念的变革主要体现在以下 6 个方面。

1．从重视教师向重视学生转变

教师、学生在教学过程中各自处于什么地位？现代教育史上一直存在着“教师中心说”与“学生中心说”两种观点。随着社会的发展，学生在学习过程中的能动作用日渐被认识，因此，研究学生的身心发展规律，研究学生在课堂情境中的学习规律，并遵循这些规律组织、安排教学，成了当代流行的一般教学观念和教学行为。

2．从重视知识传授向重视能力培养转变

在传统社会中，学校教育把传授书本知识当作课堂教学的唯一目标，即所谓“授人以鱼”。在当代社会，随着科学技术的飞速发展，知识更替周期缩短，重视知识传授的教学观受到了严峻挑战。人们提出，教学不仅仅是传播知识，更是能力和全面素质的培养。教学的主要任务是在知识传授基础上侧重能力培养，培养学生学习、掌握和更新知识的能力，即“授人以渔”。

3．从重视教法向重视学法转变

传统的教学观念重视教师的教法，而教法重视的是教师如何向学生传授现成的知识经验，忽视教给学生有效地获取这些知识经验的方法；学生的学法也往往强调对已有知识经验获得的方法，缺少探讨如何更新认知结构、不断调控自身学习状态的方法。现代教学观念认识到，教法的实质是学法，教学过程实质上是学生的学习过程，教学设计实质上是学生学习方法的设计。

4．从重视认知向重视发展转变

传统的教学观比较重视知识的掌握，把教学仅仅理解为一个认识过程，特别重视学生的认知发展，重视学生理解、掌握和应用知识，重视学生认知能力的发展。在当代社会，人们发现知识甚至智力并不是影响人生成功与否的最重要的因素，最重要的因素是人的情感，进而提出了“情感智慧”的新概念。于是，超越唯一的认知，重视认知和情感全面和谐发展成了现代教学观念的基本内涵。

5．从重视结果向重视过程转变

传统的教学观念非常重视教学的结果，表现为以学生掌握知识程度这一教学结果作为根本标准来评价教师的工作、学生的学习以及教学的质量。现代教学观念认识到教学结果是重要的，但更重要的是教学过程。

6．从重视继承向重视创新转变

传统的教学观念认为教学的主要功能是传承文化，学生的主要任务就是继承已有知识经验。重视教师、重视知识、重视教法、重视认知以及重视结果，全都是为了实现教学的传承功能和完成学生继承传统的任务。在现代社会，人生的意义和价值不仅仅体现在一般性劳动上，而且体现在创造性劳动和创新性生活上。教学的重要功能就是创造文化，学生的主要任务就是通过掌握知识经验，形成创造文化和创新生活的能力。

在跨世纪的教育改革中，各国都在加快教育现代化的步伐。教育现代化显然是一个不断发展的过程，并与社会现代化相适应。教育现代化的目的是要突破传统教育的观念，构建超越性的教育新机制，使教育由传统形态向现代形态转化。从当代社会的部门或行业发展来看，虽然情况各异，但都有一个共同的特征，即必须完成一个历史性的转变，也就是说从劳动密集型转变为资本和技术密集型。教育是人类自身再生产、再创造的复杂系统工程，是社会大系统的一个子系统。至今大多数教师还仅靠一本书、一支粉笔、一张嘴来工作。从这个事实来看，教育部门也属于劳动密集型行业，这与教育事业承担的历史责任很不相称。要想从根本上改革这种状况，我国教育领域必须加速实现从劳动密集型行业向资本和技术密集型行业的转变。

这场历史性的变革将彻底改革千百年来以教师讲授、课堂灌输为基础，劳动强度大，效率低的传统教育教学模式，并使学校教育同家庭教育、社会教育融为一体，实现人力、物力资源的多层次开发与合理的配置。因此，将教育领域信息技术化的程度纳入学校教育和区域教育发展的目标体系和评价体系之中，有利于加速我国教育现代化的进程。通过变革和创新旧的范式或体系，更好地落实教育优先发展的战略地位，走出误区和困境，有效地提高教育改革的成效，尽快地培养出一大批能适应21世纪信息化社会的优秀人才。

## 环节二　教育技术的概念与内涵

**问题情境**

科学技术的不断发展给我们带来了先进的技术手段和设备。面对新的教育技术，教师如何适应新的媒体、驾驭新的媒体，转变观念是前提。带着这个问题，请你阅读下面有关教育技术的内容。

**问题一** 在教学过程中，你的教学观念是否也发生了变化？教育技术是什么，它经历了哪些历程？你是如何认识教育技术发展的？

## 学习资料一

教育技术是人类在教育活动中，为了更快更好地达到教育目标所采用的一切有效应用的技术手段和方法的总和。它包含了两个要素，一个是有形技术，另一个是无形技术。前者指凝固和体现在有形物体中的科学知识，它包括传统教具、现代教育教学媒体技术和信息技术。后者指解决教育、教学问题的技巧、方法和理论。

1．从教学媒体的应用看教育技术的发展

自古以来，教育的发展都离不开教育“技术”，原始的教育“技术”是口耳之术。口用于输出信息，耳用于输入信息，大脑是接收、储存和加工处理信息的枢纽。在文字产生之前，人们通过口述、面部表情、手势和展示实物等方法来进行教育活动。在很长的一个时期里，在人类的教育活动中口耳之术一直是主要的教育“技术”。

17 世纪中期，根据一切真知均始于感官的新思想，提倡运用实物和图形改进单纯的书本教学。直观教学的广泛应用，对改善教学效果产生了十分明显的作用。语言是口耳之术传递的主要信息，所以，口耳之术是以语言为载体进行信息传递的一种技术。随着直观技术的出现和发展，二者有机地结合在一起，构成了几个世纪以来的传统教育“技术”。以手工技术为主要特征的传统教育技术经历了漫长的发展历程。这一时期的教育技术主要是指教育者的言语技巧和教学技能（教育者在实践中获得的主观能力）以及黑板、粉笔、图片、模型实物等的应用。

19 世纪末，以电为代表的技术革命对教育技术的发展产生了深刻的影响。幻灯、录音、电影等新媒体在教学中的应用，向学生提供了生动的视觉形象，使教学获得了不同以往的巨大效果，视觉教育运动随之兴起。这一时期的教育技术以各种视听教学媒体的使用为标志，初期仅仅注重硬件的使用，后来逐渐重视软件的开发与应用。

进入 20 世纪 90 年代，计算机和网络技术等进入教学领域，则可利用以计算机为核心的信息技术进行教学，又使教育技术上升到一个新的媒体技术阶段。教育技术的发展历程如图 1-1 所示。

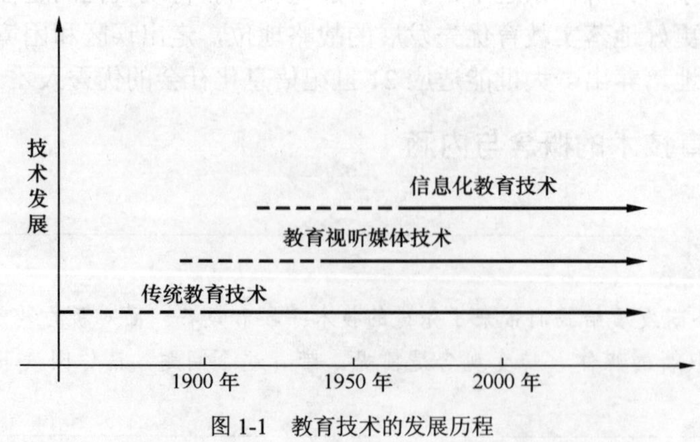


图 1-1　教育技术的发展历程

信息化教育技术主要以微电子技术、计算机技术和通信技术为基础，以信息处理为核心，并更加注重人的作用。信息化教育技术不但包括硬件（技术设备和相应的教学系统，如多媒体技术和多媒体教学系统、网络技术和网络教学系统等）、软件（与硬件相配套的软件），也包括潜件（思想、方法、模式和管理）。

2．从技术范畴看教育技术的发展

教育技术包含3个层次的技术：第一层次是基于电子学、光学、材料学等科学原理的技术，称为原理技术；第二层次是基于设备、媒体等方面使用的技术，称为操作技术；第三层次是基于教学环境、教学内容进行媒体应用的设计技术。原理技术、操作技术是基础，是支撑；设计技术建立在前两个层次的基础之上，是进一步的完善和提高。早期的教育技术更多局限于前两个层次，随着教育技术的不断成熟和完善，以优化教学效果为最终目的的教育技术必然会越来越重视设计和理念，即第三层次的技术。这3个层次的技术是相辅相成、相互作用的，它们始终以整体融合的形式发挥着教育作用。随着教育技术的发展，这种整体融合性会越来越强。

3．从学习理论基础看教育技术的发展

教育技术领域的三大学习理论基础是行为主义、认知主义和建构主义。

20世纪60年代，教育技术主要以行为主义学习理论为指导。行为主义理论基于操作性条件反射和强化理论，强调学习起因于外部刺激，只要控制刺激并给以适当强化，就能控制和预测行为。行为主义理论提倡小步子的程序教学，忽视了学习者的内部心理过程，把学习看作是纯粹的被动接受和强化训练。

到了20世纪80年代，随着认知主义学习理论的成熟，人们开始重视认知学习理论在教育技术领域中的应用。认知学习理论看重知识结构的建立，认为人的认识不是由外界刺激直接给予的，而是外界刺激和内部心理过程相互作用的结果。

进入20世纪90年代，作为认知主义理论的一个分支，建构主义学习理论又进一步得到了发展，它的基本观点概括起来有4个方面，即“情境”、“协作”、“会话”和“意义建构”。强调学习者的主动性，学习者是通过自身的意义建构而获取知识的。行为主义偏重于教师的教，而认知主义侧重于学生的学，建构主义看重协作学习和教学情景的创设。

**问题二　你了解教育技术在教学中的作用吗？通过下面的学习，了解教育技术的定义都有哪些特点。**

### 学习资料二

在教育学科中，教育技术是在视听教学、程序教学和系统设计科学基础上逐渐发展起来的一门新兴分支学科。教育技术是以现代教育理论为基础，运用系统科学和信息技术来提高教学效益，优化教育教学过程的理论和实践的技术。

从教育技术的形成和发展过程来看，由于“技术”形态呈现的先后不同以及学科自身范畴不断扩展，教育技术在不同历史时期出现了不同的定义。最初使用“教育技术”这个术语强调的是对物化技术的应用，此时的教育技术由电影、电视、计算机等硬件和软件组成，解决的是同硬件技术相配合的软件制作和开发利用问题。随着教育技术的不断深入和教育技术理论与实践的发展，人们认识到教育技术既不是单纯的物化技术，也不是单纯的系统技术，而是分析解决教育教学问题的综合技术。1994 年美国教育传播与技术协会（Association for Educational Communications and Technology，AECT）出版了《教学技术：领域的定义和范畴》一书。该书是在美国教育传播与技术协会的主持下，通过美国众多教育技术专家的积极参与并举行一系列专题学术会议进行研究讨论，历时 5 年时间，最后由巴巴拉·西尔斯（Barbara B. Seek）和丽塔·里齐（Rita C. Richey）总结成文的。

1994 年美国教育传播与技术协会所发表的教育技术领域定义（简称 AECT 94 定义）的英文全文如下：Instructional technology is the theory and practice of design，development，utilization，management and evaluation of processes and resources for learning。可表述为：“教学技术是对学习过程和学习资源进行设计、开发、应用、管理、评价的理论和实践。”教育技术领域的定义可用图 1-2 表示。

教育技术的定义有以下特点。

1．明确提出了教育技术的研究对象是“学习过程”和“学习资源”

“学习过程”是学习者学习新知识和掌握新技能的认知过程，是指广义的学习过程，既包括无教师参与的学习过程，也包括有教师参与的学习过程。而有教师参与的学习过程通常又称为“教学过程”，所以，更确切地说，学习过程是学与教过程的两个方面。

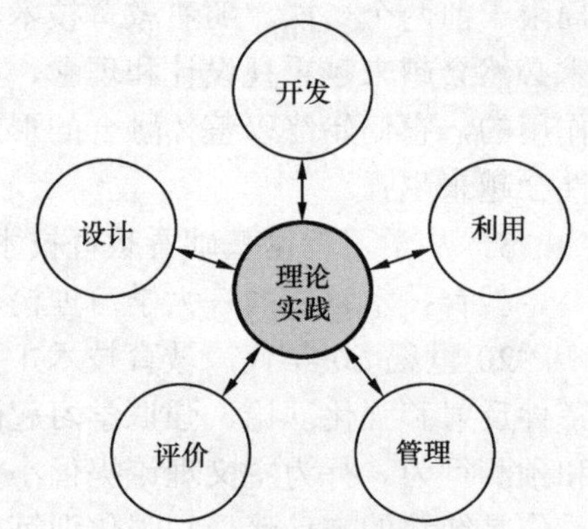

图 1-2　教育技术领域的定义图

“学习资源”是学习过程中所要利用的一切教学资源的来源，学习资源并非仅指用于教学过程的设备和材料，而是指在学习过程中可被学习者利用的一切要素，有人力资源和非人力资源之分。人力资源包括教师、同伴、小组、群体等。非人力资源则包含硬件环境、软件环境和潜件环境。硬件环境包括教学场地、设备、设施、工具等。软件环境主要指的是教学媒体，即在教育、教学活动中传递教育、教学信息的媒介和媒体，分为视觉媒介和媒体、听觉媒介和媒体、视听觉媒介和媒体、计算机交互媒介和媒体。除此之外，建设教学环境不仅需要建立现代化的硬件和软件教学环境，还要建立现代化的潜件环境。潜件环境主要指的是教学思想、方法、教学模式和教学管理。

2．明确指出了教育技术的研究领域是“教育媒体技术”和“教育设计技术”

教育技术需要建设数字化的教学环境，强调从学习者的角度出发，利用系统方法组织教学过程，优化协调教学资源，具体分为以下两个领域。

（1）教育媒体技术

教育媒体技术主要涉及教育中的硬件和软件技术，它又包括以下 4 个方面的内容。

① 教育信息的传播与传输技术。教学内容（信息）需要借助于媒体承载并传输，这种传递引申为传播。传播与传输技术包括卫星电视技术，它可以实现资源共享，并具有时空无限的特性。

② 教育信息的存储与检索技术。随着多媒体技术与网络技术在教育中的应用与发展，存储与检索技术也显得越来越重要，它是建立和利用教学资源库的基础。

③ 教育信息的加工与处理技术。信息加工与处理技术是教育技术的核心内容，主要有多媒体技术和网络技术。计算机多媒体技术集文、声、形于一体，多媒体系统的形象性与交互

性使学习者能主动地、创造性地学习。网络技术实现了计算机的联网，能使教学资源共享，信息交换与处理能力增强。

④ 教育信息的显示技术。显示技术直接影响教学效果的好坏，它不但要符合学生的认知特点，而且要符合教学规律。

（2）教育设计技术

教育技术除了包括教育中有形的物化形态的技术外，还包括无形的智能形态的教育设计技术，也称潜件技术。教育设计技术是指在解决教育教学问题中起作用的方法、技巧和理论。它涉及如何选用教材和教具，安排教学活动的计划和分组，教学过程的控制、评价、管理、策略等问题。它主要反映在以下两个方面。

① 教育系统技术。这是运用信息论、系统论、控制论的观点来研究教学过程的技术，学习过程是教育技术研究和实践的对象。从教育技术的观点看“教学”是对信息和环境的安排与协调，其目的是为了促进学习。“学习”是指学习者通过与信息和环境的相互作用而得到知识和技能的提高。

② 教育过程技术。这里主要指的是教育思想、方法和管理方面的技术，即把学习理论、认知心理学和教育结合起来的技术。教育技术不能仅仅停留在对学习内容和提供学习材料的研究上面，而且要研究学生的学习过程和学习方法，在教学研究的基础上强调学法研究。

3．明确了教育技术的研究内容

教育技术的定义明确提出了教育技术的研究领域应当包括“学习过程”和“学习资源”的“设计”、“开发”、“利用”、“管理”和“评价”5 个方面的理论与实践。

（1）设计

这里指为促进学习而对学习过程和资源所做的设计，其中设计领域的具体研究内容包括教学系统设计、教学信息设计、教学策略和学习者特征 4 个子领域。教学系统设计是一个包括分析、设计、实施和评价教学等步骤的有组织的过程。教学信息设计与媒体和学习任务的性质有关，主要是指设计传递信息与反馈信息的呈现内容、呈现方式以及人机交互等。教学策略是对具体的教学内容、教学活动程序、方法、媒体等因素的总体考虑。学习者特征是指影响学习过程有效性的学习者经验背景的各个方面，包括智力因素、非智力因素以及文化背景等。

（2）开发

这里指为促进学习而对学习过程和资源所进行的开发。开发领域的具体研究内容包括印刷技术、视听技术、基于计算机的辅助教学技术和综合技术 4 个子领域。印刷技术主要是指机械或照相印刷过程的制作，包括文本、图形和照片等形式的呈现以及文本材料和视觉材料的开发。视听技术主要是指通过电子设备来进行制作以呈现听觉和视觉信息的方法。计算机辅助教学技术是指利用基于微处理器和有关的教学资源来制作和发送材料的方法。随着计算机技术的进一步发展，特别是网络通信、多媒体、数据库、人工智能等技术在教学中的不断应用，基于计算机的教学系统正在朝着集成化方向发展，把信息资源、在线帮助、监测系统和教学管理等功能都综合在一个系统环境中，这种方法就是综合技术。这种技术的特征是学习者可以在各种信息资源中进行高度的交互活动。

（3）利用

利用是指通过教与学的过程和资源来促进学习者学习活动的过程。利用领域的具体研究内容包括媒体的利用，成果的推广、实施并制度化，政策与法规。为促进对学习过程和资源的利用，应强调对各类媒体和各种最新的信息技术手段的充分利用与传播，并要加以制度化和法规化，以保证教育技术手段的不断更新。

（4）管理

管理指的是通过计划、组织、协调和监督来控制教学。管理领域的具体研究内容包括项目管理、资源管理、教学系统管理和信息管理 4 个子领域。项目管理是指计划、监督和控制教学设计和开发项目。资源管理是指计划、监督和控制资源分配以支持系统和服务。教学系统管理包括计划、监督和控制那些组织教学材料分发的方法，是用于向学习者呈现教学信息的媒体和使用方法的组合。信息管理包括计划、监视和控制信息的存储、转换或处理，其目的是为学习提供资源。

（5）评价

这里指为促进学习而对学习过程和资源所做的评价。评价既要注重对教育、教学系统的总结性评价，更要注重形成性评价并以此作为质量监控的主要措施。为此应及时对教育、教学过程中存在的问题进行分析，并参照规范的要求（标准）进行定量的测量与比较。评价范畴包括问题分析、标准参照测量、形成性评价和总结性评价 4 个方面。

教育技术的 5 个范畴，即设计、开发、利用、管理和评价既相互独立又相互渗透，其中设计、开发、利用是教育技术研究中相对独立的内容或阶段，前者的输出是后者的输入，后者的输入是前者的输出。管理和评价贯穿于上述内容和阶段之中。另外，这 5 个范畴之间的关系不是一个线性的关系，它们都围绕“理论与实践”开展工作，并通过“理论与实践”相互作用、相互联系。

4．明确了教育技术的研究内涵

教育技术的定义强调教育技术的研究要同时注重“理论”和“实践”的研究。1994 年的教育技术定义反映了当前国际教育技术界对教育技术的看法，各国教育技术界的学者都在进行学习和研究，并且纷纷发表自己对这一定义的认识。

**问题三　随着教育技术的不断发展，AECT 又酝酿了新的定义。通过下面的学习，可以了解 05 教育技术定义与 94 定义的不同。**

**学习资料三**

10 年以来，为了更好地概括这一领域，AECT 又在酝酿新的定义。2005 年，AECT 定义与术语委员会在充分讨论的基础上发表了新的定义。

AECT 05 定义：“教育技术是指通过创造、使用、管理适当的技术过程和资源，促进学习和改善绩效的研究与符合道德规范的实践。”（Educational technology is the study and ethical practice of facilitating learning and improving performance by creating，using，and managing appropriate technological processes and resources.）

AECT 05 教育技术定义与 94 定义的不同之处如下。

1．定义所处的背景与条件不同

首先是依据的理论基础不同，94 定义主要是以认知主义学习理论为基础，以行为主义学习理论为辅，而 05 定义主要是以建构主义学习理论为基础。其次是技术基础不同，发表 94 定义时网络技术、网络教育刚刚起步，而发表05定义时网络技术、网络教育已经得到了飞速发展。

2．定义中使用的术语不同

（1）将 instructional technology 改为 educational technology

用教育技术取代了教学技术。教育技术定位在教育概念上，而教学技术则定位在教学概念上。教育指的是支持学习的各类活动和资源，而教学指的是由学习者以外的人组织的、指向特定目的的活动。

（2）将 theory 改为 study

用研究（study）代替了理论（theory），原因在于 study 比 theory 更宽泛，特别是包含有“反思实践（reflective practice）”的内容。研究指的是超越传统研究（research）意义上的知识收集和分析。教育技术作为一个专业领域，需要不断地以“研究和反思性实践”来建构其理论体系。教师要学会和善于反思，对自己的“所教”与“所做”进行反思。比如，我们在讲教学设计课程的时候，不只是对教学进行了设计，而是更进一步思考自己是不是真正做到了满足学习者的需求。再如，当我们讲“课程整合”的时候，不只是教会学生如何去整合，而是反思自己是不是把学科内容、信息技术与学习理论三者有机地结合起来了。还有，我们在帮助学生改善学习时是不是反思了“我自己是一名成功的学习者”。

（3）将 design，development，utilization，management and evaluation 改为 creating，using and managing

05定义将94定义中的五大范畴（设计、开发、利用、管理和评价）整合为三大范畴（创造、使用和管理），这三大范畴形成一个统一的、互相衔接的整体，而评价贯穿于整个过程之中。

（4）05定义中新增的内容

05定义特别强调了“提高绩效”与“符合伦理道德”，这是对94定义的进一步完善和发展。利用教育技术能更有效地学习，提高学习绩效（即学习者能够运用新获得的“知识与技能”的能力）。对于教育技术而言，“提高学习绩效”就意味着对效力的要求，对学习效率的追求，以更少的时间来达到学习的目的。学习绩效的提法强调了学习的含义不单指获取知识，更强调注重培养和提高能力。05定义还特别明确地给出了实践要符合道德规范和职业规范，告诉我们做技术的人一定要关心人文和道德问题。这一内容在《美国国家教育技术标准》中，无论是学生标准、教师标准还是管理者标准都无一例外地被写了进去。道德和职业规范的问题轻视不得，因为这是从业人员与专业本身得以生存的基础。

# 第二单元 21世纪教学方法与教学模式

## 环节一 教学方法的含义

**问题情境**

在教学过程中，你通常采取哪些教学方法进行授课，对学生的学习会有哪些帮助？你认为现代教学方法应该如何进行授课？通过对以下内容的学习，回答“传统教学方法与现代教学方法的区别是什么”。

## 问题一　教学方法是什么？你是如何认识传统教学方法的？

### 学习资料一

教学方法理应包括教的方法和学的方法。教学是由教师和学生共同参与的双边活动，教师“教”的效果在很大程度上依学生“学”的适应性与主观能动性的发挥程度而定。因此，当我们说一种好的教学方法时，指的是这种教法能有效地调动学生学习的主观能动性，能适应学生的学习心理特征。而教学效果的真正获得则仍然取决于后者。这就告送我们：所谓教学方法并非只是单一的教师教的方法，学生学的方法是更为重要的另一半，即教学方法是教法与学法的统一。

按照外部形态及学生认识活动的特点，传统的教学方法通常分为“以语言传递信息为主的方法”、“以直接感知为主的方法”和“以实际训练为主的方法”等。以语言传递信息为主的方法是以教师运用口头语言向学生传授知识、技能以及学生独立阅读书面语言为主的教学方法。这类教学方法与人类教育教学活动一起产生，先以口头语言作为主要媒介，文字产生以后又增加了书面语言作为媒介，至今仍然是教学活动中的主要方法。这类方法主要有讲授法、谈话法、讨论法和读书指导法。以直接感知为主的方法是指教师通过演示实物或直观教具和组织教学性参观等，使学生利用各种感官直接感知客观事物或现象而获得知识、形成技能和发展能力的方法。这类方法主要有演示法和参观法。以实际训练为主的方法是指在教师指导下，学生通过练习、实验和实习等活动学习、巩固和完善知识、技能和技巧的方法。这类方法以学生的实践活动为基本特征，主要包括练习法、实验法和实习作业法。

传统的教学方法是把一门课程中的教学内容按先后次序制成序列化的教材，使学生的学习按一定的程序规范地展开。在设计具体的教学程序时因学科不同而有较大差异。首先，要将教学内容由大化小、由浅入深地向学习者清晰地展示并提出问题，让学生主动地寻求答案或教师通过媒体给出解释和答案。传统的教学方法只着重于教师如何去教，片面强调教师的传授作用，忽视了学生在教学这一特殊认识过程中的主体作用，使他们只能被动地接受、储存知识，从而束缚了他们的主动性和积极性的发挥。

## 问题二　什么是现代教学方法？你是如何认识和应用现代教学方法的？

### 学习资料二

现代的教学法强调学生是知识的发现者，学生学习不再是被动地接受而是主动地探求，从而充分发挥学生的创造力、想象力，培养学生独立观察以及分析和解决问题的能力。

1．教学方法的内涵

教学方法是在教学过程中教师与学生为完成一定的教学任务而使用的教和学的手段。教学方法是为实现教学目的和任务服务的，它的主体是教师和学生，客体是他们分别使用的手段。

2．教学方法的现代化特征

教学方法按其指导思想通常分为两种，一种是注入式教育，另一种是启发式教育。注入式教学方式是从教师的主观愿望出发，把学生当作被动接受知识的容器，完成认识性任务成为课堂教学的中心或唯一的目的。钻研教材和设计教学过程是教师备课的中心任务，上课是执行教案的过程，教师的教和学生的学在课堂上最理想的进程则是完成教案。所以，注入式的教学方法使学生处于消极被动的地位，阻碍了学生独立思考，压制了学生的学习积极性和主动性。

现代教学方法的启发式教育结合了教学要求和学生的实际情况，选用各种方式方法调动学生学习的积极性和主动性，引导学生把精力集中到分析问题和解决问题上来。学生在教师的启发引导下，通过自己的探索发现问题、发现规律，从而提高独立解决问题的能力。启发式教育最大限度地调动了学生的主观能动性，使他们真正成为学习的主人。

3．现代化教学方法的特点

现代化教学方法的特点如下。

（1）强调学法研究

传统的教学方法只重视研究教的方法，忽视学生学习活动的方式研究，即片面强调教师的传授作用，忽视了学生在教学这一特殊认识过程中的主体作用。

现代教学法是以解决教学任务为目的的师生共同活动的方法。它既包括教师传递信息和控制职能的教授法，也包括学生听讲、观察和阅读的学习法。总之，它包括指导者与被指导者双方的活动，这是现代教学法的特征之一。

传统的教学法往往只注意学生活动的外部，只注意他们听课是否集中注意力，观察是否细心，实验是否有秩序。现代教学方法不仅注意控制学生的外部活动，而且更加重视学生的内部活动。这是现代教学方法的第二个特征。

传统的教学方法习惯于通过教师讲演、示范和学生模仿，使学生掌握现成的知识。现代教学方法既要借助于学生的模仿使学生获得现成的知识，又需要借助于学生的创造活动使学生获得“新”的知识。它不仅重视教师传授知识，而且注重学生独立探索知识和培养他们的发明创造能力。这是现代教学方法的第三个特征。

随着现代科学技术的迅速发展以及知识和信息量的空前扩展，人们面临着“学会生存”的严峻挑战。而要学会在未来的信息社会与学习化社会中生存，其前提则是“学会学习”。教学不仅要探讨教师怎样去教，而且更需要探讨学生怎样去学。教师不再是现成知识的灌输者，同时学生的主体地位受到了重视，明确提出把“教”建立在“学”的基础上。

现代教学方法体系的创立是以研究学生科学学习的方法为前提，从注重知识传授转移到引导学生独立地获取知识，从单一的教法转向教法与学法的统一，从单纯追求学生“学会”转向“会学”，使学生真正成为学习的主人。

（2）注重个性化教育

传统的教学方法过分强调统一、强调集体，因而容易忽视学生的个体差异，忽视因材施教。个性化教育是指充分尊重学生的主体地位，以挖掘学生的个体潜能，促进学生的个性发展的教育。

教育的个性化强调学生个体的研究，重视发展学生的兴趣、爱好等个性化品质，成为个性化教育的组成部分。学生的个体差异是客观存在的，而且在内容上也很广泛，有认知水平、认知方式和认知结构的差异，也有性格类型的差异。针对上面的差异，在教育上就要设法针对每一个学生采取相应的教育手段和方法，以达到最佳的教育效果。

在课堂教学中，要充分考虑学生的个体差异而采取个性化教学还有一定的难度。在实际教学中，可以进行分层次教学，根据学生的不同要求实施分层教学，从而达到高等生能够“吃饱”、学习困难生可以“消化”、中等生也能“解渴”的效果。

（3）注重教学方法的最优化

随着现代系统科学的发展，人们已经认识到教学方法是一个系统，教学过程必须克服片面性，不能机械性地、固定地使用一种教学方法和采用一种教学模式，而必须全面地、动态地分析教学过程中的各个环节和因素，选择一定条件下教学过程最优化的结构。

教学方法的最优化并非是一种特殊的、具体的教学方法，它是把教学方法当作一个有机系统，由多种教学方法相互作用、相互联系而组成，并根据教学目的，按照教学规律和教学原则有科学根据地选择某个具体条件下的最优方案进行教学，以达到现有条件下的最佳效果。

## 环节二　现代教学方法的构建

**问题情境**

现代教学方法有很多种，而且每一种方法都有其自身的特点和适用范围。在现代教学方法中，教师指导、学生活动是教学的主要形式。通过以下内容的学习，学会运用现代教学方法。

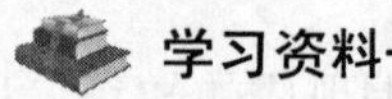

**问题一　现代教学方法有哪些？这些方法对学生创新能力的培养有哪些帮助？**

**学习资料一**

完成教学任务需要有一定的教学方法。在教学的目标、任务、内容确定以后，教师能否恰当地选用教学方法，就成为其能否完成任务、实现预期目标的决定性因素。用什么样的教学方法教学，不仅影响着学生对知识和技能的掌握情况，而且对学生智能和个性的发展也有重大的影响。下面介绍几种现代化的教学方法。

1．掌握学习法

掌握学习法是由美国教育学家布卢姆提出的，他认为：只要有合适的教学条件，一个人能学会的东西，几乎所有的人都能学会。学生之间存在个体差异，主要原因在于学生先前的学习水平和他所受教育质量有一定的差异。要想使学生掌握学习的内容，必须使教师具有对所有学生的期待，而不是部分学生。只要给予学生足够的学习时间，并且找到帮助每个学生的方法，那么至少在理论上说，所有学生都能够掌握。掌握学习法听起来过于理想化，但是其核心是“要对所有学生负责，要使所有学生都能掌握所学知识”，我们可以取其可行之处，在教学中注重对学习目标的过程性测试，进而找出弥补办法，促进学生更好地掌握知识。

掌握学习法的一般步骤如下。

① 确定教学内容和要求。

② 实施教学计划。

③ 测定学生是否掌握了所教内容。

④ 根据学生存在的问题给学生第二次学习的机会。

⑤ 有针对性地再讲述有关难点内容，提高学生对知识的掌握度。

2．暗示教学法

暗示教学法又称为启发教学法，是由保加利亚的暗示学专家洛扎诺夫提出的。他认为，一切意识都建立在无意识的组合上。无意识状态其实是创造力的假消极状态，对于开发人的心理潜力具有特殊的功能。传统教学方法的一个重要缺陷就在于只注意调动和组织学生清醒的、理智的、有意识的心理活动，却忽视在人的有意识的心理活动外围还存在着模糊的、非理智的、无意识的心理活动，而恰恰是这种精神放松状态下的无意识心理活动最有利于激发人的超强记忆力和创造力。暗示教学法即是根据这一原理提出的，具体的做法可以是：对教学环境进行精心的设计，用暗示、联想、启发、练习和音乐等各种综合方式建立起无意识的心理倾向，创造高度的学习动机，激发学生的学习需要和兴趣，充分发挥学生的心理潜力，使学生在轻松愉快的学习中获得更好的效果。

教师在教学时，学生有意注意的中心是教学内容，同时也受到教师的语调、教态和其他因素的影响。后者属于学生无意注意的心理活动范畴。在教学中教师用生动的表情、抑扬顿挫的声音、悦耳怡人的音乐等暗示因素，刺激、调动学生的无意注意，使学生的有意注意和无意注意相配合，就能保持思想的高度集中；精神完全放松，就能发挥出超强记忆力，学习效率得到有效提高。

贯彻暗示教学法有以下几个原则。

① 教师要不断鼓励学生，不能讽刺、打击学生，使他们充满自信，愉快而不紧张。

② 用情感调节理智，用无意识调节有意识。

③ 精心设置多种教学情境。

④ 师生相互信任和尊重。

3．发现教学法

发现教学法亦称假设法或探究法，是美国哈佛大学心理学教授布鲁纳大力倡导的。他认为实现教学任务的一个有效方法是引导学生去“发现”、“探究”或者“解决问题”，主张学生在教师的指导下，像科学家发现真理一样，通过自己的积极思考，独立探究，主动地探索科学知识和解决问题的方法及步骤，发现事物发展的起因和内部联系，从中找出规律，形成自己的概念。

发现教学法的基本教学过程可以概括为以下4个阶段。

第一阶段：创设问题的情境，由教师根据教学内容和教学目标的要求，结合学生的学习需要提出问题，或者由学生自己产生问题。问题的设置既要结合学生已有知识，又要经过新知识的学习或综合利用才能解决。

第二阶段：促使学生利用教师所提供的某些材料、所提出的问题，提出解答的所有可能的假设，教师帮助学生把问题分解为若干需要回答的疑点，激起学生的探索要求，明确发现目标。

第三阶段：组织学生多方搜集资料，从理论上或实践上检验自己的假设。

第四阶段：根据实验获得的一定材料或结果，在仔细评价的基础上得出结论。

教师在应用发现法进行教学时，首先要把教材划分为一个个的发现过程，制定出具体要求。关键在于恰当地确定学生独立探究、力所能及的“最近发展区”。只有教师给学生创设的问题情境最符合学生的实际水平，只要跳一跳就能达到“最近发展区”时，学生的探索和智力才能就会得到发展。

4．案例教学法

案例教学法是指教师在教学过程中，以真实的社会生活情境或事件为题材，通过典型案例使学生认识某一事物的本质特征，进而对知识举一反三，发展学生的创造性思维，以激励学生主动参与学习活动的一种教学方法。

案例教学法的运用可分 4 个阶段进行。

第一阶段：教师以具体直观的方法解释作为案例的“典型事物”，使学生认识某一事物的本质特征，即对“个”的认识。

第二阶段：讲清案例的类型和种属关系，使学生从对“个”的认识上升为对“类”的认识。

第三阶段：引导学生掌握案例所属类型的同一类知识的联系和规律所在，使学生达到对更为本质的关系——规律的认识。

第四阶段：鼓励学生通过自己的体验进一步获得更直接的经验，拓展案例空间，提高对客观世界行动的自觉性与创造性运用知识的能力。在该阶段可以采用小组讨论、角色扮演、竞争、辩论、协同等多样化的方式，以锻炼学生的动手操作能力、表达能力、与人合作能力等。案例教学法的优点是理论与实践紧密联系，通过生动具体、直观易学的案例引发学习者的思考，并通过案例的引导不断发现问题、提出问题，最终解决问题，同时与学生的兴趣、认识能力紧密结合，而且并不要求封闭式地寻求同一答案。这对于培养学生的问题意识、自主学习和协作学习意识、创造能力有极为重要的作用。

教学策略是对完成特定教学目标而采用的教学活动的程序、方法、组织形式和媒体等因素的综合考虑，是用于引发学生学习结果的一组教学材料和程序。与教学方法一样，教学策略具有指示性和灵活性，不具有规定性和刻板性。对于教学策略的运用与教学方法没有本质的区别，相对于教学方法，策略更宏观一些，而教学方法更为具体详细。在以教为主的教学策略中，最重要的当属奥苏贝尔的“先行组织者”教学策略。

美国教育心理学家奥苏贝尔认为，能促进有意义学习的发生和保持的最有效策略，是利用适当的引导性材料对当前所学新内容加以定向与引导。这类引导性材料的作用是便于建立新、旧知识之间的联系，称之为“组织者”。由于这种组织者通常是在介绍当前学习内容之前，用语言文字表述或用适当媒体呈现出来的，目的是通过它们的先行表述或呈现帮助学习者确立有意义学习的心向，所以又被称为“先行组织者”。

先行组织者的教学过程主要由 3 个阶段组成，具体见表 1-1。

**表 1-1　先行组织者教学策略实施过程**

| 阶　段 | 教学过程 | 教学活动 |
|---|---|---|
| 第一阶段 | 呈现先行组织者 | 阐明本课的目的；<br>呈现作为先行组织者的概念，确认正在阐明的概念的属性，举出例子，提供上下文；<br>使学习者意识到相关知识和经验 |
| 第二阶段 | 呈现学习任务和材料 | 使知识的结构显而易见；<br>使学习材料的逻辑顺序外显化；<br>保持注意；<br>显示材料；<br>演讲、讨论和阅读有关的材料 |
| 第三阶段 | 扩充和完善知识结构 | 采用整合协调的原则；<br>促进积极的接受学习；<br>提示新、旧概念（或知识）之间的联系 |

5．播放教学法

在播放教学中教师以现代教学媒体播放的方式向学习者传输教学信息，学生通过视听的方式接收教学信息。传输方式分为远距离播放教学和课堂播放教学两种形式。

（1）远距离播放教学法

远距离播放教学法通过电视广播的开路系统和有线电视闭路系统间接向学生传递教学信息，教师与学生之间没有面对面的交流。远距离教学有两种形式：一种是现场直播，即直接播放现场教学实况；另一种是先编制好录像教材，然后通过播放系统有计划地播出。

运用这种教学方法时要聘请高水平的教师授课，还要有与讲课教师配套的文字教材或辅导教材供学生阅读。除此之外，还要针对学习者的具体情况，将学生分成若干个小组，由辅导教师组织学生对在学习和集体授课演示中学到的内容开展讨论、回顾、检查、强化和应用，并相互报告自己学习的机会，以弥补没有教师面对面交流的不足。

（2）课堂播放教学法

课堂播放教学法是教师在课堂教学中以讲解、显示、演示、表演等形式，借助播放媒体教学教材，向学生呈现教学信息的教学方法。运用这种方法，师生间能及时进行信息交流，打破了传统文字教材一统天下的模式。在课堂播放教学中，有许多具体的教学方法，如提示法、解说法、综合法、情境法和示范法等。

① 提示法：在演播前和在学生的视听过程中，教师要告诉学生看什么、听什么、注意什么问题以及达到什么目的，还要及时根据画面的内容指导学生观察。

② 解说法：教师在采用无声的幻灯、投影、录像带等媒体教材进行教学时，应边演示边解说，解说与演示的画面密切配合。

③ 综合法：教师在教学中将现代媒体教学法和传统教学法有机地结合起来并加以综合运用，使两者扬长避短、互相配合。

④ 情境法：教师借助现代教学媒体（如多媒体课件），利用通过计算机生成的虚拟环境进行交互的技术手段，再现教学内容所需要的情景，使学生有身临其境的感觉。

⑤ 示范法：教师利用视听媒体向学生呈现具体、直观、典型的学习范例，供学生仿效或学习以便加速培养学生的技能和技巧。

6．建构主义学习环境下的教学

（1）支架式教学（Scaffolding Instruction）

支架式教学是为学习者建构对知识的理解提供一种概念的框架（Conceptual Framework）。这种框架中的概念是为发展学习者对问题的进一步理解所需要的，为此，事先要把复杂的学习任务加以分解，以便更进一步把学习者的理解逐步引向深入。

建构主义学习环境下的教学模式，借用建筑行业中使用的“脚手架”（Scaffolding）作为上述概念框架的形象化比喻，其实质是利用上述概念框架作为学习过程中的脚手架。通过这种脚手架的支撑作用不停顿地把学生的智力从一个水平提升到另一个新的更高水平。支架式教学由以下几个环节组成。

① 搭脚手架：围绕当前学习主题的要求建立概念框架。

② 进入情境：将学生引入一定的问题情境（概念框架中的某个节点）。

③ 独立探索：让学生独立探索。探索内容包括：确定与给定概念有关的各种属性，并将各种属性按其重要性大小顺序排列。探索开始时要先由教师启发引导（例如演示或介绍理解

类似概念的过程），然后让学生自己去分析。在探索过程中教师要适时提示，帮助学生沿概念框架逐步攀升。起初的引导、帮助可以多一些，以后逐渐减少，愈来愈多地放手让学生自己探索；最后要争取做到无需教师引导，学生自己能在概念框架中继续攀升。

④ 协作学习：进行小组协商、讨论。讨论的结果有可能使原来确定的、与当前所学概念有关的属性增加或减少，各种属性的排列次序也可能有所调整，并使原来多种意见相互矛盾、态度纷呈的复杂局面逐渐变得明朗、一致起来。在共享集体思维成果的基础上达到对当前所学概念比较全面、正确的理解，即最终完成对所学知识的意义建构。

⑤ 效果评价：对学习效果的评价包括学生个人的自我评价和学习小组对个人的学习评价。评价内容包括：自主学习能力、对小组协作学习所做出的贡献、是否完成对所学知识的意义建构。

（2）抛锚式教学（Anchored Instruction）

这种教学要求建立在有感染力的真实事件或真实问题的基础上，所以也称为情景式教学。确定这类真实事件或问题被形象地比喻为“抛锚”，因为一旦这类事件或问题被确定了，整个教学内容和教学进程也就被确定了（就像轮船被锚固定住一样）。建构主义认为，学习者要想完成对所学知识的意义建构，即达到对该知识所反映事物的性质、规律以及该事物与其他事物之间联系的深刻理解，最好的办法是让学习者到现实世界的真实环境中去感受、去体验（即通过获取直接经验来学习），自主地理解知识、建构意义，而不是仅仅聆听别人（例如教师）关于这种经验的介绍和讲解。由于抛锚式教学要以真实事例或问题为基础（作为“锚”），所以有时也被称为“实例式教学”。

抛锚式教学由这样几个环节组成。

① 创设情境：使学习能在和现实情况基本一致或相类似的情境中发生。

② 确定问题：在上述情境下，选择出与当前学习主题密切相关的真实性事件或问题作为学习的中心内容。选出的事件或问题就是“锚”，这一环节的作用就是“抛锚”。

③ 自主学习：不是由教师直接告诉学生应当如何去解决面临的问题，而是由教师向学生提供解决该问题的有关线索（例如需要搜集哪一类资料、从何处获取有关的信息资料以及现实中专家解决类似问题的探索过程等），并要特别注意发展学生的“自主学习”能力。自主学习能力包括：确定学习内容表的能力（学习内容表是指为完成与给定问题有关的学习任务所需要的知识点清单）、获取有关信息与资料的能力（知道从何处获取以及如何去获取所需的信息与资料）、利用和评价有关信息与资料的能力。

④ 协作学习：讨论、交流，通过不同观点的交锋，补充、修正、加深每个学生对当前问题的理解。

⑤ 效果评价：由于抛锚式教学要求学生解决面临的现实问题，学习过程就是解决问题的过程，即由该过程可以直接反映出学生的学习效果。因此，对这种教学效果的评价往往不需要进行独立于教学过程的专门测验，只需在学习过程中随时观察并记录学生的表现即可。

## 问题二　在教学过程中如何构建现代化教学方式？

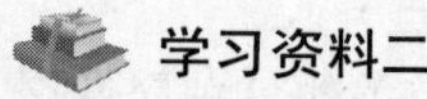

### 学习资料二

“走向现代化”是当今社会也是教育改革的大趋势。科学技术的发展不仅要求教学内容现代化，也要求教学方法现代化。教学方法在走向现代化的过程中表现出与传统教学方法不同的特征。

1. 主体教育方式

教育要培养适应未来需要的人，就必须重视培养学生的主体性，使他们成为有进取意识和创造精神的社会主体。学生的主体性是在教育活动过程中培养和发展起来的，研究教育活动的主体性既是培养和发展学生主体性的必然要求，也是当代教育活动发展的重要趋势。

主体教育模式着眼于教育活动的主体性与学生主体性的构建。教育活动过程的主体性是指教师引导学生主体并依据认识规律进行学习、认识与实践，在此过程中教师为主导，学生主动互相配合。诱导、发挥与提高学生的主体性始终是教育活动主体性的体现。主体教育方式的特征如下。

① 以学习者为中心，学生是课堂的主角，是学习的主体。

② 以师生关系为基础，创造一种融洽、平等的师生关系。

③ 以兴趣为桥梁，为学习者创设宽松的学习氛围，使学习者始终主动地学习。

④ 以鼓励为手段，使学习者激发创造、发展欲望与理想。

⑤ 以成才为目的，最大限度地开发每一个学习者的潜力。

2. 个性化教育方式

由于历史和社会因素的影响，我国的教育更多地强调了统一，个性发展得不到充分的重视，培养的学生缺乏个性。随着现代社会的发展，要求教育培养的人具有多方位、多层次、多规格的特点，以满足社会发展对教育提出的新要求。

教育的个性化强调学生个体的研究，重视发展学生的兴趣、爱好等个性化品质，成为个性化教育的组成部分。学生的个体差异是客观存在的，而且在内容上也很广泛，有认知水平、认知方式和认知结构的差异，也有性格类型的差异。针对上面的差异，在教育上就要设法针对每一个学生采取相应的教育手段和方法，以达到最佳的教育效果。

3. 现代教育技术优化教学的方法

现代教育技术参与教学，引起了教学过程结构和各项因素的优化。它不仅使人们对传统的教学原则有了新的认识，在教学媒体应用于课堂教学后，为教师提供了新的手段，促使教学方法也得到了较大发展。现代教育技术应用于课堂的方法很多，关于教学方法的选择还需要教师根据教学的实际灵活或组合应用，并在教学实践中不断创新发展。

（1）教学方法的选择原则

① 以教学目标为导向。选择的教学方法首先要符合教学目标的要求。如对于知道、理解等较低层次的教学目标，一般选择教学信息传输量较大的教学方法，如系统讲授法、图示讲授法和讲演法等。对于应用、分析等中等层次的教学目标，可选择引导式讲解、分析法和应用法等。对于综合评价高级层次的教学目标，通常要选择发现式教学法、探究法等。

② 以学生特征为依据。学生特征一般包括认知成熟度、性别、动机水平、归因类型、焦虑水平及学习风格等。由于特征的不同，其心理特征、体质水平、接受能力、理解能力、记忆与思维的能力与方式都有较大差异，应选择适合其年龄特征的方法。对于初级认知能力的学习者，多采用以具体思维、形象思维为主的直观教学法和形象演示教学法；对于中级认知能力的学习者，可选用分析法、综合法和归纳法；对于高级认知能力的学习者，可采用发现式教学法、自学辅导法和讨论法等。

③ 以教学内容为基础。教学方法与教学内容紧密相关，对于不同的学科内容和同一学科不同性质的内容，均应采用相应的教学方法。对于形态结构等描述性内容，应选用直观教学法；对于理论性、逻辑性较强的内容，应采用分析讲解、启发诱导的教学方法；对于规律性较强、发展成熟的学科，可采用发现式教学法；对于技能性较强的内容，则可采用示范模仿法等。

④ 以现有条件为依据。教学条件是制约教学方法选用的主要因素。教学环境较优越的学校应适当多选择实验法以及多种媒体组合教学、计算机多媒体辅助教学、网络教学等现代化的教学方法。教学环境比较差的学校可以选择示教法、演示法或因地制宜地发挥教师个人创造性的教学方法。

（2）教学方法的设计与应用

随着现代教育技术的发展，以现代教育思想为指导，应用和设计体现时代特征的教学方法是当代教学方法研究的趋势。教学方法的应用及设计应遵从以下原则。

① 着眼于学生的创新思维与能力的培养。教学方法的创新，要注意对学生独立获取知识的能力、实际操作能力和探索创新能力进行培养。

② 贯彻启发式、发现式教学。启发式教学是按照认识事物、掌握知识技能和解决问题的思维过程，逐步启发学生，引导探究，层层深入，直至学生能动地领会和掌握知识和技能的方法。发现式教学则是在教师引导、启发下，通过一系列发现的步骤，让学生主动、自主地探究而进行学习的方法。上述学习方法能充分发挥学生的学习积极性、创造性，有助于发展学生的兴趣以及独立观察、思考和解决问题的能力。

③ 应用现代教育技术。应用、开发现代教学媒体，以实现教学最优化的目标。通过多媒体组合教学、网络教学，不断产生全新的教学方法，以促进学科教学的整体改革。

④ 多种教学方法优化组合。将多种教学方法加以灵活应用，并依据教学实际使之有机组合，取长补短，使教学方法多样化、综合化。

## 环节三　现代教学模式

**问题情境**

由于教学实践依据的教学思想或理论的不同，学习内容和目标的不同，教学实践活动的形式和过程必然不同，从而形成不同的教学模式。通过以下内容的学习，学会运用现代教学模式。

**问题**　现代教学模式有哪些？它们与传统的教学模式有哪些不同？

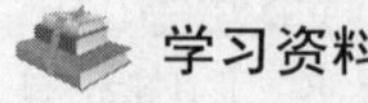

**学习资料**

教学模式是指在一定的教育思想、教学理论和学习理论指导下，在某种环境中展开的教学活动进程的稳定结构形式。教学活动进程的简称就是通常所说的教学过程。在传统教学过程中通常包含教师、学生、教材这 3 个要素，在现代化教学中除了上述的 3 个要素以外，还需要使用多种教学媒体，所以又增加“媒体”这个要素。这 4 个要素在教学过程中彼此相互联系、相互作用，形成一个有机的整体。由教学过程中的 4 个要素所形成的稳定的结构形式称为教学模式。

1．传统教学模式

学习是人类获取知识、经验和技能并使之向能力转化的一种特殊的行为过程。学习方式则是学习者在学习过程中形成的一种相对稳定的形式。在农业时代，学习者是在家中学习的，最多实行私塾教学。在工业时代，为了适应规格化的需求，学习者必须到学校求学，以掌握一技之长。

几千年来，教学模式受到了学习能力发展水平的约束，也受到了学习活动的物质载体和物质手段的制约。文字是文化传播与学习的重要物质载体。在文字产生之前，人类的学习活动只能通过直接经验和依靠口头语言或体态语言传递间接经验的方式进行，极大地受到了时间和空间的限制。文字和印刷术的产生，尤其是活字印刷技术的发展，不仅突破了文化传播的时空障碍，加速了科学文化的传播速度，而且还大大提高了学习者及整个人类的学习能力。随着信息技术的发展和普及，人类将走出工业文明，步入信息时代，人类的学习方式也将从印刷时代跨入信息时代。

在我们传统的教学过程中，最经典的教学模式是以教师为主，教师讲、学生听的"讲授型"模式，它是一种单向沟通的教学模式。

教师完成认识性任务或认知过程成为教学的中心或唯一的目的，钻研教材和设计教学过程是教师备课的中心任务。教师的教和学生的学在课堂上最理想的进程就是完成教学计划。在教学过程中，教师始终是知识的灌输者，学生则是接受知识的容器，是处于被动地位的服从者。学习者不是发自内心对知识的渴求和自觉自愿地学习，而是迫于各方面的种种压力，习惯于被动接受灌输而不善于主动探求和消化知识，缺乏对知识的主动追求和不断进取的精神。

教学方法和教学手段单一，学习者获取知识和技能的主要渠道仅仅依靠教师和他人的直接传授，缺乏更多的学习途径和手段。

随着计算机多媒体在课堂教学中的多种应用，例如电子讲稿制作演示，用网络化多媒体教室支持课堂演示、示范性练习等现代化教学手段的应用，改变了传统教学手段的单一性，使传统的教学形式得到了新生。

2．个性化教学模式

个性化教育是指充分尊重学生的主体地位，以挖掘学生的个体潜能，促进学生的个性发展的教育。个性化教学不同于个别教学，个性化教学是在课堂教学中为照顾学生的个体差异而采取的一种教学方法。

确立学生的主体地位是个性化教育的前提，承认学生的主体性，在教学过程中就必须把学生当作活动的主体，并充分发挥其主观能动性。在实际教学中，个性化教学的主要形式是进行分层次教学和进行计算机辅助教学。

分层教学包含3个方面的内容：一是分层要求，即把原来统一的教学内容变为不同层次的教学内容；二是分层练习，即把原来固定的班级统一练习变为多层练习；三是分层评价，即把原来统一的评价变为有梯度的分层评价。

计算机辅助教学是在多媒体教室内进行的，学生根据教师提供的条件、提出的目标以及告知的方法自行操作，自由选择路径，控制进度。教师通过计算机辅助教学软件，可以针对不同学生的认知能力，安排不同的教学内容和作业练习。教师还可以对学生的学习情况、学习进度和学习结果及时进行评定，从而安排个体的学习过程，实现个别化教学目的。

3．讨论学习模式

讨论学习模式是在教师的指导下，学生围绕某一主题或中心内容，积极主动地发表观点、互相争论，以掌握教学内容的教学方法。讨论学习模式可以激发学生的学习热情和创造思维，增加学生之间的协作和交流，同时也能提高学生的思考能力、阅读能力和多种方式的表达能力。讨论学习模式在具体的教学实践中主要有两种表现形式。

① 问题式的讨论法。教师精心设计一些适合学生的问题，引导学生进行讨论。问题式讨论法可用于教学的开始、教学的结束等环节。

② 随机式的讨论法。教师根据学生的认知反馈，随时调整教学进程，让学生去讨论。这是一种适用性较强的讨论法，在课堂讲授型教学中用得较多。例如，当教师发现很多学生对学习的内容产生疑惑时，可随时安排时间，让学生进行讨论，以调节课堂气氛并帮助学生深入建构知识。

4．网络教学模式

网络教育是利用互联网来开展远程教育，它结合了现代信息技术，是教育在互联网上的一个重要应用。网络是一个巨大的教育资源，并且能够实现资源的共享。网络信息资源的丰富性为学习者提供了取之不尽的宝库。

（1）网络教育模式的特点

网络教育模式具有以下特点。

① 巨大的资源，共同的享受。网络中的每个学习者可以共享各种信息资源，可以从世界上的任何角落获取最新的信息和资料。

② 自主学习，促进交流。网络教育使学生从灌输式学习转变到参与式学习，教学从以教师为中心转变为以学生为中心。学习者可以根据自己的特点，在网络中寻觅不同的教育方式并且可沿着自己的途径，按自己的速度接受教育与学习。学习者可以在网络上自由驰聘，网络中没有统一教材，也没有统一进度，有的只是因人施教、因材施教。

③ 拓展空间，连接你我。网络教育突破了传统面授教学的局限性，满足了传统校园难以实现的学习需求，任何人都可以根据自己的学习需求，不受时间和地域的限制，有针对性地学习。

④ 促进教学模式多样化。网络倡导个性化学习和协作化学习。在传统的课堂教学中，教师作为传授知识的主导者，学生很难进行合作化的协作学习。在网络的远程教学中，教师为每个学习者提供了单独的小组讨论机会，每个学生可以在讨论中积极思考问题，不但可以通过自己思考获取知识，也可从别的学生的观点中获取知识。

（2）网络教学模式的类型

网络教学模式有以下几种类型。

① 讲授型模式。网络教学的最大优点是突破了传统课堂中人数及地点的限制，在互联网上进行讲授时学习人数可无限多，世界各地的学习者都可以参与学习，不必集中于同一地点。

② 个性化学习模式。这种教学模式可通过基于互联网的 CAI 软件以及教师与单个学生之间的通信来实现。每位学生在自己方便的时候，根据自己的学习特点自由地通过计算机在网络上调用自己所需要的内容。个人条件优越的学生可在较短的时间内实现较高的目标，个人基础差的学生可按照自己的认知水平循序渐进地进行学习。

③ 讨论学习模式。在互联网上实现讨论学习的方式中，最简单实用的方法是利用现有的

电子布告牌系统（BBS）。这种系统具有用户管理、讨论管理、文章讨论、实时讨论、用户留言、电子邮件等功能，因而很容易实现讨论学习模式。

④ 协作学习模式。这种模式是利用计算机网络以及多媒体等相关技术，由多个学习者针对同一学习内容彼此交互和合作，以达到对教学内容比较深刻地理解与掌握的过程。在互联网的协作学习过程中，基本的协作模式有竞争、协同、伙伴和角色扮演4种。

竞争：由两个或多个学习者针对同一学习内容通过互联网进行竞争性学习，看谁能够首先达到教学目标的要求。

协同：由多个学习者共同完成某个学习任务，在共同完成任务的过程中学习者发挥各自的认知能力，相互争论、相互帮助、相互提示及分工合作。

伙伴：学习者首先选择自己所学习的内容，然后通过网络查找正在学习同一内容的学习者，经双方同意后结为学习伙伴。当其中之一遇到问题时，双方相互讨论，相互帮助。

角色扮演：让不同的学生分别扮演学习者和指导者。学习者负责解答问题，指导者检查学习者是否在解题过程中有误，当学习者在解题过程中遇到困难时指导者帮助学习者解决疑难问题。在学习过程中，所扮演的角色可以互换。通过上述学习可以在帮助别人的学习过程中也帮助自己学习。

5．探究式学习模式

探究式学习模式在互联网上应用的范围很广。该模式一般都是由某个教育机构（如大学或研究机构）设立一些适合由特定的学生对象来解决的问题，通过互联网向学生发布，要求学生解答。与此同时，提供大量的、与问题相关的信息资源供学生在解决问题过程中查阅。

# 第三单元　教育技术的理论基础

## 环节一　视听教育理论

**问题情境**

视听教学是利用人的视觉和听觉的感性认识加深理解，提高教学效果的教学与学习方法。在教学时，你运用视听教学方式吗？你通常使用哪些媒体进行辅助教学？带着这些问题，请你阅读下面有关视听教育理论方面的内容。

**问题**　**在你获得的各种经验中，你知道这些经验是怎样进行分类的吗？**

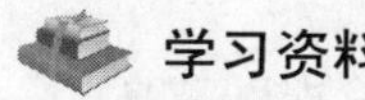

**学习资料**

视听教育研究了录音、广播等视听教育手段怎样在教学中使用，会产生什么样的效果等一系列的问题，总结出了很多视听教学的方法，并提出了相关的教学理论，即视听教育理论。视听教育理论的核心是爱德加·戴尔（Edgar Dale）的“经验之塔”。爱德加·戴尔是美国从事视听教育的心理学家，也是视听教育理论的主要代表人物。他总结了视听教育的经验，把人类获取知识的各种途径和方法概括为一个“经验之塔”来系统描述。“经验之塔”的主要特征是以塔形构造将学习的形式（或称获得经验的手段）分成若干种类，并按某种规律将它们排列起来。该理论对我们在教学中如何选择教学媒体、如何增强学生的感性认识及如何提高学生的学习兴趣具有重要的指导意义。

戴尔将人们获得的经验分为三大类（做的经验、观察的经验和抽象的经验），并将各种经验按抽象程度分为10个层次，如图1-3所示。

1．做的经验

（1）有目的的直接经验（Direct Purposeful Experience）

此经验位于“经验之塔”的底部，是指从日常生活中所看到、听到、摸到、尝到及闻到的具体事物中获得知识。这些知识是教育的基础，是从生活中总结出来的最丰富、最具体的经验。

（2）设计的经验（Contrived Experience）

此经验是指通过模型、标本等间接学习材料获得的经验。这些模型和标本是通过人工设计仿制出来的，尽管其大小、结构及复杂程度与实物略有差异，但用于教学能使复杂的实际事物更易于理解。

（3）参与活动（Dramatic Participation）

此经验是指通过演戏、表演等接近真实和参与重现而获得的经验。通过演戏、表演感受那些在正常情形下无法获得的情感上和观念上的体验。

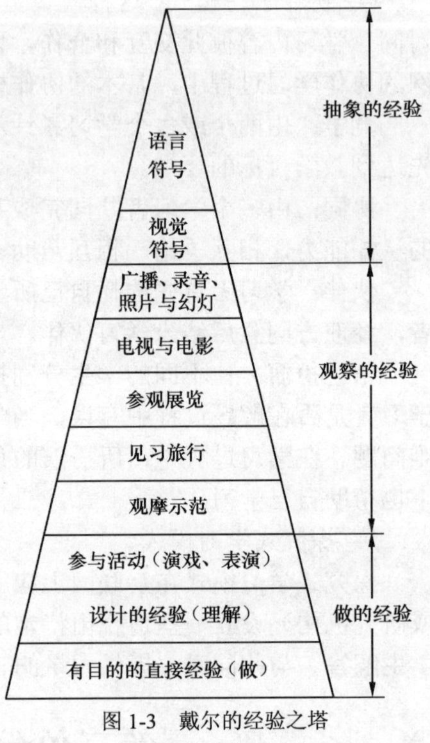

图1-3　戴尔的经验之塔

上述3个层次都含有亲自实践的成分，所以说获得的经验是直接做的经验，是具体的经验。

2．观察的经验

观察的经验可以从以下方面获得。

① 观摩示范（Demonstrations）：是指学习者先看别人怎么做，然后再去模仿，通过观摩示范获得经验。

② 见习旅行（Field Tours）：是指到一定的地方，通过观察真实的事物和情景，进行学习、增长知识而获得经验。

③ 参观展览（Exhibits）：是指学习者通过看而获取观察的经验。

④ 电视（Television）与电影（Motion Pictures）：用图像与声音代替客观事物来提供一种间接的、替代的经验。学习者在观看时并没有直接体验，因此他们获得的经验是间接经验。

⑤ 广播（Radio）、录音（Recording）、照片（Picture）与幻灯（Still Picture）：它们提供的信息可分别为学习者提供听觉与视觉经验。

上面5层均含有“观察”的成分，故称为“观察的经验”，越往上抽象程度越高。

鉴于计算机技术和网络技术的发展和普及，在电视、电影和广播、录音、照片及幻灯之间还应增加一个新层，叫“计算机互联网”，它属于观察的经验。

3．抽象的经验

（1）视觉符号（Visual Symbols）

视觉符号主要指能表达一定含义的图表、地图等抽象符号，从中已看不到事物的实在形态，是一种抽象的代表，如地图上的曲线代表河流，线条代表铁路等。

（2）语言符号（Verbal Symbols）

语言符号包括口头语言、书面语言（文字）和内部语言（无声语言），是一种抽象化了的代表事物和观念的符号。语言符号位于“经验之塔”的最顶端，抽象程度最高，在具体使用时它总是和“经验之塔”中的其他材料一起发挥作用。也就是说，学生在自己的整个学习过程当中都不同程度地进行着抽象思维。

戴尔把“经验之塔”理论的要点概括为以下几点。

① 塔的最底层的经验最具体、最直接，学习起来也最容易，越往上越抽象。位于塔中部的是观察的经验，易于培养学习者的观察能力，能冲破时空的限制，弥补学生直接经验的不足。塔的顶层经验最抽象，易获得概念，便于应用。求取任何经验，不是必须经过从底层到顶层的阶梯，也不是说下层的经验比上层的经验更有用。划分阶层只是为了有利于说明各种经验的具体或抽象的程度。

② 教育应从具体经验入手，逐步上升到抽象，这是较有效的学习方法。学习间接经验应尽可能以直接经验作为充实的基础，但也不能过分强调直接经验，要引导学生向抽象思维发展，上升到理论，发展思维，形成概念。

戴尔的“经验之塔”是一种形象化的比喻，用来说明学习经验从直接参与到用图像代替，再用抽象符号表示的逐步发展过程。由此可以得到启发：教与学的有效活动应从具体经验入手，逐步进入抽象经验；而我们教学过程中所使用的教学媒体的作用是使教学活动更具体，目的是为抽象概括创造条件。

## 环节二　学习理论

**问题情境**

你了解学习理论吗？研究学习理论不仅可以了解学生的学习是如何发生的，有哪些规律，是什么样的过程，怎样才能进行有效的学习，使教育、教学有更坚实的理论基础，而且还可以据此改进学习方法，提高自身素质，从而提高教学质量。

**问题一**　**你知道学习理论有哪些主要的观点吗？在以往教学的过程中，你是如何对待学生学习的？**

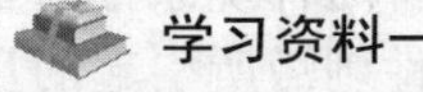

**学习资料一**

学习理论是研究人类学习过程的心理机制的一门学问，是从心理学角度讨论人类是如何进行学习的理论，我们学习和了解学习理论的目的是思考在新的教学环境下如何改进学习方法，提高教学质量，促进有效学习。目前，具有一定影响力的学习理论有行为主义学习理论、认知主义学习理论、建构主义学习理论等。

行为主义学习理论从桑代克对动物学习的研究到华生综合巴甫洛夫的条件反射，发展到斯金纳的程序教学。行为主义强调学习的刺激—反应—强化的过程和作用，提倡循序渐进、积极反应、自定步调等学习原则，在个性化教学、计算机辅助教学等方面有重要的指导作用。

认知主义学习理论认为学习的实质是在学习者的头脑中形成认知结构，它注重通过知觉和经验，用综合的方法学习整体的特性。布鲁纳的发现学习和奥苏贝尔的接受学习，是认知主义学习理论的两个典型学习模式。从认知主义的学习模式可以看出，信息加工是它们的核心特征，教师提供丰富的教学资源、设计有效的教学活动，其目的就是提高学生解决问题的能力，促进学生认知结构的变化。

建构主义学习理论认为学习是学习者主动建构内部心理结构的过程，强调在较真实的情景性学习活动中，在原有的经验和认知结构基础上，通过主动建构知识的意义来达到个人对新知识理解的意义。

**问题二　根据巴甫洛夫的条件反射实验，思考在学习的过程中，如何建立起条件反射？**

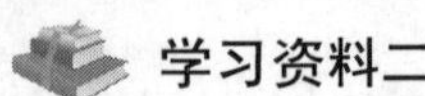

### 学习资料二

这里所说的“行为”指的是心理学和社会学领域的人类行为，行为主义学习理论以人类可观察的行为作为主要的观测元素，强调可观察的行为，强调知识技能的学习靠条件反射，学习就是形成刺激和反应的联结（S-R），而强化则是促进这种联结的重要手段。行为主义学习理论的主要代表性观点是桑代克的学习的联结说和斯金纳的操作条件反射理论。

俄国生理学家伊凡•巴甫洛夫（Ivan Pavlov）在 1890 年首先发现条件反射机理，从而开辟了高级神经活动的研究领域。巴甫洛夫的条件反射理论是通过一个实验来说明的，该实验是心理学中最著名的实验之一。反射活动是神经系统活动的基本形式，反射包括条件反射与非条件反射，二者最根本的区别在于前者是后天形成的，需要特定的条件；后者是先天固有的，是在长期生物进化过程中形成的。巴甫洛夫发现，将某些中性刺激（如铃声）与非条件刺激（如食物）在出现的时间上相结合（专业术语称为强化），经过若干次训练以后，单独的中性刺激（即条件刺激）也能引起与非条件刺激相同的反应，这就是条件反射。

当年经典的实验是这样的：巴浦洛夫在一条狗的嘴巴上植入了一个小试管，把食物（无条件刺激）显示给狗，以便检测狗唾液分泌的情况（反应）。狗由于天生就带有非条件反射，见到食物的时候会分泌唾液。巴浦洛夫在每次给狗喂食的时候，总是与铃声相结合。在这个过程中，他发现如果随同食物反复给狗一个中性刺激，即一个并不自动引起唾液分泌的刺激，（如铃声），狗就会逐渐“学会”在只有铃响而没有食物的情况下分泌唾液。可见，一个中性的刺激（条件刺激）与一个原来就能引起动物某种反应的刺激（无条件刺激）在时间上结合多次后，就会使动物对那个中性刺激也做出这种反应。巴甫洛夫将这种现象称为条件反射，即条件刺激与无条件刺激的结合使得条件刺激也能引起与无条件刺激所引起的反应相同的反应。

条件反射是一种具有普遍意义的大脑活动方式，是高等动物和人类对环境刺激的一种适应性反应。巴甫洛夫认为，学习是条件反射的建立过程，记忆是条件反射的巩固。任何一种能被身体感受的动因都可以作为条件刺激信号，在各种非条件反射（食物性反射、防御性反射等）的基础上都可以通过训练建立条件反射。条件反射建立与巩固的过程就是学习记忆的过程。因此，在实际生活和教育实践中可以有意识地通过训练建立条件反射来改变身体的反应，从而养成良好的习惯或培养有益的兴趣与爱好。

**问题三**　**根据“猫开门”的实验，思考行为主义试误说的真谛？**

### 学习资料三

桑代克是美国著名的心理学家，他认为人类是由动物进化来的，动物和人一样进行学习，只是复杂程度不同而已。因此，他通过动物实验来研究学习，提出了联结主义的刺激—反应学习理论。他所设计的最为成功的实验之一就是“猫开门”的实验。

他设计了一个“问题箱”，里面装有门钮，他把一只饥饿的猫放到笼子里，笼外放有鱼、肉等食物，观察猫能否出笼取食物。开始时，猫在笼内盲目地乱抓、乱咬、来回跑动，后来偶尔碰到了门钮，笼门被打开，猫逃出笼外，取得了食物。然后，再把猫放回笼内，再做同样“开门”的实验。他发现，随着实验次数的增加，猫的无效动作越来越少，打开笼门所需的时间越来越短，最后直到把猫一放进笼内，它就立刻去转动门钮，打开笼门。到这时，猫已经完成了打开笼门取食物的学习。桑代克认为，这种学习的建立，就是在以笼内门钮这一情境作为打开笼门的刺激（S）同转动门钮开门这一反应（R）之间建立了巩固的联结，学习即联结，这时学习便产生了。所以，在实验中可以把学习看作是刺激与反应的联结，即S和R之间的联结。这种联结形成的过程是渐近的尝试错误直到最后成功的过程，因此，桑代克的联结说又被称为试误说。

**问题四**　**什么是操作性条件反射，它与巴甫洛夫的条件反射有哪些不同？行为主义的程序教学方法对学生的学习有哪些帮助？**

### 学习资料四

斯金纳是行为主义学派中最有影响的心理学家之一，他根据其著名的“斯金纳箱”的动物实验研究，对桑代克的联结说做了修正，提出了操作反射说。早期的斯金纳箱结构简单，在一个木箱内装有一个操作用的杠杆，还有一个提供食物强化的食盘。斯金纳用饥饿的小白鼠进行实验，最初鼠在笼内乱动、乱嗅，偶然踩到一根杠杆，食物小丸就滚进食盘，饿鼠便获得一粒食物。然后鼠再乱动乱嗅，再偶然踩到杠杆，又得到一次食物的强化。其尝试与错误的情况和桑代克的实验是一样的，所多的只是一个条件，即踩到杠杆便得到食物报偿，也就是饿鼠在本能反应行为中有机会得到食物的强化条件，这使反应成为条件反射。这个条件不是另加的刺激，而是来自反应行为本身的强化部分。斯金纳认为，这种先由动物做出一种操作反应，然后再受到强化，从而使受强化的操作反应的概率增大的现象是一种操作性的条件反射。这种反射与巴甫洛夫的经典性条件反射不同。经典性条件反射是由条件刺激引起反应的过程，而操作性条件反射是首先做某种操作反应，然后得到强化的过程。由此，斯金纳进一步提出，人和动物有机体有两种习得性行为：一种是应答性行为，通过建立经典式条件反射的方式习得。无条件反应就是一种应答性行为，因为它们是由无条件刺激引起的，应答性行为包括所有的反射在内，如用针刺激一下手，手马上就会缩回来，当遇到强光时，瞳孔马上就会收缩等。另一种是操作性行为，如唱歌、开车、打电话、上网等通过操作式条件反射获得。而操作性行为由于一开始不是与已知的刺激相联系，因而是自发的行为，人类的大多数行为都是操作性行为。

据此，斯金纳又进一步提出两种学习：一种是经典性条件反射式学习，另一种是操作性条件反射式学习。这两种学习形式同样重要，而操作式学习则更能代表实际生活中人的学习情况。由此看来，斯金纳认为学习过程就是分别形成两种条件反射的过程。

斯金纳在操作条件反射理论中提出了“强化原则”，并认为立即强化优于延缓强化，部分强化优于连续强化。强化原则是斯金纳学习理论中最重要的部分，斯金纳运用操作强化原则设计和制造了一种教学机器进行程序教学，为后来的计算机辅助教学奠定了理论基础。

斯金纳程序教学的基本方法是：向学习者呈现一个小单元的信息（称为框面）作为刺激，学习者通过填空或回答的方式做出反应，然后由反馈系统对反应做出评价。反应错误，就告诉学习者错误的原因；反应正确，反应就得到强化，学习者就可以进入第二个框面的学习。刺激——反应——强化的过程不断反复，直到学习者完成一个程序的学习。

斯金纳提出的程序教学原则如下。

① 积极反应原则。传统的课堂教学是教师讲，学生听，学生没有机会普遍地、经常地做出积极反应。传统的教科书也不能完全给学生提供对每一单元的信息做出积极反应的可能性。程序教学不主张以完全由教师授课的方式进行教学，而是以问题形式通过程序教材给学生呈现知识，使学生对一个个问题做出积极的反应，从而提高学习效率。

② 小步子原则。程序教学的教材可按内在的联系分成若干小的、有逻辑顺序的单元，编成程序。材料一步一步地呈现，步子按由易到难排列，每步之间的难度差异通常是很小的。学生每次只走一步，做对了，才可走下一步，每完成一步就给予一次强化，这就使强化的次数提高到最大限度。由于知识是逐步呈现的，学生容易理解，从而能促使学生积极、主动地学习。

③ 及时强化原则。斯金纳的操作性条件反射的规律认为，一个操作发生后，紧接着呈现一个强化刺激，那么这个操作力量就会得到增强。遵循这一规律，在教学中做到及时强化也就成为程序教学中的一个原则。这一原则要求在每个学生做出反应后，必须使学生立即知道其反应是否正确。告知学生结果，也就是给予学生反应的及时强化，这也是程序教学中最常用的强化方式。

④ 自定步调原则。每个班级的学生在学习程度上通常都有上、中、下之别。传统教学总是按照统一进度进行，很难照顾到学生的个性差异，影响了学生的自由发展。程序教学是以学生为中心，不强求统一进度，鼓励每一个学生以他自己最适宜的速度进行学习。这样，学生可按各自不同的思维方式、速度来处理问题而不受其他人的影响，通过一次次的强化，能够激发学生的学习兴趣，使他们能够稳步前进。当然，这一原则是以个性化教学方式为基本条件的。

⑤ 低错误率原则。教学机器有记录错误的装置，可根据记录了解学生的实际水平并修改程序，使之更适合学生程度。又由于教材是按由浅入深、由已知到未知的顺序编制的，学生每次都可能做出正确反应，从而把错误率降到最低限度。错误的反应会得到令人反感的刺激，过多的错误会影响学习者的情绪和学习的速度。少错误或无错误的学习可以增强学生学习的积极性，提高学习效率。因此，在教学过程中要求尽量避免学生出现错误的反应。

斯金纳的学习理论推动了程序教学运动的发展，使行为科学和教育技术的结合进入一个更为密切的阶段。在程序教学运动中出现的一些观点，如重视教学机器的作用，重视学习理论的基础与指导作用等，对教育技术的理论发展产生了重要影响。除此之外，程序教学的思想在个性化教学、计算机辅助教学等教学形式中也发挥了重要的作用。

**问题五　你知道认知主义学习理论吗？比较认知主义学习理论与行为主义学习理论有哪些不同。从下面的实验中理解学习不是通过尝试错误来实现的，而是一种突然的领悟和理解。**

### 学习资料五

认知主义学习理论认为，学习的实质并非是一连串的刺激与反应，而是要在头脑中形成认知地图，即形成认知结构的结果。人的认识不是由外界刺激直接给予的，而是外界刺激和认知主体内部心理过程相互作用的结果。根据这种观点，学习过程被解释为每个学习者根据自己的态度、需要、兴趣、爱好并利用过去的知识与经验对当前学习者的外界刺激（如教学内容）做出的主动的、有选择性的信息加工过程。具有代表性的认知主义学习理论包括格式塔的顿悟论、布鲁纳的认知发现论和奥苏伯尔的认知接受论。

柯勒（Kohler）是德国著名的心理学家，也是早期认知学习理论的代表之一，他认为学习是一种突然的领悟和理解，这种学习的的过程不是盲目渐进的尝试与发现错误的过程，而是凭智力与意义理解由不能到能的突然领悟和理解的过程，即顿悟的过程。这一结论基于柯勒在黑猩猩身上所做的实验。

他把黑猩猩放在笼子里，在笼子外放置香蕉（用“手”取不到），笼子内有一根竹竿，用它很容易就能取到香蕉。刚开始，黑猩猩静静地察看周围，不乱抓，也不乱动，后来它突然拿起竹竿，用它取得了香蕉。之后，再把香蕉放在笼外不远的地方（即用一根竹竿够不着，两根竹竿接起来可以够得着的地方）。笼内有一根较短的竹竿，笼外有一根较长的竹竿。

黑猩猩为了取得香蕉，先用较短的竹竿拨到了另一根竹竿，然后拿起两根竹竿摆弄，当它发现两根竹竿能连接成一条长竿时，就把细竹竿插到粗竹竿的一端，并立即用接好的竹竿取到香蕉。由此实验，柯勒认为，黑猩猩学会用竹竿取得香蕉，并不是通过尝试错误而达到刺激与反应的联结，而是突然领悟和理解的，即形成了手段、目标及其关系的认知。这就是“顿悟说”。

**问题六　在以往的学习过程中，你是怎样进行学习的？在下面的学习中，了解布鲁纳的认知发现论是如何对待学习的？**

### 学习资料六

布鲁纳是美国心理学家，他的认知发现论强调学习是通过认识形成认知结构的过程。在学习过程中，要重视主体的已有经验和内在动机的作用，充分发挥主体学习的主动性，促进其对学习材料的亲自体验和独立思考，自行去发现知识，掌握原理。因此，在教学过程中，教师要设计各种方法，创设有利于学生发现、探究的学习情境，尽量使学习者联系以往已经掌握的科学知识，逐步由已知引申到未知，并充分阐明二者之间的联系与区别，使学习成为一个积极主动的“索取”过程。

布鲁纳的认知发现论的基本观点如下。

① 学习的实质是主动形成认知结构。学习者不是被动地接受知识，而是主动地获取知识，

并通过把新获得的知识和已有的认知结构联系起来，积极地建构其知识体系。他认为，学习的最好动机是对所学材料的兴趣。

② 重视学习过程。重要的是不在于铭记多少事实，而在于获取知识的过程。教师不是给学生提供结论，而是创设学习情境，让他们了解学习的过程或探索的方法。

③ 强调形成学习结构。学习结构就是学习事物是怎样相互关联的。掌握事物的结构，就是要将事物之间有意义地联系起来去进行理解。

④ 重视已有经验在学习中的作用。新知识的获得是与已有知识经验、认知结构发生联系的过程，是主动认识、理解的过程。

强调结构（学生原有经验和教材的组织）能使学生较易理解原理原则，易于记忆和易于产生迁移。所谓“领悟”就是新结构的发现或新关系的建立。例如“接竿问题”实验，让猩猩自己“发现或领悟”使用短竿以取得笼外的长竿，再以长竿钩取远离笼子的香蕉。短竿、长竿与香蕉之间的关系，对猩猩来说并非早已武断地建立，必须靠猩猩自己去揣摸才能“豁然贯通”地建立。当然，短竿、长竿与香蕉所放的位置或空间关系形成一种有利于领悟的结构。

**问题七　你知道奥苏伯尔的认知接受论的基本观点吗？在学习者的学习过程中，认知接受论与认知发现论有哪些不同？**

### 学习资料七

美国心理学家奥苏贝尔认为，影响学习的最重要因素是学生已知的内容，学生只有进行有意义的学习才会有价值。有意义的学习是使学习者将已有的知识结构联系起来，表现出一种在新学内容与本身已有的知识之间建立联系的倾向。只有当学生把教学内容与自己的认知结构联系起来时，意义学习才会发生。

奥苏伯尔根据学生进行学习的方式，把学生的学习分为接受学习和发现学习。接受学习，即学习者把以现成的定论的形式呈现给自己的学习材料与其已形成的认识结构联系起来，以实现对这种学习材料的掌握的学习方式。发现学习是在教师不加讲述的情况下，学生依靠自己的力量去获得新知识，寻求问题解决方法的一种学习方式。从学习内容与学习者已有的知识经验的关系上又将学习分为有意义学习和机械学习两种。有意义的学习是语言文字或者符号所表述的新知识能够与学生认知结构中已有的旧知识建立一种实质的、非人为的联系。也就是说，有意义的学习是使学生将已有的知识结构联系起来，表现出一种在新学内容与本身已有的知识之间建立联系的倾向。只有当学生把教学内容与自己的认知结构联系起来时，有意义学习才会发生。而机械学习则是不加理解、反复背诵的学习，亦即对学习材料只进行机械识记。

具体而言，学生在课堂上接受的书本知识是用语言文字符号或其他符号表示的。在不良的教学条件下，学生可能并未理解由符号所代表的知识，仅仅记住了某些符号的组合或词句；在良好的教学条件下，学生能理解由符号所代表的知识，并能融会贯通，从而发展智力、提高能力。前一种学习是机械学习，后一种学习就是有意义学习。在教学过程中，学生通过“发现”学习所掌握的知识是十分有限的，发现学习难以成为一种有效的、首要的手段，绝大多数的知识仍然需要学生通过“接受式学习”来掌握。由于教学过程是一个特殊的认知过程，学生主要是接受间接知识，这种特殊性决定学生获取大量知识必须是接受性的。由此，奥苏伯尔认为学校中的学习应该是有意义的接受学习和有意义的发现学习，但他更强调有意义的接受学习。

## 问题八　你知道什么是建构主义学习理论吗？它又是如何指导学习者进行学习的？

### 学习资料八

建构主义学习理论是行为主义发展到认知主义以后的进一步发展。进入 20 世纪 90 年代，建构主义的学习理论开始兴起，成为学习理论中的重要流派。建构主义学习理论特别强调了情景创设，提倡合作学习。认为学习的过程是学习者主动建构内部心理结构的过程，学习是在原有的经验和认知结构基础上，通过与外界的相互作用，即通过协作学习和教学情景的创设来建构新的理解。

建构主义学习理论的基本内容可归纳为“学习的含义”和“学习的方法”两个方面。

1．关于学习的含义

建构主义认为，知识不是通过教师传授得到的，而是学习者在一定的情境即社会文化背景下，借助其他人（包括教师和学习伙伴）的帮助，利用必要的学习资料，通过意义建构的方式获得的。由于学习是在一定的情境即社会文化背景下，借助其他人的帮助即通过人际间的协作活动而实现的意义建构过程，因此，建构主义学习理论认为“情境”、“协作”、“会话”和“意义建构”是学习环境中的四大要素。

（1）“情境”

学习环境中的“情境”必须有利于学生对所学内容的意义建构，这就对教学设计提出了新的要求。也就是说，在建构主义学习环境下，教学设计不仅要考虑教学目标分析，还要考虑有利于学生建构意义的情境的创设问题，并把情境创设看作是教学设计的最重要的内容之一。

（2）“协作”

“协作”发生在学习过程的始终。协作对学习资料的搜集与分析、假设的提出与验证、学习成果的评价直至意义的最终建构均有重要作用。建构主义认为，每个学习者都有自己的经验世界，不同的学习者可以对某种问题形成不同的假设和推论，而学习者可以通过相互沟通和交流以及相互争辩和讨论，合作完成一定的任务，共同解决问题，从而形成更丰富、更灵活的理解。同时，学习者可以与教师、学科专家等展开充分的沟通。

（3）“会话”

“会话”是协作过程中不可缺少的环节。学习小组成员之间必须通过会话商讨如何完成规定的学习任务的计划。此外，协作学习过程也是会话过程，在此过程中每个学习者的思维成果（智慧）为整个学习群体所共享，因此会话是达到意义建构的重要手段之一。

（4）“意义建构”

这是整个学习过程的最终目标。所要建构的意义是指事物的性质、规律以及事物之间的内在联系。在学习过程中帮助学生建构意义，就是要帮助学生对当前学习内容所反映的事物的性质、规律以及该事物与其他事物之间的内在联系达到较深刻的理解。这种理解在大脑中的长期存储形式就是关于当前所学内容的认知结构。

2．关于学习的方法

建构主义学习理论提倡的学习方法是教师指导下的、以学生为中心的学习。学生是知识意义的主动建构者；教师是教学过程的组织者、帮助者、指导者和促进者；教材所提供的知识不再是教师讲授的内容，而是学生主动建构意义的对象；媒体也不再是帮助教师传授知识的手段、方法，而是用来创设情境、进行协作学习和会话交流的工具，即作为学生探索、认知的工具。学生要成为意义的主动建构者，就要求学生在学习过程中从以下几个方面发挥主体作用。

① 要用探索法、发现法去建构知识的意义。

② 在建构意义过程中主动地搜集并分析有关的信息和资料，对所学习的问题提出各种假设并努力加以验证。

③ 要把当前学习内容所反映的事物尽量和自己已经知道的事物相联系，并对这种联系加以认真的思考。

教师要成为学生建构意义的帮助者，就要求教师在教学过程中从以下几个面发挥指导作用。

① 激发学生的学习兴趣，帮助学生形成学习动机。

② 通过创设符合教学内容要求的情境和提示新旧知识之间联系的线索，帮助学生建构当前所学知识的意义。

③ 为了使意义建构更有效，教师应在可能的条件下组织协作学习（开展讨论与交流），并对协作学习过程进行引导，使之朝有利于意义建构的方向发展。

### 环节三　传播理论

**问题情境**

你了解传播理论吗？无论是基于课堂的传统教学模式还是现代化的多媒体组合教学模式以及远程教学模式，都可以在教育传播理论框架内找到合理的解释。研究教育传播的特征，运用传播理论，并根据教育的客观规律，探求获取最佳教育效果的途径，是具有重要意义的。通过以下内容的学习，掌握传播理论在教学中的应用。

**问题一　教育传播的过程与基本模式是什么？哪些是构成教育传播系统的基本要素？**

**学习资料一**

教育传播是由教育者按照一定的目的和要求，选定合适的信息内容，通过有效的媒体通道，把知识、技能、思想、观念等传递给特定的教育对象的一种活动。在教育传播中，教育者、教育信息、媒体和通道、受教育者这四者构成教育传播系统。

教育传播过程是一个由教育者借助媒体和通道向受教育者传递与交换教育信息的过程。通过信息的控制，这些要素之间相互作用，形成一个连续的动态过程。在教育传播系统中，使用文字或图表等形式将教育传播过程表达出来，就成为了一种教育传播过程的模式，如课堂多媒体教学传播模式、远距离媒体教学传播模式、利用媒体自主学习的教学传播模式等。

教育信息是教育传播系统的主要要素之一，媒体和通道是载有教育、教学信息的物体，是连接教育者与受教育者双方的中介物，是人们用来传递和取得教育、教学信息的工具。教学媒体的选用要考虑到学习任务的因素、学生特点的因素、教学管理的因素和经济成本的因素。除此之外，传播者和接受传播者也是传播系统的基本要素。在教育传播中，教师是传者，学生是受者。

传者是教育传播系统中具备教育教学活动能力的要素，也是系统中教育信息的组织者、传播者和控制者，因而必须深刻地了解学生要素、内容要素、方法要素和媒体要素，及其相互作用关系。教师的首要任务是发送教育信息。在教育传播活动中，教师起着“把关人”的作用，使用哪本教科书，利用什么设备来教学，都是由教师决定的。因此，教师必须能实现教育传播系统的整体目标，使学生在全方面得到和谐的发展。要完成这一重任，教师必须做好设计、组织、传输、评价等工作。

学生的主要任务是完成教学系统所规定的学习任务，要有明确的学习目的，能形成积极的学习态度和学习行动；要有一定的学习能力，掌握一定的学习方法，使德、智、体诸方面都得到相应的发展。在教育传播过程中，作为受者的学生首先要接收传播信号，如阅读书籍和认真听取教师的课堂讲授，收听和观看其他多种教学媒体，参加教学实践等。然后，学生要对所接收的信息进行加工与储存，然后再将这些信息和已有的经验进行比较、分析、判断，得到最终的信息意义。

教育传播环境是影响教育传播效果的重要因素，其内容是复杂的和多方面的。教育传播环境为教师提供了必要的物质条件，扩大了教师采集和选择教育信息的范围，使教师有可能采取更为灵活有效的方式进行教育传播活动。除此之外，教育传播环境还可激发学生的学习动机，提高学习的积极性，促进学生的智力发展。教育传播的最终目的是要取得良好的教育传播效果。教育传播效果是指在一定的教育传播过程完成之后，受教育者在知识、能力和行为等方面所发生的变化，以及与此相关的教学效率、教育规模等。

## 问题二　传播过程的“5W”模式是什么？它主要解决了教学中的哪些问题？

### 学习资料二

传播（Communication）是自然界和人类社会普遍存在的信息传递过程。人类对传播理论的研究始于20世纪40年代末，研究内容从最初的新闻学所研究的“新闻传播”发展到“信息传播”，探讨自然界一切信息传播活动的共同规律。从某种意义上说，教育也是一种信息传播活动，它是按照确定的教学目标，通过教学媒体将相应的教学内容传递给教学对象的过程。广播、电视、计算机等传播媒体的运用，对教育领域的开拓和范围的扩大起了很大的作用。传播理论已成为现代教育技术重要的理论基础。

在传播学研究史上，第一次提出传播过程模式的是美国政治学家哈罗德•拉斯威尔（Harold Lasswell）。1948年，他在《传播在社会中的结构与功能》中首次提出了构成传播过程的5种基本要素，并将它们按照一定的顺序排列，形成了后来被人们称之为传播过程的“5W”模式，即：

| | |
|---|---|
| Who | 谁（传者） |
| Says What | 说什么（信息） |
| In Which Channel | 通过什么渠道（传播媒介） |
| To Whom | 对谁说（受者） |
| With What Effect | 产生什么效果（效果） |

这 5 种要素之间的关系如图 1-4 所示。

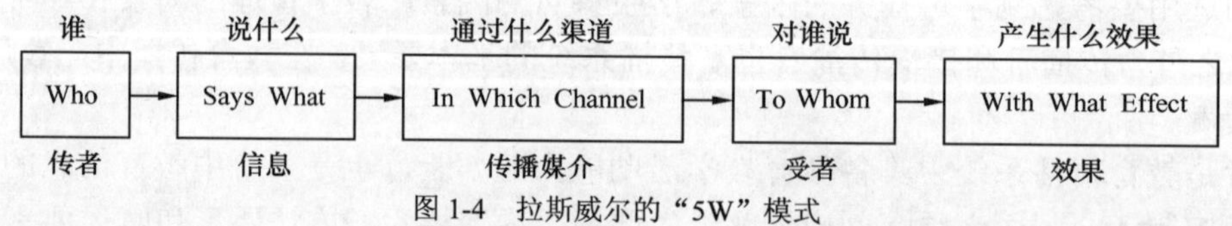


图 1-4　拉斯威尔的“5W”模式

拉斯威尔的“5W”模式对传播过程进行了简要的概括，提出了传播过程的 5 个要素，即传者（消息的来源）、信息（声音、文字、图片等）、传播媒介（天然媒介或人工媒介）、受者（听众、观众、读者，集体或个人）、效果（效果大或小，明显或不明显）。

在教育技术中，“5W”分别对应：Who——指教师，Says What——指文字教材和电教教材，In Which Channel——指现代教学媒体和方法，To Whom——指学生、观众，With What Effect——指现代教育技术的效率、质量、效益和影响的大小。在现代教育技术中应用此模式，主要是发挥传者和受者的主动性和积极性，选择和组合适合教学内容的现代教学媒体，通过这些媒体将信息直接或间接地传递给受者。实践证明，这种传播是有效果的，这种理论是有积极作用的。

拉斯威尔的“5W”模式在传播学史上具有重要意义，这个模式第一次将人们每天从事却又阐释不清的传播活动明确表述为由 5 个环节和要素构成的过程，为人们理解传播过程的结构和特性提供了具体的出发点。

当然，作为早期的传播过程模式，拉斯威尔的理论还不完全，这主要表现在它属于一个单向直线模式。拉斯威尔虽然考虑到了受者的反应（效果），却没有提供一条反馈渠道，因而这个理论没有揭示出人类社会传播的双向性和互动性。

## 问题三　什么是香农理论？它与拉斯威尔的理论有哪些不同？

### 学习资料三

香农（Claude Shannon）是传播理论的奠基人之一，他的传播理论是由他所研究的信息论引申出来的，传播模式如图 1-5 所示。

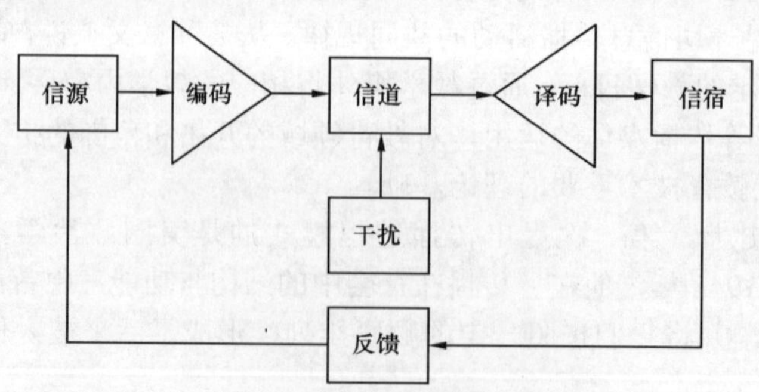


图 1-5　香农的传播理论模式

香农认为信息传播要经过编码和解码，信源（传者）把要传递的信息经过编码制成符号（文字、图片、声音、视频等），然后通过信道（媒体）传递给信宿（受者），受者在接收这些信息时要经过解码将其还原。为保证信息能正确、有效地传播，要求传者和受者要有共同的“经验”，否则受者就难以理解或正确认识。在信息传播过程中存在着各种干扰（其他信号、噪声等），对这些干扰应当尽量避免和加以抑制。在信源和信宿之间存在着反馈通道，受者通过反馈通道可将反应反馈给传者，传者根据反馈的情况重新设计或修改传播内容，使之更适合受者的需要，从而提高传播效果。现代教育技术采用香农的传播理论，主要在于选择合适的教学媒体，把握师生共同的“经验”部分，及时分析来自各个渠道的反馈信息，以取得教学效果的最优化。

## 环节四 系统科学理论

问题情境

由于教育系统是一个多因素、多层次和多功能的复杂系统，就需要把教育作为一个整体来加以分析研究。系统科学理论是用系统论、信息论和控制论的理论和方法来指导教育科学，特别是从中提炼和抽象出来的系统科学的基本原理对研究教育技术和指导其实践有着重要的意义。通过以下内容的学习，掌握系统科学理论在教学中的应用。

### 问题一 什么是系统科学理论？它主要研究教学中的哪些问题？

学习资料一

系统科学是研究一切系统的模式、原理及规律的科学，是在系统论、信息论和控制论的基础上形成的，所以又称三论。它既是现代自然科学、社会科学、思维科学发展综合的结果，又是现代科学研究共同的一般方法论，是探讨一切科学领域的普遍性的科学方法。系统科学主张把事物、对象看作一个系统进行整体的研究，研究它的要素、结构和功能的相互联系，通过信息的传递和反馈实现系统之间的联系来达到有目的地控制系统的发展，获得最优化的效果。

1．系统论与教育技术

系统论是美籍奥地利生物学家贝塔朗菲（L.V.Bertalanffy）创立的一门逻辑和数学领域的科学，他于1947年发表的《一般系统论》为系统论奠定了基础。所谓系统指的是由相互联系、相互制约的若干组成部分结合在一起且具有特定功能的有机整体。系统论是从系统的角度去研究事物的发展、运动规律的一门科学。系统论认为，自然界是一个巨大的系统，人类思维也是一个复杂的系统，世界上的一切事物、现象和过程几乎都是有机整体，且又都自成系统、互为系统；每个系统都是在与环境发生物质、能量、信息的交换中变化发展，并保持动态稳定的开放系统；系统内部与系统之间保持一种有序的状态。

将系统论和教育理论相结合，用以指导教育实践，就产生了教育系统论。教育系统论把教育视为一个系统，组成这个系统的要素包括教师、学生、教学内容和媒体等。教育系统论就是采用系统分析方法，即从系统的观点出发，坚持在系统与部分之间、整体与外部环境之间的相互联系、相互作用、相互制约等关系中考察、研究系统，以求得最优化的问题处理。

2．信息论与教育技术

信息论是美国数学家香农创立的，他于1948年发表了《通讯的数学理论》，为信息论奠定了基础。信息是事物表现的一种普遍形式。信息论是研究控制系统中信息的计量、传递、变换、储存和使用规律的科学。在教育领域中，知识、技能等属于信息的范畴，所以亦可称之为教育信息。信息论在教育领域中应用所形成的理论称为教育信息论，教育信息论是研究教学过程中教学信息如何传递、变换和反馈的理论。

教学过程实质上是教育信息传播和反馈的过程。教师将储存状态的教育信息重新组合，变换成输出状态，并考虑如何以恰当的表达方式和顺序传递给学生，同时运用反馈原理，不断从学生的反馈信息中获得调节和控制的依据，从而了解情况、发现问题、改进教法和优化效果。学生也可以从教师那里获得反馈评价，了解自己的学习情况和存在的问题，从而改进学习方法，提高学习效率。教育活动中信息的传递是双向的，既有教师向学生传输的信息，也有从学生那里获得的反馈信息，并给予学生反馈评价。教育技术采用信息论的基本观点和方法，结合各种工具对教学信息进行分析与处理，对教学系统中信息传播的特点与规律进行分析。

3．控制论与教育技术

控制论的创立者与奠基人是美国数学家维纳（N.Wiener），他在1948年发表的《控制论》一书中首次使用了“控制论”一词。控制论是关于控制系统的一般规律和控制过程的科学，它的研究对象是控制系统。

控制论是一门以提示不同系统的共同的控制规律为理论目的的具有理普遍意义的理论，它着重从事物量的方面去发现各种控制系统的共同规律，并把反馈方法作为提高系统的稳定性、达到优化控制目的的有效方法。控制论的观点对我们实现教学过程最优化及构建优化的教育教学系统有着重要的理论价值。

控制论在教育领域中应用所形成的理论称为教育控制论。教育控制论是以提高教学效率和教学质量为控制目标，以信息流为主要传输形式的系统。它是研究教育系统中运用信息反馈来控制和调节教师的行为，从而达到既定目标的理论。传递教学信息的出发点和归宿在于教学效果的最优化，而“信息反馈”是实现教学效果最优化的关键。通过反馈，可对系统进行有效的调节，以使教学设计能有的放矢，不断完善，更加适合学生的实际情况。

## 问题二　如何从系统科学理论的高度探索教育技术与学科教学整合？

### 学习资料二

运用系统科学的方法，就是将两种或两种以上属于不同范畴但是有关联的事物，通过动态组合的方式融为一个整体的理论与实践。也就是说，在教学系统中将教育技术既作为意识，又作为内容、工具、方法和手段融于学科教学的理论与实践中。

所谓教育技术与课程整合，就是通过学科课程把教育技术与学科教学有机地结合起来，将教育技术与学科课程的教与学融为一体，提高教与学的效率，改善教与学的效果，实现传统教学模式的创新。也就是说，教育技术与学科课程的整合是通过将教育技术有效地融合于各学科的教学过程来营造一种新型教学环境，实现一种既能发挥教师主导作用又能充分体现学生主体地位的以“自主、探究、合作”为特征的教与学方式，从而把学生的主动性、积极性、创造性较充分地发挥出来，使传统的以教师为中心的课堂教学结构发生根本性变革，从而使学生的创新精神与实践能力的培养真正落到实处。

## 自我测试

通过以上学习，你是否对今天的课堂和明日的课堂有了崭新的认识？请结合表1-2，根据列出的问题看看你是否是一个符合21世纪教育理念的教师。

表1-2　以教师为中心的教学和以学生为中心的学习的比较

| 以教师为中心的教学 | 以学生为中心的学习 |
| --- | --- |
| ① 学习内容 | |
| 内容由课程决定，所有学生同时学习同样的内容 | 学生所学课程、目标要求在学习内容范围内可以选择 |
| 学生只能通过教师、图书馆获取有限信息 | 学生可以获取各种信息 |
| 学习内容孤立，学习内容与其他学科、现实生活缺乏联系 | 学生学习内容与其他学科及真实世界密切联系 |
| 学生学习是为了找到一个正确答案 | 学生学习是为了构建各种可能答案中的一个 |
| 教师按照难易程度跳转活动和提供材料 | 学生从教师提供的活动中自主选择，自己决定难度并努力实现 |
| ② 教学方法 | |
| 教师是知识传授者——讲台上的圣人，帮助学生获得知识和技能 | 教师是学习促进者——站在学生身旁的指导者，为学生提供构建自己知识的机会和环境 |
| 教师是专家，指出学生的缺点 | 学生是专家，教师的教学建立在学生自身学习能力之上 |
| 教学是教授的过程 | 教学是构建的过程 |
| 学生围绕具体的内容和技能完成短小、孤立的活动和课程 | 学生进行与长期目标相联系的活动和项目，致力于深度理解和充分的策略应用 |
| ③ 课堂氛围 | |
| 学生被动学习，教室安静 | 教室成为活跃的工作场所，学生根据分工不同进行着不同活动，充满学习热情 |
| 学生独自学习 | 学生与学习伙伴、专家、社区成员、教师合作 |
| ④ 教学评估 | |
| 学生参加纸笔测试，考试独立完成，学生复习全部讲义内容，但只考一部分内容，试卷保密 | 学生在测试前知道如何测试，参与测试标准的制定，在学习中获得来自教师和同学的反馈，有多种方式测试学习效果 |
| 教师负责学生学习进程 | 教师和学生都对学习过程负责 |
| 学生学习动机来自外部，如取得好成绩，取悦老师，获得奖学金 | 学生学习动力来自内部学习兴趣，自发努力学习 |
| ⑤ 技术手段 | |
| 教师使用不同技术手段阐述、展示、说明各种教学内容 | 学生使用不同技术手段来研究、交流和构建自己的知识框架 |

① 你是否经常通过互联网获取教学信息，并应用于教学中？是（1分）否（0分）有时（0.5分）

② 你是否给学生布置具有挑战性的学习任务，并鼓励学生合作完成？是（1分）否（0分）有时（0.5分）

③ 你是否喜欢用各种方式，如QQ、短信、口头、书面等与学生交流？是（1分）否（0分）有时（0.5分）

④ 你是否给学生提供学习本领域的丰富的学习资源，并指导其有效利用？是（1分）否（0分）有时（0.5分）

⑤ 你是否能够分析、获取、管理、综合、评价和创造性地使用各种媒体信息？是（1分）

否（0分）有时（0.5分）

⑥ 你是否能够鼓励学生提出新观点并利用所学知识进行解释？是（1分）否（0分）有时（0.5分）

⑦ 你是否能够将所教知识有效地与实际生活密切联系，使学生能够获得解决现实问题的能力？是（1分）否（0分）有时（0.5分）

⑧ 你是否不将纸制考试作为评判学生学习结果的唯一标准？是（1分）否（0分）有时（0.5分）

⑨ 你是否能够将课堂的部分时间留给学生活动，而不是满堂讲授？是（1分）否（0分）有时（0.5分）

⑩ 你是否能够针对学生的个性差异提供针对性的学习指导？是（1分）否（0分）有时（0.5分）

结果评判：分数为7～10分者属于教学创新型，分数为5～7分者属于教学思想先进型，分数在5分以下者属于教学保守型。

## 本模块思考题

1．阐述教育技术的发展历程。
2．教育技术的AECT 94定义有哪些特点？
3．现代教学观念与传统教学观念有哪些不同？
4．戴尔的“经验之塔”理论的要点及其对教育技术的启示是什么？
5．学习理论有哪些主要派别，其主要观点是什么？
6．应如何在建构主义理论指导下开展教学？
7．现代教学方法有哪些特点？
8．如何用传播理论指导教学？
9．系统科学理论对教学有哪些指导意义？

# 模块二　21 世纪的教学技能

国家教育部师范司组织编写的《教师职业技能训练教程》一书中提到："教学技能是在课堂教学中教师运用专业知识及教学理论促进学习的一系列的教学行为方式等。"随着社会的发展和教育内容的变化，教师教学技能正从单一的技能（口语表达技能）向多种技能乃至整合技能的方向发展。一名优秀的教师必须具备很高的教学技能素养才能够驾驭专业知识，才能够采取灵活多样的方法引导学生学习知识，创造性地发展各方面的能力。下面对教学与开发技能、信息技术应用技能、培养学生创新思维技能以及教学技能技巧等几个方面进行阐述。

## 第一单元　教学与开发技能

### 环节一　教学研究技能

**问题情境**

"教师即研究者"已经成为时代对每一位教师的起码要求。教师要想成为一名合格的教育家，积极投身于教育科研活动是一条基本途径。教师只有参与课题研究，撰写教育教学论文，不断地进行自我反思和自我评价，才能够真正投身于教育科学研究中去。

**问题一　什么是教学研究技能？教师为什么要具备一定的教学研究技能？**

**学习资料一**

教师专业化不仅要求教师需要掌握深厚的课堂教学技能，还应当不断研究、发展教学研究技能，推动高校教育改革的进程。下面我们就来了解一下有关教学研究技能的基础知识。

1．教学研究技能的含义

教学研究技能是教研人员、教师运用系统科学基本原理和教育技术科学理论，通过对教学活动及发展动态的预测、设计、实施以及对其理论上的探究与发展，不断提升理论水平、应用技能及发展教师专业素质等一系列研究活动方式。该技能是教师、教研人员在现代教学活动和社会化终身学习中必须逐步把握的重要技能。教师、教学研究人员教学研究技能的水平是其教育技术能力水平的重要标志，是教师综合专业素质的具体体现。

2．教学研究技能的目的

教学研究技能应用的目的体现在以下几个方面。

① 首先在于通过具体的研究活动对广义理论（如教育技术科学理论、教育学、心理学理论、系统科学理论等）进行思考、研究，将其与自身的教学经验积累进行有效整合，形成属于自己的理论与实际的教学经验，再把这种经验转化为具体的教学思维和行为活动，使教学

取得良好的绩效。

② 其次在于发现与创新。从未来发展的角度出发，从自己或他人的教学实践中去发现、去探究、去归纳总结，形成理性认识的飞跃，创造出新的应用理论和广义理论，推动教师专业理论的发展。该技能可以不断发展完善教师、教研人员的专业整体素质，不断提高教学的有效性，更有效地培养学生的创造性实践能力，同时实现自己终身学习的过程。

**问题二　教师如果想进行教学研究，那么其选择课题、制定教学研究计划的原则有哪些？在教学实践中教学研究技能又分为哪些类别呢？**

### 学习资料二

不断提升教师的研究技能，可以使教师、教研人员有效地进行教学经验积累，发展社会化终身学习的能力和不断提升教师专业化水平，推动教学改革不断深入发展，推动教师专业化的进程。

1．教学研究技能应遵循的原则

教师要想有效培养和提高教学研究技能，必须坚持以下原则。

① 真实性原则。首先我们从事的教学研究必须是真实的。所谓真实，不应该是“闭门造车”，不应该是与教学相分离，应该以自己参与的活动为基础，通过在真实的或虚拟的环境中的体验与感受来感悟真情、实际探索、研究问题，使自己研究的成果具有真实性。

② 有效性原则。我们必须注重教学研究技能在实际应用过程中的有效性，让其更好地服务于教学研究过程，实现理论与实践的和谐统一。决不能为了研究学问、提高身价而去应用教学研究技能，这样是不会有好的结果的。教学研究技能必须能够在具体的研究过程中有效地发挥它的作用和功能，顺利完成研究任务并取得绩效。

③ 应用性原则。因为教学研究技能是一种用来完成理论与实践研究工作的技能，所以该技能在具体研究过程中必须有广泛的应用性，它可以依照使用者的目的实现对研究过程的设计与实施，达到预期的项目目标，完成项目研究内容，获得项目预期成果。提倡教师在完成本职教学工作的同时能够结合本专业实际，以科研带动教学，从不同角度解决社会生活中的突出问题，有效地为社会创造价值。

④ 支持性原则。教学研究技能必须支持研究目的、研究内容、研究方法、手段及策略，支持教学实践过程和教师教学技能的创造性应用，决不能束缚教师的手脚，阻碍教师专业的发展。

2．教学研究技能的分类

教学研究技能在客观存在的教学研究活动中分为两类，一类是理论研究范畴的，另一类则是研究具体的实践动态的，常用的有以下几种。

（1）教学研究设计技能

这是教师、教学研究人员运用教育技术科学理论与实践及系统科学基本原理建构研究环境、研究实施方案等一类的思维活动方式。教学研究设计技能是搞好教学研究的基础，好的研究环境、科学的实施方案均来自对该技能的有效运用。研究者可以用该技能组织、培训参与人员，通过对相关理论的学习，明确研究方向，树立正确的研究观念、意识，选择有效的研究途径、策略和方法。制定研究项目或课题的预期目标、内容，确定预期的研究步骤和过程，预测好预期的成果等，为下一步开展对项目或课题的理论与实践研究工作奠定良好的基础。

（2）理论研究技能

所谓理论研究技能是教师、教研人员运用教育技术能力制定策略，选择方法和手段，营造环境和氛围，进行活动与参与，去发现、探究、批判继承、发展、创新理论的研究活动方式。它存在于具体的研究实践中，既有活动与参与，又有高密度的心理过程，可以通过意义的归属与建构，使获取的知识、技能上升为理论。这种理论的形成是对已有理论的发展与创新，它具有广泛的应用价值。由此看来，理论研究技能的目的是十分清楚的，在于科学有序地发展教学，促进教育技术的应用，加速新的认识观、学习观、教学观、价值观形成。因此，在应用理论研究技能的过程中一定要遵循实事求是、批判继承和推陈出新的原则。在研究中注重调查，紧密联系教学实际，多深入教学，多活动、多参与，从真实的感悟体验中提炼、归纳总结规律，形成理论。正如毛泽东在《实践论》中所指出的："通过实践而发展真理，又通过实践而证实真理和发展真理。"

理论研究技能常用的行为活动方式有以下几种。

① 论坛参与法：是教师、教研人员通过网络论坛或其他形式的论坛进行多元互动，并通过他人的经验不断矫正自己的观点、见解，并通过共享资源不断发展完善理论的研究思维活动。

② 论文研究法：是教师、教研人员运用各种技术收集、研究相关的论文，并通过对其研究丰富、发展和完善自己所要研究的理论，进而实现预期理论成果的研究思维活动。

③ 立项课题研究法：是教师、教研人员通过主持和参与立项课题理论研究，并在具体的研究过程中通过个体与共同体的互动作用而达成共识，并在教学实践中得以反复的应用和验证，进而实现预期目的、预期成果的研究活动。

（3）实践研究技能

所谓实践研究技能是教师、教研人员运用新的认识观、学习观、价值观，通过真实的或虚拟的环境参与教学活动，并通过亲身观察、体验和感悟来提升、发展自己应用技能的实践研究活动方式。教师、教研人员对理论的应用与创新主要取决于实践研究技能。只有对实践过程进行周密研究和思考，才能有效运用系统科学的方法进行教学设计，实现教育技术与学科课程和学科教学的整合，进行独立或协作的教育技术科学研究，从而提高自己的专业能力、工作能力、教学能力、社会活动能力和整体水平，这也就是应用实践研究技能的目的所在。在应用实践研究技能时必须遵循实践第一的原则，即应用服从于需求，活动必须与具体的教学实践相统一，且不可偏离教学现代化的轨道。只有把实践研究技能的应用与教学实践活动紧密地结合起来，才能真正实现它的价值，使教学活动成为自己的研究基地，研究出来的成果才能更有效地指导教学，使研究成果具有真实性、应用性和支持性。

实践性研究技能常用的行为活动方式有以下几种。

① 实践感悟法：是教师、教研人员通过真实的或虚拟的环境氛围，对具体的教学实践活动进行观察、感受，进而去探究、发现有意义的教学行为活动，并通过感悟、实践不断规范、总结教学行为活动及获得实践研究成果的行为活动。

② 实践活动法：是教师、教研人员通过活动组织具体的教学实践，有目的、有针对性地在活动中实践自己所要研究的项目内容，并在活动中不断发展、完善，形成具有真实性、应

用性和支持性实践成果的行为活动。

③ 立项课题实践法：是教师、教研人员主持或参与立项课题实践并通过个体与共同体的相互作用实现课题项目的实践研究成果的行为活动。

**问题三　教师在进行教学研究时一般可以采用哪些方法呢？常用研究方法的具体操步骤是怎样的呢？**

**学习资料三**

教师进行教学研究的基本方法主要有：观察法、调查法、测验法、行动研究法、文献法、经验总结法、个案研究法、案例研究法和实验法（在一个课题研究过程中，根据不同的研究目的和要求，往往会用到两种以上方法）。例如，要研究学生实践能力的现状时一般可以使用调查法，要研究如何提高学生的创新能力时可以采用实验法，要研究如何对青年教师进行培养时可采用经验总结法，要研究问题家庭学生的教育对策时可采用个案法，等等。

1．观察法

观察法是指研究者通过感官和辅助仪器，有目的、有计划地对处于自然情境下的客观事物进行系统感知和观察的一种科学研究方法。

（1）观察法的分类

① 按照观察的情境条件，可以分为自然情境中的观察与实验室观察。

② 按观察者是否直接参与被观察者所从事的活动，可分为参与式观察与非参与式观察。

③ 按观察实施的方法，可分为结构式观察与非结构式观察。结构式观察预设有明确的目标、所要观察的问题以及大致范围，有较详细的观察计划、步骤以及合理设计的可控性观察，能获得翔实的材料，并能对观察资料进行定量分析和对比研究。

（2）观察法的实施步骤

① 明确观察的目的和意义（在观察中要了解什么情况，搜集哪些方面的事实材料），确定观察对象、时间、地点、内容和方法。

② 搜集有关观察对象的文献资料，对所要观察的条件有一个一般性的认识。

③ 编制观察提纲。对观察内容进行明确分类，并确定观察的重点。

④ 实施观察。要做到有计划、有步骤、全面系统地观察。

⑤ 记录并收集资料。

⑥ 分析资料，得出结论。

（3）观察法的记录

① “实地笔记”：专门记录观察者看到和听到的事实性内容。

② “个人笔记”：用来记录观察者个人在实地观察时的感受和想法。

③ “方法笔记”：记录观察者所使用的具体方法及其作用。

④ “理论笔记”：用于记录观察者对观察资料进行的初步理论分析。

2．调查法

调查法是指在教育过程中研究者凭借一定的手段、方法对一些教育现象、事实进行考察，通过对收集到的各种事实资料的分析处理，进而得出结论的一种研究方法。调查法包括问卷调查、访问调查等。下面举例说明抽样调查法的操作过程，整个过程可大致分为如下步骤。

① 确定调查的目的。确定问题，形成假说，通过调查验证假说，使问题明确化，得出结论。

② 确定抽样总体。要从中进行抽样的总体应与要得到信息的总体（目标总体）一致。从样本得出的结论适用于被抽样总体，超出这个范围时结论的适用程度取决于被抽样总体与目标总体的差异程度。

③ 确定待收集的数据。一般只收集与调查目的有关的数据，过长的调查表会降低回答的质量。

④ 选择抽样方法。这时总体中的哪种单位作为个体基本上可定下来。

⑤ 编制抽样框，如学校名录、学生花名册等。

⑥ 确定需要的精确度。因抽样调查是要由样本推断总体，会带有某些不确定性。一般是对相对误差或绝对误差做出概率水平上的要求。

⑦ 估计样本容量，估计费用。

⑧ 抽样试验。在小范围内填写调查表，做些必要的改进。

⑨ 实地调查工作的组织。按抽样方案进行调查，对收回的调查表的质量及时进行检查，对不回答的调查表要有处理方案。

⑩ 根据所用的抽样方法进行数据分析。

⑪ 可对同样的数据采用其他的分析方法，以作比较。

⑫ 写出调查报告。留存有关总体的信息，它们可能对将来的抽样起指导作用。

对于教育现象，有时难于进行严格意义上的概率抽样，可以考虑采用下列方法抽样：从总体中选出若干有代表性的大单位（群），在群内进行概率抽样；从一个小总体中选出接近于研究者对总体平均数的印象的那些个体；样本限于总体中易于取到的部分；样本是随便选取的；样本由自愿被调查的人员组成；等等。但对这样得到的样本要选择适当的数据分析方法，对结论也要慎重，应充分利用其他信息进行核查、确认。在教育现象的研究中，研究者的智慧、经验和抽样技术的有机结合是获取好样本的关键。

3．测验法

测验法是想描述某些行为的状况或推论某些行为的状况（包括能力与成就、个性、兴趣、动机、态度、观念及心理需要等），从而考虑改建的策略或方案，或进一步形成新的研究课题。在教育学和心理学中，测量被用作定量研究的重要方法，主要功能是评估、诊断和预测（如某教师所做的学生自学能力测验就是为了了解学生的自学能力究竟能达到何种程度）。

所谓测量就是根据一定的法则，将某种物体或现象所具有的属性或特征用数字或符号表示出来的过程。测验法是教育和心理学测量的一项主要内容和形式。测验的客观性是关于测验系统化过程好坏程度的指标。测验的控制，在不同时间对于同一个被测试者或同一时间对于不同的被测试者，其意义都应该是相同的。为保持刺激的客观性，则要遵照一定的程序进行控制。推论的客观性是指对同一结果不同的人所做的推论应该一致，同一个人在不同的时间对同一结果所做的解释应该相同。

4．行动研究法

行动研究法是一种适应小范围内教育改革的探索性的研究方法，其目的不在于建立理论、归纳规律，而是针对教育活动和教育实践中的问题，在行动研究中不断地探索、改进工作，解决实际问题。行动研究将改革行动与研究工作相结合，与教育实践的具体改革行动紧密相连（特点是边执行边评价边修改）。

（1）基本模式

基本模式是：计划——行动——考察——反思（即总结评价）。基本模式对教师个体比较适用。另一种模式为：预诊——搜集资料并进行初步研究——拟订总体计划——制定具体计划——行动——总结评价。从上述行动研究法的几个步骤中可以发现3个明显的特征。

① 具有动态性，所有的设想、计划都处于一个开放的动态系统中，都是可修改的。

② 具有较强的联合性与参与性，包括研究者、教师、行政人员的全体小组成员参与行动研究法实施的全过程。

③ 诊断性评价、形成性评价、总结性评价贯穿于行动研究法工作流程的始终。

（2）具体操作方法

① 预诊：这一阶段的任务是发现问题。对教学或学校工作中的问题进行反思，发现问题，并根据实际情况进行诊断，得出行动改变的最初设想。在各步骤中，预诊占有十分重要的地位。

② 搜集资料并进行初步研究：这一阶段成立由教研人员、教师和教育行政人员组成的研究小组，对问题进行初步讨论和研究，查找解决问题的有关理论、文献，充分占有资料。参与研究的人员共同讨论，听取各方意见，以便为总体计划的拟定做好诊断性评价。

③ 拟定总体计划：这是最初设想的一个系统化计划。行动研究法是一个动态的开放系统，所以总体计划是可以修订、更改的。

④ 制定具体计划：这是实现总体计划的具体措施，它以实际问题解决的需要为前提，有了它才会导致旨在改变现状的干预行动的出现。

⑤ 行动：这是决定整个研究工作成败的关键。这一阶段的特点是一边执行，一边评价，一边修改。在实施计划的行动中注意收集每一步行动的反馈信息，若是可行的，则可以进入下一步计划和行动；反之，则总体计划甚至基本设想都可能需要做出调整或修改。这里行动的目的不是为了检验某一设想或计划，而是为了解决实际问题。在行动研究中，过程性资料的搜集、整理也是非常重要的。

⑥ 总结评价：首先要对研究过程进行考察。考察内容有：一是行动背景因素以及影响行动的因素；二是行动过程，包括什么人以什么方式参与了计划实施，使用了什么材料，安排了什么活动，有无意外的变化，如何排除干扰；三是行动的结果，包括预期的与非预期的、积极的与消极的。要注意搜集这3方面的资料，背景资料是分析计划设想有效性的基础材料，过程资料是判断行动效果是不是方案带来的考察依据，结果资料是分析方案带来什么样效果的直接依据。

**问题四** **进行教学研究的最终成果大多是以研究论文的形式进行结项的，那么教学研究论文具体的写作方法及格式是什么样的呢？如何从自己的教学过程中发掘出含金量较高的教育研究论文呢？**

### 学习资料四

1．教学研究论文的含义

① 教学研究论文的概念：教学论文是教师教学研究的记录和总结，也是与同行交流的一

种方式。它一般需要回答以下 4 个问题：要解决的问题是什么，你是如何研究这个问题的，研究中发现了什么结果，这些结果有什么意义？

② 撰写教学论文的条件：要有需要研究解决的教学问题，要针对这些问题开展研究工作，要对研究的结果进行分析。

③ 教学论文的种类：从论文的形式上看，可以有论述性质的论文、调查报告性质的论文和实验报告性质的论文等，一般的教学工作总结或教学经验介绍不属于教学论文的范畴。

2．教学研究论文写作的格式

论文格式分为标题、署名及隶属单位、内容提要、正文和文献附录 5 部分。

① 标题：应简明扼要（不能采取双标题），字数一般以不超过 12 个字为宜，最多不能超过 14 个字；内容明确，语法规范，语言锤炼；要具概括性，全面概括文章的中心思想；要引人入目。

② 署名及隶属单位：署名有法律依据，文责自负；隶属单位要写清楚。

③ 内容提要：字数在 200 字以内，具备文章的所有要素。首先引入新题，调研报告要说出被调查人及其年龄特征和性别特征、调查方法和途径等；写法既简练又完整，容易吸引读者。

④ 正文：分为引论、本论和结论 3 个部分。

⑤ 文献附录：引用著作的名称、出版社、作者姓名；引用杂志的名称、期数、作者及文章名称；签日期。

3．教学研究论文撰写的方法

（1）确定论文题目

论文题目确立的实质是确立论文要研究的问题，那么怎样才能找到有意义的研究问题？一是注意在教学实践中积累资料，经常总结，从中发现问题；二是从教育教学文献中发现问题；三是参加课题研究工作。在确立研究问题时，应注意所选问题的意义应比较大（但题目不一定大），问题应是自己熟悉的，自己有能力、有条件进行相应的研究。还有一点很重要，即所研究的问题要有创新。

论文题目确立的另一方面是用文字表述论文的主题。论文写作是为了发表出来给别人看。人们看论文，第一眼是看题目，论文是否能给人留下比较深刻的印象，从而引起别人的兴趣，就看题目起得如何。题目的最基本要求是确切，长短适宜。确切是指题目能够准确地反映论文的主题，而不是题文不符。长短适宜是指论文的题目不宜太长。

确定论文题目时还要注意题目不要太大太泛。题目太大必然会使论文空洞无物，即使问题单一的论文，题目也尽量有特色，不要过泛。

（2）材料的收集

论文的写作离不开材料的运用，没有足够的材料支持就无法使自己的观点站住脚。材料的来源主要有以下 3 个方面。

① 从文献资料中获得。目前可以利用的文献资料有教育学专著、教育发展史料、教育教学专业刊物上的经验介绍和工作总结文章、自己或其他教师的教案、学生的作业和考卷、其他学科对教学研究有启发的资料。引用的文献资料要有作者署名或单位，要遵循知识产权法的要求。

② 教学调查。教学调查是通过考察教学现状进行的研究工作，通常是为了系统地了解教

学中的某些事实，在调查中获取的资料是第一手资料。调查的方法有许多种，常用的有：问卷法，问卷即使用事先印制好的调查表与被调查者进行书面形式的谈话；谈话，这是一种通过与调查对象面对面交谈获得客观事实材料的方法；观摩课堂教学，这是教师获得教学研究第一手资料的另一种方法；测试法，该方法应用的对象一般是中学生，调查者通过让学生完成精心设计的活动内容达到获取所需资料的目的；教学实验，这是教学研究的重要组成部分。进行教学实验已不单纯是了解教学现状，而是将研究者对某一教学问题的设想付诸实现，以检验自己的假设。

（3）论文写作

材料收集、整理完毕，就可以开始成文。论文的写作是有一定格式的，调查报告式论文和教学实验式论文是我们经常运用的论文形式，其写作格式一般比较明显，也容易掌握。

调查报告和实验报告大致可以从以下 3 方面进行撰写。

第一部分是引言。这部分的目的是提出问题，即调查或实验的目的是什么，问题是怎样提出的。引言可以作为同其他部分并列的独立部分，也可不另加标题，放在文章的开头。引言比较短，要开门见山、简明扼要。

第二部分是调查或实验的方法及过程，包括调查或实验对象的选取、实验变量的确定和控制、调查或实验的实施过程等。这部分要让读者了解调查或实验的过程及使用的方法，以考察所用资料是否可靠。

第三部分是讨论，即对由第二部分获得的数据资料进行分析，从中得出研究的结论。这部分要反映研究者的论点，写作时可以用简明的语言提出自己对问题的看法，做到论点鲜明。另外，需要注意的一点是结论的得出要与已有的材料吻合。

一般来说，大多数教师写论述性论文的较多，而且一般没有明显的结构划分。实际上，论述性论文也有相对固定的结构，大致也可以分为 3 部分，即问题的提出、理论分析和结论。与调查报告或实验报告不同，这里的结论有时与引言一起放在文章的开头。

## 环节二　课程整合技能

**问题情境**

课程整合是使分化了的教学系统中的各要素及其各成分形成有机联系并成为整体的过程。课程整合是一个包括智慧、意志、互动、调整的行为过程。课程整合计划的实施应该是多样化的，学校及教师可以根据自己的实际情况来选择和创造适合自己的整合模式。

**问题一**　**什么是课程整合技能？现代教育技术与课程整合有哪几个层次，分别代表什么含义？**

**学习资料一**

对于学科教师，课程整合必须从学科内开始。一是注重学科教学目标的整合，即传授学科基本知识、基本技能与培养学生的积极的学科情感和正确的学科态度和价值观的整合，学习学科概念、原理和观点与把握材料、方法和过程的整合。二是注重学科教学内容的整合，即学科内容与学生生活、当代社会生活的整合，文本教材与网络资源、生活资源的整合，学科的传统内容与学科的新发现、新观点、新问题的整合等。三是实现方法上的整合，即尝试探究性学习、研究性学习、合作学习、自主学习等多种综合性的教学方式。

1．课程整合技能的含义

狭义的课程整合通常是指，考虑到原来相互分裂的各门课程之间的有机联系，将这些课程综合化。而广义的课程整合是指课程设置的名目不变，但相关课程的课程目标、教学与操作内容（包括例子、练习等）、学习的手段等课程要素之间互相渗透、互相补充。课程整合技能是教师应用整合思想于课堂教学的一种能力和意识，作为一名优秀教师不但要具备相当扎实的课堂教学基本技能，还应当掌握21世纪教师应当具备的前沿思想和整合技能。实现现代教育技术与学科课程整合，为学生的学习和发展提供丰富多彩的教育环境和有力的学习工具，是教师实施高校课程改革的教学基本技能。

运用现代教育技术，实现与学科课程的整合，为的是改变教学内容的呈现方式、学生的学习方式、教师的教学方式和师生互动方式，目的是为学生的学习和发展提供丰富多彩的教育环境和有力的学习工具，提高办学质量，促进学生的发展。因此，在课堂教学中教师要树立以提高教学质量和效益为目的、以转变学生学习方式和促进学生发展为宗旨的教学技术应用观，既要认识到现代教育技术具有的巨大作用又要看到它的工具本质，既要防止技术至上又要避免陷入技术无用的认识误区，要让现代教育技术为教学服务，为学生的学习服务。在运用现代教育技术的同时，不要抛弃传统的教学技术，如黑板、粉笔、挂图、模型等传统教具，录音机、幻灯机、投影仪等电化教学手段。这些在教学过程中同样具有独特的生命力，要把现代教育技术和传统教学手段结合起来，促进各种技术手段之间的协调互补。

2．现代教育技术与学科教学整合的层次

目前，国内许多学者根据自己对这一概念的理解提出了教育技术与课程整合的内涵，由此使得教育技术与课程整合的概念扩大化，但归纳起来大致有以下4种。

① 现代教育技术与学科教学的整合。这一层面的整合结果包括CAI、Web-based CAI、CMI、校内闭路电视、卫星传输教学节目、电影、幻灯等利用信息媒体展示教学信息而开展教学的模式。

② 现代教育技术与学习活动的整合。这一层面的整合结果包括CAL、CSCL、利用计算机网络开展的讨论、在线会议、利用视频会议开展的网上讨论学习、在线答疑等模式。与①不同的是，这一层面的整合体现了现代教育技术不只是作为呈现教学信息和抽象知识的载体，它更多地是作为教与学的互动、学生之间交流与沟通的工具。

③ 学科教学与学生学习活动的整合。上述①、②两方面共同构成了现代教育技术与课程整合的概念。学科课程与活动课程，在国外自20世纪50年代以来这两种课程形态由截然分开和彼此对立走向相互融合和趋向统一、熔于一炉，从而形成了以建构主义课程观为基础的“学生本位课程”。结合活动开展学科教学，在我国的一些学校也有所实施。

④ 教育的信息化——教育技术与学科以及实践活动的整合。显示，教育技术教育（ITE）学科与其他学科的整合反映了整合后的综合课程的特征，又指明了在真实活动或学习共同体中体验性学习知识和技能的必要性，同时把教育技术作为工具支持这一学习的教育技术教育课程、学科课程、活动课程之间的整合，其结果是教育技术环境下基于真实活动的系统化知识技能的主体学习活动。

## 问题二　什么是现代教育技术与课程整合的目标？教师进行课程整合需要遵循哪些原则？

### 学习资料二

现代教育技术与课程整合要达到的宏观目标是：建设数字化教育环境，推进教育信息化进程，促进学校教学方式的根本性变革，培养学生的创新精神和实践能力，实现教育技术环境下的素质教育与创新教育。

1．现代教育技术与课程整合的具体目标

（1）优化教学过程，提高教学质量和效益

教育技术与课程整合的本质是在先进的教育思想、教育理论的指导下，把以计算机及网络为核心的教育技术作为教学环境的创设工具和促进学生学习的认知工具应用到各学科教学过程中。对各种教学资源、各个教学要素和教学环节进行组合、重构，使其相互融合，从而提高教学质量，促进传统教学方法的变革。

（2）培养大学生的信息素养

培养大学生获取信息（包括信息发现、信息采集与信息优选）、分析信息（包括信息分类、信息综合、信息查错与信息评价）、加工信息（包括如何有效地利用信息来解决学习、工作和生活中的各种问题）和利用信息（包括信息的排序与检索、信息的组织与表达、信息的存储与变换以及信息的控制与传输等）的知识与能力，使大学生打好全面、扎实的信息文化基础，同时具备对信息内容的批判与理解能力，并能在虚拟的环境中具有良好的伦理道德和法律意识。

（3）培养大学生掌握信息时代的学习方式

海量的网络信息改变了人们的学习方式，学习方式从接受学习转变为自主学习、探究学习、研究性学习和协作学习。新的学习方式要求学习者必须能够利用资源进行学习，学会在数字化情境中进行自主发现，学会利用网络通信工具进行协商交流、合作讨论式的学习，学会利用信息加工工具和创作平台进行实践创造的学习。

（4）培养大学生终身学习的态度和能力

在信息时代，知识的更新加快，各学科间相互渗透，出现了更多的新兴学科和交叉学科。在这种科学技术、社会结构发生剧变的大背景下，要求学习者能够具有主动汲取知识的愿望并能付诸于日常生活实践，要能够独立自主地学习，能够自我组织，并能控制整个学习过程，对学习进行自我评估。

2．现代教育技术与课程整合的原则

现代教育技术与课程整合是指将教育技术有机地融合在各学科教学过程中。但整合不等于混合，在利用现代教育技术之前，教师要清楚现代教育技术的优势和不足，并了解学科教学的需求。在整合过程中，教师要设法找出现代教育技术在哪些地方能提高学习的效果，从而使学生用现代教育技术来完成那些用其他方法做不到或效果不好的学习任务。在具体操作过程中需要遵循以下原则。

（1）运用教育理论指导课程整合的实践

学习理论为现代教育技术与课程整合奠定了坚实的理论基础，在教与学的层面上每一种理论都具有其正确性的一面。但是，在教学实践中没有一种理论具有普遍性，无论哪一种理论都不能替代其他理论而成为唯一的指导理论。行为主义学习理论在对需要机械记忆知识或具有操练和训练教学目标的学习中突显出来。认知主义学习理论的指导作用则主要体现在激发学生的学习兴趣，控制和维持学生的学习动机。建构主义学习理论提倡给学生提供建构理解所需要的环境和广阔的建构空间，让学生自主地、发现式地学习。例如，利用教育技术进行适当的内容重复，帮助学生记忆知识；通过教育技术设置情景，让学生便于意义建构。

（2）根据学科特点构建整合的教学模式

每个学科都有其固有的知识结构和学科特点，它们对学生的要求也是不同的。语言教学是培养学生应用语言的能力，主要训练学生在不同的场合正确、流利地表达自己的思想，较好地与别人交流的能力。理科属于逻辑经验学科，主要由概念、公式、定理、法则以及应用问题组成，教学的重点应该放在开发学生的认知潜能上。文学艺术学科则是与人们的生产、生活密切相关的学科，在教学中应注意学生的观察能力、理解问题的能力和创新设计能力的培养。如果需要培养学生的操作能力，那么用计算机的模拟实验全部代替学生的亲手实验将会违背学科的特点，背离教学目标中对学生动手能力的培养。

（3）根据教学内容选择整合策略

现代教育技术与课程的整合应该根据不同的教学对象，实施多样性、多元化和多层次的整合策略。对于学习类型和思维类型不同的人来说，他们所处的学习环境和所选择的学习方法将直接影响他们的学习效果。如有的学生不善于主动加工外来信息，喜欢有人际交流的学习环境，需要明确的指导和讲授。而有的学生在认知活动中则更愿意独立学习，进行个人钻研，更能适应结构松散的教学方法或个性化的学习环境。

（4）用“学教并重”的教学设计理论进行课程整合的教学设计

目前流行的教学设计理论主要有“以教为主”的教学设计和“以学为主”的教学设计两大类。理想的方法是将二者结合起来，取长补短，形成优势互补的“学教并重”的教学设计理论。而且，这种理论也正好能适应“既要发挥教师主导作用，又要充分体现学生主体作用的新型教学结构”的要求，将教育技术作为促进学生自主学习的认知工具与情感激励工具。

（5）个性化学习和协作学习的和谐统一

现代教育技术给我们提供了一个开放性的实践平台，对于同一任务，不同的学生也可以采用不同的方法和选择不同的工具来完成。这种个性化的教学策略对于发挥学生的主动性，进行因人而异地学习是很有帮助的。既要为学生提供个别化的学习机会，又要组织学生开展协作学习。

**问题三　现代教育技术与课程整合的具体教学模式有哪些？教师如何灵活运用这些教学模式于课程教学呢？**

**学习资料三**

具备了信息课程整合的理念，那么具体如何实施这些思想呢？作为一线教师应该了解一些基本的具有课程整合理念的教学模式，只有心中有数，这样才可以做到运筹帷幄。下面介绍现代教育技术与课程整合的教学模式的种类。

① 抛锚式教学模式。这种教学模式由以下环节组成：创设情境，确定问题，自主学习，协作学习，效果评价。

② 支架式教学模式。这种教学模式由以下环节组成：进入情境；搭建支架，引导探索；独立探索；协作学习；效果评价。

③ 随机进入教学模式。这种教学模式包括以下环节：呈现基本情境，随机进入学习，思维发展训练，小组协作学习，学习效果评价。

④ Web Quest 模式。Web 是“网络”的意思，Quest 是“寻求、调查”的意思，Web Quest 是一种“专题调查”活动。在这类活动中，部分或所有与学习者互相作用的信息均来自互联网上的资源。

⑤ 资源利用—主题探究—合作学习模式。其环节由以下几个部分构成：社会调查，确定主题，分组合作，收集资料，完成作品，评价作品，意义建构。

⑥ 小组合作—远程协商模式。这种模式是在网络环境下，不同地区的多所学校各自组成合作学习小组，围绕同一主题，建立小组网页，交流意见，进行评比。

⑦ 专题探索—网站开发模式。这种模式是在网络环境下对某一专题进行较广泛、深入的研究学习，并要求学生构建“专题学习网站”来培养学生的创新精神和实践能力。

## 问题四　现代教育技术与课程整合的方法有哪些？

### 学习资料四

现代教育技术与课程整合的最终结果以综合学习形式出现。归纳起来现代教育技术与课程整合（即综合学习）的方法大致有以下几种。

① 基于问题的学习（Problem-based Learning）。“基于问题的学习”在 20 世纪 70 年代流行于美国，它是以难于结构化的现实问题为对象的活动课程，它包括模仿、学徒制、自主学习等教学模式。

② 基于方案的学习（Project-based Learning）。“基于方案的学习”是由杜威的弟子 W. H. Kilpatrick 开发的，在我国一般称之为“研究性学习”，它是对主题和专题进行深入研究的模式。

③ 基于主题的学习（Topic-based Learning）。“基于主题的学习”与“基于专题的学习”类似，只是“主题”可以是一个宽泛内容的讨论，比如主题为“食物”。

④ 基于专题的学习（Theme-based Learning）。“专题”是一个比较抽象的概念或更为具体的讨论。专题就应该定为“营养”。通常，专题需要较多的计划，专题的发展即变成主题。

⑤ 基于作业的学习（Performance-based Learning）。“基于作业的学习”是一种展示作业和表现活动的学习，例如服装设计专业的服装设计作品展示等活动就属此类。

⑥ 基于 GBS 的学习（GBS-based Learning）。“基于 GBS（Goal-based Scenarios，即基于目标的学习计划）的学习”是由美国著名的 512 智能专家 R．Schank 创造的，是以获取现实的问题解决能力为目标的教学模式。它是基于情境化学习理论开发的，提供了一种建构主义理念下的学习环境。

以上这些课程类型虽然各有不同的学习步骤，但都是基于解决问题的学习活动。需要指出的是，在实际运用当中经常是几种类型相互结合起来使用。比如基于方案的学习与主题学习或专题学习的结合，其学习过程包括确定主题、收集信息、加工处理信息、应用信息、制作并展示创作成果。

## 环节三　课程资源开发技能

**问题情境**

教师要具备一定的课程开发能力。高校课程改革要求教师不仅会“教书”，而且会“编书”，也就是课堂教学不应仅局限在书本之中。课程参与指的是教师全程性地、主动地、批判地、合作地介入课程开发、决策、实施、评价等过程的一种活动。它意味着教师带着自己对学生和课程的理解、经验来体认课程的生成和运动过程（从课程决策到评价）。

**问题一**　**什么是课程资源开发技能？教师为什么要具备课程资源可发技能呢？**

**学习资料一**

1．课程资源的概念

一般认为，课程资源也称教学资源，就是课程与教学信息的来源，或者指一切对课程和教学有用的物质和人力。

按照课程资源的空间分布的不同，课程资源划分为校内资源、校外资源和网络化资源。

① 校内资源：主要包括本校教师、学生、学校图书馆、实验室、专用教室、动植物标本、矿物标本、教学挂图、模型、录像片、投影片、幻灯片、电影片、录音带、VCD、计算机软件、教科书、参考书、练习册，以及其他各类教学设施和实践基地等。

② 校外资源：主要指公共图书馆、博物馆、展览馆、科技馆、家长、校外学科专家、上级教研部门、大学设施、研究机构、有关政府部门、其他学校的设施、学术团体、野外、工厂、农村、商场、企业、公司、科技活动中心、少年宫、社区组织、电视、广播、报纸杂志等广泛的社会资源及丰富的自然资源。

③ 网络化资源：主要指多媒体化、网络化、交互化的以网络技术为载体开发的校内外资源。由此可见，课程资源开发的对象种类繁多，空间广阔。

2．课程资源开发技能的含义

课程资源开发技能是 21 世纪课程改革对教师提出的新的要求，强调教师不单纯是课程的执行者，而是课程的建设者、开发者。因此，在课堂教学中教师要改变“课程即学科”、“课程即教材”的传统观念，把师生的生活、经验、智慧、理解、问题、困惑、情感、态度、价值观等素材性课程资源真实地融入课堂教学过程中，让自己和学生真实地体验到教学过程是师生的人生过程；要充分开发和利用学校现有的各种课程资源、图书资料、影视资料、实验室、多媒体、设备、教具等，还要开发和利用平时搜集和储存的各种校外课程资源，将其用于课堂教学之中；要创造性地使用教材，根据学生学习的需要重组和优化课程内容，调整教材结构，科学合理地进行取舍。

在高校课程改革背景下，大学课堂的课程内容的综合性、弹性加大，教材的选择为教师留有的余地加大，教师可以根据教学需要，采用自认为最合适的教学形式和教学方法，决定课程资源的开发、利用。这就要求我们教师不仅会“教”书，还要会“编”书，降低对教科书的依赖。为此，高校教师不但要具备一定的课程整合能力，还应具备一定的课程设计能力和课程资源开发能力。

**问题二　教师应该具有怎样的课程资源观念才可以更好地建设自己的课程呢？教师进行课程资源开发的原则有哪些？**

### 学习资料二

教师具备什么样的教学观念，会相应地影响自身的课堂教学设计形式。教师应当具备基本的课堂资源观念，才可以使自己的教学“活”起来，使学生从被动的知识接受者转变为知识的建构者，激发学生学习的积极性和主动性。

1．教师应该具备的基本的课程资源观

（1）教学大纲和教科书是基本而特殊的课程资源

教学大纲是国家对高等教育的基本规范和要求，是教材编写、教学、评估和考试命题的依据，是国家管理和评价课程的基础，它是政策性很强的课程资源。教科书在编写时遵循了学生的发展特点，精选了学生终身学习必备的基础知识和经验，它在很大程度上决定了教师的教和学生的学，对教学质量的提高起着关键的作用，它是基本的课程资源。同样，在资源转化为课程资源时也不是简单地理解为编写几本教材，课程资源的呈现和利用应该是多样化，这样才能使课程资源更好地发挥它的作用。

（2）教师和学生是重要的课程资源

教师不仅决定着课程资源的鉴别、开发、积累和利用，其自身也是实施课程的首要的基本条件资源。教师的素质状况决定了课程资源的识别范围、开发与利用的程度以及发挥效益的水平。同时，教师的知识结构和人格魅力等都是宝贵的课程资源。学生生活以及家庭背景和生活环境同样也是课程资源。

（3）生活中处处有课程资源

教学过程是动态的、开放的。无论什么地区什么层次的学校都有可开发的课程资源，我们缺乏的是课程资源开发的意识与能力。

2．课程资源开发遵循的原则

（1）优选原则

生活中的所有事与物都是可能的课程资源，但不一定都能成为现实的课程资源。教师不但要根据可能的资源来进行设置，还需要考虑针对不同年级学生的教育意义和课程功能，特别要考虑校本课程是否有利于实现课程计划的培养目标。就国家规定的课程来说，开发课程资源要以国家课程标准为依据，要明了在此时此地条件下达到教学的最优化，哪些资源是适合的、有效的，应该赋予这些资源以怎样的课程意义，因此，课程资源的开发不仅仅需要对可能成为课程资源的事与物的敏感度，更需要对课程计划、课程标准有全面、深刻、准确的把握，即课程资源的开发要以课程计划和课程标准为依据。

（2）前瞻原则

课程资源的开发不仅要考虑学生的现有知识和现在需求，还要考虑其未来作为现代公民必备的地理素养的培养，学习对终身发展有用的知识和技能，初步掌握地理思维和地理研究的基本方法。

（3）实用原则

课程资源开发不能追求形式的好看，要和大学教学和学生实际结合起来。大学生的主要任务是要与社会实际应用接轨，为就业做好准备。课堂教学是其主要阵地，学校课程资源开发要突出其对具体教学过程的关注，在这个意义上，课程资源的开发即使不是完全伴随着教学过程进行的，也是更亲近、更动态地关注教学过程的。因此，课程资源的开发不是脱离教学过程或在教学过程之外的活动，而是与教学过程紧密相连甚至就是教学过程的内在的组成部分。

## 问题三 课程资源开发的基本途径有哪些？

### 学习资料三

教师具备了一定的课程资源开发的观念，那么如何利用周围和自身的事物开发符合学生特点的课程资源呢？下面从3个方面介绍课程资源开发的基本途径。

1．课程资源开发的基本途径

教师在建设自身课程资源的同时，除了要研究课程教材本身以外，还应当关注以下几个与课程相关的方面。

① 关注社会热点，了解国内和国际社会发展的方向，以确定有效参与社会所必需的知识、技能和素养。

② 分析本校学生和教师的实际情况，开发能让学生最大限度受益的课程。

③ 积极开展利于课程资源开发和建设的设施，如专业教室、专业实验室、专业资料库等。

④ 广泛收集本地区自然和人文环境的素材，或者是专门机构，从而加以利用。

⑤ 与兄弟学校建立良好的合作关系，取长补短，共享资源，提高效率。

2．课堂教学资源开发应注意的问题

课堂教学是高校课程改革实施的主要途径，因此教学活动的资源就成为课程资源的重要组成部分，开发和利用这类资源就要特别关注学生个体的差异性和独特性。国外很多高校在开发课堂资源上花费了很大力气，不但在课程设置上推陈出新，而且还将一些课程资源课堂化，更加丰富了课堂教学资源，值得借鉴。在开发课堂教学资源时，作为教师需要注意以下几个方面。

① 了解和把握学生发展的水平和差异。这样在设计教案、组织活动、布置作业、选编教辅材料等方面就可以有的放矢，提高效率。

② 结合课堂教学的进度和实际，将课堂开放并延伸至课外，充分挖掘学生的潜力，利用其已有的生活经验或社会关系解决实际问题，将知识转化为能力。

③ 教师和学生进行总结和反思。通过反思不断积累并完善资源的开发，成为进一步教学的基础。

④ 发挥网络的作用。网络强大的搜索功能几乎能提供教学所需的所有东西，因此现代科技不但丰富了生活，同时也成为课程资源开发的重要领域。

⑤ 尽可能开发出“菜单式”的课程计划，让学生根据自己的需要自由选择和组合自己的课程表，形成个性化的课程表。

3．校外课程资源开发

校外课程资源丰富多彩，更加适合个性化的需求，虽然在组织和开发上有一定的难度，但是其作用是不言而喻的，概括起来有以下几个方面。

（1）校外社会机构

如图书馆、科技馆、博物馆以及其他专业展览馆，这些都作为重要的文化资源，在开发课程资源中起了重要的作用。在形式上可以加强与之联系，实现资源共享，还可以请专业人士与学生互动交流，培养学生获取信息、运用知识的能力。

（2）乡土资源

乡土资源主要是指学校所在地区的自然和人文环境资源，如乡土地理、自然风光、地形地貌、民风民俗、社会结构以及独特的地方文化。这些资源如果也成为课程资源，那么在学生完善知识结构和培养人文素养方面都有重要的价值。对于乡土资源的开发，可以作为校本课程开发，也可以作为课堂教学的补充，还可以成为研究性学习或课外活动的资源，争取让每个学生都能在这个平台上发挥自己的作用。

（3）网络资源

网络是一个巨大的资源库，它最大的优势是突破了教学的时空限制，小到一个国家，大到整个地球，都可以成为我们教学的资源，同时还可以便捷地互动交流，有效地延展了课堂，拓宽了学生的思路。所以，对于网络应该很好地去开发，在形式上可以发动学生利用自己的优势，在自己适合的时间和地点利用网络资源，教师应该给学生留有足够的空间和时间。

# 第二单元　培养学生创新思维技能

## 环节一　指导研究性学习技能

**问题情境**

高校课程改革要求教师不单纯讲授教材中的知识，更应该重视培养学生的创新思维，提倡学生在校期间就可以开展各种类型的创新课题研究。要想有意识地培养学生这些能力，教师自身必须具备一定的指导学生进行研究性学习的能力。

**问题一**　什么是研究性学习？教师如何指导学生进行研究性学习呢？

**学习资料一**

一般认为研究性学习是前苏联教育家苏霍姆林斯基在他的《给教师的建议》一书中首次提出的，因此对这个概念的界定限定为教学理论。由此，研究性学习也被看成是一种在学校教育体系中使用的“教学法”，这是值得进一步推敲的。研究性学习更应该看作是个体掌握知识的一种学习方式。

1．研究性学习的含义

研究性学习是指学生在教师的指导下，从自然、社会和生活中选择和确定专题进行研究，并在研究过程中主动地获取知识、应用知识、解决问题的学习活动。

2．教师对研究性学习的深入理解

教师要想指导学生开展研究性学习，首先要对研究性学习有一个全面的理解。

① 采用专题探究方式。围绕特定问题展开，因此，有的国家的学者谓之以项目学习或项目探究，中国香港称之为专题研习，上海有些较早开展研究性学习的学校谓之为小课题研究。

② 探究专题来自学生周边生活。探究所要解决的问题不是来自教科书某一知识点而设计的练习题，而是来自学生实际的社会生活、学习生活和日常生活。

③ 学生在开放性的学习中多渠道主动地获取知识。研究性学习活动的开放程度最高，无论是学习内容、学习方法还是学习手段都具有非常高的开放性，尤其要通过多种渠道获取信息。

④ 综合应用多方面知识解决实践问题。研究性学习不单纯是针对某一门学科进行的，通常是为了使学生获得多个方面、多种学科、不同层次的知识和能力。“跨学科研究活动”同时强调学习活动综合性特点。

⑤ 需要教师指导。学生的研究性学习活动是在教师的指导下开展的一种探究实践，这对教师的指导提出了许多新的要求。学生的研究性学习活动并不是科学家的科学探究活动，而是一种在教师的指导下进行的学习活动。

## 问题二 研究性学习的基本特征有哪些呢？

### 学习资料二

研究性学习相对于一般的学习方式所必需而独特的特征包括以下6个方面。

1．重自由

研究性学习注意给予个体真正充足的自由空间，因为研究性学习是个体主动进行的，学习步骤也是个人安排的，同时研究结论的获得也是需要自由的。从过程安排和取得结论两个方面可以看出，个体在研究性学习中将会比在其他任何方式的学习活动中得到更多的自由。

2．重主动

要使个体真正独立安排自己的学习方法和进程，真正培养个体今后所需的独立学习能力，就要求个体在研究性学习的自由空间中充分发挥主动性。在传统教学模式中，个体往往处于被动的地位，而研究性学习所进行的研究性学习活动本身就包含着主动的要求，个体在整个研究性学习活动中都是主动计划、主动参与、主动实施。

3．重参与

重参与是指在研究性学习活动中，个体充分应用自身原有的知识和技能，从发现问题、收集资料、加工资料直至得出结论，这一切均需要个体全身心参与。只有这样，个体才能真正获得知识并增进自己各方面的能力。因此，个体在研究性学习中的参与程度也远远超出了其他学习方式。

4．重过程

研究性学习不但注重学习结果，而且更加注重学习过程。这是因为：一方面，在研究性学习过程中个体得到了最大的自由空间和更多地参与了步骤安排；另一方面，研究性学习所要达到的培养研究能力、创新意识和创新精神的目标只有在研究性学习的过程中才能真正实现。因此，注重过程也应成为研究性学习的一个根本特征。

5．重开放

研究性学习在其内容、过程安排和得出结论方面都享有充足的开放性。研究性学习并不把内容固定在单一的学科内容中，而是放在了一个广阔的知识范围内。在日常生活中，只要有问题产生，就可以当作内容的来源。在过程的安排上，研究性学习对一个问题的研究不是仅有一种固定的研究方法，而是需要从多种方法中选取一种或多种综合应用。研究性学习的开放性还表现在学习活动的地点并不拘泥于课堂，不拘泥于校园，要求学生走出教室，走出校门，把学习地点延伸到社区、家庭，把学习环境扩大到社会、自然界，与社会考察、社区服务、公益活动和生产劳动等综合实践活动有机结合起来，加强学校与社会的联系，改变封闭办学、脱离社会的不良倾向，培养学生的社会责任感。同时研究性学习的时间也是开放的，主要基于“专题研究”的规律，此专题不可能控制在一节课内完成。有的三五天，有的一周，有的个把月，有的一个学期或更长时间，比如观察某地气候变化。

6．重交流

研究性学习过程其实是一种交流过程。在发现问题的过程中，需要和别人交流以明确这个问题值不值得研究，在收集资料的过程中需要得到别人对这个问题的看法，在加工资料的过程中需要向别人提出自己的看法，最后在意见的交流中得出结论。不仅以上这些方面，而且整个学习过程都体现注重交流，这些交流可以表现为师生交流、学生交流等形式。

## 问题三　研究性学习的基本类型是什么呢？

### 学习资料三

研究性学习的基本类型可以从以下不同角度进行划分。

1．部分探究与完全探究

部分探究：要求在单科课程课堂教学中体现探究性和实践性特征。

完全探究：需要突破时空限制，不拘泥教材、知识点。

2．课题研究与项目设计

课题研究：以认识和解决某一问题为重要目的，实际上是以问题解决为中心的探究学习或基于问题解决的研究性学习。

项目设计：以解决一个比较复杂的操作问题为主要目的——包括社会性活动的设计和科技类项目的设计两大类。

3．接受式探究与发现式探究

接受式探究学习：信息由学生主动地从现有资料或资源中直接搜索或向有关人士直接询问，信息是现成的，略加整理而得。

发现式探究学习：不可能直接搜集到现成的信息，而必须由学生经过观察、实验、调查、解读、研讨等活动过程，通过整理分析来获得或发现。

4．知识探究型、学术探究型与创新研究型

知识探究型：学生学到某一方面知识，在教师指导下拓宽学习范围，获得学习体验，形成研究学习报告。这种研究尽管只是初步的，但能有效解决“是什么”的问题且能激发学生进一步的研究性学习。

学术探究型：学生在必修学习或选修学习中对某一内容发生浓厚兴趣，从而确定专题，在教师指导下，用一段时间研究探索，写出“再发现”或“准发现式”学术论文。这些论文可能对学术界并无太大价值，但对学生而言却是经过独立探究获得全新“再发现”知识，甚至也有可能涉及前人的“盲点”。这类带有创新成分的研究能有效解决“为什么”的问题。

创新研究型：属于最高层次，解决“怎样做得更好”问题。

## 问题四　研究性学习的意义是什么样的？对于传统课堂教学有哪些帮助呢？

### 学习资料四

研究性学习相对于传统课堂有其自己独特的优势，那么研究性学习实施的教学意义有哪些呢？

① 研究性学习有助于实现综合的教育目标。在研究性学习中，学生不仅可以掌握知识，还可以掌握获得知识的能力，并能逐步养成全面的创新能力、创新意识和创新精神。所以在研究性学习中，教学不仅可以达到使学生获得一定知识和技能的目标，而且还可以培养学生的综合能力以适应当前知识创新的要求。

② 研究性学习促使教学方法更加灵活多样，如观察教学法、调查教学法、实验教学法等，改变了原来单一的讲授法。

③ 研究性学习有利于改变学生在教学中的被动地位。研究性学习最大的特点就是让学生自主学习。通过提供充足的自由空间和主动性发挥的余地，有利于改变学生被动和不自由的状况，为学生个性发展和创造性发展创造条件。

④ 研究性学习有利于改进教师的生存和发展状况。在研究性学习中，教师的主导作用是引导、指导和帮助，这样教师在工作上就省去了很多不必要的劳动，如监督、安排学习内容等，使教师可以抽出更多时间改进教学，关注自身发展。

⑤ 研究性学习有利于重建教师的威信和建立新时代的师生关系。在研究性学习中，教师不再是知识的仓库，教师的主要作用不再是灌输知识，而是学生获得知识过程的指导者和帮助者，教师和学生的关系也不是讲授和静听的关系了，而是一种交流的关系。研究性学习有利于建立新型师生关系。

## 问题五　实施研究性学习的具体步骤有哪些？

### 学习资料五

一位教师如果希望对自己的课程进行教学改革，可以将研究性学习方式与自己的课堂教学结合起来，培养学生的创新思维和实际动手能力，具体操作步骤如下。

1．选择课题

① 学习目标：学会指导学生选题。

② 操作步骤：确定课题的来源，把握选题的原则，确定选题的基本途径。

2．组建课题组

① 学习目标：学会组织学生组建课题组。

② 操作步骤：采取自愿组合、适当调整的组建原则组建课题组。一般由3～6人组成。

各小组课题尽量互不重复；学生推选研究能力和组织能力较强的同学为组长，可以聘请有一定专长的专家（如本校教师、校外人士等）为指导教师；确定优势互补、分工合作的活动原则。

3．设计课题

① 学习目标：学会指导学生设计课题。

② 操作步骤：目的意义论证；研究现状的调研；研究内容的设计，经过系统分析列出课题具体要研究的内容并进行整理，形成研究内容的基本框架；研究方法的设计，在研究内容设计的基础上，对具体研究方法、对象的选择、研究因素的实施和控制、研究资料收集与处理的方法和手段等进行设计。

4．制定研究方案

① 学习目标：学会指导课题组制定出研究方案，明确研究活动计划。

② 操作步骤：确定课题名称，阐明课题的目的和意义，制定课题研究的主要内容和目标，选择课题研究的基本方法，说明课题研究的基本步骤，说明课题研究的成果形式，分析完成课题研究的条件，说明成员分工、经费预算等。

## 环节二　指导探究性学习技能

### 问题情境

高校课程改革强调注重培养学生的独立性和自主性，引导学生质疑、探究，在实践中主动地、富有个性地学习；倡导教师的教学内容要联系实际，贴近社会，与学生的日常生活所接轨，培养学生从社会生活中发现问题、提出可行的解决方案并能够有效地解决问题的能力。

### 问题一　什么是探究性学习？教师如何指导学生进行探究性学习呢？

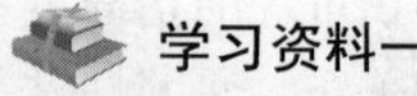

#### 学习资料一

新时代教师的角色要从知识的传授者向学生学习的指导者的角色过渡，教师需要了解什么是探究性学习，如何对学生进行研究性学习的指导。

1．探究性学习的含义

探究性学习是指学生在教师的指导下，在学科领域或现实生活的情境中，通过主动地发现问题、体验感悟、实践操作、表达交流等探究性活动，获得知识和技能的学习方式和学习过程。探究性学习常常表现为学生以独立、小组合作的方式进行探索性、研究性学习活动，注重学生的主动探索、体验和创新，是与接受式学习本质不同的学习方式。指导探究性学习技能是教师指导学生通过问题、猜想、实验等开展探索性学习实践活动，掌握知识、技能和策略，提高学习能力的一类教学行为。

2．探究性学习的目标

探究性学习的目标有以下几个方面。

（1）培养学生的主体意识和主体参与能力

在传统的接受式教学中，学生的主体地位难于落实，更难发展学生的主体性。探究性学习强调从“做中学”，学生始终处于积极的自主学习状态、能动的实践过程之中，学生的主体活动成了教学活动的中心。因此，探究性学习是实现学生主体性发展的重要载体。

（2）培养学生的学习情感和学习能力

探究性学习建筑在学生强烈的学习需求和渴望探究的学习欲望基础之上，注重学生的经验与实践，提供给学生的学习任务情景具有真实性特征，所以，它能够有效地激发和维持学生的学习动机。学生在探究过程中具有充分的自主权，有着展示自我、表现自我的机会，能够充分地体验到自己在学习中的主人感、自我价值感和成功的自豪感。所以，在学习过程中必然要伴随着积极的情感体验，有利于学生养成良好的学习品质。探究性学习方式为学生自主探究、体验感悟、实践操作、自我反思提供了广阔的空间，使学生的学习能力在探究实践活动中不断得到发展。

（3）开发学生的创造潜能，培养学生的创新精神和实践能力

探究性学习的灵魂在于创新，培养学生的创新素质是探究性学习的核心目标。探究性学习使学生在真实、开放的学习环境中独立思考，积极实践，勇于探索，充分发挥自己的主观能动性，积极提出新观点、新思路、新方法，使得学生的创造潜能得到充分的开发，在实际操作的过程中培养学生的实践能力。

## 问题二　探究性学习的主要特点是什么？

### 学习资料二

探究性学习在教学过程中把学生作为活动的主体，立足于学生的学，以学生的主体活动为中心来展开教学过程。探究性学习在教学中有其独特性，主要特点如下。

1．探究性学习的主要特点

（1）自主性

学生在积极主动地参与教学活动的过程中以自己的经验和知识为基础，经过积极的探索和发现、亲身的体验与实践，以自己的方式将知识纳入到自己的认知结构中，并尝试用学过的知识解决新问题。教师在这个过程中只是一个组织者、指导者和参与者。探究性学习方式有利于学生主体意识和主体能力的形成和发展，有利于塑造学生独立的人格品质，有利于培养学生的自主性。

（2）实践性

探究性学习是以学生的主体实践活动为主线展开教学过程的。学生借助于一定的手段，运用多种感官，通过自己的主体活动，在做中学，使得学生的实践活动贯穿于学习活动的始终。探究性学习特别强调学生的感知、操作和语言等外部的实践活动，强调学生的直接经验和间接经验的交融、统一，使认知活动建立在实践活动的基础之上，用学习主体的实践活动促进学习者的发展。

（3）过程性

探究性学习追求学习过程和学习结果的和谐统一。接受式学习重视学习的结果，探究性学习更加关注学习的过程。探究性学习非常注重学习过程中潜在的教育因素，它强调尽可能地让学生经历一个完整的知识的发现、形成、应用和发展的过程，让学生尽可能地像科学家那样发现问题、解决问题，经历一个完整的科学研究过程，体验发现知识、再创知

识的创新过程。

（4）开放性

探究性学习的目标是很灵活的，不像知识目标那样明确具体的要求和水平。探究性学习在内容上是开放的，在探究结果的要求上是开放的。探究性学习打破了传统教学在统一规定下的教学模式，为学生提供了大胆创新、实现自我超越的学习环境。学生在探究学习的过程中能够大胆地怀疑，提出问题，探讨解决问题的方案，对不同的结果进行分析，培养创新意识和创造能力。

2．探究性学习的类型

根据不同阶段的教师的指导程度和学生探究能力的水平层次，探究性学习可分成引导探究、合作探究和自主探究 3 种。

（1）引导探究学习

引导探究学习是指在整个学习过程中都采用在教师指导下的探究性学习方式。教师在学习的各个环节都预先为学生设计好学习情境，并帮助学生按照教师预定的学习目标和学习方式进行探究活动。学生虽然也积极主动地参与探究活动，但学习的自主性和创造性相对要差一些。因此，从学生自主的程度这个意义上讲，引导探究学习是一种低水平的探究性学习方式。

（2）合作探究学习

合作探究学习是指师生共同合作进行探究教学活动的学习方式。教师是探究活动的组织者，是学习任务情境和探究方法手段设计的帮助者，是探究材料的提供者和探究过程的参与者。

（3）自主探究

自主探究学习是高层次的探究性学习，它特别强调探究学习的自主性和创造性。在整个学习过程中，学生自行提出问题，自主选择探究材料和探究方法，独立或者协作解决问题，最后由师生共同对探究的问题、方法、结果进行评价。教师只是对学习中存在的问题提出建设性意见，指导学生反思整个探究学习过程。

## 问题三　教师实施探究性学习的基本策略有哪些呢？

### 学习资料三

探究性学习并不适合于所有学科的任何教学内容，教师需要从教学需求的角度出发，选择适合该种形式的知识内容，加以分析，并利用一定的教学策略进行设计。教师从实践中可以用于开展探究性学习的一些基本策略包括以下方面。

1．力求展示科学的探究过程，潜移默化地引导学生掌握探究的基本方法

结合相关教育内容，强调知识发生的过程，及时剖析科学探究的规范过程，挖掘其中的探究要素，潜移默化地引导学生开展探究活动，使学生在探究的过程中掌握探究的基本方法。

2．创设实际生活中的探究情境，让学生主动参与探究过程

创设实际生活中的探究情境，让学生发现并提出问题。探究以问题为导向，问题的提出源于仔细的观察，学生可以是课外随意的观察，也可以是对教师提供的背景材料的观察。教师提供的背景材料常常具有指向性和探究的可能性，如果能激起学生的认知心理冲突，则更

能诱发学生发现问题并提出问题，激发求知欲，增强学习动机。

精心设计的探究情境因为来自于实际生活，旨在解决实际问题，对于学生来说是一种有吸引力的挑战，比较容易让学生主动参与到此项探究活动中来。学生作为探究过程的主体，其主体性贯穿于发现并提出问题、提出假说并预期结果、实验证实或证伪、解读数据、交流成果的探究全过程，体现在主动参与概念的形成、原理的建立、问题的解决和知识结构的构建等知识发生的全过程。学生在探究过程中能力得到提升，获得书本以外的知识和技能。

3．精心构思，把创新思维品质的培养作为重中之重

探究式学习的过程中也是创新思维培养的过程。引导探究过程时，应针对探究的每一过程，对创新思维品质的不同层面进行针对性的培养。探究从问题开始，发现问题的能力与个人知识积淀有关，更取决于思维的敏锐性。

为提高学生创新思维的敏锐性，可以通过以下途径提高学生的能力。

① 创设引入探究时的问题情境。还可以利用探究过程中出现的意外现象进行原因分析和反复实验查证，或利用课文中涉及的内容，不失时机地补充一些课外知识，使学生受到思维敏锐性的培养。

② 鼓励提出多种假说。培养学生具有创新思维和批判性思维。科学的发展源于怀疑的态度，没有思维的批判性就不会有创新。要在探究的过程中鼓励和引导学生从多个角度去审视现象和问题，多维地认识客观世界，从而“发现”新的科学规律。在探究过程中，不同学生提出的假设可能是不同的，即使是看似荒谬的假设，只要有独到的理由就应当鼓励。

③ 指导实验设计，培养思维的启发性和创造性。在实验设计的环节上，最需要培养思维的启发性和创造性。实验设计能力的提高不是一蹴而就的，应循序渐进。以教材中的学生实验为依托，分析实验设计的基本过程，对学生的思维过程具有启发性。

④ 强调运用思维的概括性去总结规律。在探究式学习的过程中，教师应尽量提供不同的实验材料让学生由此及彼、由特殊到一般地总结规律。

## 问题四　在应用探究性学习方式时教师的作用有哪些呢？

### 学习资料四

在探究性学习实施过程中强调学生的主体作用，同时也重视教师的指导作用。教师的组织和指导作用体现在以下3个方面。

1．指导学生选择课题

探究性课题的内容是广泛的，课题的形式多种多样。教师要因地制宜，多渠道发掘资源，适时将课题延伸到课堂教学外，触及学生学习和生活的方方面面。在具体的选题过程中，应坚持兴趣原则，要注意把文献资料的利用和对现实生活中“活”资料的利用结合起来。要引导学生充分关注当地的自然环境、人文环境以及生活环境，从中发现需要探究和解决的问题。启发学生根据自己的兴趣、爱好和社会热点来选取探究课题，并从现代科技发展方向出发，密切注意最新科技成果与工农业生产和日常生活的联系。

2．指导学生开展探究性学习活动

选题一旦确立，学生就可以根据各自的选题和共同的兴趣爱好自由地组成3～5人的合作探究小组。在探究活动开始前，教师指导学生做好各项准备工作，如优选课题形式、收集有

关信息资料以及做好其他的保障准备。其探究方案是否切实可行，能否保证有严密的科学性，教师必须加以指导。教师也应给学生介绍一些合适的参考书、必要的探究场地和材料。在探究活动中查询资料、动手实验、社会调查、市场分析等都应由学生自己完成，教师要适当地加以指导。在探究性活动中，一方面要引导学生将所学的理论知识与客观实际相结合；另一方面，还要学习运用想象、联想、演绎、归纳、类比等方法发现客观实际问题，运用分析、综合等方法探索解决问题。

在探究性学习的实施过程中，教师应把学生作为学习探究和解决问题的主体，并注意转变自己的指导方式。要及时了解学生开展探究活动时遇到的困难以及他们的需要，有针对性地进行指导。教师应成为学生研究信息交汇的枢纽，成为交流的组织者和建议者，在这一过程中要注意观察每一个学生在能力、个性方面的发展，给予适时的指导和帮助。教师切忌将学生的探究引向已有的结论，而是提供信息、启发思路、补充知识、介绍方法和线索，引导学生质疑、探究和创新。

教师要指导学生写好研究日记，及时记载研究情况，真实记录个人体验，为以后进行总结和评价提供依据。教师还必须通过多种方式争取家长和社会有关方面的关心、理解和参与，与学生一起开发对实施探究性学习有价值的校内外的教育资源，为学生开展探究性学习提供良好的条件。

3．指导组织探究性学习结果的评价

评价是探究性学习过程中的重要环节，必须注意评价的内容和方法，必须充分关注学生的学习态度，重视学习的过程和方法，重视交流与合作，重视动手实践。探究性学习强调学生的学习过程，强调对知识技能的应用，强调学生的全面参与。因此，在整个评价过程中要有学生的积极参与，重视学生在学习过程中的自我评价和自我改进，使评价成为学生学会实践和反思、发现自我、欣赏别人的过程；同时要强调评价的激励性，鼓励学生发挥自己的个性特长，施展自己的才华，努力形成激励广大学生积极进取、勇于创新的氛围。

## 问题五　探究性学习的评价方式是怎样的呢？

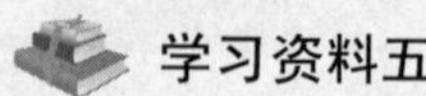

### 学习资料五

针对教师初次尝试使用探究性学习进行教育应用，那么其具体的教学效果如何进行评判呢？下面通过几个方面对于探究性学习的评价加以分析。

1．探究性学习的评价内容

探究性学习的评价内容应包括态度、情感、技能、能力以及结果等几个方面。

① 参与探究性学习活动的态度。它可以通过学生在活动过程中的表现来判断，例如观察每个学生是否认真努力地完成自己所承担的任务；是否积极参与，有责任感；是否主动协作，组员关系是否协调；是否主动提出探究设想和建议等。

② 在探究性学习活动中所获得的体验情况。这主要通过学生的自我陈述以及小组讨论记录、活动开展过程的记录等反映出来。

③ 探究的方法、技能掌握情况。要对学生在探究性学习活动各个环节中掌握和运用有关方法、技能的水平进行评价，如查阅和筛选资料、对资料归类和统计分析、使用新技术、对研究结果的表达与交流等。

④ 学生创新精神和实践能力的发展情况。要考察学生在一项探究活动中从发现和提出问题、分析问题到解决问题的全过程所显示出的探究精神和能力，也要通过活动前后的比较和几次活动的比较来评价其发展状态。

⑤ 学生的学习结果。探究性学习结果的形式多样，它可以是一篇研究论文、一份调查报告、一件模型、一块展板、一场主题演讲、一次口头报告、一本探究笔记，也可以是一项活动的设计方案。教师需要灵活掌握评价标准。

2. 探究性学习的评价手段和方法

探究性学习的评价可以采取教师评价与学生的自评、互评相结合，小组评价与组内个人评价相结合，书面材料的评价与学生口头报告、活动、展示的评价相结合，定性评价与定量评价相结合的方式进行。

## 环节三 指导协作学习技能

**问题情境**

协作学习也称协作式问题解决，指为多个学习者提供对同一问题用多种不同观点和方法进行观察比较和分析综合的机会。这种机会有助于学习者对问题的深化理解、知识的掌握运用和能力的提高。学生要想具备协作学习能力，作为教师首先自身要具有指导学生进行协作学习的能力才可以顺利实施。

### 问题一 什么是协作学习？协作学习有哪些基本要素呢？

**学习资料一**

协作学习目前已经成为一种学习模式，在传统的班级授课和信息技术学习环境中得到了广泛的应用。

1. 协作学习的含义

协作学习（Co11aborative Learning）是一种通过小组或团队的形式组织学生进行学习的策略。小组成员的协同工作是实现班级学习目标的有机组成部分。小组协作活动中的个体（学生）可以将其在学习过程中探索、发现的信息和学习材料与小组中的其他成员共享，甚至可以同其他组或全班同学共享。

在此过程中，为了达到小组学习目标，学生之间可以采用对话、商讨、争论等形式对问题进行充分论证，以期获得达到学习目标的最佳途径。学生学习中的协作活动有利于发展学生个体的思维能力，增强学生个体之间的沟通能力以及对学生个体之间差异的包容能力。此外，协作学习对提高学生的学习业绩、形成学生的批判性思维与创新性思维、对待学习内容与学校的乐观态度、小组个体之间及其与社会成员的交流沟通能力、自尊心与个体间相互尊重关系的处理等都有明显的积极作用。

2. 协作学习的基本要素

协作学习模式是指采用协作学习组织形式促进学生对知识的理解与掌握的过程，通常由4个基本要素组成，即协作小组、成员、辅导教师和协作学习环境。

① 协作小组。协作小组是协作学习模式的基本组成部分，小组划分方式的不同，将

直接影响到协作学习的效果。在通常情况下，协作小组中的人数不要太多，一般以 2～4 人为宜。

② 成员。成员是指学习者，他们按照一定的策略分派到各协作小组中。人员的分派依据许多因素，如学习者的学习成绩、知识结构、认知能力、认知风格、认知方式等，一般采用互补的形式有利于提高协作学习的效果。如学习成绩好的学生和成绩差的学生搭配，有利于差生的转化，并促进优生在辅导差生的过程中实现对知识的融会贯通；认知方式不同的学生互相搭配，有利于发挥不同认知类型学生的优势，从而促进学生认知风格的“相互强化”。协作学习成员不限于学生，也可能是由计算机扮演的学习伙伴。

③ 辅导教师。辅导教师在协作学习模式中并非可有可无，因为有辅导教师存在，协作学习的组织、学习者对学习目标的实现效率、协作学习的效果等都可以得到有效控制和保证。协作学习对辅导教师提出了更高的要求，即要求辅导教师具有新型的教育思想和教育观念，由传统的以“教”为中心转到以“学”为中心，同时还要实现二者的最优结合。

④ 协作学习环境。协作学习是在一定环境中进行的，主要包括协作学习的组织环境、空间环境、硬件环境和资源环境。组织环境是指协作学习成员的组织结构，包括小组的划分、小组成员功能的分配等。空间环境是指协作学习的场所，如班级课堂、互联网环境等。硬件环境是指协作学习所使用的硬件条件，如计算机支持的协作学习、基于互联网的协作学习等。资源环境是指协作学习所利用的资源，如虚拟图书馆、互联网等。

## 问题二　协作学习的基本应用模式有哪些呢？

### 学习资料二

协作学习的基本模式主要有 7 种，分别是竞争、辩论、合作、问题解决、伙伴、设计和角色扮演。教师可以针对不同的教学情境、不同的教学内容、不同的教学对象选择不同的协作学习模式。下面介绍每种模式的基本特征。

1．竞争

辅导教师根据学习目标与学习内容，对学习任务进行分解，由不同的学习者“单独”完成，看谁完成得最快最好。辅导教师对学习者的任务完成情况进行评论，其他学习者也可以对其发表意见。各自任务完成后，就意味着总任务的完成。竞争性模式有利于激发学生的学习积极性与主动性，但是必须让每个学习者明确各自任务完成对保证总目标实现的意义非常重大，即学习者是在竞争与协作中完成学习任务的。竞争可在小组内进行，也可以在小组间进行。

2．辩论

协作者之间围绕给定主题，首先确定自己的观点。在一定的时间内借助虚拟图书馆或互联网查询资料，以支持自己的观点。辅导教师（或中立组）对他们的观点进行甄别，选出正方与反方，然后双方围绕主题展开辩论。辩论的进行可以由对立的双方各自论述自己的观点，然后针对异方的观点进行辩驳。最后由中立者对双方的观点进行裁决，观点论证充分的一方获胜。也可以不确定正反双方，而是由不同小组或成员叙述自己的观点，然后相互之间展开辩论，最终能说服各方的小组或成员获胜。辩论可在组内进行，也可在组间进行。辩论模式有利于培养学生的批判性思维。

3．合作

多个协作者共同完成某个学习任务，在任务完成过程中，协作者之间互相配合、相互帮助、相互促进，或者根据学习任务的性质进行分工协作。不同协作者对任务的理解及其视点不完全一样，各种观点之间可以互相补充，从而圆满地完成学习任务。

4．问题解决

该种模式需要首先确定问题。问题的种类很多，其来源也不相同。一般根据学生所学学科与其兴趣确定。在问题解决过程中可以采取多种方式，如竞争、合作、辩论等。在问题解决过程中，协作者需要借助虚拟图书馆或互联网查阅资料，为问题解决提供材料与依据。问题解决的最终成果可以是报告、展示或论文，也可以采用汇报的形式。问题解决是协作学习的一种综合性学习模式，它对于培养学生的各种高级认知活动和问题解决与处理能力具有明显的作用。

5．伙伴

这里指协作者之间为了完成某项学习任务而结成的伙伴关系。伙伴之间可以对共同关心的问题展开讨论与协商，并从对方那里获得问题解决的思路与灵感。学习伙伴之间的关系一般比较融洽，但也可能会为某个问题的解决产生争论，并在争论中达成共识，进而促进问题解决。协作学习伙伴可以是学生，也可以由计算机充当。由计算机充当的学习伙伴需要人工智能的支持，即根据一定的策略，由计算机模拟的学习伙伴对学习者的学习状态进行判断，对学习者提出问题或为问题提供答案。智能化程度高的协作学习系统可以具有多种不同类型的虚拟学习伙伴，学习者可以自由选择或由计算机根据学习者的特征动态确定学习伙伴。

6．设计

它是基于学习者综合能力培养和面向过程的协作学习模式。由辅导教师给定设计主题，该主题强调学习者对相关知识的运用能力，如问题解决过程设计、科学实验设计、基于知识的创新设计等。在设计主题的解决过程中，学习者充分运用已掌握知识，相互之间进行分工、协作，共同完成设计主题。要求辅导教师及时发现并总结学习者的新思想和新思路，以利于提高全体学生对知识的综合运用能力。

7．角色扮演

该种模式是让不同学生分别扮演指导者和学习者的角色，由学习者解答问题，指导者对学习者的解答进行判别和分析。如果学习者在解答问题过程中遇到困难，则由指导者帮助学习者解决。在学习过程中，他们所扮演的角色可以互相转换。通过角色扮演，学习者对问题的理解将会有新的体会。角色扮演的成功将会增加学习者的成就感和责任感，并可以激发学习者掌握知识的兴趣与积极性。

## 问题三　协作学习小组的特征是什么？教师如何利用协作学习小组的特征组织教学？

### 学习资料三

协作学习小组是为了共同的目标相互依赖、彼此互利的小组。一般协作学习小组有以下特征。

① 组内异质，组间同质。组内异质即小组成员在学习基础、年龄、性别、学习风格等方面具有差异性，组间同质即各小组之间大体均衡，这样便可以形成可以相互比较。小组联合体也就是组内异质可为小组成员之间的互助合作奠定基础，而组间同质又可为各小组间的公平竞争创造条件。

② 任务驱动，适当分工。协作的效果必须依赖小组成员的共同努力，他们必须有很强的正依赖性。任务驱动和适当分工可以保证小组成员积极投入，共享资源。

③ 公平竞争，合理比较。协作和竞争是矛盾统一的范畴，为了完成复杂的任务就必须协作，而为追求更完美的结果就必须竞争，即在小组内以“协作”为主，但不排除竞争，尤其是组间的友好竞争可促进小组内部更好地协作。

④ 角色互换，领导轮流。角色的互换可以促进学生多方面的发展，而分享领导责任可使每位学生积参与。尽管学习中“组长”的作用很大，但组长和学习上存在优势的学生也可能会控制学习过程，使其他人出现依赖心理，所以转换领导角色既能保证学生互助、协作，又能使其有机会充分展示自己。

⑤ 评价的多样性。传统教学中的评价强调客观，注重信度和效度，目的是为了划分等组，分出优劣。而在协作学习中更加注重作为主观的价值判断的评价，采用客户记录和教师评价、组内和组间互评、学生自评相结合、个人成绩和小组总分相结合的方法，使评价从单一走向多元。

## 问题四　教师实施协作学习方式的基本流程是什么？

### 学习资料四

一般来说教师指导学生进行小组协作学习具体包括以下几个环节。

① 合理分组。分组是合作学习的基础，划分学习小组应该考虑到学生学业基础、学习习惯、学习目标等的差异，且每组成员的基础要求平衡，以免出现学习上的两极分化。每个人在组内有不同的角色（如组长、记录员等），而且不定期地实现角色互换，保证每个学生的积极参与性。

② 教师组织和指导。教师是课堂教学的组织者和指导者，在开展小组学习活动时，教师要精心组织和指导，要让学生明确目标和任务，协调合作的方法，提高小组合作学习的效率，顺利完成学习任务。

③ 小组自学。在学生产生学习欲望以及明确学习任务、活动规则和程序后，教师及时提供材料，让学生自己去发现问题、研究问题、探寻知识。要求学生独立整理、归纳已掌握的知识并列出未理解的知识，或让学生在合作活动之后进行资料的收集。

④ 组内讨论。在学生自学、初步感知的基础上，教师不要急着讲解，而是由学生在组内相互提高、互相帮助、共同商讨并解决问题。对于个别难点，可由一人负责记录，以便在班内交流。

⑤ 组间交流。全班各小组轮流发言，每组派一人主讲，小组内的其他成员可以补充发言。一个小组在发言时，其他小组可以倾听，从而达到组与组之间的交流。学生交流时，教师应密切关注，及时给予点评、鼓励或表扬。难点、疑点由大家探索，共同讨论，最终达到共同掌握的目的。

⑥ 评价。教师进行小组合作学习评价时要把学习过程评价与学习结果评价相结合，把对小组集体的评价与对小组成员个人的评价相结合。要使得小组成员明白个人目标的实现必须依托于集体目标的实现，以此培养学生的团结协作精神和合作学习能力。在小组评价时，对个人合作学习的参与度、积极性、独创性等要给予恰当评价，以便在小组内树立榜样，激发组内竞争。

# 第三单元 教学技能技巧

高校课程改革要求教师转变角色，教师不再是单一的知识传授者，而是学生学习的组织者、引导者、参与者。因此，在课堂教学中教师要在观察、倾听、对话、交流、合作中成为学生学习的参与者，与学生一起分享认知与情感，尊重学生的差异、人格和选择，与学生一起探究真理，并勇敢地承认自己的过失和错误。下面通过课堂倾听技能、教学沟通技能、组织合作技能以及教学评价技能几个方面展开。

## 环节一 课堂倾听技能

**问题情境**

传统教师是习惯了以自我为中心的“说话者”，课堂教学代替了许多学生的活动，教师因此丧失了很多倾听的机会。其实作为促进者的教师有时应当做个“沉默者”。“沉默是金”，教师的沉默可以给学生留有更多的空间和余地。在课堂教学中，教师不仅要做一个头脑清晰的讲授者，还要做一个反应敏捷的倾听者。

### 问题一 什么是课堂倾听技能呢？课堂倾听的内容包括哪些？

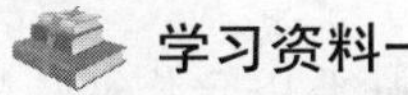

**学习资料一**

1．课堂倾听技能的含义和作用

（1）课堂倾听技能的含义

课堂倾听技能是指教师在课堂教学中有效地觉察学生语言反馈信息的教学行为方式。教师不能仅满足于按课前编制的教案照本宣科地展示，而要随时倾听学生的认知需求与学习情绪反馈，以便灵活选用教学策略。因此，教师的倾听十分重要。不善于倾听，便无法把握通过学生的反馈而呈现的教学机遇。

（2）课堂倾听技能的作用

教师的耐心倾听是与学生沟通的关键。

① 倾听可以使教师领会到学生的需要，发现问题的所在，挖掘学生的潜能；也可以使学生感到被接纳，体会到自我的存在。

② 倾听学生可以重视学生的内心世界。让学生表达自己的意见，可以消除学生对教师的心理紧张状态，增加师生之间的认同感。有效地倾听，其目的不在于证实某种观点或想法的合理性，这就需要教师积极参与学生的构思和讨论，引导学生感悟知识，参与到学习中来。

这也是高校课程改革中“以学生发展为本”的核心理念的真正体现。

2．课堂倾听的内容

学生可以通过言语，也可以通过表情、体态、动作表达自己的欲望、需求、情感和思想，教师应该随时捕捉这些“倾诉”，增进与学生的互动沟通，适时调整自己的教学策略。

（1）倾听学生的思想

学生的思想对学生未来的发展有重要影响。教师要善于利用倾听来分辨学生某种思想和观念的萌芽，使教学更有针对性。教师要从学生的发言中听出其隐含的言下之意，要深刻理解发言者见解中的关键点，并依据学生的实际情况和自己对所谈问题的理解进行判断，同时应与提出问题的学生进行目光、形体的交流，必要时还要用提问或确认的方式，以理清思路，并对有效部分及时记录。倾听学生的思想可以使教师更平易近人，更受学生信赖。

（2）倾听学生的需求与情感

学生在课堂教学中的欲望和需求往往是通过声音来表达的，一段叙说、一个句子、一个简单的感叹词或者一声呼喊都有可能渗透着学生的需求。善于倾听、理解、回应这些声音所表达的欲望和需求，是教师倾听的重要任务。善于倾听的教师还要对学生的情感动向和课堂状态有细致入微的把握，能够准确地从学生发出的各种声音中听出不满、厌烦、快乐或喜悦等情感，然后在教学过程中做出及时的协调和引导。

（3）倾听学生的回答

教师的课堂提问能够引导学生自主思维，学生的回答则是学生思想的展示。教师的倾听不仅可以了解学生前进的方向，明确他们思维受阻的原因，同时这也是师生相互交往与沟通的必要手段。特殊的职业和道德责任要求教师认真倾听学生的回答，解决学生遇到的问题、疑难。学生的回答如果经常被不同程度地漏听、遗忘或拒斥，将不利于良好师生关系的建立，更谈不上学生主体地位在课堂教学中的真正确立。

（4）倾听学生的讨论

在新教育理念下，小组合作学习成为学生主要的活动方式之一。教师要以合作伙伴的身份参与到小组讨论中，不仅要引领学生讨论，更要在讨论中倾听与观察每个学生的发言与表现，为他们做出恰当的评价。在小组讨论中，学生要树立权威并获取他人的认可，必须积极发言，善于表达自己的见解。因此，倾听学生的讨论可以使教师发现学生的潜能，获得对学生更为全面的了解。

（5）倾听学生的提问

在学习过程中，学生会产生各种疑问，有些学生甚至会提出教师一时无法回答的问题。教师要重视学生的提问，善于倾听、思考，从而发现学生提问中有意义和有价值的一面，细心体验学生的情绪，这也是教师能否组织好动态生成中的课堂教学的重要条件。只有认真倾听，教师才能获知并帮助和引导学生解决所面临的问题。如果教师就这些问题重新询问学生，请全体学生共同寻求解决方案，对问题发现者而言，这将是极高的“荣誉”。对其他学生而言，解决身边同学提出的问题，会感到既亲切又有趣，同时还能鞭策他们提出更新的问题，在学习共同体内形成一种良性循环，而教师的善于倾听对这一循环的形成有着重要的影响。

## 问题二　课堂倾听的原则有哪些呢？

### 学习资料二

教学过程是师生相互交往、相互交流的过程，在这一过程中信息的传递是双向甚至是多向的。

1．课堂倾听的类型

课程内容难易程度不同、学生思维水平与表达能力的高低以及课堂教学氛围、教学情境的差异，要求教师针对实际需要采用不同的方式进行倾听。根据教师在倾听时的介入与否，可将课堂倾听分为介入型倾听与非介入型倾听两类。

（1）介入型倾听

介入型倾听是指教师在倾听学生的过程中主动介入，通过适时点拨、鼓励、追问和启发等活动，拓宽学生的思路，提升学生的思维水平。介入型倾听要求教师在倾听时根据具体情况适时而动。介入型倾听常采用追问深入、鼓励嘉奖和启发诱导等方法。

（2）非介入型倾听

对非介入型倾听的简单理解就是只听不讲。它是指教师在倾听过程中只通过表情或简单的肢体语言与学生进行交流的倾听方式。在非介入型倾听中，教师常常保持专注、颔首、沉思、微笑或缄默不语。不露声色法、全神贯注法和微笑点头法都属于非介入型倾听。

2．课堂倾听的原则

要进行有效的倾听，需要遵循以下原则。

（1）平等性原则

有效的倾听首先应建立在师生平等、相互信任、相互尊重的基础上，高校课程改革倡导以平等为前提的师生交往方式，教师要走出知识权威的误区，心平气和地倾听。只有平等地对待学生，接纳学生的诉说，才能真正体现出师生的平等。

（2）客观性原则

有效的倾听应该是客观的，是学生真实思想的反映，而非教师主观臆断的结果。教师的倾听不应该带有任何感情色彩或先入为主的想法，不带任何成见，客观地对待每一位学生，让学生把自己的真实想法表露出来。

（3）全面性原则

古人云："兼听则明。"全面的倾听要注意倾听方式的全面性、倾听对象的全面性与倾听内容的全面性3个方面，这样才能有效地保证信息的客观性。

## 问题三　课堂倾听的方法有哪些？教师在倾听时又需要注意哪些问题呢？

### 学习资料三

优秀的教师会运用很多不同的方法倾听学生的心声，下面介绍这些倾听方法的合理运用。

1．课堂倾听的方法

（1）启发诱导法

对问题的设计应该是由浅入深，由易到难逐步展开的。学生对于较复杂问题的思考有一个逐步深入的过程。在倾听学生发表见解时，教师不能轻易打断他们的思路，当学生思维受阻时也不应置之不理，而应进行适当的启发引导，然后让学生自己去探索、发现问题的答案。当学生的思维方向出现偏差时，教师应及时提醒并给予适当的帮助。

使用启发诱导法要注意启发的时机并斟酌启发用语。常用的启发诱导用语有：

“我想从这个方面解释是不是更好？就是说……”

“我以为从……这一点入手也许更方便，你觉得呢？”

“××同学，你的这个想法很好很有创意，但关键是……问题的解决，你是怎么想的？”

（2）追问深入法

教师精心设计的教学问题通常是多层次的，包含一个主要问题和若干个小问题。在具体教学过程中，教师往往对问题采用追问的方法“逐步展开”，逐渐深入。学生在回答问题时往往关注的是教师倾听的态度，包括发言者在内的所有人都在观察着教师的反应，看教师是在认真倾听还是心不在焉。教师倾听后的追问意味着教师对问题有深入研究探讨的兴趣，同时意味着对学生发言水平与答题能力的肯定，是一种积极的倾听。

追问深入法在使用时不要轻易变换追问的对象，要根据学生的学习程度控制追问层次的深度，避免因问题过难过深无从下手而损伤学生的自尊心和自信心，尽管教师追问的是某个学生，但他的问题及追问均是指向全体学生，不能理解为个性化要求。

（3）全神贯注法

教师的态度在教学实施中具有举足轻重的作用。全神贯注法是教师以专注的神态、期待的目光、鼓励的眼神、欣赏的表情进行倾听的方法。它作为一种有效的倾听方法，在使用时要注意：教师的目光不能东张西望、游移不定；教师应心无旁骛，认真专注地捕捉学生的每一句话，对学生的观点要同时进行分析、辨别与理解，同时还要充分尊重学生，轻易不要打断学生的发言。

（4）嘉奖鼓励法

教师的表扬、鼓励能提高学生学习的成就感，增加他们的自信心。嘉奖鼓励法就是教师在倾听中运用眼神、表情或语言表达对学生的赞扬、鼓励的一种倾听方法。使用鼓励嘉奖法要有灵活性，对于成绩较好的学生，直接引申问题就是表扬；对于成绩一般的学生，直接的鼓励有利于保持其学习积极性；对于学习有困难的学生的发言要予以鼓励，以利于增强其自信心，引发学习兴趣。嘉奖鼓励法不同于课堂评价，它的目的在于引发学生更深层次的思考，故多用赞赏性的语言，在表扬的同时将问题深化。但鼓励嘉奖不能滥用，否则将适得其反。

常用的鼓励嘉奖用语有：

“是个好主意！能把我们的数学学习应用到实际生活中，真棒！”

“这是一个大胆的想法，太好了！你能再具体说明一下吗？”

“喔，好厉害，老师都没有想到这一点！能不能更详细一些，把你的想法告诉大家？”

“哟，你真了不起！发现了一个很有价值很有意义的问题，很值得研究！说说你是怎么想出来的？”

有些时候，教师在倾听时不表明自己的态度也能收到特殊的效果。对于一般学生，教师既不表示赞同也不表示反对，可以观察其自信心和自我评价的能力，防止骄傲自满；对于好学生，教师不露声色可以引出更多的想法。教师在倾听中的不露声色给学生留下大量的想象空间，有助于促进学生自我反思，也为他们的深入思考和自我纠错提供了机会。

2．课堂倾听的要求与注意事项

（1）课堂倾听的要求

教师要做到有效倾听，真正为学生营造一种可接纳的、支持性的、宽容的课堂氛围，创设出一个展示自我、适于探究的空间，以下几点是很重要的。

① 建立平等的师生对话情境。

② 制造和谐轻松的课堂气氛。

③ 学会鉴赏，欣赏学生的独特性。

④ 应有期待的目光、鼓励和宽容的神情。

⑤ 对错误、冗长、不着边际的回答要耐心听完再作评价，不表示厌烦，不轻易打断发言。

（2）课堂倾听技能的注意事项

在传统的师生关系中教师是中心，缺少良好的倾听意识和习惯。尽管高校课程改革理念已使广大教师对师生关系有了新的认识，但是，新的行为方式的建立仍需要时间，在教学实践中还存在许多问题。因此，教师在倾听过程中应注意以下两方面。

① 避免虚假的倾听，即表面上在倾听学生的发言而内心却满不在乎，或者只听自己需要的声音，对学生的个性思路毫不理会。

② 避免错听。教师在倾听学生发言时要专心致志，心无旁骛，以免领会错了学生的意图，造成不必要的沟通障碍。

## 环节二　教学沟通技能

问题情境

传统课堂中教师大多使用“传话”和“独白”的方式进行教学，已不能适应现代课堂的需求。现代教学应当走向对话与交流，使“知识在交流中生成，在交流中重组，在共享中倍增”。它要求教师不仅要有教学策略和教学方法的改变，而且要有角色的转换（即从传授者、管理者变为引导者和促进者），同时还有个性的自我完善（即需要民主精神、平等的作风、宽容的态度、真挚的爱心和接纳学生的情怀）。

### 问题一　教师为什么要与学生进行沟通呢？

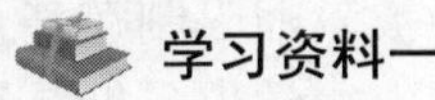

学习资料一

教师与学生进行深入有效的沟通不单纯是教学的需要，也是培养学生进行人际交往的需求。

1．教学沟通技能的含义

新型课堂是以师生之间、学生之间的沟通为基础，没有沟通就不能体现课堂中的多主体性，这是高校课程改革的基本理念。沟通是人际交往的基本形式，因此，教学中的沟通是一种特殊的社会性现象。关于教育的本质，叶澜教授认为“如果从形态的角度看，我们认为教育源于人类的交往活动”，“教学——这是交往的特殊变体”。由此可见，沟通在教学中的意义和作用是非常重大的。我们可以这样认为，教学的本质就是一系列的沟通。

教师的沟通技能一般是指教师在课堂上通过各种方式和手段与学生所进行的全方位的交

流与对话，教师可以通过有效的沟通技能发掘学生的潜能，了解学生的不同需求及个性的差异，从而提高学生的主动认知和人际交往能力，增进教学过程的展开。从教师的角度看，教师该如何与学生进行沟通，这是高校课程改革实施过程中的重要问题。在教学中教师是否能真正理解学生的立场和看法，在对话中形成共识和行动方案，则需要教师学会并运用好沟通的技能与技巧。

2．教学沟通技能与对话的区别

教学交往中的沟通常常要借助“对话”来实现。这里所说的“对话”不只是言语的应答，它强调的是双方的“敞开”与“接纳”，是一种在相互倾听、接受和共享中实现“视界融合”、精神互通，共同去创造意义的活动。教学中的“对话”就是教师与学生以教科书内容为“话题”共同去生成和创造“文本”、去构造“意义”的过程，它既是一项“原则”又可以成为一种方法。

从方法论的角度说，它要求我们改变过去那种太多的“传话”和“独白”的方式，走向对话与交流，使“知识在对话中生成，在交流中重组，在共享中倍增”。当然，实现交往互动中的沟通与对话，要求教师不仅有教学策略和教学方法的改变，而且有角色的转换——从传授者、管理者变为引导者和促进者，同时还有个性的自我完善——需要民主的精神、平等的作风、宽容的态度、真挚的爱心和接纳学生的情怀。

教学中的对话不同于交谈，它是师生相互理解的过程，教学对话不是为了消除差异、求得一致，而是为了真正的理解和珍视差异；对话不是教案的简单复述，而是交互作用中的即兴展开。

**问题二　教师如何才能有效地与学生进行沟通呢？**

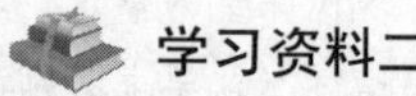

**学习资料二**

教学对话的前提是我—你关系的确立，对话者之间平等关系的确立。在传统的教学关系中，学生处于被动的状态，他们在教师面前缺少平等，课堂经常由教师“独白式”的表演所占据。教师如何利用沟通技能将课堂空间让位给学生呢？

1．引导学生找回自我

教学沟通技能主要通过教学对话进行，师生的双向交流构成教学对话的前提。但是在传统课堂中，学生大多数时间处于被动接受知识的位置，学生的思维被教师限制在某个方向上，学生很少进行质疑，不能与教师平等对话。在这样的教学环境中，学生只能是记忆正确的答案，复述教师的思想。因此，传统课堂中的学生已逐渐失去了自我，他们不能提出问题，不能根据自己的兴趣、爱好、特长有选择地学习；他们离不开教师，不会讨论与合作。

在高校课程改革中，教师要改变传统的教学方式，在平等的条件下通过师生间的对话、合作，实现教学过程中的学生自主学习。因此，教师必须首先帮助学生找回自我，树立自信，确立自我，使学生获得适应新的学习方式的心理状态，进而才能真正使其成为教学活动的主体，成为教学活动的真正参与者。

2．让学生说话

师生间的对话应遵循平等的原则。这种平等在观念上是人格上的相互尊重，在实际的教学中是以对话为主要表现形式的一种积极参与教学活动的态度，是双方的“敞开”与“接纳”，是双方的倾听。让学生说话，不是师生教学对话的全部，但它是实现真正意义上的对话的基础，是实现师生沟通的条件。教师想让学生说话需要做到以下几点。

① 教师为学生创设民主、和谐的课堂氛围。教师要保护学生的心理自由和心理安全，只有这样，学生才会展示自己的内心世界，才会勇于表现自我，积极发挥主观能动性，大胆探索，充满自信地讨论问题。

② 教师要使学生明白教学的实质。教师要让学生明白教师在教学中的角色内涵是指导、促进、帮助学生学习。教师不能代替或强制学生学习，同样，学生不能把学习的主动权、选择权让位于教师。教师必须在使学生理解这一道理的前提下唤起学生的主体意识，使他们担负起学习的责任。

③ 教师要处理好学生参与学习的评价问题。教师在教学活动中对学生的评价要有助于学生不断受到激励、调整和改善自己的学习行为，更加积极主动、负责地进行学习。

当然，让学生说话不是让学生无目的、无限制地说话，教师要根据教学的实际对学生的说话加以引导。具体要注意如下问题：要让学生说话的机会保持均衡，要对学生的发言给予恰当的应答，要让教师的发言保持平衡。

**问题三　为什么有的学生总喜欢发言，而有的学生总是保持沉默呢？如何将两者结合进行平衡呢？**

### 学习资料三

课堂教学中教师与学生沟通常见的问题是有些学生总喜欢回答问题，而有些学生从不回答问题。教师如何平衡这样现象，如何调整这种状况呢？

1. 课堂教学沟通中的发言机会平衡问题

在实际的教学过程中，学生的发言往往是不均衡的。有些学生争抢发言或说起话来滔滔不绝，而有些学生则沉默寡言或寥寥数语；有些学生善于表达，因而获得许多说话机会，而有些学生则因词语含混、表达不清而被挤占了说话的机会。因此，在实际的教学中教师必须有意识地保持学生发言机会的平衡。

（1）个别学生总是喜欢发言

其主要原因有：认为经常发言可以赢得教师的表扬（事实上确实如此）；学生的个性特征，这些学生大多性格外向；这些学生在班级里多处于优势地位且善于表达；教师组织不当，教学目标偏移，没有全面促进学生发展的思想。

（2）有些学生占用过多回答问题的机会和时间

教师要想让学生的发言机会均衡，在对待这些学生时应对其进行引导，提出建议。

① 在课程开始时，教师应通过示范或口头说明，使学生了解课堂说话、讨论的基本规则和要求。

② 不过分地鼓励或表扬争抢发言的学生，教师在与学生对话时应注意分配给不愿讲话的学生以讲话的机会。

③ 教师要经常研究学生在课堂中学习的表现，并经常针对一些问题与学生谈话，例如学生讲话过多或沉默不语等。

④ 教师在课堂教学的组织实施过程中要善于因时利导、因人利导。

2. 课堂教学沟通中学生保持沉默问题

（1）学生保持沉默的原因

当教师认为学生已经做好了准备，提出了一个非常有意义的问题，并期望学生能马上回答时，有时会遇到这样的情形——一段较长时间的沉默，学生在座位上局促不安地不断变换自己的姿势，眼睛回避着教师的目光，充满着不满和困惑。教师以为没有把问题说清楚，于是又以一种更直接的方式把这个问题重述了一遍，然而教室里还是鸦雀无声。缺乏学生的参与使得教师变得非常沮丧，教师往往把这归结为学生对他的蔑视而发怒。那么，为什么学生会保持沉默呢？

一般而言，学生保持沉默的原因主要有以下几种。

① 师生关系较为紧张。

② 学生失去学习的主动性。

③ 教师的问题过难，学生不知如何回答。

④ 害怕是一个陷阱，回答的结果成为教师惩治的把柄。对平时较少说话的学生而言，其原因可能是性格较内向或者怕回答不完整而被教师批评，或者是在发言这件事情上获得的表扬较少等。

（2）如何让沉默寡言的学生讲话

在面对不爱讲话、发言的学生时，教师要做的主要事情如下。

① 课程刚开始时，建立一些关于尊重发言的基本规则，如倾听、不妄加评论、不抓把柄或奚落发言者，要给发言不连贯者以鼓励等，要创设一个安全的课堂氛围。

② 帮助学生感受到受欢迎。感到自己不受同学欢迎或发言受到教师的批评，是导致沉默的重要原因。因此，教师在为这些学生提供发言机会的同时还要使他有受欢迎的感觉，及时给予鼓励和表扬，对同学的不支持行为给予制止。

③ 教师要经常征求学生的意见，倾听学生的需要，对学生给自己提出的批评意见要认真接受，勇于自我批评。

④ 与沉默寡言者进行谈话、交流，多加指点。

**问题四　教师如何应对学生的回答呢？采用何种方式的回应可以使学生更加容易发表自己的观点呢？**

**学习资料四**

现代课堂需要给学生适当的发挥空间，鼓励学生发表自己的看法，并形成与他人共享的习惯。那么，师生沟通的方式有哪些呢？

1. 课堂教学沟通的主要方式

在课堂教学中，师生间的沟通是通过对话形式实现的，对话是双向的、互动的。在实际的教学活动中，教师在取得了学生的信息之后就必须给予回应。通常这是教师不太注重的地方，其实这恰是一个影响师生沟通的重要因素。回应是教师把自己的理解、态度、意向和想法传递给学生的过程，是师生之间建立对话关系的重要组成部分。教师在与学生对话时的回应主要有如下方式。

（1）认可

认可指的是教师对学生所说的话表示已经听见了，希望对方继续说下去。表示认可的方式可以是言语行为，如“嗯”、“对”、“是的”、“是吗”、“很好”、“真棒”等，也可能是非言语行为，如点头、微笑、鼓励的目光等。在一般情况下，这两类方式都可以起到鼓励对方多说话的作用。但是，一定要注意这种方式的使用不可过多过频。

（2）重复、重组和总结

“重复”指的是教师把学生所说的话重复说一遍，目的是引导学生补充自己的陈述，同时检验自己对学生所说内容的理解是否准确无误。“重组”指的是教师把学生所说的话换一个方式说出来，检验自己的理解是否正确，邀请对方及时进行纠正，同时起到与对方共进的作用。“总结”是指教师将学生所说的话用一两句话概括性地说出来，目的是帮助对方理清思想，鼓励对方继续谈话，同时检验自己的理解是否正确。

（3）自我暴露

教师与学生沟通时既不能只说不听，也不能一言不发，或总是点头、微笑。在适当的时候，教师也应该以适当的方式进行插话。“自我暴露”就是一种较好的插话方式，它指的是教师对学生所谈的内容，就自己有关的经历或经验做出回应。例如：告诉学生自己过去也有这样的想法或也有过这种经历等。这么做可以产生至少两个方面的作用：一是可以使学生产生亲切感、信任感；二是可以起到“去权威”的作用，使学生减少了距离感，交谈会变得比较轻松。

（4）鼓励对方

学生在与教师交流时通常有一些顾虑，不知道自己所说的内容是否符合教师的要求。因此，教师要给学生以及时的肯定和鼓励。教师必须注意采用这些方式的基本前提是师生间平等友好的关系。在回应学生的发言时，教师还必须关注一个问题，就是教师在回应时也要注意自己发言的平衡问题，要做到既不独占也不缺席。在师生对话过程中，由于教师成人地位的客观性往往导致教师在回应时或者讲话过多，挤占了学生发言的机会；或者下结论过早，封闭了学生的谈论空间；或者成为局外人而不知所云。这样做往往是因为教师过高地估计了自己发言的价值，而低估了学生发言的价值。

2．教师应用教学沟通技能时需要注意的问题

在课堂教学中交流往往是通过对话形式进行的，教学中的对话又是多方面的，除了师生之间的对话外，对学生成长有意义的还包括学生之间的对话、个体与群体之间的对话等。因此，教师在提高自身与学生对话能力的同时，还要促进学生对话能力的提高。这既是实现有意义对话的前提条件，也是对话的目的之一。

没有沟通就不可能有教学，但教学也不是一般意义上的沟通。教学是集约化、高密度的多元结构的沟通活动，它常常借助对话来实现。所以从学生学习的角度看，对话应是一种学习方式。这种学习方式有两个重要的环节，一是对客体的接纳与理解，二是主体思想观点的表达。所以，在教学活动中教师应注重学生对这两个环节的掌握。

① 教师要指导、帮助学生学习接纳、学习在一定的情境中如何去理解。在帮助学生学习接纳时主要解决两个方面的问题：一是态度，即要有一个积极学习吸纳的态度；二是选择能力，即接纳必须有选择性，要从诸多复杂的、交织在一起的思想、观点、知识、结论当中进行有意义的选择。这需要教师依据学生身心的发展及社会价值取向来指导和帮助学生。指导

学生在情境中去理解，也需要把握两个方面：一是帮助学生依据已有经验来理解；二是为学生提供相应的背景信息或引导学生进入社会，从事实践活动，以增加人生经验。

② 要帮助学生提高表达能力。教学中的对话离不开经验表达，但语言表达不一定是教学中的对话。例如，交谈不等于对话，对话是各方相互理解的过程；对话不是说得越多越好，对话求得的是心灵的敞开、接纳、理解和包容，精神上得到提升；对话的目的不一定求得一致同意，对话的真正目的在于探索真理，是实现自我认识的途径；对话也不是某种确立的交流模式，它具有灵活性、多变性特征。所以，提高学生对话中的表达能力不应是表达技能技巧的训练，而应是一种内心思想的释放，要使学生的内心世界真正得以敞开。让学生说话是要找回学生的自我，求得人格上的平等。表达的技能技巧可以使表述清晰准确，而内心世界的敞开则是表达内容的真实与真诚。这 3 个方面的有机结合才构成了教学中对话的话语。

## 环节三　组织合作技能

**问题情境**

21 世纪新课堂的教学不是教师一个人在讲，而是在教师有目的的组织下与学生共同进行的。教师在教学中不单纯是讲观点、说结论，而是把自己融入到学生的学习过程之中，像学生中的一员一样参与提问题，思考解决方法。教师与学生之间保持民主、平等，相互配合、互相启发，呈现出师生密切合作的学习景象。教师成为学生学习的组织者与合作者，教师可以根据学生的提问或活动中出现的某些情况提供示范、建议，引导学生阐述并讨论自己的观点，对结论进行评价等。

**问题一**　**教师在课堂活动中如何合理运用组织技能将学生的积极性调动起来呢？下面先来一起看看什么是课堂教学组织合作技能。**

**学习资料一**

新的教育理念昭示了教师角色发展的一般趋势，即在教学过程中教师要更多地改变多样化的职能，更多地承担组织教学的责任。教师职业角色正在从知识传授者转向学生学习的促进者、帮助者，教师不仅帮助学生成长，同时自己也要在教学中不断获得发展。在高校课程改革体系下，教师走向成功的前提条件是摆脱职业孤独，与他人合作。

1．什么是合作

（1）合作的含义

合作不是一种顺从，而是一种相互认同、相互接纳。在教学过程中有很多的合作，如学生之间、师生之间、教师之间甚至学校与社会之间、校际之间的合作。合作方式有多种，合作手段也有许多，教师在课堂教学中应当有意识地培养学生的合作精神。

（2）合作的特征

① 整合性：合作是教师与学生个人之间的整合。

② 协作性：合作的过程有沟通和交流。

③ 互动性：最后要达成共识。

合作与独立是一种辩证关系。提倡合作与独立并重，合作以独立为基础，合作的双方是对等的。教师组织学生开展的合作学习应该是一种社会性学习方式，更主要的是培养学生独立思考的能力，不能把合作与独立简单地对立起来。合作学习应体现科学民主、民族精神和团队精神。要求学生要以主人翁的态度参与到合作中来，同时在合作中不能过分强调竞争。社会上的竞争会影响学生之间的关系，而合作可以弥补这种不足。

（3）合作的基本要素

合作首先要有一种合作意识，心态应是开放的，持宽容的态度，彼此信任。合作要有一个共同的目标。只有通过相互依赖，才能拥有一个明确的目标，积极承担完成共同任务的责任。有了一个比较明确的目标，然后再思考合作的方式，以及学生全身心的投入。教师组织学生合作完成某项教学任务，学生通过分工、交流、互动，尊重事实，最后形成共识。在这个过程中，学生可以发挥各自的特长，互相帮助和启发，形成荣誉共享的意识。

（4）注意事项

一定要掌握一定的合作方法与技巧，如倾听等；合作要在主动与探究的基础上形成；我们倡导的合作学习方式是一种主动性的，同时也是一种探究式的合作；合作离不开主动与探索，应该把三者联系起来考虑。

2．教师进行合作的类型

（1）教师与学生合作

高校课程改革是以弘扬人的主体性、能动性、独立性为宗旨的，在学生的学习方式上特别强调和提倡自主学习，即倡导发现学习、探究学习、研究性学习。这种学习方式的改变要求教师不能是“独白者”，而是教学过程中的参与者、指导者、促进者。教师将成为学生群体中的一员，与学生共同选择问题、收集资料、探索方法、讨论分析问题。因此，教师必须以平等的心态，真正成为教学活动中的一员，与学生合作，共同完成教学任务。

（2）教师与同事合作

课程的综合化趋势特别需要教师之间的合作，不同专业、不同系列的教师要相互配合，齐心协力地培养学生。每个教师不仅要教好自己的学科，还要主动关心和积极配合其他教师的教学，从而使各学科、各年级的教学有机融合、相互促进。教师之间相互尊重、相互学习、团结互助，不仅具有教学的意义，而且具有教育的功能。

（3）教师与教育管理者合作

在高校课程改革推进的同时，新旧观念、评价标准都会同时存在，有一个冲突与统一的过程。这个过程在讨论和合作中完成，需要教师具有耐力和抗干扰的能力，与管理者共同创造出新的合作方式。

（4）教师与社区成员合作

教师有义务向社区成员说明自己的教育意图，以求得社区在教育资源的开发与使用等方面的支持与帮助。

**问题二　教师与学生合作的基本形式是怎样的？教师与学生进行有效合作的基础是什么呢？**

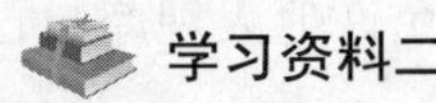

**学习资料二**

1．教师与学生合作的基本形式——参与式学习高校课程改革中的一个核心思想就是要改变以往教学过程中师生之间的交往方式，而实现这种改变的主要途径就是改变学生的学习方式，即极力倡导自主学习、合作学习、探究学习的方式。纵观这些学习方式，其共同的特点是让学生成为学习活动的主人，教师成为学生学习的组织者和合作者。教师可以根据学生的提问或活动中出现的某些情况提供示范、建议，引导学生阐述并讨论自己的观点，对结论进行评价等。

现代的课堂教学不再只是教师一个人在讲，而是在教师有意识的组织下与学生通过小组合作形式共同完成的。教师在教学中不是讲观点，说结论，而是把自己融入到学生的学习过程之中，像学生中的一员一样，参与提问题、想解决方法，教师与学生之间民主、平等，相互配合，互相启发，呈现出师生密切合作的学习景象。

2．教师与学生合作的基础——理解与信任

高校课程改革倡导发挥学生学习的主体性，无疑是一种教育观念上的突破。发挥学生学习的主体性不仅仅意味着教师不“独占”课堂，更主要的是学生在学习过程中要有主动权、选择权，学生可以根据自己的意愿进行学习。这对教师而言也不仅仅是课堂管理难度加大，教师“地位”、“尊严”受到挑战这么简单。教师只有对学生的合作成果进行全方位的理解，对学生的合作给予充分的信任，这时教师才会真正感受到了来自合作教学的乐趣。实践证明，只要教师理解、信任学生，尊重学生学习的自主性，一种全新的、高效的教学情境就会在师生的合作中形成。

**问题三　教师间进行合作需要注意的问题有哪些？教师间进行合作的形式表现在哪些方面呢？**

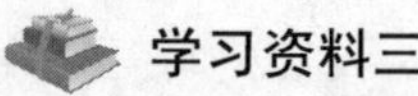

**学习资料三**

高校课程改革中教师间的合作主要表现为如下形式。

① 互动合作：教师间以沟通对话为主要形式进行的合作，例如交换不同看法、沟通情况、讨论协商、集体备课、共享教学资源等。多表现为个人之间自由松散式的合作。

② 研究合作：教师间以学习、研究为目的进行的合作，如针对某个问题开展的合作性研究、听评课等。这种合作一般以小组为单位，是有目的、有组织、有计划的合作。

③ 互助合作：教师之间为完成共同的教学任务而进行的合作，如同年级或同班级任课教师之间为使学生形成某种习惯、解决某类问题而进行的合作、综合课程不同学科教学之间的合作等待。这种合作一般依据实现教学目标的需要来进行。

在高校课程改革中，教师间在合作时应注意如下问题。

① 不要忘记他人的感觉，友好、接受、支持对每个人都十分重要。

② 合作者之间要有相互依赖感。在确立合作目标、资料共享、互换角色、相互交谈时，应专心倾听别人的意见并吸收有意义的部分，要有礼貌地表示自己的异议。

③ 要有责任感。要积极参加小组活动，对同事的班级和教学进行观摩和评价，相互交换文件（如讲义、观察记录、学生作业和自己收集到的资料等），允许他人观摩自己的讲课。

④ 合作要有计划性，保持长久。

## 环节四　教学评价技能

### 问题情境

传统的评价大多是为评价而评价，只注重结果而不重视过程。在高校课程改革环境下，教师要探索新的评价方式，创造性地构建全新的学生评价体系，要将适应形式需要的表现性评价、学生自我评价囊括其中。 总之，创新在高校课程改革程中的意义深远，它是教师专业成长的灵魂。

### 问题一　什么是课堂教学评价？如何理解课堂教学评价？

#### 学习资料一

1．课堂教学评价的含义

课堂教学评价一直是教师评价中的重要组成部分。长期以来，课堂教学评价的关注点都是以“教师”个体为主，即主要关注教师的课堂行为。即使关注到学生的行为表现，也基本上是作为教师“教”的回应，或者是教师“教”的点缀。

高校课程改革倡导教育的根本目的是为了每一位学生的发展，还将学生在课堂教学中的表现作为课堂教学评价的主要内容，包括学生在课堂师生互动、自主学习、同伴合作中的行为表现、参与热情、情感体验和探究、思考的过程等，即关注学生是怎么学的。现代教育理念更加关注教师如何促进学生的学习，如教师如何组织并促进学生的讨论、教师如何评价和激励学生的学习、教师如何激发学生学习的热情和探究的兴趣等，以评价教师课堂行为表现对学生的“学”的价值。

2．课堂教学评价的内容

教学评价应包括两个基本方面的内容：其一是对教与学的过程进行评价；其中教学的过程评价主要是指对教师课堂教学目标的设置、教学内容的安排、教学过程的设计、教学方法的选择和教学能力的体现等方面所做出的评价。而教学效果的评价则主要通过教师课堂教学各项目标的达成情况和学生对所教内容的理解、掌握、应用水平及学生学习的积极性与课堂氛围方面进行考查并做出评定。

### 问题二　课堂教学评价的主要功能有哪些？

#### 学习资料二

课堂教学评价对于教师和学生而言都具有不可估量的作用，教师正确地把握和使用评价技能可以促进教学，拉近与学生的距离。课堂教学评价具有以下几方面功能。

1．导向功能

教学评价有明确的导向功能，通过评价能使评价对象不断地向“全面进行素质教育，培养全面发展人才”的方向靠拢。因此，我们的评价要体现全面和谐发展，鼓励张扬个性，培养创新精神的思想，要符合实施科教兴国战略和培养具有开拓创新精神和实践能力的高素质人才的时代要求。

2．改进功能

在教学过程中，教师借助于评价的反馈信息，可以及时了解教学目标的达成情况，掌握学生对所学知识的理解水平，发现教与学中存在的问题和不足，从而调整教学内容和进度，改进教学方法，以不断提高课堂教学质量。

3．激励功能

通过教学评价能够将教与学的各方面情况曝光，获得教学的反馈信息。正确利用这些反馈信息，可以加强主体对自身的认识，产生一种巩固或改进以往教与学活动的内驱力。教师只有了解自己在课堂教学过程中的薄弱环节及今后需努力的方向，才能够扬长避短，实施最优的教学。学生及时、充分地了解自己的学习情况，有利于激发自己的上进精神，促使自己在巩固已有的学习结果时努力解决学习上仍存在的问题。实验证明，把评价结果及时告诉学生，学生的学习进步就快；反之则缺乏强化，学习进步就不显著。

4．教学功能

评价本身也是一种教学活动。在这种活动中，学习者的知识、技能将获得长进，智力发展和品德形成也有所进展。如考试或测验，其本身就是一种重要的学习，一方面可促使学习者在测验之前对所学知识进行复习、巩固；另一方面，也可通过各种测试训练学习者的基本技能，提高他们运用所学的知识分析问题、解决问题的能力。通过评价还可以确认、澄清和校正一些观念，并清楚地识别要求进一步思考和研究的领域，形成严谨、认真、负责的学习态度。

## 问题三　课堂教学评价的主要类型有哪些？

### 学习资料三

课堂教学评价具有促进学生发展和教师专业成长的双重功能。除此以外，课堂教学评价包括以下几个类型的评价方式。

1．主导性评价

主导性评价要求在教育过程中教师对学生的评价要以激励为主，让学生在不同程度上看到自己在参与学习后取得的进步和成绩，感受成功的快乐，从而更好地激发学生的学习兴趣和探究精神。例如，采用放大学生的优势的办法提高其自信心，使学生学会欣赏、赞扬他人等。

2．自主性评价

现代心理学研究证明，内部动机比外部刺激更具持久作用。社会的发展更要求人具有较高的自我评价、自我调解、自我提升等能力。自我评价作为一种自我发展的内在动力机制，应在我们的教育教学中加以高度重视。例如，我们在教学中进行的作品自评、小组间互评、教师评定等都能有效地提高学生的自我评价意识和能力。

3．差异性评价

受遗传及生存环境的多种因素影响，学生个体之间显现出差异性。就个体自身而言，学生发展不一致，存在着“最近发展区”的问题。这就需要教师因材施教，充分尊重学生发展的要求。例如对学生的评价，我们贯彻“上不封顶，下要保底”的操作原则。“要保底”就是确保每位学生在每日的课堂学习中都有不同程度的成功体验，即使是学习困难的学生，也同样要通过教师的帮助、同学的影响让其感受到“只要我努力，我也会提高，我也有优势”。“不封顶”就是要注重教育的层次性，最大限度地提升学生的多元智能发展水平。

4．多元性评价

课堂的多元性评价包括两方面：一是参与评价者的多元性。除了教师对学生的评价，还包括学生的自我评价，学生之间的评价，延伸至管理者与家长、社会的评价等，形成立体化的评价体系；二是评价角度的多元性，包括对学生个性和班级群体的评价，不仅包括知识、能力，而且关注学生的学习习惯、学习品质等多方面。例如，针对比较聪明而学习存在一定困难的学生，在教学过程中就应该多侧重他们的学习习惯方面的评价，强调各科教师沟通协作，教师能够针对学生个性差异，让教师的群体合力良好地作用于学生的“最近发展区”内。

5．艺术性评价

教育是一门艺术，评价是这门艺术中的一朵绚丽灿烂的花朵。评价具有艺术性。进行评价时，教师首先要对每一位学生充满爱心，其次要有先进的教育思想，再者要善于发现每一位学生“微不足道”的优点，并以自然、真诚、恰当、温馨的方式加以赞美，点亮学生希望的火把。在课堂上，教师的一句表扬、一件小小的礼物甚至一个鼓励的眼神，对学生来说都是莫大的鼓励。

## 问题四　课堂教学评价的方法主要有哪些？

### 学习资料四

教学评价的方法实质上就是解决怎样评价的问题，一般有以下方法。

1．自评与他评

自评也称自我评价，是指评价对象根据评价的原则与标准，对自己的教学行为和教学结果主动做出相对客观的、可信的、有效的判断。自评是一个连续不断的自我反思、自我教育、自我提高、自我激励的过程。这种评价体现了民主的评价理念，但对评价者的自觉性、自主性要求颇高。

他评是指由教学管理者、教师、学生、家长共同参与的交互评价过程。他评可以使教育者从不同的渠道获得更为广泛、全面的意见。

自评、他评各有其长，因此，在具体的教学评价中采取自评与他评相结合的方法，可以提高评价结果的客观性、可信性和有效性。

2．定量评价与定性评价

定量评价是指将那些能直接量化的并确定存在量化途径的评价指标进行量化评估的评价方式。例如，学生的考试成绩、平均分、及格率、优秀率等均可用数理统计的方法以数字的形式展现出来。这种评价方式准确、高效，应用广泛，可移植性和说服力强。但是，它忽略了那些难以量化的重要品质与行为，忽视个性发展与多元标准，把丰富的个性心理发展和行为表现简单化为抽象的数量表征。

定性评价是指将难以直接进行量化的一类评价指标用文字或语言进行描述性评价的方式，如对能力、情感、态度、价值观等非智力因素的评价。定性评价常用的方法是评语，评语是用来表述评价结果的简明扼要的文字，多用于学生操行评定以及教师的思想、工作鉴定等。利用定性评价对教育中的许多模糊现象进行描述和鉴定，可以解决一些定量评价不能解决的问题。定性评价强调人与人之间的交流，方法灵活，针对性强，但是不够精确，而且易受主观因素的干扰，很难做到客观、准确，可信度和有效性较低。

因而，在课堂教学评价中多采用定量评价与定性评价相结合的方式，以达到优势互补，提高课堂教学评价的准确性和全面性。

3．教师评价和学生评价

教师作为教学活动的主导者，一直是教学评价的主体。然而，学生作为学习活动的主体，不仅能对自身的发展状况进行评价，而且能对影响自身发展的外部条件进行评价。这就要求教师给予学生参与评价的权利和机会，使之成为教学评价的主体之一，并且能够以一定的形式履行其职责。

4．诊断性评价、形成性评价与总结性评价

诊断性评价一般指在教学活动开始之前为使教学计划更有效地实施而进行的评价。通过诊断性评价，可以了解学生学习的准备情况和基础，推断学生学习障碍的性质和原因。

形成性评价又称过程评价，是在教育过程中为调节和完善教学活动、引导教育过程正确而高效地对学生学习结果和教师教育效果所采取的评价。总结性评价又称“事后评价”，一般是在教学活动告一段落后，为了解教学活动的最终效果而进行的评价。学期末进行的各科考试属于这种评价。

# 第四单元　信息技术应用技能

## 环节一　网络信息检索技能

**问题情境**

网络信息资源已成为教师教学工作和生活必不可缺的资源，掌握高效而准确的获取网络信息资源的方法已成为教师工作和生活的迫切需要。网络信息本身具有数量大、内容广、时效性强和利用差异大等特点，无疑给教师获取教育信息加大了难度。从这样浩瀚的信息海洋中高效而准确地获取有用信息，教师就必须了解和掌握网络信息检索方法，运用网络信息检索策略，提高自身网络信息检索技能。

**问题一**　**常用的网络信息检索方法有哪些？作为教师需要掌握哪些必备的网络信息检索方法呢？**

**学习资料一**

互联网上的信息资源广泛地分布在整个网络中，没有统一的组织管理机构，也没有统一的目录，更没有统一的分类标准。

按其所采用的网络传输协议的不同，可将信息资源分为万维网（World Wide Web，简称 Web）和非万维网两种类型。不同种类的信息资源所使用的检索工具、检索方法有所不同。

1．万维网信息资源的检索

万维网信息主要以万维网站点（Web）上的资源为主。万维网检索工具常被称为搜索引擎。互联网上通用的搜索引擎大致可以分为以下 3 类。

① 基于人工建立的搜索引擎，如 Yahoo 和一些虚拟图书馆系统。它是基于人力浏览互联网页面并对其进行分类的，所索引的覆盖面会受到一定的限制，同步性比较欠缺，但比较精确，适合于相对稳定的信息的检索。

② 基于互联网搜索软件产生的 Web 索引，如 AltaVista、Lycos、Excite 等。它的主要特点是自动生成的索引覆盖面很广，但精确性差，用户要从庞大的反馈信息中过滤出所需信息。

③ 元搜索引擎。它的特点是如何从众多原始搜索引擎提供的信息中，以友好的界面精心挑选用户所需的信息，如 dogpile 等。

搜索引擎代表了网络信息检索的较高水平，且应用最为普遍，几乎成了网络检索工具的代称。到目前为止，网上大大小小的中英文搜索引擎已有近千个，但由于每个搜索引擎的收录范围、查询技术、查询方法不尽相同，因而在查全率、查准率、易用性上有较大差别。

下面介绍两个较有代表性的搜索引擎的使用方法。AltaVista（http://www.altavista.com）是资格最老的搜索引擎之一，也是目前最受欢迎的网络检索工具之一，它以搜索功能强、响应速度快和信息量巨大而著称。它可以支持简单和高级查询；可进行单词和词组（双引号）检索，词间默认关系为 or；支持以自然语言进行检索；支持加权检索等功能。Google（http://www.google.com）创立于 1998 年，目前已成为万维网中规模最大的搜索引擎。利用 Google 进行资料检索不但速度快，而且搜索结果的关联性异常准确。Google 还具有一项特殊的网址查询功能，即“link：<网址>”，可以得到所有链接到该网址的网页（如 link：www.google.com 可获得所有链接到 Google 主页的网页），但此项功能不能与关键字查询联合使用。Google 的“手气不错”会将你带到推荐的网页。例如：要查找“北京大学”时，只需输入“北京大学”，再单击【手气不错】按钮，Google 就会带你到“www.pku.edu.cn”——北京大学的主页。

2．非万维网信息资源的检索

非万维网信息资源包括：FTP 资源、USENET/Newsgroup（新闻组）、LISTSERV（电子邮件群）/Mailing List（用户邮件组）、Telnet 资源、Gopher 资源、WAIS（Wide Area Information Server，广域信息服务器）资源。

（1）查询 FTP 文件的检索工具

FTP（File Transfer Protocol）是互联网使用的文件传输协议，主要用于传送程序软件和多媒体信息。它采用万维网作为用户界面，运作以大容量和高速度为特点，是获取免费软件和共享软件资源必不可少的工具。它有两种不同的工作方式：一种是在互联网上任意两个账户之间传送文件，这要求知道这两个账户的口令；另一种是匿名 FTP，匿名 FTP 网点允许任何人接入此系统并下载文件。在匿名 FTP 中包含了庞大的有用信息，从中可以找到研究论文、免费软件、会议记录及其他信息。但信息定位比较困难，可用专门的检索工具帮助定位，如 Archieplex（http://www.lerc.nasa.gov/archieplex）、FileZ（http://www.filez.com）、Tile.net（http:// tile.net/ftp）等。对于中文 FTP 信息的搜索，可用北京大学的“天网搜索”中的“FTP 搜索”。

（2）查询 USENET 的检索工具

新闻组（USENET）由成千上万个兴趣小组（newsgroup）组成，每个兴趣小组每天来往信息的总量可多达上百条至上千条，如此多的信息汇集在一起，构成一个巨大的信息库。因此，相当一部分综合型检索工具（例如 AltaVista 和 Infoseek）都把 USENET 信息纳入了自己的收录范围，人们在使用时只需在预先设置好的检索范围内加以选择即可。用于检索新闻组的专门检索工具有 DejaNews(http://www.groups、google.com)、Tile.net(http://tile.net)等。

（3）查询 LISTSERV 和 Mailing List 的检索工具

虽然邮件群（LISTSERV）和邮件列表（Mailing List）的规模都不如 USENET 大，但它们日积月累的信息也非常可观，具有参考价值。专用的检索工具有 Liszt（http://www.topica.com）、L-Soft（http://www.lsoft.com/catalist.html）等。

（4）查询 Telnet 的检索工具

Telnet 信息资源是指借助远程登录（remote login），在网络通信协议 Telnet（telecommunication network protocol）的支持下，登录远程计算机，可以访问、共享的远程系统中对外开放的资源。Telnet 系统虽然已呈逐步被 WWW 系统所取代的趋势，但作为网络信息资源的一个历史悠久的部分，仍具有了解和使用的意义，特别是许多公共性质的信息检索系统，如图书馆系统、BBS 等。Telnet 的主要检索工具是 Hytelnet（http://www.einet.net）。

（5）查询 Gopher 的检索工具

Gopher 是菜单驱动的互联网信息检索服务，它可将用户的请求自动转换为 FTP 或 Telnet 命令。用户通过选取自已感兴趣的信息资源逐步展开多层次的菜单，就可以对互联网上的远程信息系统进行实时访问。后来出现了两种配合 Gopher 的软件工具：Veronica 和 Jughead。用户可以利用它们按检索词搜索互联网上的 Gopher 服务器，这两个工具可以根据检索结果自动生成 Gopher 菜单，供用户进一步查询使用。它们已成为 Gopher 服为器提供的一种标准服务。

（6）查询 WAIS 的检索工具

WAIS 是一个分布式信息检索系统，可检索 500 多个索引数据库，涉及的内容范围极大，适合检索文本文件，阅读世界各地的报纸，扫描各种专业数据库。使用 WAIS 服务进行信息检索时可以分为两个阶段。首先，用户在 WAIS 给出的信息资源列表中利用光标选取希望查询的信息资源名称，并输入检索的关键词，系统就能自动进行远程检索。然后，WAIS 将所有包含检索词的记录条目列表显示，并根据检索词与每条记录的相关程度进行评分排序。

## 问题二　网络信息检索策略有哪些？如何用最少的时间获取最有用的信息呢？

### 学习资料二

信息检索策略是为实现检索目标所制定的对检索全过程具有指导作用的整体计划、方案和安排，其中包括提问分析、检索词及其关系的确定、检索步骤安排等。检索策略对整个检索过程会产生重要影响，并直接决定检索效率和检索质量。无论是普通用户还是专业用户，掌握并运用网络信息检索策略，将花费最少的时间、精力、金钱，获取最有用的信息。

1．确定检索目标

网络信息的查询应该具有明确的查询目的、对象，目的不同、查询对象不同，往往需要选择不同的检索工具和检索方法。只有更多地分析并了解检索对象，明确检索目标，才能更好地确定所需信息的类型、学科范围、内容特征、查询方式、查询范围、查询时间及采用何种限制条件、使用何种检索提问式等。

2．选择检索途径

通过对检索对象的分析，具有了非常明确的检索目标，就可以选择以下的一种或综合使用几种检索途径来获取所需信息。

① 直接访问相关站点：在平时上网的过程中注意收集一些专业性网站的网址，在需要时直接进入网站查询。

② 使用网络资源指南（Resource Guide）：网络资源指南是基于专业人员对网络信息资源的产生、传递与利用机制的了解，网络信息资源分布状况的熟悉，以及对各种网络信息资源的采集、组织、评价、过滤、控制和检索等手段的全面把握而开发出的可供浏览和检索的网络资源主题指南。综合性主题分类树状体系的网络资源指南，如Yahoo等是广为人知的，还有The WWW Virtual Library、The Argus Clearinghouse等都具有广泛影响并受到普遍欢迎。而专业性的网络资源指南就更多了，几乎每一个学科专业、重要课题、研究领域的网络资源指南都可在互联网上找到。

③ 使用搜索引擎：是较为常规、普遍的网络信息检索方法，为用户提供的关键词、词组或自然语言检索。根据用户提出的检索要求，搜索引擎代替用户在数据库中进行检索，并将检索结果提供给用户。利用搜索引擎检索的优点是：省时省力，简单方便，检索速度快，范围广，能及时获取新增信息。其缺点在于：搜索引擎采用计算机软件自动进行信息加工、处理，且检索的智能性不是很高，造成检索的准确性不理想。

④ 使用非万维网检索工具：对同一查询目标，尽量选择多种检索工具，从不同的角度去检索。例如，用北京大学的“天网搜索”直接进行“FTP文件搜索”，你将获得意外的惊喜。

⑤ 使用光盘数据库检索和国际联机检索：光盘数据库国内的有《中国学术期刊（光盘版）》、《万方数据库》、《人大复印资料系列光盘数据库》等，可查找比较专业的资料；国际联机检索DILOG系统，无论是数据量还是使用频率均居世界各检索系统的首位，其检索软件成熟，学科范围广，数据质量可靠，权威性高。对于专业信息的查询，使用光盘数据库和国际联机检索可以获得较为准确而且全面的信息。

## 问题三　网络资源检索技巧有哪些？

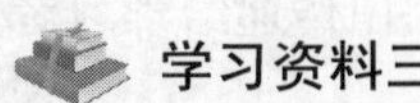

### 学习资料三

无论是使用搜索引擎还是使用基于万维网的检索工具进行信息检索，采用一定的检索技巧是非常必要的。

网络资源检索技巧有以下几种。

① 选择合适的检索词有利于提高检索的精确度、准确性，如选专指词、特定概念或非常用词等。

② 构造恰当的检索提问式，如使用布尔逻辑运算中的AND、OR、NOT，或使用双引号将需要检索的词组或短语标出。

③ 使用加权检索限制必须出现的检索词和必须不出现的检索词，利用同义词、近义词扩大检索范围，就同一检索提问式访问多个数据库。

④ 全文检索使用 Opentext；概念查询使用 Excite；细节查询或强调获取较为具体、特定的信息时，使用 Alta Vista 等索引性较强的检索工具。

⑤ 中文信息检索使用中文搜索引擎，如天网搜索侧重于学术信息，中经网导航是较系统全面的经济、法规搜索引擎，中国网友——Chinapartner 提供中文、经济、娱乐方面的导航等。这些都是较好用的中文信息检索工具。

⑥ 尽量使查询条件具体化，根据需要选择网页搜索、网站搜索等。

⑦ 寻求网上帮助。使用 BBS 电子公告牌、E-mail、QQ，或者访问专门回答问题的网站，如 http://www.findout.com（对具体的问题提供快速、免费回答）等。

⑧ 关闭 Internet Explore 高级属性中的多媒体选项，采用纯文本传输以提高网络传输速度等。

除了实施检索、根据搜索“反馈”及时调整检索策略以外，还要注意及时调整查全率和查准率的措施。不同的检索目的，不同的检索需求，对查全率和查准率的要求不同。

## 环节二　现代媒体运用技能

**问题情境**

什么是教学媒体？我们在日常的教学活动中经常接触到的媒体有哪些？教师应当怎样把握和运用教学媒体？在本环节中要求大家对教学媒体有一个基本认识，为学习后面的运用教学媒体打下基础。

**问题一**　**什么是教学媒体？在教学中你经常使用教学媒体吗？下面学习资料一中具体介绍了与教学媒体有关的基础知识，请仔细阅读并回答以上问题。**

**学习资料一**

1．教学媒体的含义

媒体是信息的载体，教学的过程就是教育信息的传播过程，所以，一切承载教育信息的载体都可以称为教学媒体（Instructional Media）。在现代教育教学中，教学媒体是一个极为常见的词语。教学媒体是教学过程中的一个重要因素，在教学实践活动中必须涉及和使用某类教学媒体，如教师的声音、板书、视频教材等。教师通过这些媒体将知识传递给学习者，影响学习者的某种情感，培养学习者的某方面技能等。

各类媒体应用在教学过程中，对不同教学内容、教学目标和教学环境所显示出来的能力是不同的。由于媒体的性能与特点各异，对有效传输教学信息的效果也各不相同，所以，只有充分掌握各类教学媒体的性能、特性和设计方法，才能合理选择、优化组合教学媒体并将其应用到教学过程之中。

2．媒体的分类

按照媒体发展的顺序，教学媒体通常可以分为传统教学媒体和现代教学媒体。传统教学媒体包括幻灯、投影、录音、录像等，现代教学媒体包括 CAI 课件、CD-ROM 多媒体课件以及网络课件等。

如果按照功能划分，教学媒体还可分为光学媒体（视觉媒体）、音响媒体（听觉媒体）、电视媒体（视听觉媒体）和计算机媒体（交互媒体）等。

研究结果表明，人们获得的各类信息中85%来自于视觉感官，10%来自于听觉感官，其他则来自于嗅觉感官和触觉感官。运用以上教学媒体来学习知识信息，对人的记忆有不同的记忆比率。通常多感官的记忆比单一感官的记忆要强得多。所以，充分利用不同媒体提供的多种感官刺激可以大大提高记忆效率。

（1）光学媒体的特性与教学功能

幻灯、投影以静止的方式表现事物的特性，让学习者详细地观察放大的清晰图像，是静止的视觉媒体。可以根据学习者的学习程度和放映的目的，教师一边讲解，一边让学习者观察图像，还可在师生之间进行提问、答疑，让学习者在行为上参与媒体的活动。教师与学习者之间始终保持交流，既能面对呈示教材、媒体进行教学，又能面对学习者一边观察一边指导。

（2）音响媒体的特性与教学功能

广播、录音是以时间因素组织信息的媒体，借助于语言、音乐及音响效果的组合，可轻重缓急地表现事物和现象。在教学过程中，它可以激发学习者的兴趣和注意力，诱发学习者在感情上参加，容易刺激学习者的情绪反应。

（3）电视媒体的特性与教学功能

电视媒体是通过视频和音频两个通道同时呈现信息的媒体。电影和电视以逼真的动态图像、鲜艳的色彩和动听的旋律来呈现事物变化的过程，系统地描述事物的运动形式、空间位移、相互关系及形状变换。

电影和电视的高清晰图像的质量远远超过了幻灯、投影的画面质量，是集电影、录音、幻灯和投影等媒体的优点于一身的视听媒体。在教学过程中，可以利用暂停、随放、快进、快退和播放等功能进行演示，还可利用快放、慢放、逐帧播放的功能表现特殊动画效果，有效地满足了某些特殊的教学要求。

（4）计算机媒体的特性与教学功能

计算机媒体也称交互式媒体，它充分发挥了计算机系统的优越性，将多种媒体信息集为一体并快速地、大容量地呈现在学习者面前。交互式媒体不仅能提供视、听觉的多重感官刺激，而且还能够实现计算机与学习者之间进行信息交换的交互作用。

在教学过程中，交互式媒体可提供个性化学习的情景，并根据每个学习者的需要做出反应。学习者可以自由选择各自所需的学习内容，并能够控制学习的进度与步骤，使学习变得更有趣和更有效。

## 问题二　选择教学媒体常出现的误区是什么？在教学中你是如何克服这些误区的？

### 学习资料二

多媒体设计和运用要始终把教师主导、学习者主体这个观念放在首位。课堂上的活动不能一味地围着课件转，程式化的教学不能代替师生交流。这就要求教师在进行教学时要依据实际情况研制课件，合理选用媒体，把握多媒体运用的最佳时机，配合适当的教学方法，这样才会收到事半功倍的效果。常见的教学媒体选用误区主要有以下几个。

1．忽视教师的主导作用

在教学活动中，学习者是主体，教师起主导作用，多媒体技术是为收到预定的教学效果而使用的一种辅助手段。如果盲目地依赖于多媒体技术而把所有的教学环节全部使用多媒体手段再现出来，那么教师就会成为多媒体技术的奴隶，只起“解说员”的作用而起不到教师应有的主导作用。

教学活动是一个师生共同参与的活动，在教学中通过师生之间的对话、信息交流和反馈，实现教学双方对教学过程的把握，帮助教师在一个动态的过程中完成教学任务，实现教学目标。如果教师盲目地依赖多媒体，忽略与学习者之间的交流，那么就会使教学活动处于一个单向的信息系统中，只能是由传统的人的满堂灌变为媒体满堂灌。

2．忽视学习者的主体地位

这里是指在教学活动中过多地强调媒体的便于理解性与表现力，以媒体代替学习者的想象与思维。声音、图像、动画、视频等媒体极大程度地满足了学习者的视听等感官需求，激发了学习者对多媒体课的兴趣，但如果不顾实际教学需要，盲目使用各种媒体，使课堂中的信息过多，则会造成无效信息的泛滥，同样会分散学习者的注意力，不仅不能辅助教学，反而会影响教学目标的实现。很多教师在课件中过多地集中了声音、图像、动画、视频等信息，学习者的思维反而受到了限制，不利于学习者想象力的发挥。

3．忽视媒体语言的合理表述

在短时间内接受超量信息时，人脑就会处于停滞状态，这种现象叫做“迷航”。有的教师在制作课件时将与课文内容有关的所有材料事无巨细地尽数罗列进来，而在使用时由于受课时限制，只能加大单位时间内传输的信息量，结果是五彩缤纷的多媒体信息包围学习者，其琳琅满目的程度令人头昏目眩，无法进行知识的由“同化”到“顺应”的编码，直接影响到学习者对所学内容、意义的检索处理和理解接受，违背了学习者在认识事物时一定时间内只能接受一定信息的规律。

在课件制作过程中，忽视学习者的视觉心理对认知的影响，画面设计、处理不合理，就会造成学习者对教学信息接受的不顺畅，分散学习者的注意力，冲淡学习者对学习重点、难点的关注，影响学习者对知识的理解，最终影响教学的实际效果。

## 环节三　多媒体课件设计制作技能

**问题情境**

教师利用多媒体手段授课，其中的一个重要环节就是自己动手设计制作多媒体课件。如何理性地认识多媒体课件？多媒体课件的制作过程是怎样的？多媒体课件容易出现什么问题？对这些问题有了明确的认识，就可以有的放矢地制作多媒体课件了。

**问题一**　你知道多媒体课件吗？让我们先来认识一下多媒体课件吧。

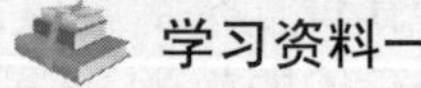

**学习资料一**

在现代教育教学过程中，以计算机为载体的多媒体技术和信息技术应用于教学，发挥了强有力的作用。随着现代教育技术的普及，在多媒体教室中利用课件开展的课堂教学活动已经在高校中普遍展开，这是一种最为常见的多媒体教学活动。多媒体教学是指在教学过程中根据教学目标和教学对象的特点，通过教学设计合理选择和运用现代教学媒体，并与传统教学手段有机组合，共同参与教学全过程，以多种媒体信息作用于学生，形成合理的教学过程结构，达到最优化的教学效果。

多媒体教学依托信息技术和数字媒体技术，将图、文、声、像等教学信息根据需要有机地组合为一体，形成具有集成性、直观性、交互性特征的多媒体课件。其中视觉媒体图文并茂，可以使教学过程变得生动活泼，提高学生的感知水平和学习兴趣；动态媒体依靠其图形演示功能可以为教师提供形象的表述工具，使许多过程性的问题或抽象的教学问题变得具体形象，提高知识的可接受性；虚拟现实媒体的仿真功能可以使教学中一些无法做到的演示变得轻而易举。各种媒体的集成软件——课件则是在一定的教学与学习理论指导下，根据教学目标设计的，反映某种教学策略和教学内容的计算机软件，是编制者按某一思路设计制作的、前后连贯的、有系统性的软件。制作多媒体课件是一门集教育、技术、艺术于一体的“综合性”创作。它要求制作者具有较高的教学水平、学科素质和较强的媒体技术、艺术表现能力。如何完美地将教学内容与媒体表现形式紧密地结合为一体，使之更好地服务于教学，是多媒体课件设计与制作过程中的核心问题。

**问题二　在多媒体课件制作和使用过程中均要耗费大量的人力和物力，所以在选择与编制多媒体课件之前一定要知道遵循哪些原则。**

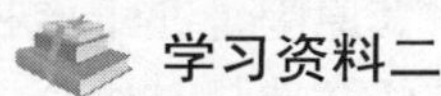

**学习资料二**

多媒体课件的编制原则主要有以下几个方面。

1．教育性原则

多媒体课件是教学的手段与工具，开发多媒体课件必须围绕着一定的教学目的进行，课件应对于学习者掌握某门课程的基础知识和基本技能训练、开发学习者的智力以及提高教学质量起到良好的作用。教育性是指课件的设计应遵循认知规律，要有明确的教学目的，有助于教学对象加深对知识的理解和掌握，并通过各种媒体的合理运用和巧妙组合来增强教学内容的广度、深度和趣味性，激发学生的求知欲。

教学内容的展示要符合心理学规律，应充分分析和研究教学对象的心理状态，利用巧妙构思和不同的节奏形式来推动学习思维活动，帮助学生进行分析、对比、判断、综合，把教学中深奥抽象的概念转化为有条理的具体形象，做到由表及里、由此及彼、从感性到理性，从而提高教学效果。

2．科学性原则

教学具有严谨、科学的特性，多媒体课件是为教学服务的，其包含的教学内容要正确地反映科学知识和客观规律，要具有高度的科学性。传授科学知识的课件必须保证表达的内容正确无误、逻辑严谨；进行思想教育的课件必须保证媒体的权威性与真实性；进行模拟仿真时，动画特技要合情合理，形式要反映客观现象，不能使学习者对教学内容产生误解或不准确的理解。只有选材准确，传递知识、信息正确，才能保证其教育性，才可确保其具有真正的教育价值。

3．集成性原则

多媒体课件的集成性表现为多种媒体信息载体的集成，如文字、图形、图像、动画、视频和声音等的集成。在保证教学性和科学性的前提下，多媒体课件编制的主要任务是在多种媒体的集成上，即对文字、图形、图像、动画、声音等进行综合加工和处理，使其具有较强的表现力和感染力。

教学媒体是根据不同的教学活动要求选择的，众多媒体各有特性、各有优势，没有全能的、单一的媒体可以适宜于任何对象与内容的教学。在实际制作中应合理地选择媒体，而不能偏爱哪一种就用哪一种，熟悉谁就多用谁。如有的教材一味地采用动画或者到处插入视频，没有认真分析教学内容的性质，不重视媒体设计，所用的媒体不能充分、有效地表现教学内容，反而影响教学效果。因此，在媒体使用的总体设计中，应充分考虑到其各自的表现特性，做到科学选择、优化组合，使其发挥各自的表现能力，使教学内容得以充分展示。

好的课件必须要有好的媒体设计，这就要求制作者不但要了解各种媒体本身的特性与功能，恰当地选择与科学地使用媒体，还要掌握媒体的收集、编辑与集成的方法。关于这部分内容本书将有专门的章节进行讲解。

4．交互性原则

多媒体课件的交互性是指教师或学习者在教与学的活动过程中能够实现对课件的灵活操作和控制，可根据教学或学习的程度与需要随时搜索、寻求帮助或评定，人与机器之间形成相互交流信息的特征。交互性是多媒体课件区别于其他教学资源的最重要的特征之一。目前，常用的电视教材虽然是由多种媒体形式组成的，但并不是多媒体教材，其原因是在于电视教材的教学信息在展示时间和空间上是线性的、不可逆的，不便于学习者任意选择与组合，更无法为学习者的自学和自测提供良好的交互功能。

互性是教学内容与学习者之间沟通的桥梁，在多媒体课件中一般通过时间性媒体（如动画）的播放控制、输入对话以及超链接来实现交互。

5．实用性原则

多媒体课件的实用性是指课件的选择与设计要考虑到教材与学生的实际情况，并非所有的课堂教学都需要用计算机多媒体手段，在媒体的安排和运用上也不是越多越复杂越好，而是要从课程内容实际情况出发，从需求出发，恰当地编排和设计多媒体课件。

6．经济性原则

多媒体课件的制作需要花费大量的人力和物力，多媒体课件的教学应用也需要相配套的播放设备和环境。所以，多媒体课件的制作应当本着经济性的原则，首先考虑教学是否需要，对于几句话能讲清楚的教学内容，用传统的教学方式就能取得良好效果的教学内容，就要选用传统的教学媒体（如黑板和粉笔）。如果课堂的内容用传统的教学方式不能有效地突破教学难点，引起学生兴趣，收到较为理想的教学效果，则可考虑设计或选用相应的多媒体课件。多媒体是服务于教学的工具和手段，提高教学效率、改善教学效果是它的目标，绝不能把多媒体课件当作新技术时代的示威，用来“装饰”课堂。

在实际教学应用过程中，一部较好的多媒体课件的主要特征应体现在具有丰富的教学内涵和强烈的表现形式两大方面。其中教学信息量科学性、教学性、交互性、实用性是衡量一部多媒体课件内在质量的核心。而媒体是否多样，形式是否新颖，表现是否生动，图形、图像与运动是否多样、清晰、流畅是衡量其外在形式的关键。

**问题三** **多媒体课件有哪些类别？你听说过“单机版课件”和“演示型课件”，它们遵循的是一种分类方法吗？**

### 学习资料三

多媒体教学是通过多媒体课件进行的，没有多媒体课件便难以进行多媒体教学。多媒体课件是教学思想、教学内容及教学设计的体现，因为教学活动有着多样性的特征，所以多媒体课件也有多种分类方法。

根据传播渠道不同，可以将多媒体课件分为“单机版课件”和“网络版课件”两类。单机版课件运行于一部计算机之上，本地播放，本地观看；网络版课件运行于远程服务器上，客户终端看到的是远程播放的结果。

根据用途不同，可以将多媒体课件分为演示类课件、操作类课件、考试类课件等。演示类课件主要用于向学习者展现教学内容或知识信息；操作类课件支持学习者在虚拟的课件系统中进行某类感受活动或实验活动；考试类课件主要展现考试问题，用于日常学生自测。

根据制作软件不同，可以将课件分为 PPT 课件、Flash 课件、Authorware 课件、Director 课件、HTML 网络课件以及各种程序编写的课件等。当前运用最普遍的是 PPT 课件，Authorware 课件前几年比较多见，但随着 Adobe 公司宣布不再升级该软件，Authorware 课件在课件领域的占有率也越来越低了。

根据运用主体不同，还可以将多媒体课件分为辅教课件和辅学课件两大类。辅教课件的目的是辅助教师的“教”，主要用于多媒体课堂教学；辅学课件的目的是辅助学生的“学”，主要用于学习者自学。从近几年多媒体课件生产和应用的情况来看，教育软件公司开发的课件主要是辅学型的，设计一般比较复杂，很多课件体现了教学思想和教学活动，但这类课件对开发技术要求高，成本也高，难以普及。一线教师开发的课件主要是辅教型的，用于辅助课堂教学，一般利用成熟的 PowerPoint 软件平台进行开发，设计相对简单，成本低，普及率极高，然而其中不少难以看出明确的教学思想和教学活动等设计，这些教学设计要靠教师的个人课堂组织来完成。

由于本书的读者定位为一线教师，迫切需要解决的问题是做好课堂上要用的课件，所以本书中“多媒体课件制作步骤”问题主要谈基于 PowerPoint 软件平台的多媒体辅教课件。

**问题四** **多媒体课件制作过程分为哪些步骤？对于一名普通的学科教师，备课时间有限，只是希望做好上课演示用的 PPT 课件，能否给出一些实用的建议呢？**

### 学习资料四

下面简单介绍多媒体课件制作的一般步骤和 PPT 课件制作步骤。

1．多媒体课件制作的一般步骤

多媒体课件的设计与制作是一项富有创造性的工作，大一些的任务可以交给专业部门制作，如教育技术中心。从规范意义上来讲，多媒体课件的制作一般需要以下几个工作步骤。

（1）确定选题

选题是多媒体课件设计与制作的第一步，大多由教学第一线的教师根据教学的需要来确定。

（2）制作小组的组成

多媒体课件的制作与开发是一项综合性的工作且费时费力，单靠一个人显然不能满足各方面的要求，往往会顾此失彼，因此在具体制作前要成立一个制作小组。小组成员主要包括任课教师、教学设计人员、艺术设计人员和软件设计制作人员。

（3）稿本设计

稿本在多媒体课件的开发和制作中占有重要的地位，规范的稿本对保证课件质量以及提高课件制作效率会起到积极的作用。它包括两部分内容，一部分是文字稿本设计，另一部分是多媒体课件制作稿本设计。其中文字稿本由有经验的任课教师完成，它是按照教学过程的先后顺序将教学内容及其呈现方式描述出来的一种稿本，它不能用来作为多媒体课件制作的依据。而多媒体课件制作稿本是在文字稿本的基础上改写而成的，是制作人员进行课件制作的依据，它的作用类似于电视节目制作的分镜头稿本。多媒体课件制作稿本包括界面的布局、色彩的搭配、人机交互方式、画面的切换方式、信息的呈现以及对解说、音乐和音响效果的说明和各知识点的链接等。

在设计多媒体课件稿本时，需注意如下问题。

① 总结多年的教学经验和体会，将它融进课件的稿本设计中。

② 总结教学规律，课件的稿本应遵循心理学、教育学规律，课件应按照某种逻辑顺序（如由实例到原理、由概念到实际运用、由浅入深、由简至繁等）循序渐进地安排内容。

③ 精选课件素材，优化课件结构，力求课件的内容准确、丰富、图文并茂。

④ 充分利用先进的软、硬件技术，利用多种媒体产生生动的视、听觉表现，使课件更富于吸引力。

⑤ 系统应为开放式结构。按照教学过程的客观规律，由于授课者和授课对象不同，教学内容的安排应有所差异，开放式系统便于满足各个层次的需要。

⑥ 优势互补，加强协作。制作课件涉及的知识和技能范围广泛，要求制作人员既有丰富的教学经验、认知理论，又有较高的计算机应用开发能力，这需要稿本写作人员听取多方面的意见，与相关人员协同合作。

（4）素材的搜集与制作

稿本设计对课件制作提出了具体的要求，接下来的工作就是为多媒体课件准备各种素材，这些素材包括文字、图形、图像、动画、视频及音频等。在素材搜集与制作过程中可能要用到很多专业设备和软件，硬件设备如扫描仪、数码相机、摄像机、录像机、话筒、调音台等，软件则是各类媒体的编辑软件以及格式转换软件等，如处理文字的 Word、生成各类图形图表的 Excel、处理图像的 Photoshop、制作图像和动画的 3DMAX、制作二维动画的 Flash 等。

（5）多媒体课件制作

多媒体课件制作是将前面各项工作在计算机上实现的过程，可使用程序设计语言，如 C 语言、Visual Basic 等来完成。这些语言对制作人员的要求较高，常需要专业计算机人员。现在较多的是应用多媒体创作工具来制作多媒体课件，多媒体创作工具不需要编程，使用简单，非计算机专业的教师可以根据教学需要自己制作课件，而且开发效率比较高。常用的多媒体创作工具主要有 PowerPoint、Director、Authorware、Toolbook、HongTool 及方正奥思等。

（6）课件调试

多媒体课件制作完成后，要根据各方面的反馈信息反复修改、调试，直到符合设计要求。

（7）课件成品

调试好的课件可制成光盘或软盘，以方便使用或出版发行。

2．PPT 课件的制作步骤

目前，世界各国纷纷提出发展多媒体应用技术，鼓励公司、大学及民间学术团体参与多媒体课件及应用软件的开发。然而，当前情况是日常课堂教学中大量课件的制作任务由任课教师个人承担，教师们主要利用 PowerPoint 软件开发 PPT 课件。学科教师开发的课件往往以个人的教学经验为依托，围绕个人对学生情况、教学目标和教学内容的理解，课件体现个人的教学特征比较明显，开发出的课件的主要优点是个性鲜明、灵活性强——这两点集中体现了大学教学的特性，是非常有特色的。问题则是一线教师没有专业设备和软件制作知识，在制作多媒体课件过程中往往会受到技术问题的困扰。另外，缺乏课件评价的专业知识，不明确什么样的课件是好的课件，课件能够为教学提供什么样的支持，这也是制约课件质量提高的一个因素。关于媒体技术问题本书有专门章节讲解，课件评价也将在本节最后详细介绍，在这里仅从课件制作步骤，也就是上文讲到的第五步的角度展现一个好的 PPT 课件的制作过程具体由哪几个步骤组成。

① 打开 PowerPoint 软件，新建一个空白文件，选定并应用某种幻灯片模板。从 PowerPoint 自带的模板和网络下载的模板来看，幻灯片的背景形式一般比较单调，教师利用这些固定的模式是比较省事的，然而在时间和技术允许的条件下，建议自己制作模板背景或在原模板的基础上修改，按照需要制作出多种排版效果的模板背景（这个问题将在第 6 步再次提到）。现成的模板标题位置和所占面积、正文文字位置和所占面积等基本都是固定的，往往并不符合具体要求，教师要亲自动手切换到母版视图，将课件的各种格式（如文字设置、行距、项目编号等）在母版中设置好。

② 将要出现的主要文字内容分别罗列在各个幻灯片中。本步骤不要求所有文字完全合理精确，仅仅是搭建一个内容框架，在接下来的操作中还要涉及幻灯片的增减和文字的增减。此步骤对格式等形式问题不做要求，教师主要完成对知识点及其先后呈现顺序的策略性组织。

③ 插入所需媒体，包括图片、声音、利用 Excel 生成的图形图表、利用公式编辑器编辑的公式、动画媒体和视频媒体等，也包括通过插件引入的其他媒体等。这个步骤引入的动画和音视频注意要设置“绝对路径”（即课件与音视频、动画等媒体在一个文件夹下），否则在其他计算机上可能无法播放。

④ 在可能的情况下尽量精简文字，文字要起到提纲挈领的作用，绝不能面面俱到。课件上文字的表述方式绝不能是大块叙述性的语言，如有必要，可以精简为几个“关键词”。

⑤ 在上一步骤的基础上，考虑文字的图形化。比如，教育技术主要研究 3 种学习理论，可以不用“1、2、3”一行行的文字排列出来，而使用 3 个不同色彩的形状表示，并加上说明文字，学习者能够一目了然，如图 2-1 所示。按照逻辑规律将文字表述图形化是 PPT 课件的重要环节，在 PowerPoint 2007 中增加了“Smart Art”功能，主要就是提供文字图形化的功能。

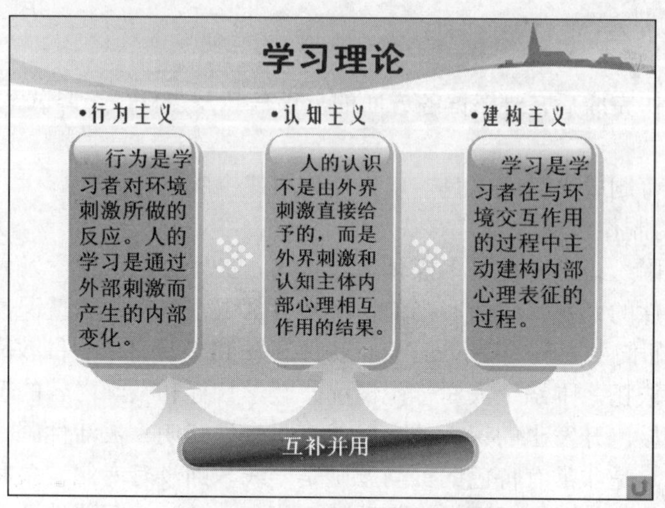


图 2-1　图形化的文字有利于学习者对内容的把握

⑥ 排版，设置格式。如果决定用刚开始设定的模板背景，那么根据情况对当初设置的母版格式进行微调即可。如果对课件要求较高，要用自己设计的背景等，刚开始设定的模板仅仅是个参考，这一步要对其进行较大的调整。调整主要涉及两个重点问题，一是背景的设计，二是母版的设置。制作模板背景的任务放在第 6 步来进行，就是因为到这个步骤才能够看出需要多少种排版方式、各种媒体所占的位置、整体编排需要哪些变化等问题，教师可以根据实际情况来设计模板背景，如图 2-2 所示。另外，在母版视图状态下设置文字的字体、大小、色彩、行距、项目符号形式等也是非常必要的，能够为整体的格式设置节约不少时间。

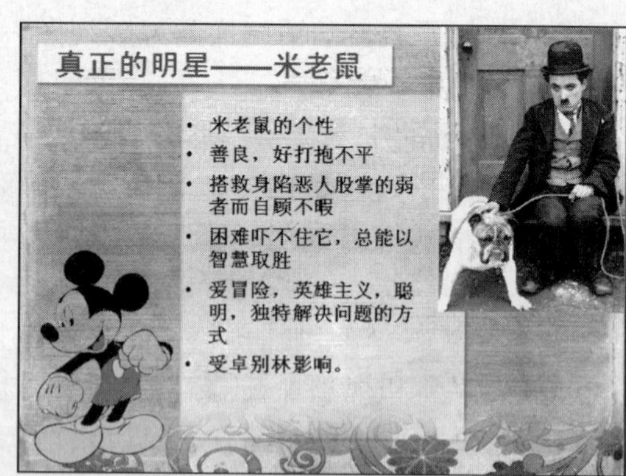


图 2-2　不同版式的模板为课件内容编排提供了多种选择

⑦ 设置"出现"、"强调"、"退出"等动态效果。众所周知，一张幻灯片中的内容一次性展现给学习者是达不到最好的教学效果的，而一些表明关系、说明过程的学习内容则特别需要动态演示，所以，为文字、图形等添加动态效果是非常必要的。

⑧ 编辑"目录页"，进行"超链接"和"返回"等设置。大多数课程的教学内容是有明确的逻辑关系的，章、节、知识点之间前后顺序分明，这些逻辑关系能够帮助学生在大脑中建立良性的链接，因此，PPT 课件中体现知识结构关系的"目录页"是非常必要的。在讲课

过程中，讲完一个知识点后返回“目录页”，能够让学生了解学习进度，做好进一步学习的思想准备，如图 2-3 所示。

图 2-3　目录页

## 问题五　PPT 课件容易出现哪些问题？应当如何加以避免？

### 学习资料五

PPT 课件容易出现以下问题。

1．书本搬家

在当前大学课堂上使用的 PPT 课件中，表现最突出的问题是书本搬家。书本搬家的问题主要体现在书上说什么课件上有什么，课件上出现大段的文字，教师上课照着课件念，学生不知道该如何记笔记。课件中最常出现的文字应当是简练的提纲性文字，也可以出现一些重点的概念、定理等，说明性文字越少越好，可以以关键词的形式出现，为学生提供提示作用。

衡量课件是否出现了书本搬家的问题，可以采用一个标准：如果是上黑板课，教师是否要在黑板上写出那么多的文字？如果答案是否定的，那么课件上的文字恐怕就是多了，教师应当进行一定的调整，如图 2-4 所示。

图 2-4　出现在课件上的文字应是提纲挈领的

2．文字表现形式单调

多媒体辅助教学就是要发挥媒体的优势，改进过去那种纯文本的教学方法，将教学内容以更具说明性、更富亲和力的方式表述出来。当前很多 PPT 课件存在“一行接一行”的表现单调的弊病。在本环节的多媒体课件制作步骤中提到过，文字图形化是 PPT 课件制作的一个重要步骤，也是教师制作课件的一种重要能力。除此之外，将数据、表格等转换为柱状图、饼状图、折线图等也是文字图像化的重要方法。教师要在制作多媒体课件的实践中加强将一行行的文字转换为图形的能力，如图 2-5 所示。

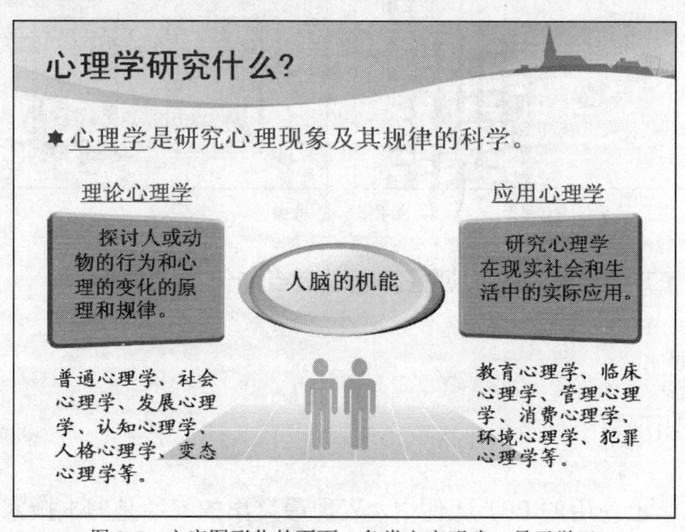


图 2-5　文字图形化的页面，各类文字明确，易于学习

3．媒体运用单一

所谓课件中“运用媒体”就是将文本、图形、动画、声音、影像等多种媒体通过计算机有机地融合为一体，使教学信息的表现更加形象逼真、丰富多彩，给学生以多方位的感官刺激，有效地提高课堂教学效果。

当前 PPT 课件出现的问题之一便是仅仅采用文本，以电子屏幕替代了黑板板书，媒体运用单一，没有体现出多媒体的特色，没有发挥出多媒体的优势。建议学科教师日常要注意收集、整理各种媒体表现形式的学习资源，并将其恰当地运用到课件当中，为发挥多媒体课堂的优势、提高教学效率和效果做准备。如图 2-6 所示，传播学课程中讲授“大众”概念时涉及法国资产阶级大革命的背景，当时的贵族理论家用他们的立场阐述“大众”概念，幻灯片中给出了法国国王路易十六皇后的电影剧照与 19 世纪画家米勒反映农妇拾麦穗的名画，真真切切地反映出两种生活状态，从中学习者不难感受出贵族理论家立场的偏颇。

4．逻辑性差

PPT 课件“逻辑性差”的问题表现在两个方面，一是课件整体的逻辑性不明显，二是同一幻灯片中的逻辑性表述语言不明确。

整体逻辑性不明显的问题主要体现在：很多 PPT 课件存在没有目录页的情况，教师根据教学内容一页页向后翻，学生不知讲到哪个环节了，也不知道所讲的知识点在章节整体中所居的位置，难以形成知识逻辑结构，不利于知识的吸收和记忆。大学教学有个特色，即教师往往不会拘泥于某本教材来讲授，在对教学内容的筛选和组织方面体现了较大的个性和自由度，虽然有一本指定教材，但教学结构上的变动和对教学内容的加减是家常便饭，因此，学生在课堂上特别需要知识间逻辑关系的提示，目录页和适时的返回都是非常必要的，如图2-7所示。

图2-6 日常收集的有代表性的图片，能够对内容起到很好的说明作用

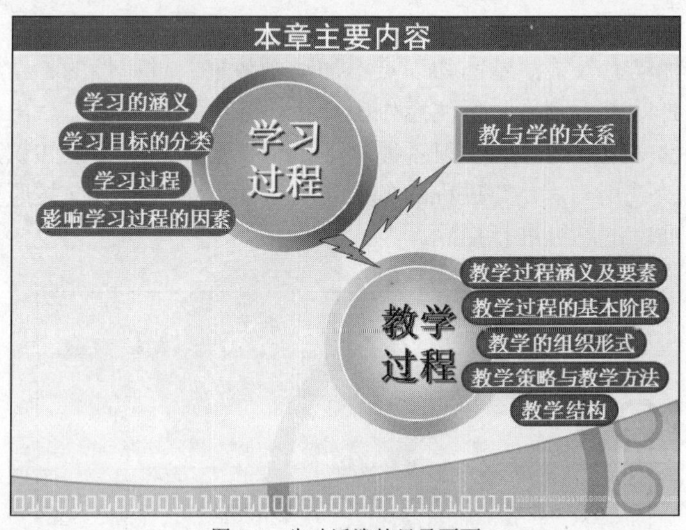


图2-7 生动活泼的目录页面

同一幻灯片中的逻辑性表述语言不明确的问题主要是：第一，缩进的级别设置问题；第二，字体、字号、颜色的设置问题。在同一幻灯片上，一般通过缩进的多少表现级别的附属关系，缩进少的是级别较高的标题，缩进多的是下一级内容。如果是段落式文字，也可适当打破缩进的程式，通过文字的设置来调整。另外，同一张幻灯片上的文字也要通过字体、字号、颜色的设置表现其中的逻辑关系。字号大的、字体粗壮整齐的是较高级别的文字，字号

相对较小的、字体相对纤细温和的是较低级别的文字，如图 2-8 所示。

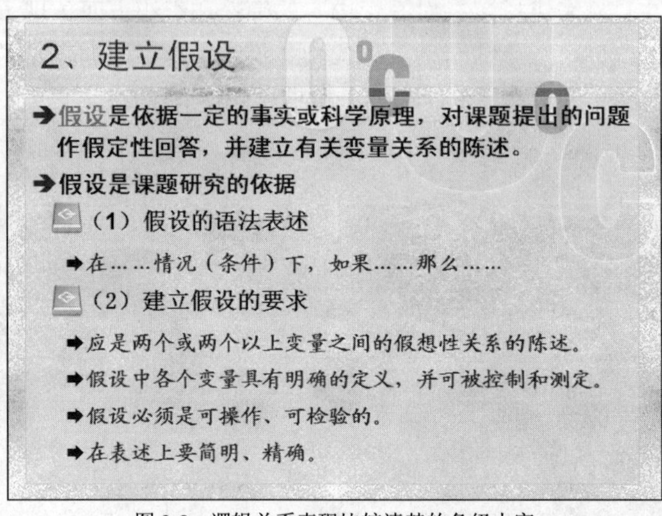


图 2-8　逻辑关系表现比较清楚的各级内容

5．动态效果有问题

PPT 课件的“动态效果”问题主要体现在以下 3 个方面。

第一，PPT 课件不添加动态效果的情况是比较普遍的，很多学科教师在制作课件时忽略了这一环节，认为文字出现、图文演示的动态效果可有可无，这就造成了整张幻灯片的文字一下子展现在学习者眼前的情况，讲前面的内容时后面的内容会分散学生的注意力，不利于课堂悬念的制造，不利于启发教学。

第二，需要添加动态效果演示的知识点不加动画效果。过程性的、结构逻辑分明的知识点往往需要设置动画效果，制作时要注意先出什么，箭头指向哪里，后出什么。动态设计良好的结构性、过程性知识点能够让学习者循序渐进地接受，能够增强知识点的趣味性和亲和力。如图 2-9 所示，“使用与满足”过程的各个环节是随着箭头的指向按照先后顺序依次出现的，整个过程由教师单击鼠标进行控制。

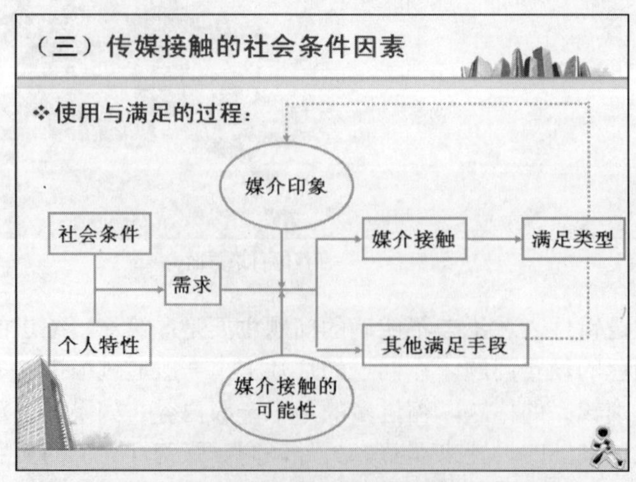


图 2-9　动态演示过程性知识能够收到很好的效果

第三，PPT课件动态效果设置不合理，表现在动态效果设置得花哨和动态出现效果速度缓慢等方面。动态效果的设置过于花哨，容易分散学习者的注意力；文字、图形等出现效果过于缓慢，也会影响课堂教学效果。

6. 界面设计问题

（1）文字可辨认性问题

很多用于课堂教学的PPT课件中文字可辨认性差，学生反映看不清楚，课堂教学效果可想而知。产生这个问题的主要原因是教师对于文字和背景之间的色彩搭配问题认识不清，有的教师认为在自己的显示器上能够看清就行了。事实上，多媒体教室环境各不相同，设备情况良莠不齐，通过投影机投到屏幕上的画面质量要远远低于显示器上的画面质量，教师在设置文字的字号、色彩时需要考虑到质量较差的投影效果的情况，尽量加大文字和背景间的明度差，提高文字的可辨认性。具体的方法将在后面阐述。

（2）装饰性动态媒体问题

有的教师为了增添课件的趣味性，在PPT幻灯片上添加小动画。这种方法是不可取的，因为动态效果特别吸引学习者眼球，会让学习者的目光不自觉地偏离教学内容，所以尽量不要添加装饰性的动画。在图2-10中，右上角是一直在旋转的GIF小动画，看上去不错，但在教学过程中容易分散学习者的注意力。这个动画存在于从互联网上下载的现成母版当中，需要在母版中将其清除。

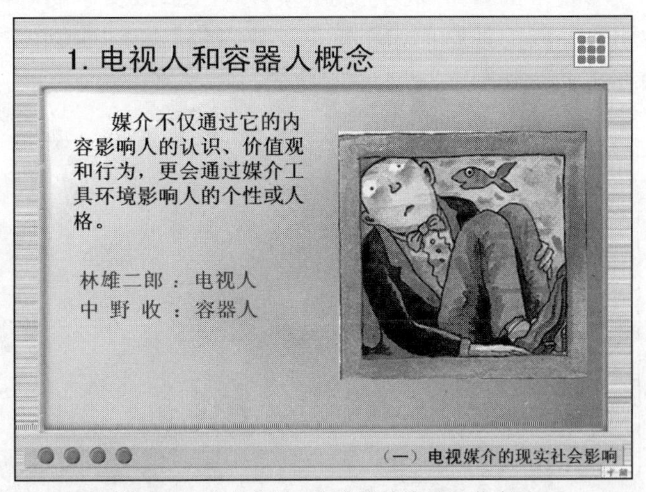


图2-10　右上角是一直在旋转的GIF小动画

上述提到的问题是设计者尤其是初学者容易出现的毛病，在设计与制作过程中应加以克服。

**问题六　PPT课件中包含哪些视觉要素？各种视觉要素有哪些表达规律？**

**学习资料六**

在制作PPT课件时，很多人会碰到背景设计、内容表现形式设计等问题。由于缺乏美工基础，不少教师放弃了形式设计。事实上，课件的表现形式在很大程度上决定了其品质和亲和力，教师可以通过简单的学习掌握其中的基本规律，避免出现常见问题。

PPT 课件由多个视觉要素组合而成，主要的视觉要素包括背景、文字、交互形象、装饰、图像、图形、表格、动画、视频等。这些视觉要素有各自的表现规律，也有着彼此之间配合组织的规律，教师必须充分了解这些规律，才能够设计制作出符合视知觉心理的高质量的 PPT 课件。

1. 背景

设计 PPT 课件的第一步就是决定窗口的大小以及长宽比例，通常 PPT 软件提供的模板是 4∶3 的显示比例，这种比例是显示设备中默认的方式，不容易出问题，看上去比较均衡舒适，一般不用改变。如有特别需要，如宽屏显示等，则可以在【页面设置】对话框中将【幻灯片大小】设定为其他的显示比例。

PPT 课件组合了多种媒体表现的教学内容，它与用户的最终交流是通过显示器屏幕或投影屏幕来实现的。为了美观，也为了主体表现不使人感觉突兀，安排适当的背景非常必要。背景的颜色、图案要根据课件整体形象风格的要求来制作，原则是色彩尽量单一，形象尽量简洁。

在屏幕显示的 RGB 色彩模式中，任何色彩（色相）都有 256 级亮度，最暗的是黑色，最亮的是白色。背景要尽量选择浅色或深色，避免亮度值居中的颜色。文字的可辨认性是由背景的亮度和文字的亮度差决定的，一旦背景用了亮度居中的颜色，无论将文字设置为黑色还是白色都难以达到投影要求的背景与文字的亮度差，会造成文字的可辨认性差。另外，背景颜色不要选用大面积高纯度的色彩，如明黄色、亮青色等。这些颜色虽然符合亮度要求，但人眼长时间盯看会非常疲劳。图 2-11 所示的浅色背景非常不错。

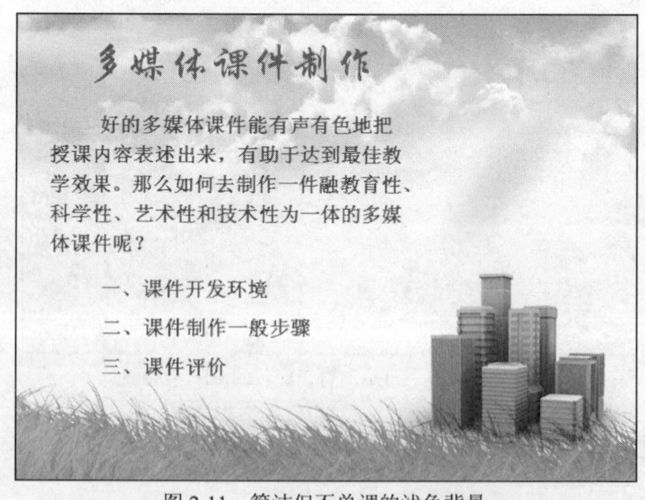


图 2-11　简洁但不单调的浅色背景

PPT 课件的背景图形要尽量简洁，以突出教学内容为己任。一般情况下，背景图形会被安排在角上或在幻灯片周围，采用包围方式，目的是为教学内容留出足够的空间。对于面积较大的背景图形，可以采用边角清晰、靠近教学内容的部分虚化的处理方式，如图 2-12 所示。

在制作 PPT 课件时，如果出现了选中的模板背景与文字亮度值差异过小，文字辨认困难的情况，还可以利用给文字添加背景等方式来调节，也能够达到比较好的效果，如图2-13所示。

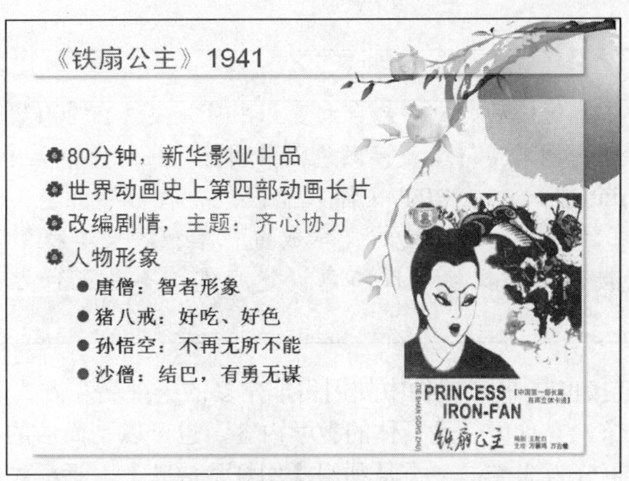

图2-12　背景装饰图像面积较大，版面上做了虚化处理

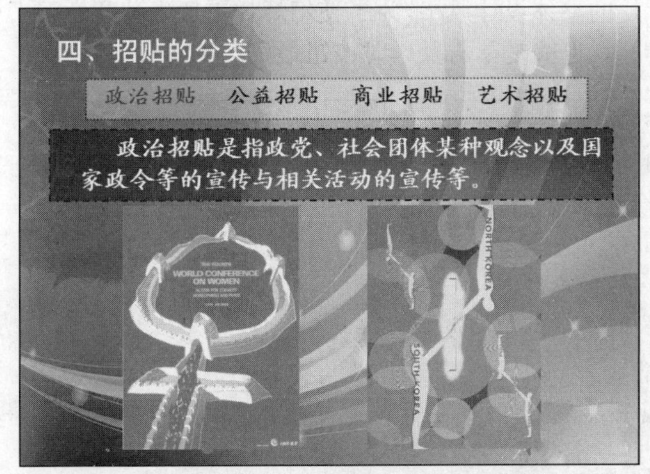

图2-13　在亮度值居中的背景上为文字特别添加了深色和浅色的半透明衬底

2．交互形象

PPT 课件与传统教学媒体相比的突出特点就是能够实现人机交互，方便实用的交互设计是衡量课件品质的一个重要指标。PowerPoint 为幻灯片放映提供了诸如“上一张”、“下一张”、“上次查看过的”、“定位幻灯片”等功能，但远远不能满足课件使用的要求。教师需要掌握的PPT课件交互设置方式主要有两类，一类是热字超链接，另一类是按钮（图像）超链接。

热字超链接在PPT课件中的应用极为普遍，目录幻灯片大多用热字实现与其他幻灯片的跳转，幻灯片之间的跳转也往往通过热字来实现。热字分为两类：一类是整行的目录性热字，另一类是段落中个别词句的热字。整行的目录性热字比较容易安排，颜色变化时要参照界面的整体风格和颜色，以不影响本界面整体形象的完整性为准。对于段落中的个别词句热字则要考虑突出于其他文字而又不影响整体文字块的整体性，一般采取字体、字号不变而只使文字颜色稍加变化的方法。热字可以跳转到其他幻灯片中，还要考虑应能够方便地跳转回来。

**热字技术提示：**

① 为文字添加了超链接后，文字会自动变为配色方案（在 2007 版本中称为“主题颜色”）中超链接的颜色，如果觉得超链接颜色需要调整，在配色方案中重新设置即可。

② 在 PowerPoint 中，一个 PPT 文件只能设置一种热字颜色，如果想让超链接文字多些表现色彩，可以将添加超链接的文本放置在单独的文本框中，选中整个文本框，为文本框添加超链接。这样文字可以随意设置颜色，不受配色方案中超链接颜色的制约。

按钮（图像）超链接也是 PPT 课件中使用得非常多的一种交互方式，其优点是一目了然、操作便捷。按钮（图像）本身可以是具体的教学内容，也可以是简洁的装饰。设置按钮交互的方式按照制作方法可分为 3 类：一类是利用【幻灯片放映】对话框添加动作按钮；另一类是设置好文本框或形状的格式，再为其添加超链接；还有一类是直接引入图片，再加超链接。按钮设计要服从幻灯片的整体设计风格，为了使幻灯片更加生动和学习者心理感觉更加友好，按钮需要有一定的动感，也就是单击操作时按钮最好产生变化。

**按钮（图像）技术提示：**

① 添加系统自带的动作按钮后，可以选中该按钮，为其设置填充等格式，目的是使按钮形象与幻灯片色彩协调。

② 在 PowerPoint 2007 版本中，插入动作按钮命令只有【插入】→【形状】→【动作按钮】中才有。

③ 为文本框、形状、图片等设置超链接时，勾选【单击时突出显示】复选框，这样在单击操作时文本框、形状、图片等会产生类似按下的动感变化。

④ 引入 GIF 或 PNG 格式的小图标作为按钮，可以在其他软件中将其设置为透明，这样在 PPT 中就会得到一个背景透明的图标。

3．装饰

在 PPT 课件中，装饰元素主要分为两类：一类是纯装饰，另一类是功能性装饰。

在 PPT 课件中装饰元素与背景往往是一体的，在设计背景的时候就考虑设计了一些装饰，因此，在制作过程中没有必要非得考虑加入什么装饰。如果需要，建议遵循以下原则。

① 与教学内容有一定的关联性，如化学课件的装饰元素可以是分子结构。

② 与界面的整体风格统一。

③ 与背景有某些一致性，如颜色一致。

④ 动态装饰元素慎用。

⑤ 不可过于醒目，以免喧宾夺主。

功能性装饰包括标题文字本身以及各类文字的填充和边框等。举个例子来说，前文在多媒体课件制作步骤中提到了文字图形化问题，在文字图形化的过程中必然要对“填充”、“描边”、“特殊效果”等形式因素进行设定。这些就是天然的功能性装饰，在设计与制作时不但要考虑到其功能性，即有没有更加直观、明确地表达了文字的意思；还要考虑其装饰性，要美观，与整个幻灯片和谐统一。本书提倡将装饰与教学内容结合考虑，达到功能性与美观性的一体与统一，如图 2-14～图 2-17 所示。

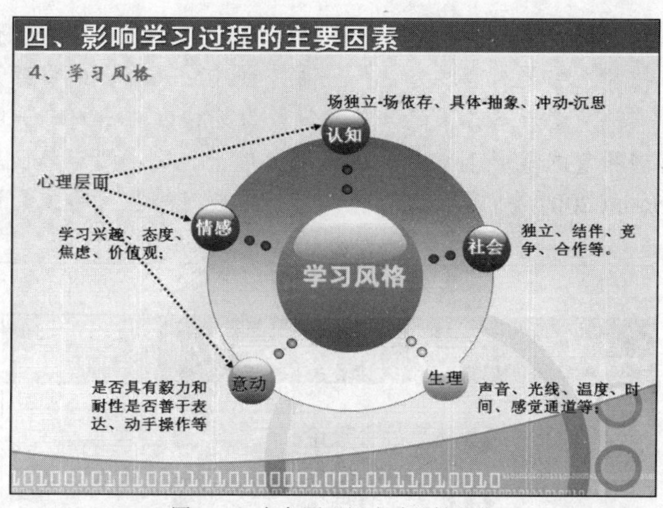


图 2-14　各色圆形钮为功能性装饰

图 2-15　幻灯片右边人物为透明的纯装饰

**“装饰”技术问题：**

① 作为装饰，最重要的就是要与幻灯片整体协调统一。对于功能性装饰，如文本框的背景填充等，可采用半透明或渐变到半透明的方式，具体方法有多种，通过右键快捷菜单调出【设置形状格式】对话框是最常用的方法之一。

② 作为功能性装饰的文本框、形状可以表现出多种材质的二维、三维效果，在 PowerPoint 2007 中，在【格式】选项卡下这部分功能非常强大。如不愿自己费时间设置，则可以在【插入】面板中选择某类“Smart Art”，插入后系统自动跳至“Smart Art”

的【设计】选项卡中，这里有各种可供选择的材质。设置完成后，若不愿受“Smart Art”框架制约，将其中的部分内容复制、粘贴出来即可。注意，PowerPoint 2007 中格式设置丰富多彩，但有些 2003 版本不支持，转到 2003 版本中会以不可修改的图像方式显示。另外，互联网上也有很多模板提供了文字图形化的方案和形式，初学者可以借鉴使用。

③ 装饰图形与幻灯片整体协调统一的重要方式是突破图形的矩形形状限制，为图形设定透明背景。在技术上主要有两种方法：一种是在 Photoshop 中将背景调整成透明，存储为 GIF 格式；另一种是图形格式不限，要求背景为某种大面积的单一色彩，在 PPT 图像编辑栏中选择设置透明色的笔形工具后，在背景上单击一次，则与单击点相同的色彩就会被隐去。在 PowerPoint 2007 中，【设置透明色】工具被安排在【格式】选项卡的【重新着色】按钮选项中。

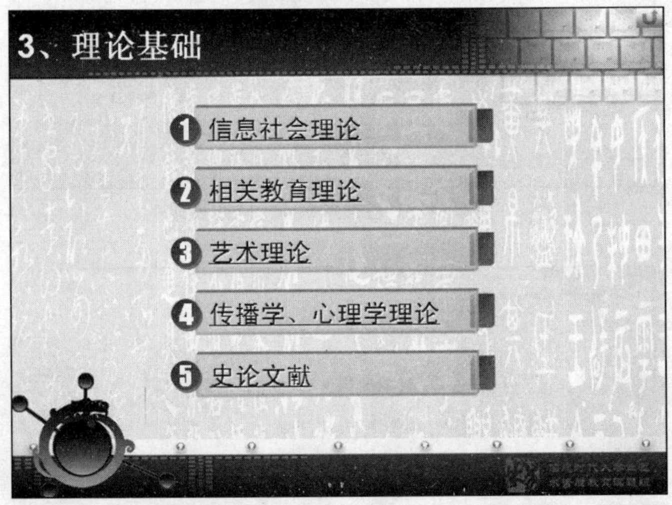


图 2-16　透明的三维文本框达到了一定的装饰效果

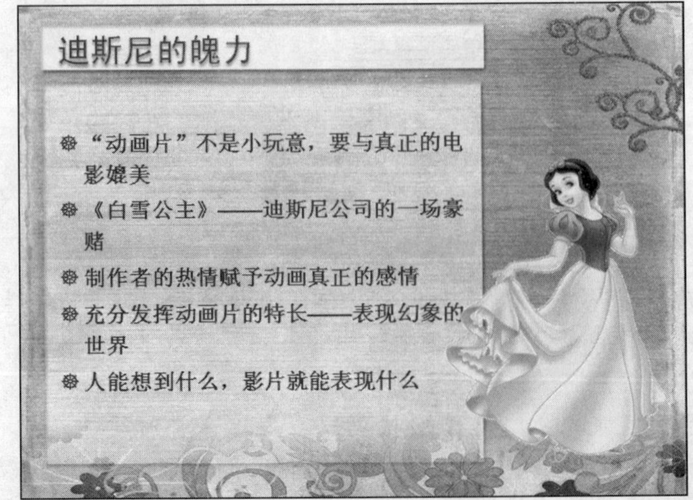


图 2-17　透明卡通人物形象作为装饰遮挡住了文本框的一部分，页面显得很活泼

4．图形图像

在 PPT 课件中属于教学内容范畴的图形图像具有形象生动、信息量大、现场感强、容易记忆、便于理解和发挥想象力等特点。图形图像与文字的优势互补，形成了文字理论与感性把握相得益彰的教学方式，丰富了教学内容，提高了教学质量，能够激发起学习者的学习兴趣。

图形可以理解成矢量图形，包括各种图纸、表格、柱状图、饼状图以及各种其他矢量图等。科学性和明确性是图形的基本属性，在设计和制作时要以保证基本属性为前提，达到可辨认性和美观性的统一。可辨认性是指学习者在学习时能够将图看清楚，要考虑线条的粗细是否合适、构成元素的对比是否明显、幻灯片的容量是否合适以及是否需要局部放大等问题，如图 2-18 所示。矢量图形作为传输信息的手段常常比图像更有效，因为完全如实的照片类图像常常含有太多的视觉信息，会分散学习者的注意力。

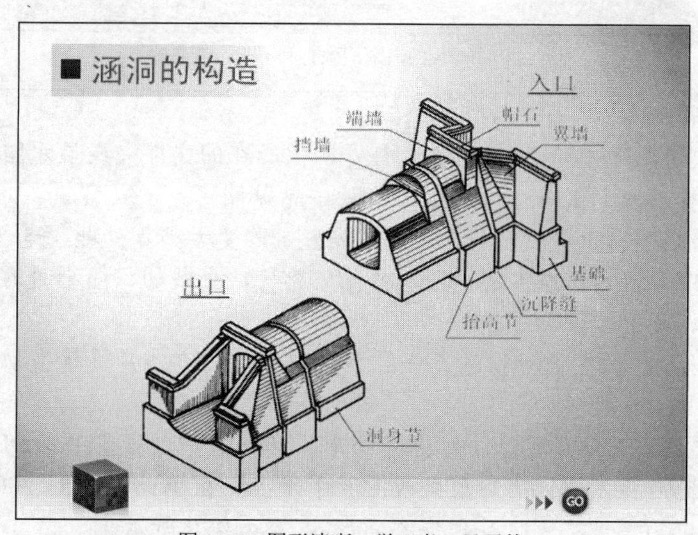


图 2-18　图形清晰，学习者一目了然

“图像”可理解为照片一类的色彩细节丰富、细腻的平面静止媒体。图像是真实度仅次于实物的一种媒体，学习者能够很容易地从中获得直观信息。但是研究表明，学习者的注意力往往集中于图像本身而忽略了对其更深层次的思考，它对学习者的感官刺激较大，但学习者的思维却并不活跃。针对目前图像作为重要的媒体在课件中大量使用的情况，必须看到它的弊端，应对图像做出理性的选择和判断，不能滥用。

图像的来源有两种：一种是资料图片，另一种是根据课件要求由制作人员拍摄或制作的图片。图像输入计算机后，无论它是用数码相机拍摄的、扫描仪扫描的还是截取动态画面的单帧，其构图、清晰度、对比度以及色彩表现等往往均需做一定修改，可以在最常用的图像软件 Photoshop 中进行色阶调整，具体方法本书图像处理部分有相关介绍。有时经过处理后效果仍然不好，这主要为图像本身的清晰度问题。这个问题看似简单，但确实是当前媒体选用中的一个通病，学习者看不清学习内容时首先不利于教学内容的传达，其次会使学习者产生烦躁的情绪，影响学习效果。建议尽量不要用不清楚的图像，图像应用也要讲究宁缺毋滥。图 2-18 和图 2-19 中的图像就处理得比较好。

图 2-19　放大的清晰图像有利于学习者感知

**图像技术问题：**

① 将图像快速引入 PPT 的技巧为：打开图像所在的文件夹或显示图像的网页，在右键快捷菜单中选择【复制】命令，再到幻灯片中粘贴即可。

② 图片需要根据需求进行裁切、清晰度调整、改变大小等处理，建议在 Photoshop 中进行相关处理。PowerPoint 提供的处理功能比较单一，且裁切、缩小过的图片数据量仍会保持原始数据量，不利于课件的瘦身。

③ PowerPoint 中的图像可以进行任意旋转，旋转的方法是鼠标拖动图片上方的绿色圆点。

④ 如果需要不同形状的图片，如圆角矩形、椭圆形等，可在 PowerPoint 中先建立某种所需的形状，而后将图片作为背景引入图形中即可。在 PowerPoint 2007 中有很多现成的样式设置，可以简便地将图片处理成不同形状，如 2-20 所示。

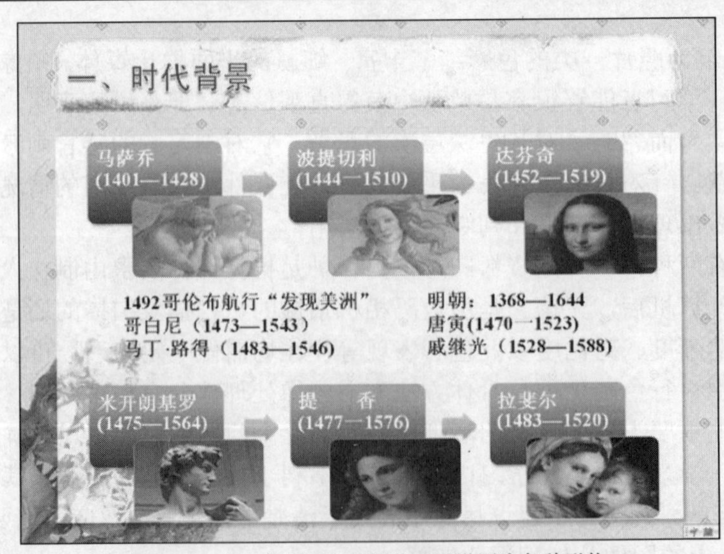


图 2-20　作为背景引入的图片可以设置为各种形状

5．文字

在PPT课件中，文字的用途最广，是非常重要的要素。文字的设计编排是赋予幻灯片审美价值、增强教学效果的一种重要手段。

常用字体可以分为几大类：端庄稳重的，如宋体、黑体、魏碑等；清秀挺拔的，如仿宋、行楷、圆体等；古朴凝重的，如各种隶书、颜体、古印体等；新颖独特的，如一些特殊字集中的字体等。字体虽然多种多样，但由于PPT课件要到多媒体教室等其他地方的计算机中播放，为了避免因系统内未安装某种特殊的字体而使文字不能正常显示的情况，一般仅选用系统自带的字体，包括黑体、宋体、楷体、仿宋、隶书、姚体、行楷、新魏等。一般来讲，适用于标题的字体主要有黑体、宋体、隶书、姚体、行楷、新魏等，适用于正文的字体主要有黑体、宋体、仿宋、楷体等。

对于正文文字要特别考虑可辨认性与可读性，应给人以清晰的视觉印象，避免人眼辨认费力，主要注意以下3点。

第一点：注意文字与背景的亮度差。文字与背景之间的反差不是由色相（如红色、绿色、黄色等）差异决定的，而是由亮度差距决定的。比如，在红色背景上设置蓝色文字，色相差别很明显，但就是看不清楚，原因就是亮度没有拉开差距。为了应对随时出现的投影质量差问题，必须尽量加大文字与背景的亮度差，背景尽量选择很浅的或很深的颜色，文字设置为高亮度差的色彩，如深蓝背景上的黄字、白色背景上的深绿色字等。

第二点：注意文字和段落的格式设置。一般来讲，标题文字的字号不要大于36号，正文文字的字号不要小于20号，正文文字以24号为宜，对于过小的字号坐在教室后面的学习者难以辨认。图表等中一些难以加大的文字的字号也不要小于16号，尽量加粗，如图2-21所示。无论是标题、正文还是图表，宋体、仿宋体文字必须加粗，其他字体可根据情况而定。PPT中的行距一般需要手动设置，如果行距过小，上下文字会相互干扰，容易跳行读错；如果行距过大，太多的空白会使界面显得松散，不能有效地保持阅读的延续性。对于段落文字，行距设置要大于"1"，"1.15"左右比较理想；对于提纲文字，可以根据情况再设置得大一些。

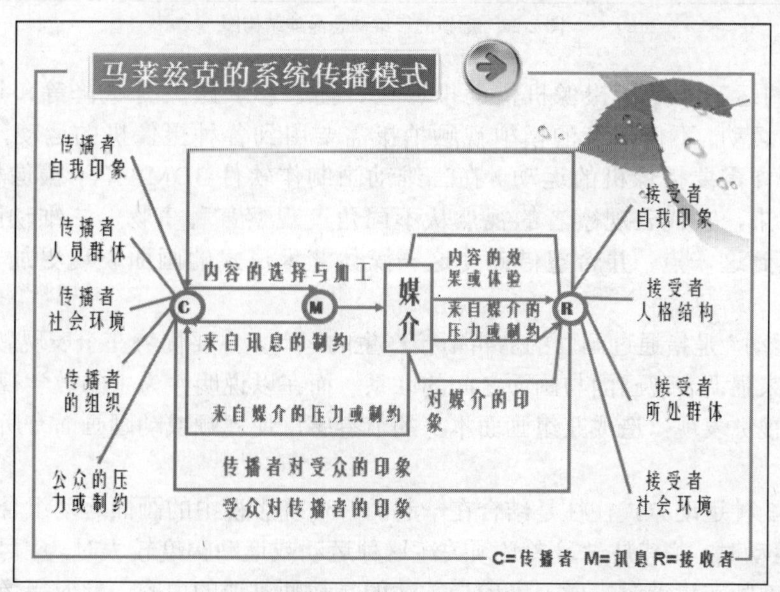


图2-21　图表中的文字不能过小，要让学习者看清楚

第三点：幻灯片上的文字不要过多，文字面积不要过大，正文面积占幻灯片面积的60%～65%比较适宜。对于文字段落中需要突出的重点词句，可换一种颜色表示加以突出。

6．视频和动画

心理学研究早就告诉我们，无论在日常的三维空间里还是在平面上，动态的物象比静态的物象具有更强的吸引力。视频和动画是集造型性与运动性于一身的综合艺术，画面真实，富于表现力和说明性，能够生动清楚地表现操作性、过程性的教学内容，这是其他教学媒体无法达到的。在PPT课件中，对于一些知识点应着意运用一些二维、三维动画和视频的表现手段，动态画面会给课件整体带来动感和活力，提高课件的质量。

视频和动画的运动包括“对象的运动”、“摄像机的运动”和“蒙太奇运动”3种。“对象的运动”是指画面中人或物的运动，包括画面中人或物在空间和时间中的形态、位置等的变化、发展和运动过程，比如运动员的动作过程、机械运动、操作技术演示等。除了这些运动外，还可以表现那些平时难以看到的运动，如模拟电流运动、细胞的分裂、植物的发芽生长等，如图2-22所示。

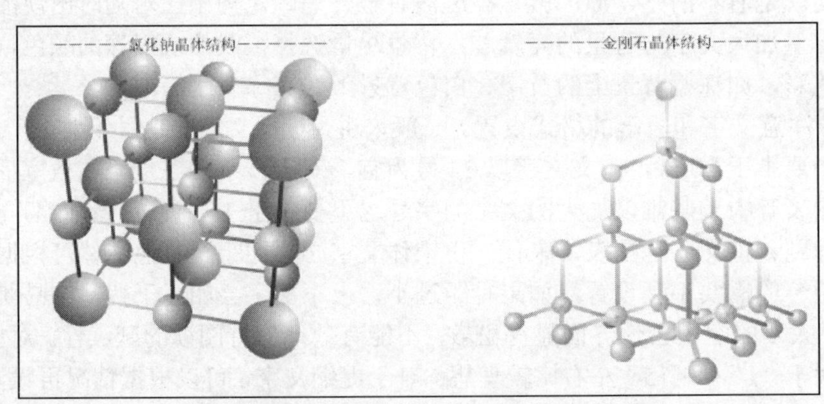


图2-22　虚拟的三维动态晶体结构图

“摄像机的运动”是指摄像机借助推、拉、摇、移、跟、升、降等，通过机位和焦距的变化造成运动。不仅传统的模拟视频拍摄需要用到各种摄像机的运动，计算机二维、三维动画也同样需要摄像机的运动。在三维动画制作软件3DMAX中摄像机的运用被特别地强调了出来，它代表观察者的视点从不同角度观察某种事物。二维动画的制作也越来越多地认识到这一点，并希望借此使这一媒体艺术形式的画面表现更加丰富和具有多样性。

“蒙太奇运动”是指通过画面的剪辑衔接产生的运动，主要优势在于表现叙事结构。在电影美学中它用来强调表现画面与画面之间的联系，而在以说明性为主的教学视频或动画中更多地用来丰富视觉表现，造成某组画面本身的节奏感，使视频或动画画面有所变化，不至于过分呆板。

实际中这3种运动方式往往是结合在一起的，传统影视中的画面运动组合理论认为：

① 对象运动时，尤其是学习者必须关注这种运动或运动幅度较大时，应尽量减少摄像机的运动，比如教师在讲课时，学习者应当关注的是教师讲课的内容，此时摄像机的推、拉、

摇、移无疑会造成不稳定的心理，分散学生的注意力。

② 画面包含摄像机推、拉、摇、移等运动的时候要等运动完成静止至少3秒后才可以进行画面的切换，以免造成心理疲劳、紧张。

③ 教学片中画面剪辑切换不能太多，反映教学主体的画面持续时间要在6秒以上。

④ 相对静止的、反映内容相似的画面连续应用不宜过多。比如介绍瓷器的，八九个瓷器的静止画面安排在一条时间线，每个6秒，虽然能够看清楚，但这种机械性的运动会使学习者的神经趋于抑制，不利于发挥运动画面吸引力强的优势。

7. 过渡动画

PPT课件中的过渡动画有两种：一种是图形图像或文字的缓出，另一种是幻灯片之间的过渡。

图形图像或文字的缓出过渡动画是指在同一张幻灯片内图片、文字各自作为不同的对象，以相同或不同的形式在不同或相同的时间内出现。这种过渡动画主要有3种功能，一种仅仅是为了使形式丰富多变；另一种是为了满足讲课的需要，如讲这一部分的时候不让学习者看到下一部分，以免分散注意力；第三种是完成某种动态说明，如过程图、模式图的演示等。设计制作过渡动画应注意以下事项。

① 应当有明确的教学设计，按照教学设计的要求来完成，尽量不要使用过于花哨的动画效果。

② 在同一张幻灯片中，过渡动画效果可以在统一中体现变化，但不要过多。

③ 这种运动形式切忌出现、退出等过程过慢，因为过慢的过渡效果会引起学习者烦躁的心理情绪，对教学内容产生逆反心理。在PowerPoint中，一般要将“速度”手动调整为“快速”或“非常快”。

PowerPoint 为幻灯片之间的过渡提供了各种形式，在选择过渡形式时要根据画面形式和内容的情况具体分析。一般来讲，幻灯片之间可以不设置过渡，如果设置了过渡，要注意过渡动画时间不要过长，因为过渡的目的是使学习者在变化中集中注意力，如果时间过长，教师在等待中讲课的情绪被打断，学习者正在集中于教学内容的注意力亦遭到破坏，得不偿失。

**问题七 PPT课件的母版设置是一个关键问题，那么，母版设置有哪些规律，要注意哪些问题呢?**

**学习资料七**

PPT母版用来设置和存储幻灯片格式，其中包含各种格式的模板，在每个模板中可以设置背景、项目符号、字体、间距、文本框背景等形式元素，可以说前面提到的大多数视觉要素都可以通过母版来统一设置，不必再在每张具体的幻灯片中一一设置。在利用PowerPoint软件制作课件的过程中很重要的一个环节就是设置母版，设置得合理的母版不但为课件提供了良好的格式，而且为制作过程提供了很大的便利。

母版设置要考虑多种因素，模板整体设计需要遵循的规律如下。

① 母版中的模板可以有多个，模板背景尽量要做到风格统一，如图2-23所示。

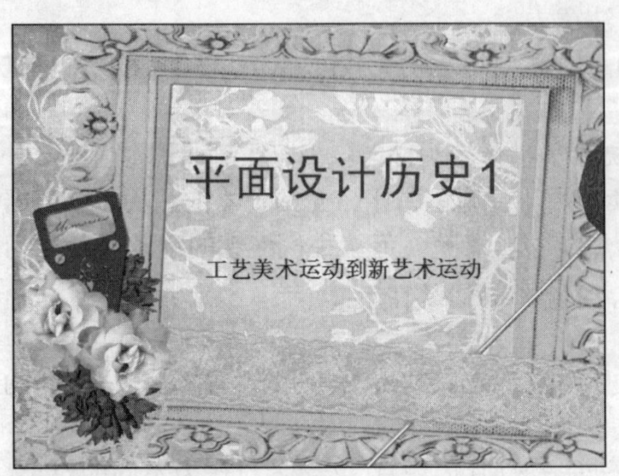

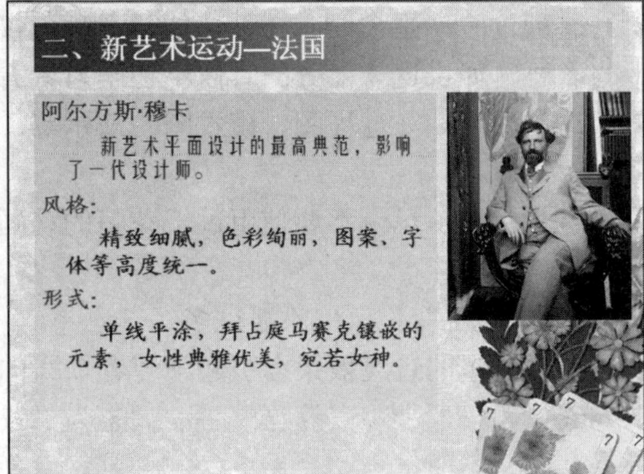

图 2-23　风格统一的各个版面

② 文字格式一般设计到三级，注意设置文字的段落间距和行间距。

③ 在模板中设置统一、醒目、独特的项目符号，有利于提高课件的可读性和美观度，如图 2-24 所示。

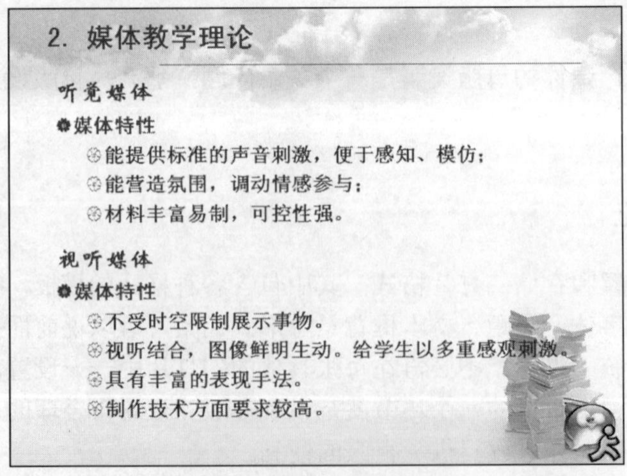


图 2-24　设置独特的项目符号

④ 要为课件制作提供较大的灵活性，装饰性的元素尽量不要在母版中设置。

## 环节四　多媒体课件的评价

### 问题情境

多媒体课件开发与评价是密不可分的，进行课件评价的根本目的在于促进教学。目前，各级各类学校纷纷开展多媒体课件评比活动，教学检查中也越来越重视课件质量，课件评价问题日益引起人们的关注。为此，本书在课件评价一般理论体系的基础上，结合实际情况，探讨一种更为科学、合理的PPT课件评价标准。

### 问题一　国内现行的主要多媒体课件评价体系和标准是怎样的？

#### 学习资料一

“评价”是一种判断实际行为或系统在多大程度上达到目标要求的活动和过程，其根本目的在于实现行为或系统的完善。多媒体课件评价需要把各种性能的规定变成描述性的语言，成为可以度量的客观指标，即评价标准。目前评价通常有 3 种方法：自我评价（由软件开发人员自己进行的评价）、使用中评价以及组织评价（组织一批专家进行的评价，又称专家评价）。自我评价是形成性评价，优点是个性强，灵活度高，课件通过几轮的教学自我检验，能够形成有利于发挥教师特点和个性的教学系统；缺点是教师受到个人思维定势限制，往往看不出问题，缺少权威性。使用中评价也是形成性评价，由学习者或同行、听课专家等人完成，优点是能够听取到多方面意见，能够及时发现问题，便于随时对课件进行调整；缺点是评价人员多数不具备教育技术相关理论，评价的主观性强，往往缺乏客观性和系统性。组织评价是总结性评价，优点是由专家进行评价，能够切中肯綮，便于发现重要问题，操作性强；缺点是组织难度稍大。目前各级单位组织的多媒体课件评价一般都采用组织评价。

我国的课件组织评价在实践中形成了一种三级评审模型，其大体流程为：一审由评审工作人员检查程序的可靠性、稳定性，筛选掉不合格的课件；二审由学科专家与计算机多媒体专家组成，制定多媒体课件评价标准并给予加权与量化，根据评价标准全面地评价多媒体课件的教育性、科学性、实用性、技术性和艺术性的价值；三审则由各方面专家汇总评价意见，确定课件等级。评审课件的标准主要如下。

① 教育性与科学性：选题恰当，知识点表达准确；注意启发，促进思维，培养能力；场景设置、素材选取等与相关知识点结合紧密，模拟仿真，举例形象。

② 技术性：画面清晰，动画连续；交互设计合理，智能性好；声音清晰，音量适当，快慢适度；图像清晰，色彩逼真，搭配得当。

③ 艺术性：创意新颖，构思巧妙；节奏合理，设置和谐；媒体多样，图像、文字布局合理，声音悦耳。

④ 实用性：界面友好，操作简单，容错能力强，运行稳定，对硬件设备要求适当。

这种评价标准与模型的优点是：操作性强，注重课件的品质。但是，这种评价模型也出现了明显的问题。从评价结果上看，评价出来的优秀课件一般分为 3 类：第一类是技术突出型，如虚拟仿真实验系统等；第二类是面面俱到型，体现了学习全过程的系统性，提供了大量的多媒体学习资源；第三类是赏心悦目型，资源精致，画面精致，配音精致。这 3 类优秀课件一般都有两个同样的特点，一是规模较大，二是都是辅学型课件，而在课堂上广泛应用的小型辅教型 PPT 课件一般难以获奖。

## 问题二　对教师日常使用的多媒体课堂教学 PPT 课件应当如何评价？

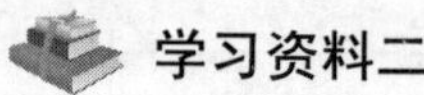

### 学习资料二

为了改变课件评比与课堂教学脱节的情况，在一定条件下可专门举办 PPT 课件评比，评审方法可以采用评课件与评“说课”相结合的方式。所谓说课，就是让教师以语言为主要表述工具，在备课的基础上，面对同行、专家，系统而概括地解说自己对具体课程的理解，阐述自己的教学观点，表述自己具体执教某课题的教学设想、方法、策略以及组织教学的理论依据等，然后由大家进行评说。这种评价方法在保留传统课件评价对科学性、技术性、艺术性、实用性等评价的基础上添加说课环节，给教师机会将其独特的教学设计充分展现出来，说明课件的特点和在教学中的使用情况，避免“只评课件，不评课件在教学中的使用”的弊端。这种评价方法的主要操作流程是：由专家组成初审评委，评委构成应重点考虑教育技术专家，评审主要考量课件的运行情况、技术情况、美观度等。重组复审评委，评委构成应重点考虑学科教学专家，主要考量课件的选题情况，以及应用于教学的科学性、实用性、教学设计、创新程度等。复审要求教师结合课件说课，尽量体现课件在教学中的功能和作用。以下列出 PPT 课件初评、复评两个打分表，主要为教师评价 PPT 课件提供参考指标，见表 2-1 和表 2-2。

表 2-1　　PPT 课件初评打分表

| 评比指标 | 评比要素 | 分值 |
|---|---|---|
| 内容（40） | 文字简洁、规范，非书本搬家 | 8 |
| | 文字表述生动，能够将文字图形化 | 8 |
| | 有必要的交互 | 8 |
| | 媒体内容适当，表现方式合理，控制便捷 | 8 |
| | 媒体能激发和维持学习者的学习动机与兴趣 | 8 |
| 技术性（25） | 程序运行稳定，操作简便、明确 | 5 |
| | 媒体清晰，质量较高 | 10 |
| | 没有链接错误 | 5 |
| | 新技术运用有效 | 5 |
| 表现力（35） | 界面设计美观、合理，风格统一 | 10 |
| | 文字清晰，重点突出 | 10 |
| | 没有分散学生注意力、不利于教学的装饰 | 5 |
| | 有利于提高学生兴趣，有利于集中注意力 | 10 |

表 2-2　　PPT 课件复评打分表

| 评比指标 | 评比要素 | 分值 |
|---|---|---|
| 选题（10） | 选题有价值，能解决教学中的问题 | 10 |
| 科学规范（20） | 内容科学严谨，表述准确，术语规范 | 20 |
| 教学设计（40） | 教学目标明确 | 5 |
| | 学习者特征明确 | 5 |
| | 媒体选择合理，能够解决重点、难点问题 | 10 |
| | 内容结构安排合理 | 5 |
| | 教学内容容量适当，节奏安排合理 | 5 |
| | 教学策略有效，能够调动学生积极思考 | 5 |
| | 有合理的交互设计或提示，体现启发式教学理念 | 5 |
| 创新程度（20） | 教学思想明确，思路独特 | 10 |
| | 能够体现本领域的新思想或新技术 | 10 |
| 实用性（10） | 能够运用于实际教学中，有推广价值 | 10 |

## 本模块思考题

1．什么是教学研究技能？
2．教师撰写研究论文的方法和步骤有哪些？
3．信息检索技巧有哪些？
4．教师应用倾听技能时需要注意哪些问题？
5．教师为什么需要掌握组织合作技能？
6．在教学中如何使用教学媒体？
7．探究性学习的含义是什么？教师为什么要掌握探究性学习方式指导教学？
8．教师如何组织学生实施协作学习？
9．PPT 课件都由哪些视觉要素组成？

# 模块三　如何使你的课堂更加精彩——教学设计

## 第一单元　教学系统设计概述

### 环节一　教学设计的概念、研究对象和作用

**问题情境**

你了解教学系统设计吗？你有没有在自己的教学过程中有意识地应用教学设计的方法？你知道中外教育技术专家学者是如何对它进行定义的吗？它的研究对象是什么？作为信息时代的大学教师，为什么要学习教学设计？它能给我们的教学带来哪些影响和变化？

**问题一　你熟悉教学设计的含义吗？你能够用自己的语言描述教学设计的概念吗？教学设计有哪些特点值得我们注意？**

**学习资料一**

教学系统设计（Instructional System Design，简称 ISD 或 ID）是 20 世纪 60 年代在美国逐渐形成和发展起来的一门连接教育理论和教育实践的桥梁性学科，它运用现代教育观念和现代教学方法，以教学论、学习理论、系统论、传播论为理论基础，分析教学中存在的问题，充分利用各种教学资源，创设有利于学生学习的环境，使学生达到最优的学习效果。

关于教学系统设计的概念有以下几种说法。

① “过程说”。“教学是以促进学习的方式影响学习者的一系列事件，而教学设计是一个系统化地规划教学系统的过程”。（加涅，1992）该定义突出了教学的“系统性”和“过程性”，很多教学设计专家都是在此基础上扩充了教学设计的概念。如肯普提出“教学系统设计是运用系统方法分析研究教学过程中相互联系的各部分的问题和需求，确立解决它们的方法步骤，然后评价教学成果的系统计划过程”。（肯普，1994）又如史密斯的观点，“教学设计是指运用系统方法，将学习理论与教学理论的原理转换成对教学资料、教学活动、信息资源和评价的具体计划的系统化过程”。（史密斯、雷根，1999）

② “技术说”。美国著名教学设计专家梅瑞尔在其发表的《教学设计新宣言》一文中将教学设计界定为：“教学是一门科学，而教学设计是建立在教学科学这一坚实基础上的技术，因而教学设计也可以被认为是科学型的技术。教学的目的是使学生获得知识技能，教学设计的目的是创设和开发促进学生掌握这些知识技能的学习经验和学习环境。”（梅瑞尔，1996）

③ “设计科学说”。帕顿在《什么是教学设计》一文中提出：“教学设计是设计科学大家

庭的一员，设计科学各成员的共同特征是用科学原理及应用来满足人的需要。因此，教学设计是对学业业绩问题的解决措施进行策划的过程。”（帕顿，1989）这一定义将教学设计纳入了设计科学的子范畴，强调教学设计应把学与教的原理用于计划或规划教学资源和教学活动，以有效地解决教学中出现的问题。

我国学者何克抗教授对教学设计的定义为：教学系统设计主要是以促进学习者的学习为根本目的，运用系统方法，将学习理论与教学理论等的原理转换成对教学目标、教学内容、教学方法和教学策略、教学评价等环节进行具体计划，创设有效的教与学系统的“过程”或“程序”。教学系统设计是以解决教学问题、优化学习为目的的特殊的设计活动。

从以上论述中可以发现教学设计的几个特点。

① 教学设计是运用系统的观点和方法对整个教学过程中的各个环节进行整体考虑。

② 教学设计的最终目的是提高学习效果，促进学习者更好地学习。

③ 教学设计是一项具有创造性的设计活动，是问题求解的过程。

把握以上 3 个特点，就能对教学设计的概念有比较深刻的理解。

**问题二　教学设计的研究对象是什么？主要分为哪几个层次？学习教学设计对我们改进自己的教学有哪些帮助？**

**学习资料二**

教学设计的研究对象是不同层次的教学系统。美国著名教育技术专家巴纳西认为教学系统分为以下 4 个主要层次。

① 机构层次的系统：该系统主要是根据社会需要，制定教育目标和教育计划以及根据资源约束条件制定财政预算等。

② 管理层次的系统：主要是执行机构层次做出的决定并安排机构层次的资源，制定具体的课程设置计划，安排教学资源，制定教学评价指标体系，对教学系统进行评价。

③ 教学层次的系统：由教师根据管理层次的安排制定自己课程的教学计划、教学安排、教学活动等。

④ 学习层次的系统：上述各层次的资源和约束条件都对本层次起作用，该系统的输出是学生各门功课的考核成绩、达到教学目标并取得文凭和证书等。

这 4 个层次的关系如图 3-1 所示，其中教学层次和学习层次是教学设计的主要研究对象，也是本书讨论的主要内容。

教学设计的最终结果是经过验证的能够实现预期功能的各个层次的教学方案，如一个教育实体（例如学校）的学科培养计划、一门课程的教学大纲和实施方案、一个教学单元或一节课的教案等。本书所讨论的教学设计研究层次仅限于微观的教学设计，即某一门具体课程的教学规划、一个教学单元或一节课的教学设计过程。

在进行微观层面的教学设计时，通常会考虑以下几个问题。

① 为谁而教：分析教学的对象和教学需求。

② 为什么而教：分析教学要达到的目标。

③ 教什么：分析教学内容。

④ 如何来教：使用什么样的方法、策略，选择什么样的媒体表现等。

⑤ 教的如何：怎样评价学习者的学习效果。

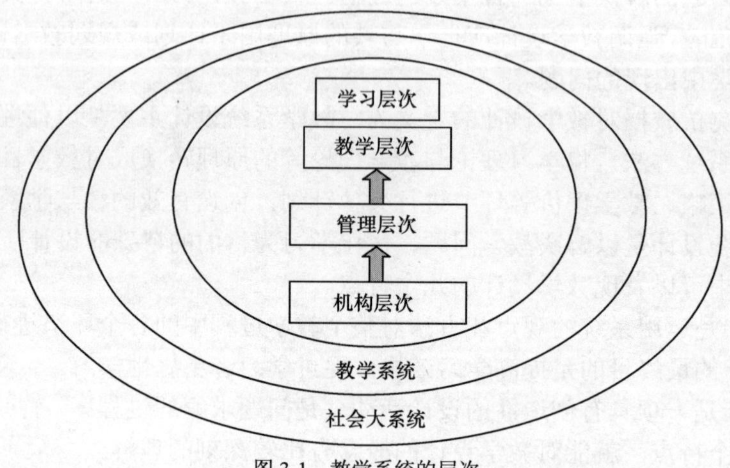


图 3-1　教学系统的层次

这几个部分构成了一个有机的整体，是教学设计要考虑的主要内容，也是教学设计的具体研究对象。

**问题三　为什么要学习教学设计？学习教学系统设计对我们的教学有什么改进作用呢？**

## 学习资料三

教学系统设计既是教学中的一个重要环节，也是一门复杂的教学技术。作为信息时代的大学教师，学习教学设计至少有两方面的作用。

1．有利于教学工作的科学化，促进青年教师快速成长

传统的教学过程过分依赖教师本人的经验、主观意识和个人特长，资格老的教师可以凭借自己的经验和直觉选择适合的教学策略，通过自己的言传身教取得良好的教学效果，因而在某种程度上教师的授课过程更多的是一种教学艺术。要掌握这门艺术对于绝大多数教师来说不是短时间所能达到的，尤其是对于青年教师。长期以来，青年教师的培养大多采用模仿和经验积累的方式，这种师傅带徒弟式的做法有其积极意义，但是对于提高青年教师教学水平的效果却是缓慢的。而综合了学习理论、教学理论、系统论、传播理论等多种理论的教学设计正是克服了这一局限，将教学活动建立在科学的系统方法基础之上，使教学手段、教学过程成为可复制、可传授的技术和程序，教师通过学习可以迅速掌握教学的基本原理与方法，在较短的时间内大幅度提升其教学水平。何况，现在的课堂更加关注学生主体性的发挥，关注现代教育技术的运用，只靠一支粉笔、一张嘴、一本教材的课堂现象已不多见，这给有丰富经验的教师也带来了新挑战。无论是青年教师还是老教师都需要更新教育观念，提高教学技能，通过教学设计则可以实现新理论、新方法的有效运用。由此可见，学习和运用教学设计的原理与技术，可促使教学工作的科学化，也为师资队伍的培养提供了一条有效的途径。

2．有利于科学思维习惯和能力的培养，提高发现问题、解决问题的能力

教学设计是系统解决教学问题的过程，问题解决的一般过程是：发现（鉴别）问题→选择和

建立解决问题的方案→试行方案及评价与修改方案。可见，教学设计和传统的备课有明显的差别。在利用教学设计优化学习的过程中，设计人员一方面要善于发现教学中的问题，用科学的方法分析问题，谋求解决的方案；另一方面需要在设计、试行过程中不断地反思解决方案，在这个过程中科学思维习惯得以有效的培养，发现、解决教学问题的能力也会逐渐提高。此外，这种解决问题的方法、技术和思维方式具有很强的迁移性，可用于其他相似的问题情境和实际问题。因此，教学设计所带来的不仅仅是教学设计的基本原理和必要的知识，更重要的是设计人员从中领会到的解决问题的思维方式和科学态度，他将从中学会创造性地解决问题的原理和方法。

## 环节二　教学系统设计的过程模式

### 问题情境

你了解教学设计的基本过程吗？你知道不同的教学设计方法都有哪些自己的特点吗？在众多纷繁复杂的教学设计过程中，哪些问题是主要的？依据什么特点来对不同的教学设计过程进行分类？每一种类别都有哪些代表性的模式呢？了解了这些，会使你在具体的教学设计过程中吸取百家之长，形成自己的教学设计风格和过程。

**问题一　什么是教学系统设计的过程模式？它有什么作用？**

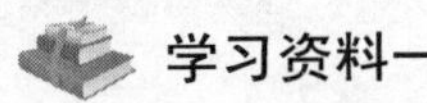

### 学习资料一

模式是再现现实的一种理论化的简约形式。与教学系统设计理论不同，教学系统设计模式是在教学系统设计的实践当中逐渐形成的一套程序化的步骤。教学系统设计过程模式指出了以什么样的步骤和方法进行教学系统的设计，是关于设计过程的理论。可以从以下 3 个要点来理解教学系统设计过程模式的含义。

① 教学系统设计过程模式是对教学系统设计实践的再现。

② 它是理论性的，代表着教学系统设计的主要理论内容。

③ 它是简约的形式，是教学系统设计理论的简约体现。

教学系统设计过程模式在教学系统设计实践中主要有以下 3 方面的作用。

① 作为相互交流的有效手段。对于应用范围较广的教学系统设计过程模式，用户和设计双方都能够按照其中的环节和要素进行协商，准确地了解将要做什么和如何去做。

② 作为管理教学系统设计活动的指南。模式要阐明设计所要完成的每一项任务，保证设计过程不被遗漏，保证按步骤严格执行，使整个设计工作符合逻辑顺序。

③ 作为设计过程决策的依据。可以帮助设计者在设计过程中做出有效的选择和决策。

**问题二　现在你了解了教学系统设计过程模式的含义和作用了，那么在教学设计的发展过程中都出现过哪些典型的模式？这些模式又是如何来分类的？**

### 学习资料二

在教学系统设计实践的过程中，不同专业背景、不同工作环境的设计人员由于所面对的教学系统范围和层次不同，出现了数百种不完全相同的教学系统设计过程模式。教学系统设计过程模式的多样化有助于学科教师和设计人员根据自己的需要进行选择，但同时也造成了教学实践当中的一些困惑。因此，人们从宏观上对其进行分类，根据理论基础、实施过程、教学侧重点的不同，将其分为三大类。

1．以教为主的教学系统设计模式

这种模式是以教师为中心，主要以教师讲授为主。以教为主的教学系统设计模式的发展历史较长，体系比较成熟。根据所依据的学习理论不同，通常将其分为“ID1”和“ID2”。ID1 所依据的学习理论主要是“刺激—反应—强化”的行为主义联结学习理论，其代表模式是“肯普模式”，如图 3-2 所示。

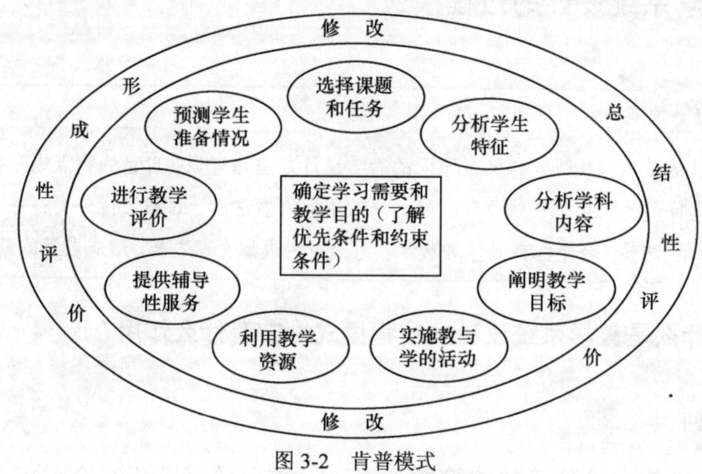


图 3-2　肯普模式

肯普模式的特点是：强调 4 个要素（即“教学目标”、“学习者特征”、“教学资源”和“教学评价”）和 3 个主要问题（即“学生必须学到什么”、“为达到教学目标应如何进行教学”以及“如何检查评定预期的教学效果”）。肯普模式具有较强的实用性和可操作性，加上它允许教师按照自己的意愿来安排教学的各个环节，具有很强的灵活性，因此在世界范围内产生了较大影响，成为第一代教学设计模式的代表作。

ID2 所依据的学习理论主要是加涅的“联结—认知”学习理论，其代表模式是“史密斯—雷根”模式，如图 3-3 所示。

该模式最主要的特点是注重对教学策略的设计，指出应该着重突出三类策略的设计：教学组织策略是指有关教学内容组织方式、次序的排列，教学活动如何安排；教学内容传递策略是指要详细考虑和选择教学媒体、师生交互方式等；教学资源管理策略是指对所有与教学相关的资源如何计划和分配的策略。三类教学策略的设计必须充分考虑学生的原有认知结构、认知特点、信息加工方式等，因此，正是由于这一模块使得该模式在性质上发生了改变，即由纯粹的行为主义联结学习理论发展为“联结—认知”学习理论，史密斯—雷根模式也因此被看作是第二代教学设计过程模式的代表作。关于以教为主的教学设计将在后面详细介绍。

2．以学为主的教学系统设计模式

以学为主的教学设计模式是 20 世纪 80 年代末期随着建构主义学习理论的发展而逐渐兴起的。在素质教育、教育体制机制创新的时代背景下，以学为主的教学设计受到越来越多的重视，其特征为：“以学生为中心，突出学生的学习主体地位，注重学生自学能力和创新意识的发挥，注重情境在教学中的重要作用”等。到目前为止，以学为主的教学系统设计模式还没有形成一个较为权威的模式流程图来指导具体的教学设计，图 3-4 表示出了以学为主的教学设计的一般过程。关于以学为主的教学设计将在后面详细介绍。

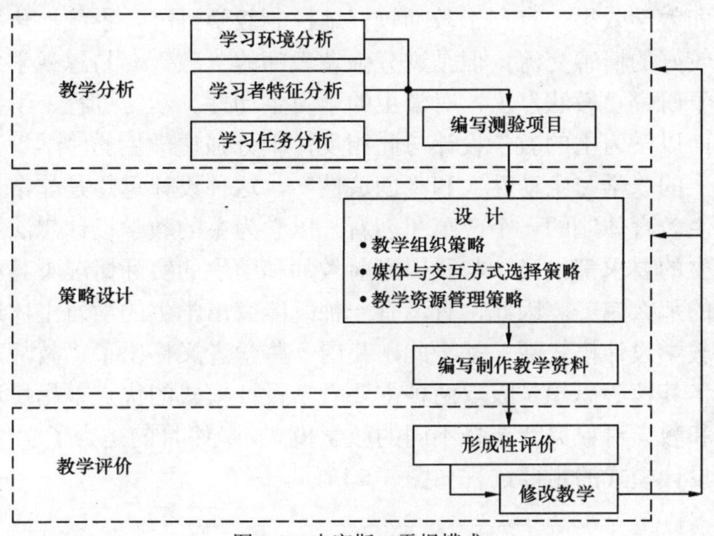


图 3-3　史密斯—雷根模式

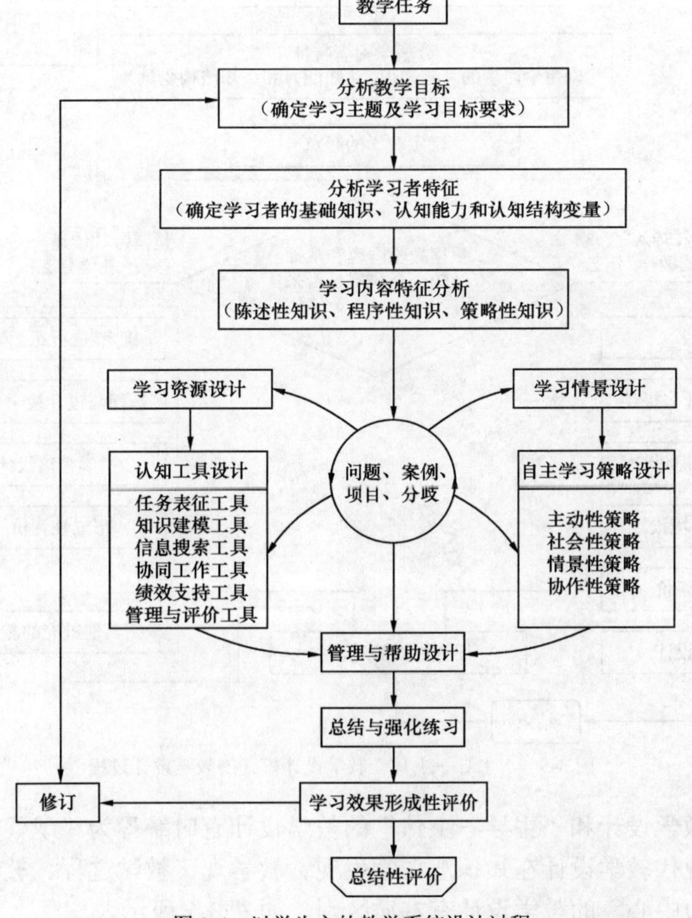


图 3-4　以学为主的教学系统设计过程

3．“教师为主导，学生为主体”的教学系统设计模式（简称“主导—主体”模式）

以教为主的教学设计模式强调以教师为中心，注重研究教师如何去“教”，侧重于发挥教师的教学技能和教学效果，有利于教师较好地控制教学过程，系统地传授知识，在讲授的过程中与学生有较好的情感交流；但是过分强调教师的“教”容易忽视学生的“学”，教师将主要精力放在了研究“教法”上，对学生的学习主动性、学习过程、学习资源和学习结果难免顾及不到。而以学为主的教学设计与此相反，十分强调学生的“学”，研究从各个方面来促进和提高学生的“学习主动性”和“创造性”。这种设计思想是非常正确的，也是对我国长期的以教为主教育体制的一个改革和创新。以学为主的教学设计想法虽好，但在具体实施时对教师和学生的要求都很高，与我国当前教师和学生的实际情况不甚相符，实际的学习效果也并非期望的那么完美。因此，有没有一种既能突出学生的学习主体地位，又能照顾到教师主导作用的教学设计模式呢？基于此，我国一些学者又提出了“教师为主导，学生为主体”的教学模式，其核心思想是吸取两种主要教学设计模式的优点，尽量避免其缺点，根据实际的教学内容和教学对象灵活选择不同的教学模式，最终目的是为了学生更好地学习。“主导—主体”教学设计模式的主要过程如图 3-5 所示。

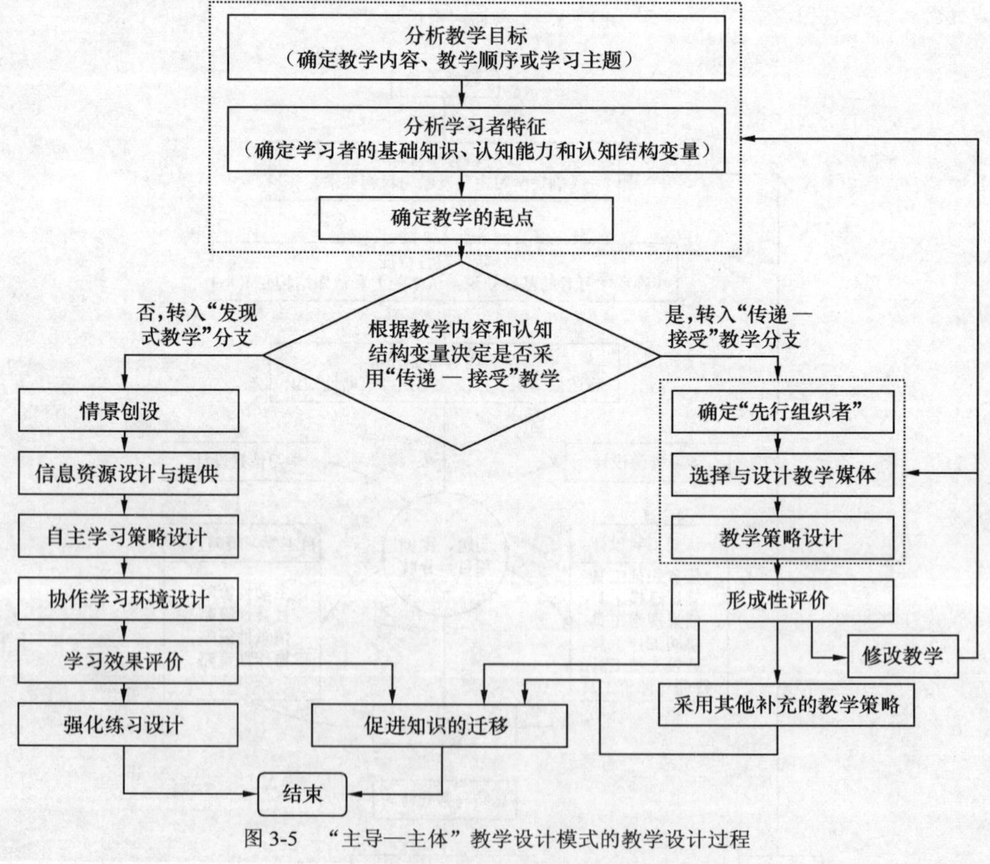


图 3-5　“主导—主体”教学设计模式的教学设计过程

以学为主的教学设计和“主导—主体”的教学设计有时统称为“现代教学设计”，“以学生为中心”的现代教学设计在知识观、学生观、教学观、教学过程、教学评价等各方面都与传统“以知识为中心”的教学设计有本质区别，如表 3-1 所示。

表 3-1　　传统教学设计与现代教学设计的区别

| 设计要素 | | 传统教学设计<br>（以知识为中心） | 现代教学设计（信息化教学设计）<br>（以学生为中心） |
|---|---|---|---|
| 设计理由 | 知识观 | 知识是客观的，可以从教师那里传递给学生 | 知识不是纯客观的，是学生在与外在环境的交互过程中主动建构起来的 |
| | 学生观 | 学生只是接受知识的容器 | 学生是有生命意识、社会意识、潜力和独立人格的人，是对知识的积极加工者，每个学生都会对知识有独特的理解 |
| | 教学观 | 教学是课程传递和执行、教学生学的过程 | 教学是课程创设和开发、师生交往、积极互动、共同发展的过程 |
| 教学目标 | | 以教师为阐述主体，使学生掌握基础知识和培养能力 | 以学生为阐述主体，学生在基础知识、过程与方法、情感态度和价值观方面都得到发展 |
| 教学分析 | | 教材教法和教学重点及难点分析 | 对任务、目标、内容、情景、资源等方面进行分析 |
| 策略制定和作业设计 | | ① 传授的策略和帮助学生记忆的策略；<br>② 以传统媒体为主；<br>③ 以技能训练、知识（显性）记忆和强化作业设计为主 | ① 学法指导、情景创设、问题引导、媒体使用、反馈调控等策略；<br>② 多媒体的教学设计；<br>③ 根据不同需要，如知识、技能、方法、态度、能力的培养来设计作业 |
| 教学过程 | | 传授知识、鼓励学生模仿记忆的以教为中心的五环节教学过程设计 | 创设情景鼓励学生在体验、探究、发现、思考、问题解决过程中获得自身提高和发展的教学过程设计 |
| 效果评价 | | 掌握知识技能，解决问题 | 掌握知识（隐性的和显性的），提高综合能力和素质，培养创新精神和主动学习的意识，注重过程性的评价 |

# 第二单元　以教为主的教学设计

## 环节一　教学设计前段分析

**问题情境**

在正式讲授一门课或一节课之前，你是否会认真分析教学任务，分析将要面对的教学对象呢？你有没有考虑过他们原来的知识基础、学习风格和态度对你的教学会有什么样的影响？你有没有考虑过他们的学习需要？如果你想了解这些特点以及学生学习的需求，从而更有针对性地实施教学，你会采用什么样的方法呢？

**问题一**　**我的教学对象是谁？他们有什么样的特点？怎样分析他们的这些特点？能给我一些案例作为参考吗？**

**学习资料一**

分析教学对象的特征是教学设计起始阶段的重要任务，获取学习者的起始能力、目标技能、学习风格特点、学习态度等有关信息对后续教学设计环节以及教学的顺利开展有重要的意义，有助于教师确定教学起点，制定合理的教学目标，安排适当的教学任务，提高教学效率和效果。

学习者分析的定义是：在教学开始之前或教学过程中，对教学对象的一般特征、学习风格、学习准备、学习需要等的综合考虑，以为后续各教学环节的设计和教学过程的开展提供依据。

1．分析教学对象的一般特征

教学对象的一般特征指的是不同年龄阶段的学习者所表现出来的与该年龄段相符的共同特征，例如小学生在智力发展特征方面具有明显的从具体形象思维到抽象逻辑思维的过渡性，从情感发展特征来看，小学生意志力薄弱，抗诱惑力差，需要较强的外控力等。在面对这些学习者时，就要充分考虑到这些一般特征，设计恰当的教学目标和内容，采用符合年龄特点的教学方法等。而对于大学生来说，在智力发展特征方面，他们有着更高的抽象性和理论性，由抽象思维向辩证思维发展，思维的组织性、深刻性和批判性进一步发展，注意力更稳定。在情感发展特征方面，大学生具有明确的价值观念，社会参与意识很强，深信自己的力量能推动社会进步，有稳定的人格等。因此，在进行大学课程教学设计时，要能充分利用这些特点，让他们充分参与教学，提高其主动性，注重综合能力的培养等。

由于我们所面对的学习者通常是一个年龄阶段的，因此，对教学对象一般特征的分析通常已经内化为我们的一种教学习惯，并不需要刻意进行分析。

2．学习风格的分析

学习风格是学习者持续一贯的带有个性特征的学习方式，是学习策略和学习倾向的综合。学习策略指的是个体的学习方法，学习倾向指的是学习情绪、态度、动机、坚持以及对学习环境、学习内容方面的偏爱等，“持续一贯”指的是学习者在长时间的学习过程中所表现出来的成熟、稳定、变化不大的个性特征。

学习风格的分析包括 3 个层面，即心理层面（认知、情感、意动）、生理层面和社会层面，其中对心理层面的分析是学习风格分析的主要内容，如图 3-6 所示。

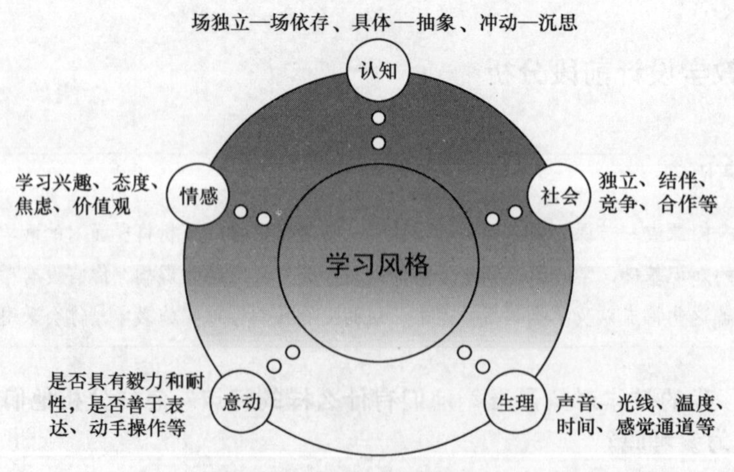


图 3-6　学习风格的分类

在网络教学环境下，对学习者学习风格的分析有助于了解各学习者的学习方式，实施个别化指导，同时对协作学习的分组也有一定的参考价值。例如，可以将不同学习风格的学生分为一组，有助于大家互相学习、取长补短、开展协作。

学习风格的分析方法通常有谈话法和问卷法，谈话法是学习者在教师的引导下说出自己学习风格的过程，比较省时省力。问卷法是用学习风格测试表来详细了解、定量分析学习者学习风格的过程，有助于学习者准确、详细地了解自己和他人的学习风格，对教师的教学实施过程具有一定指导意义。

3．学习准备分析

学习准备指的是学习者在学习之前的起始能力、背景知识、目标能力以及学习态度等的现实情况。不同的学习者具有不同的学习态度、起始能力、已有知识和个性特征，这些能力和特征直接或间接地影响着学习者的学习效果。因此，教师在确定教学起点时要充分考虑到学习者的一般准备情况。对学习准备的分析是教学对象分析的最主要内容。

（1）学习者起始能力的分析

起始能力的分析是指学生在接受新的学习任务之前，教师对学生原有知识和技能、学习新知识必须具备的基础等的分析。教师在诊断学习者的起始能力时需要凭借对教学目标和教学内容进行的分析，预测学习者的知识基础和预备能力。在课堂教学中，对起始能力的预测通常需要编制一套预测题由学生来作答，或者预先设置几个问题，根据学生的回答情况来评测学生的已有知识基础，如果学习者不具备或不完全具备所需的知识基础，应该提供一些“补救”活动。如后面学习案例一中大学语文的例子，教师预测学生应该具备的起始能力是“了解诗经的大概情况”，如果很多学生对此一无所知，那么教师在上课时应首先对该知识进行“补课”或者让学生在课下先补充这方面的知识。

（2）学习者目标技能的分析

目标技能的分析是指了解学习者对将要学习的内容已经知道了多少。对于目标技能的预测有助于教师在确定教学内容时做到详略得当。当然，假如教师知道学习内容对学习者是完全陌生的，这类预测就失去了意义。对于目标技能的分析可以采用测试问卷的形式，例如可以以学习目标为基础编写测试题目，甚至直接把期末考试题作为测试题目，在教学前检查学生对目标内容的了解程度。从理论上说，同样的考试题分别用于预测和后测，前后两次成绩的差距就反映了教学效果。

（3）学习者学习态度的分析

学习者对待所学内容的态度通常也会对教学效果产生重要的影响，当学生对学习持积极主动态度时，将迸发出强烈的求知欲、高涨的学习兴趣，感知敏锐、观察细致、思维活跃、记忆效率高，可见学生的学习态度如何是能否达到教学目标的重要条件。因此，在教学设计中分析教学对象时，这是一个必须予以关注的重要因素。

了解学习者的学习态度，一是可以召开座谈会，听取有关人员主要是教师对学习者有关情况的介绍，据此对学习者的态度做出分析和了解；二是可以运用问卷调查法，了解学习者对将要学习的有关内容、目标教材、组织、方法、传媒等的看法、喜好和选择；三是可以通过查阅有关文献资料或凭借所积累的教育教学经验对学习者的一般特点或可能具有的学习态度做出基本或大概的估计。

**学习案例一**

这里有两个关于学习者分析的案例，看看能否为你理解这部分知识拓宽一些思路。

1. “VB 程序设计——函数过程”教学设计之学习者分析

（1）总体定位

VB 程序设计课程是工科院校非计算机专业的基础课，面向的对象一般是非计算机专业的大一新生，开课时间一般在大一下学期。

（2）起始能力分析

学生学过信息技术基础、高等数学等，有一定的逻辑思维能力和问题解决能力，具有比较扎实的数学基础和初步的数学建模能力。具体到本章的内容，由于在数学上学过“函数”的概念，加上前面几章已经接触过 VB 的系统函数，因此，对于程序设计中“函数”的概念有一个模糊的认识，可以以前面两个知识为背景，获得对新知识的“迁移”。

（3）目标能力分析

大多数学生第一次接触计算机语言和程序设计，几乎没有编程基础，对于如何将现实中的问题转换为计算机问题求解的过程完全不清楚；虽然有前面的学习过程作为基础，但对于将要学到的内容仅有一个朦胧的印象；个别基础比较好的学生可能在以前的编程中使用过自己定义的过程，但对于其中的几个概念，例如“函数的调用过程”、“传值与传址的区别”等比较模糊。

（4）态度

大部分学生对计算机编程比较感兴趣，对本课程学习持积极的态度，但存在畏难心理，需要教师时时加以引导和鼓励，将计算机内容与生活实例较好地结合起来，提高学生学习的积极性。

（5）分析方法

预测法、观察法、谈话法、问卷法。

2. “大学语文——蒹葭”教学设计之学习者分析

（1）总体定位

大学语文课程为工科院校选修课，面向的教学对象主要是工科的大一、大二学生。

（2）起始能力分析

① 了解《诗经》是我国古代第一部诗歌总集等简单情况，知道《诗经》中的很多诗篇都采用了重章叠句的表现手法。

② 简单学习过《蒹葭》这首诗，大多数学生能够背诵出其中的主要语句，部分学生能够说明《蒹葭》是一首爱情诗，表现了古人对真挚爱情的向往。

③ 对字词有了一定的积累，有借助工具书独立学习生僻字词的能力；对意境的感受能力增强，分析问题的能力增强，有建构和链接知识的主观愿望。

（3）学习者特征分析

大学生一般特征分析：能够理性思考，具有抽象思维能力，能透过现象看本质，问题分析能力强，知识面较宽等。

特定群体特征：选修本课程的学生对文学、文化有着一定的兴趣，希望通过本课程的学习提高自己的文学修养和文化鉴赏能力；部分选修课的学生认为大学语文容易考过，抱有混学分的心理，如果教师的讲课内容精彩、方式新颖，可能会激起他们的学习兴趣，否则会导致他们兴趣转移。

（4）分析方法

教师预估、与学生交谈、调查问卷。

**问题二**　**为什么要教这些内容？教完之后学生应该达到何种程度？关于教学目标是怎么分类的？它对实际教学到底有哪些指导作用？**

## 学习资料二

确定合适、良好的教学目标是教学设计最重要的任务之一。在众多的教学目标分类理论中，最具代表性的理论是布卢姆的教学目标分类体系和加涅的学习结果分类目标系统，二人分别从教和学两方面提出了层级递进的教学目标（或学习结果）分类标准，虽然表达方式不同，但都将教学目标分为了认知、情感和动作技能三大领域。

布卢姆和加涅关于教学目标的对比如图 3-7 所示。

1．认知领域的目标设计

认知领域是学科教学中最重要部分，它涉及知识的获得、分析和应用以及智力技能的提高等。布卢姆将认知领域的目标分为从低到高六级，在具体设计教学目标时可根据具体内容的不同采用不同的术语，如表 3-2 所示。教师按六级水平确定教学目标时需要注意以下事项。

① 不是经过一节课的教学就能达到六级水平，而是需要通过精心组织一系列的课堂教学来达到。

② 由于学科特点及学生年龄特征，某些教学内容只要求达到一定的水平。

| 布卢姆教学目标 | 加涅学习结果 |
|---|---|
| 认知领域：知道、理解、应用、分析、综合、评价（↓） | 言语信息、智力技能（辨别、概念、规则、高级规则↓）、认知策略 |
| 情感领域 | 态度 |
| 动作技能领域 | 动作技能 |

图 3-7　布卢姆和加涅关于教学目标的对比

认知目标分类的意义不仅在于为教师确定教学目标、评定教学质量提供了依据，同时它提醒我们在设计教学目标或进行教学评价时，不能只停留在传授或要求“知道”的水平上，应重视培养学生的智力技能。而学生智力技能的培养不能只局限于理解的水平，还应重视创新能力与判断能力的培养。

表 3-2　**不同目标层次的特征及参考动词**

| 教学目标层次 | 特　征 | 可参考选用的动词 |
|---|---|---|
| 知道 | 对信息的回忆 | 下定义、列举、说出……的名称、复述、排列、背诵、辨认、回忆、选择、描述、标明、指明 |
| 理解 | 用自己的言语解释信息 | 分类、叙述、解释、鉴别、选择、转换、区别、估计、引申、归纳、猜测、摘要、改写、预测 |
| 应用 | 将知识运用到新的情境中 | 运用、计算、示范、改变、阐述、解释、说明、修改、定出……计划、制定……方案 |
| 分析 | 将知识分解，找出各部分之间的联系 | 分类、分析、比较、对照、图示、区别、检查、指出、评析 |
| 综合 | 将各部分知识重新组合，形成新的整体 | 编写、写作、创造、设计、提出、组织、计划、综合、归纳、总结 |
| 评价 | 根据一定标准做出价值判断 | 鉴别、比较、评定、判断、总结、证明、说出 |

2．情感领域的教学目标

情感是对外界刺激肯定或否定的心理反应，如喜欢、厌恶等。个体的情感会影响其做出行为上的选择。情感教学目标是教学的重要目标之一。情感教学目标根据价值内化的程度分为五级，如表 3-3 所示。但与认知教学目标一样，这并不意味着所有不同的教学内容或一切不同年龄的学生都要完成全过程，达到终端。因此，这就需要教师能依据学科内容和学生的年龄特点，灵活地确定并描述相应的情感教学目标。

**表 3-3　　　　国内对于情感教学目标的研究**

| 学习水平 | 具体行为 |
|---|---|
| 接受 | ① 在适当的环境中注意对象的存在；<br>② 在给予机会时有意地注意对象；<br>③ 集中注意教师的讲解或演示 |
| 思考 | ① 能遵照教师指示考虑有关问题；<br>② 对感兴趣的问题主动思考，与过去的经验发生联系；<br>③ 有意愿将问题深入钻研下去 |
| 兴趣 | ① 有深入研究的意愿；<br>② 愉快地和对象打交道；<br>③ 不愿意立即停止自己的思考和动作 |
| 热爱 | ① 关心对象的存在和价值；<br>② 价值经过内化成为自己的坚定信念；<br>③ 认识到对象的美，成为自己的理想信念 |
| 品格形成 | 根据自己的价值观所形成的信念，内化成自己的品格，并指导自己的言论和行动 |

3．动作技能领域的教学目标

动作技能涉及骨骼和肌肉的运用、发展和协调，在实验课、体育课、职业培训、军事训练等科目中常常是主要的教学目标。常用的分类方法是辛普森（Simpson）的七级分类法，即感知、准备、有指导的反应、机械动作、复杂的外显反应、适应和创新，比如下面“大众健美操”的教学目标。

① 了解大众健美操的有关知识、作用，培养学生的形体美意识（感知和准备）。

② 在教师的指导下，掌握大众健美操的分解动作和连贯动作，并能配合音乐的节奏，有韵律感（有指导的反应、机械动作）。

③ 掌握健美操基本步伐组合动作，并能利用小组合作的形式，通过队形变化进行集体表演（复杂反应、适应）。

④ 通过将已学的动作加以整合、改编，再配以适当的音乐以小组的形式创造出新的步伐组合动作（创新）。

总的来说，布卢姆和加涅的教学目标分类方法经实践证明是非常适当的，在教学设计中应予以充分的重视，但也不能不管教学情境的差异简单机械地套用他们的理论。在分析和确定某一具体教学情境的教学目标时，应体现其独特性。由于学科的特点及学生年龄特征的差异，在不同的教学情境下要求教学活动应达到的水平是不一样的。

### 学习案例二

这里有两个关于教学目标分析的案例，看看能否为你理解这部分知识拓宽一些思路。

1. “VB程序设计——函数过程”教学设计之教学目标分析

(1) 认知与能力目标

① 理解模块化编程的思想，理解过程的概念和作用（理解）。

② 掌握函数过程的定义及调用方法（应用）。

③ 掌握子过程的定义及调用方法（应用）。

④ 能够表述函数过程与子过程的区别和联系，并能根据实际情况具体应用（知道、应用）。

⑤ 理解形参与实参的概念，能说出传值与传址调用过程的区别（理解、分析）。

(2) 情感态度目标

通过对生活中具体问题的计算机求解，拉近学生和计算机的距离，使学生获得一定的成就感，逐渐消除对编程的畏难情绪，提高编程兴趣，让学生喜欢编程，乐于主动地学习编程的方法。这个目标比知识目标更加有意义，具体可分为如下几个层次。

① 能集中注意力听教师讲课（接受或注意）。

② 对教师的提问积极主动地进行思考，寻找答案（反应、兴趣）。

③ 通过寻找问题答案获得成就感，对编程表现出兴趣（兴趣）。

④ 喜欢上编程，对于客观世界的问题乐于去寻找用计算机解决的方法（兴趣、热爱）。

2. “大学语文——蒹葭”教学设计之教学目标分析

根据对学生起点水平的分析，制定了认知—情感—能力三级教学目标，具体如下。

(1) 认知目标

① 了解《诗经》的有关情况（知道）。

② 准确翻译关键词句（理解）。

③ 能够概括本诗的主题（分析）。

④ 能够说明重章叠句形式的作用（知道、理解）。

(2) 情感目标

① 通过对知识有目的、有意义的建构，产生学习的兴趣和成就感（兴趣）。

② 感觉到诗中朦胧意境的美，对人生的追求生发联想（热爱）。

③ 培养人格道德和人文精神（价值化、品格形成）。

④ 培养对中国古典诗歌与古典文化的热爱（热爱）。

(3) 能力目标

① 提高审美能力（判断）。

② 提高把握文学作品思想主题的能力（应用）。

③ 提高举一反三、在头脑中链接知识的能力（应用）。

④ 提高归纳总结问题的能力（应用）。

⑤ 培养网络环境下信息查询、归纳、判断的能力（评价）。

## 环节二　教学内容分析和策略设计

### 问题情境

通过上面的学习你已经知道了自己的教学对象有什么样的特征和需求了，也知道为什么要教（即明确了教学目标），接下来请你再思考几个问题。你要具体教什么？也就是要分析你的教学内容，找出它们之间的内在联系，确定教的先后顺序等。如果你有现成的教材，那么这部分工作就比较省力了；如果没有的话，那就需要认真筛选、组织和评价所要讲授的内容。还有，你要怎么教呢？对于同样的知识，用不同的教学方法和策略会导致不同的教学效果。这是你在实施教学前或教学实施的过程中需要认真考虑的问题。

**问题一　你要教什么？你的教学内容顺序是怎样的？应该用什么方法来分析它们之间的内在联系呢？**

**学习资料一**

教学内容是指为了实现教学目标，要求学习者系统学习的知识、技能和行为规范的总和。教学内容的分析应该以教学目标为基础，旨在确定教学内容的范围、深度和各部分内容之间的联系。教学内容的范围是指学习者必须达到的知识和能力的广度，深度规定了学习者必须达到的知识的深浅程度和能力的质量水平。明确了各部分内容之间的联系，可以确定教学内容展开的先后顺序。因此，教学内容的分析就是要确定“教什么”。

1．教学内容的编排

教学内容编排就是根据教学目标对内容进行合理的组织安排，使其有一定的系统性和层次性，从而有助于学生对知识由浅入深的理解。编排教学内容时应遵循的原则如下。

① 对于以掌握概念为主的教学内容，应该把基本的原理和概念放在中心地位，确保内容由整体到部分，由一般到个别不断分化。

② 对于以技能学习为主的教学内容，应采取由浅入深、由易到难、由具体到抽象、从已知推未知、由简单到复杂的顺序排成一个有层次的系统，使前一部分的学习为后一部分的学习提供基础。

③ 按事物发展的规律排列。如果教学内容是线性的、进化的或按年代发展的，其编排顺序应该与客观事物本身的发展顺序相一致，可以使学习者对自然和社会现象的变化发展过程有全面而清晰的认识。

④ 注意教学内容之间的横向联系。在安排教学内容的顺序时，不仅要注意概念纵向发展之间的联系，还要注意从横向来加强概念、单元之间的联系和衔接，以促进学习者举一反三、融会贯通。若忽视了教学内容之间的横向联系，学习者就难以辨别相似概念之间的差异，对新的概念含糊不清，容易很快遗忘，也不利于学习的迁移。

2．教学内容的分析

对教学内容进行初步编排以后，还要对其进行进一步的评价和分析。这不仅可以避免在次要的内容上花费时间和精力，更重要的是确保教学内容与教学目标及后续的教学评价保持一致，以保证教学的效果和效率。可以从以下几个方面进行评价和进一步选择组织内容。

① 所选的教学内容是否为实现课程目标所必需，哪些与目标无关，应该删除？还应该增加哪些？

② 各单元的顺序排列与本学科逻辑结构的关系如何？是否符合学生的心理发展？

③ 各单元的顺序排列是否符合教学的实际情况？是否需要调整顺序？

④ 学生已经掌握了哪些内容？教学应从哪里开始？

对教学内容的评价不应该只由教师一个人完成，应该组织学科专家、其他相关教师、学生代表等一起参与，这样才能保证教学内容评价的客观性和权威性。

教学内容分析方法常常采用归类分析法、图解分析法、层级分析法等，以下进行简要介绍。

① 归类分析法。这种方法可以鉴别为实现教学目标所需要学习的所有知识点，一般可用来对类别明晰的教学内容进行分析，如计算机系统分为软件系统和硬件系统，其中软件系统又分为操作系统和应用软件，硬件系统包括输入设备、输出设备、存储设备等，如图 3-8 所示。

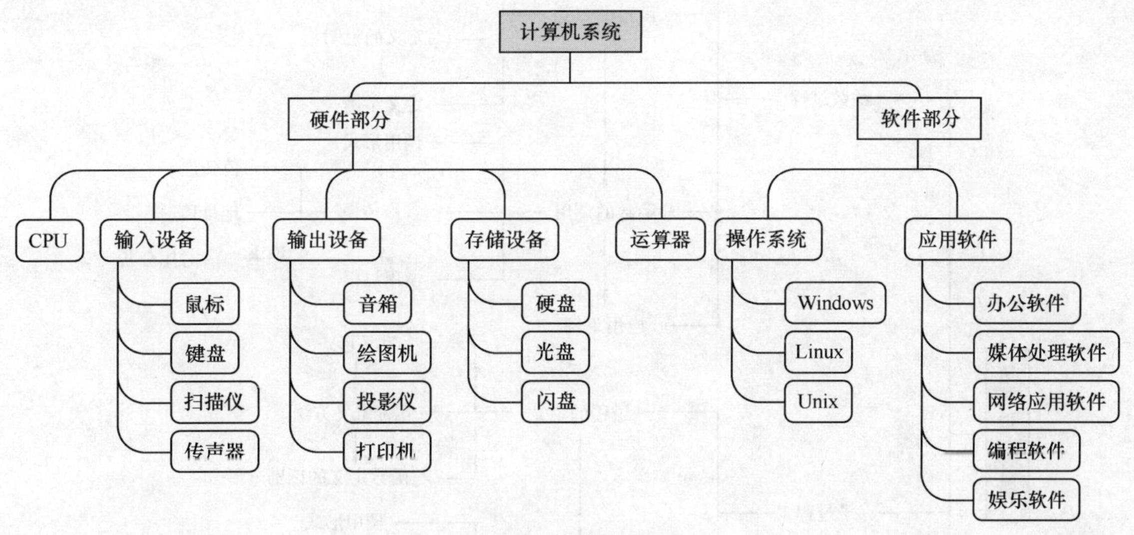


图 3-8　归类分析法示例

② 图解分析法。这是一种用直观形式揭示教学内容要素及其相互关系的内容分析法，其结果是一套简明扼要、提纲挈领的从内容和逻辑上高度概括教学内容的图表或符号。这种分析方法的适用范围最广，其优点是可以使学习者一目了然地看到教学内容的结构、顺序以及各部分的联系。

③ 层级分析法。层级分析法是用来解释教学目标所要求掌握的从属技能的一种内容分析法。它是一个逆向分析的过程，即从已确定的教学目标开始考虑：要求学习者获得教学目标规定的能力有哪些，必须具有哪些次一级的从属能力，而这些次一级的从属能力又需要具备哪些再次一级的从属能力，依次类推。因此，层级分析中各层级的知识点具有不同的难度

等级，越是底层的知识点难度等级越低，这是与归类分析法的不同之处。层级分析法的案例请参考学习案例中对 VB 程序设计的教学内容分析部分。

## 学习案例一

这里有两个关于教学内容分析的案例，看看能否为你理解这部分知识拓宽一些思路。

1. “VB 程序设计——函数过程”教学设计之教学内容分析

本课程使用的教材是高等教育出版社出版的《Visual Basic 程序设计简明教程（6.0 版）》。第六章的内容是“过程”，包含 6 个小节，本次课主要是针对前两节“函数和过程”进行设计的，讲授课时为 2 学时，辅导上机课时也为 2 学时。

利用“图解分析法”（直观展示本章内容结构和各部分的知识点以及知识点之间的联系）和“层级分析法”（分层揭示要达到本章教学目标需要哪些先决知识）对本章内容进行分析，如图 3-9 和图 3-10 所示。

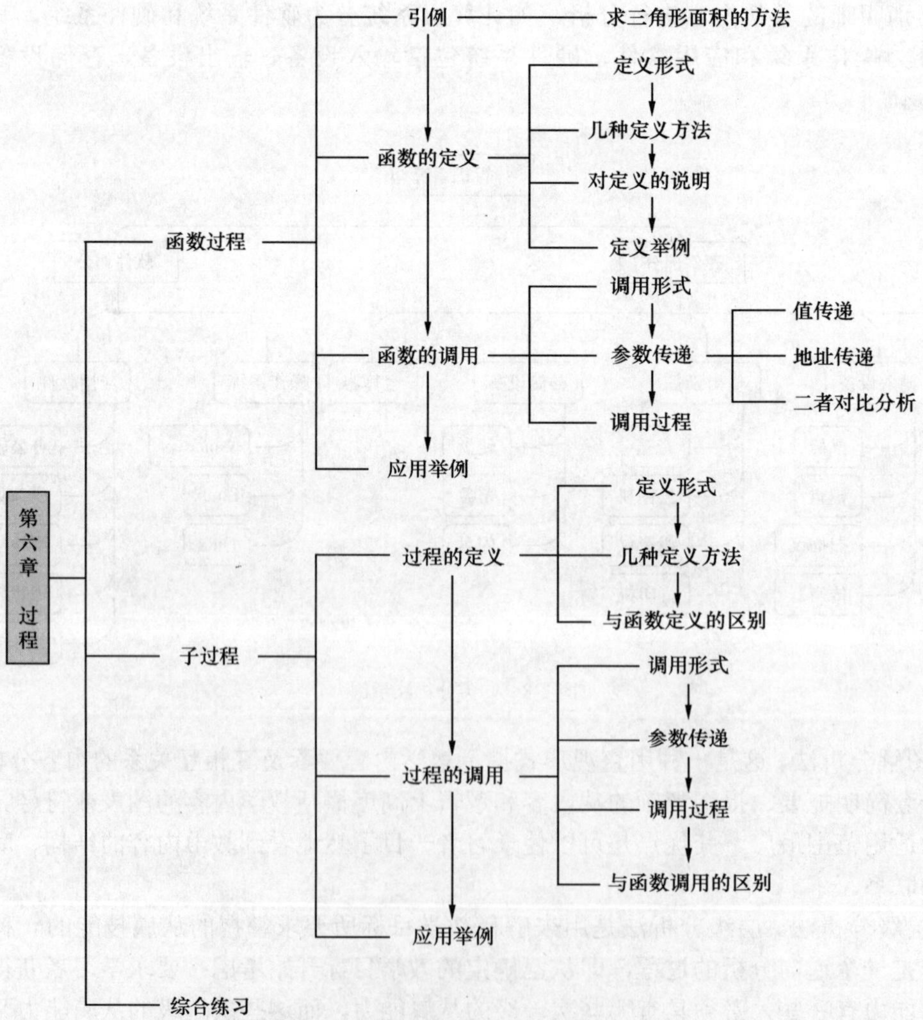

图 3-9 用“图解分析法”分析教学内容

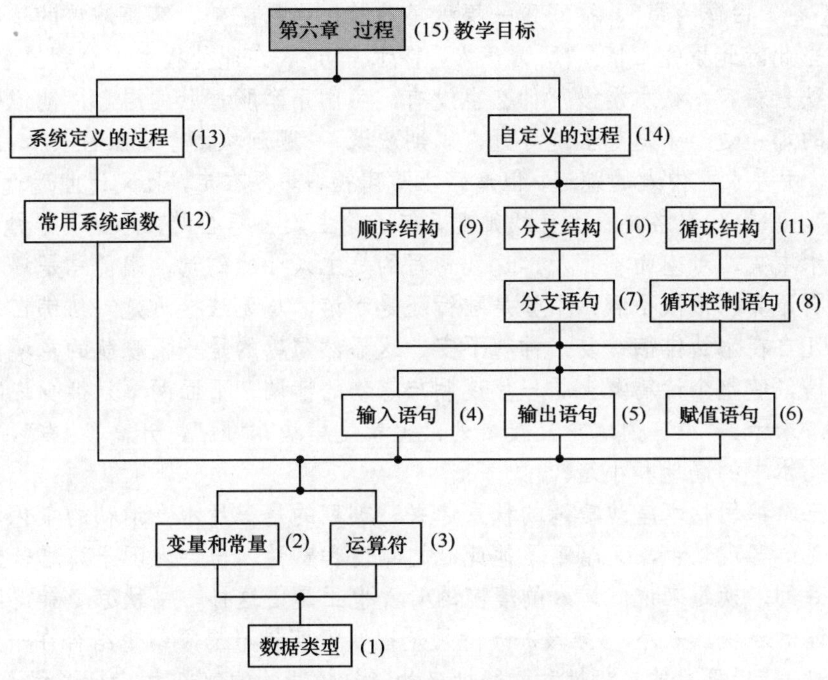


图 3-10　用“层级分析法”分析教学内容

2. “大学语文——蒹葭”教学设计之教学内容分析

本课出现在全日制高校通用教材《大学语文》(徐中玉、齐森华主编，华东师范大学出版社 1996 年出版) 第六单元的篇目中，一般被用来作为本单元的精讲课文。本诗出自《诗经 · 国风 · 秦风》，课文全文如下。

蒹　葭

蒹葭苍苍，白露为霜。
所谓伊人，在水一方。
溯洄从之，道阻且长。
溯游从之，宛在水中央。

蒹葭凄凄，白露未晞。
所谓伊人，在水之湄。
溯洄从之，道阻且跻。
溯游从之，宛在水中坻。

蒹葭采采，白露未已。
所谓伊人，在水之涘。
溯洄从之，道阻且右。
溯游从之，宛在水中沚。

对文章词句的分析如下。

“蒹葭”是荻苇、芦苇的合称，皆水边所生。

“蒹葭苍苍，白露为霜”，描写了一幅秋苇苍苍、白露茫茫、寒霜浓重的清凉景色，暗衬出主人公身当此时此景的心情。“所谓伊人，在水一方”，在此处指主人公朝思暮想的意中人。眼前本来是秋景寂寂，秋水漫漫，什么也没有，可由于牵肠挂肚的思念，他似乎遥遥望见意中人就在水的那一边，于是想去追寻她，以期欢聚。“遡洄从之，道阻且长”，主人公沿着河岸向上游走，去寻求意中人的踪迹，但道路上障碍很多，很难走，且又迂曲遥远。“遡游从之，宛在水中央”，那就从水路游着去寻找她吧，但不论主人公怎么游，总到不了她的身边，她仿佛就永远在水中央，可望而不可及。这几句写的是主人公的幻觉，眼前总是浮动着一个迷离的人影，似真不真，似假不假，不管是陆行还是水游，总无法接近她，仿佛在绕着圆心转圈子。因而他兀自在水边徘徊往复，神魂不安。这显然勾勒的是一幅朦胧的意境，描写的是一种痴迷的心情，使整个诗篇蒙上了一片迷惘与感伤的情调。下面两章只换少许字词，反复咏唱。“未晞”，未干。“湄”为水草交接之处，也就是岸边。“跻”，升高。“右”，迂曲。“坻”和“沚”是指水中的高地和小渚。

这首诗三章都用秋水岸边凄清的秋景起兴，刻划的是一片水乡清秋的景色，既明写了主人公此时所见的客观景色，又暗寓了他此时的心情和感受，与诗人困于愁思苦想之中的凄惋心境是相一致的。换过来说，诗人的凄惋的心境也正是借这样一幅秋凉之景得到渲染烘托，得到形象具体的表现。另外，《蒹葭》一诗又是把实情实景与想象幻想结合在一起，用虚实互相生发的手法，借助意象的模糊性和朦胧性来加强抒情写物的感染力。“所谓伊人，在水一方”，这是他第一次的幻觉，明明看见对岸有个人影，可是怎么走也走不到她的身边。“宛在水中央”，这是他第二次的幻觉，忽然觉得所爱的人又出现在前面流水环绕小岛上，可是怎么游也游不到她的身边。佳人如同在幻景中，在梦境中，但主人公却坚信这是真实的，不惜一切努力和艰辛去追寻她。这正生动深刻地写出了他对所爱者的强烈感情。而这种意象的模糊和迷茫又使全诗具有一种朦胧的美感，生发出韵味无穷的艺术感染力。

本课的学习内容如下。

事　实：《诗经》等文学知识。

技　能：上网查找所需资料的技能，从大量信息中筛选出所需信息的能力。

问题解决：分析本诗主题内容，掌握表现形式，体会文学作品的意境美。注意站在语言、文学、文化的高度对相关知识进行梳理，引导学生完成相关知识在头脑中的建构。

**问题二**　**确定了教什么以后，接下来就该思考如何来教了。你的教学内容及其特点适合用什么样的教学方法呢？这种教学方法你是否能够较好地驾驭呢？你了解现代教学常用的一些教学方法吗？它们各自有什么特点和适用范围？**

### 学习资料二

有经验的教师都知道，教学效果的优劣在很大程度上依赖于所采用的教学方法和教学策略是否合适。这里的“合适”指的是教学方法和策略适合教师的特点、学生的特点、教学内容和教学目标的要求以及教学方法和教学策略本身的要求。教学方法是指为了实现教学目标，在教学原则的指导下，借助教学手段（工具、媒体、设备）而进行的师生相互作用的活动。教学方法具有一定的客观性和主观性，客观性指的是不同的教学方法具有各自的优势。

例如发现教学法比讲授法更能突出学生的主体地位，调动学生学习的积极性。教学方法的主观性是指，即便是同一种教学方法，由不同的教师运用时也会有很大的差别。例如讲授法是一种应用广泛但饱受非议的教学方法，然而对于表达能力强、语言幽默、思维敏捷、举例深入浅出、善于关注学生情绪、注意发挥学生积极性的老师来说，能够将讲授法运用得淋漓尽致，从而有效地传达了知识，达到良好的教学效果。相反，如果机械地运用讲授法，照本宣科，语言晦涩难懂，不顾学生情感调动，很容易变成"注入式"、"填鸭式"教学，教学效果可想而知。因此，无论是哪种教学方法，在运用时都要把学生置于主体位置，充分调动学生的积极主动性，一切教学活动都要围绕学生的需要来进行，切不可将教学方法的选择机械化、教条化，为了应用某种方法而应用这种教学方法。

1．传统的教学方法

传统教学中应用得较多的教学方法有讲授法、演示法、参观法、讨论法、训练实践法、强化法等，在实际教学中，教师应该根据自己的特点、特定教学方法的适用范围、学生特点、教学条件约束等进行选择和组合，充分发挥每种教学方法的优势。表 3-4 列出了常用教学方法在选择和组合时各方面的约束条件和依据。

表 3-4 不同教学方法的选择和组合依据

| 教学方法 | 适合的教师特点 | 使用范围 | 学生特点 | 时间限制 | 教学条件 |
|---|---|---|---|---|---|
| 讲授法 | 擅长语言描述，表达能力强 | 理论、事实 | 学生有一定的听课能力和语言表达能力 | 时间可控 | 适用范围广 |
| 演示法 | 熟悉演示对象 | 操作性强，能够用直观形式表示 | 善于观察，视觉型学生 | 时间比较灵活，教师容易掌握 | 可供演示的教具、实物、媒体，或能自制 |
| 参观法 | 外向型，场独立型 | 艺术、建筑、地理、交通等 | 善于观察，视觉型学生 | 需要的时间较长 | 有符合要求的参观对象 |
| 讨论法 | 外向型，思维敏捷型 | 有大量开放性的问题可探讨 | 有一定的表达能力，善于发现问题 | 一般较长，教师可控 | 教师预先设定讨论议题并善于引导 |
| 训练实践法 | 能创设情景，善于过程指导 | 操作性强，技能型课程 | 有一定动手能力和观察能力 | 由任务的难易程度决定 | 提供操作过程指导书 |
| 强化法 | 擅长发现学生优点，及时鼓励 | 主要用于情感领域，态度的形成 | 大多数学生，特别是场依存型 | 随时随地 | 一般无要求 |

2．现代教学方法

传统教学方法把一门课程中的教学内容按先后次序编成序列化的教材，学生的学习基本按照教材的顺序展开；在设计教学时一般是把教学内容细化为小的模块，由浅入深地向学习者展示，通常比较侧重于教师如何去教，对教师的依赖性很大，片面强调教师的传授作用，往往忽视了学生在这一特殊的认知过程中的主体作用。长此以往，学生便习惯于被动地接受、存储，而对知识的运用和创新能力不足，学生学习的主动性和积极性也难以得到发挥。

现代的教学方法基于建构主义的学习理论，强调学生是知识的发现者，强调学习应该基于特定的情境、资源或问题展开，突出知识的整体性和系统性，鼓励学生主动探索，充分发挥学生的创造力和想象力，培养学生独立观察以及分析和解决问题的能力。

目前随着我国教育改革的深入发展，越来越多的教师重视对教学方法的研究，并在自己的教学实践中不断进行尝试总结，涌现出了很多独具特色的教学方法。虽然“教无定法”，但“教有定律”。只有在认真分析教学目标和教学内容，充分了解自身特点、学生特点和各教学方法特色的基础上，才有可能博采众家之长，创造出最适合的教学方法。下面介绍头脑风暴（Brain Storming）的教学方法。

头脑风暴法是美国学者阿历克斯·奥斯本首次提出的，原指精神病患者头脑中短时间出现的思维紊乱现象，病人会胡思乱想。奥斯本借用这个概念来比喻思维高度活跃，打破常规的思维方式而产生大量创造性设想的状况。头脑风暴的特点是让参与者敞开思想，使各种设想在相互碰撞中激起脑海的创造性风暴。运用在教学上，可由教师首先根据教学目标的要求提出问题，然后激发学习者主动思考，尽量从各个方面提出解决问题的方法，然后对各个方案逐一质疑，从中发现现实可行的方法。

头脑风暴法的一般实施要求如下。

① 确定议题：一个好的头脑风暴法从对问题的准确阐明开始，因此，必须在教学前确定一个目标，使参与者明确通过这次头脑风暴式的讨论需要解决什么问题，同时不要限制可能的解决方案的范围。一般而言，具体的议题能使学习者较快产生设想，主持人也较容易掌握；比较抽象和宏观的议题引发设想的时间较长，但设想的创造性也可能较强。

② 讨论准备：为了使头脑风暴的效率较高，效果较好，必要的准备工作是非常重要的，如收集一些资料预先给大家参考，以便参与者了解与议题有关的背景材料和外界动态。就学生而言，在讨论之前，对于要解决的问题一定要有所了解。此外，在头脑风暴正式开始前还可以出一些创造力测验题供大家思考，以便活跃气氛，促进思维。

③ 确定人选：一般以 8～12 人为宜,也可略有增减（5～15 人），班级人数较多的可以分组进行。与会者人数太少不利于交流信息，激发思维；而人数太多则不容易掌握，并且每个人发言的机会相对减少，也会影响讨论气氛。

④ 明确分工：每组要选定一名主持人，1～2 名记录员（秘书），主持人的作用是在头脑风暴畅谈会开始时重申讨论的议题和纪律，在会议进程中进行启发引导，掌握进程，如通报讨论进展情况，归纳某些发言的核心内容，提出自己的设想，活跃会场气氛，或者让大家静下来认真思索片刻再组织下一个发言高潮等。记录员应将参与者的所有设想都及时编号，简要记录，最好写在黑板等醒目处，让与会者能够看清。记录员也应随时提出自己的设想，切忌持旁观态度。

⑤ 规定纪律：根据头脑风暴法的原则，可规定几条纪律，要求大家共同遵守。如要集中注意力积极投入，不消极旁观；不要私下议论，以免影响他人的思考；发言要针对目标，开门见山，不要客套，也不必做过多的解释；各参与者要相互尊重，平等相待，切忌相互褒贬等。

⑥ 掌握时间：会议时间由主持人掌握，不宜在会前定死。一般来说，以 30 分钟为宜，时间太长或太短都会影响讨论的效果。经验表明，创造性较强的设想一般在会议开始 10～15 分钟后逐渐产生。

⑦ 全班交流：各组讨论结束后，每组应推举代表在全班范围内汇报，共享讨论成果，教师给予评价，对于开放性的问题或遗留问题布置课下作业。

头脑风暴法模拟专家会议讨论，是一种能有效激发参与者丰富想象力的教学方法，如运用得当，将会极大地增强学生学习的主动性和探索精神。

## 学习案例二

这里有两个关于教学方法策略设计的案例，看看能否为你理解这部分知识拓宽一些思路。

1. “VB 程序设计——函数过程”教学设计之教学方法与策略设计

根据学生的特点和教学内容的要求，本课主要采用了教师主讲的方式，但在讲授过程中要注意时时观察学生的反应，处处启发，步步设疑，引领学生的思路紧跟教师的讲课内容。为此在教学策略的选择上，本课综合运用“先行组织者教学策略”、“启发式教学策略”和“掌握学习教学策略”，具体用法如下。

① 先行组织者教学策略。该策略在以教为主的教学中经常用来梳理、激活旧知识，逐步迁移到新知识。在讲函数过程之前，为了建立新旧知识之间的联系，突出使用过程的优势，引入了“先行组织者”，即“引例：求多边形的面积”。该引例使用了两种方法求解多边形的面积，一种方法是使用以前的知识求解。对于这一知识点学生用以前学过的知识比较容易求解，可以给一定时间让学生自己解决，然后引出疑问：这样求解有没有问题？你还有没有更好的方法求解呢？给学生一定的思考时间，然后引出另一种方法，即使用函数过程求解。请学生说一下优点。学生可能对这种方法很陌生，一下子说不出来，正好在此处教师可以设疑，让学生带着问题来听讲，提高听课的效率。通过这两种方法的对比，一是可以使学生对过程的概念有一个初步的了解和印象，为后面“过程”的讲解做好铺垫；二是可以促进新旧知识的迁移。图 3-11 所示为授课页面。

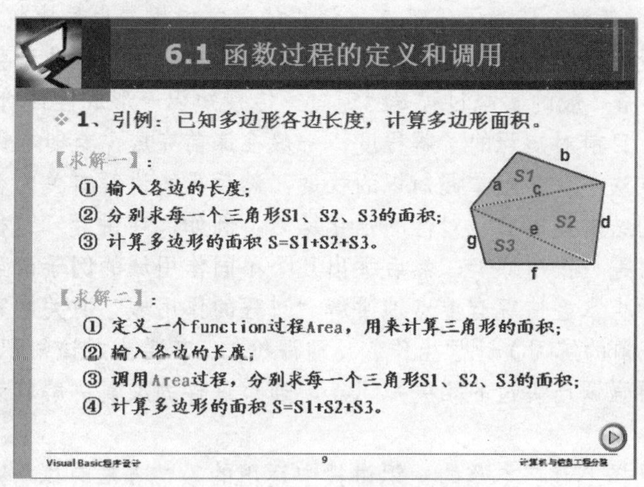


图 3-11　先行组织者策略界面

② 启发式教学策略。启发式教学又称为“问答式教学”。教师在教学过程中不能只顾自己讲，要处处设疑，而且问题的设置一定要经过认真的设计，既符合学生认知能力的发展，学生有能力回答，又不能太简单，学生不思考就无法答出，即问题要设置在学生的“最邻近发展区”内。在本课讲解中，启发式教学策略主要用在一些容易混淆的疑难点上，教师不直接告诉学生答案，而是提出疑问，启发学生逐步思考，最后由学生自己发现问题的答案，这样学生对该问题就理解得比较深刻。例如，在讲“传值与传址”案例时，分别采用了传值和传址两种函数调用，之后提问学生“两次的函数调用结果是否相同”。如果学生对两者的区

别很清楚，应该很快知道答案；如果概念模糊的话，就可能回答不上来。最后通过实际的程序运行，让学生验证自己的答案是否正确。

或者将其顺序“倒过来”，对于重点和难点内容的讲解可以是先提问，然后师生共同找出可能解决的办法，学生只“知其然”但“不知其所以然”。部分学生陷入迷惑之中，对教师下一步的讲解怀有一种急切的期待，然后通过教师进一步的阐述，学生恍然大悟。这时教师再次出示原来提出的解决办法，学生就会“知其所以然”。图 3-12 所示为授课页面。

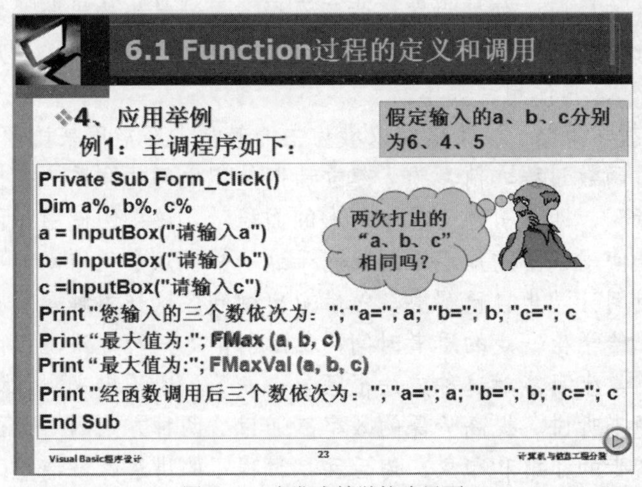


图 3-12　启发式教学策略界面

③ 掌握学习教学策略。该教学策略在本课程的教学中用得也是比较多的，其核心在“掌握”二字，即在讲授过程中要时时观察，测评学生的掌握情况，据此调整讲授的速度、设问的难易程度等。该策略一般的实施过程是“定向→传授知识→形成性评价→强化练习”。“定向”指的是确定学生目前对知识的了解程度，一般在课前完成，有时在课中也可以通过师生问答、教师观察等方法了解学生掌握知识的程度，然后具体讲解有关内容，再进行形成性的评价，并根据评价的结果提出有针对性的强化练习。例如，在讲授“过程的作用域”之前首先请学生说一说什么是“作用域”，然后举出几个不同作用域的例子请学生分别指出作用域的范围，接着根据学生掌握情况有重点地讲解“过程的作用域”有关内容，再出示一些具体的练习（也可以拿先前的练习）让学生作答（即评价）。若学生对该知识点掌握得不是很好，则在随后的讲解中再强调已讲过的相关知识点，通过这样的反复讲解就大大加深了学生对该知识的理解。

在教学方法的选择上，在本章的知识讲授中运用的教学方法有以下几种。

① 讲授法：适用于概念、原理、算法实现等理论性较强的知识点讲解。

② 演示法：包括动画演示和案例演示。动画演示可以将难以理解的知识点形象化地动态展示出来，模拟计算机的内部执行过程，帮助学生理解，例如函数定义的动画演示、调用过程的动画演示、二分法查找算法的动画演示等。案例演示是在 VB 中执行相关程序，使学生直观地看到程序的执行结果，如图 3-13 所示。

③ 对比法：将易混淆的概念用图示、列表等方式同时展示，并指明其不同点，可使学生对两个概念理解得都比较清楚。如图 3-14 是将对比法和演示法结合使用，将有关的难点知识讲得深入透彻。

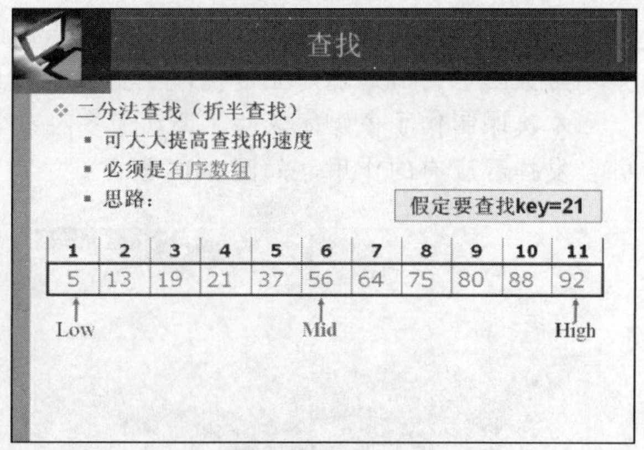


图 3-13　案例演示法的运用

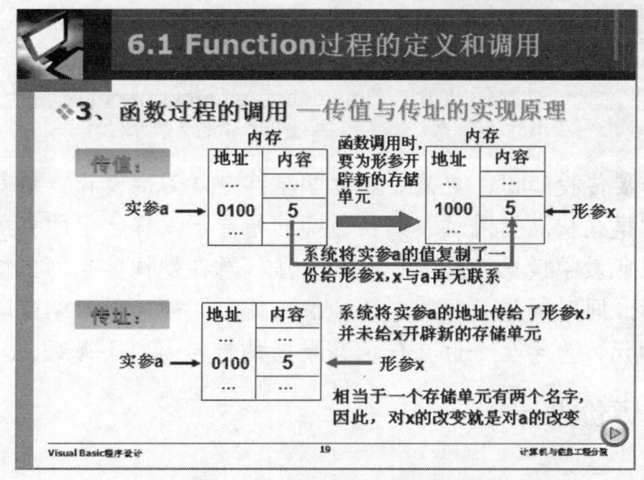


图 3-14　演示法与对比法综合运用

在实际授课中要十分注意讲授法、对比法、演示法和讲授法的综合运用和有机组合。

2. “大学语文——蒹葭”教学设计之教学方法与策略设计

本课采用的教学方法主要为提问法、讲授法和演示法。

以提问法贯穿始终，对重点问题加以启发。提出问题的方式包括：课前设问，让学生独立上网查找资料；课上提问，有的问题让学生集体回答，有的问题单独提问学生回答，有的问题引领学生体会，点到为止，不回答；课下思考，课下思考主要倾向于仁者见仁、智者见智的开放性问题，引导学生对人生、社会等问题进行思考，培养学生的独立思考和自我把握能力。

讲授法要求教师的语言有一定美感，富于诗意与感染力，为学生在课堂中创立古典诗歌的学习情境，使学生心随讲授而动，沉浸在古典诗歌的文化氛围之中。

演示法主要是多媒体辅助教学。在本课的教学中，需要利用动态视频画面在上课之初将学生的注意力快速集中；需要利用图片和音乐帮助创设情景；需要利用动态字幕和声音等的优势在授课过程中适当提醒，帮助学生保持注意力；需要利用多媒体教学信息量大的优势，在必要时引入相关诗篇，让学生马上看到相关诗篇的内容，而不需要教师再浪费时间抄在黑板上。

演示法和提问法注重调动学生的学习积极性，培养学生独立思考的能力，帮助学生将新知识与头脑中的旧知识建立链接，学生能够主动参与教育过程。

本次课制作了多媒体课件，调动了多种教学媒体，如视频、图像、音乐、语言、文字等各自发挥着应有的作用，如图 3-15 所示。

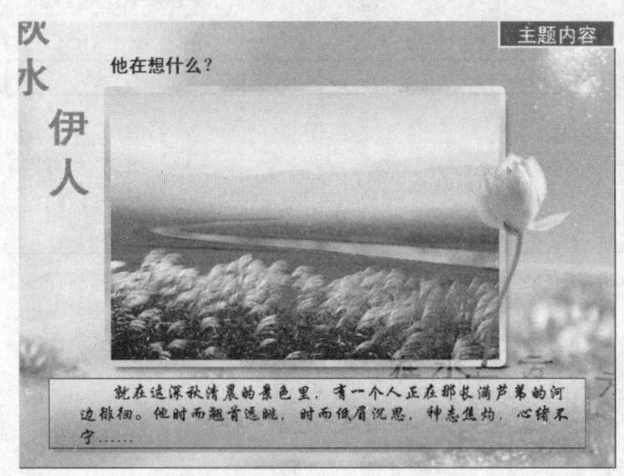


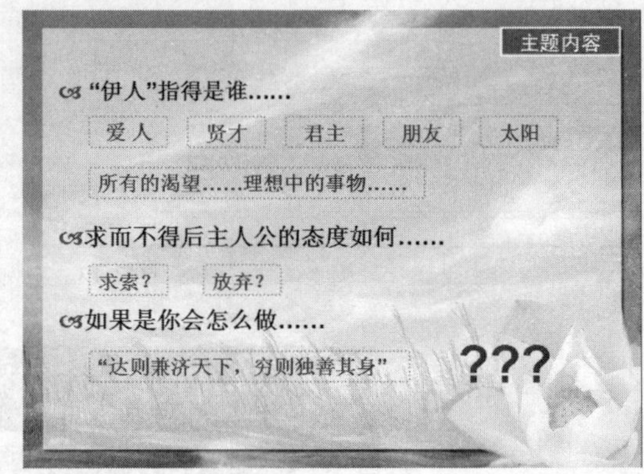


图 3-15　"大学语文——蒹葭"中的教学方法

大学语文不仅是要传授知识，更是要建立学生终身学习的意识，培养学生的自学能力，因此，势必要将教学模式从满堂灌过渡到在教师的指导下发挥学生的自主性，这一点要在课上向学生明确交代。此教学模式涉及多种教学方法，意在发挥学生的主体作用，让学生自己去找、去选、去分析；同时加强教师的主导地位，提出问题，引导学生联想大脑中固有的知识信息，主动建构知识，为学生今后在任何需要时的再学习打下基础。

## 环节三　教学评价设计

### 问题情境

经过上面的学习之后，想必你已经知道了教谁、为什么教、教什么和如何教 4 个大问题，接下来还有一个极其重要的问题需要考虑：做了这么多精心的准备，其目的都是为了实现好的教学效果，那么，到底教得如何呢？用什么方法可以有效地评价教学效果呢？实际上教学评价不只是在教学过程实施以后才进行，而应该在设计教学的过程中就要全面地考虑进去。明白了这一点，在教学过程前、教学过程中以及教学结束后就知道该怎么去开展教学评价了。

**问题**　**有哪些评价方法可以用在教学中？针对具体的教学内容又该如何进行评价？**

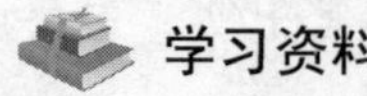

### 学习资料

评价是按照一定的标准对事物的价值做出判断，教学评价是指以教学目标为依据制定科学的标准，运用一切技术手段对教学活动的过程及其结果进行测定，并给予价值判断。虽然在一般的教学设计模式中都将评价放在最后环节，但这并不意味着评价是在教学之后才进行的，实际上教学设计的评价应该贯穿在整个教学设计过程中，如对教学目标的评价、对教学内容的评价、对教学方法的评价、对教学效果的评价等。评价是教学过程的内部动力，是保证各教学环节质量和最终教学效果的重要措施。

依据不同的分类标准，教学评价可做不同的划分，下面简要介绍。

1．按评价的基准不同

按评价基准的不同，教学评价可分为相对评价和绝对评价。相对评价是在被评对象的集合中选取一个或若干个个体为基准，然后把评价对象与基准进行比较，确定每个评价对象在集合中所处的相对位置。利用相对评价来了解学生的总体表现与学生之间的差异或比较不同学生成绩的优劣是很有用的，其缺点是基准会随着群体的不同而发生变化，因而易使评价标准偏离教学目标，不能充分反映教学上的优缺点。绝对评价是在被评对象的集合之外确定一个标准，这个标准被称为客观标准。评价是把评价对象与客观标准进行比较，从而判断其优劣。这个客观标准一般是教学大纲和教学目标。

2．按评价的功能不同

按评价的功能不同，教学评价可分为诊断性评价、形成性评价和总结性评价。诊断性评价也称为教学前评价或前置评价，一般在教学之前或教学初期进行，相当于对学生知识和技能、智力和情感、学习风格等状况的“摸底”测验，如学习者分析中对学习准备的测评就属于诊断性评价。形成性评价是在某项教学活动的过程中，为保证教学活动效果更好而不断进行的评价，便于及时得到反馈，调整和改进下一阶段的教学，如一个章节后的作业、小测验等。形成性评价又称为过程性评价，重视过程性评价有助于不断收集有力的数据和资料以完善教学方案和教学过程，对教学质量的不断提高比总结性评价更有实际意义。总结性评价又称事后评价，一般是在教学活动告一段落时对教学效果的最终评价。如学期末或学年末各门学科的考核、考试，目的是检验学生是否达到了各科教学目标的要求。总结性评价注重的是教学结果，借以对被评价者所取得的较大成果做全面鉴定、区分等级，对教学设计的有效性做出评定。这3类评价有着各自的特点，对比情况如表3-5所示。

**表3-5　诊断性评价、形成性评价和总结性评价的对比**

| 评价类型 / 比较项目 | 诊断性评价 | 形成性评价 | 总结性评价 |
|---|---|---|---|
| 实施时间 | 教学之前 | 教学过程中 | 教学之后 |
| 评价目的 | 摸清学生底细，以便安排学习 | 了解学习过程，及时调整教学方案 | 检验学习结果，评定学习成绩 |
| 评价方法 | 观察、调查、作业分析、前测 | 经常性测验、作业分析、日常观察 | 考试或考察 |
| 作用 | 查明学习准备情况和不利因素 | 确定学习效果，改进教学 | 评定学业成绩 |

在实际教学中，应该既注重教学后的总结性评价，也不能忽视教学前的诊断性评价和教学过程中的形成性评价，将3种评价有机结合才能达到教学效果的最优化。

## 学习案例

这里有两个关于教学评价的案例，看看能否为你理解这部分知识拓宽一些思路。

1. “VB 程序设计——函数过程”教学设计之教学评价设计

本次课采用以下两种方法进行评价。

诊断性评价：通过课前的提问，了解学生对该部分知识掌握的程度。

形成性评价：在内容讲解的过程中随时对学生进行评价，形式也比较多样化，可以采用提问、程序举例、现场编写程序、讨论交流等方式观察学生表现，及时了解学生对知识的兴趣以及掌握的程度。还可以通过作业、上机实验等进行定量和个别化的评价。

2. “大学语文——蒹葭”教学设计之教学评价设计

诊断性评价：课前的分组调查。

形成性评价：主要采用课堂提问的形式，教师有意识地设计不同侧面的知识链接，比如字词类、句法类、物象描述类、写作方法类、思想传承类等。这些问题不但可以有效地帮助学生进行知识建构，同时也是对学生掌握相关知识和联想能力的一个检测。

总结性评价：期末闭卷考试。在设计试题时，要考虑到认知学习目标的考察与情感、能力学习目标的考察兼顾，特别是在大题和分数上向情感、能力学习目标的考察倾斜，不搞标准答案，鼓励学生发表独到见解。实践表明，这样的考题一般不必担心学生彼此抄袭，但是，需要平时鼓励学生上网查找资料，并且课上提问时多加引导，学生才能有更为宽广的知识面，才能够知道如何去思考。

## 环节四　以教为主的教学设计综合案例

**问题情境**

好了，到这里你已经对以教为主的教学设计模式的主要过程，即“教谁→为什么教→教什么→怎么教→教得如何”有了比较详细的了解了，对于各个环节中的案例也比较熟悉了，但是你可能觉得自己的头脑中还没有建构起以教为主的教学设计的完整过程，你可能迫切希望能通过一个完整的案例将所有的环节有机地串起来，那么就请你仔细研究一下下面的两个综合案例吧。这两个例子是一直跟随你走过来的，其中的一些步骤因为在前面有过详细的介绍了，这里就省略了一些，如果想了解详细情况，那么请你往前翻到对应的环节和问题再仔细回味。在阅读这两个案例时，提醒大家一定要把这个教学过程看成一个整体，你可以特别关注一下每个案例的“教学过程”表格。它将教学的各个环节、教师和学生的活动以及设计者的意图表达得很清晰，有助于你理解整个教学设计过程。

### 综合案例一

下面主要介绍“VB 程序设计——函数过程”教学设计案例。

1. 教谁——学习者特征分析

（1）总体定位

“VB 程序设计”课程为工科院校非计算机专业的基础课，面向的对象一般是非计算机专业的大一新生，开课时间一般为大一下学期。

（2）起始能力分析

学生学过信息技术基础、高等数学等，有一定的逻辑思维能力和问题解决能力，具有比较扎实的数学基础和初步的数学建模能力。

（3）目标能力分析

大多数学生第一次接触计算机语言和程序设计，几乎没有编程基础，对于如何将现实中的问题转换为计算机问题求解的过程完全不清楚；虽然有前面的学习过程作为基础，但对于将要学到的内容仅有一个朦胧的印象；个别基础比较好的学生可能在以前的编程中使用过自己定义的过程，但对于其中的几个概念，例如“函数的调用过程”、“传值与传址的区别”等比较模糊。

（4）态度

大部分学生对计算机编程比较感兴趣，对本课程学习持积极的态度，但存在畏难心理，需要教师时时加以引导和鼓励，将计算机内容与生活实例较好地结合起来，提高学生学习的积极性。

（5）分析方法

预测法、观察法、谈话法和问卷法。

2. 为什么教——教学目标分析

（1）认知与能力目标

① 理解模块化编程的思想，理解过程的概念和作用。

② 掌握函数过程的定义及调用方法。

③ 掌握子过程的定义及调用方法。

④ 能够表述函数过程与子过程的区别和联系，并能根据实际情况具体应用。

⑤ 理解形参与实参的概念，能说出传值与传址调用过程的区别。

（2）情感态度目标

① 能集中注意力听教师讲课。

② 对教师的提问积极主动地进行思考，寻找答案。

③ 通过寻找问题答案获得成就感，对编程表现出兴趣。

④ 喜欢编程序，对于客观世界的问题乐于去寻找用计算机解决的方法。

3. 教什么——教学内容分析

本课程使用的教材是高等教育出版社出版的《Visual Basic 程序设计简明教程（6.0 版）》。第六章的内容是“过程”，包含 6 个小节，本次课主要是针对前两节“函数和过程”进行设计的，讲授课时为 2 学时，辅导上机课时为 2 学时。

利用“图解分析法”和“层级分析法”对本章内容进行了分析，具体的分析结果参见图 3-9（用“图解分析法”分析教学内容）和图 3-10（用“层级分析法”分析教学内容）。

4. 怎么教——教学策略与教学方法选择

根据学生的特点和教学内容的要求，本课主要采用了教师主讲的方式，但在讲授过程中要注意时时观察学生的反应，处处启发，步步设疑，引领学生的思路紧跟教师的讲课内容。为此，在教学策略的选择上，本章综合运用“先行组织者教学策略”、“启发式教学策略”和“掌握学习教学策略”，具体用法如下（一些课件截图请参考前面的图 3-11 和图 3-12）。

（1）先行组织者教学策略

该策略在以教为主的教学中经常用来梳理、激活旧知识，逐步迁移到新知识。在讲函数过程之前，为了建立新旧知识之间的联系，突出使用过程的优势，引入了“先行组织者”，即“引例：求多边形的面积”。该引例使用了两种方法求解多边形的面积，一种方法是使用以前的知识求解。这一知识点学生用以前学过的知识比较容易求解，可以给一定时间让学生自己解决；然后引出疑问：这样求解有没有什么问题？你还有没有更好的方法求解呢？给学生一定的思考时间，然后引出另一种方法，即使用函数过程求解。请学生说一下优点，学生可能对这种方法很陌生，一下子说不出来，正好在此处教师可以设疑，让学生带着问题来听讲，提高听课的效率。通过这两种方法的对比，一是可以使学生对过程的概念有一个初步的了解和印象，为后面“过程”的讲解做好铺垫；二是可以促进新旧知识的迁移。

（2）启发式教学策略

启发式教学又称为“问答式教学”。教师在教学过程中不能只顾自己讲，要处处设疑，而且问题的设置一定要经过认真的设计，既符合学生认知能力的发展，学生有能力回答，又不能太简单，学生不思考就无法答出，即问题要设置在学生的“最邻近发展区”内。在本章讲解中，启发式教学策略主要用在一些容易混淆的疑难点上，教师不直接告诉学生答案，而是提出疑问，启发学生逐步思考，最后由学生自己发现问题的答案，这样学生对该问题就理解得比较深刻。例如，在讲“传值与传址”案例时，分别采用了传值和传址两种函数调用，然后提问学生“两次的函数调用结果是否相同”。如果学生对两者的区别很清楚，应该很快知道答案；如果概念模糊的话，就可能回答不上来。最后通过实际的程序运行，让学生验证自己的答案是否正确。

或者将其顺序“倒过来”，对于重点和难点内容的讲解可以是先提问，然后师生共同找出可能解决的办法，学生只“知其然”但“不知其所以然”。部分学生陷入迷惑之中，对教师下一步的讲解怀有一种急切的期待，然后通过教师进一步的阐述，学生恍然大悟。这时教师再次出示原来提出的解决办法，学生就会“知其所以然”。

（3）掌握学习教学策略

该教学策略在本课程的教学中用得也是比较多的，其核心在“掌握”二字，即在讲授过程中要时时观察，测评学生的掌握情况，据此调整讲授的速度、设问的难易程度等。该策略一般的实施过程是“定向→传授知识→形成性评价→强化练习”。“定向”指的是确定学生目前对知识的了解程度，一般在课前完成，有时在课中也可以通过师生问答、教师观察等方法了解学生掌握知识的程度，然后具体讲解有关内容，再进行形成性的评价，并根据评价的结果提出有针对性的强化练习。例如，在讲授“过程的作用域”之前首先请学生说一说什么是“作用域”，然后举出几个不同作用域的例子请学生分别指出作用域的范围，接着根据学生掌握情况有重点地讲解“过程的作用域”有关内容，再出示一些具体的练习（也可以拿先前的练习）让学生作答（即评价）。若学生对该知识点掌握得不是很好，则在随后的讲解中再强调已讲过的相关知识点，通过这样的反复讲解就大大加深了学生对该知识的理解。

在教学方法的选择上，在本章的知识讲授中运用的教学方法有以下几种（课件截图请参考前面图3-13和图3-14）。

① 讲授法：适用于概念、原理、算法实现等理论性较强的知识点讲解。

② 演示法：包括动画演示和案例演示。动画演示可以将难以理解的知识点形象化地动态展示出来，模拟计算机的内部执行过程，帮助学生理解，例如函数定义的动画演示。调用过

程的动画演示、二分法查找算法的动画演示等。案例演示是在 VB 中执行相关程序，使学生直观地看到程序的执行结果。

③ 对比法：将易混淆的概念用图示、列表等方式同时展示，并指明其不同点，可使学生对两个概念理解得都比较清楚。

实际授课中要十分注意讲授法、对比法、演示法和讲授法的综合运用和有机组合。

5. 教学过程简介

展示教学过程通常使用 3 种方法：即文字叙述法、流程图法和表格法。文字叙述法可以非常详细地描述教学过程的每一个细节，但是其他学科领域的教师不容易抓住其亮点和特色，难以学到有效的教学设计方法。流程图法是一种比较好的描述教学流程的方式，特别是对于重要的教学环节能够用不同的图示来突出表示，使人一目了然。不过流程图法只能以简洁的文字描述复杂的教学过程，对于教学中使用的方法、策略等难以进行有力的说明。相比之下，“四列”表格法既能清楚地展示教学流程，又能使人抓住主要的教学设计环节，详细了解教学设计的重点和设计意图，并对教师和学生的活动阐述得比较具体，适用范围比较广泛，同时有助于不同学科背景的教师进行经验交流。以下用表格法简要说明一下本次课的教学过程（以第一节课为例），见表 3-6。

表 3-6　“VB 程序设计——函数过程”教学过程

| 教学环节 | 教师活动 | 学生活动 | 设计意图 |
|---|---|---|---|
| 旧内容复习，新内容引入（5 分钟） | ① 幻灯片：所学内容回忆。<br>② 用 3W 方式引出本章内容：“What——什么是过程”、“Why——为什么要引入过程”、“Which——VB 中有哪几种过程”。<br>③ 预备知识讲解：结构化程序设计。<br>④ 本章内容概述：共 5 节 | ① 在教师的引导下回忆所学内容。<br>② 积极思考，回答教师的提问。<br>③ 学习预备知识。<br>④ 了解本章内容和主要知识点 | 对旧知识进行归纳阐述，阐明本章的重要地位和主要内容 |
| 用引例作为先行组织者导入函数过程（10 分钟） | ① 出示问题：求多边形面积。<br>② 提问：用以前学过的方法如何求解？<br>③ 出示解决办法一。<br>④ 提问：这种方法有什么问题？<br>⑤ 讲解存在的问题：代码冗余，可读性不好，不符合结构化程序设计要求。<br>⑥ 提问：可否换一种方法来求解？<br>⑦ 把冗余的代码变成函数，调用函数来求三角形面积。<br>⑧ 设疑：这种方法大家还没有学过，今天我们就开始学习 | ① 思考问题，寻求解决办法，回答教师提问。<br>② 听教师讲解，并与自己的解决办法对照。<br>③ 思考教师提问，找出办法解决存在的问题，思考有没有其他解决问题的方法。<br>④ 可能会感到迷惑不解，带着问题继续听教师讲解 | 激活旧知识，引入新知识，引发学习者的积极思考，促进旧知识向新知识的迁移 |
| 函数过程的定义讲解（5 分钟） | ① 首先给大家看一段错误的程序代码，在 VB 环境下运行出错，为什么？<br>② 讲解错误原因：函数没有定义就使用，因此函数在用之前一定要先定义。<br>③ 讲解函数的定义方法：用动画演示两种定义方式的过程和区别。<br>④ 结合几个具体的定义，通过实例讲解函数定义的注意事项，把引例中的函数定义再讲一遍 | ① 看到错误，学生开始思考到底错在哪里，自己以前有没有犯过这样的错误。<br>② 了解函数定义的重要性。<br>③ 理解函数的定义方法，选择自己喜欢的一种。<br>④ 再次熟悉引例，加深印象 | 按照学生一般的学习思路展开内容讲述，首先要知道如何来定义一个函数过程，免得学生总是犯“不定义就使用”的错误，通过动画演示加深学生对知识的理解和记忆 |

续表

| 教学环节 | 教师活动 | 学生活动 | 设计意图 |
|---|---|---|---|
| 函数过程的调用讲解（20 分钟） | 这是本节内容的重点和难点，按以下顺序展开讲述。<br>① 提问：函数定义了其代码以后会不会自动执行？<br>② 只有在主程序中调用才会执行函数，用动画直观展示函数调用的计算机内部实现过程（遇到函数名→找到定义→传递参数→执行函数体→带回返回值→主程序得到返回值）。<br>③ 在上面的过程中遇到几个问题，下面要重点讲述参数的定义和传递、函数值的返回。<br>④ 提问：什么是参数？有什么作用？举一个生活中的例子：请人给你买东西，先把钱给他，钱就是“参数”。讲解参数的作用。<br>⑤ 讲解参数的两种传递方式：传值与传址。这是比较难以理解的地方，一方面举生活中的例子（买东西，吃香蕉），另一方面用动画演示和实例讲解两种方式的本质区别。<br>⑥ 举几个参数传递的例子，请学生说出结果，结合程序验证学生的答案 | ① 回答教师提问，思考函数定义和调用的关系。<br>② 初步了解函数的调用原理和执行过程，但对很多内容感到迷惑不解，非常期待教师进一步的讲解。<br>③ 跟随教师的讲解思路，逐步解决自己不懂的问题。<br>④ 思考参数的作用。<br>⑤ 通过教师的举例和动画演示理解并掌握传值与传址的区别和各自的作用 | 本环节是这部分内容的核心和重点，采用启发教学策略，动画演示法、举例法、提问法、掌握学习法等多种方法综合运用，使学生达到较好的学习效果 |
| 函数过程的综合应用案例（10 分钟） | ① 提出问题：10 个学生的成绩有高有低，想找出成绩最高者和最低者，请你编两个函数分别实现这个功能。<br>② 分析问题：画出流程图，师生共同讨论，确定需要传递的参数和参数的传递方式。<br>③ 请学生两到三人一组按算法编成 VB 程序。<br>④ 请学生到讲台上将自己编写的代码录入并执行，师生共同调试，得到结果。<br>⑤ 教师总结归纳，评价学生的表现 | ① 大家思考并给出自己的算法。<br>② 参与讨论，确定需要传递的参数和传递方式。<br>③ 积极与同学合作，试着编写该函数，写出代码。<br>④ 跟上台调试程序的同学一起编写代码，得到正确的结果 | 综合应用当堂课学到的所有知识，用练习法巩固所学知识，通过让学生实际动手编写程序并给予上机调试机会，锻炼其动手能力和协作学习的能力 |

6. 教得如何——教学效果的评价

采用以下两种方法进行评价。

诊断性评价：通过课前的提问，了解学生对该部分知识掌握的程度。

形成性评价：在内容讲解的过程中随时对学生进行评价，形式也比较多样化，可以采用提问、程序举例、现场编写程序、讨论交流等方式观察学生表现，及时了解学生对知识的兴趣以及掌握的程度。还可以通过作业、上机实验等进行定量和个别化的评价。

### 综合案例二

下面介绍“大学语文——蒹葭”教学设计案例。

1. 教谁——教学对象分析

（1）总体定位

大学语文课程为工科院校选修课，面向的教学对象主要是工科的大一、大二学生。

（2）起始能力分析

① 了解《诗经》是我国古代第一部诗歌总集等简单情况，知道《诗经》中的很多诗篇都

采用了重章叠句的表现手法。

② 简单学习过《蒹葭》这首诗，大多数学生能够背诵出其中的主要语句，部分学生能够说明《蒹葭》是一首爱情诗，表现了古人对真挚爱情的向往。

③ 对字词有了一定的积累，有借助工具书独立学习生僻字词的能力；对意境的感受能力增强，分析问题的能力增强，有建构和链接知识的主观愿望。

（3）学习者特征分析

大学生一般特征分析：能够理性思考，具有抽象思维能力，能透过现象看本质，问题分析能力强，知识面较宽等。

特定群体特征：选修本课程的学生对文学、文化有着一定的兴趣，希望通过本课程的学习提高自己的文学修养和文化鉴赏能力；部分选修课的学生认为大学语文容易考过，抱有混学分的心理，如果教师的讲课内容精彩、方式新颖，可能会激起他们的学习兴趣，否则会导致他们兴趣转移。

（4）分析方法

教师预估、与学生交谈、调查问卷。

2. 为什么教——教学目标分析

根据对学生起点水平的分析，制定了认知—情感—能力三层教学目标，具体如下。

（1）认知目标

① 了解《诗经》的有关情况。

② 准确翻译关键词句。

③ 能够概括本诗的主题。

④ 能够说明重章叠句形式的作用。

（2）情感目标

① 通过对知识有目的、有意义的建构，产生学习的兴趣和成就感。

② 感觉到诗中朦胧意境的美，对人生的追求生发联想。

③ 培养人格道德和人文精神。

④ 培养对中国古典诗歌与古典文化的热爱。

（3）能力目标

① 提高审美能力。

② 提高把握文学作品思想主题的能力。

③ 提高举一反三、在头脑中链接知识的能力。

④ 提高归纳总结问题的能力。

⑤ 培养网络环境下信息查询、归纳、判断的能力。

3. 教什么——教学内容分析

本课出现在全日制高校通用教材《大学语文》（徐中玉、齐森华主编，华东师范大学出版社 1996 年出版）第六单元的篇目中，一般被用来作为本单元的精讲课文。本诗出自《诗经 · 国风 · 秦风》，课文全文如下。

蒹　葭

蒹葭苍苍，白露为霜。
所谓伊人，在水一方。

溯洄从之，道阻且长。
溯游从之，宛在水中央。

蒹葭凄凄，白露未晞。
所谓伊人，在水之湄。
溯洄从之，道阻且跻。
溯游从之，宛在水中坻。

蒹葭采采，白露未已。
所谓伊人，在水之涘。
溯洄从之，道阻且右。
溯游从之，宛在水中沚。

本课的学习内容如下。

事　　实：《诗经》等文学知识。

技　　能：上网查找所需资料的技能，从大量信息中筛选出所需信息的能力。

问题解决：分析本诗主题内容，掌握表现形式，体会文学作品的意境美。注意站在语言、文学、文化的高度对相关知识进行梳理，引导学生完成相关知识在头脑中的建构。

4. 如何教——教学方法与策略设计

本课采用的教学方法主要为提问法、讲授法和演示法。

以提问法贯穿始终，对重点问题加以启发。提出问题的方式包括：课前设问，让学生独立上网查找资料；课上提问，有的问题让学生集体回答，有的问题单独提问学生回答，有的问题引领学生体会，点到为止，不回答；课下思考，课下思考主要倾向于仁者见仁、智者见智的开放性问题，引导学生对人生、社会等问题进行思考，培养学生的独立思考和自我把握能力。

讲授法要求教师的语言有一定美感，富于诗意与感染力，为学生在课堂中创立古典诗歌的学习情境，使学生心随讲授而动，沉浸在古典诗歌的文化氛围之中。

演示法主要是多媒体辅助教学。在本课的教学中，需要利用动态视频画面在上课之初将学生的注意力快速集中；需要利用图片和音乐帮助创设情景；需要利用动态字幕和声音等的优势，在授课过程中适当提醒，帮助学生保持注意力；需要利用多媒体教学信息量大的优势，在必要时引入相关诗篇，让学生马上看到相关诗篇的内容，而不需要教师再浪费时间抄在黑板上。

演示法和提问法注重调动学生的学习积极性，培养学生独立思考的能力，帮助学生将新知识与头脑中的旧知识建立链接，学生能够主动参与教育过程。

本次课本着经济实用的原则，制作了多媒体课件，调动了多种教学媒体，如视频、图像、音乐、语言、文字等各自发挥着应有的作用，具体见教学过程。

大学语文不仅是要传授知识，更是要建立学生终身学习的意识，培养学生的自学能力，因此，势必要将教学模式从满堂灌过渡到在教师的指导下发挥学生的自主性，这一点要在课上向学生明确交代。此教学模式涉及多种教学方法，意在发挥学生的主体作用，让学生自己去找、去选、去分析，同时加强教师的主导地位，提出问题，引导学生联想大脑中固有的知识信息，主动建构知识，为学生今后在任何需要时的再学习打下基础。

5. 教学过程简介

教学过程分为课程引入、情境创设、内容讲解、表现形式讲解、意境讲解以及知识扩展等几个环节，具体见表 3-7。

**表 3-7　　“大学语文——蒹葭”教学过程**

| 教学环节 | 教师活动 | 学生活动 | 设计意图 |
|---|---|---|---|
| 课程引入 | ① 课前作业检查：上次课布置了几个作业让学生分组上网搜索资料，课堂分组汇报。<br>② 视频引入：播放电视专题片《中华文明之光》中《诗经》专题片的缩节版本，时长为 2 分钟，简要介绍《诗经》的相关知识。<br>③ 教师讲解引入：紧接视频，讲解诗经有关知识 | ① 分组汇报搜索的结果。<br>② 在视频以及教师的引导下熟悉有关的背景知识 | ① 使学生带着任务进行课前预习，锻炼协作学习能力、表达能力和资源搜索能力。<br>② 充分运用多种媒体调动学生的学习兴趣，了解相关知识，拓展知识面 |
| 创设情境 | 教师利用相关媒体为学生创设语言情境、古典音乐情境、视觉情境和问题情境。让学生通过对问题的考虑，自然而然地在心里想象出诗歌的环境和情景 | 在教师创设的情景中充分发挥想象力，感受和体会诗歌表现的内容和情感 | 为学生营造氛围，暗示学生要将自己想象为诗人，感同身受地站在深秋清晨的河畔，自己来体会、联想诗歌表现的内容与情感 |
| 课文主要内容讲解 | 主要运用提问法和讲述法展开对课文的讲述。<br>（1）讲解第一小节，分析课文，提出主要问题。<br>① 文章第一句“蒹葭苍苍”中的“苍苍”你认为是一种什么颜色？<br>② 诗中物象营造了怎样的色彩之美？这样的色彩搭配使你产生什么样的感觉？<br>③ “伊人”指的是谁（或什么）？<br>（2）讲解第二小节，分析课文，提出主要问题。<br>① 求而不得后主人公的态度如何？是执著地追求还是放弃？<br>② 设想如果是你，你会怎么做？你会去执著追求缥缈无形还是放弃心中的理想 | 回答教师的提问，在教师问题的引导下逐步展开对课文逐句的意境理解和整体感受，体验本诗表达的特殊情怀，联想自身，对自身发展、社会问题等做出深入思考 | 提问法能够较好地调动学生积极思维、主动思考，而不是被动地接受，锻炼口头表达能力，增强对诗歌的感受力，增强自己的社会责任意识。 |
| 文章表现形式讲解 | 通过提问和对比讲解文章的表现手法。<br>① 叠章是什么样的表现形式？有什么作用？<br>② 举例《西洲曲》，分析其表现手法和形式 | 回答教师的提问，体会文章表现手法的巧妙运用 | 了解古诗常用表现形式，在对比中感受古诗形式美 |
| 讲解文章的意境之美 | 从以下几方面带领学生体会本诗意境。<br>①运用音乐、图片、色彩等感受秋凉的环境。<br>② 配合乐曲，请学生朗诵《蒹葭》诗文，进一步体会诗歌含义<br>③ 与同为“秦风”中诗篇的《无衣》作比较，让学生用抽象词汇描摹感受中的《蒹葭》。<br>名家评述，进一步感受诗篇意境 | 回答教师的问题，在教师引领下主动思考，在教师创造的声、情、诗、画情境中深入感受诗歌所创造的意境之美 | 给学生创设情境，调动学生主动感受、体会诗歌意境，提高学生欣赏水平 |
| 知识扩展与建构 | 通过两个问题将学生的思路引导至课本以外，通过梳理旧知识达到对当前知识的更好理解。<br>① 《蒹葭》中的重重水雾，体现了作者怎样的情感？<br>② 课下你找到哪些古诗文中有描述“水”的句子？体现了作者怎样的思想感情与时代精神 | 回答教师提出的问题，积极思考，扩充知识结构 | 拓展语文课本学习，为学生自主探索创设问题情境和学习空间，充分体现语文学习内容的丰富性、学习途径的多样性、学习过程的实践性、学习目标的综合性和多向性 |

6. 教得如何——教学评价

诊断性评价：课前的分组调查。

形成性评价：主要采用课堂提问的形式，教师有意识地设计不同侧面的知识链接，比如字词类、句法类、物象描述类、写作方法类、思想传承类等。这些问题不但可以有效地帮助学生进行知识建构，同时也是对学生掌握相关知识和联想能力的一个检测。

总结性评价：期末闭卷考试。在设计试题时，要考虑到认知学习目标的考察与情感、能力学习目标的考察兼顾，特别是在大题和分数上向情感、能力学习目标的考察倾斜，不搞标准答案，鼓励学生发表独到见解。实践表明，这样的考题一般不必担心学生彼此抄袭，但是，需要平时鼓励学生上网查找资料，并且课上提问时多加引导，学生才能有更为宽广的知识面，才能够知道如何去思考。

# 第三单元　以学为主的教学系统设计

## 环节一　以学为主的教学设计过程

**问题情境**

你了解以学为主的教学设计吗？你在教学中是采用什么样的方法发挥学生的学习主动性和创造性的呢？你在教学实践中是否尝试过自己退到幕后，让学生去讲、去做、去评价呢？如果你想这样做，那么你知道该如何具体操作吗？光有“为学生着想”的理念是不够的，还需要具体的实践和行动，那么就先来了解一下以学为主的教学设计的基本原则和设计过程吧。

**问题**　**以学为主的教学设计是在什么时候什么样的背景下发展起来的？它的理论基础是什么？为什么在教学中会比较受欢迎？它的设计过程是怎样的？**

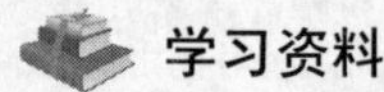

以学为主的教学系统设计是进入 20 世纪 90 年代后随着多媒体技术和网络技术的日益普及，特别是基于互联网的教育网络的广泛应用以及建构主义学习理论被人们所理解才逐渐发展流行起来的。以学为主的教学设计强调教学必须以学生为中心，充分调动学生学习的积极性和主动性，重视“任务”、“情境”、“协作”、“资源”等在教学中的重要作用，弥补了传统教学设计过分分离与简化教学内容、只注重知识传授而不注意学生各方面能力的锻炼和提高等局限，强调发挥学习者在学习过程中的主动性和建构性，十分有利于创造型人才的培养，满足信息社会对人才的各种要求，因此，受到多方面的重视，人们对它的研究也越来越深入。

1. 以学为主的教学设计原则

了解以学为主的教学设计原则有助于指导我们在进行教学设计时具体如何操作。

① 以问题或任务为核心驱动学习，所有的学习活动都应该与大的任务或问题挂钩，鼓励学习者发掘问题作为学习活动的刺激物，使学习成为自愿的事情。

② 强调“情境”对学习的重要性，设计真实的学习情境，它应具有与实际情境相近的复杂程度，但要避免降低学习者的认知要求。

③ 强调以“学生”为主体，让学习者拥有学习过程的主动权。教师不是主观武断地控制学习过程，而是积极引导、有效监控，并为他们提供思维上的挑战。

④ 为学习者提供有援的学习环境。设计和提供丰富的学习资源，当他们遇到问题或偏离方向时教师应给予有效的援助和支持。

⑤ 鼓励学习者体验多种情境和验证不同的观点，鼓励各种合作学习。个人理解的质量和深度决定于一定的社会环境，可互相交换想法，通过协商趋向一致。

⑥ 设计多种评价方式，强调过程中评价、自我评价、互动评价、小组评价等多种评价方式相结合，避免单一的注重结果评价。

2．以学为主的教学设计过程

在前面讲述教学系统设计过程模式时给出了以学为主的教学设计的一般过程，本节在参照该流程图的基础上，结合实际的案例设计了一个简化的、更具有实际应用价值的流程模式（如图 3-16 所示），具体各个步骤将在接下来的环节中结合案例进行介绍。

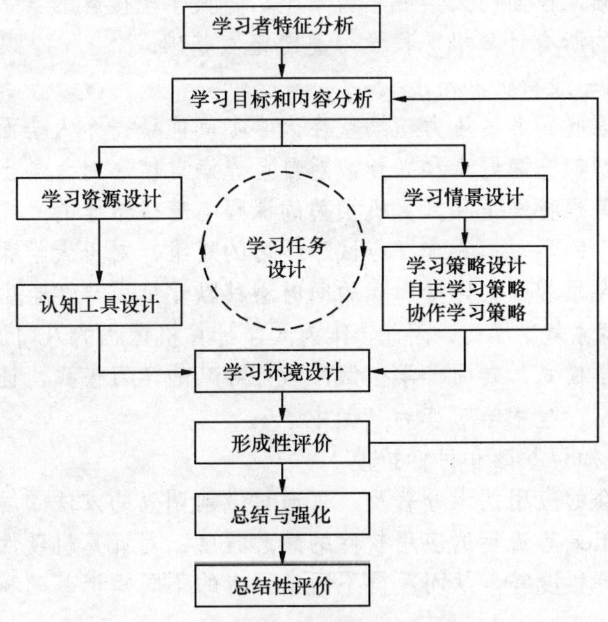


图 3-16　以学为主的教学设计流程

## 环节二　以学为主的教学设计前端分析

**问题情境**

看了图 3-16 后，你可能对以学为主的教学设计过程有了一个大致的了解，你会不由自主地分析它与以教为主的教学设计模式的异同，那么你总结出了什么呢？你或许看到了有一些步骤还是比较相同的，例如“学习者特征分析”、“学习目标和内容分析”等，那么为什么还要进行这些步骤呢？在分析时与以教为主的教学设计又有什么不同呢？

**问题一** **在以学为主的教学设计中为什么还要分析学习者？其分析方法与以教为主的教学设计相同吗？我们该如何分析学习者？**

**学习资料一**

在建构主义以学为主的教学设计中，学生是学习的主体，是意义的主动建构者，一切的设计都必须围绕学习者展开，因此，在以学为主的教学设计中对学习者的分析不是弱化而是增强了，对学习者特征分析的主要目的是通过设计适合学生能力与知识水平的教学内容和学习任务，提供丰富的学习资源、认知工具和恰当的学习情境，从而促进学习者的学习。在这里学习者特征分析的方法和前面基本相同，不再赘述。

**学习案例一**

这里有一个“计算机 DIY”教学设计的学习者特征分析案例供参考。

大学信息技术基础课程面向大学一年级学生，是大学生接触的第一门计算机必修课，该课程能为学习者后续的所有计算机课程学习奠定坚实基础。

1. 学习者具有的一般特征和态度

大一新生，刚刚摆脱高考的压力，期望在大学期间能获得个人全面的发展和各方面能力的提升，对大学的一切都充满好奇和兴趣，对自己充满自信，对大学生活充满美好的向往和期待，对于所开设的课程特别是和计算机相关的课程有着极浓厚的兴趣和较强的求知欲，但习惯了高中“坐中学”的学习模式和“应试”学习的思维，对于大学课程的学习方法和学习策略不太了解。这就要求教师在传授知识的同时潜移默化地引导学生由高中“被动应付式”学习转向大学“能动探索式”学习。因此，作为大学计算机课程的入门课，必须转变以往“教师讲，学生听”的教学模式，转向“学生做，教师导”的学习模式，让学生放开手脚，积极主动地去探索知识，从“坐中学”变为“做中学”。

2. 学习者的原有知识基础和目标技能

计算机在当今社会的应用已十分普及，可通过学前调查的方法了解学生接触计算机的历史、对操作系统和 Office 等流行的应用软件的熟悉程度、对计算机硬件配置的了解程度、对计算机理论知识的掌握程度等，从而获得不同学习者的不同知识基础和目标技能。对往届学生的调查有如下结论。

① 在高中阶段普遍学过信息技术课，对计算机、信息技术的基本知识有一定了解，但不同学习者的差别较大。有的因为高中学校比较重视，软、硬件环境好，加上家庭拥有个人计算机等便利条件，对计算机软、硬件知识了解得较多。与之相对的是相当一部分来自农村的学生在知识基础、操作技能等方面都不如生长在城市的学生。针对此特征，可在教学时考虑一定范围内的分层教学，也可以让基础较好的学生与基础差些的学生组成一个小组互相帮助，或者针对知识基础较好的学生设计一些高层次的目标，使所有的学生都在认知和能力方面得到提升。

② 对于计算机硬件组成方面的知识，几乎所有的学生都不是很了解，特别是对于计算机各个组成部分的联系及各自的功能等缺少感性认识，对于其具体的应用缺乏实践的指导。

因此，为了让学生更好地掌握这部分知识，最好的学习方法就是“通过实践案例带动理论知识的学习”。

③ 学生具有一定的信息搜索能力，对计算机硬件组成及信息处理的有关知识比较感兴趣，特别是大多数学生在大学期间都有购买计算机的要求，因此会非常乐意参与这样的任务。

**问题二　有人认为，以学为主的教学设计就是强调学生的自主学习和意义建构，不能给学习者规定具体的教学目标和内容，否则很容易限制学生的思路和创造性。那么，你认为在以学为主的教学设计中还要不要分析学习目标和学习内容呢？如果需要的话，它与以教为主的教学设计中教学目标和内容的分析有何异同呢？**

### 学习资料二

众所周知，以学为主的教学设计有诸多优点和特长，但若忽视了学习目标和内容设计环节，很容易使学生自由度过大或偏离教师的设计初衷，达不到理想的教学效果。因此，在以学为主的教学设计中，对学习目标和学习内容的分析和设计仍然是非常重要的环节。

建构主义强调学习内容的自主建构，强调事物的多样性、复杂性，不同的人对同一事物可得出不同的理解，因此，学习目标是无法预先设立的。但事物既有其复杂的一面也有其客观的一面，其某些属性在一定条件下是可以达到共同理解的，因此，必须考虑教学目标的设计，以免使学生的学习陷入盲目状态。同时，应避免将教学目标简单化、一刀切，教学目标应有一定的弹性和层次，突出知识的整体性和情境性。另外还要注意区分学习目标与教学目标的异同，教学目标是所有学习者应该达到的学习要求，学习目标则允许学生自己确定。学习目标与教学目标在很多情况下是一致的，但由于不同学习者知识背景和兴趣爱好的不同，其学习目标也不完全相同。

建构主义强调学习要解决真实环境下的任务，在解决真实任务过程中达到学习的目的，但真实的任务是否能体现教学目标，就需要对学习内容作深入分析，明确所需学习的知识内容类型（分为陈述性、程序性、策略性知识）以及知识内容的结构关系，只有这样才能在设计学习问题（任务）时全面涵盖教学目标所定义的知识体系，才能根据不同的知识类型将学习内容嵌入到学习情境、学习环境和学习资源的不同要素中。下面具体说明。

陈述性知识主要说明事物是什么、为什么、怎么样，是个人可以有意识地回忆和陈述出来的关于事物及其关系的知识。陈述性知识的学习可以通过嵌入到学习资源中给予提供，也可以将其分散到学习任务中，通过不同级别任务的解决学习相应的知识，而不是脱离学习情境让学生死记硬背。

程序性知识是指一套关于办事的操作步骤和过程，主要用来解决做什么和怎么做的问题，也称步骤性和过程性知识。此类知识涉及学生的动手能力和操作技能的提高，因此非常适合采用任务驱动式的教学方式，让学生在探索问题、任务求解的过程中较好地理解和应用陈述性知识。程序性知识可以通过设计自主学习活动和协作学习活动来体现并展开。

策略性知识（也称为隐性知识）是关于“如何学习、如何思维”的知识，是调节自己的注意、记忆、思维能力的知识。让学生“学会学习、学会创造”的核心就是策略性知识的获得。它是如何运用陈述性知识和程序性知识的技能，是控制自己的学习与认知过程的知识。因而，策略性知识的学习比前面两种知识的学习更重要。而在以教师为中心的教学过程中，往往只重视陈述性知识和程序性知识的教授，对于学生策略性知识的获得要么不重视，要么虽有重视但却无能为力。而在以学生为中心的教学设计中，始终把发挥学生主体作用，提高学生动手能力、知识应用能力、创造能力等放在首要地位，因此对于略性知识的学习是最有利的。策略性知识可以通过不同学习策略的设计、认知工具的提供、学习环境的设计等环节加以体现。实际上，解决整个学习任务的过程其实就是策略性知识的体现、应用和提高的过程，学生在这个过程中既学到了知识又锻炼了各方面的能力。

**学习案例二**

下面对“计算机 DIY”的学习目标和学习任务进行分析。

1. 学习目标分析

本节教学内容是《大学信息技术基础》“第一章 信息技术基础知识”中最重要的一节，即“计算机基础知识”。由于本章的知识点较多，且大部分属于陈述性知识，如果采用教师主讲+提问的方式，学生学习的积极性不高，知识掌握的程度不好。联想到学生上大学后自己要配置计算机，因此将本部分知识的学习融入到一个真实的学习任务中，让学生在任务完成的过程中主动地学到书本上相应的知识以及大量的课外知识，并增长社会阅历，锻炼协作学习能力，学会“用知识解决问题”。

在目标的分析上，按照目标的“整体性、情境性、层次性”的要求，将目标分为层次较低的知识目标、层次较高的能力目标以及涉及学习态度的情感目标 3 部分，并将重点放在学生能力培养上，针对不同层次的学生提出了不同要求，比如有的目标要求“全部达到”，有的只要求基础比较好的学生达到。

（1）知识目标

① 了解计算机硬件系统的基本组成结构。

② 了解计算机软件系统的组成结构。

③ 理解计算机的工作原理和信息处理流程。

（2）能力目标

① 能根据所处理信息的不同来配置计算机的软、硬件，即会组装一台“虚拟计算机”（全部达到）。

② 了解计算机市场的流行趋势，增强对计算机软、硬件的感性认识（全部达到）。

③ 能够使用搜索引擎找到自己所需要的网络资源（全部达到）。

④ 会将自己的学习结果制作成一个演示文稿或网站，与其他同学进行交流（基本全部达到，对于基础好的学生可提高要求）。

⑤ 能较客观公正地评价自己和他人的任务完成情况（部分达到）。

（3）情感目标

① 在任务完成的过程中体验主动学习的乐趣，学会与他人合作，分享成功的喜悦。

② 学会更好地表达自己、与他人交流和客观地评价他人。

2. 学习内容分析

对学习内容的分析有助于教师将内容巧妙地嵌入到任务中，通过任务的解决加上教师的总结、补充和强化，从而获得有关的知识。通过“任务驱动内容学习”的方式，使得学生学习知识时不再感觉到枯燥，学习的效率和效果也将提高。以下用图解分析法对本章内容加以描述，见图3-17。

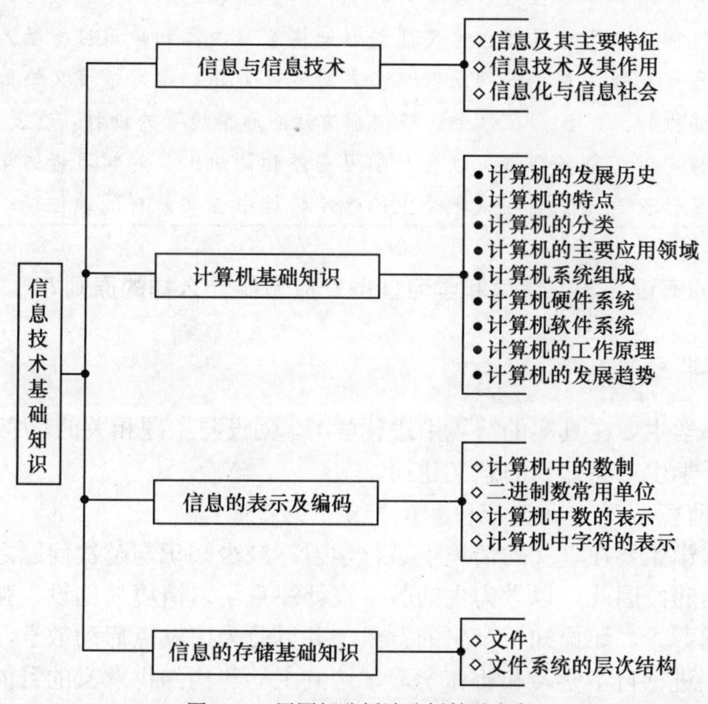

图3-17 用图解分析法分析教学内容

其中与本任务有关的知识主要是第2节——计算机基础知识，其他的内容在本任务中也有部分涉及，对于没有涉及的知识，教师可在总结与强化阶段进行讲解和巩固。

对第二节内容加以分析后可以发现，大部分知识属于陈述性知识，按照通常的教学方法，可以通过教师讲述、学生复述加背诵的方式获得，但这样学生的印象并不深刻，而且无法达到将所学知识在实际生活中应用的层次。因此，结合本课程的教学目标，在陈述性知识的基础上增加了程序性知识的学习，即能够应用课本知识，搜索所需的课外知识，配置一台满足需求的计算机，并进行模拟组装，模拟安装相应的软件，使计算机能正常使用，在此基础上能用自己的语言描述计算机的工作原理和计算机处理信息的基本流程。

对于策略性知识（隐性知识）的学习也包含在本任务中，如学生设计自己的计算机配置方案、购买方案、网上搜索资源、小组协作进行市场调查、设计PPT作品或网站、课堂表达、交流、评价等各个环节都隐含了学生对自己所学知识的应用和控制。通过让学生完成这些任务，使得隐性知识显性化，让学生有意识地调控和锻炼自己的注意力、思维和记忆能力，学会如何去学习。

## 环节三　以学为主的教学任务、资源、策略和环境设计

问题情境

当你明确了学习者、学习内容和学习目标后，接下来要考虑的主要内容是什么？对了，应该是考虑设计学习情境和学习任务以及学习环境。这些内容是本单元的核心部分，那么设计什么样的任务才能既调动学习者的积极性又能较好地将学习内容和学习目标融入其中，使学习者在任务完成的过程中在知识建构的同时锻炼多方面的能力呢？学习情境又该如何设计？你有没有注意到本书的编排特点？我们在每个环节中都有“问题情境”的设计，这就是它的具体应用。那么学习情境怎样与学习任务巧妙关联呢？学习资源和认知工具对学习者的学习有什么样的帮助？学习环境又是什么意思？它在以学为主的教学设计中占有怎样的地位？

### 问题一　如何设计学习情境和学习任务？应遵循什么样的原则？

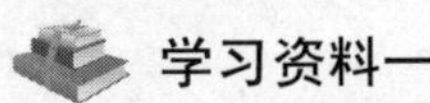

**学习资料一**

建构主义提倡学生要在真实的情境中进行学习。创设与主题相关的、尽可能真实的情境。创设情境可有利于学生对新知识的意义建构。

1．创设学习情境

建构主义主张学生要在真实的情境下进行学习，减少知识与解决问题之间的距离，强调知识迁移能力的培养，因此，以学为主的教学设计注重学习情境的创设，强调要为学生提供完整、真实的问题背景，还原知识产生的背景，并以此为出发点启动教学，使学生产生学习的需要，驱动学生进行自主学习和协作学习，达到主动建构知识意义的目的。一般来说，以下几种情境在教学中比较常用。

① 问题情境：设计与任务相关的一系列层次递进的问题，引发学习者积极思考，引出相关的学习任务，问题应具有开放性和探索性特征，答案不一定是唯一的，而且问题应贯穿于整个学习过程之中。

② 资源情境：提供支持问题解决的丰富资源，通过大量资源的展示促进学习者主动学习。关于资源的设计见本环节的问题二。

③ 案例情境：设计或收集与学习内容和学习任务相关的丰富案例，从多个角度、多个侧面给学习者提供解决问题的参考，使学习者在模仿他人的过程中体验成功，为创新做好准备。

④ 故事情境：将学习背景或内容巧妙编织为生动有趣、引人深思的小故事呈现给学习者，激发学习者的学习兴趣，为学习内容和任务的引出做好铺垫。

⑤ 音乐情境：播放与学习内容有关的音乐作为背景，引发学习者丰富的联想，进而迸发出想要了解更多知识的渴望。

在情境设计时应考虑以下几点。

① 不同的学科对情境创设的要求不同。对于有严谨结构的学科（如数学、化学、物理等理科内容都具有这种结构），应创设包含许多不同应用实例和有关信息资源的情境，即案例情境和资源情境，以便学习者根据自己的兴趣爱好去主动发现、主动探索。对不具有严谨结构

的学科（语文、外语、历史等文科内容一般具有这种结构），应创设接近真实的情景，使学习者产生身临其境的感觉，如故事情境、音乐情境等，从而激发学习者参与交互式学习的积极性，在交互过程中完成问题的理解、知识的应用和意义的建构。

② 与学习任务相融合。情境的作用主要是引出学习内容和学习任务，因此创设学习情境不能脱离学习任务或与学习任务勉强合成，而是要能够以自然的方式展示学习任务所要解决的矛盾和问题，从而过渡到学习任务的提出。

③ 学习情境只是促进学习者主动建构知识的外部条件，是“外因”，而外因要通过内因才能起作用，设计理想的学习情境是为了促进学习者自主学习、最终获得知识的意义建构而服务的，因此，学习情境可以看做是一个“导火线”，真正能激发学生主动学习的因素还是在于学习任务的引导。

2．设计学习任务

明确了学习目标和学习内容之后，就应该设计具体的学习任务了。任务的设计是整个以学为主的教学设计的核心，如图 3-17 所示。学习任务能直接影响教学效果，因此，任务的设计和编排非常关键，是教师教学设计创造力的集中体现，要花费很大精力。在设计学习任务时，一般要遵循以下原则。

第一，学习任务设计要有明确的目标，任务的设计不能脱离教学目标和教学内容的总体要求，否则设计再完善的学习任务也是耽误师生的宝贵时间。教师要根据制定的学习总体目标，把总体目标细分成一个个小目标，并把每一个学习模块的内容细化为一个个容易掌握的“任务”，通过这些小的“任务”来体现总的学习目标。

第二，学习任务设计要符合学生特点，不同学生接受知识的能力往往会有很大的差异。教师进行“任务”设计时，要以学习者特征分析的结果为基础，从学生实际出发，充分考虑学生现有的文化知识、认知能力、年龄、学习需求、兴趣等特点，做到因材施教。在这其中，学生的兴趣是需要重点考虑的，学生对于自己感兴趣或与自己生活密切相关的问题往往能表现出极大的热情，从而主动投入到任务解决的过程中。

第三，设计学习任务时要注意分散重点、难点。学生获取知识和技能是一个逐步积累的过程，不能一蹴而就，任务的设计一定要符合学生认知能力的发展，最好要设在学生认知发展的“最邻近发展区”内。此外，在设计学习任务时要考虑每个子任务的大小、知识点的含量、前后的联系等多方面的因素。

第四，学习任务的设计不但要有主题，还要有任务流程的设计，即规定任务先后顺序、任务执行的主体（学生完成、教师完成或师生共同完成）、任务的时间进度、任务的总体要求和具体要求、任务完成后的作品、任务的评价方式等。仅有主题而没有流程的任务设计不利于学生学习动力的维持，也不利于教师对整个学习过程的监管和控制。

**学习案例一**

下面介绍“计算机 DIY”的学习情境创设和学习任务设计。

1. 情境导入

主要采用了问题情境和资源情境。大家都是刚进入大学校园的新生，对于一切是不是都觉得很新鲜？那么大家有没有注意到你的师哥师姐们基本上每人都有一部笔记本电脑或台式机吗？你想不想拥有一台属于你自己的计算机呢？<学生可能回答想，但没有钱>告诉大家一个好消息，现在有一家公司要给我们每人出资 6000 元配置一台高档计算机。<学生感到惊讶、惊喜、质疑……其实老师这么说只是创设的虚拟情境，为调动课堂气氛>当然这只是我们的假设。<听到这里，学生肯定感到有些失望，不过都是思想成熟的大学生，能猜到教师这么说的意图>假如现在给你 6000 元，你能否真的就能给自己配置一台理想的计算机呢？<把学生从失望中带入想象，激发兴趣>好，为了把这台计算机配好，现在我们一起来回答几个问题。<用问题引出任务>

2. 问题情境引导任务

问题一：你想要一台能派什么用处的计算机？

方法：让学生自由发言，并记录在黑板左边，写成一列（如游戏、文字处理、计算机绘图、上网聊天、上网炒股、听音乐、看 VCD 或 DVD、语音处理、手写汉字输入、打网络可视电话、跳舞健身等）。

目的：让学生充分感受到计算机具有强大的信息处理能力，而且与我们的生活、学习、工作息息相关，同时让学生了解计算机的应用领域。

问题二：要使计算机具有以上能力，还应配有什么（输入、输出）设备？

方法：启发学生回答，如扫描仪、彩色喷墨打印机、话筒、有源音箱、调制解调器、计算机摄像头、手写输入板、跳舞毯等。将以上学生的回答，写在第二列，顺序与第一列对应。

目的：让学生了解，待处理的信息必须经过专门的输入设备转变成相应的二进制代码输入计算机，而处理后的二进制信息也必须经过相应的输出设备，以我们希望的形式呈现。

问题三：现在计算机能用了吗？

方法：告诉学生配上了输入、输出设备的计算机还得靠专用的应用软件才能处理信息，如 Word、Photoshop、影音风暴等。不同的应用软件还得要系统软件（如 Windows）的支持才能正常工作，而所有的软件都必须在一定的硬件环境中才能运行。这就决定了硬件的规模。

目的：是让学生了解，要使计算机能够处理信息必须有相应的软件，软件是计算机的灵魂。

问题四：什么样的计算机才能运行以上软件？

方法：告诉学生必须根据所要运行的软件确定 CPU、内存、硬盘、显卡、显示器的档次，合理分配假设的 6000 元钱。

目的：使学生了解硬件是基础。通过权衡各种方案，加深学生对计算机处理信息的整个过程的理解。

3. 提出任务

通过以上问题的引导，学生已经了解了这次的任务，正式布置任务：让学生根据自己对计算机系统组成及信息处理过程的理解，以 6000 元为价位标准配置一台符合自己要求的计算机。

4. 任务要求

请大家带着任务主动去研究教材，理解各部件在信息处理中所起的作用及其对整机性能的影响，并依据自己对计算机流行和发展趋势的了解及个人对信息处理的需要和爱好确定整机的配置，决定是购置品牌机还是组装机，并上网去了解有关商品的品牌、性能、价格及质量的鉴别方法，并实地到一些计算机公司去考察、洽谈等。每个学生须将结果用多媒体演讲稿或网站的形式展示出来，并在课堂上进行交流与评价。

任务完成时间：课内 4 学时+课外 6 学时。

5. 任务流程

整个任务分为提出、启动、执行、交流评价、总结拓展 5 个阶段，每个阶段都是以学生的活动为主，教师作为组织者、引导者和资源提供者，起到了关键作用，如图3-18所示。

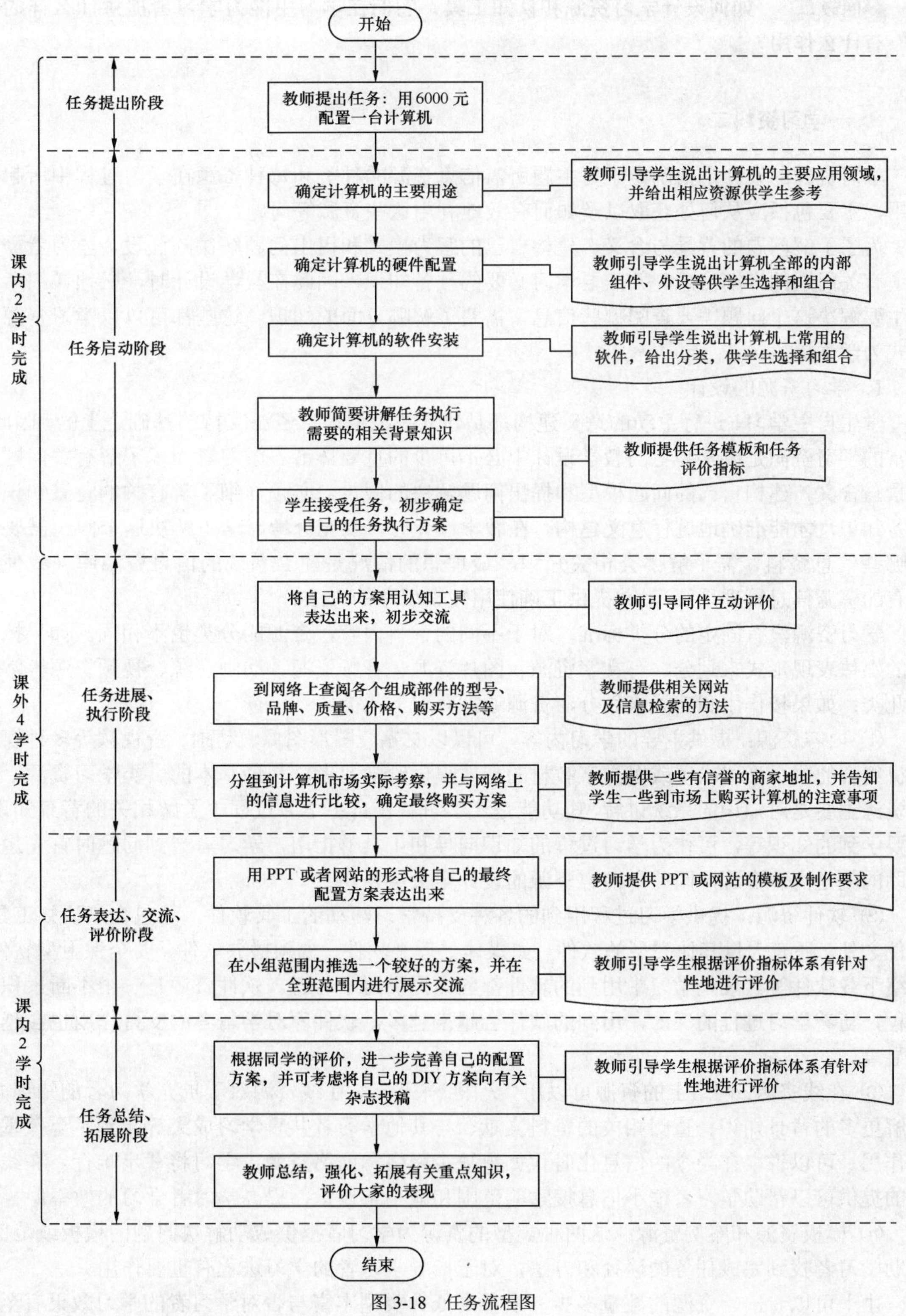


图3-18 任务流程图

**问题二　如何设计学习资源和认知工具？它们在学习中能为学习者提供什么样的帮助？有什么作用？**

### 学习资料二

学习资源的设计是指确定学习主题所需信息资源的种类和每种资源在学习过程中所起的作用，主要包括应从何处获取以及如何有效地利用这些资源等问题。

为了了解问题的背景与含义、建构自己的智力模式和提出问题解决的假设，学习者需要知道有关问题的详细信息，并需要学习必要的预备知识，因此在教学设计时，必须详细考虑学生要解决这个问题需要查阅哪些信息，需要了解哪方面的知识。这些都可以以学习资源的方式为学生提供。

1. 学习资源的设计

学生自主学习、进行主动的意义建构都是建立在大量信息资源支持的基础之上的，因此，丰富的学习资源是以学为主的教学设计中必不可少的重要环节。学习者为了了解有关问题的背景与含义，建构自己的问题模型和提出问题解决的假设，必须详细了解有关的背景知识和预备知识，才能准确地进行意义建构。在教学设计时，要充分考虑学生解决这个问题需要查阅哪些信息资料，需了解哪类相关知识。最理想的情况是建立系统的信息资源库（或使用现有的资源信息管理系统），并提供正确使用搜索引擎的方法。

学习资源没有固定的分类标准，对于不同的学科内容，资源的分类也不相同。如果按资源的媒体表现形式来划分，有文字资源、图片资源、音频资源、动画资源、视频资源等常见的几类；如果按作用和功能来划分，资源通常有如下几类。

① 内容资源：提供主要的学习内容，可以以文字、图形图像、动画、音视频等多种媒体有机组合的网页形式出现或以文字教材的形式提供给学习者，是最基本的一类学习资源。内容资源主要是对知识的系统讲解，其功能是让学习者在自主学习过程中了解相关的背景知识、将要学到的知识等，可作为学习过程的知识向导和工具书指南，学习者遇到问题时首先想到求助的就是内容资源，因此，内容资源的设计至关重要。

② 软件资源：提供学习过程用到的各种支持学习活动的工具软件，除包含“认知工具”软件之外，还有大量其他类型的软件，如媒体处理类软件、视频播放软件、安全保卫型软件、网络下载软件等。凡是学习中用到的软件都应该提供给学习者。软件资源是一个不断累积的过程，随着学习过程的深入，用到的软件会越来越多，软件库对学习者的支持作用也会越来越显著。

③ 在线资源：网络上的资源可以用“无限”来形容，在线资源对于扩充学习者的知识面、了解更多的背景知识、查阅相关的资料文献、与其他学习者共享学习成果等起到了至关重要的作用。可以说，在当今的信息化时代如果缺少网络和网络资源，学习将寸步难行。在线资源的提供可以帮助学习者缩小信息搜索的范围和减小工作量，提高学习者学习的效率。

④ 模板资源和案例资源：这两种类型的资源为学习者提供成功解决问题的模板或范例，帮助学习者找到完成任务的途径和方法，对于指导学习者的学习进程有重要作用。

由上可以看出，资源的数量多少、质量高低、类型丰富与否对学习者的学习效果有至关重要的影响，必须给予足够重视。需要指出的是，学习资源的提供者不应只局限于教师，所有学习者都应该有“分享优质资源”的权限。教师可以根据学习者提供的资源数量和质量给予一定的分数奖赏（能在最后的评价中得以体现），这样既能调动学习者共享资源的积极性，还将会极大地丰富学习资源库，“众人拾柴火焰高”就是这个道理。

2. 提供认知工具

认知工具主要是指与通信网络相结合的广义上的计算机工具，用于帮助和促进认知过程。学习者利用它可以进行信息与资源的获取、分析、处理、编辑与制作等，也可以用来表征自己的思想，代替部分思维，并与他人通信和协作。认知工具在帮助和促进认知过程，培养学生的问题思考能力、表达能力、批判思维和创造性思维等过程中起着重要的作用。如图表类工具（思维导图工具 Mind Manager、概念图工具 Inspiration、流程图工具 Visio 等）可以帮助学习者更好地表述问题，描绘自己的思维和工作流程，而一些媒体创作类工具（Word、PowerPoint、Flash、FrontPage、Dreamweaver 等）可以帮助学习者保存资料和数据，发布自己的阶段学习成果，共享任务完成作品等。此外，还有一些总结交流类工具（如 Blog、Wiki、留言板、论坛等）可以使学习者在学习的任何一个阶段与他人交换意见、交流感想、完成协作学习等。认知工具还可以帮助学习者搜集并处理解决问题所必需的各种信息。

**学习案例二**

下面介绍“计算机 DIY”中的学习资源和认知工具设计。

1. 学习资料

学生任务完成质量的高低与教师提供的资源丰富与否有直接关系，在本任务中教师应至少给学生提供以下资源。

① 内容资源：除了课本内容之外，还可以提供一些有关的参考书作为备用资源推荐给学生，学生可以在需要的时候自己到图书馆借阅，如关于计算机组装的书籍、关于计算机硬件的书籍，还有一些报刊杂志等。

② 音视频资源：教师可以在网络上搜集一些关于计算机模拟组装、计算机配置、计算机选购的视频资源，让学生有选择性地观看，增强其对计算机内部组件的感性认识，从而有助于他们深化课本知识、加深印象，对于确定购机方案、理解计算机的信息处理过程等也有一定的帮助。

③ 在线资源：为学生提供以下网站作为重点参考。

信息与电脑官方网站：http://www.chinacc.com/index.asp

太平洋电脑网：http://www.pconline.com.cn/market/

中关村在线：http://www.zol.com.cn/

电脑配置网：http://www.023dn.com/

Zol 模拟攒机：http://zj.zol.com.cn/

DIY 模拟装机：http://d.pcpop.com/

百度百科——电脑组件配置：http://baike.baidu.com/view/38823.htm

此外，学生还可以通过百度（www.baidu.com ）以及 Google（www.google.cn ）两大常用搜索引擎搜索自己需要的素材。

2．认知工具设计

① 图示工具：提供两种图示工具，即思维导图 Mind Manager 和 Office 绘图工具 Visio。让学生自己选择采用哪一种。这两种工具都可以帮助学生将整个计算机配置结构、自己的任务执行流程画出来。同时给出这两种工具的使用帮助手册，以利于学生在较短时间内迅速掌握其基本用法。

② 媒体创作工具：提供 PowerPoint 课件制作工具和 Frontpage 网页制作工具，让学生根据自己对工具的熟悉情况选用一种，用于将最后的成果表达出来。同时提供或简单讲解这两种工具的基本使用方法，以利于学生在较短时间内掌握其基本用法。

③ 交流协作工具：提供论坛、在线聊天室两种异步和同步交流方式，使学生在遇到问题时能够及时得到解决。

④ 资源搜索工具：告诉学生两大搜索工具百度和 Google 的基本使用方法，告诉他们常用的资源搜索策略。

**问题三　设计什么样的学习策略能帮助学习者更好地自主学习和协作学习？应构建怎样的学习环境才能对学习者的学习起到较好的帮助作用？**

**学习资料三**

以学为主的教学设计更强调对学习环境（而不是教学环境）的设计。学习环境是学习者可以在其中进行自由探索和自由学习的场所。在此环境中，学生可以利用各种工具和信息资源来达到自己的学习目标。在这一过程中，学生不仅能够得到教师的帮助和支持，而且学生之间也可以相互协作与支持。

1．学习策略设计

在以学为主的教学设计中，将学习策略分为自主学习策略和协作学习策略两类。自主学习策略是整个以学为主的教学设计的核心内容之一，其着眼点在于如何帮助学生更好地“学”，而不是帮助教师“教”。因此，自主学习策略形式虽然多样，但始终围绕的一条主线就是“自主探索，自主发现”。常用的自主学习策略有支架式策略、抛锚式策略和随机进入式策略，表 3-8 是关于这 3 种策略的实施过程及特点比较。

表 3-8　　3 种常用自主学习策略的比较

| 策略类型 | 支架式策略 | 抛锚式策略 | 随机进入式策略 |
|---|---|---|---|
| 定义 | 应当为学习者建构对知识的理解提供一种概念框架（Conceptual Framework） | 建立在有感染力的真实事件或真实问题的基础上 | 学习者可以随意通过不同途径、不同方式进入同样教学内容的学习，从而获得对同一事物或同一问题的多方面的认识与理解 |
| 阶段过程 | 搭建脚手架<br>进入情景<br>独立探索 | 创建情景<br>确定问题<br>自主学习 | 呈现基本情景<br>随机进入学习<br>思维发展训练 |
| 关键词 | 脚手架 | 问题和情景 | 多种途径和入口 |

由于个人对知识的理解程度不同，仅依靠自主学习无法达到对知识的深刻建构，因此，以学为主的教学设计通常离不开协作学习。常用的协作学习策略有 5 种，分别是课堂讨论、角色扮演、竞争、协同和伙伴，这 5 种策略的含义及类型见表 3-9。

表 3-9　　常用的协作式学习策略

| 策略类型 | 课堂讨论 | 角色扮演 | 竞争 | 协同 | 伙伴 |
|---|---|---|---|---|---|
| 定义 | 教师通过问题和主题进行引导 | 让不同的学生分别扮演学习者和指导者。学习者负责解答问题，指导者则检查其是否有误。当学习者在解题过程中遇到问题时，指导者则予以帮助。在学习过程中，所扮演的角色可以互换 | 由两个或多个学习者对同一学习内容进行竞争性学习，看谁首先达到教学目标的要求 | 在共同完成任务的过程中，学习者发挥各自的认知能力，他们通过相互争论、相互帮助、相互提示及分工合作共同完成某项学习任务 | 学习者找到与自己学习内容相同的学习者，经双方同意后结为学习伙伴。当其中一方遇到问题时，双方相互讨论，相互帮助 |
| 类型 | 主题已知<br>主题未知 | 师生角色扮演<br>情景角色扮演 | 传统竞争<br>基于竞争策略的网络协作学习 | 传统协同<br>基于网络的协同学习 | 传统伙伴<br>基于网络的伙伴学习 |
| 关键词 | 主题和问题 | 体验 | 激励 | 协作 | 交流 |

2．学习环境设计

建构主义的教学设计非常注重对学习环境的设计，甚至有人认为整个以学为主的教学设计就是对学习环境的设计。这种看法虽不免片面，但在一定程度上反映了学习环境设计在以学为主的教学设计中的重要地位。

学习环境是学习者的学习活动得以持续进行的情况和条件。从广义上理解，学习环境应该包含支持学习的物理环境（教室、图书馆、家庭、实验室等）、人际环境（师生关系、学生间的关系）和非物质环境（由计算机、网络、多媒体技术创造的虚拟学习空间、各种学习资源、认知工具等）。由于物理环境不在教学设计的研究范围内，因此这里的学习环境设计主要是指基于计算机技术和网络技术的信息化、数字化、智能化的学习环境，有时也称之为“网络学习环境”、“数字化学习平台”、“在线学习系统”等。这样的学习环境至少应该为学习者提供以下帮助。

① 情境创设：利用多媒体技术、虚拟现实技术、网络技术等为学习者提供完成任务所需的真实情境，减轻学习者的认知压力，提高学习者的学习兴趣，帮助学习者理解学习任务。

② 资源提供：利用网络学习环境将各种资源整合，方便学习者下载，同时允许学习者补充和完善。

③ 互动交流：功能强大、形式多样的互动和在线交流是网络学习环境最重要的功能之一，如主题明确的讨论区、实时聊天室、多人协作工具 Wiki、个人学习空间 Blog 等。

④ 成果共享：阶段性成果以及最终的作品等均可以提交到平台上供教师和同学学习、评价和共享。

⑤ 过程评价：学习者的学习活动记录都可以在系统中完好保存，既方便学习者自评又有利于教师详细了解和掌握每位学生的学习过程并提供有针对性的个别化辅导，并成为教师评价学生学习过程的依据。

构建网络化的学习环境需要一定的软件开发能力和教学设计理论基础知识，这对普通教师来说要求过高，不太现实。目前较为普遍的做法是采用现成的学习管理系统（LMS），如 Moodle、ATutor、BlackBoard 等。其中 Moodle 因为是免费开源平台，并且功能非常强大，从而受到一线教师的欢迎，在我国教育领域的应用越来越广泛。如下面的学习案例中设计了一个基于 Moodle 的在线学习环境以帮助学习者更好地完成自己的学习。

## 学习案例三

下面介绍“计算机 DIY”的学习策略和学习环境设计。

1. 学习策略设计

在本次任务完成过程中，教师设计了自主学习策略和协作学习策略两种学习策略。

（1）自主学习策略设计

由上面的情境设计和任务设计可以看出，本案例主要采用了“抛锚式”自主学习策略。首先是创设接近真实的问题情景，然后用问题逐步引出任务的主要内容，确定任务后学习者开始进行自主学习。

（2）协作学习策略设计

本案例主要采用了竞争、协同和伙伴的协作策略。竞争策略主要用于各组之间的比赛学习，教师在监控过程中有意识地表扬做得好的同学，这对于其他同学来说是一种刺激和鼓励，使他们加快自己的学习进度。协同策略主要用于组内成员的互帮互助，大家围绕共同的任务和目标，明确各自的分工和任务，为了本组最后的成绩做出自己最大的努力。伙伴策略主要用于松散的学习组合，例如去计算机市场考察时可以与不同组的同学临时结成考察小组，从而在更大范围内实现资源共享和分工合作。

2. 学习环境设计

借助多媒体网络教学平台（或自行搭建的教学网站），构建以学为主的网络化学习环境，体现平等、合作、气氛友好的人际关系，将学习资源提供、学习任务流程控制、协作交流、认知工具、互动评价等在网络学习平台上实现。学生在这样的学习环境中真正成为了学习的主人，而教师也可以由“台前”退回到“幕后”，放手让学生去探索和实践。教师的主要任务是：提供学习资源，对学生的活动进行监控、引导，对学生遇到的问题及时解答，组织评价等。图 3-19 是本案例基于 Moodle 的学习环境设计示意图。

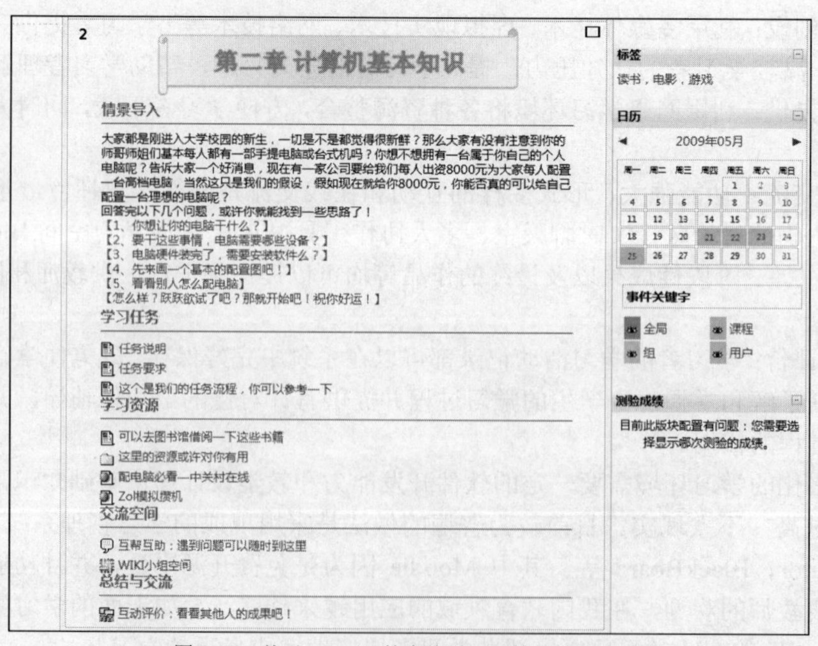


图 3-19 基于 Moodle 的在线学习环境设计示意图

网络化学习环境非常适合学生的自主学习和协作学习，但这并不意味着基于传统教室的学习环境就没有自己的优势。实际上，功能再强大的网络学习环境在某些方面也比不上传统的教室环境，如促进师生情感交流、课堂热烈讨论甚至争辩、展示自己的学习成果等。基于资源的虚拟网络化学习环境和基于交流的传统教室环境应该发挥各自的长处，结合使用（目前越来越多的学校采用了师生人手一台计算机的“多媒体网络教室”环境）。在教室环境中，从以下几个方面重点设计。

① 在情境创设阶段，设计多种情境，引出学习任务，教师对任务流程及要求进行细致说明。

② 在任务进程中，让学生唱主角，教师要加以适当的控制和引导，不宜过多地指手画脚和在细节上纠缠不放，以免影响学生的学习积极性。让学生充分发表自己的意见，教师要多鼓励，对于活动不积极的学生要有善意地提醒并提供针对性的个别指导。

③ 在任务完成后，一定要给学生留下足够的展示自我、评价他人的时间和空间，学生在这个环节中各方面的能力将得到充分锻炼，或从他人良好的评价中获得成就感，或从互相对比的过程中认识到自己的不足。有比较才能有鉴别，有评价才能有提高。教师的总结评价要简短有力，抓住主要方面，既肯定成绩也要指出待提高之处。

④ 在任务引导、进展、总结、评价的各个阶段，注意形成良好、互动、和谐的师生人际关系，这对学习的顺利开展非常重要。

## 环节四　学习评价设计

**问题情境**

通过上面的学习，想必你已经了解了学习任务的设计、学习资源和环境的设计等内容，那么，如果有的学生在自主学习的过程中没有达到你预想的学习效果，或者学生不知道自己到底在这个过程中学了哪些知识，你应该采取什么样的教学补救活动呢？此外，以学为主的教学设计同样离不开有效的教学评价，那么你知道如何在与教学环境有很大区别的学习环境中进行教学效果（或称为学习效果）的全面评价吗？你知道采用什么样的评价方式能够客观公正地评价学生的学习情况并能调动学习者的参与热情吗？让学生作为评价的主体，你在自己的教学中尝试过吗？

**问题**　**如何针对学生不同的学习状况进行有针对性的补充与强化？在以学为主的教学设计中如何进行学习评价呢？它与我们前面学过的以教为主的教学评价有哪些区别呢？**

**学习资料**

教学评价是根据教育目标的要求，按一定的规则对教学效果做出的描述和确定，是教学各环节中必不可少的一环，它的目的是检查和促进教与学。在长期的教学实践中已经产生了多种不同的评价标准和评价方法。在以教为主的教学评价体系中，评价方法一般是收集、整理和分析学习者的有关信息，用来证明教学的效果。而在以学习者为中心的教学评价中，评价对象从教师转到了学生，评价的标准也从知识转向了能力，强调学生自主学习的能力。

1．教师总结与强化

适时地进行教学总结可有效地帮助学生将零散的知识系统化，总结之后应为学生设计出一套可供选择并有一定针对性的补充学习材料和强化练习，以便检测、巩固、拓展所学知识。这类材料和练习应经过精心的挑选，既要能反映基本概念和基本原理，又能适应不同层次学生的要求，以便通过强化练习纠正原有的错误理解或片面认识，最终达到较为合理的意义建构，获得知识、掌握技能、提高能力。

2．改善学习评价

以学为主的教学设计注重多元化的评价方式和多样化的方法，避免将学习结果作为评价学生学习效果的唯一标准。以学为主的教学设计评价有如下特点。

① 重视对动态的、持续的、不断进行的学习过程及学习者进步的评价，较少使用标准唯一、定位精确的评价指标体系，而是较多使用自我分析和认知工具，将评价与知识获得的过程密切结合起来，重点关注学生的进步和成长。以学为主的教学设计常用的一种记录进步的过程性评价方法称为“档案袋评价”，又叫做“学习文件夹”评价，即在学习之前让每个学习者建立自己的“档案袋”，用于存放反映自己学习过程和学习进步的各类学习成果，如文章、各类作品、作业、评语、测验、日志、反思等。这些学习记录按一定的顺序形成文档，便于自己和他人查看，可用于学习者对学习的回顾、自我评价和各种形式的外部评价。

② 采取多样化的评价标准和评价方法。在评价形式上，可以将自我评价、他人评价、小组评价和教师评价结合起来，将形成性评价和总结性评价结合起来。在评价方法上，可以将传统的标准参照测验的方法和信息化的学习文件夹评价相结合。在评价主体上，不仅考虑专家、教师，也应考虑将学生列入评价小组成员，体现评价主体的多元性。

③ 重视高层次学习目标的评价，在建构主义理论指导下的学习过程不同于传统教学中学习者对知识的复制、回忆、再认的过程，而是含有学习者对知识的发现、对学习监控和调节、对知识的综合运用等多种高水平的智力活动过程。因此，以学为主的教学评价更应注重对学习者的知识发现水平、认知策略运用和知识综合运用水平等高层次学习目标的评价。

以学为主的教学设计在教学评价各个方面与传统的以教为主的教学评价的对比见表 3-10。

表 3-10　以学为主的教学评价与以教为主的教学评价的对比

| 评价类型<br>比较项目 | 以教为主的教学评价 | 以学为主的教学评价 |
|---|---|---|
| 评价目的 | 评价学生学到了多少知识，给学生定级、分类 | 评价学生表现和学习过程，评价学生应用知识的能力 |
| 评价标准 | 由教师依据教学大纲制定，由教师实施，标准固定且统一 | 可以由学生和教师共同制定评价标准、分层级、类别，重在评价学生的进步水平 |
| 学习资源关注度 | 资源来源固定，较少对学习资源进行关注 | 资源来源广泛，重视对学习资源的评价 |
| 学生的角色 | 被动等待教师评价 | 主动参与评价，加强自我评价 |
| 评价与教学过程整合度 | 与教学过程分离，整合度不高 | 嵌入教学过程中，是整个学习过程的一部分 |

## 学习案例

下面介绍“计算机DIY”的学习评价设计。

以学为主的教学设计非常注重评价的设计，而且更加注重形成性评价、过程性评价的设计。本案例设计3类评价，一类是对学生任务执行过程的评价，一类是对学生各项作品提交的评价，第三类是对学生完成质量的评价，而在每类评价中都有一定的评价标准和权重。详细的评价方法如表3-11所示。

表3-11　　教师评价表

| 评价类型 | 评价指标 | 指标权重 |
| --- | --- | --- |
| 对学生任务执行过程的评价 | 以积极的态度、高昂的热情参与每一项任务 | 0.2 |
| | 能够与本小组成员默契合作，主动完成组长分配的任务 | 0.2 |
| | 对于任务执行能提出自己的意见和看法，而不是被动参与 | 0.2 |
| | 对教师和他人的问题能够积极回答 | 0.2 |
| | 能够较好地利用和搜索资源 | 0.2 |
| 对学生各阶段任务提交情况的评价 | 提交计算机配置方案 | 0.2 |
| | 提交购买方案 | 0.4 |
| | 提交PPT或网站 | 0.4 |
| 对学生作品完成质量的评价 | 软、硬件选配合理，能够达到预定的配置目标 | 0.2 |
| | 各组件的价格分配合理，在预算范围内充分体现了该配置的主要目的 | 0.2 |
| | 在回答同学及教师的提问时，表现出对相关知识的掌握与了解 | 0.2 |
| | 演示文稿清楚地表明了配置者的意图 | 0.2 |
| | 展示者语言清晰，富有逻辑，表现出很强的表达能力 | 0.2 |

除了教师可以评价外，学生也要参与自我评价和他人评价。在评价交流阶段，给每个学生发放评价表，让学生完成自我评价和评价他人。学生评价表如图3-20所示。

对本设计方案的评价：通过这个过程，学生对计算机的硬件配置、软件组成、软硬件的协调以及计算机的用途、工作原理等都有了详细的了解，虽然是纸上谈兵，但却能悟出用兵之道。学生在这一过程中所获得的知识远远超出了课本所授，而且还锻炼了交流表达能力、协作能力、评价他人的能力以及创新能力等。通过把知识转化为任务，让学生在任务完成的过程中增长见识、开阔视野、提高能力，可谓一举多得。

在教师总结与强化阶段，教师可结合学生在任务中的表现，总结和重现有关的重点知识，让学生在任务结束后对于自己学到的知识进行一个全面的梳理和巩固，同时对于没有涉及或涉及较少的知识点进行概括性的讲解和拓展，并与学生所完成的任务加以联系，以加深学生的理解和记忆。

**学习成果评价表**

| 汇报人 | | 所在小组 | | 汇报日期 | |
|---|---|---|---|---|---|
| 汇报题目 | | | | 汇报用时 | |
| 一级指标 | 二级指标 | A | B | C | D |
| 任务完成情况 | 合理安排使用 6000 元钱 | | | | |
| | 硬件配置科学合理，实用性强 | | | | |
| | 安装所需软件，与硬件协调 | | | | |
| | 资源占有丰富，准备充分 | | | | |
| 成果展示 | 演示文稿或网站表达清楚，页面美观大方 | | | | |
| | 对相关计算机基本知识了解深入，能够熟练回答所提问题 | | | | |
| | 汇报语言清晰，富有逻辑 | | | | |
| 创新 | 有自己的个性特点和创意，对任务执行有拓展和延伸能力 | | | | |
| 综合评价（请你用简短的话对该同学进行全面评价）：<br><br>综合评价结果：________ | | | | | |

说明：在“项目评价”表格内打√，一行只能有一个√；在“综合评价”表格内请阐述你的主要意见和建议，综合评价结果填“优”、“良”、“中等”、“及格”、“不及格”。

评分人：________　　　　填报日期：　年　月　日

制表人：________

图 3-20　学生评价表

## 环节五　以学为主的教学设计综合案例

**问题情境**

到这里你已经对以学为主的教学设计模式的主要过程，即“学习者分析→学习目标和内容分析→学习情境与学习任务设计→学习资源与认知工具提供→学习策略与学习环境设计→学习评价设计”有了比较详细的了解，对于每个环节中的案例也比较熟悉了，但是你可能觉得自己的头脑中还没有建构起以学为主的教学设计的完整过程，你可能迫切希望能通过一个完整的案例将所有的环节有机地串起来，那么就请你仔细研究一下下面的综合案例。这个例子是一直跟随你走过来的，其中的一些步骤因为在前面有过详细介绍了，这里就省略了一些。如果你想了解详细情况，那么请你往前翻到对应的环节和问题再仔细回味。

## 综合案例

1. 学习者分析

本课程面向大学一年级学生，是大学生接触的第一门计算机必修课，该课程能为学习者后续的所有计算机课程学习奠定坚实基础。

（1）学习者具有的一般特征和态度

大一新生，刚刚摆脱高考的压力，期望在大学期间能获得个人全面的发展和各方面能力的提升，对大学的一切都充满好奇和兴趣，对自己充满自信，对大学生活充满美好的向往和期待，对于所开设的课程特别是和计算机相关的课程有着极浓厚的兴趣和较强的求知欲，但习惯了高中“坐中学”的学习模式和“应试”学习的思维，对于大学课程的学习方法和学习策略不太了解。这就要求教师在传授知识的同时潜移默化地引导学生由高中“被动应付式”学习转向大学“能动探索式”学习。因此，作为大学计算机课程的入门课，必须转变以往“教师讲，学生听”的教学模式，转向“学生做，教师导”的学习模式，让学生放开手脚，积极主动地去探索知识，从“坐中学”变为“做中学”。

（2）学习者的原有知识基础和目标技能

计算机在当今社会的应用已十分普及，可通过学前调查的方法了解学生接触计算机的历史、对操作系统和Office等流行的应用软件的熟悉程度、对计算机硬件配置的了解程度、对计算机理论知识的掌握程度等，从而获得不同学习者的不同知识基础和目标技能。对往届学生的调查有如下结论。

① 在高中阶段普遍学过信息技术课，对计算机、信息技术的基本知识有一定了解，但不同学习者的差别较大。有的因为高中学校比较重视，软、硬件环境好，加上家庭拥有个人计算机等便利条件，对计算机软、硬件知识了解得较多。与之相对的就是相当一部分来自农村的学生，在知识基础、操作技能等方面都不如生长在城市的学生，针对此特征，可在教学时考虑一定范围内的分层教学，也可以让基础较好的学生与基础差些的学生组成一个小组互相帮助，或者针对知识基础较好的学生设计一些高层次的目标，使所有的学生都在认知和能力方面得到提升。

② 对于计算机硬件组成方面的知识，几乎所有的学生都不是很了解，特别是对于计算机各个组成部分的联系及各自的功能等缺少感性认识，对于其具体的应用缺乏实践的指导．因此，为了让学生更好地掌握该部分知识，最好的学习方法就是“通过实践案例带动理论知识的学习”。

③ 学生具有一定的信息搜索能力，对计算机硬件组成及信息处理的有关知识比较感兴趣，特别是大多数学生在大学期间都有购买计算机的要求，因此会非常乐意参与这样的任务。

2. 学习目标分析

本节教学内容主要是《大学信息技术基础》“第一章 信息技术基础知识”中最重要的一节，即“计算机基础知识”。由于本章的知识点较多，且大部分属于陈述性知识，如果采用教师主讲+提问的方式，学生学习的积极性不高，知识掌握的程度不好，联想到学生上大学后自己要配置计算机，因此将本部分知识的学习融入到一个真实的学习任务中，让学生在任务完成的过程中主动地学到书本上相应的知识以及大量的课外知识，并增长社会阅历，锻炼协作学习能力，学会“用知识解决问题”。

在目标的分析上，按照目标的“整体性、情境性、层次性”的要求，将目标分为层次较低的知识目标、层次较高的能力目标以及涉及学习态度的情感目标3部分，并将重点放在学生能力培养上，针对不同层次的学生提出了不同要求，比如有的目标要求“全部达到”，有的只要求基础比较好的学生达到。

（1）知识目标

① 了解计算机硬件系统的基本组成结构。

② 了解计算机软件系统的组成结构。

③ 理解计算机的工作原理和信息处理的流程。

（2）能力目标

① 能根据所处理信息的不同来配置计算机的软、硬件，即会组装一台“虚拟计算机”（全部达到）。

② 了解计算机市场的流行趋势，增强对计算机软、硬件的感性认识（全部达到）。

③ 能够使用搜索引擎找到自己所需要的网络资源（全部达到）。

④ 会将自己的学习结果制作成一个演示文稿或网站，与其他同学进行交流（基本全部达到，对于基础好的同学可提高要求）。

⑤ 能较客观公正地评价自己和他人的任务完成情况（部分达到）。

（3）情感目标

① 在任务完成的过程中体验主动学习的乐趣，学会与他人合作，分享成功的喜悦。

② 学会更好地表达自己、与他人交流和客观地评价他人。

3. 学习内容的分析

对学习内容的分析有助于教师将内容巧妙地嵌入到任务中，通过任务的解决加上教师的总结、补充和强化，从而获得有关的知识。通过“任务驱动内容学习”的方式，使得学生学习知识时不再感觉到枯燥，学习的效率和效果也将提高。对内容的图解分析请参阅本单元环节二中的图3-17。

其中与本任务有关的知识主要是第2节——计算机基础知识，其他的内容在本任务中也有部分涉及，对于没有涉及的知识，教师可在总结与强化阶段进行讲解和巩固。

对第二节内容加以分析后可以发现，大部分知识属于陈述性知识，按照通常的教学方法，可以通过教师讲述、学生复述加背诵的方式获得，但这样学生的印象并不深刻，而且无法达到将所学知识在实际生活中应用的层次。因此，结合本课程的教学目标，在陈述性知识的基础上增加了程序性知识的学习，即能够应用课本知识，搜索所需的课外知识，配置一台满足需求的计算机，并进行模拟组装，模拟安装相应的软件，使计算机能正常使用，在此基础上能用自己的语言描述计算机的工作原理和计算机处理信息的基本流程。

对于策略性知识（隐性知识）的学习也包含在本任务中，如学生设计自己的计算机配置方案、购买方案、网上搜索资源、小组协作进行市场调查、设计PPT作品或网站、课堂表达、交流、评价等各个环节都隐含了学生对自己所学知识的应用和控制。通过让学生完成这些任务，使得隐性知识显性化，让学生有意识地调控和锻炼自己的注意力、思维和记忆能力，学会如何去学习。

4. 学习情境和任务设计

在本案例中主要是问题情境和资源情景的设计。

（1）情境导入

大家都是刚进入大学校园的新生，对于一切是不是都觉得很新鲜？那么大家有没有注意到你的师哥师姐们基本每人都有一部笔记本电脑或台式机吗？你想不想拥有一台属于你自己的呢？<学生可能回答想，但没有钱>告诉大家一个好消息，现在有一家公司要给我们每人出资 6000 元配置一台高档计算机。<学生感到惊讶、惊喜、质疑……其实教师这么说只是创设的虚拟情境，为调动课堂气氛>当然这只是我们的假设。<听到这里，学生肯定感到有些失望，不过都是思想成熟的大学生，能猜到教师这么说的意图>假如现在给你 6000 元，你能否真的就能给自己配置一台理想的计算机呢？<把学生从失望中带入想象，激发兴趣>好，为了把这台计算机配好，现在我们一起来回答几个问题。<用问题引出任务>

（2）问题情境引导任务

问题一：你想要一台能派什么用处的计算机？

问题二：要使计算机具有以上能力，还应配有什么（输入、输出）设备？

问题三：现在，计算机能用了吗？

问题四：什么样的计算机才能运行以上软件？

（3）提出任务

通过以上问题的引导，学生已经了解了这次的任务，正式布置任务：让学生根据自己对计算机系统组成及信息处理过程的理解，以 6000 元为价位标准配置一台符合自己要求的计算机。

（4）任务要求

请大家带着任务主动去研究教材，理解各部件在信息处理中所起的作用及其对整机性能的影响，并依据自己对计算机流行和发展趋势的了解及个人对信息处理的需要和爱好确定整机的配置，决定是购置品牌机还是组装机，并上网去了解有关商品的品牌、性能、价格及质量的鉴别，并实地到一些计算机公司去考察、洽谈等。每个学生须将结果用多媒体演讲稿或网站的形式展示出来，并在课堂上进行交流与评价。

任务完成时间：课内 4 学时+课外 6 学时。

（5）任务流程

整个任务分为提出、启动、执行、交流评价、总结拓展 5 个阶段，每个阶段都是以学生的活动为主，教师作为组织者、引导者和资源提供者，起到了关键作用。关于任务流程图请参阅环节二中的图 3-18。

5. 学习资源设计

学生任务完成质量的高低与教师提供的资源丰富与否有直接关系，在本任务中教师应至少给学生提供以下资源。

① 内容资源：除了课本内容之外，还可以提供一些有关的参考书作为备用资源推荐给学生，学生可以在需要的时候自己到图书馆借阅，如关于计算机组装的书籍、关于计算机硬件的书籍，还有一些报刊杂志等。

② 音视频资源：教师可以在网络上搜集一些关于计算机模拟组装、计算机配置、计算机选购的视频资源，让学生有选择性地观看，增强其对计算机内部组件的感性认识，从而有助于他们深化课本知识、加深印象，对于确定购机方案、理解计算机的信息处理过程等也有一

定的帮助。

③ 在线资源：为学生提供以下网站作为重点参考。

信息与电脑官方网站：http://www.chinacc.com/index.asp

太平洋电脑网：http://www.pconline.com.cn/market/

中关村在线：http://www.zol.com.cn/

电脑配置网：http://www.023dn.com/

Zol 模拟攒机：http://zj.zol.com.cn/

DIY 模拟装机：http://d.pcpop.com/

百度百科——电脑组件配置：http://baike.baidu.com/view/38823.htm

此外，学生还可以通过百度（www.baidu.com ）以及 Google（www.google.cn ）两大常用搜索引擎搜索自己需要的素材。

6. 认知工具设计

在本案例中至少提供以下认知工具。

① 图示工具：提供两种图示工具，即思维导图 Mind Manager 和 Office 绘图工具 Visio。让学生自己选择采用哪一种。这两种工具都可以帮助学生将整个计算机配置结构、自己的任务执行流程画出来。同时给出这两种工具的使用帮助手册，以利于学生在较短时间内迅速掌握其基本用法。

② 媒体创作工具：提供 PowerPoint 课件制作工具和 Frontpage 网页制作工具让学生根据自己对工具的熟悉的情况选用一种，用于将最后的成果表达出来，同时提供或简单讲解此两种工具的基本使用方法，以利于学生在较短时间内掌握其基本用法。

③ 交流协作工具：提供论坛、在线聊天室两种异步和同步交流方式，使学生在遇到问题时能够及时得到解决。

④ 资源搜索工具：告诉学生两大搜索工具百度和 Google 的基本使用方法，告诉他们常用的资源搜索策略。

7. 学习策略设计

在本次任务完成过程中，设计了自主学习策略和协作学习策略两种学习策略。

（1）自主学习策略设计

由上面的情境设计和任务设计可以看出，本案例主要采用了“抛锚式”自主学习策略。首先是创设接近真实的问题情景，然后用问题逐步引出任务的主要内容，确定任务后学习者开始进行自主的学习。

（2）协作学习策略设计

本案例主要采用了竞争、协同和伙伴的协作策略。竞争策略主要用于各组之间的比赛学习，教师在监控过程中有意识地表扬做得好的同学，这对于其他同学来说是一种刺激和鼓励，使他们加快自己的学习进度。协同策略主要用于组内成员的互帮互助，大家围绕共同的任务和目标，明确各自的分工和任务，为了本组最后的成绩做出自己最大的努力。伙伴策略主要用于松散的学习组合，例如去计算机市场考察时可以与不同组的同学临时结成考察小组，从而在更大范围内实现资源共享和分工合作。

8. 学习环境设计

借助多媒体网络教学平台（或自行搭建的教学网站），构建以学为主的网络化学习环境，体现平等、合作、气氛友好的人际关系，将学习资源提供、学习任务流程控制、协作交流、认知工具、互动评价等在网络学习平台上实现。学生在这样的学习环境中真正成为了学习的主人，而教师也可以由“台前”回退了“幕后”，放手让学生去探索和实践，教师的主要任务是：提供学习资源，对学生的活动进行监控、引导，对学生遇到的问题及时解答，组织评价等。本案例基于 Moodle 的学习环境设计示意图见环节二中的图 3-19。

网络化学习环境非常适合学生的自主学习和协作学习，但这并不意味着基于传统教室的学习环境就没有自己的优势。实际上，功能再强大的网络学习环境在某些方面也比不上传统的教室环境，如促进师生情感交流、课堂热烈讨论甚至争辩、展示自己的学习成果等。基于资源的虚拟网络化学习环境和基于交流的传统教室环境应该发挥各自的长处，结合使用（目前越来越多的学校采用了师生人手一台计算机的“多媒体网络教室”环境）。在教室环境中，从以下几个方面重点设计。

① 在情境创设阶段，设计多种情境，引出学习任务，教师对任务流程及要求进行详细说明。

② 在任务进程中，让学生唱主角，教师要加以适当的控制和引导，不宜过多的指手画脚和在细节上纠缠不放，以免影响学生的学习积极性。让学生充分发表自己的意见，教师要多鼓励，对于活动不积极的学生要有善意地提醒并提供针对性的个别指导。

③ 在任务完成后，一定要给学生留下足够的展示自我、评价他人的时间和空间，学生在这个环节中各方面的能力将得到充分锻炼，或从他人良好的评价中获得成就感，或从互相对比的过程中认识到自己的不足。有比较才能有鉴别，有评价才能有提高。教师的总结评价要简短有力，抓住主要方面，既肯定成绩也要指出待提高之处。

④ 在任务引导、进展、总结、评价的各个阶段，注意形成良好、互动、和谐的师生关系，这对学习的顺利开展非常重要。

9. 教师总结与强化

在该阶段教师可结合学生在任务中的表现，总结和重现有关的重点知识，让学生在任务结束后对于自己学到的知识进行一个全面的梳理和巩固，同时对于没有涉及或涉及较少的知识点进行概括性的讲解和拓展，并与学生所完成的任务加以联系，以加深学生的理解和记忆。

10. 学习评价设计

以学为主的教学设计非常注重评价的设计，而且更加注重形成性评价、过程性评价的设计。本案例设计 3 类评价，一类是对学生任务执行过程的评价，一类是对学生各项作品提交的评价，第三类是对学生完成质量的评价，而在每类评价中都有一定的评价标准和权重。详细的评价方法参见表 3-11。

除了教师可以评价外，学生也要参与自我评价和他人评价。在评价交流阶段，给每个学生发放评价表，让完成自我评价和评价他人。学生评价表参见图 3-20。

对本设计方案的评价：通过这个过程，学生对计算机的硬件配置、软件组成、软硬件的协调以及计算机的用途、工作原理等都有了详细的了解，虽然是纸上谈兵，但却能悟出用兵之道。学生在这一过程中所获得的知识远远超出了课本所授，而且还锻炼了交流表达能力、协作能力、评价他人的能力以及创新能力等。通过把知识转化为任务，让学生在任务完成的过程中增长见识，开阔视野，提高能力，可谓一举多得。

# 第四单元 “教师为主导—学生为主体”教学系统设计

## 环节一 “教师为主导—学生为主体”教学系统设计概述

### 问题情境

在前面的单元中我们学习了以教为主的教学设计和以学为主的教学设计，那么作为有一定教学经验的大学教师，你有没有注意到它们各自的优点和缺点呢？或者，在教学实践中你有没有尝试过将两者结合起来进行教学呢？其实我们周围并不缺少这样的典型案例，在一门课程的教学过程中，教师并不总是处于中心地位，而学生也并不总是处于自主学习的状态。在教学中我们是否应该充分发挥教师和学生双方面的积极性呢？这就是下面要讲到的“教师为主导一学生为主体”（简称“主导一主体”）教学设计，或许你已经听说过，甚至你正在自己的教学中实践着，下面就系统地了解和学习一下吧！

**问题一　以教为主的教学设计和以学为主的教学设计各自有什么优缺点？什么是“主导—主体”教学设计？它有哪些特点？**

### 学习资料一

在我国具体的教学实践中，以教为主的教学系统设计模式和以学为主的教学系统设计模式表现出了各自的优缺点，如表 3-12 所示。

**表 3-12　以教为主的教学系统设计和以学为主的教学系统设计优缺点比较**

| 比较 | 以教为主的教学系统设计模式 | 以学为主的教学系统设计模式 |
|---|---|---|
| 优点 | 以教师为中心（如图 3-21 所示），有利于教师主导作用的发挥，便于教师组织、监控整个教学活动进程，便于师生之间的情感交流，因而有利于系统的科学知识的传授，并能充分考虑情感因素在学习过程中的重要作用 | 以学生为中心（如图 3-22 所示），强调学生是学习过程的主体，是意义的主动建构者，因而有利于学生的主动探索、主动发现，有利于调动学生学习的积极性，有利于创造型人才的培养 |
| 缺点 | 基本由教师主宰课堂，容易忽视学生的学习主体作用，不利于具有创新思维和创新能力的创造型人才的成长，按这种模式培养出的学生绝大部分是知识应用型人才而非创造型人才 | 对学生和教师的要求都很高，学生要有很强的自主学习能力和探究能力、主动学习的精神，教师对整个学习过程的设计、监控和指导作用非常重要。一旦忽视教师的主导或指导作用的发挥，学习效果很难保证。当学生自主学习的自由度过大时，还容易偏离教学目标的要求 |

尽管以教为中主的教学系统设计和以学为主的教学系统设计的根本目的都是为了优化教学效果，促进学习，然而由于其教与学的理论基础，特别是学习理论基础不同，这两类教学系统设计的核心和效果也就必然不同。只有将这两者结合起来，使两者优势互补，才能获得最佳的学习效果。在分析了以教为主的教学设计模式和以学为主的教学设计模式各自优缺点的基础上，我国学者提出了以“教师为主导，学生为主体”的教学设计模式（简称“主导—主体”或“学教并重”的教学设计模式），如图 3-23 所示。这种新型教学设计模式结合了以“教”为主和以“学”为主这两种教学系统设计模式的优点，在实际教学中可以根据教

学对象的特点以及教学目标内容的要求灵活运用以教为主的教学策略和以学为主的自主学习策略。这种教学设计模式明显带有我国的国情特色，是我国教育技术领域的专家学者在教育实验研究中证明了的非常有效的一种教学系统设计过程模式，也是我国教学设计学者对该学科的一大贡献。

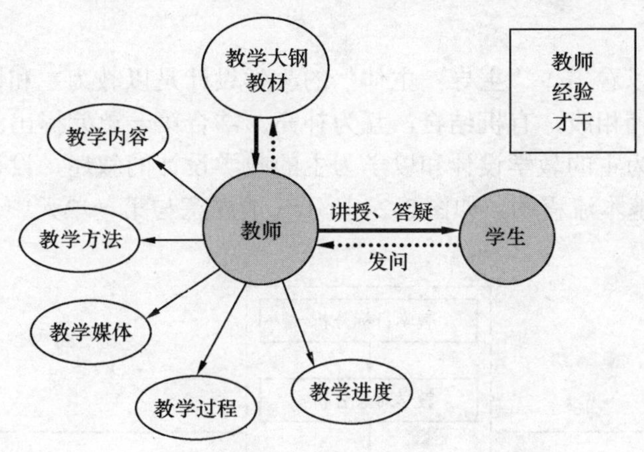


图 3-21　以教师为中心的教学模式

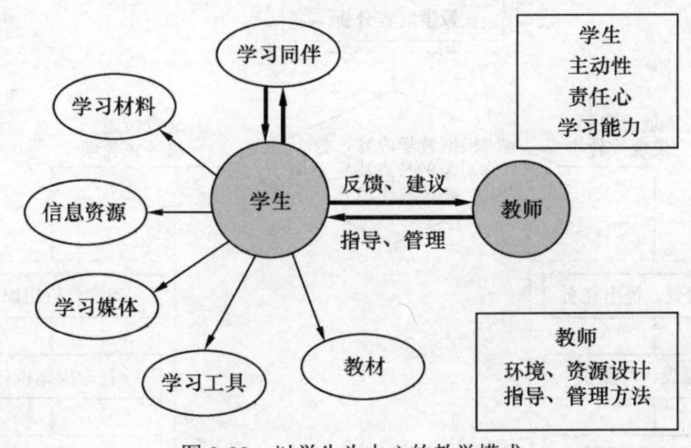


图 3-22　以学生为中心的教学模式

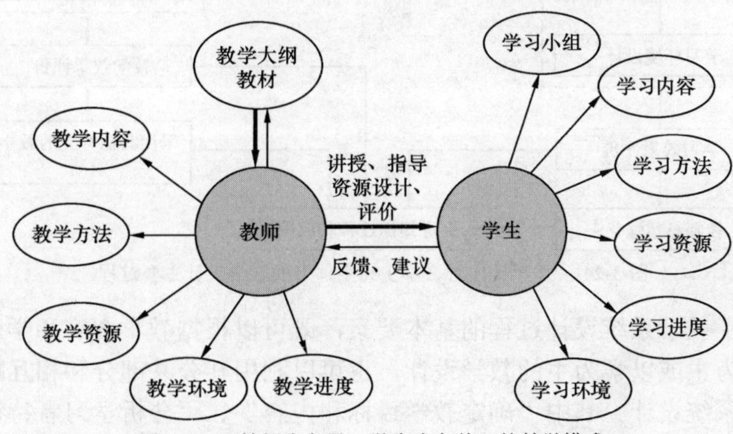


图 3-23　“教师为主导，学生为主体”的教学模式

**问题二** **“主导—主体”教学设计的实施过程是怎样的？它是如何将以教为主的教学和以学为主的教学有机地结合起来的？请仔细阅读下面的学习资料二。**

### 学习资料二

从上面的分析可以看出，“主导—主体”的教学设计是以教为主和以学为主的教学设计过程的取长补短，相辅相成，有机结合，互为补充。结合第一单元提出的“主导—主体”设计流程和前面对以教为主的教学设计和以学为主的教学设计的叙述，设计了一个较有操作性的“双主”教学设计基本流程图，如图 3-24 所示（请注意与第一单元中“双主”教学设计流程图的细微区别）。

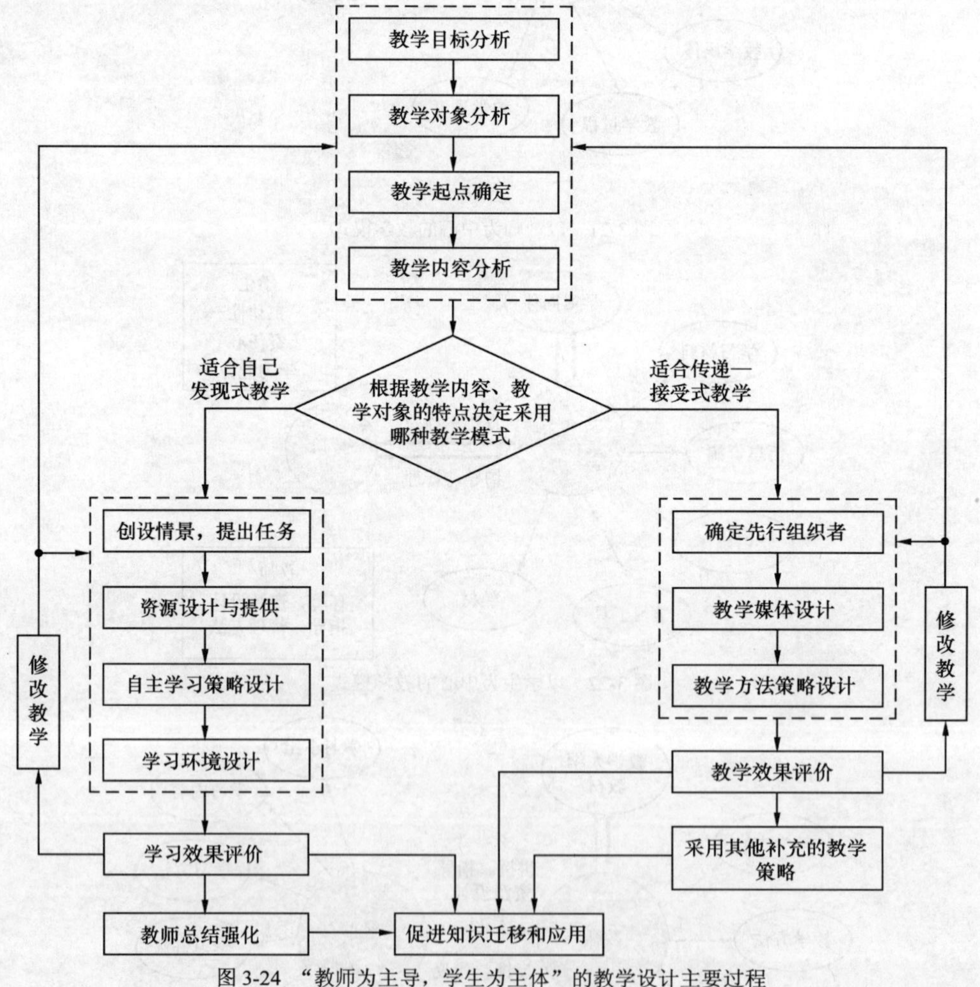


图 3-24 “教师为主导，学生为主体”的教学设计主要过程

该流程涵盖了教学系统设计过程的基本要素，既可以根据教学内容和学生的认知结构状况灵活选择以教为主或以学为主的教学设计，也可以利用其公共部分和相互跳转特性实现主导—主体的教学系统设计。其中“确定教学目标和内容”、“分析学习者特征”、“确定教学或学习起点”3 个环节属于以教为主和以学为主教学设计的公共部分，其分析方法与前述

基本相同。然后根据教学内容和学生的认知情况决定是采用以学为主的自主发现式教学还是采用以教为主的传递—接受式教学，从而形成教学设计流程的两个主要分支。在传递—接受式（右分支）教学中重点采用了先行组织者教学策略，在其实施过程中如通过形成性评价发现实际效果不太理想，可以及时调整教学内容和教学策略实施方式，还可以采用其他的传递—接受式教学策略甚至是自主学习策略作为补充，以期达到更好的教学效果。在自主发现式教学分支（左分支）中，重点对信息资源、学习环境、学习评价等进行设计，如在教学中发现学生自由度过大或偏离教学目标，可以随时给与纠正或辅以教师穿插讲授，在教学评价环节要注重知识的总结、迁移和强化，必要时可设计强化练习题对所学知识进行巩固。

总结上述过程，归纳出了“主导—主体”教学设计模式流程的5个特点。

① 可根据教学目标要求、教学内容特点以及学生的认知结构情况灵活选择自主发现式或传递—接受式教学分支。

② 在传递—接受式教学过程中基本采用先行组织者教学策略，同时也可采用其他的传递—接受式策略（甚至是自主学习策略）作为补充，以达到更好的教学效果。

③ 在自主发现式教学过程中也可充分吸收传递—接受式教学的长处，如进行学习者特征分析和促进知识的迁移等。

④ 便于考虑情感因素（即动机）的影响。在“情境创设”环节（左分支）或“选择与设计教学媒体”环节（右分支）中，可通过适当创设的情境或呈现的媒体来激发学习者的动机；而在“学习效果评价”环节（左分支）或根据形成性评价结果所做的“教学修改”环节（右分支）中，则可通过讲评、小结、鼓励和表扬等手段提高学习动机，促进良好学习风格的形成与发展。

⑤ 无论在哪个分支都要充分发挥学生的主动性和教师的主导作用，以促进学生学习、提高学习技能、锻炼学生能力、提高创新能力为最终目的。

主导—主体式教学设计模式从其基本流程上来说，是以教为主与以学为主的教学设计方法和步骤的结合，但其指导思想却与这两种教学设计有本质的不同。“双主”教学设计强调既要发挥教师在教学中的主导作用，又要体现学生在学习中的主体地位，在实际教学中需根据学科特点和具体教学内容的特点选择相应的教学设计模式，充分吸取各种模式的优点，扬长避短，以更好地促进学习为最终目的。

## 环节二　“教师为主导—学生为主体”教学系统设计综合案例

### 问题情境

“主导—主体”教学设计是以教为主和以学为主的教学设计过程的取长补短，相辅相成，有机结合，互为补充。了解了“主导—主体”教学设计的基本过程，你能否将其应用于自己的教学实践中呢？如果你还不确定自己能够掌握这种教学设计模式的具体操作方法，下面的一个综合案例或许能为你拓宽一些思路。

### 综合案例

课程概述：多媒体课件设计与制作是教育技术专业的主干课程之一，各个学校的教学内容、教学方法手段都有所不同，有的学校主要以Authorware为制作工具，采用以教为主的教学模式辅以等量的学生实验；有的学校以 Flash 为主要制作工具，辅以 PowerPoint、Authorware 等工具，贯穿课件制作的理论，讲述课件制作的方法和技术；还有的学校对 3 种工具的介绍和使用平分秋色，没有明显的侧重，教学方法也多采用传统的“教师讲，学生听”、“学生实验，教师辅导”的上课+实验的模式。在本案例中，设计者结合学生的具体特征和需求，考虑课程总体学时的限制，同时联想到学生将来不同工作种类的共同需求，本着“以学生为中心”和充分发挥教师主导作用的教学原则，用“双主”教学设计模式指导课程教学全过程，创设“学生和教师双中心”的学习环境，大胆进行教学改革，收到了比较不错的教学效果。以下就本课程的总体教学设计进行概要介绍，对于其中采用不同教学模式的两个代表单元做了详细介绍。

1. 学习对象分析

本课程的学习对象为教育技术专业大三学生。大学三年级学生已经熟悉了大学的学习方式和方法，有多门课程的系统知识体系为学习基础，有稳定的内部学习动机和明确的学习目标，对教师的教学方法和手段要求较高，各方面的能力较大一和大二有了相当程度的提高。最重要的一点是，他们已经开始思考自己将来的就业和发展方向，强烈期望所学的知识能在未来的工作岗位中用得到，希望能深入地学习一种或两种课件制作工具。

先前知识基础和目标技能为：系统地学过信息技术基础、现代教育技术概论、多媒体技术应用、数字平面设计、Flash 动画设计等课程，制作过简单的课件，对于 PowerPoint 和 Flash 的部分功能有一定程度的了解，但对于多媒体课件的概念、用途、制作流程比较模糊，对使用两种常用的多媒体创作工具制作课件的全过程不太熟悉，对 PowerPoint 的高级功能和扩展功能不太了解，希望能加强实际动手操作能力的锻炼。

对于学习对象的分析，采用了预测法、调查法和访谈法。预测法是教师根据自己对学生的了解而对学生的总体情况进行预估计，预估计的结果可作为调查问卷的设计基础。访谈法是教师预先拟定访谈题目，找 3～5 个学生代表进行访谈，了解他们的学习动机、学习需求和学习基础。问卷调查的题目如下。

**学前问卷调查**

学号______ 姓名______

一、态度方面

1．你学习这门课的目的是什么？

A．提高自己制作课件的能力　　B．以后工作中或许用得到

C．获得学分和好成绩　　D．拓展自己的知识面，提高综合素质

2．在上其他课时，老师的课件制作质量对你的影响大吗？

A．非常大，直接影响我听课的兴趣

B．一般，我更愿意听老师讲

C．我很少关注老师的课件质量

3．你觉得 PowerPoint 课件的演示技巧重要吗？

A．非常重要　　B．一般　　C．不重要

二、知识基础方面

1．在这门课之前你听说过多媒体课件吗？

A．非常熟悉　B．知道　C．知道一点儿　D．不知道

2．你知道多媒体课件制作的过程吗？

A．很清楚　B．知道一点儿　C．不清楚

3．你熟悉下面哪些多媒体素材的处理方法？（可多选）

A．文字　B．图片　C．音频

D．视频　E．动画

4．你知道哪些多媒体课件制作工具？（可多选）

A．PowerPoint　B．Flash　C．Authorware　D．几何画板

E．ELML　F．方正奥思　G．其他（请注明）________

5．你觉得多媒体课件的主要表现形式应该是怎样的？

A．图文并茂，声像俱佳

B．文字为主，可加适当的图片

C．图片为主，文字只是点缀

6．你能对多媒体课件进行客观全面的评价吗？

A．完全能　B．说不太好　C．不知道怎么评价

7．你知道什么是交互式课件吗？

A．知道　B．听说过　C．没听说过

8．你知道利用 Flash 制作交互式课件的方法吗？

A．很熟悉　B．听说过　C．不知道

9．你觉得有必要学习 PowerPoint 的高级功能吗？

A．很有必要　B．一般　C．没必要

三、学习风格方面

1．在这门课中，你更倾向于下面哪种学习方法？

A．协作学习，互相帮助

B．自己学习，独立思考

C．协作学习和自己学习相结合

2．如果教师提供了网络学习环境和在线学习资源，你愿意使用吗？

A．非常愿意

B．愿意，但怕自己不太适应

C．没有必要使用

3．对于普通多媒体教室和网络多媒体教室，你更愿意在哪里上课？

A．普通多媒体教室

B．网络多媒体教室

C．都可以

4．在学习中，你更喜欢老师向你提供哪些方面的学习资源？

A．视频教程　B．图文并茂的电子教程

C．文本电子教程　D．音频教程

2. 学习目标分析

本课程的总体学习目标是使学生了解多媒体课件制作的基础理论（包括课件制作的概念、理论基础、设计流程、应用领域），熟悉课件的制作流程，熟练掌握基于 PowerPoint 2007 的演示型课件制作工具和基于 Flash 的交互型课件制作工具，能够根据特定的主题进行前期的需求分析和教学设计，并根据分析的结果设计课件稿本，制作课件模板，搜集制作素材，用课件制作工具集成素材，生成课件，最后调试、运行、演示、说课。

（1）情感目标

① 对课件设计与制作产生浓厚兴趣，有进行多媒体课件创作的欲望。

② 能够理论联系实际，在其他课程的学习以及今后工作中有意识地运用所学知识。

③ 具备创新精神和团队协作精神。

（2）能力目标

① 具备较强的课件分析与设计能力。

② 具备较强的信息综合处理能力。

③ 具备较强的课件开发制作能力。

④ 提高网络环境下自主学习和协作学习的能力。

⑤ 提高网络资源搜索与利用的能力。

3. 学习内容分析

学习内容的分析首先要考虑课程学时的要求，本课程规定总课时为 48 学时，在具体教学时打破了理论讲授与学生实验各占一半（24+24）的传统做法，增加了实验学时（升为 32），减少了教师课堂讲授环节（降为 16），在学生实验过程中加强对学生的引导、监督和个别化辅导，并注重信息化学习环境的设计，为学生提供多种学习资源和认知工具，注重多元化、过程化的教学评价。

本课程的授课内容并没有采用传统的纸质教材，而是教师根据自己的经验，参考了多本纸质教材以及电子教材，并根据学生的需求形成了本课程的教学内容体系。如图 3-25 所示，括号内的数字为教师讲授学时加上学生自主学习和协作学习学时。多媒体课件制作的理论并非在课程的前几次课讲完，而是穿插到课件的制作过程中，按照“理论讲授→实践练习→理论总结→实践提高”的过程进行，使学生将课件制作的理论和实践紧密结合起来，最后的“扩展与探究”环节给学有余力的学生留下了继续学习探索的空间。

4. 教学策略与方法设计

本课程采用“教师为主导，学生为主体”的教学模式，根据具体的教学内容和学生认知结构特点，分别采取了发现式教学（任务驱动法、实验法）和传递—接受式教学（讲授法、演示法），充分发挥两种教学策略的优点，达到教学效果最优化。

讲授法和演示法：适用于传递—接受式教学，对于系统知识、理论知识最好采用教师讲授加演示的形式，不但有利于学生在较短时间内系统地了解大量知识，而且有利于教师控制教学进度，增进师生情感交流。教师可在讲授过程中根据学生的掌握情况和课堂反映适当采取提问、讨论、启发等方式，提高学生听课的积极性。在本课程教学中，对于多媒体课件概述、多媒体课件的教学设计、PowerPoint 2007 基本功能与高级功能介绍、Flash 交互式课件制作基础、优秀作业讲评等内容采用了讲授法+演示法的教学方式。

任务驱动法和实验法：课堂的讲授只能让学生对知识达到一定程度的理解，要想让学生牢固地掌握、应用所学知识，必须使学生在“做中学”，要放手让学生自由选择任务，主动接受挑战，发挥创新精神和团队合作精神，以愉快的心情和昂扬的斗志投入到学习中，让学生在任务完成和创新的过程中体验成功的喜悦。本课程教学中，所有的实验均以任务的形式呈现，每次任务之前都有真实情境的创设，任务执行过程中有明确的流程指导，任务结束后有相应的互动评价和总结交流。例如“求职PPT”的设计任务，在情境创设中让学生假想自己为应聘面试者，模拟求职现场，为自己量身定做一个自我介绍的PPT，思考如何在有限时间内最佳地表现自己、打动面试人员，最后应聘成功。这样一个任务就能把学生所学知识与将来的应用结合起来，让学生在类似真实的情景中去设计和完成任务，必能提高学生的兴趣和创新精神。

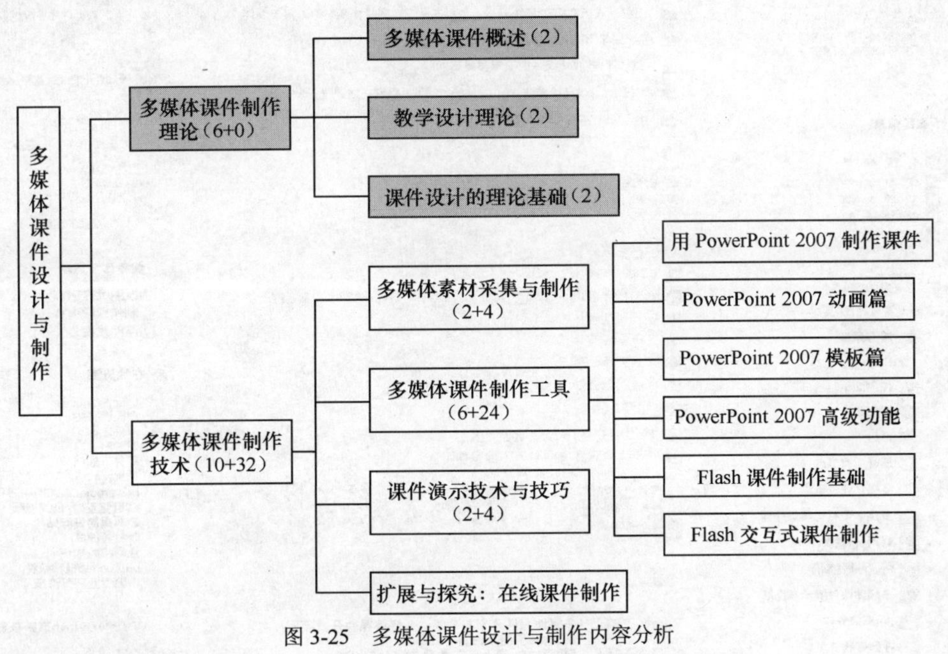


图3-25　多媒体课件设计与制作内容分析

5. 网络教学环境设计

为了配合本课程的教学，特地设计了基于Moodle的网络化、集成化学习环境（如图3-26所示）。

该网络教学平台的功能主要如下。

① 介绍课程基本信息，如课程介绍、学习指南、内容体系、学习方法、学习要求等。

② 提供师生互动交流的平台，通知通告、讨论区、在线聊天室、答疑区的设置。

③ 提供课程所需的各类资源，如课程内容、软件资源、在线资源、课件资源、素材资源、FTP资源等。

④ 按时间顺序展示各个学习主题、学习目标、学习内容、学习任务等。

⑤ 对学习过程进行管理，详细记录学生的档案信息、学习历史，方便学生自评和教师的形成性评价。

⑥ 提供作业上传入口和同伴互动评价。学生可将每次的学习成果上传，便于教师批阅和同伴互评。

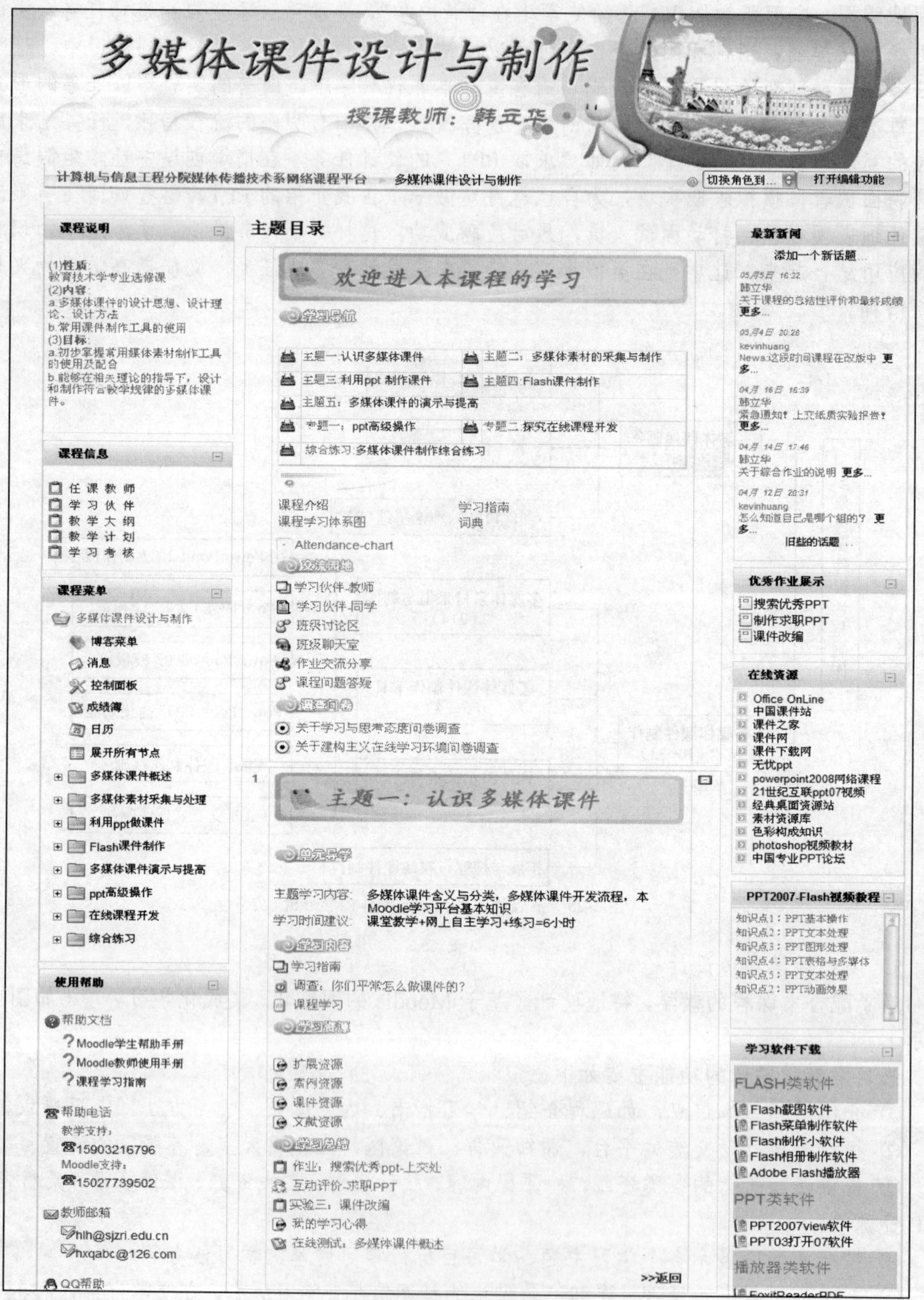


图 3-26　多媒体课件设计与制作网络学习环境

⑦ 提供多样化的学习活动，如问卷调查、投票、Wiki、WebQuest、讨论、考勤等。

⑧ 提供在线测试。每一主题完成后，学生可自行测试自己对知识的掌握情况。

实际上开源的 Moodle 平台可提供的功能远不止这些，可根据自己的教学要求随时添加和修改各类资源与活动，而且操作简便。

将学习内容划分为若干个学习主题，每个主题根据教师和学生地位的不同采用了不同的设计方法，如在传递—接受式教学主题（如主题一 认识多媒体课件，见图 3-26）中，按教师的讲授顺序设计了“单元导学”、“学习内容”、“学习资源”、“学习总结” 4 个模块。单元导学模块对本主题的学习内容、学习时间建议做了介绍，学习内容模块主要提供学习指南、学前调查、本主题内容系统学习（如图 3-27 所示）。学习资源模块提供了本主题用到的所有资源，包括教师课件、有关案例、文献资源等。学习总结模块允许学生上传自己的作业，评价自己和他人的作业以及撰写学习心得等。

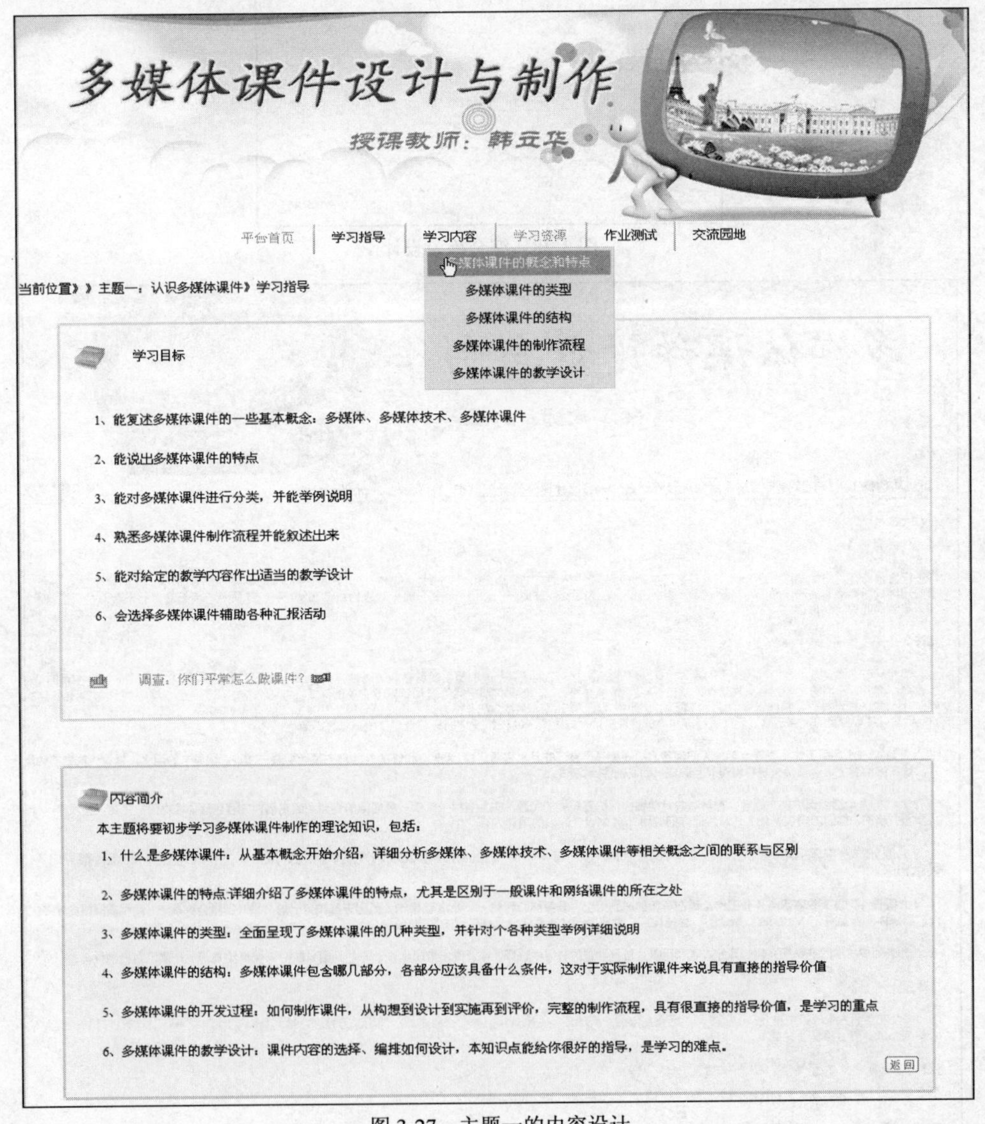


图 3-27　主题一的内容设计

而在发现式教学主题（以 PPT 综合制作为例）中采用了“任务驱动法”进行教学设计，包含了学习任务、学习指导、学习资源和任务评价 4 个模块（见图 3-28）。学习任务模块对任务的主题、要求、任务流程做了详细的说明（如图 3-29 和图 3-30 所示），学习资源模块提供了完成若干主题所需的资源（如图 3-31 所示），任务评价模块采用 Wiki、互动评价等方式让学生对彼此的作品首先进行网上的评价，然后说课交流。可以看出，整个主题采用了基于建构主义理论的教学设计模式，极大地调动了学生学习的积极性，尊重学生个性，使学生发挥协作和创新精神，以达到掌握知识、提高技能和锻炼能力的目的。

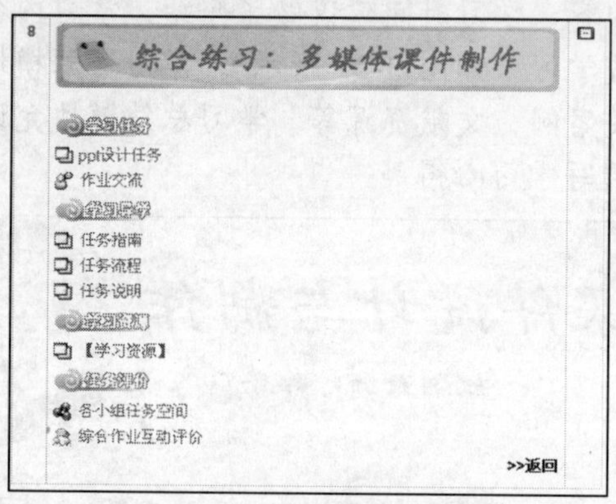


图 3-28　综合练习设计

【为什么呢 ？】

你一定会很奇怪我们都做这么多 ppt 了，怎么还要做一个啊？先别急，你们知道你们在此之前做的 ppt 都是在你们学习完一章节完成的。你们也许在做 ppt 只考虑用你们所学章节的知识而忽略与其他章节知识的整合。为了让大家更好的运用所学的只是处理以后日常事务，特在这里设一个综合作业来帮助大家整合所学知识来制作优秀的 ppt．

【任务是什么 ？】

大学毕业，或许你走进了学校成为别人的老师，或许你走进了企业成为一名普通的员工或者企业的高管，或者你们选择了自主创业而自己做了老板。如果你是一名教师，你怎么将你的学习内容表现给你的学生呢？ ppt 是一种选择。如果你是一名普通员工或者企业的高管，你怎么将你们的产品、服务展示给你们的客户呢？ ppt 是一种选择。如果你选择创业，你将怎么推销你自己的产品，你怎么在各种会议上介绍自己的企业呢？ ppt 是一种选择。不管你未来选择什么事业，ppt 都是你展现自我的优秀工具。现在假设你和你的伙伴将接受以下某一种任务（你们只要选着接受一项任务哦！ ）

（1）你们在水利局工作，发现今年来人们浪费水的现象很严重，并且水资源短缺 为此你和你的伙伴想去某大学做一演讲，倡导节约用水，倡议大家要节约用水。现在你们要上网查看相关资料整理并且做成 ppt 以便展示演讲。

（2）你们是动植物保护的志愿者，想针对农村动植物保护意识弱的问题，去为农村干部做一场简单的培训，要求培训内容包括动植物保护存在哪些现象，什么原因引起的，你们的倡议是什么？．为此你们要用 ppt 来设计你们的培训内容。

（3）假如你是中国互联网信息中心工作人员，你中心发布了一份《2008年中国互联网发展状况统计报告》，用PPT把你们的统计报告内容展示出来。

（4）假设你们在某教育服务企业工作，现在有新的产品推出，需要你们俩做一个 ppt 让推销人员出去推销自己的产品（视频会议系统、网络多媒体教学系统、流媒体制作系统、 Virtools、概念图、虚拟现实、教育游戏（或者你自己搜集到的其他产品））

（5）老师安排你们选择感兴趣的其他内容（可以从自己学过的科目中选择，或者你的考研学校、专业介绍）做一个 ppt 给自己一个展示自己的机会。

【做到什么 ？】

你们需要在上面五个任务中接受一个任务，然后根据你们接受的任务上网查找必要的资料资源，然后进行整理，你们可以选用概念图等工具梳理你们的内容，然后制作 ppt．并且准备上台展示。

课件总体要求：页面美观、动画丰富，内容合理，媒体表现多样，视觉传达效果好

最后提文：制作稿本、PPT课件最终稿、说课稿（注明每人的工作，格式参见模板）

在你们选择接受一个任务后请你们先看任务指南吧！

【学习指南 】【任务流程】【任务说明 】

图 3-29　任务主题选择

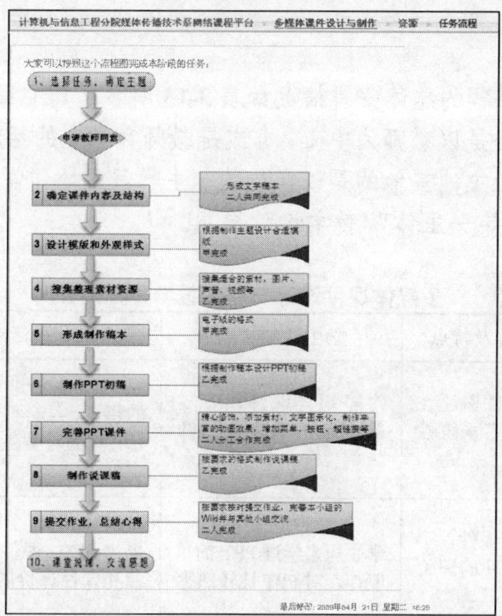


图 3-30　任务流程说明

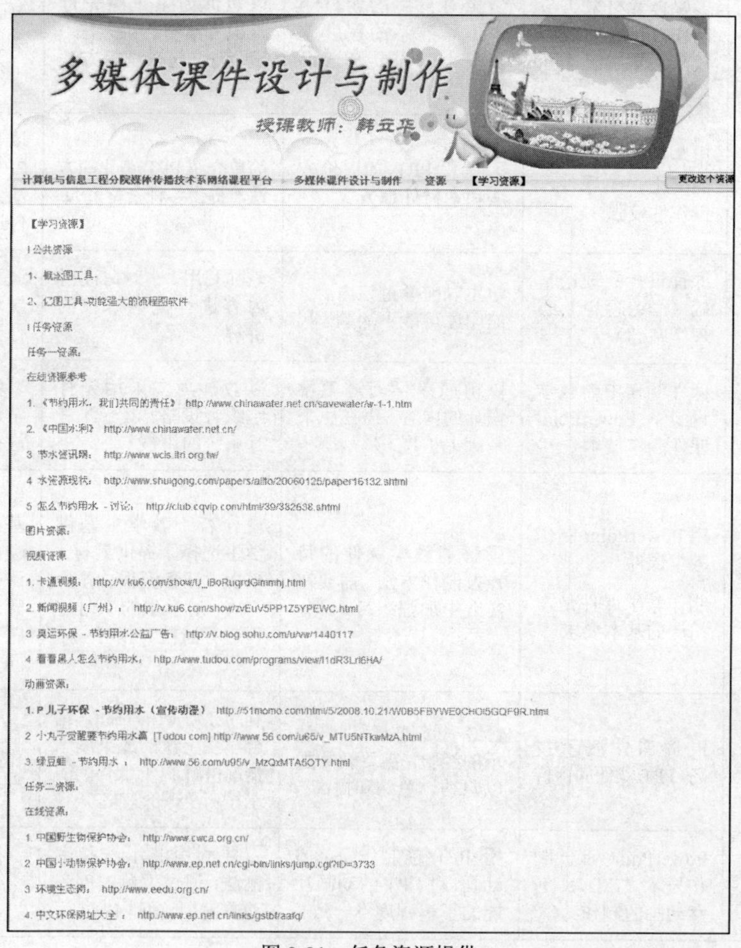


图 3-31　任务资源提供

6. 教学过程简介

基于上面的设计，本课程的总体安排情况如表 3-13 所示，其中每课次是 2 学时。“类别”表示本次课是以学生为中心还是以教师为中心，亦或是教师和学生的活动并重，有灰色底纹的行表示本次课是以教师的活动为主，其他的是以学生的自主学习或协作学习为主。从表 3-13 可以看出，整个课程贯穿了“主导—主体”教学设计思想。

表 3-13 多媒体课件设计与制作教学过程简介

| 课次 | 类别 | 教学内容及特点 | 学生认知特点 | 教师的活动 | 学生的活动 |
|---|---|---|---|---|---|
| 1 | 课堂教学 | 多媒体课件概述，特点为内容系统性较强 | 对多媒体课件仅有零散概念，缺乏全面的认识 | 以教师为主进行系统的讲授，结合媒体的演示，穿插对学生的提问引导 | 以听讲为主，记笔记，思考，回答教师的提问 |
| 2 | 学生自主学习、实验 | 认识 PPT 课件，了解 PPT 课件的评价标准 | 学生原来学过 PPT 简单制作，对 PPT 比较熟悉 | 提供 PPT 课件在线资源和课件评价的标准 | 以教师提供的资源为基础，从网上搜索优秀的和较差的 PPT 课件并进行评价 |
| 3 | 课堂教学 | 多媒体素材采集与制作，特点为内容较散，学生层次不一致 | 学生对常用的素材制作工具熟悉的程度差别很大，需要统一讲解，然后再练习 | 以教师为主采用先行组织者策略、讲授法、演示法、问答法等方法进行系统的讲授 | 以听讲为主，联想以前学过的内容，对新知识进行消化、吸收 |
| 4 | 学生自主学习、实验 | 用各种素材、样式图美化 PPT 课件，操作性较强 | 了解了 PPT 的评价方法和素材处理方式 | 简单介绍 PPT 美化的方法，提供各种素材资源 | 以上次实验搜集的 PPT 和教师介绍的方法为基础，对较差的课件进行改编 |
| 5 | 课堂教学+学生成果展示 | 课件设计的理论基础（学习理论、心理学基础） | 学生以前学过该内容，但印象可能不深刻 | 教师利用 1 小时时间对内容进行提纲挈领的讲解 | 课件改编的优秀作业展示，依据评价标准进行评价 |
| 6 | 课堂教学 | 课件制作中的教学设计，PowerPoint 课件制作技术（一） | 以前简单学习过教学设计的内容，需在原来基础上扩展 | 以教师为主采用先行组织者策略、演示法进行系统的讲授 | 以听讲为主，联想以前学过的内容，对新知识进行消化、吸收 |
| 7、8 | 学生自主学习 | 用 PowerPoint 制作教学课件<br>制作教学课件是本门课的基本要求 | 了解了教学课件的特点及制作方法，需要在实践中加强练习 | 设计若干教学主题供学生选择，提供素材、模板、任务流程、评价方式，对学生的学习过程进行监控、指导 | 以教师提供的资源为基础，选择自己感兴趣的主题，按照教学课件制作的要求和步骤进行制作，遇到问题时向教师请教或与同伴协商 |
| 9 | 课堂教学+学生作品展示与评价 | PPT 课件演示技巧，PPT 课件的评价 | 已经有过 PPT 课件演示的经验，需要教师加以归纳、总结和提高 | 利用 1 小时的时间，结合学生上次的成果展示情况讲解 PPT 课件的演示技巧及评价策略 | 教学课件制作的优秀作品展示，依据评价标准进行评价 |
| 10 | 课堂教学 | PowerPoint 课件制作技术（二）：创意动画的制作 | 用 PPT 能制作简单的动画，对 PPT 的动画功能的了解程度不一致 | 主要利用演示法和案例法，通过大量的创意动画案例讲解内容 | 以听、看为主，主动思考，做笔记 |

续表

| 课次 | 类　别 | 教学内容及特点 | 学生认知特点 | 教师的活动 | 学生的活动 |
|---|---|---|---|---|---|
| 11、12 | 学生自主学习+教师指导 | 制作求职PPT，是与将来的工作紧密相关的内容 | 对于PPT教学课件制作已经比较熟悉了，应再了解PPT在其他领域的应用 | 提供成功案例、素材资源、模板资源；<br>提供任务要求、评价方法，对学生遇到的问题及时进行解答 | 依据课件制作的流程（制作稿本→制作模板→整合素材→课件集成）制作自己的PPT并准备模拟求职演讲 |
| 13 | 学生作品展示与评价 | 课件演示技巧；课件的评价 | 精心制作了求职PPT，期待在课堂上展示自己的作品，体验求职过程，并希望了解和评价其他同学的作品 | 布置模拟求职现场，挑选2～3名同学做面试官，讲解要领并做示范，总结归纳同学的表现 | 利用自己制作的求职PPT进行模拟求职答辩，回答面试官的各种问题 |
| 14 | 课堂教学 | PPT高级操作（放映、扩展、交互），内容比较实用，但不太容易掌握 | 由于平时用得较少，因此基本不了解PPT的一些高级操作 | 运用讲授法、演示法、案例法系统讲解，穿插提问或让学生自己操作 | 以听讲为主，记笔记，思考，按教师的要求进行操作练习 |
| 15、16、17 | 学生协作学习 | PPT综合课件制作，选择教师设定的主题或自定主题<br>PPT的收关之战，学生最高水平体现 | 对PPT各方面的知识都有了详细深入的了解，期待通过一个综合的制作案例贯穿以前学过的所有知识 | 事先按学生掌握情况对学生进行分组；策划若干主题、案例资源、素材资源、模板资源、在线资源；提供任务要求、任务流程、评价方法，监控、指导、解答问题 | 熟悉任务，选定主题，按照教师的分组进行任务分工，分头进行课件制作的准备；小组内问题协商，组间互相学习、了解 |
| 18 | 协作学习成果展示与评价 | 课件演示技巧，课件的评价 | 经过了精心的制作过程和激动的期待展示的一刻，也特别希望与其他组的作品进行比较 | 布置演示现场，讲解评价方法，总结归纳同学的表现 | 轮流登场进行作品展示，讲解本组的制作过程，评价其他小组的作品，交流感想、体会 |
| 19 | 课堂教学 | Flash交互式课件概述 | 学过Flash动画课，经事前了解，对Flash脚本交互内容学得较少 | 用讲授法、案例法、演示法系统讲解Flash交互式课件的制作方法 | 以听讲为主，记笔记，联想以前的学习内容，迁移到新内容的学习 |
| 20、21 | 学生自主学习+教师指导 | 利用Flash制作交互式课件，如测验课件、教学游戏课件等 | 期待将从教师那里学到的知识用于实践中 | 提供若干主题，提供素材资源、案例资源、在线资源；<br>监控、指导学习过程 | 选择制作任务，熟悉任务流程和要求，梳理自己的制作思路，进行Flash作品创作；遇到问题时向同伴或教师请教 |
| 22 | 学习成果交流与评价 | 制作Flash交互式课件的技巧、技术及注意事项 | 期待与同学交流自己的制作感受，互相评价对方的作品 | 提供评价方法、评价标准，挑选较优秀的作品进行演示，总结归纳同学的表现 | 讲解自己的作品制作过程和特色，依据标准评价同学的作品 |
| 23 | 课堂教学 | ELML在线课件制作工具概述，课件制作工具的拓展 | 对其他的课件制作工具特别是目前比较流行的在线课件制作工具不太了解 | 用讲授法、案例法、演示法进行系统的讲授 | 以听讲为主，记笔记，了解在线课程制作方法、工具以及应用 |
| 24 | 自主学习、实验 | 制作一门简单的在线课程 | 期待将从教师那里学到的知识用于实践中 | 提供若干主题、素材资源、案例资源，提供任务要求、评价标准，监控、指导学习过程 | 选择制作任务，熟悉任务流程与要求，利用教师提供的工具进行在线课程开发 |

7．教学评价

本课程的评价方式非常多，在评级主体上，教师评价和学生评价（如图 3-32 所示为学生评价用表）相结合；在评价内容上，注重了学生的成长评价、成果评价以及课堂演示评价的结合；在评价环境上，课堂表现与网络平台表现（如图 3-33 所示为网络平台的学生成绩统计表）相结合；在评价方式上，基本上以诊断性评价和形成性评价为主（如图 3-34 所示为教师最后给学生的成绩评定表）。由上面的教学过程明显看出，几乎每次的学习成果都安排了课堂的演示与评价。通过课后与学生交流发现，学生非常喜欢这一环节，认为只有通过公开的展示与评价才能更多地了解自己和他人的成就，体验展示的成就感与差距的危机感，从而在下次的表现中争取做得更好。事实也证明了学生每次的表现都好于前次，进步是非常明显的。

课件成果展示评价表

评价人：＿＿＿＿＿＿

| 项　目 | 要　求 | 达到此要求的得分 | 在相应的等级内画“√” |
|---|---|---|---|
| 课件内容<br>（50 分） | 搜集的素材资源丰富，类型多样，能很好地表现主题；内容安排顺序合理，主题突出，特色鲜明，有自己的创意 | 50 | |
| | 搜集的素材资源较为丰富，能较好地表现主题；课件内容安排顺序合理，有自己的特色 | 40 | |
| | 搜集的素材较少或仅仅是对搜集材料进行简单的罗列，没有明确的主题，内容安排凌乱 | 30 | |
| 制作技术<br>（30 分） | 布局合理，色彩搭配协调，图片数量适当且与表述内容有紧密的联系；恰当地应用了声音、动画等多媒体手段，较大地增强了文稿的表现力 | 30 | |
| | 布局基本合理，色彩不单调，图片基本支持了所表述的内容；应用了声音、动画等多媒体手段，增强了文稿的表现力 | 20 | |
| | 布局凌乱，色彩不协调或布局和色彩使观众的注意力分散；引用的图片与表述内容无关，应用了声音、动画等多媒体手段，但与表述内容无关或分散了观众的注意力 | 10 | |
| 语言表达<br>（20 分） | 语言表达流畅，吐字清晰，条理有序，详略得当，能较好地表现自己 | 20 | |
| | 语言表达基本流畅，表述比较清楚，能让听众理解自己的意图 | 12 | |
| | 吐字不清，语言不流畅，表达混乱，难以清晰地表达自己的意图 | 8 | |
| 总体评价 | | 最后得分 | |

图 3-32　学生评价用表

多媒体课件设计与制作

授课教师：韩云华

计算机与信息工程分院媒体传播技术系网络课程平台 » 多媒体课件设计与制作 » 成绩

查看成绩 设定使用偏好 设定类别 设定权重 设定分数段 成绩例外

以Excel文件格式下载 以纯文本格式下载 可视小组：所有参与者

按分类统计所有分数

| 学生 | 未分类 统计 | | 作业 统计 | | 讨论 统计 | | 课程答疑 统计 | | 总分 统计 | | 学生 |
|---|---|---|---|---|---|---|---|---|---|---|---|
| 以姓氏排序 以名字排序 | 分数(475) | 百分比 | 分数(700) | 百分比 | 分数(200) | 百分比 | 分数(100) | 百分比 | 分数(1475) ↓↑ | % ↓↑ | 以姓氏排序 以名字排序 |
| 梁, 义帅 | 65.6 | 13.81% | 621.8 | 88.83% | - | 0% | 68.00 | 68% | 755.4 | 51.21% | 梁, 义帅 |
| 田, 苏襄 | 65.5 | 13.79% | 446.7 | 63.81% | 93.00 | 46.5% | 95.00 | 95% | 700.2 | 47.47% | 田, 苏襄 |
| 计, 晗芬 | 78.7 | 16.57% | 416.8 | 59.54% | 95.50 | 47.75% | 97.50 | 97.5% | 688.5 | 46.68% | 计, 晗芬 |
| 段, 晓萌 | 70.5 | 14.84% | 387.4 | 55.34% | 92.00 | 46% | 90.00 | 90% | 639.9 | 43.38% | 段, 晓萌 |
| 李, 慧玲 | 77 | 16.21% | 460.5 | 65.79% | 94.00 | 47% | - | 0% | 631.5 | 42.81% | 李, 慧玲 |
| 侯, 宏波 | 73 | 15.37% | 434 | 62% | 95.00 | 47.5% | - | 0% | 602 | 40.81% | 侯, 宏波 |
| 肖, 小元 | 75.7 | 15.94% | 394.2 | 56.31% | 98.00 | 49% | - | 0% | 567.9 | 38.5% | 肖, 小元 |
| 苏, 多 | 84.7 | 17.83% | 451.6 | 64.51% | - | 0% | - | 0% | 536.3 | 36.36% | 苏, 多 |
| 李, 文文 | 15.6 | 3.28% | 414.2 | 59.17% | 100.00 | 50% | - | 0% | 529.8 | 35.92% | 李, 文文 |
| 朱, 黎黎 | 66.8 | 14.06% | 461.4 | 65.91% | - | 0% | - | 0% | 528.2 | 35.81% | 朱, 黎黎 |
| li, nan | 71.9 | 15.14% | 447.7 | 63.96% | - | 0% | - | 0% | 519.6 | 35.23% | li, nan |
| 柳, 军燕 | 74.7 | 15.73% | 438.4 | 62.63% | - | 0% | - | 0% | 513.1 | 34.79% | 柳, 军燕 |
| 采, 思雨 | 67.3 | 14.17% | 433.9 | 61.99% | - | 0% | - | 0% | 501.2 | 33.98% | 采, 思雨 |
| 李, 玉珍 | 60.8 | 12.8% | 432 | 61.71% | - | 0% | - | 0% | 492.8 | 33.41% | 李, 玉珍 |
| 吴, 春红 | 19.7 | 4.15% | 368.5 | 52.64% | 95.00 | 47.5% | - | 0% | 483.2 | 32.76% | 吴, 春红 |
| 张, 冰冰 | 90 | 18.95% | 269.9 | 38.56% | - | 0% | 90.00 | 90% | 449.9 | 30.5% | 张, 冰冰 |
| 刘, 云凤 | 87.5 | 18.42% | 353.6 | 50.51% | - | 0% | - | 0% | 441.1 | 29.91% | 刘, 云凤 |
| 王, 玉勇 | 89.6 | 18.86% | 349.7 | 49.96% | - | 0% | - | 0% | 439.3 | 29.78% | 王, 玉勇 |
| 卢, 宝厉 | 53.8 | 11.33% | 287.6 | 41.09% | - | 0% | 95.00 | 95% | 436.4 | 29.59% | 卢, 宝厉 |
| 郭, 敏友 | 65.9 | 13.87% | 361.9 | 51.7% | - | 0% | - | 0% | 427.8 | 29% | 郭, 敏友 |
| 王, 便 | 73.8 | 15.54% | 348.9 | 49.84% | - | 0% | - | 0% | 422.7 | 28.66% | 王, 便 |
| 于, 静 | 60.5 | 12.74% | 357 | 51% | - | 0% | - | 0% | 417.5 | 28.31% | 于, 静 |
| 李, 颖 | 62.8 | 13.22% | 331.7 | 47.39% | - | 0% | - | 0% | 394.5 | 26.75% | 李, 颖 |
| 钟, 雪 | 0 | 0% | 357.9 | 51.13% | - | 0% | - | 0% | 357.9 | 35.79% | 钟, 雪 |
| 李, 丹 | 91.5 | 19.26% | 248.9 | 35.56% | - | 0% | - | 0% | 340.4 | 23.08% | 李, 丹 |
| 孙, 超 | 0 | 0% | 322.2 | 46.03% | - | 0% | - | 0% | 322.2 | 32.22% | 孙, 超 |

图 3-33 网络教学平台学生表现排名

《多媒体课件设计与制作》综合考评表

| 2 | 学号 | 姓名 | 课堂表现（15%） | 网络平台表现（15%） | 实验及实验报告（40%） | | | | | | | | | | | 综合大作业（30%） | | | | 总成绩 |
|---|---|---|---|---|---|---|---|---|---|---|---|---|---|---|---|---|---|---|---|---|
| 3–4 | | | | | 实验一（15%） | 实验二（30%） | | | | 实验三（15%） | 实验四（40%） | | | | | 课件（50%） | Wiki（50%） | 实验报告（10%） | 互动评价（20%） | |
| 5 | | | | | | 稿本（20%） | 课件（50%） | 实验报告（20%） | 互动评价（10%） | | 模板（20%） | 课件（50%） | 说课稿（10%） | 实验报告（10%） | 互动评价（10%） | | | | | |
| 6 | 20062129 | 卢宝厉 | | | | | | | | | | | | | | | | | | |
| 7 | 20062130 | 侯宏波 | | | | | | | | | | | | | | | | | | |
| 8 | 20062131 | 李丹 | | | | | | | | | | | | | | | | | | |
| 9 | 20062132 | 梁义帅 | | | | | | | | | | | | | | | | | | |
| 10 | 20062133 | 王玉勇 | | | | | | | | | | | | | | | | | | |
| 11 | 20062134 | 张皓皓 | | | | | | | | | | | | | | | | | | |
| 12 | 20062135 | 张冰冰 | | | | | | | | | | | | | | | | | | |
| 13 | 20062136 | 朱黎黎 | | | | | | | | | | | | | | | | | | |
| 14 | 20062137 | 钟雪 | | | | | | | | | | | | | | | | | | |
| 15 | 20062138 | 谷佳伟 | | | | | | | | | | | | | | | | | | |
| 16 | 20062139 | 孙超 | | | | | | | | | | | | | | | | | | |
| 17 | 20062140 | 赵广淼 | | | | | | | | | | | | | | | | | | |
| 18 | 20062141 | 郭敏友 | | | | | | | | | | | | | | | | | | |
| 19 | 20062142 | 肖小元 | | | | | | | | | | | | | | | | | | |
| 20 | 20062143 | 苏多 | | | | | | | | | | | | | | | | | | |
| 21 | 20062144 | 柳军燕 | | | | | | | | | | | | | | | | | | |
| 22 | 20062145 | 王便 | | | | | | | | | | | | | | | | | | |
| 23 | 20062146 | 采思雨 | | | | | | | | | | | | | | | | | | |
| 24 | 20062147 | 刘云凤 | | | | | | | | | | | | | | | | | | |

图 3-34 教师形成性评价用表

## 本模块思考题

1．以教为主的教学设计分为 ID1 和 ID2，其划分的理论基础是什么？它们之间有什么本质的区别？

2．以教为主的教学设计模式包含哪些主要的过程？你能根据自己的理解画出其设计流程图吗？

3．在以学为主的教学设计中，对学习目标和学习内容的分析有什么特点？与以教为主的教学设计中教学目标和教学内容的分析有何区别？

4．学习情境设计在以学为主的教学设计中有什么样的作用？如何根据不同的学习内容设计不同的学习情境？

5．你认为“网络学习环境”应包含哪些功能？

6．以学为主的教学评价有哪些特点？

7．谈谈你对“主导—主体”教学设计模式的理解。

# 模块四　图像信息处理

数字图形图像是数字化了的图形图像，即存储于计算机存储介质中并能够被计算机读取、加工、处理和显示的图形图像。通过计算机和互联网，我们接触了大量数字图形图像，这些图形图像能够随时被编辑、修改，是我们进行多媒体教学的重要资源。本模块的主要教学目标就是让大家能够根据实际需要利用图像处理软件 Photoshop 对其进行编辑和处理，达到在教学中灵活运用图像媒体的目的。

## 第一单元　Photoshop 基本问题

### 环节一　认识 Photoshop

**问题情境**

你对图像处理软件 Photoshop 了解多少？打开 Photoshop 软件，你是否感觉到一片陌生，不知从何着手？事实上，Photoshop 是一个比较人性化、较为好掌握且功能强大的图像处理软件，下面我们先来认识它的界面。

**问题　Photoshop 界面中的各个部分分别是什么？它们大致有着怎样的功用？**

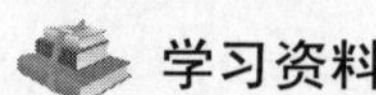

Photoshop 是 Adobe 公司生产的平面制作与图像处理软件，也是现今最流行的平面制作与图像处理软件，它广泛应用于网页制作、多媒体课件制作、平面广告设计、装潢设计、封面设计以及彩色印刷等领域，是平面软件中的佼佼者。

Photoshop CS3 的操作界面如图 4-1 所示，它由菜单栏、工具属性栏、工具箱、浮动面板以及工作区等几部分组成。

1．菜单栏

Photoshop CS3 的菜单栏位于窗口的上部，它包含了 Photoshop CS3 中几乎所有的命令，可以直接通过相应的菜单选择要执行的命令。

2．工具属性栏

工具属性栏位菜单栏下方，提供当前所选择的工具或命令的有关信息以及可进行的进一步的编辑和操作等。选项栏随着选择的工具和命令不同而变化。图 4-2 所示为【矩形选框】工具的属性栏。要想改变工具的某项属性或参数，直接在属性栏中更改就可以了。

3．浮动面板

浮动面板的默认位置位于编辑窗口的右边，其主要功能是提供图像各种属性及特性工具属性相关的操作和修改功能，有些还提供相关的预览图。所有的浮动面板都包含在【窗口】菜单中。在操作界面中找不到某个浮动面板时，可从【窗口】菜单中打开，如图 4-3 所示。如果要显示某个面板，只需单击该面板的菜单或标签即可。也可以将面板从一个组里拖放到另一个组中，还可以将面板拖出来单独使用。

图 4-1　Photoshop CS3 的界面

图 4-2　Photoshop 工具属性栏示例

图 4-3　Photoshop 浮动面板与窗口菜单

4．工作区

在 Photoshop 中打开或新建的图像都是作为一个单独的窗口出现在工作区中的。图像窗口是 Photoshop 的常规工作区，用于显示图像文件以及进行图像浏览和图像编辑。每个窗口都带有自己的标题，包括文件名、缩放比例和色彩模式等，通过工作区下框的按钮▶可以对工作区下框的显示项进行选择。

5．工具箱

工具箱是 Photoshop 的重要组成部分，它包含了 Photoshop 中的各种处理工具。绝大部分工具图标的右下角都带有一个黑色的小三角形标记，这表示该工具中还有隐含工具，是一个工具组，如图 4-4 所示。若要选择其隐藏的工具时，将鼠标指针放在该工具上，按着鼠标左键不放等一下或单击鼠标右键就可弹出其他工具，然后移动鼠标选择就可以了。Photoshop CS3 的工具栏与以往版本不同，为单行显示，这样能够留出更大的工作空间。如果操作者习惯于传统的工具栏，可单击工具栏上方的双向三角箭头，工具栏即可转换为传统类型。

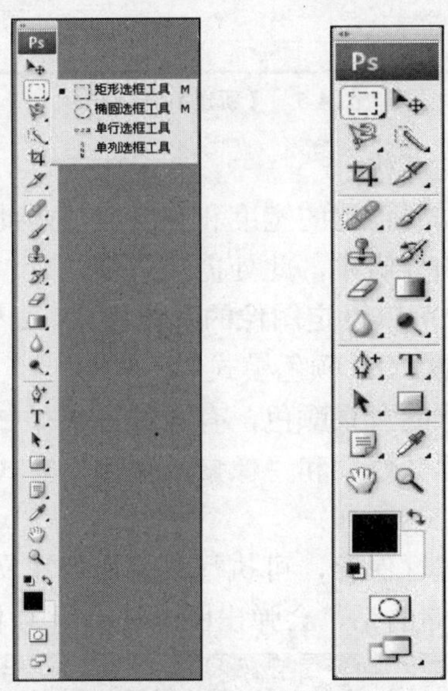


图 4-4 Photoshop 的工具箱

## 环节二 Photoshop 基础操作

**问题情境**

在具体学习 Photoshop 各部分功能之前，首先需要了解一些最基本的操作命令，比如如何新建一个文件，如何改变图像的尺寸，如何拼合两幅图像等。这些操作简单易学，用途广泛，请大家学习本环节的材料，熟练掌握这些最基本的操作方法。

**问题一** **在 Photoshop 中如何新建一个图像文件？如何保存一个图像文件？【新建】与【保存】命令有哪些操作注意事项？**

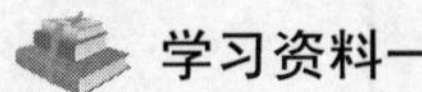

**学习资料一**

1．新建一个文件

新建文件是 Photoshop 最基础的操作之一，在 Photoshop 中新建一个文件的方法与 Office 系列软件相同。执行菜单命令【文件】→【新建】或者按快捷键“Ctrl+N”，将弹出【新建】对话框，如图 4-5 所示。设置好后，单击【确定】按钮，即可建立一个新文件。

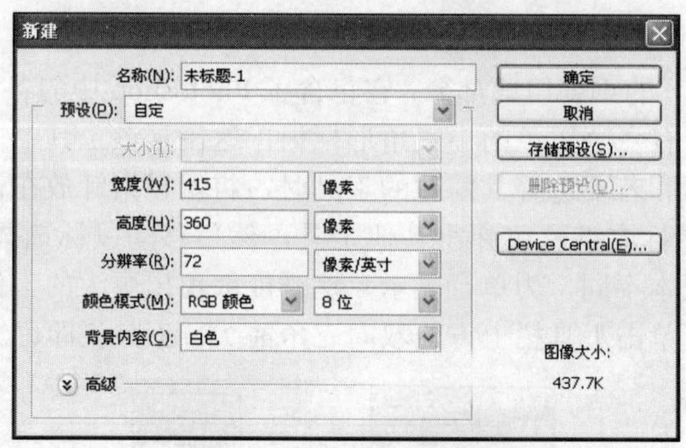


图 4-5 【新建】对话框

【名称】：输入要新建文件的名称。

【宽度】和【高度】：输入需要设置的宽度和高度数值，此处需注意单位。

【分辨率】：输入需要设置的分辨率，此处需注意单位。

【颜色模式】：在下拉列表中可以设定图像的颜色模式，如位图、灰度、RGB 颜色、CMYK 颜色和 Lab 颜色，通常默认项是 RGB 颜色模式。

【背景内容】：用于设定图像的背景颜色，有 3 种方式（白色、背景色和透明）供选择。

【高级】：可选择“颜色配置文件”和“像素长宽比”方式，一般选择默认设置即可。

2．保存一个文件

处理和编辑后的文件需要进行保存，可执行菜单命令【文件】→【保存】或者按快捷键“Ctrl+s”，如果文件是第一次存储的话，会弹出图 4-6 所示的【存储为】对话框。在该对话框

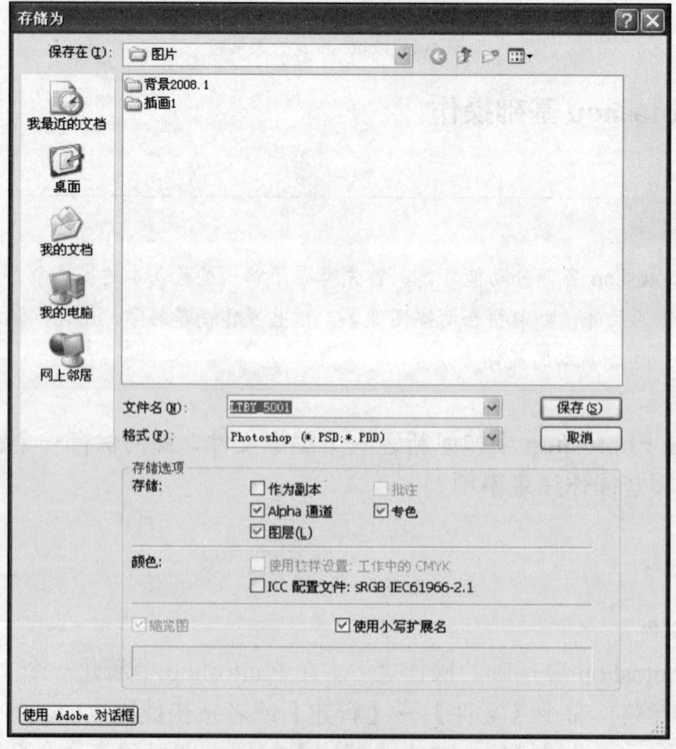


图 4-6 【存储为】对话框

中的【保存在】下拉列表中选择文件所要保存的路径，在【文件名】文本框内输入存储文件的名称，并在【格式】下拉列表中选择文件格式，然后单击【保存】按钮即可。

如果既要保留修改过的文件又不想放弃原文件，可以选择【文件】菜单中的【存储为】命令。在弹出的对话框中，可以为更改过的文件重新命名、选择路径、设定格式，然后进行存储。

【作为副本】：选中该复选框，保存时对原文件进行备份，即以复制的方式将编辑的文件存储成该文件的副本。

【Alpha 通道】：当文件中存在 Alpha 通道时，可以选择是否保存 Alpha 通道。

【图层】：当文件中包含多个图层时，选中该复选框时可以将图层与文件一起保存，不选中该复选框时则将所有图层合并为一个图层进行保存。

【批注】：当文件中存在批注时，可以通过此项将其保存或忽略。

【专色】：当文件中存在专色通道时，可以通过此项将其保存或忽略。

【使用校样设置】：检测 CMYK 图像溢色功能。

【1CC 配置文件】：使图像在不同显示器中所显示的颜色一致。

【缩览图】：适用于 PSD、JPG、TIF 等文件格式，选中该复选框时可以保存图像的缩览图，即使用此选项保存的文件能够在【打开】对话框的下端进行预览。

【使用小写扩展名】：选中该复选框时，文件的扩展名为小写，不选中该复选框时则文件的扩展名为大写。在默认情况下，系统自动选中【使用小写扩展名】复选框。

**问题二　有的图像尺寸很大，数据量也大，这样图像会使课件的数据量变得很大，影响课件的运行速度。如何将数据量较大的图像处理得数据量小一些？**

### 学习资料二

第一种改变图像尺寸的方法是通过差值运算改变整个图像的尺寸。打开一幅图像，执行菜单命令【图像】→【图像大小】，或在图像标题栏上右击，在弹出的快捷菜单中选择【图像大小】命令，打开图 4-7 所示的对话框。

【像素大小】：显示图像的宽度和高度，通过设置其中的数值，改变图像的绝对大小。

【文档大小】：显示图像的宽度、高度和分辨率，通过设置其中的数值，改变图像的相对大小。

【约束比例】：选中该复选框时，则在【宽度】和【高度】选项后会出现锁链标记。此时改变其中的某一项设置，另外一项也会改变，以保证图像的宽高比例不变。

【重定图像像素】：选中该复选框时，若改变图像的分辨率，则图像的像素数值会发生变化，而图像的宽度和高度不会发生变化。若不选中该复选框，【宽度】、【高度】和【分辨率】选项后将会出现锁链标记，此时改变其中的任何一项，其他各项也会发生相应的变化，但是不会影响图像自身的像素变化。

【自动】：用鼠标单击【自动】按钮，弹出【自动分辨率】对话框，系统将会自动调整图像的分辨率和品质。

第二种改变图像文件大小的方法是通过将原图像周围拓宽或裁切原图像的方式改变图像文件的尺寸。开一幅图像，执行菜单命令【图像】→【画布大小】，或在图像标题栏上右击，在弹出的快捷菜单中选择【画布大小】命令，会弹出图 4-8 所示的对话框。

【新建大小】：通过设置宽度和高度的数值改变图像的大小。

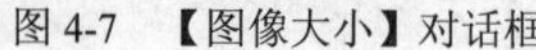


图 4-7 【图像大小】对话框

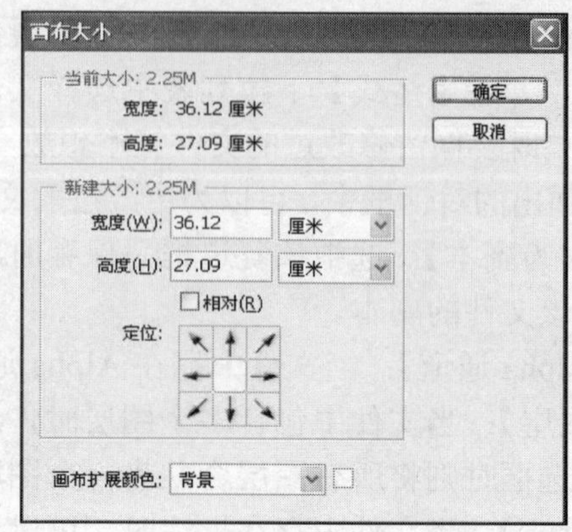


图 4-8 【画布大小】对话框

【相对】：选中该复选框时，宽度和高度数值复位为“0”，输入的数值为在原图像基础上增加或减少的尺寸。

【定位】：可自由决定在新画布中原图像的相对位置，默认为居中。

【画布扩展颜色】：决定较原图像多出的部分将以何种方式填充，默认为背景色。

**问题三　若拍摄的图片不是很理想，想要裁掉一部分，或者只要选用某个图片的一小部分，如何对图片进行裁切处理？**

## 学习资料三

在进行图像处理时往往需要裁剪掉多余的部分。裁剪图像一般有两种方法：一种是通过【选框】工具选中所要保留的部分，然后执行菜单命令【图像】→【裁剪】；另一种是通过工具栏中的【裁剪】工具 直接进行裁剪。

用【裁剪】工具选中部分图像后，选框之外的部分将以透明灰度的方式被覆盖，选框周围将出现 8 个可调节的句柄，用来调整选框的大小，如图 4-9 所示。将选框调整合适后，双击表示确认，操作即可完成。

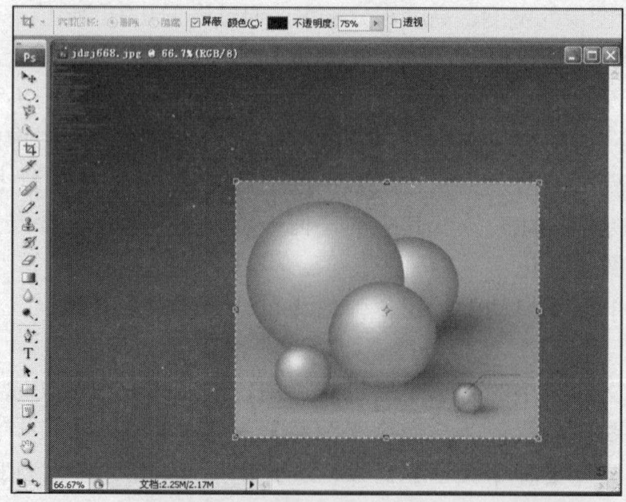


图 4-9 裁切图像示意图

**问题四**　**静态图像中最有视觉冲击力的元素是色彩，那么在 Photoshop 中如何选取特定色彩？**

**学习资料四**

利用工具栏中的【前景色和背景色】图标可以设定前景色和背景色。单击【前景色和背景色】图标时，会出现【拾色器】对话框，可在其中选定所需颜色，如图 4-10 所示。【拾色器】对话框的具体使用方法是：可在色彩框中直接用鼠标点取来选定颜色，也可以输入相应的 R、G、B 数值，还可以直接在图像上选取。

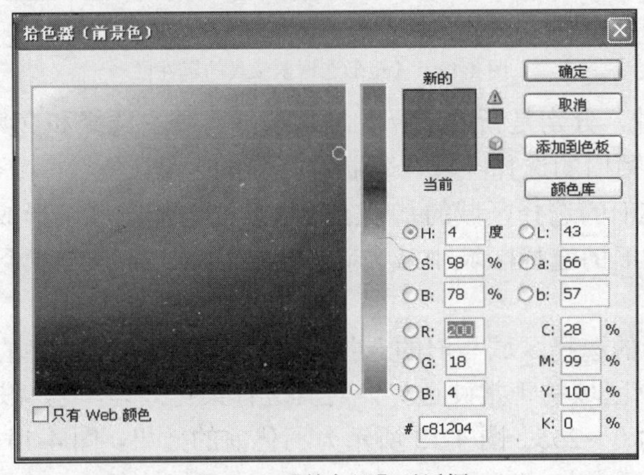

图 4-10　【拾色器】对话框

单击【前景色和背景色互换】按钮时，可以切换前景色和背景色；单击【默认前景色和背景色】按钮时，可以将前景色和背景色恢复为初始的默认颜色，即前景色为黑色，背景色为白色。

## 环节三　Photoshop 常用工具

**问题情境**

工具栏是运用 Photoshop 进行图像处理时最常用的项目，在操作时需要不断单击变换工具。按其功能的不同，Photoshop 中的工具可分为选取工具、绘图工具、矢量工具、文字工具以及其他工具等。在本环节中，将带领大家来了解一些常用工具的功能。

**问题一**　**Photoshop 有一项非常重要的操作，很多功能都要在它的基础上实现，那就是“选取”。Photoshop 提供了很多功能支持各种情况下的选取工作，工具栏中也有几项专门提供选取服务的工具，它们都具有什么样的特性，大致在什么情况下运用呢？**

**学习资料一**

选择区域就是用来编辑的范围，一切命令只对选取区域内部有效，对区域外部无效。选择区域以沿顺时针方向转动的黑白线条表示。选取工具包括选框工具组、套索工具组和魔棒工具组。

1．选框工具组

选框工具组中共有 4 种工具，即【矩形选框】工具、【椭圆选框】工具、【单行选框】工具、【单列选框】工具，如图 4-11 所示。

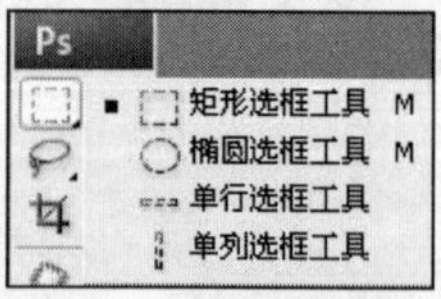

图 4-11　选框工具组

【矩形选框】工具的使用方法是：用鼠标在图层上拉出矩形选框来进行选择。选择了【矩形选框】工具后，在屏幕的上方便会显示工具属性栏，如图 4-12 所示。可设置、修改选择方式、羽化、消除锯齿和样式，并且可以调出【调整边缘】对话框。该对话框为 Photoshop CS3 的新增功能。

图 4-12　【矩形选框】工具的属性栏

选择方式共有 4 种，分别是新的选择、增加选择、减去选择和交集选择。

新的选择：去掉旧的选择区域，重新选择新的区域。

增加选择：在旧的选择区域的基础上增加新的选择区域，形成最终的选择区域。

减去选择：在旧的选择区域中减去新的选择区域与旧的选择区域相交的部分，形成最终的选择区域。

交集选择：新的选择区域与旧的选择区域相交的部分为最终的选择区域。

羽化可以消除选择区域的正常硬边界，对其进行柔化处理，也就是使区域边界产生一个过渡段，其取值范围为 0～255。图 4-13 所示为羽化前的效果，图 4-14 所示为羽化 20 像素后的效果。

图 4-13　羽化前的效果

图 4-14　羽化后的效果

【椭圆选框】工具、【单行选框】工具和【单列选框】工具的用法与【矩形选框】工具大致相同。

2．套索工具组

套索工具组包含 3 种工具，即【套索】工具、【多边形套索】工具和【磁性套索】工具，如图 4-15 所示。

【套索】工具的使用方法是：按住鼠标左键并拖动鼠标即可选取所需要的范围。【多边形套索】工具的使用方法是：将鼠标指针移到要选择图像的第 1 个点上并单击，然后再单击下一个落点来确定每一条直线，当回到起点时，光标下会出现一个小圆圈，表示所选择区域已封闭，再单击鼠标即完成此操作。【磁性套索】工具是一种可识别边缘的套索工具，选中【磁性套索】工具后，将鼠标指针移到图像上单击以选取起点，然后沿物体边缘移动鼠标指针，同时可辅以单击鼠标左键。这 3 种工具的属性栏参照【矩形选框】工具。

3．魔术棒工具组

魔棒工具组包括【魔棒】工具和【快速选择】工具，如图 4-16 所示。【魔棒】工具是以图像中相近的像素来建立选取范围的，此工具可以用来选择颜色相同或相近的整片区域。【魔棒】工具属性栏中的容差数值越小，选取的颜色范围越小；容差数值越大，选取的颜色范围越大。在【容差】文本框中可输入 0～255 之间的数值。Photoshop CS3 增加了【快速选择】工具，该工具支持拖动，选择不同颜色的区域时只需要拖动即可，更加智能化。

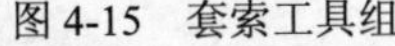
图 4-15　套索工具组

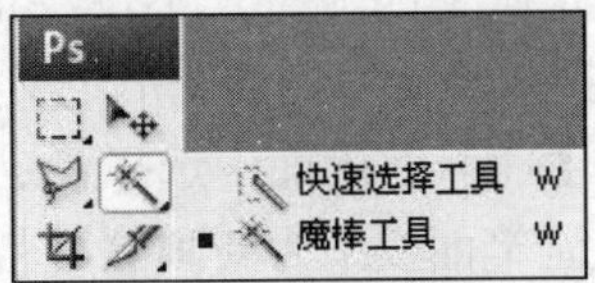

图 4-16　魔棒工具组

**问题二**　**处理图片当然离不开画笔了，Photoshop 提供了种类繁多的画笔以及相关工具，如填充用的工具、修补用的工具等。这些绘图类工具该怎样使用，如何根据需要进行调整呢？**

## 学习资料二

Photoshop 中的绘图工具包括画笔工具组、修补工具组、图章工具组、橡皮擦工具组、色彩填充工具组、模糊工具组以及【加深】、【减淡】和【海绵】工具等。

1．画笔工具组

这组工具包括【画笔】工具、【铅笔】工具和【颜色替换】工具，如图 4-17 所示。也可以将【历史记录画笔】工具和【历史记录艺术画笔】工具包含在内，本节仅介绍常用的【画笔】工具和【铅笔】工具。

图 4-17　画笔工具组

（1）【画笔】工具简介

【画笔】工具的工作原理和实际中的画笔相似，用【铅笔】工具画出的线条比用【画笔】工具画出的更加清晰。【画笔】工具的属性栏及其相关命令如图 4-18 所示。

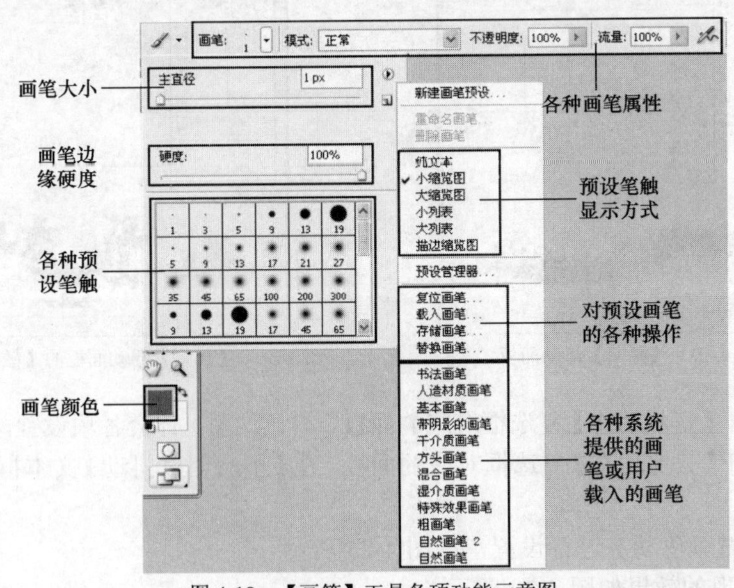

图 4-18　【画笔】工具各项功能示意图

【画笔】：此项用来确定画笔的形状，单击笔刷右侧的三角形时会出现【笔刷】面板，可用来选择所需的形状和大小。单击【画笔】面板上的按钮可调出相关菜单。

【模式】：此项用来选择画笔笔画与本层相关像素的混合模式。

【不透明度】：设定笔刷的透明度。

【流量】：设定画笔的流量，不仅决定笔触的透明度，还决定笔触的连续度。

Photoshop 支持将经常用到的图形定义成画笔，也支持调入各种外挂画笔。定义画笔的方法是：用【矩形选框】工具在画面中选择要定义为画笔的图案，然后执行菜单命令【编辑】→【定义画笔】，在定义画笔面板中为新画笔命名，然后单击【确定】按钮即可。调入各种外挂画笔的方法是利用【画笔】面板菜单的【载入画笔】命令。

（2）【画笔】工具的高级编辑

Photoshop 中还有一个专门编辑画笔功能。单击浮动面板区域中的图标，调出【画笔】面板。【画笔】面板左侧是编辑画笔的【画笔预设】栏，可以调整画笔的形状动态、散布、纹理、重叠和其他属性并能存储这些设置。下面以枫叶画笔为例对这些功能做进一步的介绍。

**例：枫叶画笔调整。**

步骤 1：执行菜单命令【窗口】→【画笔】，打开【画笔】浮动面板，选中枫叶作为示例画笔，并将面板左侧的复选框全部不勾选，如图 4-19 所示。

步骤 2：打开【散布】复选框对应的面板，在【数量】文本框中输入“1”，如图 4-20 所示。

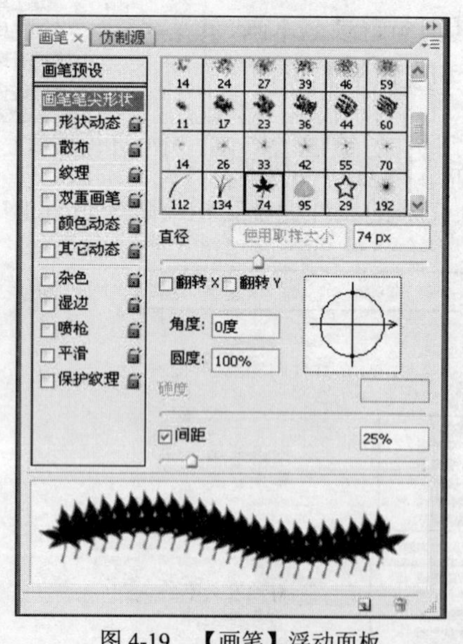


图 4-19 【画笔】浮动面板

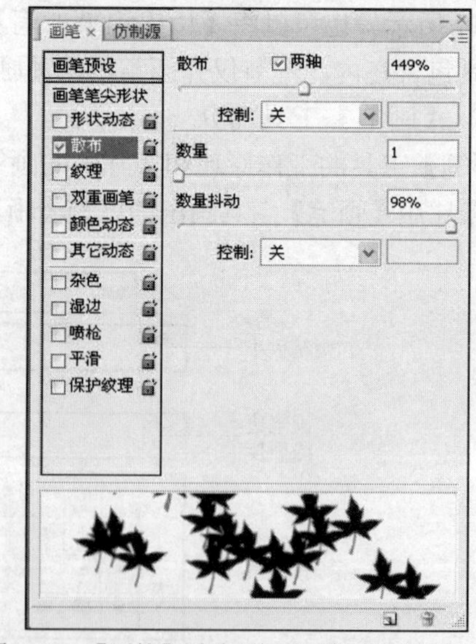


图 4-20 【画笔】浮动面板的【散布】选项卡

步骤 3：打开【形状动态】复选框对应的面板，自己调整、体会各项设置，如图 4-21 所示。

步骤 4：打开【其他动态】复选框对应的面板，在【不透明度抖动】文本框中输入“50%”，如图 4-22 所示。

步骤 5：再对颜色动态进行设置，如图 4-23 所示。

最终画笔呈现的效果如图 4-24 所示。

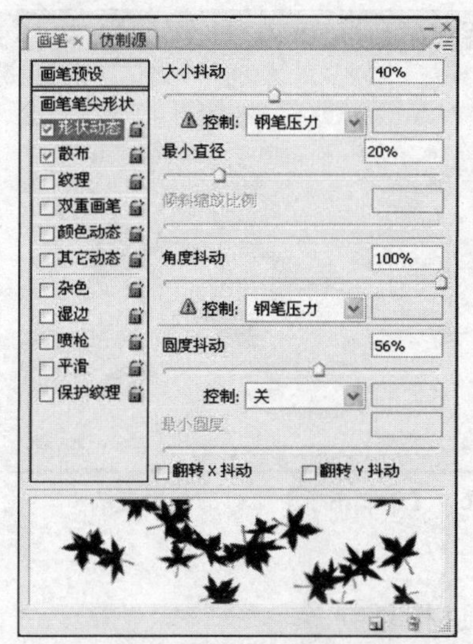


图 4-21　【画笔】浮动面板的【形状动态】选项卡

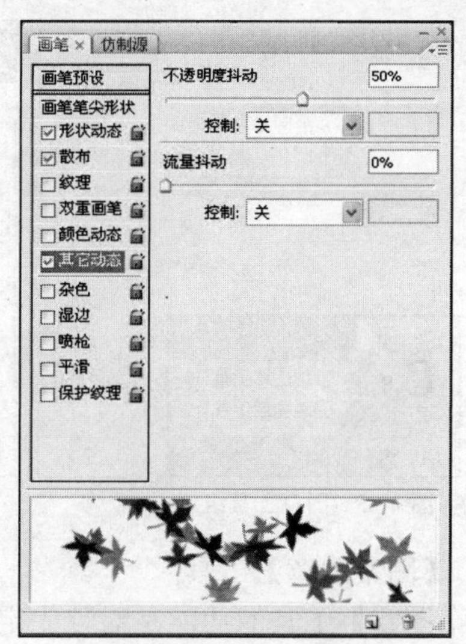


图 4-22　【画笔】浮动面板的【其它动态】选项卡

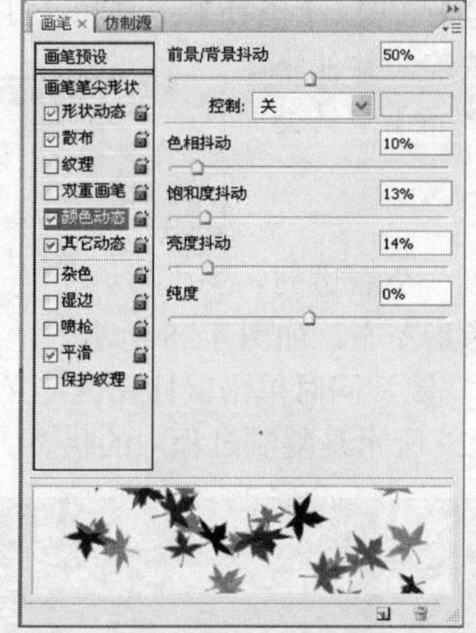


图 4-23　【画笔】浮动面板的【颜色动态】选项卡

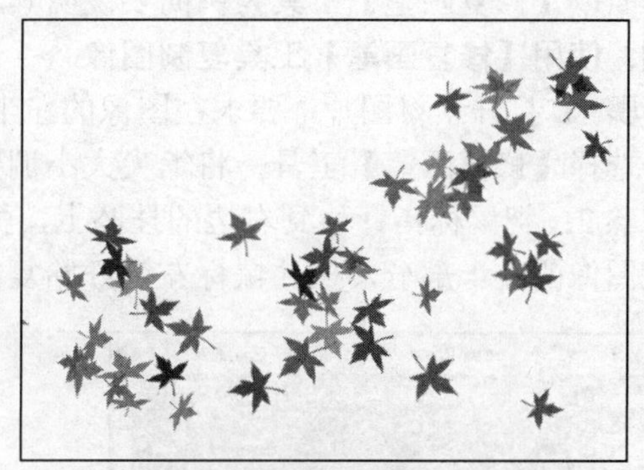

图 4-24　最终画笔呈现的效果

2．图章工具组

图章工具组包括【仿制图章】工具和【图案图章】工具，如图 4-25 所示。它们的基本功能都是复制图像，但复制的方式不同。

（1）【仿制图章】工具

【仿制图章】工具是一种用于复制图像某部分像素的工具，其使用方法如下。

步骤 1：选中【仿制图章】工具。

步骤 2：把鼠标指针移到想要复制的图像上，按住“Alt”键，这时图标将发生变化，单击鼠标左键定义仿制起点，然后松开“Alt”键。

步骤 3：在图像的任意位置按住鼠标左键开始复制，十字形指针表示复制时的取样点，如图 4-26 所示。

Photoshop CS3 中增加了图章工具的【仿制源】面板，对仿制功能进行了拓展，同时支持 5 个仿制源。

图 4-25　图章工具组

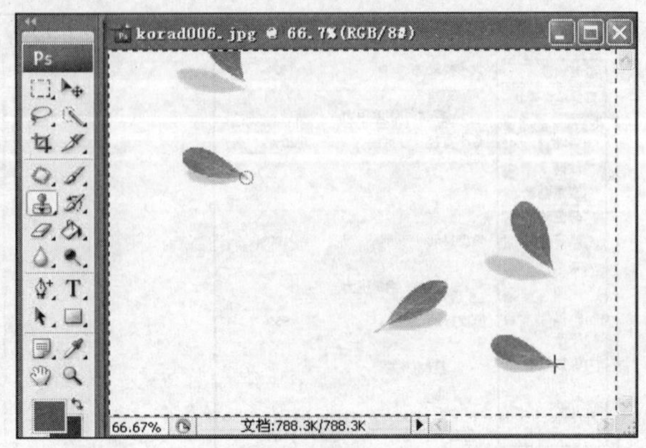

图 4-26　【仿制图章】工具的使用方法

（2）【图案图章】工具

【图案图章】工具的功能是对预先定义好的图案进行复制。

3．修补工具组

修补工具组包括【污点修复画笔】工具、【修复画笔】工具、【修补】工具和【红眼】工具，如图 4-27 所示。这些工具可以用来修复图像中的缺陷，并使修复的结果自然融入周围的图像中，其使用方法与【仿制图章】工具类似。下面以【修复画笔】工具为例简要说明其功能。

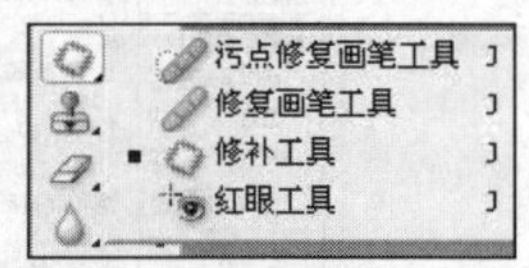

图 4-27　修补工具组

**例：使用【修复画笔】工具复制图像。**

步骤 1：打开素材图片，要求在图像的左半部分复制一个右边的挂坠。选择【修复画笔】工具，将笔尖大小调整为 35 像素左右，如图 4-28 所示。

步骤 2：把鼠标指针移到右边的挂坠上，按住“Alt”键，同时单击鼠标左键定义复制起点。在图像的左半部分，按住鼠标左键开始复制。图 4-29 所示是复制过程中的状态。

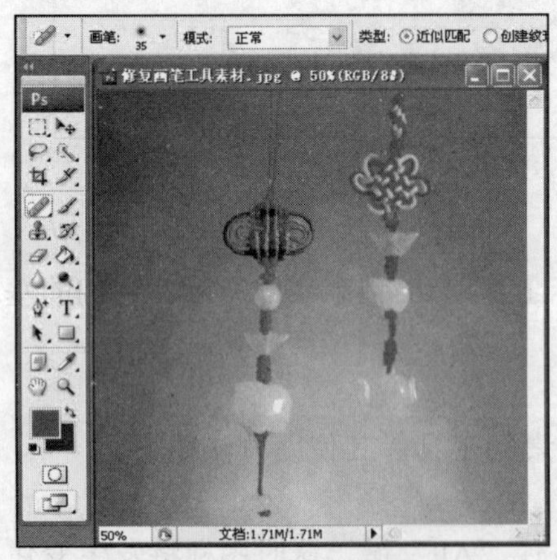

图 4-28　选择【修复画笔】工具

图 4-29　【修复画笔】工具的工作过程

步骤 3：图 4-30 所示是松开鼠标后 Photoshop 自动完成的状态，可以看到复制的图像完全融合到原图像中。

4．橡皮擦工具组

橡皮擦工具组就是用来擦除像素的一组工具，它包括【橡皮擦】工具、【背景橡皮擦】工具和【魔术橡皮擦】工具，如图 4-31 所示。

(1)【橡皮擦】工具

它的使用方法很简单，像使用画笔一样，只需选中【橡皮擦】工具后按住鼠标左键并在图像上拖动即可。

(2)【背景橡皮擦】工具

【背景橡皮擦】工具是一种可以擦除指定颜色的擦除器，这个指定颜色叫做标本色，表示为工具栏中的“背景色”。

(3)【魔术橡皮擦】工具

【魔术橡皮擦】工具的工作原理与【魔棒】工具相似，在选中【魔法橡皮擦】工具后，只需在图像上想擦除的颜色范围内单击，就会自动擦除掉颜色相近的区域。

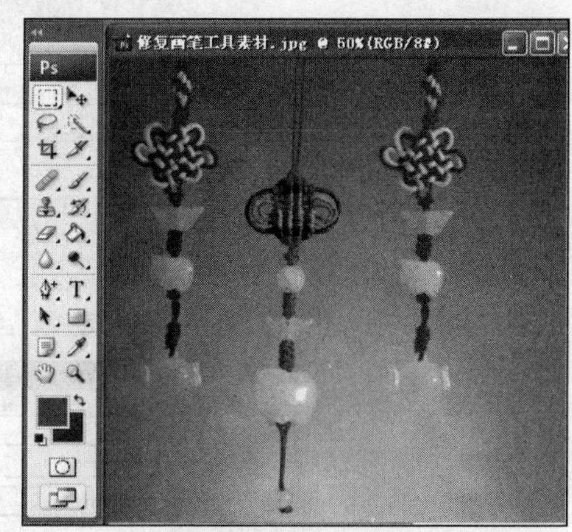


图 4-30　完成后的效果

5．色彩填充工具组

【渐变】工具和【油漆桶】工具都是色彩填充工具（如图 4-32 所示），但填充方式有所不同。

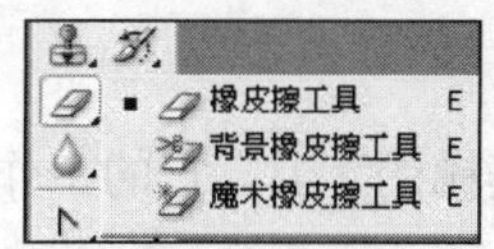


图 4-31　橡皮擦工具组

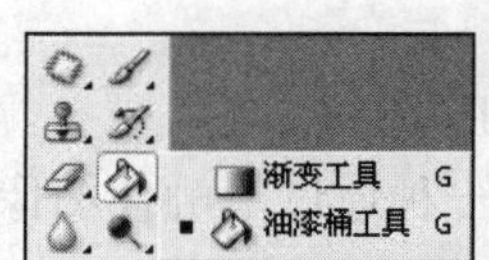


图 4-32　色彩填充工具组

① 【渐变】工具

这个工具可以用来创造出多种渐变效果。使用时首先应选择渐变方式和渐变色彩，然后用鼠标在图像上单击以确定起点，拖拉后再单击以选定终点，这样一个渐变操作就完成了。可以通过拖拉线段的长度和方向来控制渐变效果。

② 【油漆桶】工具

【油漆桶】工具可以为色彩相近并相连的区域填色或填充图案。

【渐变】工具的属性栏如图 4-33 所示，包括【渐变色彩样板】、【渐变类型】、【模式】、【不透明度】、【反向】、【仿色】以及【透明区域】等选项。

图 4-33　【渐变】工具的属性栏

【渐变色彩样板】：可选择和编辑渐变的色彩，这是【渐变】工具最重要的部分。单击条状色彩，会弹出【渐变编辑器】对话框，如图 4-34 所示。可以选择系统制定好的渐变样式，也可编辑渐变样式，定制渐变的颜色种类和颜色的透明度等。

【渐变类型】：包括直线、放射状、螺旋、反射以及菱形等。

【模式】：此项用来选择渐变与本层相关像素的混合模式。

【反向】：调换渐变色的方向。

【仿色】：勾选此项时会使渐变更平滑。

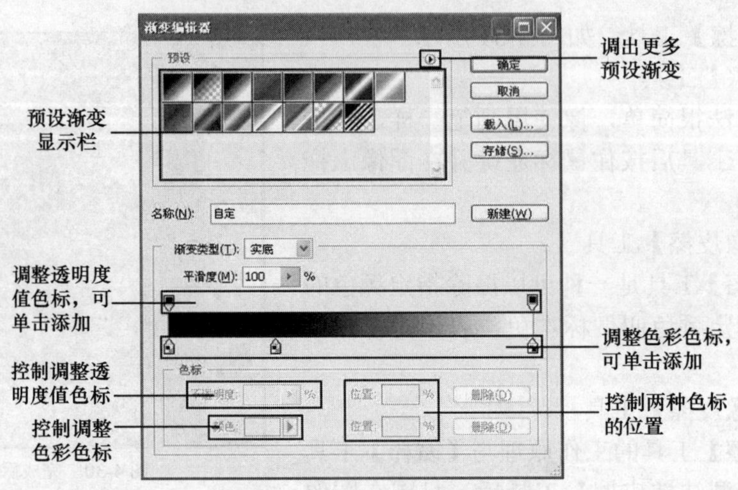


图 4-34　【渐变编辑器】对话框

【透明区域】：只有勾选此项时所选渐变效果的不透明度设定才会生效。

6. 模糊工具组

模糊工具组包括 3 种工具，即【模糊】工具、【锐化】工具和【涂抹】工具，如图 4-35 所示。

（1）【模糊】工具

【模糊】工具是一种通过笔触使图像的某部分变模糊的工具，它的工作原理是降低像素之间的反差。

（2）【锐化】工具

与【模糊】工具相反，它是一种使图像色彩锐化的工具，也就是增大像素间的反差。

（3）【涂抹】工具

【涂抹】工具在使用时产生的效果是笔触周围的像素将随笔触一起移动。

7.【减淡】、【加深】和【海绵】工具

如图 4-36 所示，【减淡】工具和【加深】工具主要用于改变图像的亮调与暗调，经过部分暗化和亮化来改善曝光效果。【海绵】工具是一种用以调整图像色彩饱和度的工具，可以通过不同设置提高或降低某部分图像色彩的饱和度。

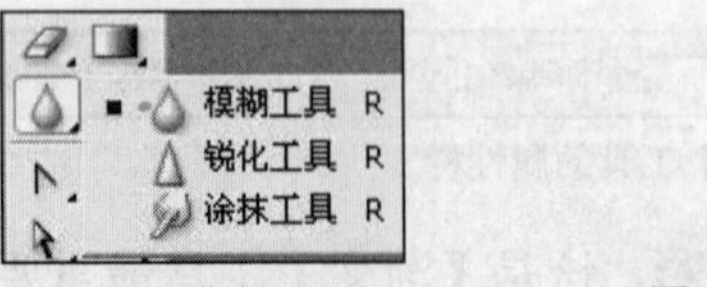


图 4-35　模糊工具组

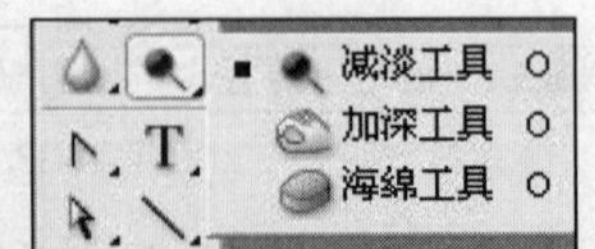


图 4-36　【减淡】工具、【加深】工具和【海绵】工具

**问题三　Photoshop 中提供了一些具有“矢量图”特性的工具，比如各种形状工具等。这些工具能够为我们提供哪些方便？该如何灵活使用呢？**

## 学习资料三

形状工具组包括【矩形】工具、【圆角矩形】工具、【椭圆】工具、【多边形】工具、

【直线】工具和【自定义形状】工具等，如图 4-37 所示。

1.【矩形】、【圆角矩形】和【椭圆】工具

使用【矩形】工具可以很方便地绘制出矩形或正方形。【圆角矩形】工具可以用来绘制具有平滑边角的矩形。【圆角矩形】工具属性栏中的【半径】一项是控制圆角矩形平滑程度的参量，数值越大，圆角越平滑。使用【椭圆】工具可以绘制椭圆，若在拖放鼠标的同时按住"Shift"键，可以绘制正圆。

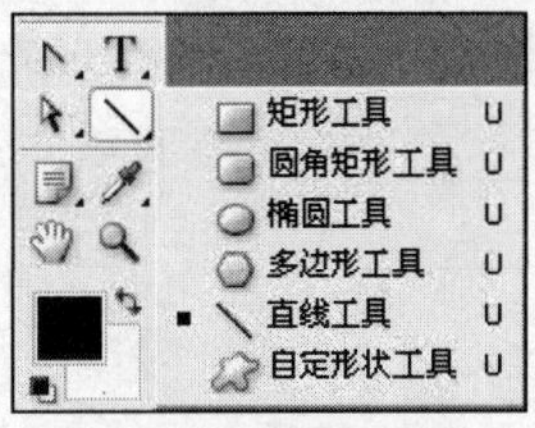

图 4-37　形状工具组

2.【多边形】工具

使用【多边形】工具可以绘制出所需的正多边形。【多边形】工具的属性栏如图 4-38 所示。

图 4-38　【多边形】工具的属性栏

【形状图层】：所绘制的形状将成为"形状图层"，"形状图层"在【图层】浮动面板和【路径】浮动面板中显示，由形状路径和填充颜色两部分组成。

【路径】：所绘制的形状将成为"路径"，仅在【路径】浮动面板中显示，为形状路径方式。

【填充像素】：所绘制的形状将以色块的形式出现在当前图层上，没有路径显示方式。

【边】：可输入将要绘制的多边形的边数。

【样式】：仅在形状图层状态下出现此选项，可以为形状图层中的形状选择某种既定样式。

【颜色】：可选择将要绘制的多边形的颜色。

【多边形】工具属性栏中的菜单包括一些调节选项，如图 4-39 所示。

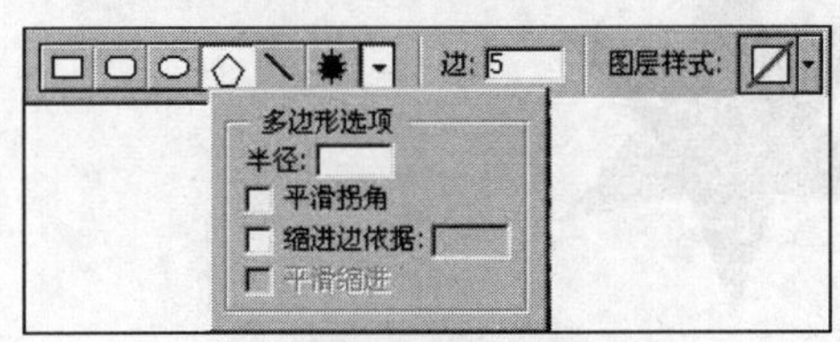

图 4-39　【多边形】工具设置

【半径】：设定多边形的半径长度，单位为像素。

【平滑拐角】：使多边形具有平滑的顶角，多边形的边数越多越接近圆形。

【缩进边依据】：使多边形的边向中心缩进，呈星形。

【平滑缩进】：使多边形的边平滑地向中心缩进。

3．多边形各种设置示例

对【多边形】工具属性栏中的菜单进行以下 4 种设置，可出现不同的效果，如图 4-40 所示。

4.【直线】工具

使用【直线】工具可以绘制线段或有箭头的线段，其使用方法同前。鼠标拖拉的起始点为线段的起点，拖拉的终点为线段的终点。【直线】工具的属性栏与【多边形】工具相似，其中可以在【粗细】文本框内设定直线的宽度。

【直线】工具属性栏中的菜单选项包括【起点】、【终点】、【宽度】、【长度】以及【凹度】等，其中【起点】和【终点】两个复选框可以选择其中一项，也可以都选，以决定箭头在线段的哪一端，如图 4-41 所示。

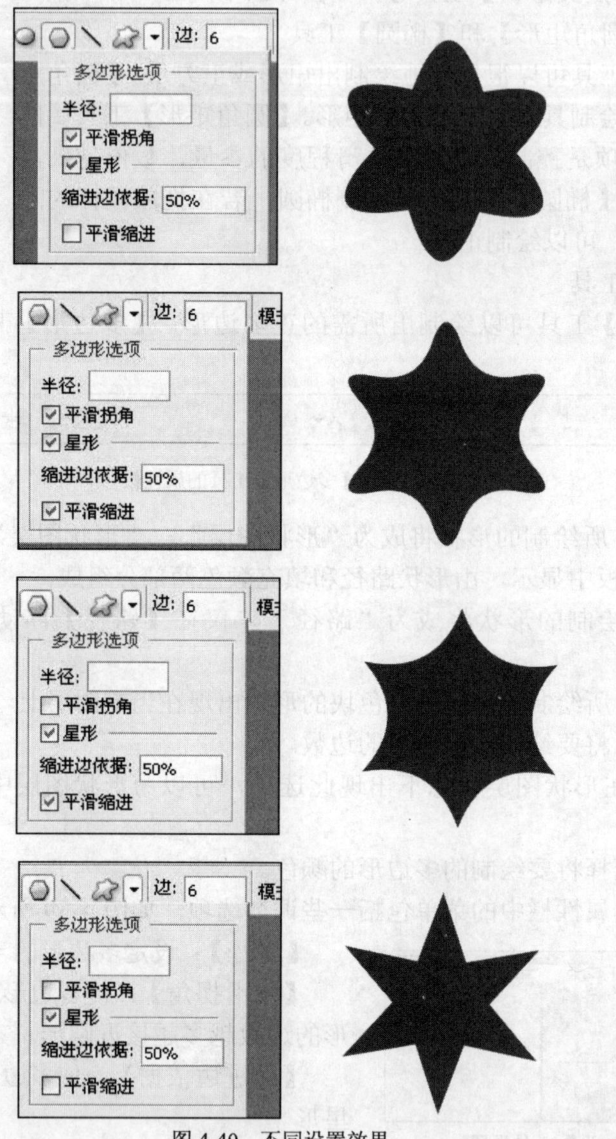

图 4-40 不同设置效果

【宽度】：设定箭头宽度和线段宽度的比值，可输入 10%～1000%之间的数值。

【长度】：设定箭头长度和线段宽度的比值，可输入 10%～5000%之间的数值。

【凹度】：设定箭头中央凹陷的程度，可输入-50%～50%之间的数值。

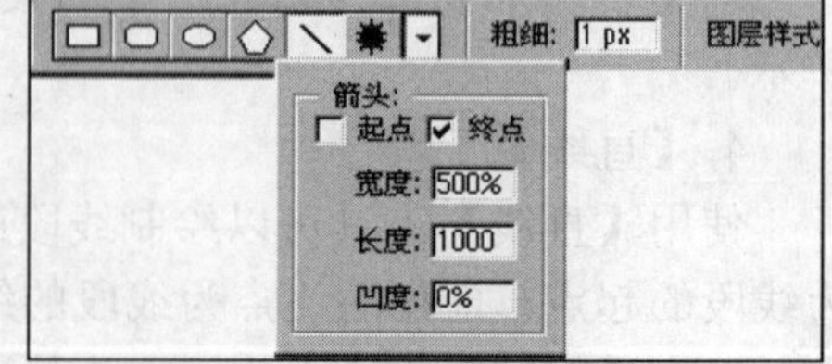

图 4-41 【直线】工具设置选项

5.【自定义形状】工具

【自定义形状】工具可以用来绘制一些不规则的图形或自己定义的图形，其属性栏如图 4-42 所示。其中【形状】选项可以用来选择所需绘制的形状，单击其右侧的三角形时会出现形状面板，这里储存着许多可供选择的形状。互联网上提供大量的外挂形状可供利用。

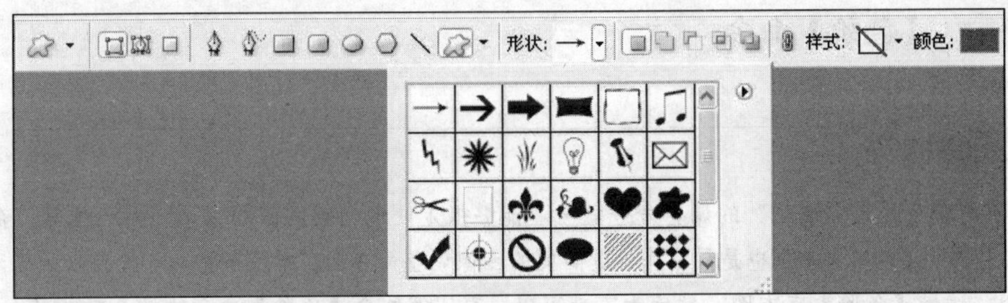


图 4-42　【自定义形状】工具面板

**问题四　为图像添加文字是图像处理的重要环节，Photoshop 中提供了哪些“文字工具”？文字都能够进行怎样的设置呢？**

### 学习资料四

Photoshop 中有【横排文字】工具、【直排文字】工具、【横排文字蒙版】工具和【直排文字蒙版】工具，如图 4-43 所示。单击文字工具可在工作区内输入文字，确定后自动生成文字图层。文字图层不同于其他图层，它可以随时进行编辑。【横排文字蒙版】工具和【直排文字蒙版】工具用来创建文字外形的选区，并可作为一般选区进行编辑。

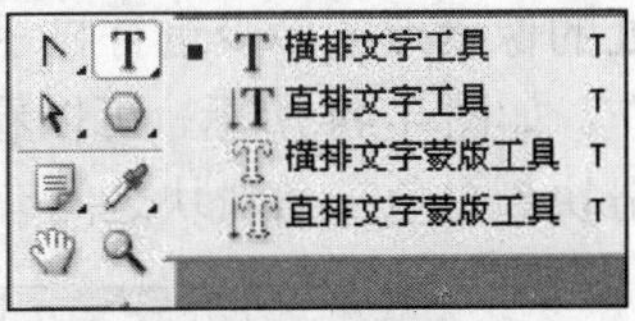

横排文字工具　T
直排文字工具　T
横排文字蒙版工具　T
直排文字蒙版工具　T

图 4-43　文字工具

单击工具属性栏上的按钮，将弹出【字符】对话框，在这里有【字符】和【段落】两个选项卡。【字符】选项卡可以设置字体、字号、文字在水平方向和垂直方向上的缩放比例、字距、行距、文字颜色以及字体加粗等。【段落】选项卡可以设置文字的对齐方式（左对齐、右对齐或居中）、左缩进、右缩进、首行缩进、从第 1 行开始调整段落间隔、从末行开始调整段落间隔等。

## 第二单元　Photoshop 色彩调整命令

调整系列命令是 Photoshop 中的一项重要内容，包括用于对图像的色彩、色调等进行调整的多种常用命令。Photoshop 中的【调整】命令位于【图像】菜单中，Photoshop CS3 包括【色阶】、【自动色阶】、【自动对比度】、【自动颜色】、【曲线】、【色彩平衡】、【亮度/对比度】、【黑白】、【色相/饱和度】、【去色】、【颜色匹配】、【替换颜色】、【可选颜色】、【通道混合器】、【渐变映射】、【照片滤镜】、【阴影/高光】、【曝光度】、【反向】、【色调均化】、【阈值】、【色调分离】和【变化】命令。其中，【色阶】、【自动色阶】、【自动对比度】、【曲线】、【亮度/对比度】、【黑白】、【阴影/高光】、【曝光度】、【阈值】等命令主要用于对图像的明暗对比度进行调整，它们可改变图像中像素值的分布并能在一定精度范围内调整色调；【色彩平衡】、【色相/饱和度】、【替换颜色】、【可选颜色】、【通道混合器】、【渐变映射】、【反相】、【色调分离】、【变化】等命令可用于对图像中的特定颜色进行修改。对于这些命令的具体效果，请大家利用软件针对同一幅图像分别进行试验，这里主要介绍几个最常用的命令。

## 环节一　【色阶】命令

### 问题情境

【色阶】命令是最“聪明”的调整命令之一，能够很方便地调整图像的色调、对比度等。在日常图像处理工作中，【色阶】命令也是最常用、最简便的图像调整命令。在本环节中，首先要求大家理解【色阶】命令，读懂【色阶】直方图，然后大家就可以跟着实例体会【色阶】命令的神奇功能了。

**问题一　【色阶】命令中形如小山的图形是怎么回事？它是做什么用的？该怎么理解和运用它？**

### 学习资料一

学会【色阶】命令的关键是读懂直方图。直方图是根据当前图像中每个亮度值（0～255）处的像素点的多少进行显示的，也就是根据直方图能够读出当前图像中所有像素点的灰度分布。如图 4-44 所示，可以看出黑色三角滑块到灰色三角滑块之间像素分布不多，而灰色三角滑块到白色三角滑块之间有大量像素分布，这就表示此图整体亮度较高。

图 4-44　图像与直方图

色阶图中右面的黑色三角滑块控制图像的黑场值，左面的白色三角滑块控制图像的白场值，两个滑块各自处于色阶图的两端。中间的灰色三角滑块则控制图像的中度灰值。可以利用这 3 个滑块调整图像的对比度：左边的黑色滑块向右移，图像颜色变深，对比变强，如图 4-45 所示；右边的白色滑块向左移，图像颜色变浅，对比也会变强，如图 4-46 所示。例如，如果一幅图像中包括 0～255 所有亮度值度的像素，将黑色三角滑块向右移到 60，则所有亮度值在 60 以下的像素都会变成黑色，图像也会相应变暗。

中间的灰色三角滑块控制着中间调的对比度，改变其数值可改变图像中间调的亮度值，但不会对暗部和亮部有太大的影响。将灰色三角滑块向右稍加移动，可以使中间调变暗，向右稍动时可使中间调变亮，如图 4-47 所示。

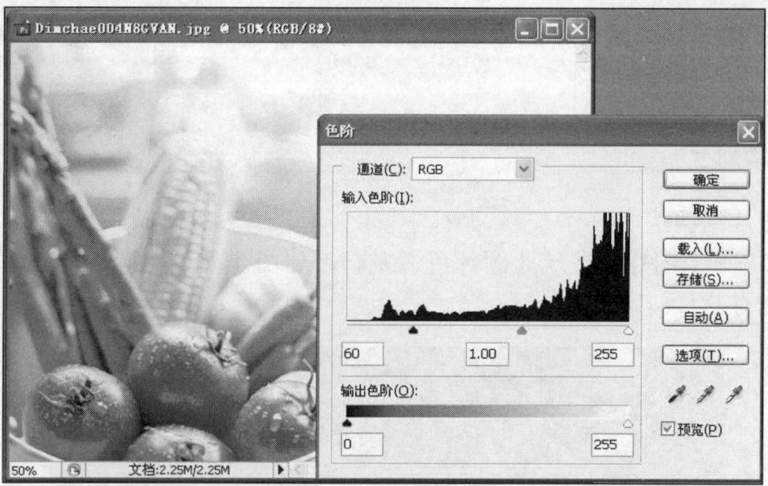


图 4-45　图像与直方图调整示意 1

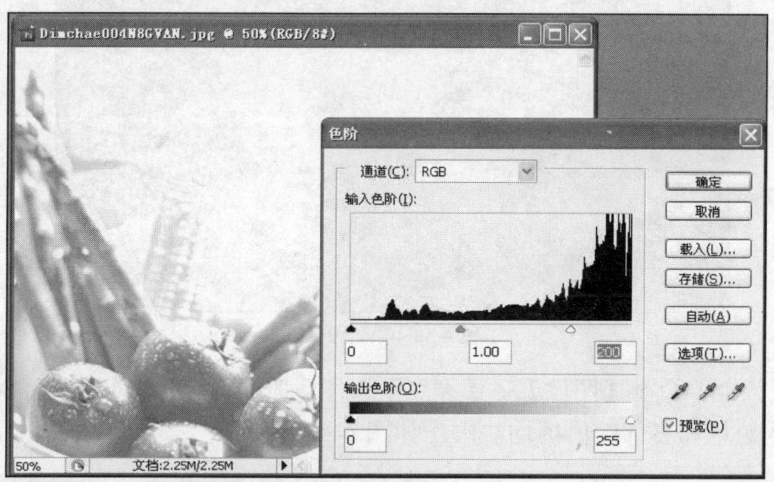


图 4-46　图像与直方图调整示意 2

图 4-47　图像与直方图调整示意 3

**问题二** 若拿到的图片不是很理想，整体显得灰土土的，该怎么办？利用【色阶】命令能够给我一个满意的结果吗？

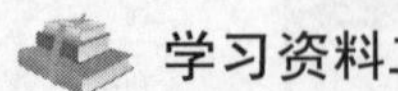

## 学习资料二

**例：灰暗照片的调整。**

步骤 1：打开一幅图片，发现此图片色调灰暗，如图 4-48 所示。一般扫描仪或数码相机输入的图片都会有此种问题。

图 4-48　原始图像

步骤 2：执行菜单命令【图像】→【调整】→【色阶】，打开【色阶】命令对话框，发现直方图中左部的黑场和右部的白场均缺失，如图 4-49 所示。

图 4-49　【色阶】对话框

步骤 3：将黑色滑块向右调整，白色滑块向左调整，自定义黑、白场。将图中现有深灰色像素定义为黑，浅灰色像素定义为白，如图 4-50 所示。

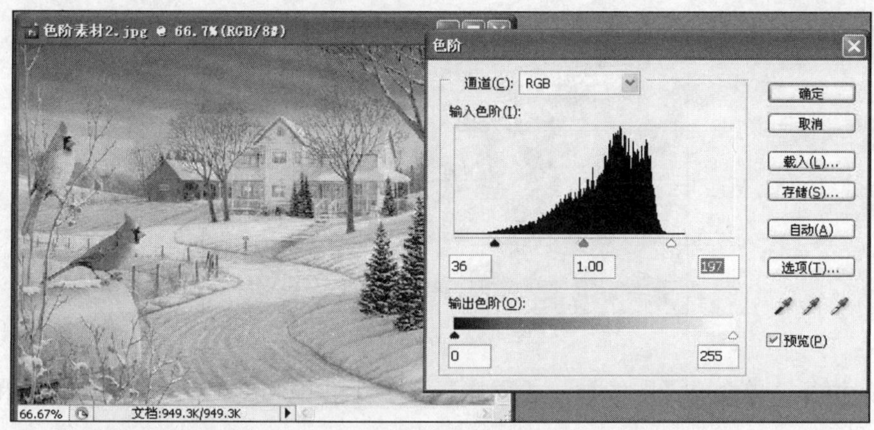


图 4-50　【色阶】调整示意

## 环节二　【色相/饱和度】命令

**问题情境**

【色相/饱和度】命令也是最常用的调整命令之一，能够很方便地调整图像的色调、色彩等。掌握了【色相/饱和度】命令，就能够较好地驾驭图像上的各种色彩了。本环节将从基本功能介绍入手，结合实例，帮助大家学会使用【色相/饱和度】命令。

### 问题一　【色相/饱和度】命令好像功能很强大，能不能先认识一下它的控制界面？

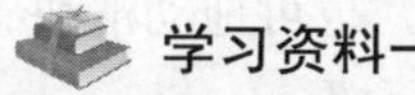

**学习资料一**

【色相/饱和度】命令可以调整图像的色相、饱和度和明度，如图 4-51 所示。在【编辑】下拉列表中选择调整的颜色范围，选择【全图】选项时可一次调整所有颜色，选择其他选项时则针对单个颜色进行调整。确定好调整范围之后，就可以利三角滑块调整对话框中的色相、饱和度和明度数值，这时图像的色彩就会随滑块的移动而变化。对话框的底端显示有两个色条，上面的色条显示调整前的颜色状态，下面的色条显示调整后的颜色状态。如果选中【着色】复选框，则图像色彩信息会全部丢失而成为灰度图，在此基础上再为图像整体添加某一颜色。

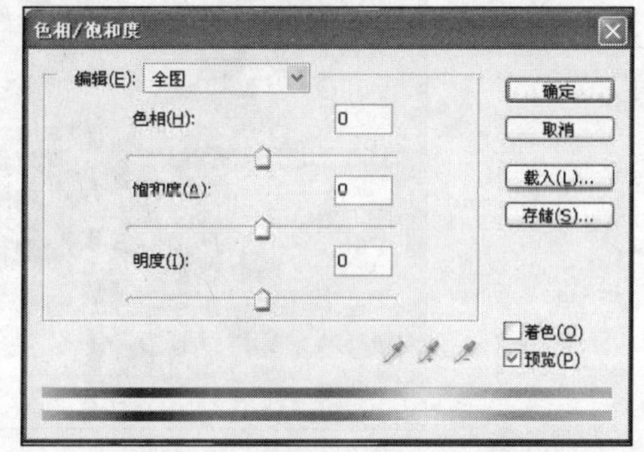


图 4-51　【色相/饱和度】面板

### 问题二　如何利用【色相/饱和度】命令变换一幅图像的色彩？

**学习资料二**

利用【色相/饱和度】命令变换图像色彩的步骤如下。

步骤 1：打开一幅素材图像，如图 4-52 所示。下面要将图中的花朵变为蓝色。

图 4-52　原始图像

步骤 2：执行菜单命令【图像】→【调整】→【色相/饱和度】，打开【色相/饱和度】对话框，如图 4-53 所示。

图 4-53　打开【色相/饱和度】对话框

步骤 3：将【色相】、【饱和度】滑块分别放置到图 4-54 所示的位置，也可拖动滑块感受不同颜色变化，增强变化。

图 4-54　【色相/饱和度】对话框设置示意

**问题三**　**我曾经见到过一种有趣的图像效果，图像中只有一种色彩是鲜艳醒目的，其余的地方都是灰色，这种效果能够通过【色相/饱和度】命令调整出来吗？怎么操作？**

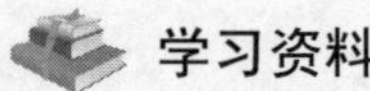 **学习资料三**

利用【色相/饱和度】命令调整图像饱和度的步骤如下。

步骤 1：打开一幅素材图像，如图 4-55 所示。下面将图像中的其他色彩信息去掉，仅留下红色和绿色。

图 4-55　原始图像

步骤 2：执行菜单命令【图像】→【调整】→【色相/饱和度】，打开【色相/饱和度】对话框，并打开【编辑】下拉列表，如图 4-56 所示。可以看到，各种色彩可以分别进行调整。

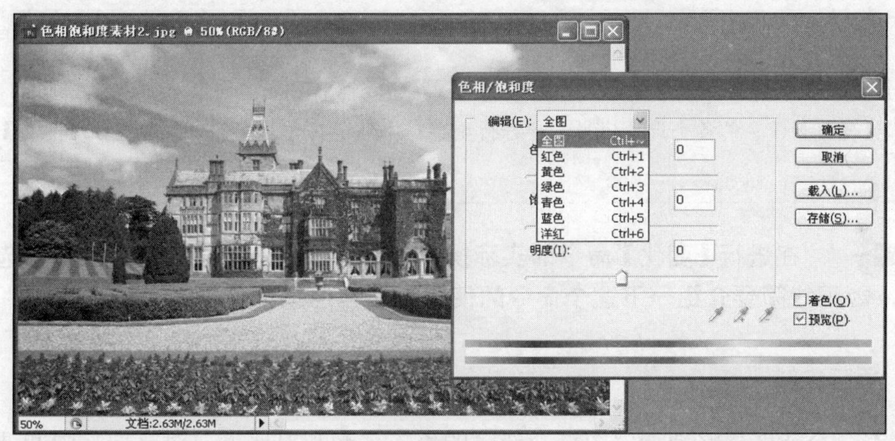


图 4-56　【色相/饱和度】对话框

步骤 3：分别选中除“红色”、“绿色”外的所有色彩，将它们的【饱和度】滑块置于“-100”处，如图 4-57 所示。

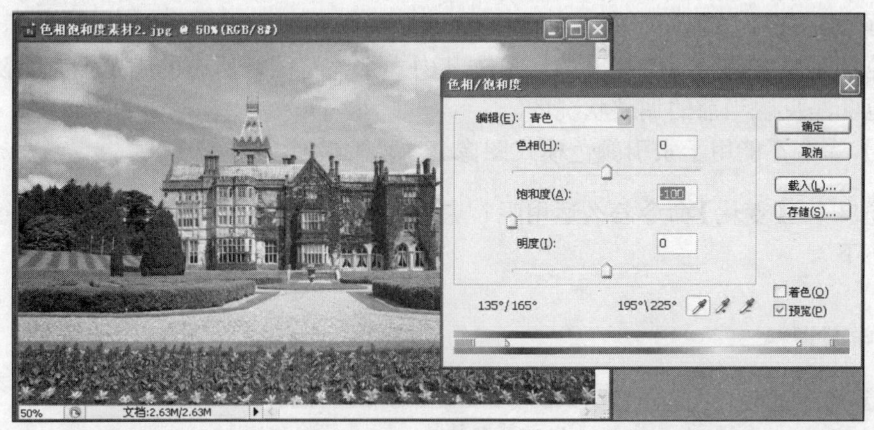


图 4-57　调整饱和度

最终效果如图 4-58 所示。

图 4-58　最终效果

## 环节三　【变化】命令

问题情境

【变化】命令能够直观地调整图像的色调、色彩等，还能够为灰度图像添加色彩。那么，它的特点是什么？【变化】命令的各个选项应当怎样进行调整？本环节将通过实例来具体演示【变化】命令的使用方法。

**问题一　在进行【变化】命令的实际操作之前，我想先对该命令的各操作选项有一个大概了解，能不能简要介绍一下这个命令的使用方法和注意事项？**

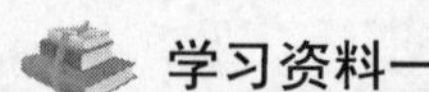

### 学习资料一

【变化】命令能够概略地调整图像或选区的色彩平衡和对比度，对暗部、中间调、高光和饱和度分别进行调整，移动【精细】和【粗糙】之间的三角滑块，可确定每次调整的数量（滑块移动一格，调整的数量则双倍增加）。调整方法是：如果要在图像中增加某种颜色，只需单击相应的颜色缩览图就可以了；如果要从图像中减去某种颜色，也可单击缩览图上的相应颜色。

对话框顶部的两个缩览图分别为原图像（或原选区）和调整效果的预视图（或预视选区）。右面的缩览图是用来调整图像亮度的（单击其中一个缩览图，所有的缩览图都会随之改变）。中间的缩览图是反映当前的调整状况的。

【变化】命令不能用于索引颜色模式图像。

**问题二　【变化】命令怎么运用呢？它能够产生怎样的特殊效果？能不能通过实例来具体演示一下？**

### 学习资料二

【变化】命令的使用方法如下。

步骤 1：打开一幅黑白照片，如图 4-59 所示。要求用【变化】命令将人物眼球变换为蓝色，嘴唇变换为洋红色，其余部分变换为淡棕色。

图 4-59　原始图像

步骤 2：利用键盘上的快捷键“Ctrl+Alt+‘+’”，将图像放大。单击【工具】面板中的【椭圆选框】工具，在人物眼珠部位拉出一个椭圆选区，如图 4-60 所示。

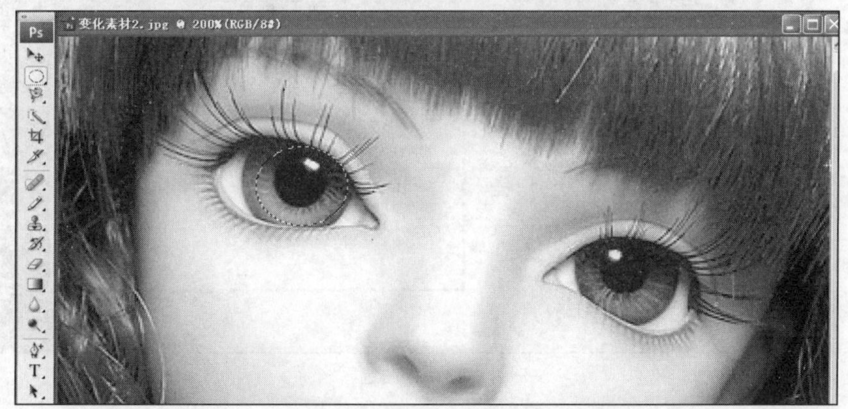


图 4-60　在左边眼睛部位拉出选区

步骤 3：按住“Shift”键，在鼠标指针右下方出现“+”号时，再用【椭圆选框】工具选取（或按下工具属性栏中的【添加到选区】按钮），可将新选区添加到原有选区中。慢慢地添加，直到将眼珠整体选中为止，如图 4-61 所示。如果在此过程中出现误操作，对于多选的部分可按住“Alt”键将其减去（或按下工具属性栏中的【从选区减去】按钮）。

图 4-61　调整选区直到整个眼珠被选中

步骤 4：用添加选区方法选中另一只眼珠，如图 4-62 所示。

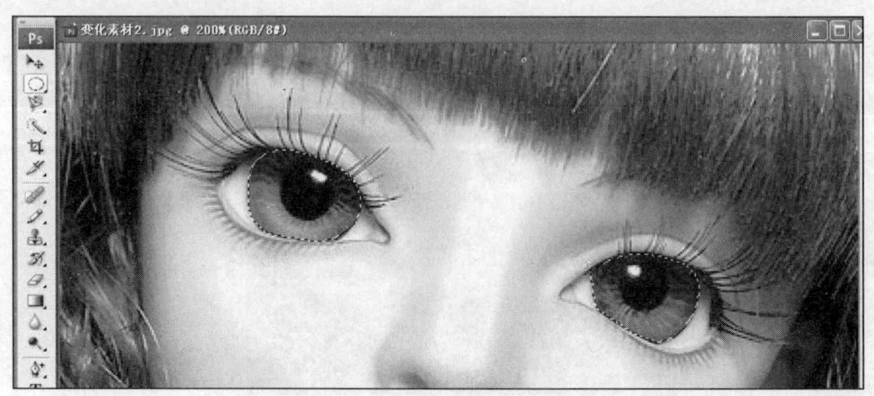


图 4-62　两只眼珠选中示意图

步骤 5：执行菜单命令【选择】→【存储选区】，弹出【存储选区】对话框，然后在【名称】文本框中输入“y”，将眼珠选区保存，如图 4-63 所示。

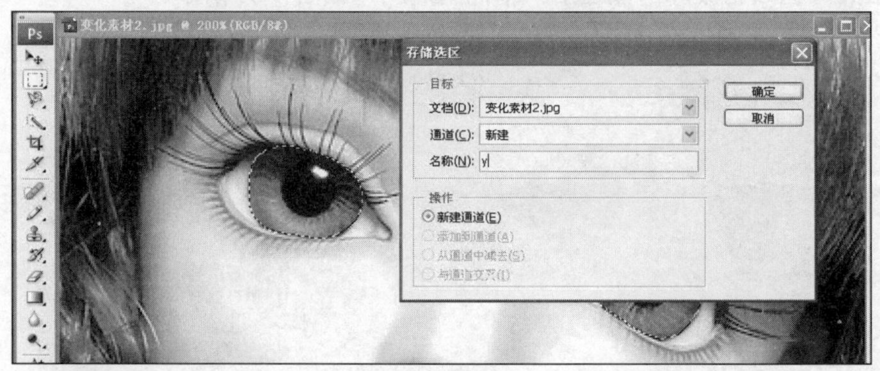


图 4-63　存储选区

步骤 6：执行菜单命令【图像】→【调整】→【变化】，弹出图 4-64 所示的对话框，然后单击两次【加深蓝色】和一次【加深青色】。如果对此时直观显示的眼珠颜色感到满意，单击【确定】按钮；如不满意，可做进一步调整。

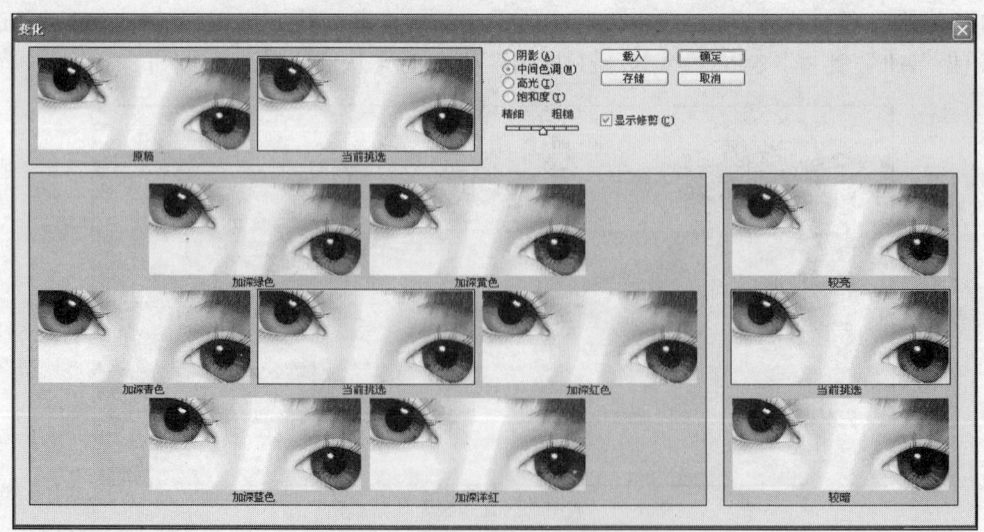


图 4-64　用【变化】命令调整眼珠颜色

步骤 7：执行菜单命令【选择】→【取消选择】，去掉选区，然后选择工具栏中的【多边形套索】工具，勾勒出嘴唇轮廓，如图 4-65 所示。

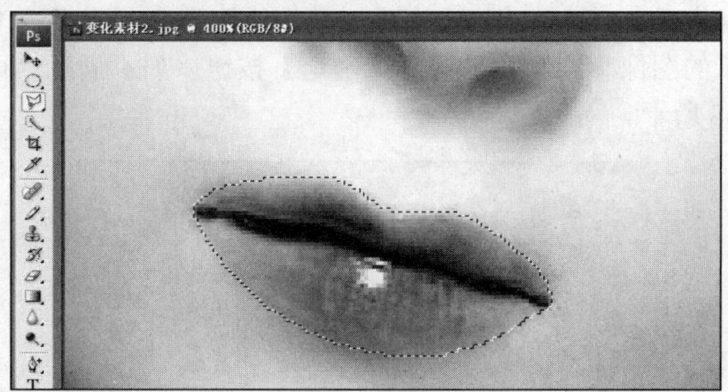


图 4-65　勾勒嘴唇轮廓

步骤 8：执行菜单命令【选择】→【存储选区】，在弹出的对话框中将选区名称设置为“z”，然后存储。执行菜单命令【图像】→【调整】→【变化】，弹出【变化】对话框，单击一次【加深红色】和一次【加深洋红】，如图 4-66 所示。如果对此时直观显示的嘴唇颜色感到满意，单击【确定】按钮；如不满意，可做进一步调整。

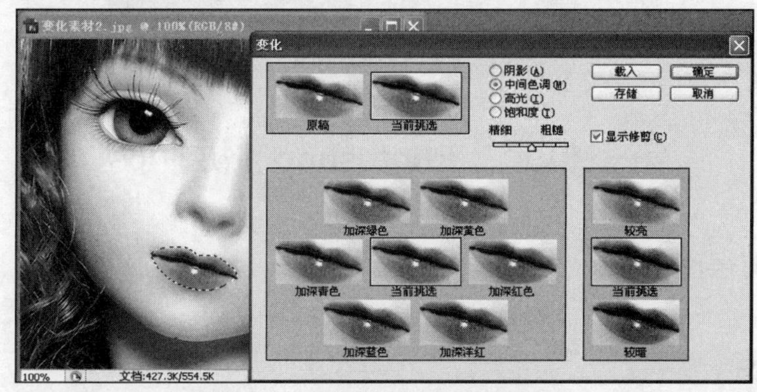


图 4-66　用【变化】命令调整嘴唇颜色

步骤 9：不要去掉选区，执行菜单命令【选择】→【载入选区】，弹出【载入选区】对话框。在【通道】下拉列表中选择【y】，在【操作】选项组中选择【添加到选区】单选按钮，然后单击【确定】按钮，如图 4-67 所示。

图 4-67　【载入选区】对话框

步骤 10：执行菜单命令【选择】→【反向】，选中除眼珠和嘴唇外的其他部分。然后执行菜单命令【图像】→【调整】→【变化】，在弹出的【变化】对话框中，在【fine——coarse】滑动条处将调整幅度值减小一格，单击一次【加深红色】、一次【加深黄色】和两次【较亮】。如果对此时直观显示的图像感到满意，单击【确定】按钮；如不满意，可做进一步调整。完成后的效果如图 4-68 所示。

图 4-68　最终效果

# 第三单元　Photoshop 图层问题

## 环节一　图层基础

**问题情境**

图层是 Photoshop 最基础和最重要的功能，几乎所有的操作都是在当前图层这个概念上完成的。图层问题包含了图层关系、图层样式、图层蒙版、图层模式等很多小问题，可以说掌握了图层，对 Photoshop 这个软件也就掌握了至少一半了。在本环节中，让我们先来认识一下图层，了解【图层】面板中的各种编辑功能。

### 问题一　图层是什么？Photoshop 中为何要引入图层这个概念？

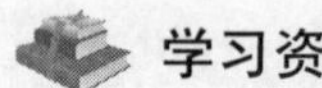

**学习资料一**

图层是 Photoshop 的重点内容。在 Photoshop 中，图层是最基本的操作之一，通过 Photoshop 加工过的一幅图像一般由多个图层组成，通过图层可以对图像中的各个元素分别进行处理和保存，对其他的图层不会造成任何影响。图层有以下两个明显的特点。

① 对一个图层所做的操作不影响其他图层。

② 图层中没有像素的部分是完全透明的，有像素的部分也可以调整不透明度值。

**问题二** **Photoshop 图层中的各项功能主要集中在哪里？希望能够看到对各项功能的详细介绍，以便在使用过程中随时查阅。**

## 学习资料二

Photoshop 图层中的各项功能主要集中在【图层】浮动面板中。【图层】浮动面板一般位于主窗口的右下部，如图 4-69 所示。如果在工作区内看不到，则可以执行菜单命令【窗口】→【图层】，调出【图层】浮动面板。一般图像在打开的时候通常只有一个背景图层，可以在制作过程中添加其他图层。

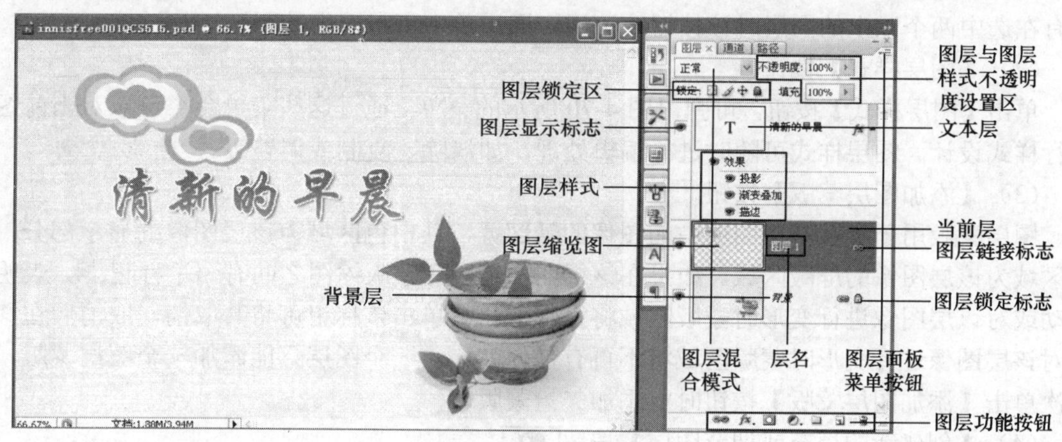


图 4-69 【图层】浮动面板

1．当前层

当前层是指当前工作的图层，在【图层】面板中以蓝色为底色进行显示，我们所做的大多数编辑操作仅对当前层有效。操作时可以只有一个当前层，也可以有多个当前层。当有多个当前层时，大多数命令不可用，只可以进行少数操作，如移动、对齐等。要切换当前层时，只需在【图层】面板中单击所选定的图层即可。

2．图层显示标志

要显示或关闭图像中的某个图层时，只需在显示标志上单击一下即可。若显示有标志，则表示打开该图层的显示；反之，则关闭该图层的显示。关闭某一层的显示不等于删除层，仅仅是当前暂时隐藏。

3．图层链接标志

若某个图层中显示有标志，则表明该层与当前层是链接在一起的，可与当前层一起进行编辑，如移动或变形。

4．图层缩览图

图层缩览图用于显示本层的缩览图，以方便我们在处理图像时参考。单击【图层】面板右上角的按钮，选择菜单中的【调板选项】命令，可在弹出的对话框中根据需要调整缩览图的大小。

5．层名

【图层】面板中显示出了各图层的名称。如果在创建图层时未指定名称，则系统会自动按顺序将其命名为“图层1”、“图层2”等。

6．文本层

当某一图层显示有标志T时，表明该图层为文本层。文本层不同于其他层，不是以“像素”而是以“字符”方式记录的。单击【文字】工具，即可随时对文本层中的文本进行编辑处理，任何编辑都不会影响文本层中内容的质量。

7．图层功能按钮

（1）【链接图层】按钮

图层功能按钮区的第一个按钮为【链接图层】按钮，一般情况下该按钮为不可用状态，只有在选中两个以上的图层时该按钮才可用，通过单击可对选中的图层进行链接。

（2）【图层样式】按钮

单击【图层样式】按钮，可弹出图4-70所示的菜单，通过这些菜单命令可以对当前图层进行样式设计。图层样式可随时进行编辑处理，如清除、复制或调整等。

（3）【添加图层蒙版】按钮

图层蒙版用于屏蔽对应图层中的图像的景部分，其白色区域为该层图像的显示部分，黑色区域为该层图像的屏蔽区域。如果在该层图像缩图和蒙版缩图之间有一个标记，表明在移动或对该层图像进行变形时蒙版区域将发生变化。单击该标记可将其取消，取消后在移动或对该层图像进行变形时蒙版区域将不再有任何变化。一个图层只能添加一个图层蒙版，第二次单击【添加图层蒙版】按钮时将添加矢量蒙版。

（4）【创建新的填充或调节图层】按钮

单击该按钮，可以在弹出的菜单中选择添加某种填充/调节层的菜单命令。填充/调节层是一种用于控制色彩和色调的特殊图层，相当于【填充】或【调整】命令与图层蒙版的结合。

（5）【创建图层组】按钮

单击该按钮，可以创建一个图层组。创建图层组不但便于管理过多的图层，还可以方便地对图层组中的所有图层同时进行属性设置或进行移动操作。

（6）【创建新图层】按钮

单击该按钮，将得到一个新的图层。这里所谓的“新”，也就是“空的”、“透明的”。Photoshop会为新的图层指定一个默认的名字，如图层1、图层2等。可以双击【图层】面板中的图层，在弹出的【图层选项】窗口中修改该图层的名字。拖动某个现有图层到该图标上，将复制此图层。

（7）【删除图层】按钮

单击该按钮，可以删除当前图层。也可以通过将要删除的图层拖至该按钮上进行删除。

8．图层的锁定

Photoshop提供以下4种锁定方式。

锁定透明像素：即禁止在透明区内进行各种操作。

锁定图像像素：即禁止编辑该层。

锁定位置：即禁止移动该层。

全部锁定：即禁止对该层进行一切操作。

9．图层不透明度

不透明度设置位于图层面板的右上方。当不透明度参数为 100%时，这个图层下面的内容将被完全遮盖；当不透明度为 0%时，这个图层将变得完全透明；0%～100%之间的不透明度意味着这个图层是半透明的。

10．【图层】面板菜单

单击【图层】面板右上方的菜单标志，将出现下拉菜单，其中包含各种图层基本操作命令，如图 4-71 所示。

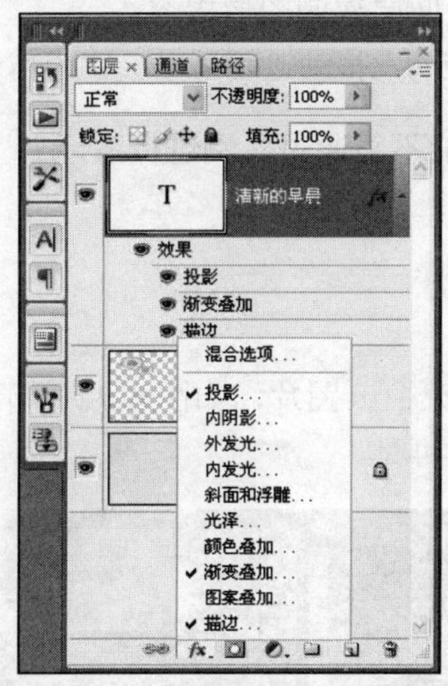

图 4-70　【图层样式】菜单

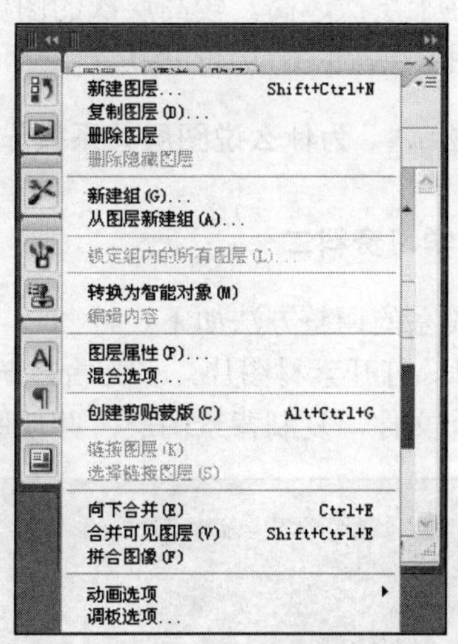

图 4-71　【图层】面板下拉菜单

这里需要掌握是【转换为智能对象】命令和【向下合并】系列命令。【转换为智能对象】命令可将当前图层转换为具有一定矢量属性的智能对象，对智能对象图层进行放大或缩小等操作将不影响图层中图像本身的质量，但是 Photoshop 中的大多数操作对智能对象无效。【向下合并】命令可用于合并当前层与下一层；【合并可见图层】命令可用于合并所有可见图层；【拼合图像】命令可用于合并所有图层，最终形成一个图层。

11．背景图层

背景图层是一种特殊的图层，有着和一般图层不同的特点，主要如下。

① 一幅图像最多可以有一个背景图层，也可以没有背景图层。

② 背景图层不支持“移动”。

③ 背景图层不具备“透明”等特征。

④ 背景图层与普通图层之间可相互转换。

## 环节二　图层关系

**问题情境**

图层关系是 Photoshop 图层最基本的功能，一般情况下也是初学者掌握图层的入门环节。那么，不同图层之间到底是什么关系？运用不同的图层关系能够产生怎样的效果呢？

**问题一** 什么是图层关系？图层之间的关系是一成不变的吗？想要改变图层之间的关系需要怎样操作？

**学习资料一**

图像中的各个图层间彼此是有层次关系的，搞清图层关系是学习 Photoshop 的基础。Photoshop 中图层关系的最直接体现就是叠加，位于【图层】浮动面板下方的图层的层次是较低的，越往上层次越高。较高层次的图像内容会遮挡较低层次的图像内容。

改变图层层次的方法是在图层浮动面板中对层进行拖动，拖动过程可以一次跨越多个图层。

**问题二** 为什么说图层关系操作简单而实用？能不能通过实例进行演示？

**学习资料二**

图层关系的调整方法如下。

步骤 1：打开素材图片，一为古建筑图片，一为蓝天白云图片，如图 4-72 所示。以建筑图片为操作文件，复制背景图层，并使原背景图层为不可见。

图 4-72 复制图层

步骤 2：用移动工具将云图像拖到建筑图像中，并拖动该层到“背景副本”下方，如图 4-73 所示。

图 4-73 拖入图像云，调整图层关系

步骤 3：单击“背景副本”层使之为当前层，用【魔棒】工具选取天安门上方蓝色的天空，使得整个天空均被选中，如图 4-74 所示。

图 4-74　选中天空

步骤 4：按“Delete”键将选取的天空部分清除。清除后将看到下层“云”的相关区域，如图 4-75 所示。

图 4-75　清除选区

步骤 5：用【选取】工具在图像的任意位置单击，去除选取状态。单击云所在的“图层 1”使之为当前层，再利用【移动】工具将蓝天白云放置到合适位置，如图 4-76 所示。

图 4-76　拖动图层 1 到合适位置

步骤 6：合并后两个图层的亮度、对比度不甚一致，使“背景副本”图层为选中状态，然后选择菜单命令【图像】→【调整】→【色阶】，打开【色阶】调整面板。将【输入色阶】的值调整为“5，1.00，165”，如图 4-77 所示。

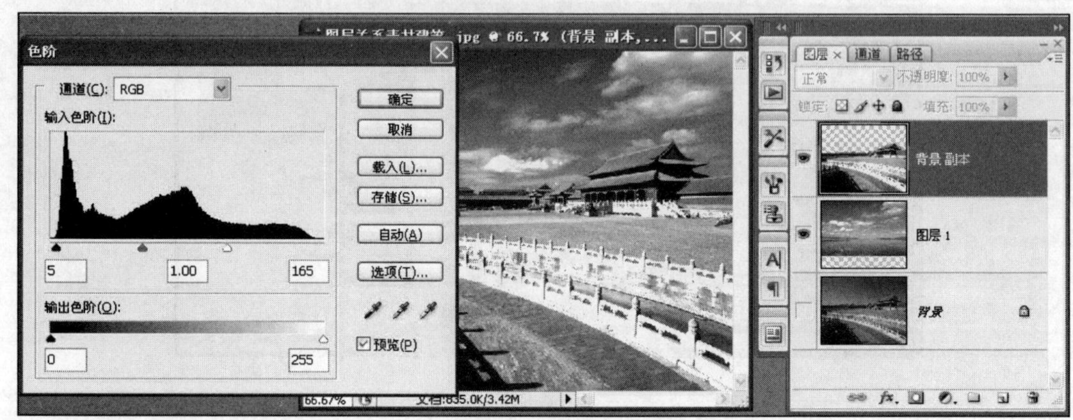


图 4-77　调整色阶

## 环节三　图层样式

### 问题情境

据说学会 Photoshop 中的图层样式能够在处理图像的过程中起到事半功倍的效果，那么，图层样式到底是做什么的？添加了“样式”的图层会是什么效果？Photoshop 中提供的各种图层样式都能够产生什么样的效果？可否对样式进行调整？针对图层样式的最基本的操作有哪些，如何进行操作？带着这些问题，请你进入本环节的学习。

### 问题一　什么是图层样式？Photoshop 中提供了多少种图层样式？图层样式能够产生什么效果？

### 学习资料一

图层样式可以快速应用投影、外发光、浮雕、描边等各种效果。当图层应用了样式后，在图层调板中图层名称的右边会出现图标 fx 。

① 投影：为图层内容添加阴影。

② 内阴影：在紧靠图层内容的边缘内添加阴影，使图层具有凹陷外观。

③ 外发光：添加从图层内容的外边缘发光的效果。

④ 内发光：添加从图层内容的内边缘发光的效果。

⑤ 斜面和浮雕：对图层添加高光与暗调的各种组合。

⑥ 光泽：在图层内部根据图层的形状应用阴影，通常都会创建出光滑的磨光效果。

⑦ 颜色、渐变和图案叠加：用颜色、渐变效果或图案填充图层内容。

⑧ 描边：使用颜色、渐变效果或图案在当前图层上描画对象的轮廓。

**问题二**　【图层样式】对话框有哪些功能？Photoshop 中图层样式的常用操作有哪些？

**学习资料二**

Photoshop 支持对图层样式进行调整，方法是双击图层样式标签，调出【图层样式】对话框，其中有多个选项卡，各个选项卡中又包含多项设置，大家可以自己摸索。另外，Photoshop 还提供了很多预设的样式，可以在【样式】面板中直接选择所要的效果，还可以在它的基础上进行修改，自定义样式，如图 4-78 所示。

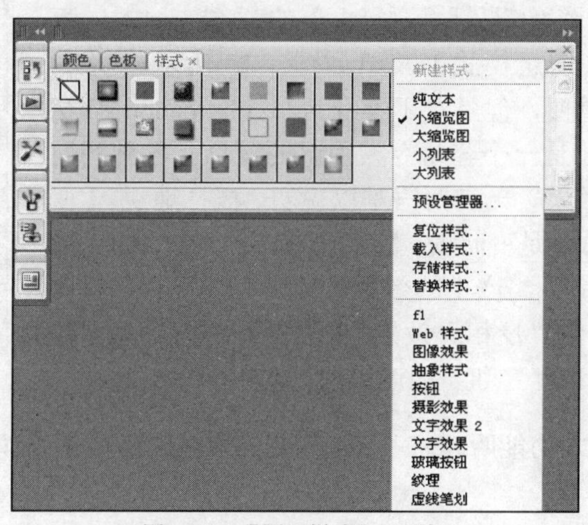


图 4-78　【图层样式】对话框

1．隐藏/显示图层样式

在【图层】菜单下的【图层样式】命令中可以选择【隐藏所有图层效果】或【显示所有图层效果】子命令，以隐藏或显示图层样式。在【图层】面板中，可以通过单击图层样式左方的眼睛图标隐藏或显示图层样式。

2．复制和粘贴样式

如果想使其他的图层应用同一个样式，可以使用复制和粘贴样式功能。首先选择要复制样式的图层，然后执行菜单命令【图层】→【图层样式】→【拷贝图层样式】，再在【图层】面板中选择目标图层，执行菜单命令【图层】→【图层样式】→【粘贴图层样式】。

3．删除图层样式

对于有些我们想取消的样式，可以在【图层】面板中将样式栏拖到【删除图层】按钮上，或者执行菜单命令【图层】→【图层样式】→【清除图层样式】。

## 环节四　图层模式

**问题情境**

Photoshop 图像的拼合方式只有“上层覆盖下层”一种吗？图像之间能否进行更为有机的拼合？Photoshop 提供了多少种图层有机拼合方式？它们能够产生怎样的视觉效果呢？

**问题一　什么是图层模式？图层模式的原理是什么？Photoshop 中提供了多少种图层模式？**

### 学习资料一

图像之间是可以进行有机拼合的，突破“上层覆盖下层”的模式。对上、下层对应的像素利用不同的公式进行运算，将会得到不同的拼合效果。图层模式就是决定进行图像编辑处理时当前层如何与下层图像进行色彩混合的功能。中文版 Photoshop CS3 提供的【图层模式】菜单如图 4-79 所示。

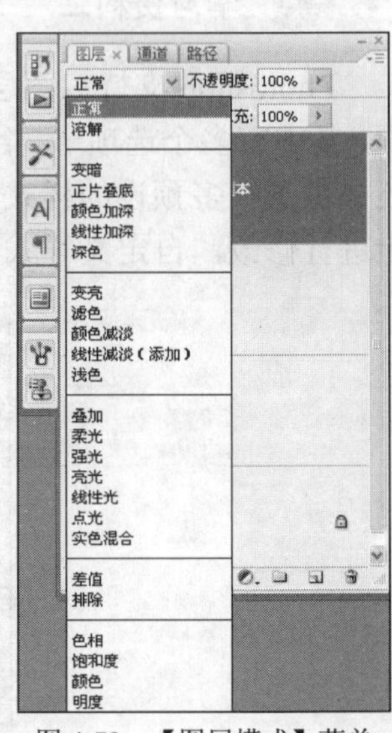


图 4-79　【图层模式】菜单

掌握图层模式非常重要，但是对于不经常和 Photoshop 打交道的人来说，图层模式还是一个容易令人困惑的概念。各种图层模式到底会产生怎样的效果？一言两语难以说明。概括地说，【变暗】命令组产生的效果总体是变暗的，【变亮】命令组产生的效果总体是变亮的，【叠加】命令组产生的效果总体是亮者更亮、暗者更暗，【差值】命令组产生“反相”效果，【色相】命令取上层的“色相”以及下层的“饱和度”和“明度”，整组功能以此类推。

**问题二　图层模式功能听起来不错，应用起来真的那么神奇吗？我想通过实例看看某种图层模式的具体效果。**

### 学习资料二

图层模式的使用方法如下。

步骤 1：打开素材图像，新建一个图层，并将新建图层命名为“彩虹”，如图 4-80 所示。

图 4-80　新建图层

步骤 2：选中【渐变】工具，并单击【渐变】工具属性栏中的颜色显示框，如图 4-81 所示。这时将出现【渐变编辑器】面板。

步骤3：选择【渐变编辑器】面板中的“透明彩虹”进行调整。渐变编辑条上部的墨水瓶控制透明度，下部的墨水瓶控制颜色。在渐变编辑条边缘任意处单击时可添加墨水瓶，用鼠标拖走墨水瓶时可将其删除。【色标】组中的【不透明度】选项控制上部的墨水瓶，【颜色】选项控制下部的墨水瓶。将“透明彩虹”调整为图4-82所示效果，即将所有颜色墨水瓶列在一起，两端再各添加一个黑色墨水瓶。

图4-81　从【渐变】工具属性栏中调出【渐变编辑器】面板

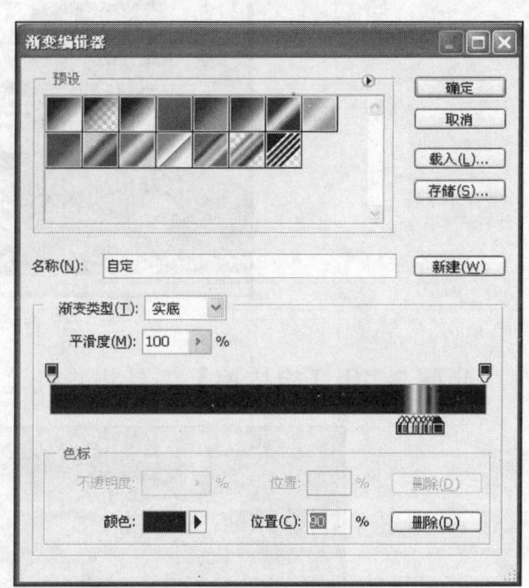


图4-82　【渐变编辑器】面板

步骤4：在【渐变】工具属性栏中单击【径向渐变】按钮，如图4-83所示。

步骤5：用【渐变】工具在图像中较为合适的位置拉出彩虹渐变效果。如觉得不满意，可以多试几次，直接拖动进行覆盖，不需进行还原操作。将“彩虹”层的图层模式改为滤色（也叫屏幕），如图4-84所示。

图4-83　单击【径向渐变】按钮

图4-84　调整图层模式

步骤6：将“彩虹”层的【填充】调整为“50%”，然后执行菜单命令【滤镜】→【模糊】→【高斯模糊】，将模糊值调整为“10”（或者其他参数，根据个人感觉调整），如图4-85所示。

图 4-85 【高斯模糊】滤镜

步骤 7：用【橡皮擦】工具将彩虹遮挡住前景的部分擦除，如图 4-86 所示。

图 4-86 最终效果

## 环节五 图层蒙版

**问题情境**

Photoshop 中的图层蒙版是一个怎样的功能？我上网查了一些有关图层蒙版的资料，还是觉得有些糊涂，能不能归纳一下图层蒙版的常用功能和操作方法，介绍一些图层蒙版与众不同的优势和特点呢？

**问题一** **图层蒙版是什么？Photoshop 中是不是有不只一种图层蒙版？所以，我上网查找资料时才会产生困惑，请为我们清晰地讲解图层蒙版的基本特征和基本操作。**

### 学习资料一

蒙版也是 Photoshop 图层中的一个重要概念。Photoshop 中的蒙版分 3 类：一是快速蒙版，二是图层蒙版，三是矢量蒙版。快速蒙版是选取工具，用来进行精确选取，这里不作介绍；矢量蒙版是用来在图层上创建锐边形状的蒙版，只有灰色和白色，它与路径和形状工具密切相关。下面主要讲解普通蒙版的操作方法和功用。

普通蒙版是基于 Photoshop 无损修改的产物。修改蒙版可以控制所在图层的隐现，不会影响该图层上的真实像素。图 4-87 为普通蒙版与矢量蒙版示意图。直接在【图层】面板下方单击按钮即可新建一个蒙版，蒙版右键快捷菜单可以控制“停用/启用”、“删除”和“应用”图层蒙版。单击【图层】面板中的【图层蒙版缩览图】将它激活，然后选择任一编辑或绘画工具，就可以在蒙版上进行编辑了。将蒙版涂成白色时可以完全显示对应位置的本图层像素，将蒙版涂成灰色时可以以透明度值的方式显示对应位置的本图层像素，将蒙版涂成黑色时可以完全隐藏对应位置的本图层像素。普通蒙版的特点如下。

图 4-87 图层蒙版示意图

① 蒙版通过不同的灰度影响对应图层中相应部分的透明度。

② 修改方便，不会因为使用橡皮擦或剪切、删除而造成不可返回的遗憾。

③ 通过对蒙版的处理，可以实现选择区与其他区域的柔和拼接，不像一般的剪切和粘贴操作那样对选区要求特别严格。

④ 任何一幅灰度图像都可以应用到蒙版中去，并支持画笔、滤镜、调整等命令。

⑤ 可以运用图层样式。

对蒙版进行操作时要注意，之前一定要确认当前选择是否为当前层的蒙版而不是当前层。关于普通蒙版也是通道、自动生成 Alpha 通道的问题，这里不再赘述，以免给读者造成不必要的迷惑。

**问题二** **怎样拼接两幅图像才可以产生柔和的过渡效果，也就是说两幅图像如何进行无缝拼接？图层蒙版能做得天衣无缝吗？**

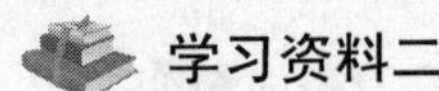

### 学习资料二

无缝拼接两幅图像的方法如下。

步骤 1：分别打开两个素材文件，用移动工具将人像拖到荷花图像中，然后在【图层】浮动面板中为人物图层添加蒙版，如图 4-88 所示。

图 4-88　为图层添加蒙版

步骤 2：对工具栏中的前景色和背景色进行默认还原，前景色为白色，背景色为黑色。然后选择【渐变】工具，打开【渐变编辑器】对话框，选择第一个前景色到背景色的渐变效果，在“30%”处添加一白色色标，如图 4-89 所示。

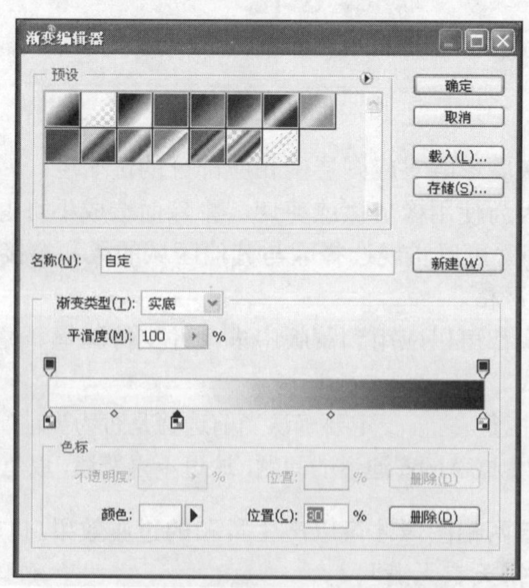


图 4-89　调整【渐变编辑器】对话框

步骤 3：选中蒙版，以人物面部位置为中心，在图像上拉出由白至黑的径向渐变效果，如图 4-90 所示。

图 4-90　在蒙版上拖拉渐变效果

# 第四单元　Photoshop 通道问题

## 环节一　通道概述

**问题情境**

据说 Photoshop 中的通道属于高级操作，那么，通道这个概念到底是什么？我们为什么要学通道？通道有什么具体用途？是不是像传说中的那样难以掌握？如果你有以上问题，请阅读本环节学习资料。

**问题一　据说通道概念之所以难以理解是因为 Photoshop 中有着多种通道，那么，不同类别的通道有哪些不同？各自的概念、特点和优势是什么呢？**

**学习资料一**

Photoshop 中的通道主要要有以下几种。

1．复合通道

复合通道不包含任何信息，实际上它只是同时预览并编辑所有颜色通道的一个快捷方式。它通常被用来在单独编辑完一个或多个颜色通道后使【通道】面板返回到它的默认状态。

2．颜色通道

当在 Photoshop 中编辑图像时，实际上就是在编辑颜色通道。这些通道把图像分解成一个或多个色彩成分，图像的模式决定了颜色通道的数量。RGB 图像模式有 3 个颜色通道，CMYK 图像有 4 个颜色通道，灰度图只有 1 个颜色通道。我们所看到的颜色通道中所记录的信息从严格意义上说不是整个文件的，而是来自于当前所编辑的图层。

3．Alpha 通道

Alpha 通道是计算机图形学中的术语，指的是特别的通道。它的意思是“非彩色”通道。这是我们真正需要了解的通道，可以说在 Photoshop 中制作出的各种特殊效果都离不开 Alpha 通道，它最基本的用处在于保存选取范围以及对选区范围进行调整。

4．专色通道

专色通道是指在印刷时除了 CMYK 以外用于替代和补充印刷色的特殊油墨，如金银色等。在制作多媒体图像时几乎不用，这里不做过多说明。

**问题二　在 Photoshop 中怎样对通道进行编辑？【通道】面板有哪些功能，怎样使用呢？**

## 学习资料二

【通道】面板如图 4-91 所示，显示出了 1 个复合通道和 3 个色彩通道。先对色彩通道进行解读：图像为 RGB 色彩模式，固有“R”、“G”、“B”三个色彩通道，如果是 CMYK 色彩模式，将有 4 个色彩通道。若图像中的红色和绿色通道较亮，蓝色通道较暗，说明本图像红光、绿光通过得较多，蓝光通过得相对较少。颜色通道中某部分越亮，表明此处该色彩光通过得越多。

图 4-91　【通道】面板

【通道】面板中各功能与符号的含义如下。

【通道显示】图标：可以使通道在显示和隐藏两种方式之间变换。

【将通道作为选区载入】图标：将通道中颜色比较淡的部分当作选区加载到图像中（实际上，除了当前通道的黑色以外都作为选区被载入了，我们看到的蚂蚁线是 50% 灰度的分界线，深色的地方在分界线之外，但不意味着没有选中，这一点比较难理解，我们将在下面进一步讲解），这个功能也可以通过按住“Ctrl”键并在面板中单击该通道的方法来实现。

【将选区存储为通道】图标：将当前的选区存储为新的通道。在按下“Alt”键的情况下单击该图标，可以新建一个通道，并且为该通道设置参数。

【新建通道】图标：可以创建新的通道和复制通道。

【删除通道】图标：可以将通道删除。

在操作中，可以将通道看作一个灰度图层，这个图层允许我们利用各种工具进行编辑处理。大致来讲，在通道中能够产生作用的工具与命令包括：选择工具、绘图工具（包括【画笔】工具、【橡皮擦】工具、【填充】工具、【渐变】工具、【涂抹】工具等）、滤镜、调整系列命令。

**问题三 通道作为 Photoshop 中的一个重要概念，它和图层之间是什么关系呢？通道的预览图大都是灰度图，应当怎么来理解它？**

学习资料三

1．通道与层的关系

颜色通道中所记录的信息来自于当前所编辑的图层。但如果同时预览多个图层，则颜色通道中显示的是多层混合后的效果。由于一次仅能编辑一层，所以任何使用颜色通道所做的变动只影响到当前选取的图层。

2．通道预览图问题

在【通道】面板上单击一个通道，对它进行预览的时候，将显示一幅灰度图像，可以清楚地看到通道中的信息，但如果你同时打开多个通道，那么通道将以彩色显示。执行菜单命令【编辑】→【首选项】，勾选【用彩色显示通道】项就可以看到颜色通道的真实面目。

3．选取深度问题

载入通道选区后可以进行如下分析：通道中白色显示部分为完全选取区域，选取深度为 100%；黑色显示部分为非选取区域，选取深度为 0%；灰色显示部分则是选取深度在 0%～100%之间的区域。小于 50%的灰色显示区域为蚂蚁框内部，大于 50%的灰色显示区域在蚂蚁框外部。对于选取深度在 0%～100%之间的区域，在进行操作时 Photoshop 会自动进行运算，将操作行为按照选取深度的百分比来进行。比如，执行“删除”操作，对选取深度为 100%的区域就会进行 100%的“删除”，对选取深度为 50%（即中度灰）的区域就会进行 50%的“删除”。

对于选取深度在 0%～100%之间的灰色部分解释如下：0～255 的 256 级灰阶被换算成 0%～100%的选取深度，0%～100%的选取深度又决定了在此选区中的下一步操作将执行百分之多少，而这下一步操作不仅包含绘图系列工具，也包含复制、粘贴命令和滤镜。

## 环节二 通道实例

问题情境

听了很多关于通道的理论了，作为 Photoshop 的高级操作，通道到底能够实现哪些神奇的功能呢？下面我们就通过实例演示通道在复杂抠像中的作用，学会利用通道抠出透明物体。

学习资料

**例：透明物体抠像。**

步骤 1：打开需要抠像的素材，选中玻璃器皿轮廓（不限选取方式），复制一个新图层，如图 4-92 所示。

图 4-92　将主体复制一层

步骤 2：单击【通道】面板，随意复制一个通道。执行菜单命令【图像】→【调整】→【色阶】，在【色阶】对话框中将黑色滑块调整到“50”位置，如图 4-93 所示。

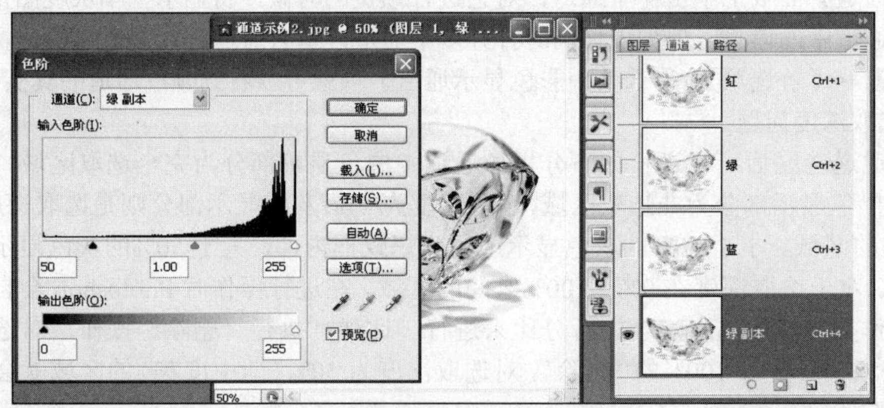


图 4-93　在通道中调整色阶

步骤 3：按住“Ctrl”键，单击新通道，得到选区，如图 4-94 所示。

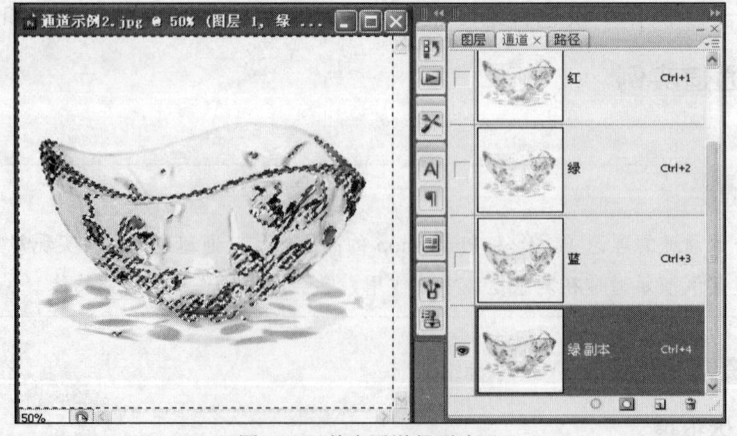


图 4-94　单击通道得到选区

步骤 4：回到【图层】浮动面板，单击图层 1，复制一个新图层，如图 4-95 所示。

图 4-95　复制一个新图层

步骤 5：使得新粘贴的图层 2 为不可见，返回【通道】浮动面板，按住“Ctrl”键，单击新通道，得到选区。执行菜单命令【选择】→【反选】，重复执行步骤 4，将选区复制为一个新图层，如图 4-96 所示。

图 4-96　再复制一个新图层

步骤 6：利用移动工具将图层 2 与图层 3 对齐并链接，如图 4-97 所示。

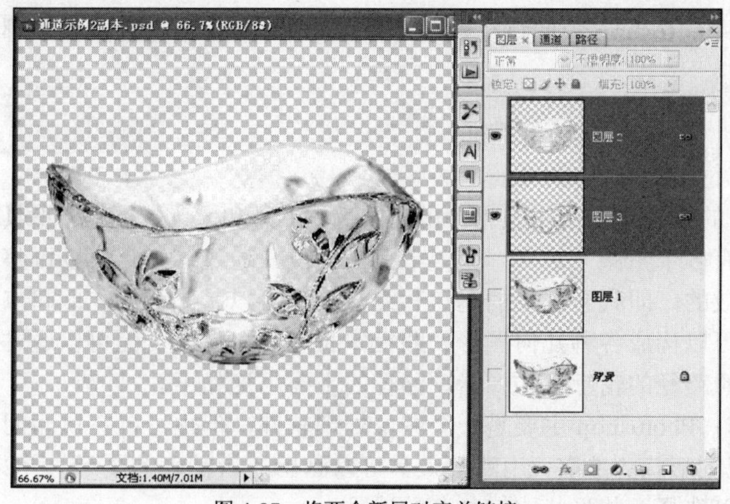

图 4-97　将两个新层对齐并链接

步骤 7：可将链接层拖入其他图像中，经过调整、利用【加深】工具添加阴影等，得到的效果如图 4-98 所示。

图 4-98　最终效果

# 第五单元　Photoshop 路径问题

## 环节一　路径概述

问题情境

Photoshop 中路径的概念是什么？路径有什么用途？怎样对路径进行编辑？路径类工具怎样使用？路径与图层、通道之间的关系是什么？ 我还想具体看看路径运用的实例，希望对路径这个 Photoshop 中的高级操作有个感性认识。

**问题一　Photoshop 中的路径到底是什么？【路径】面板都提供了哪些功能？应该怎样进行操作？**

**学习资料一**

Photoshop 中的路径是指用工具箱中的【钢笔】工具和【自由钢笔】工具等画出来的直线或曲线，曲线上有多个叫做“锚点”或“节点”的点，通过这些点可以调整曲线的形状。路径线既可以是开放的，即具有明确的起点和终点；也可以是闭合的，即起点和终点重叠在一起，闭合的曲线可以构成各种几何图形。路径本身不包含像素，但可以通过对路径的填充和描边在图像中按照路径的轮廓添加像素。路径的主要用途如下。

① 图形创作：Photoshop 主要是一个图像处理软件，但也可以在里面创作一些图形。

② 某些不规则形状的选取：用路径工具可以画出非常精确的图形，所以在 Photoshop 中利用路径工具可以选择一些形状比较复杂的选区。

Photoshop 提供了一个【路径】浮动面板，通过单击【窗口】菜单中的【显示路径】命令便可调出图 4-99 所示的【路径】浮动面板。

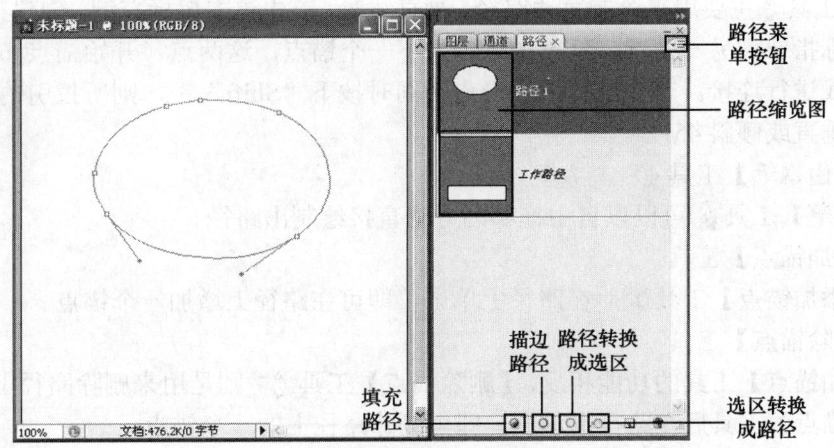


图 4-99 【路径】面板

【路径】面板中的一行代表一条路径，单击某个横栏时则该横栏中的路径就显示在图像窗口中，成为当前路径；单击【路径】面板中横栏外面的区域时，则路径在工作区窗口中被隐藏起来。

【路径】面板中各个符号的含义如下。

【用前景色填充路径】图标：可以用前景色快速填充当前路径。菜单中的【填充路径】命令与之相似，但功能更加强大。

【用画笔描边路径】图标：默认以【铅笔】工具的当前笔触对路径进行描边。菜单中的【描边路径】命令与之相似，但功能更加强大。

【将路径作为选区载入】图标：将当前的路径转换为选区。菜单中的【建立选区】命令与之相似，但功能更加强大。

【从选区生成工作路径】图标：将当前的选区转换为路径。菜单中的【建立工作路径】命令与之相似，但能够进一步调整精确度。

【创建新路径】图标：可以建立新路径和对当前路径进行复制。

【删除当前路径】图标：可以删除选中的路径。

**问题二　据说 Photoshop 中还提供了多种路径类工具，用来建立或编辑路径，能不能具体介绍一下这些工具的用法？**

**学习资料二**

路径类工具有两大类：一类是路径编辑工具，包括【钢笔】工具、【自由钢笔】工具、【添加锚点】工具、【删除锚点】工具和【转换点】工具 5 种；另一类是路径选择工具，包括【路径选择】工具和【直接选择】工具两种。

路径类工具可用来绘制直线和曲线，并组成形状复杂及精确度要求较高的图形。路径所定义的仅仅是选区的轮廓线，无法产生 Photoshop 所提供的一些特殊效果（如滤镜）。要实现这些功能，需将路径变成选区，此时用户就可使用 Photoshop 对选取区域进行操作。

1. 路径编辑工具

（1）【钢笔】工具

【钢笔】工具主要用来绘制直线路径。画直线时，首先单击鼠标左键，创建第 1 个锚点，然后移动鼠标指针到另一位置，再单击以确定下一个锚点，这两点（开始锚点和终止锚点）之间就以直线进行连接。若在进行上述操作的同时按下“Shift”键，则所拉引的直线方向仅限于水平、垂直或倾斜 45°。

（2）【自由钢笔】工具

【自由钢笔】工具可以以自由拖移的方法直接绘制出路径。

（3）【添加锚点】工具

选择【添加锚点】工具后在路径上单击，即可在路径上增加一个锚点。

（4）【删除锚点】工具

与【添加锚点】工具的功能相反，【删除锚点】工具则是用来删除路径上的锚点的。选择【删除锚点】工具后在路径上单击，即可删除路径上的一个锚点。

（5）【转换点】工具

【转换点】工具用于将原直线段改为曲线段，以及任意改变原曲线的弧度。选择【转换点】工具后，将鼠标指针移至路径上的某一个锚点，拖动鼠标即可进行相应的转换。

2.【路径选择】工具

（1）【路径组件选择】工具

【路径组件选择】工具用于选择和移动整个路径。选择【路径组件选择】工具后，将鼠标指针移至路径上的某一位置，拖动鼠标便可整体移动路径的位置。

（2）【直接选择】工具

【直接选择】工具用于选择并移动部分路径。选择【直接选择】工具后，用鼠标单击选中某个锚点并拖动，可以移动单个锚点；用鼠标拖动方式选中多个锚点后，再拖动，可以移动多个锚点（注意，被选中的锚点将变成实心方点）；将鼠标指针移至路径线段上的某一位置，拖动鼠标便可改变某一段线段的形状。

## 环节二　路径实例

**问题情境**

通过以上的学习，我们已经明白了路径实际上就是形状，那么，怎么灵活利用路径工具绘出指定形状呢？用路径绘制的形状边缘可以是各种各样的，如果希望将文字沿着路径的边缘或在路径的内部排列，该怎么操作呢？

**问题一**　**怎样利用路径工具绘制出指定形状，比如说“心形”？制作的过程有没有窍门呢？**

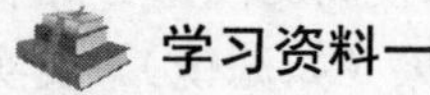

**学习资料一**

下面介绍用路径工具绘制心形图形的方法。

步骤 1：新建一个 400 × 400 像素的新文件，然后选中【钢笔】工具，在菜单下方的工具属性栏中单击【路径】按钮，如图 4-100 所示。

步骤 2：在工作区上单击，出现一个锚点，不要放开鼠标并向右拖动，使锚点为图 4-101 所示状态。

图 4-100　选中【钢笔】工具，单击【路径】按钮

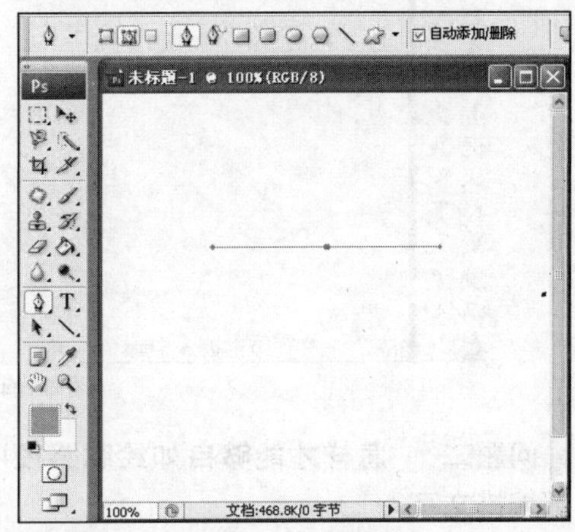


图 4-101　第一个锚点

步骤 3：在此锚点的正下方（按住"Shift"键）单击，建立一个新锚点，如图 4-102 所示。

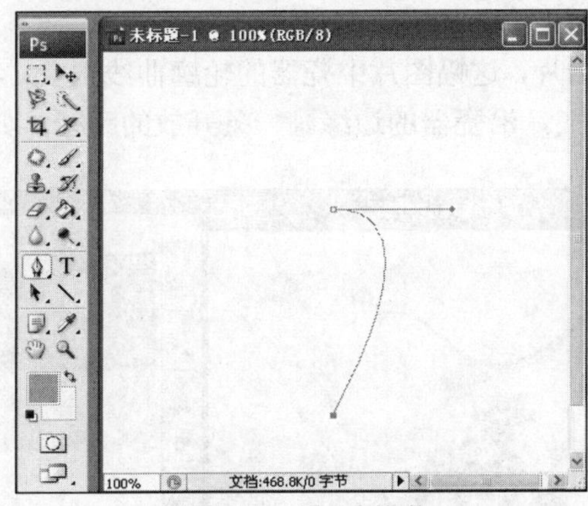


图 4-102　第二个锚点

步骤 4：单击第一个锚点，使其成为封闭路径，如图 4-103 所示。

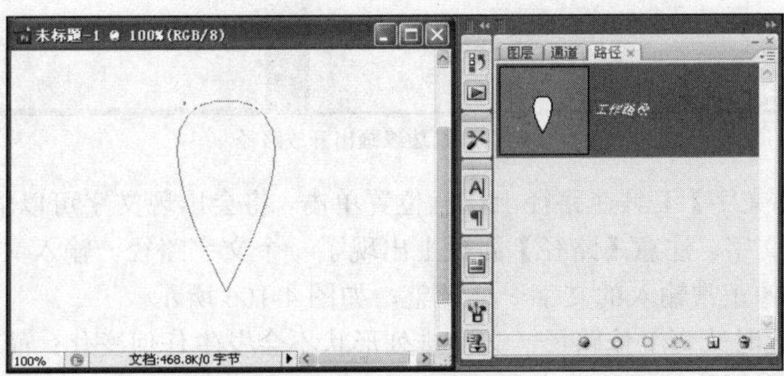


图 4-103　封闭路径

步骤 5：单击【转换点】工具，利用它分别将上下两个锚点调整为图 4-104 所示状态。通过本例体会用尽量少的锚点得到所要图形。

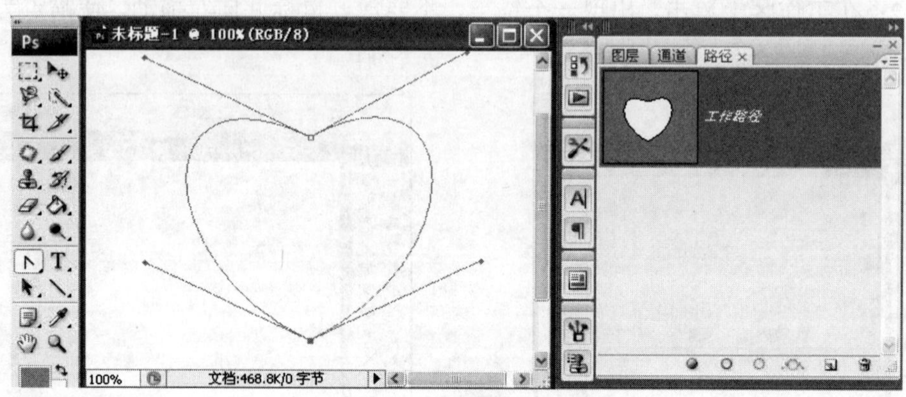


图 4-104　调整为心形

**问题二**　**怎样才能够自如绘制路径以及调整现有路径？如何沿着路径边缘以及在路径内部编排文字？**

 **学习资料二**

沿路径编排文字的方法如下。

步骤 1：打开一幅素材图片，这幅图片中瓷器的轮廓曲线很美，我们将沿该曲线放置文字。使用【钢笔】工具的路径方式，沿瓷器的边缘画一条开放的路径，如图 4-105 所示。

图 4-105　沿边缘画出开放路径

步骤 2：利用【文字】工具在路径上任意位置单击，将会出现文字可以输入的标记——光标，此时可以输入文字。注意【路径】面板上出现了一个文字路径。输入文字，文字的大小、字体、色彩等可以像正常输入的文字一样调整，如图 4-106 所示。

步骤 3：注意此时改变工作路径，文字排列形状不会发生任何变化；而改变文字路径时，文字排列形状则会根据路径形状发生变化，如图 4-107 所示。

图 4-106　沿路径输入文字

图 4-107　调整路径

步骤 4："沿路径放置文字"还有一个功能是将文字放在闭合路径的内部。选中【自定义形状】列表中的花叶图案（如图 4-108 所示），利用路径方式拖曳出一个封闭路径。

图 4-108　建立封闭路径

步骤 5：用【文字】工具在路径内部任意位置单击，然后输入文字，文字的大小、字体、色彩等可以像正常输入的文字一样调整，如图 4-109 所示。

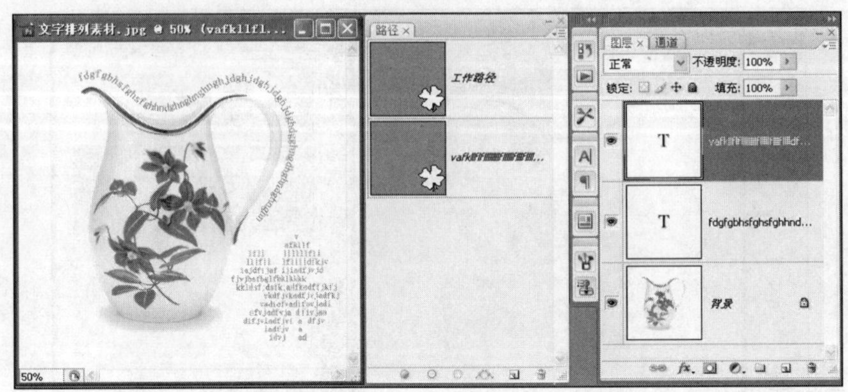

图 4-109　最终效果

# 第六单元　Photoshop 滤镜问题

## 环节一　滤镜概述

**问题情境**

你对 Photoshop 的滤镜了解多少？ 滤镜是怎样运用的？为什么说制作图像特效少不了滤镜的帮助？滤镜到底能够实现多少奇妙的效果？请带着这些问题阅读本环节学习资料。

### 问题一　滤镜是什么？Photoshop 中的滤镜有哪些使用原则？

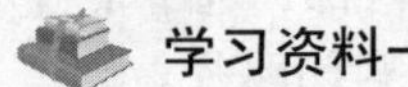

学习资料一

1．滤镜介绍

滤镜是 Photoshop 中制作特殊效果的重要工具，它是一种特殊的软件处理模块，图像经过滤镜处理后，可以产生奇幻的艺术效果。Photoshop CS3 自身提供的滤镜如图 4-110 所示，另外还有第三方厂商开发的滤镜，可以以插件的方式挂接到 Photoshop 中。滤镜与 Photoshop 的其他功能不同，通过一两个实例并不能掌握 Photoshop 的滤镜，甚至很多长期利用 Photoshop 进行平面设计的专业人员也不能说了解此软件的滤镜以及滤镜的组合所产生的效果。本部分仅仅是滤镜特效的一个简单介绍，以使大家对滤镜制作特殊效果有一个初步了解，今后在此基础上多看、多练，不断提高滤镜的驾驭能力。

2．滤镜的运用

滤镜主要应用于当前可见的图层或图层中的选区，部分滤镜也可以应用于通道或图层蒙版。使用滤镜的方法是打开【滤镜】菜单，选取相应的子菜单命令，然后在弹出的子菜单中选择要使用的滤镜即可。大多数滤镜带有对话框，对话框中包含预览图、参数选项等内容。最后一次选取的滤镜会出现在【滤镜】菜单的顶部。要取消正在应用的滤镜时，可以按“Esc”键。滤镜的主要使用原则如下。

图 4-110 【滤镜】菜单

① 滤镜作用于当前可见的图层或选区。

② 绝大多数滤镜作用的区域必须有像素。

③ 所有滤镜都在 RGB 模式下起作用，很多滤镜在 CMYK 或其他模式下不能应用。

④ 滤镜处理效果与图像分辨率有关，不同分辨率的图像用相同参数的滤镜处理后效果不同。

⑤ 执行完一个滤镜命令后，可选择菜单命令【编辑】→【渐隐】，在对话框中可调整滤镜效果的透明度值和混合模式。

**问题二** **Photoshop CS3 中增加了智能滤镜概念，智能滤镜是怎么回事？运用智能滤镜有什么好处？**

 **学习资料二**

Photoshop CS3 中扩展了智能对象的应用范围，增加了智能滤镜功能。应用于智能对象的任何滤镜都是智能滤镜，智能滤镜将出现在【图层】浮动面板中应用了滤镜的智能对象下方。智能滤镜结合了传统滤镜的功能和“非破坏性操作”理念，任何 Photoshop 滤镜（除【抽出】、【液化】、【图案生成器】和【消失点】滤镜外）都可以作为智能滤镜来使用。此外，调整系列命令中的【阴影/高光】和【变化】命令也可以作为智能滤镜使用。智能滤镜的主要特点如下。

① 外观类似于“图层样式”，可以展开或折叠，还可以随时对滤镜进行调整、隐藏、重新排序或删除操作，对于该智能对象层是非破坏性的。

② 操作类似于“填充/调节层”，自动整合蒙版，可通过蒙版控制滤镜的应用区域和应用级别。

## 环节二 滤镜实例

**问题情境**

是否想看一看滤镜应用的具体实例是不是像所说的那样神奇呢？在本环节中，将通过两个具体实例向大家演示滤镜的使用方法，以及不同滤镜之间、滤镜与 Photoshop 其他功能之间配合使用的效果。在本环节的学习中，希望大家能够举一反三，亲自试验不同滤镜的不同功能。

**问题一** 拍摄的图片动感不是很强，希望给图片加上“飞驰”的效果，用滤镜功能能够办到吗？具体哪个滤镜有这项功能呢？

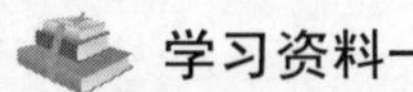

## 学习资料一

**例：奔跑的猫。**

步骤 1：打开素材图片，利用【多边形套索】工具大致勾勒出猫的轮廓（不必特别精确）。将选中的区域复制到一个新图层中，如图 4-111 所示。

图 4-111 将主体复制到新图层中

步骤 2：返回背景层，执行菜单命令【滤镜】→【模糊】→【径向模糊】，在弹出的对话框中将【模糊方法】设置为“缩放”，【数量】设置为“50”，如图 4-112 所示。

完成后的效果如图 4-113 所示。

图 4-112 【径向模糊】滤镜

图 4-113 最终效果

**问题二** 如何将一幅图片处理为具有老照片的效果呢？是否会遇到滤镜、图层模式等各项功能的组合使用？

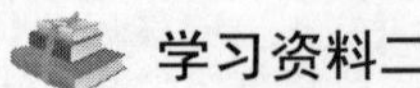

## 学习资料二

**例：老照片效果。**

步骤 1：打开素材，复制背景层，对新图层执行菜单命令【滤镜】→【杂色】→【添加杂色】，然后单击【添加杂色】对话框中的【确定】按钮，如图 4-114 所示。

图 4-114　【添加杂色】对话框

步骤 2：将“背景副本”图层模式调整为“叠加”，调整填充/调节层的色相和饱和度，勾选【着色】复选框，将色相调整为“45”，如图 4-115 所示。

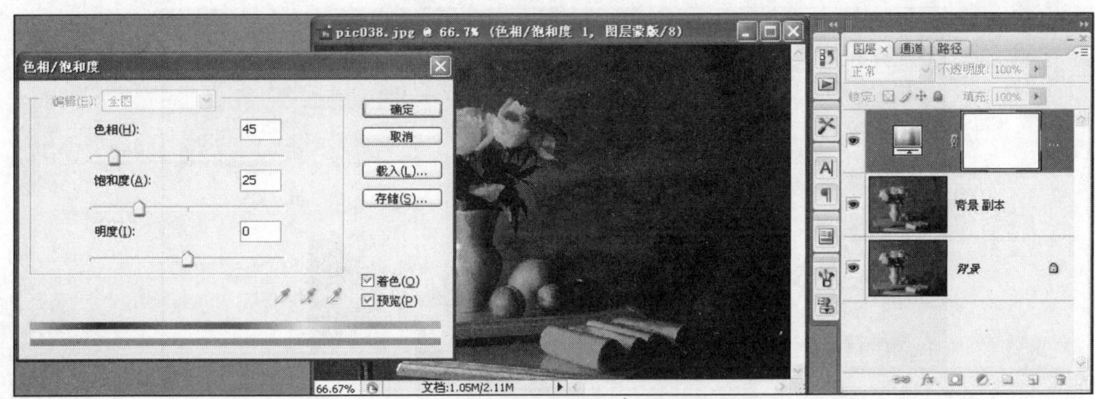


图 4-115　建立色相/饱和度调节层

步骤 3：在【图层】浮动面板中，将填充/调节层的“填充”值调整为“85”，如图 4-116 所示。

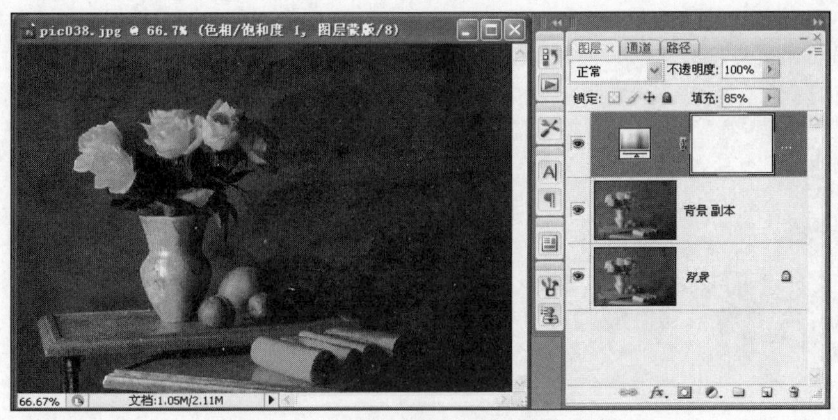


图 4-116　调整填充/调节层的“填充”值

步骤 4：新建一层，然后选择工具栏中的【单列选框】工具，按住“Shift”键在工作区中随意单击几下，如图 4-117 所示。

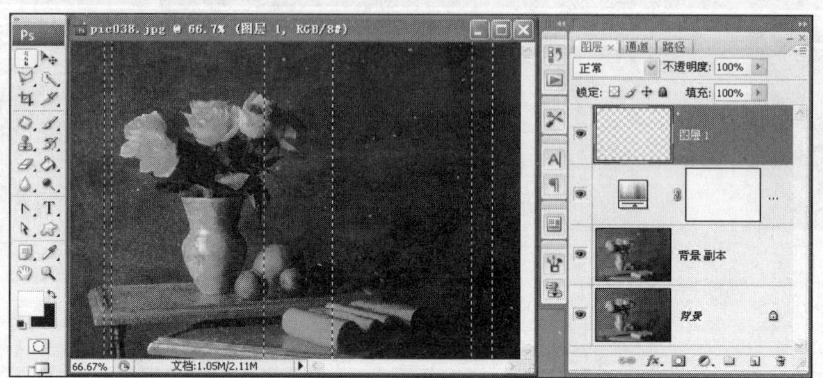

图 4-117　单列选取

步骤 5：执行菜单命令【编辑】→【填充】，然后选择“白色”填充，单击【确定】按钮。去掉选区，将本层图层模式更改为叠加，如图 4-118 所示。

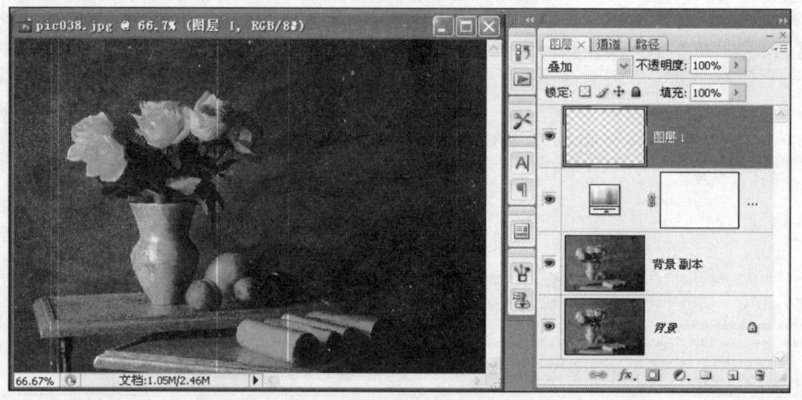

图 4-118　填充白色，调整图层模式

步骤 6：打开另一幅素材图像，复制一层，将工具栏中的“前景色”与“背景色”分别调整为白色和黑色，然后执行菜单命令【滤镜】→【素描】→【图章】，单击【确定】按钮，如图 4-119 所示。

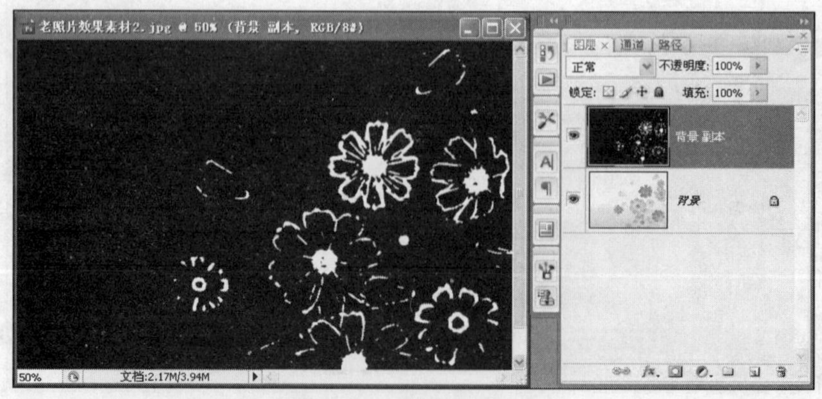

图 4-119　【图章】滤镜效果

步骤 7：将两幅图像拼合在一起并加以调整，将黑白图案的图层模式改为滤色，最终效果如图 4-120 所示。

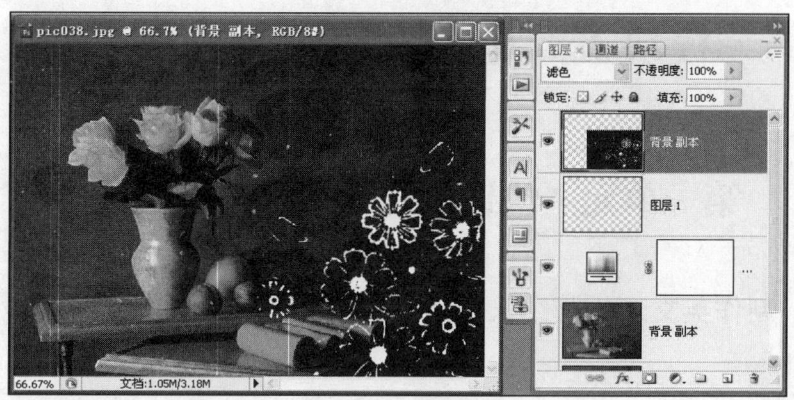


图 4-120　最终效果

## 本模块思考题

1．请你谈谈对图层的理解。
2．什么是图层蒙版？它有什么功能？
3．谈谈你对图层样式的认识？
4．如何调整图层的透明度？
5．【色相/饱和度】命令有哪些功能？
6．如何对画笔进行调整？
7．请你谈谈对滤镜的理解。
8．图层模式有什么用途？在哪里进行调整？

# 模块五　电子文稿设计与制作

## 第一单元　快速创建新文档与排版技巧

### 环节一　制作英文现代版个人简历

**问题情境**

假设你现申请国外某大学的高级访问学者，对方需要你传真过去个人英文简历。在制作过程中你遇到了很多问题，例如使用什么格式，如何将其转换为正式公文，如何为个人重要信息添加密码，如何恢复文档，如何打印预览。带着这些问题和我们一起去探寻答案吧。

**问题一　Word 2003 的视图方式有哪些?**

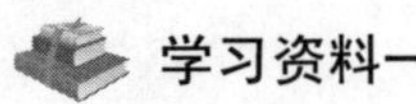

**学习资料一**

在使用 Word 2003 制作个人简历时，有时候需要查看简历的内容、格式、段落等效果。Word 2003 给我们提供了多种查看方式来满足不同的需要，执行菜单命令【视图】，可以选择“普通”、“Web 版式”、“页面”、“大纲”、“阅读版式”、“文档结构图”或“缩略图”等。执行菜单命令【文件】，可以选取“网页预览”或“打印预览”视图。可以在【视图】菜单中进行不同查看方式的切换，如图 5-1 所示，现分别介绍如下。

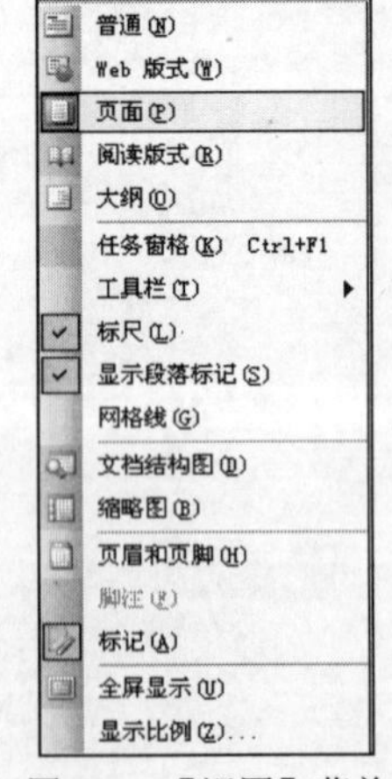


图 5-1　【视图】菜单

1. 普通视图

在普通视图中可以输入、编辑和设置文本格式。普通视图可以显示文本格式，但简化了页面的布局，可以方便地进行输入和编辑。在普通视图中不显示页边距、页眉、页脚、背景、图形对象以及没有设置为“嵌入型”环绕方式的图片。正由于该视图功能相对较弱，所以适合编辑内容、格式简单的文章。普通视图效果如图 5-2 所示。

2. Web 版式

使用 Web 版式可以预览具有网页效果的文本。在这种方式下，你会发现原来换行显示两行的文本，重新排列后在一行中就全部显示出来。这是因为要与浏览器的效果保持一致。使用 Web 版式可快速预览当前文本在浏览器中的显示效果，便于做进一步的调整。Web 版式视图效果如图 5-3 所示。

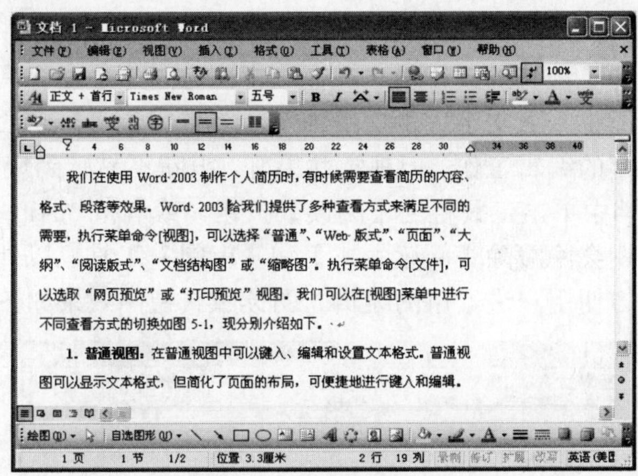


图 5-2　普通视图效果

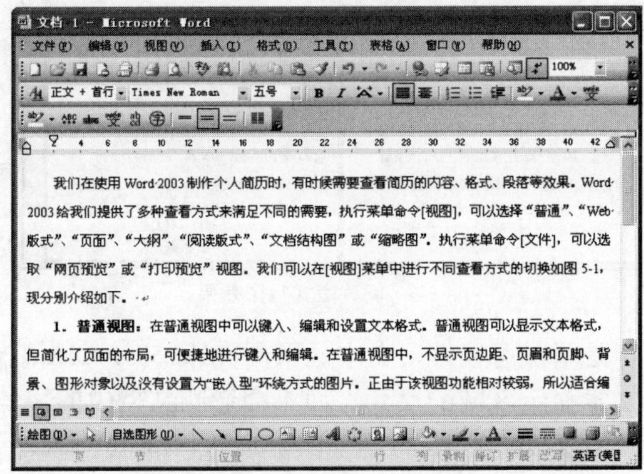


图 5-3　Web 版式视图效果

3．页面视图

这种方式是我们编辑文本时经常使用的方式，我们制作的个人简历就在这种方式下进行编辑。页面视图适用于概览整个文章的总体效果。它可以显示出页面大小、布局，编辑页眉和页脚，查看、调整页边距，处理分栏及图形对象。页面视图效果如图 5-4 所示。

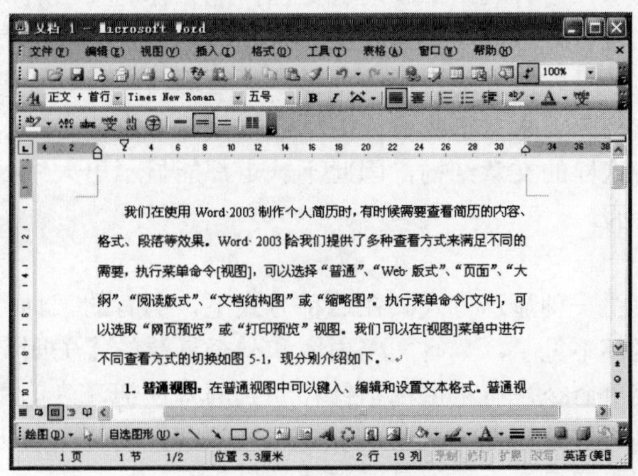


图 5-4　页面视图效果

4．阅读版式

在 Word 2003 中增加了独特的阅读版式，在该视图方式下最适合阅读长篇文章。阅读版式将原来的文章编辑区缩小，而文字大小保持不变。如果字数多，它会自动分成多屏。在该视图下同样可以进行文字的编辑工作，但视觉效果好，眼睛不易感到疲劳。要使用阅读版式，只需在打开的 Word 文档中单击工具栏上【阅读】按钮，或者按“Alt + R”组合键就可能开始阅读了。阅读版式视图会隐藏除【阅读版式】和【审阅】工具栏以外的所有工具栏，这样的好处是扩大显示区且方便用户进行审阅编辑。阅读版式视图效果如图 5-5 所示。

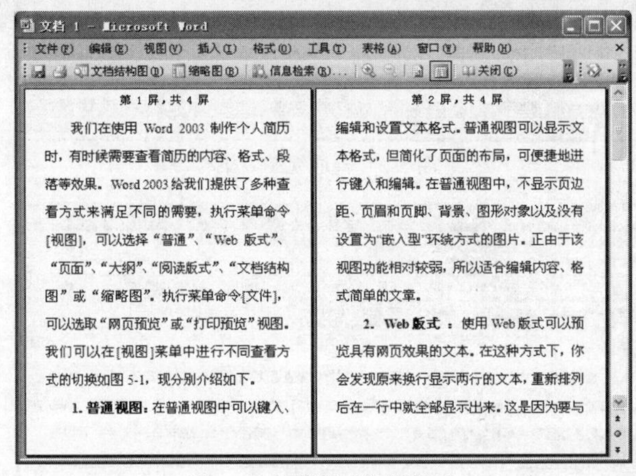


图 5-5　阅读版式视图效果

阅读版式视图的目标是增加可读性，文本是采用 Microsoft Clear Type 技术自动显示的，可以方便地增大或减小文本显示区域的尺寸，而不会影响文档中的字体大小。想要停止阅读文档时，请单击【阅读版式】工具栏上的【关闭】按钮，或按“Esc”键或“Alt + C”组合键，可以从阅读版式视图切换回来。如果要修改文档，只需在阅读时简单地编辑文本，而不必从阅读版式视图切换出来。【审阅】工具栏自动显示在阅读版式视图中，这样就可以方便地使用修订记录和注释来标记文档。

5．大纲视图

在大纲视图中能查看文档的结构，还可以通过拖动标题来移动、复制和重新组织文本，因此，它特别适合编辑那种含有大量章节的长文档，能让你的文档层次结构清晰明了，并可根据需要进行调整。在查看时可以通过折叠文档来隐藏正文内容而只看主要标题，或者展开文档以查看所有的正文。另外，大纲视图中不显示页边距、页眉、页脚、图片和背景。

大纲视图和文档结构图要求文章具备诸如标题样式、大纲符号等表明文章结构的元素。不是所有的文章都具备这样的文章结构，因此不一定都能显示出大纲视图和文档结构图。大纲视图效果如图 5-6 所示。

6．全屏显示

这是显示区域最大的一种显示方式。在这种方式下，所有的工具栏、菜单、状态栏、滚动条、标尺等屏幕元素都不见了，只有文档内容和一个悬浮的【关闭全屏显示】按钮。如果要在全屏模式下选择菜单命令，可将鼠标指针移动到屏幕顶部，菜单栏即可显示出来。在全屏显示模式下，可以结合其他视图方式，例如可以在选择了普通、Web、页面、大纲、文档结构图视图后，再进行全屏显示。全屏显示视图效果如图 5-7 所示。

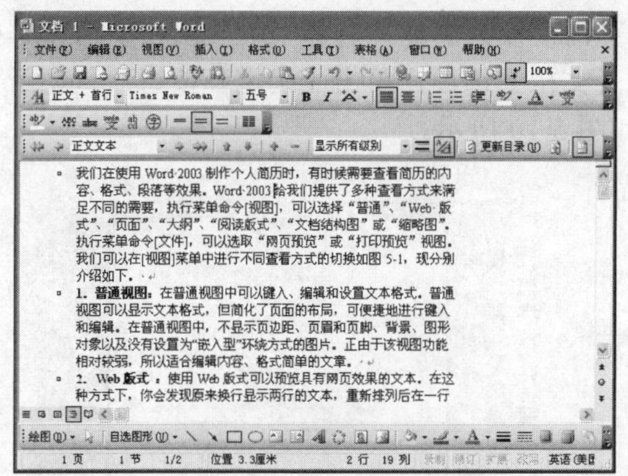

图 5-6 大纲视图效果

我们在使用 Word 2003 制作个人简历时，有时候需要查看简历的内容、格式、段落等效果。Word 2003 给我们提供了多种查看方式来满足不同的需要，执行菜单命令[视图]，可以选择“普通”、“Web 版式”、“页面”、“大纲”、“阅读版式”、“文档结构图”或“缩略图”。执行菜单命令[文件]，可以选取“网页预览”或“打印预览”视图。我们可以在[视图]菜单中进行不同查看方式的切换如图 5-1，现分别介绍如下。

1. **普通视图**：在普通视图中可以键入、编辑和设置文本格式。普通视图可以显示文本格式，但简化了页面的布局，可便捷地进行键入和编辑。在普通视图中，不显示页边距、页眉和页脚、背景、图形对象以及没有设置为“嵌入型”环绕方式的图片。正由于该视图功能相对较弱，所以适合编辑内容、格式简单的文章。

2. **Web 版式**：使用 Web 版式可以预览具有网页效果的文本。在这种方式下，你会发现原来换行显示两行的文本，重新排列后在一行中就全部显示出来。这是因为要与浏览器的效果保持一致。使用 Web 版式可快速预览当前文本在浏览器中的显示效果，便于再做进一步的调整。

3. **页面视图**：这种方式是我们编辑文本经常使用的方式，我们在制作个人简历就在这种方式下进行编辑。页面视图适用于概览整个文章的总体效果。它可以显示出页面大小、布局，编辑页眉和页脚，查看、调整页边距，处理分栏及图形对象。

4. **阅读版式**：在 Word 2003 中增加了独特的“阅读版式”，该视图方式下最适合阅读长篇文章。阅读版式将原来的文章编辑区缩小，而文字大小保持不变。如果字数多，它会自动分成多屏。在该视图下同样可以进行文字的编辑工作，但视觉效果好，眼睛不会感到疲劳。要使用“阅读版式”，只需在打开的 Word 文档中，点击工具栏上“阅读”按钮，或者按 Alt+R 就可能开始阅读了。阅读版式视图会隐藏除“阅读版式”和“审阅”工具栏以外的所有工具栏，这样的好处是扩大显示区且方便用户进行审阅编辑。

全屏显示

关闭全屏显示(C)

图 5-7 全屏显示视图效果

7. 打印预览

在打印之前，可以使用“打印预览”功能来对文档打印效果进行预览。在这种视图方式下，可以设置是单页还是多页显示，可使用鼠标左右键调整显示比例。另外，还可以看到分页符、隐藏文字以及水印，还可在打印前编辑和改变格式。注意，只有在连接了打印机的情况下才能使用该功能。如果没有连接打印机，只要随便安装一种打印机的驱动程序也可以。打印预览视图效果如图 5-8 所示。

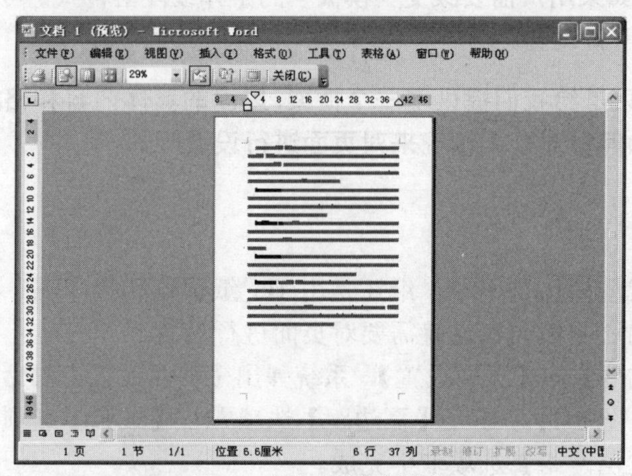

图 5-8 打印预览视图效果

**问题二** **了解 Word 2003 的浏览方式后，如何才能使用最为快捷的方法制作一份格式标准的个人简历呢？下面将介绍使用 Word 模板快速制作英文现代型个人简历的方法。**

## 学习资料二

在计算机上安装 Microsoft Word 时，安装程序提供多种向导和模板。这些模板是指一个或多个文件，其中所包含的结构和工具构成了已完成文件的样式和页面布局等元素，通过这些模板可以快速制作一些固定格式的文档。下面以制作英文现代版个人简历为例来说明模板的使用方法，具体操作步骤如下。

步骤 1：执行菜单命令【文件】→【新建】，系统在编辑窗口的右侧弹出【新建文档】任务窗口，选择【本机上的模板】选项，系统弹出【模板】对话框，如图 5-9 所示。

步骤 2：在【模板】对话框中单击【其他英语模板】图标，选择“英文现代型简历”模板，然后在对话框中的【新建】选项组中选择【文档】选项，单击【确定】按钮，将创新一个新文档，文档内容为“英文现代型简历”，如图 5-10 所示。

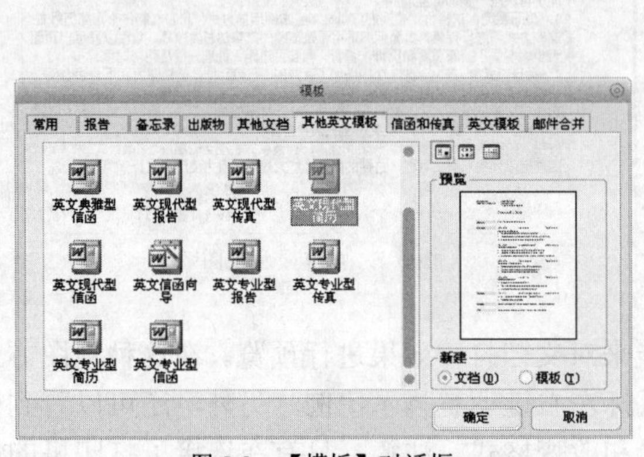


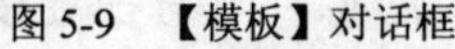
图 5-9 【模板】对话框

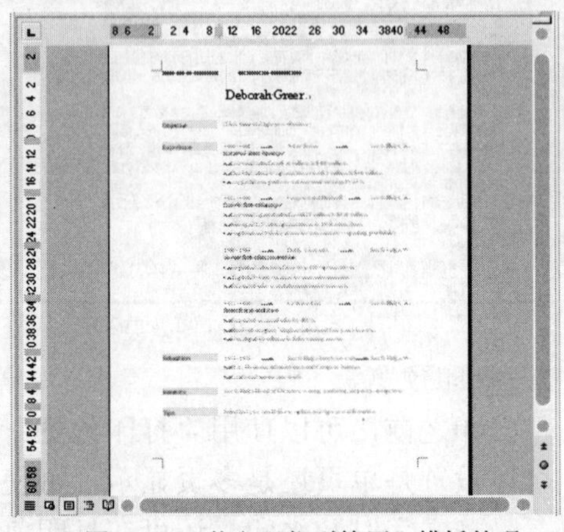


图 5-10 “英文现代型简历”模板外观

步骤 3：用个人信息内容代替模板中的范本内容。经过这些操作后，英文现代型个人简历就已经基本制作好了，如果用户需要改变其模板中的字体或段落样式，可以通过格式菜单中的【字体】、【段落】命令重新设置。

**问题三　模板只是给我们提供了一个框架，里面的具体内容和格式还需要自己根据实际需要来设定，那么如何针对个人情况来对页面进行设置呢？**

## 学习资料三

制作好的英文现代型简历是用 A4 纸还是用 B5 纸预览和打印呢？页边距设置多少合适呢？纸张的方向是纵向还是横向？这就需要对页面进行设置。

执行菜单命令【文件】→【页面设置】，系统弹出【页面设置】对话框，可在相应的选项卡中完成参数的设定。图 5-11 示出了【页边距】选项卡与【纸张】选项卡。更多的页面设置可以在【版式】与【文档网络】选项卡中完成。

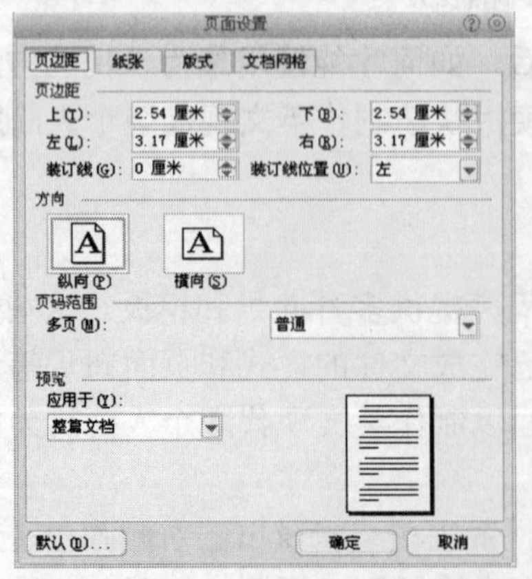


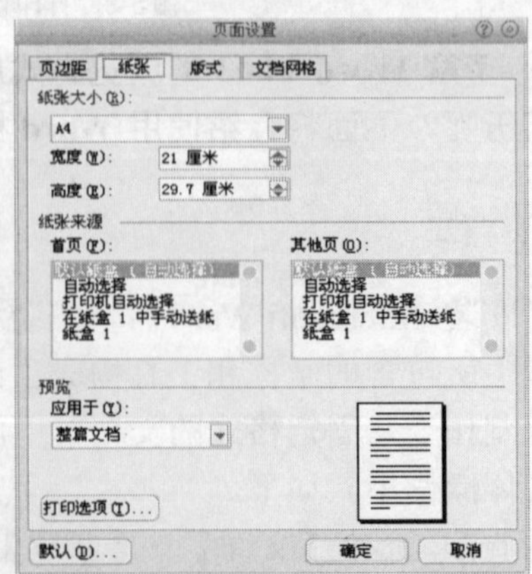


图 5-11 【页边距】与【纸张】选项卡

**问题四**　**个人简历制作完毕之后要保存为指定格式进行发送，那么可以选择的文件类型有哪些呢？**

### 学习资料四

Word 默认的保存类型为 doc 文档，如果需要与使用其他字处理程序或与使用不同文件格式的 Word 版本（如 Word 6.0/95）的用户共享文档，可将文档保存为其他的文件格式。例如，可在 Word 2003 中打开并修改用 Word 6.0 创建的文档，然后将其保存为用 Word 6.0 可以再打开的格式。具体操作步骤如下：执行菜单命令【文件】→【保存】(或【另存为】)，系统弹出【另存为】对话框，在这里输入文件名并选择需要的文件类型，然后单击【保存】按钮即可，如图 5-12 所示。

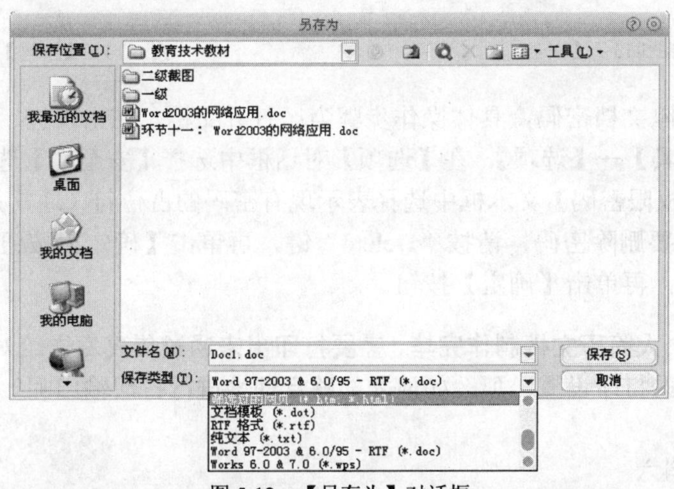


图 5-12　【另存为】对话框

如果需要用 Word 创建在 Web 浏览器中显示的网页，可用网页格式保存文档。具体操作步骤如下：执行菜单命令【文件】→【另存为网页】，系统弹出【另存为】对话框，在这里输入文件名并选择需要的网页文件类型，然后单击【保存】按钮即可。

**问题五**　**个人简历中有许多信息不希望别人随便查看，那么能不能给文档加个密码呢？**

### 学习资料五

密码提高了文档的安全性，密码分为打开文件密码和修改文件密码两种，这两种密码可以同时存在，也可以单独存在。

添加密码时，先打开文件，执行菜单命令【工具】→【选项】，在弹出的对话框中选择【安全性】选项卡，输入打开文件时的密码和修改文件时的密码，还可以选择隐私选项，然后单击【确定】按钮，如图 5-13 所示。

添加密码的文档在下次打开时，首先弹出图 5-14 所示的对话框，用户输入当初设定的密码后，方可打开或修改文档。

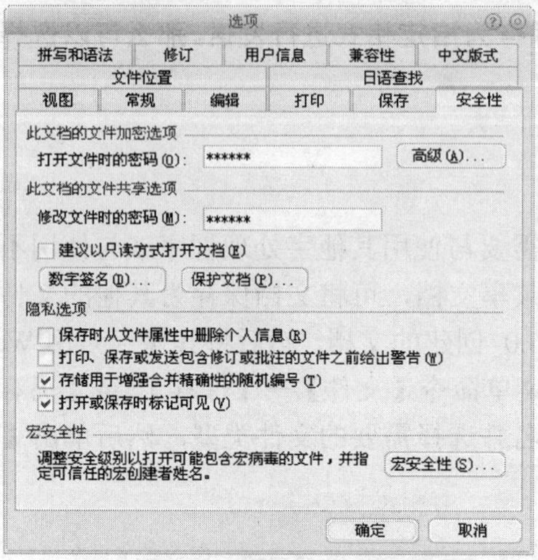

图 5-13 【安全性】选项卡

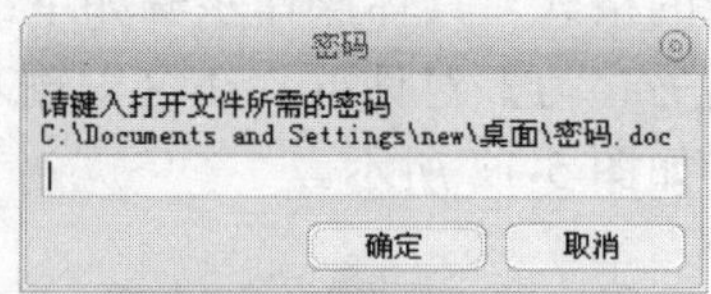


图 5-14 【密码】对话框

若想修改或删除文档密码，具体操作步骤为：打开文档，在出现提示时输入密码，然后执行菜单命令【工具】→【选项】，在【选项】对话框中选择【安全性】选项卡，在【打开权限密码】或【修改权限密码】文本框中选择表示现有密码的占位符（通常是星号），然后执行下列操作之一：若要删除密码，请按“Delete”键，再单击【确定】按钮；若要更改密码，请重新输入新密码，再单击【确定】按钮。

**问题六　个人简历文档制作完毕，需要打印出来通过传真发送给对方，在打印之前需要对文档进行适当的打印设置，那么如何才能够合理地进行打印输出呢？**

### 学习资料六

一般在打印之前先预览一下打印的内容，可单击常用工具栏中的【打印预览】按钮或执行菜单命令【文件】→【打印预览】，将窗口转换到打印预览窗口，在这里看到的文档效果就是打印出来的效果。预览有多页同时显示的，也有单页显示的，还可以选择预览的显示比例。图 5-15 和图 5-16 分别是常用工具栏中的【打印预览】和【打印】按钮。

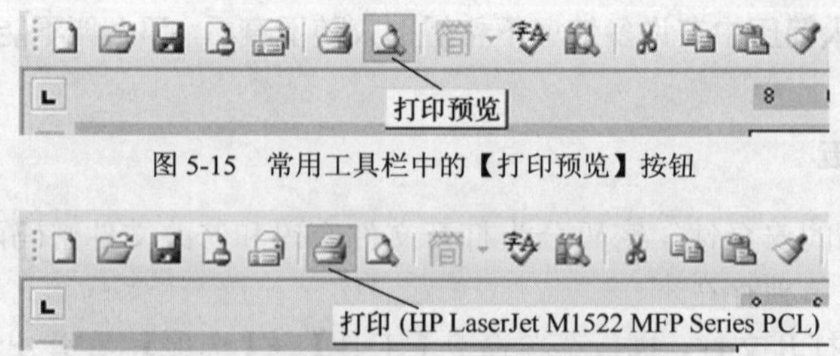


图 5-15 常用工具栏中的【打印预览】按钮

图 5-16 常用工具栏中的【打印】按钮

若要打印文档，可单击常用工具栏中的【打印】按钮或执行菜单命令【文件】→【打印】，进入【打印】对话框，如图 5-17 所示。在这里可进行打印机选择以及页面范围、打印份数、打印顺序、打印内容等参数的设置，然后单击【确定】按钮，完成打印操作。

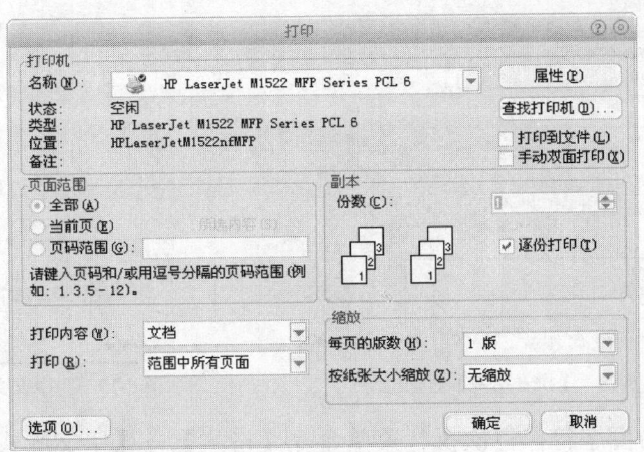


图 5-17　【打印】对话框

## 环节二　电子宣传品的制作

**问题情境**

学院要制作一个电子版的宣传品，需要一个熟练掌握 Word 排版技巧的教师来制作，那么如何利用 Word 2003 的高级功能实现它呢？

**问题一**　**现代办公软件 Word 2003 为我们提供了多种中文文档的排版方式，只有充分了解它提供的功能才可以熟练地利用 Word 制作一份美观实用的电子宣传品。下面我们一起来看一下如何在文档中使用中文版式？中文版式都有哪几种？**

**学习资料一**

在文档编辑中，Word 2003 为我们提供了拼音指南、带圈字符、合并字符、纵横混排、双行合一 5 种中文版式。了解了这些有效且便于使用的小工具，就可以灵活地运用在电子宣传品制作上了。

1．拼音指南

Word 通过微软拼音输入法 2003 实现了在汉字上标注拼音的功能。用户可以用以下步骤实现拼音标注功能。

步骤 1：选定一段汉字，执行菜单命令【格式】→【中文版式】→【拼音指南】，系统弹出【拼音指南】对话框，如图 5-18 所示。

步骤 2：设置对话框中的选项、参数，单击【确定】按钮后，汉语拼音就自动标记在选定的汉字上了，效果如图 5-19 所示。

2．带圈字符

使用字符带圈功能，可使文字被 4 个形状之一所环绕。

步骤 1：选择要使其带圈的字符，执行菜单命令【格式】→【中文版式】→【带圈字符】，在“圈号”列表中选择所需的圈号类型，单击【确定】按钮，效果如图 5-20 所示。

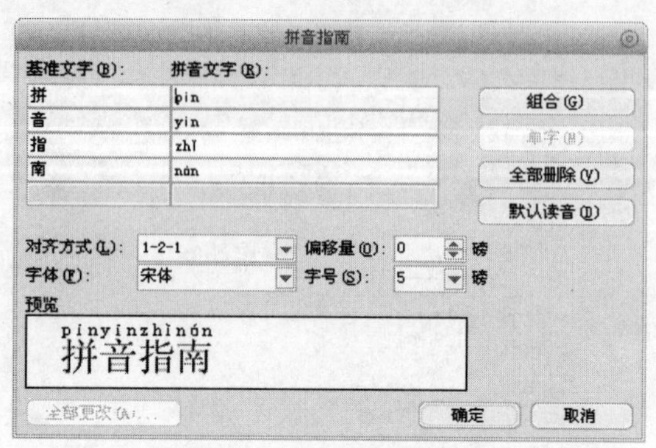

图 5-18 【拼音指南】对话框

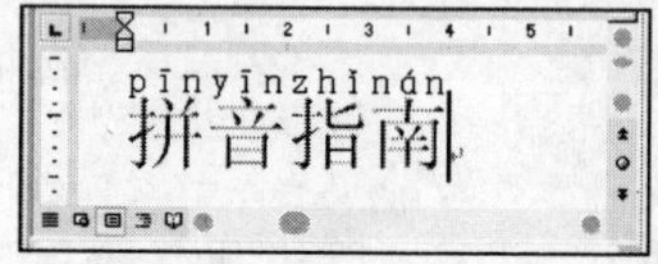

图 5-19 为中文文字添加拼音

步骤 2：选择带圈字符，再次执行菜单命令【格式】→【中文版式】→【带圈字符】，在【带圈字符】对话框中的【样式】选项组中单击“无”，再单击【确定】按钮。

3．合并字符

合并字符就是将选定的多个字符合并，使之占据一个字符大小的位置。具体操作步骤为：选择要合并的字符（最多 6 个字符），执行菜单命令【格式】→【中文版式】→【合并字符】，系统弹出【合并字符】对话框，在其中设置字体、字号后单击【确定】按钮，效果如图 5-21 所示。

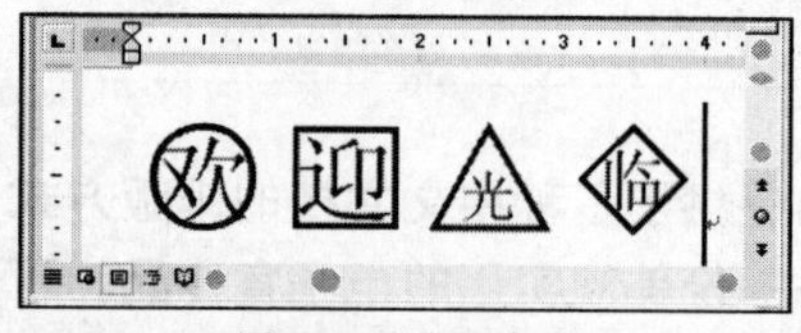

图 5-20 带圈字符

图 5-21 合并字符

4．双行合一

将两行所占的位置变成一行所占的位置大小，两行仍然是两行。具体操作步骤为：选择要合并的字符，执行菜单命令【格式】→【中文版式】→【双行合一】，系统弹出【双行合一】对话框，可以选择添加修饰括号，再单击【确定】按钮，效果如图 5-22 所示。

图 5-22 双行合一

合并字符与双行合一的区别为：双行合一可将两行文字的占位变成一行；合并字符最多将 6 个汉字占位一行变成两行，并只占一个字符大小的位置。

5．纵横混排

如果某一篇文档是竖排文字，显示效果如图 5-23 所示，我们希望其中的日期横排，这时就用到了纵横混排功能，具体操作步骤为：选中要在竖排文字中水平显示的文字，执行菜单命令【格式】→【中文版式】→【纵横混排】，系统弹出【纵横混排】对话框，单击【确定】按钮，显示效果如图 5-23 所示。

**问题二**　**在制作电子宣传品的时候通常会有很多项介绍性的文字内容需要进行罗列，那么采用什么方式才可以让这些文字看起来又清晰又美观呢？学会使用项目符号和编号不但可以增加文档美观度，还可以提高文档编辑速度。**

## 学习资料二

图5-24所示的文档中使用了项目符号和编号，使得文档条理清楚，同时还可提高文档编辑速度。

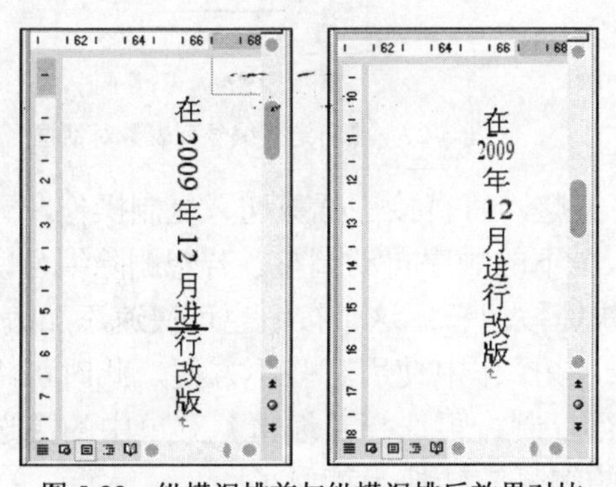

图5-23　纵横混排前与纵横混排后效果对比

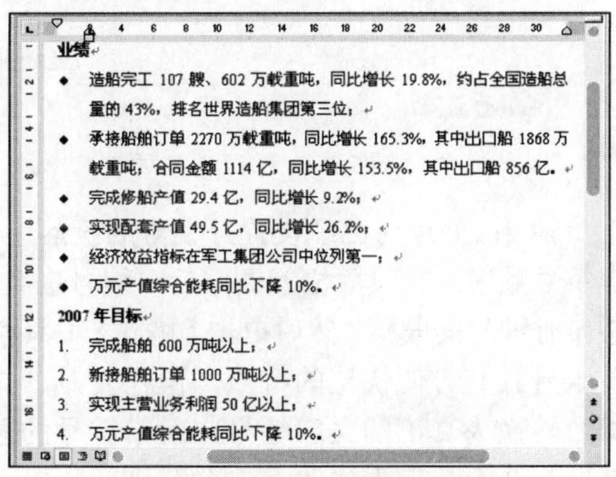

图5-24　项目符号和编号的使用

1．输入时自动创建编号列表

在输入文档过程中，如果行首是“1.”或“一、”之类的以数字开头的字符，当输入到本段结束时，按“回车”键，系统就会在下一段段首出现“2.”或“二、”的字符，这就是系统为我们提供的自动编号功能。如果用户不希望使用自动编号，可以在出现“2.”或“二、”字符时单击一次【撤销】按钮，自动编号功能将被取消。

2．为已有文本添加项目符号和编号

为已有文本添加项目符号和编号的具体操作步骤如下。

步骤1：项目符号设置。选中需要添加项目符号的段落，执行菜单命令【格式】→【项目符号和编号】，系统弹出【项目符号和编号】对话框。如图5-25所示，在【项目符号】选项卡中选择需要的项目符号类型，单击【确定】按钮即可。还可以单击【格式】工具栏中的快捷按钮，对已选中的段落添加项目符号，再次单击该按钮，可删除项目符号。

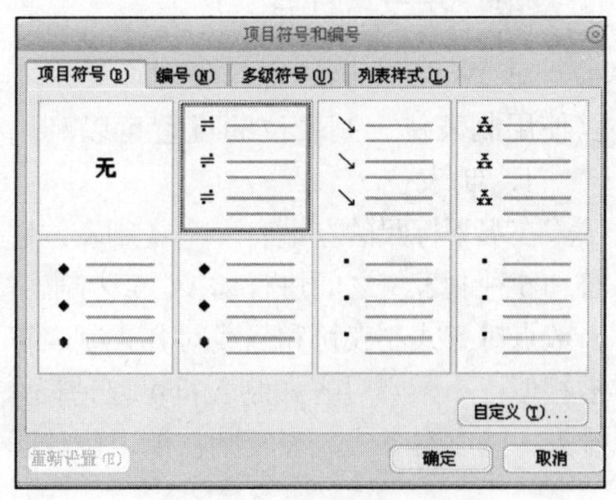

图5-25　【项目符号】选项卡

步骤2：编号的设置。选中需要添加编号的段落，执行菜单命令【格式】→【项目符号和编号】，系统弹出【项目符号和编号】对话框，选择【编号】选项卡，这里有很多类型的编号可供选择，如图5-26所示。

步骤3：个性化编号、样式、位置的设置。可单击图5-26中的【自定义】按钮，进入图5-27所示的【自定义编号列表】对话框进行设置。

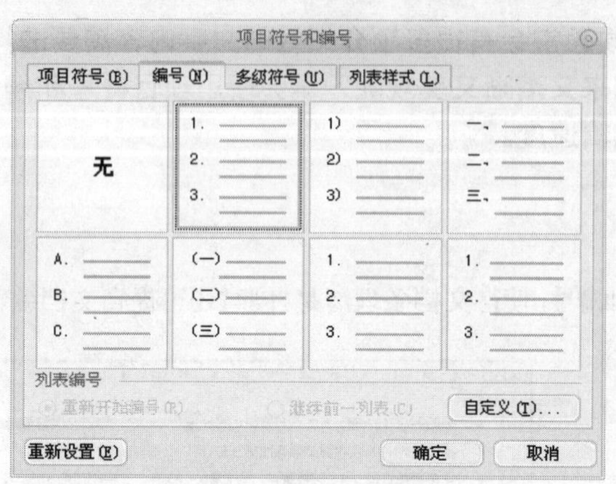


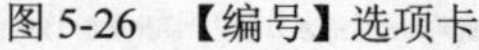
图 5-26 【编号】选项卡

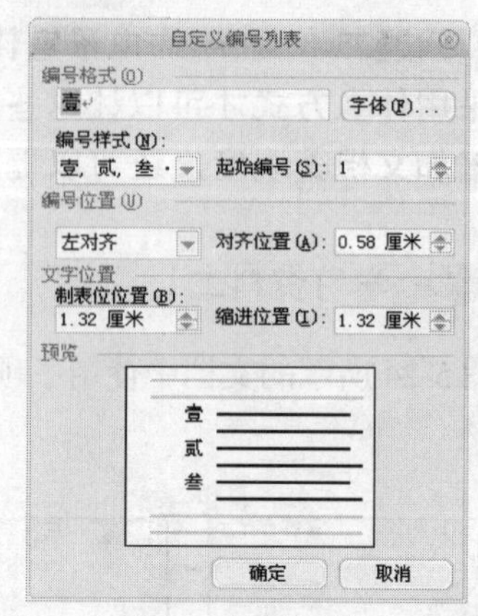


图 5-27 【自定义编号列表】对话框

步骤 4：如果对已经设置好编号的段落进行顺序调整，可直接进行剪切、复制操作，无需考虑编号顺序。当段落位置调整后，编号也会按从上至下的顺序自动调整。若想删除编号，可选中带有编号的段落，然后单击【格式】工具栏中的快捷按钮。这个按钮也可快速添加编号。

编号具有方便快速的特点，但在复制、排版等一些操作中使用有些不方便，此时可将自动编号转换为真正的文字编号。对带编号的段落进行复制，再选择【编辑】菜单中的【选择性粘贴】命令，按无格式文本粘贴到新位置，此时的编号就转换为正文了。

**问题三　在制作电子宣传品的时候，可以把有些信息制作成表格的形式，这样便于用户对信息的接收和获取。那么，什么是 Word 中的制表位？如何在 Word 中使用制表位呢？**

## 学习资料三

对 Word 文档进行排版时，要对不连续的文本列进行整齐排布，除了使用表格外，还可以使用制表位。制表位的设置可以利用标尺，也可以在对话框中进行。

1．制表位

在水平标尺的左端有一个【制表位选择】按钮，如图 5-28 所示。单击该按钮可以在两种缩进符和 5 种制表符之间进行切换。5 种制表符是：左对齐式制表符、右对齐式制表符、居中式制表符、小数点对齐式制表符和竖线对齐式制表符。前面 3 种类型和【格式】工具栏上的“对齐”按钮非常相似；小数点对齐式制表符可以使插入数字的小数点按制表位对齐，其他文本及整数按右对齐排列；竖线对齐式制表符则在制表位处画一条直线穿过选定的段落，可以把两列内容分隔开来。

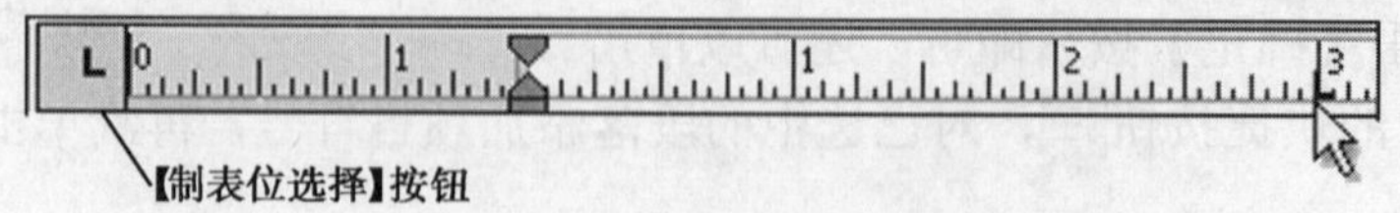


图 5-28 标尺与【制表位选择】铵钮

2．利用水平标尺设置制表位

下面以图 5-29 为例介绍如何利用水平标尺在 Word 中设置制表位。在本例中我们使用了 3 种制表符，分别为左对齐式制表符、居中式制表符和小数点对齐式制表符，具体操作步骤如下。

步骤 1：选中已输入好的 3 行文字，用鼠标在标尺相应的位置上单击一下，标尺上将会出现一个左对齐制表符。单击制表位选择器，定位到居中式制表符，用鼠标在标尺相应的位置上单击一下。再次单击制表位选择器，定位到小数点对齐式制表符，用鼠标在标尺相应的位置上左击一下，这样 3 个制表符就应用到了这 3 行文字中。

步骤 2：将光标依次定位到姓名、单位、金额前，依次按“Tab”键，相应的文字内容就会按照事先定义好的制表符类型进行对齐，最终效果如图 5-29 所示。

步骤 3：若希望修改或删除某一个制作符，可双击水平标尺中的任何一个制表符，系统弹出【制表位】对话框，如图 5-30 所示。在这里选择相应的制表位位置，可以更改其位置和或重新选择对方方式，也可以清除某一个或全部制表符。

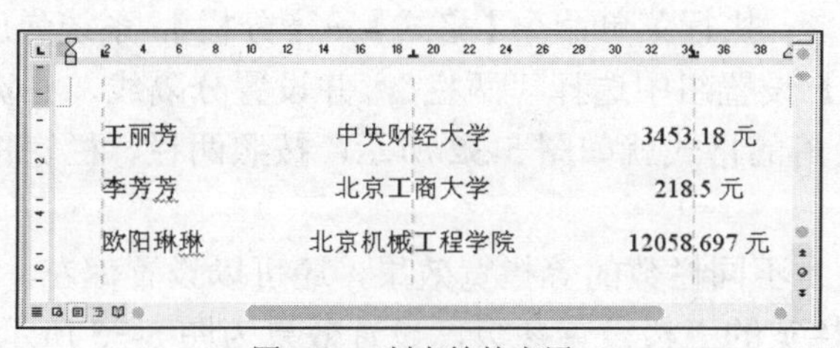


图 5-29　制表符的应用

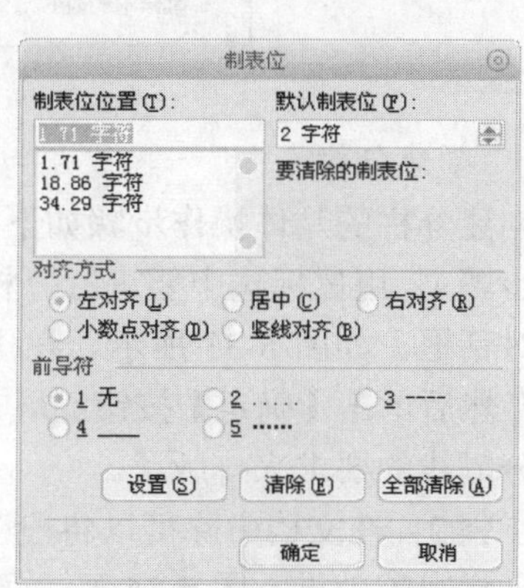


图 5-30　【制表位】对话框

3．利用制表位手工制作目录

可以利用制表位手工制作目录，效果如图 5-31 所示。具体操作步骤为：选择目录中的所有行，单击水平标尺左侧的制表位选择器，定位到右对齐式制表符，用鼠标在标尺相应的位置上单击一下，然后在图 5-30 中的前导符中选择“2……”类型，将光标定位到每一个页码前。依次按“Tab”键，目录就被制作好了。

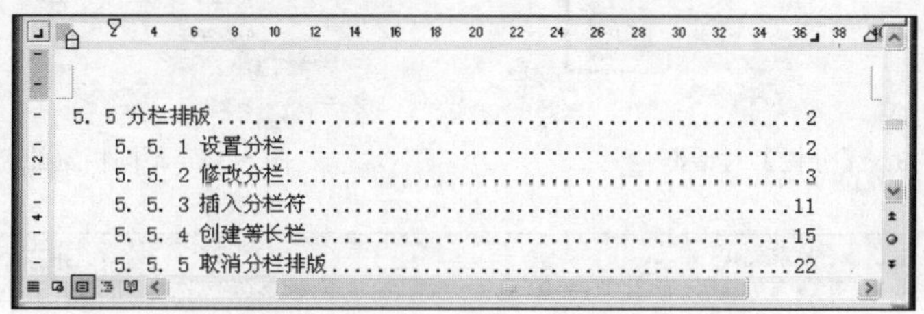


图 5-31　利用制表位手工制作目录

**问题四　电子宣传品的制作不同于一般的文档制作，经常会将页面分割为几个版面，那么如何在 Word 中利用排版工具进行文档分栏呢？**

**学习资料四**

在各种报纸杂志上分栏版面随处可见，在我们的文章排版中也经常会用到分栏功能。在 Word 2003 中可以很容易地生成分栏，还可以在不同章节中有不同的栏数和格式。图 5-32 所示为栏宽相等的两栏效果。

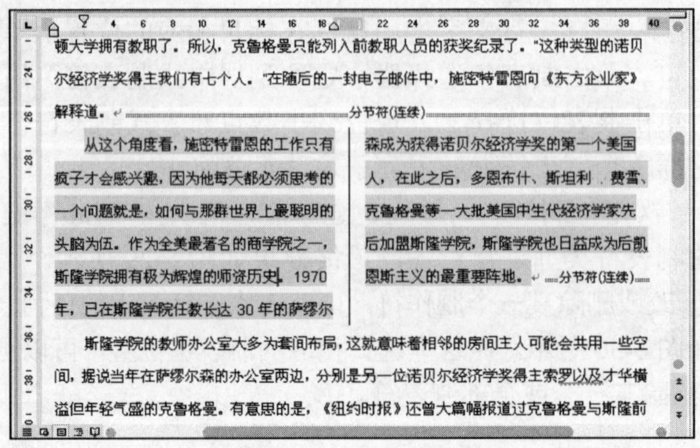

图 5-32　栏宽相等的两栏效果

1．创建分栏

创建分栏的具体操作步骤如下。

步骤 1：用鼠标选中要进行分栏的段落，执行菜单命令【格式】→【分栏】，系统弹出【分栏】对话框，如图 5-33 所示。在【预设】设置组中选择“两栏”，并设置分隔线、栏宽相等选项，然后单击【确定】按钮。现在该段落的格式就如图 5-32 所示，按照两栏、栏宽相等并带有分隔线的要求来排版了。

步骤 2：在文档中除可以将段落设置为不同栏数的等栏宽效果，还可以设置偏左、偏右、自定义栏宽的效果。图 5-34 显示了不同栏宽的三栏设置参数，设置效果为图 5-35 所示。

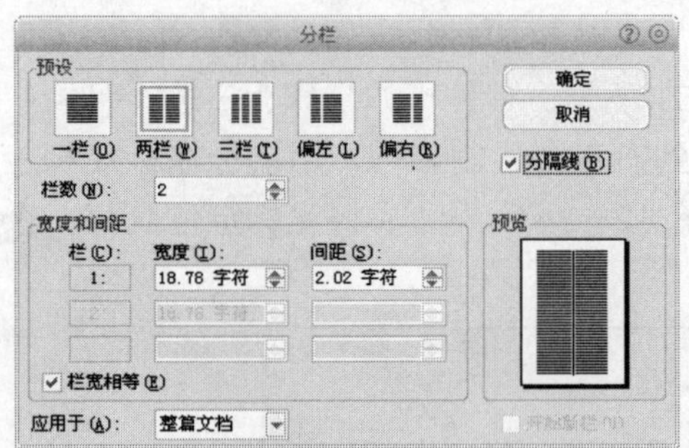

图 5-33　【分栏】对话框

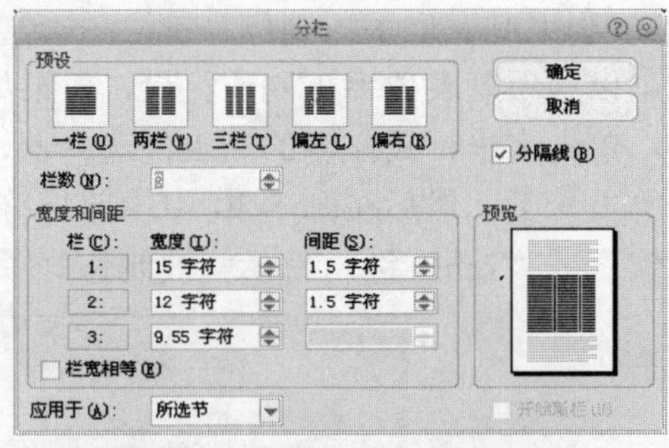

图 5-34　不同栏宽的三栏设置参数

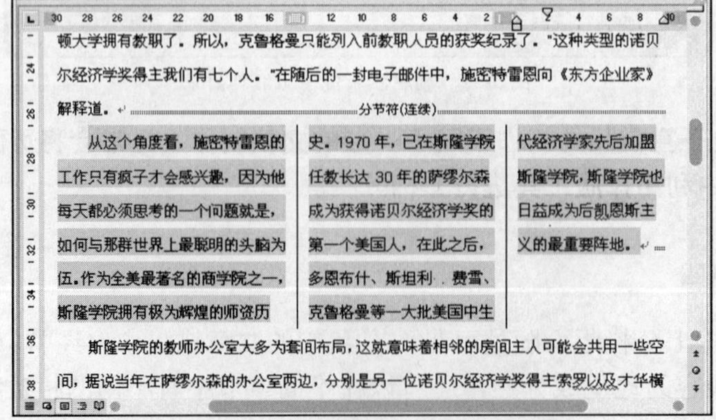

图 5-35　不同栏宽的三栏分栏效果

2．制作跨栏标题

有时我们希望文章标题位于所有栏的上面，标题本身不分栏，如图 5-36 所示。这时可以在标题与需要分栏的段落中插入一个分节符，其类型选择“连续”，将标题单独作为一节，该节只设置一栏，即可产生跨栏标题。

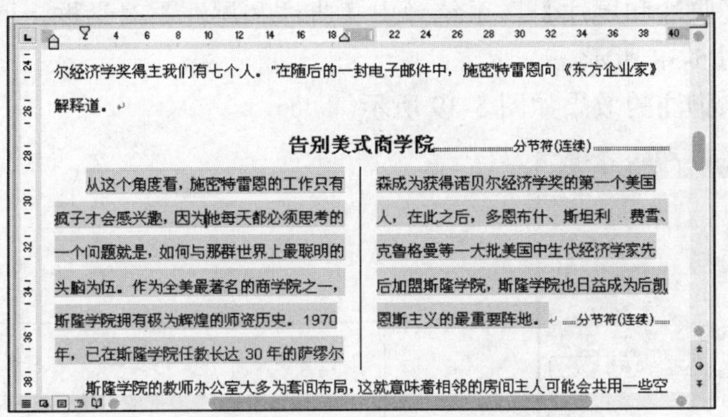


图 5-36　跨栏标题效果

3．在分栏中使用分栏符

在分栏过程中若想把一部分内容强制放到下一栏中，可使用插入【分栏符】的方法来解决，如图 5-37 所示。具体方法是：把光标定位到需要分栏的文字后面，执行菜单命令【插入】→【分隔符】，系统弹出【分隔符】对话框，从中选择“分栏符”，然后单击【确定】按钮。

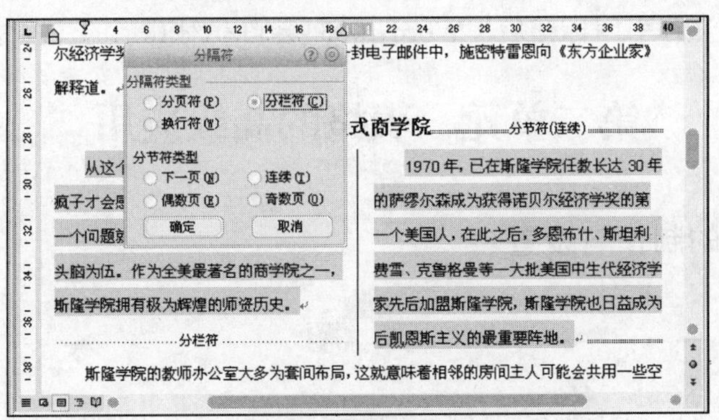


图 5-37　分栏符的使用

4．取消分栏排版

若想取消分栏排版，可以选择分栏段落，然后执行菜单命令【格式】→【分栏】，系统弹出【分栏】对话框，在【预设】列表中选择一种式样，然后单击【确定】按钮，分栏效果将被取消。

**问题五**　**制作电子宣传品经常会引用一些文章，或者添加一些说明性的注释，那么如何在电子宣传品中为相应的文字添加注释说明或参考文献呢？下面我们就来介绍如何利用脚注和尾注实现该功能。**

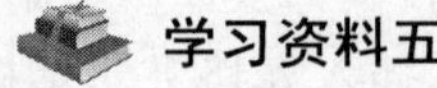

**学习资料五**

脚注和尾注用于在打印文档中为文档中的文本提供解释以及相关的参考资料。学生在写论文时，可用脚注对文档内容进行注释说明，而用尾注说明引用的文献。脚注一般位于当前页的下端或文字下方，尾注一般应位于当前节的末端或文章的末端。

脚注或尾注由两个互相链接的部分组成：注释引用标记和与其对应的注释文本。

添加脚注或尾注时，将光标定位在需要插入脚注或尾注的文字后面，执行菜单命令【插入】→【引用】→【脚注和尾注】，系统弹出【脚注和尾注】对话框，即可进行位置、格式等参数的设置，如图 5-38 所示。

在页面底端插入脚注的效果如图 5-39 所示。

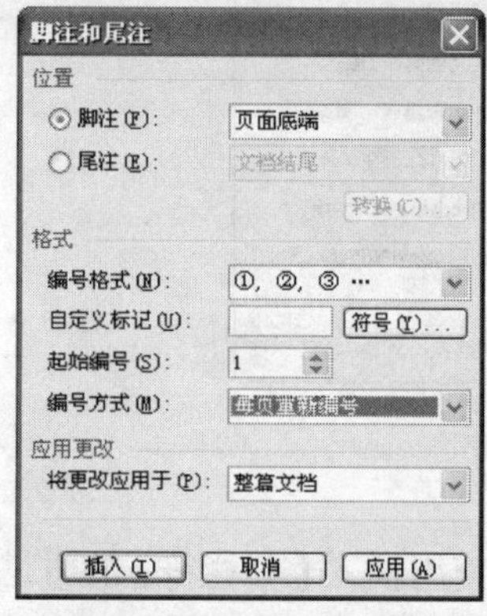


图 5-38 【脚注和尾注】对话框

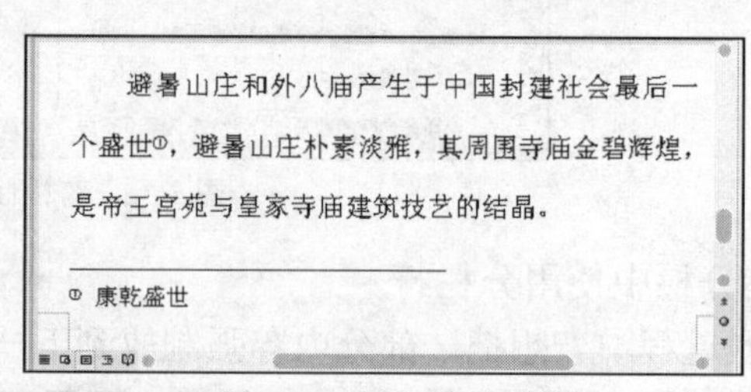


图 5-39 插入-脚注的效果

要想删除注释的内容，在文档中选定要删除的注释引用标记，然后按“Delete”键即可。删除一个自动编号的注释引用标记后，Word 2003 会自动对其余的注释进行重新编号。

# 第二单元 表格的高级应用

## 环节一 表格的制作与设置

### 问题情境

教师在评定职称或者科研结题时经常会填写大量复杂的表格，而这些表格在填入个人信息后经常会变得面目全非，如何才能够熟练地使用表格操作呢？对于有些初学 Word 的用户来说，制作表格是一件很复杂的事情。如果我们熟悉并掌握制作表格的方法，当处理表格时就不再感觉麻烦了。下面我们一起来看看如何在 Word 2003 中制作表格并进行、修饰和调整。

### 问题一 如何插入表格？如何制作复杂的表格？

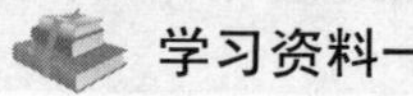

学习资料一

下面以一个简单表格为例来说明在 Word 2003 文档中插入表格的方法，具体操作步骤如下。

步骤 1：执行菜单命令【表格】→【插入】→【表格】，系统弹出【插入表格】对话框，在此设置要插入表格的列、行数，然后单击【确定】按钮，所需表格就插入到文档中了，如

图 5-40 所示。也可以单击【常用】工具栏中的【插入表格】命令，然后通过拖动鼠标完成表格的插入操作，如图 5-41 所示。

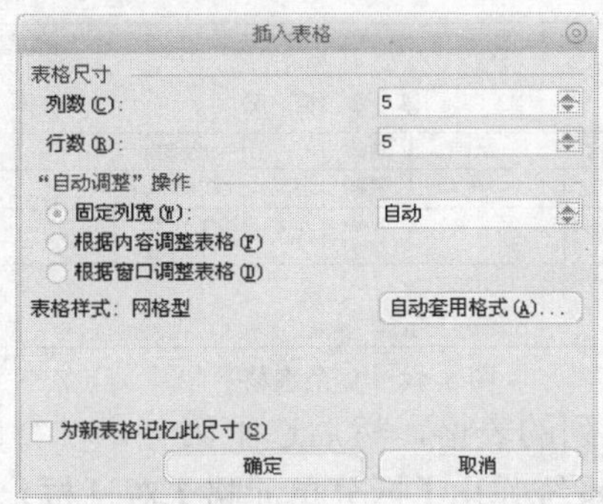


图 5-40　【插入表格】对话框

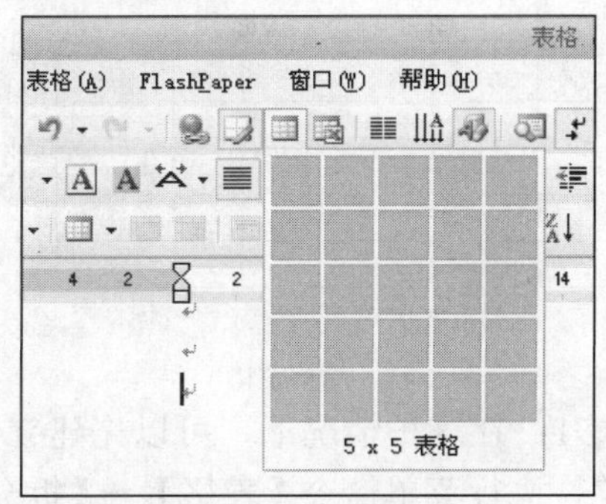


图 5-41　使用【常用】工具栏插入表格

步骤 2：插入表格后，可用鼠标拖动表格横线或竖线来调整每一行或列的宽度，也可以通过设置【表格属性】对话框来调整行宽或列宽的值。下面以调整第一列的列宽为例进行说明，将鼠标指针放在第一列中的任何一个单元格中，执行菜单命令【表格】→【选择】→【列】，将第一列选中后，在【表格】菜单中选择【表格属性】命令，单击【列】选项卡，在【指定宽度】文本框中可以输入列的宽度，如图 5-42 所示。

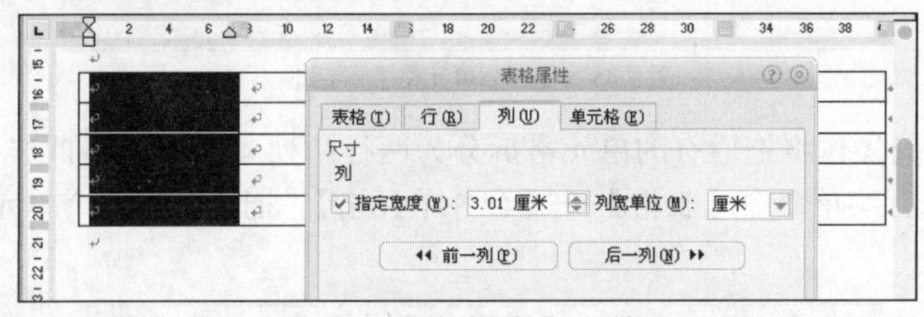


图 5-42　【表格属性】对话框

步骤 3：将表格的列宽与行宽设置好后，在每一个单元格中输入相应的文字内容。在输入文字的过程中，除可使用鼠标在表格中进行单元格的定位以外，还可以使用键盘上的上、下、左、右方向键以及"Tab"键进行单位格的定位。每按一次"Tab"键，光标将依次向后移动一个单元格；使用"Shift + Tab"组合键，光标将依次向前移动一个单元格。

对于表格中的文字可以进行文字格式与段落的设置，操作方法与表格外的文字一样。通过上面的操作，一个简单的表格就制成了，如图 5-43 所示。

## 问题二　如何制作复杂的表格呢？

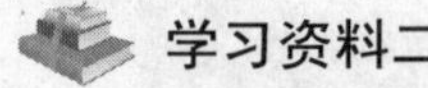

### 学习资料二

在 Word 2003 中比较复杂的表格一般是通过对的简单表格进行修改后生成的，根据不同的情况一般会使用到以下操作：单元格的合并与拆分、绘制表格、擦除、绘制斜线表头、插入行（列、单元格）、删除行（列、单元格）。

1．单元格的合并与拆分

在图 5-44 所示的表格中除"姓名"单元格比较特殊之外，其他部分均与简单表格相同，具体操作步骤如下。

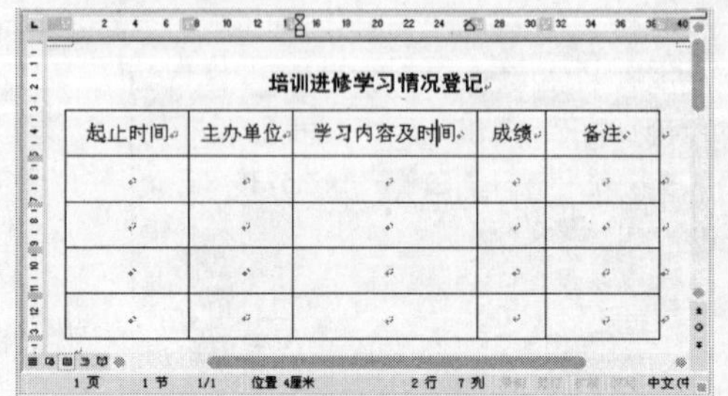


图 5-43　简单表格

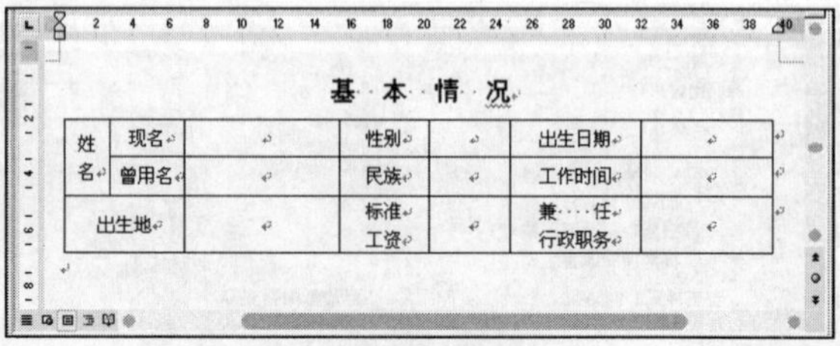

图 5-44　复杂表格

步骤 1：在这种情况下，可以先建立一个 3 行 6 列的表格，然后选中第一、二行的第一个单元格，执行菜单命令【表格】→【拆分单元格】，系统弹出【拆分单元格】对话框，在【列数】文本框中输入“2”，再单击【确定】按钮，如图 5-45 所示。

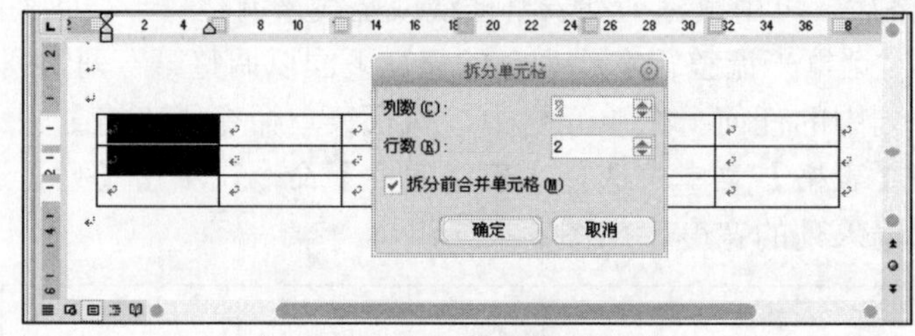


图 5-45　【拆分单元格】对话框

步骤 2：上面的操作将把原有的单元格拆分为两行两列 4 个单元格，选中现在的第一、二行的第一列，执行菜单命令【表格】→【合并单元格】，把选中的两个单元格合并成一个，如图 5-46 所示。

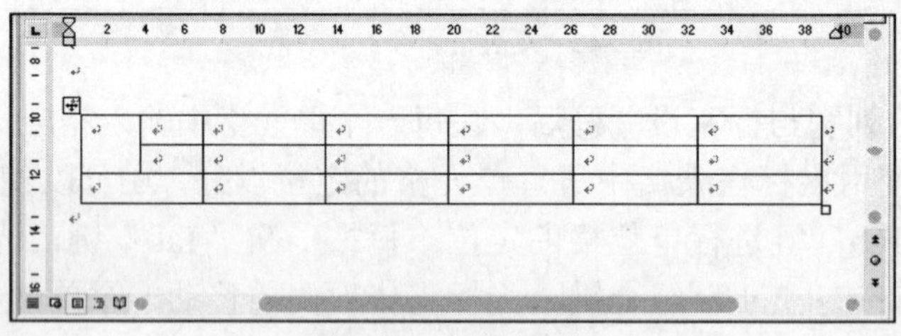

图 5-46　合并单元格

通过单元格的合并与拆分操作，可对表格结构进行修改。除可以利用【表格】菜单中的【拆分单元格】和【合并单元格】命令外，还可以通过【表格和边框】工具栏中的按钮和来完成单元格的合并与拆分，如图 5-47 所示。

图 5-47　【表格和边框】工具栏中的【合并单元格】与【拆分单元格】工具

2.【绘制表格】与【擦除】工具

“单元格的合并与拆分”操作是改变表格结构的一种方法，使用【绘制表格】与【擦除】

工具也同样可以对表格结构进行修改。【表格和边框】工具栏中的【绘制表格】与【擦除】工具如图 5-48 所示。

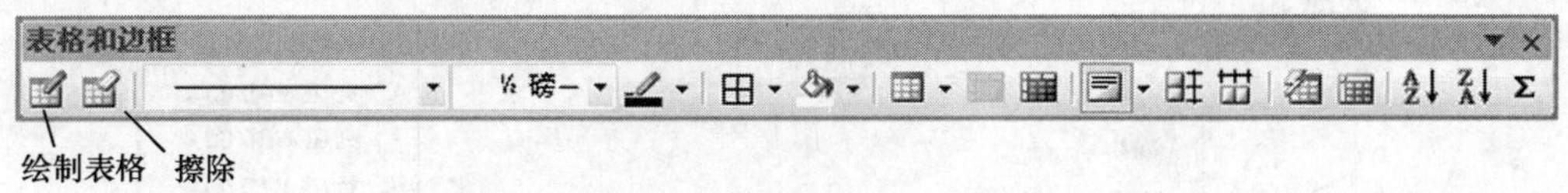


图 5-48　【表格和边框】工具栏

【绘制表格】工具：这里是用手工方法绘制表格，单击该按钮，鼠标指针将变为笔形，表示此时可以在文档中绘制表格，也可以在现有的表格中添加行、列或斜线。当完成操作后，再次单击该按钮，鼠标指针恢复成正常的形状。

【擦除】工具：用于擦除单元格之间的分格线，是绘制表格的逆操作。单击该按钮后，鼠标指针变成橡皮擦形状，在表格的框线上拖动鼠标，当松开鼠标时拖过的线段将被删除。再次单击该按钮，鼠标指针恢复成正常的形状。

3．绘制斜线表头

方法一：使用【绘制表格】工具，可以直接在单元格中画出斜线表头。

方法二：使用【表格和边框】工具栏中的【边框】工具绘制斜线表头。具体方法是：将光标定位到需要添加斜线表头的单元格中，选择【表格和边框】工具栏中的【边框】工具，边框类型选择“斜下框线”，如图 5-49 所示。

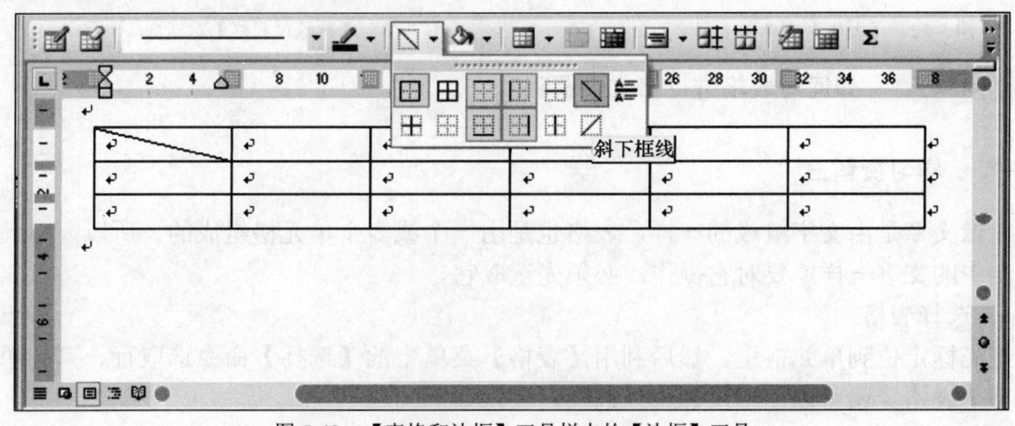


图 5-49　【表格和边框】工具栏中的【边框】工具

方法三：利用【表格】菜单中的【绘制斜线表头】命令绘制斜线表头。采用这种方法可以绘制比较复杂的斜线表头，具体方法是：将光标定位到需要添加斜线表头的单元格中，执行菜单命令【表格】→【绘制斜线表头】，系统弹出【插入斜线表头】对话框，如图 5-50 所示。在左边的【表头样式】列表框中选择“样式二”，在右边的【字体大小】列表框中选择“五号”，在【行标题】文本框中输入“科目”，【数据标题】文本框中输入“成绩”，在【列标题】文本框中输入“姓名”，然后单击【确定】按钮，就可以在表格中插入一个合适的表头。

4．插入行（列、单元格）

把光标定位在一个单元格里，执行菜单命令【表格】→【插入】，然后选择子命令【行（在上方）】、【行（在下方）】、【列（在左侧）】、【列（在右侧）】或者【单元格】，就会相应地插入行、列或单元格。或者在【表格和边框】工具栏上单击【插入表格】按钮，也可以选择插入相应的行、列或单元格，如图 5-51 所示。

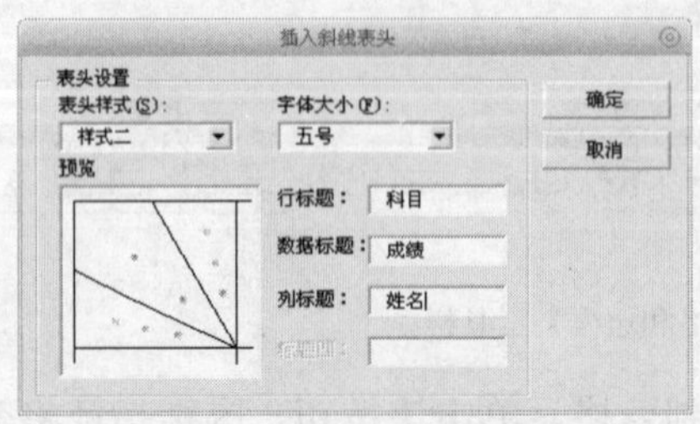


图 5-50 【插入斜线表头】对话框

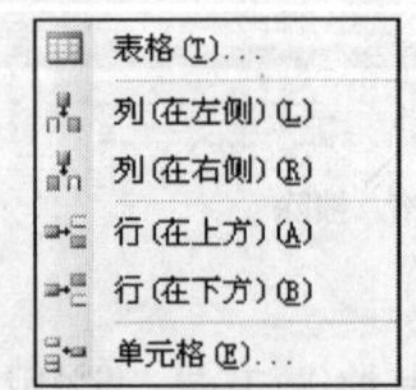


图 5-51 表格插入命令

5．删除行（列、单元格）

把光标定位在单元格里，执行菜单命令【表格】→【删除】，然后选择子命令【表格】、【列】、【行】、【单元格】（如图 5-52 所示），就可以完成删除操作。

当删除内容为“单元格”时，系统弹出【删除单元格】对话框，如图 5-53 所示。这时根据需要选择相应的选项，然后单击【确定】按钮即可。

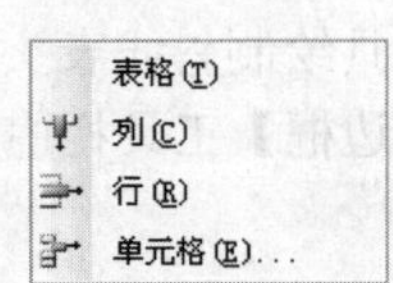


图 5-52 【表格】菜单中【删除】命令的子命令

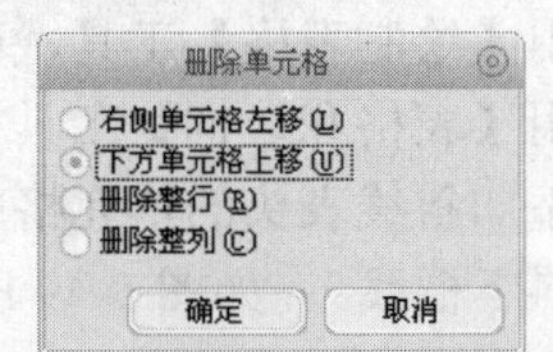


图 5-53 【删除单元格】对话框

## 问题三 如何对表格进行格式设置呢？

### 学习资料三

就像文章是由文字组成的一样，表格也是由一个或多个单元格组成的。所以，单元格就像文档中的文字一样，要对它操作，必须先选取它。

1．选择表格

把光标定位到单元格里，然后利用【表格】菜单中的【选择】命令选取行、列、单元格或者整个表格。还可以使用鼠标进行选择，具体如下。

选择单元格：把光标放到单元格的左下角，当鼠标指针变成黑色箭头形状后，单击鼠标左键可以选定一个单元格，拖动鼠标可选定多个单元格。

选择行：像选中一行文字一样，在左边文档的选定区中单击，可选中表格的一行单元格。

选择列：把光标移到这一列的上边框上，等光标变成向下的箭头时，单击鼠标左键即可选取一列。

选择表格：把光标移到表格上，等表格的左上方出现一个移动标记时，在这个标记上单击即可选取整个表格。

2．平均分布各行和平均分布各列

在设置表格中单元格的大小时，经常希望几列或几行的宽度一致，在这种情况下可以通过【表格属性】命令来设置行与列的宽度值。还可以通过【平均分布各行】、【平均分布各列】工具来实现，这种方法操作起来比较简便。

下面以图 5-54 为例进行介绍。将“毕业时间”、“学校”、“专业”、“学制”、“学位”所在的列设置为宽度相等，具体操作步骤为：将这几列选中，然后单击【表格与边框】工具栏中的【平均分布各列】工具，即可将其宽度设为相等，效果如图 5-55 所示。

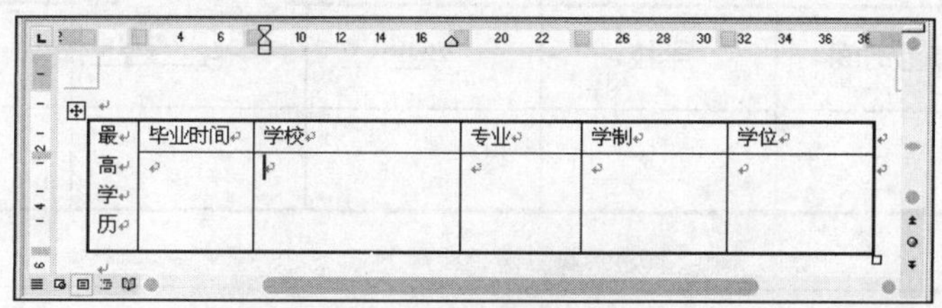


图 5-54 举例——列宽的设置

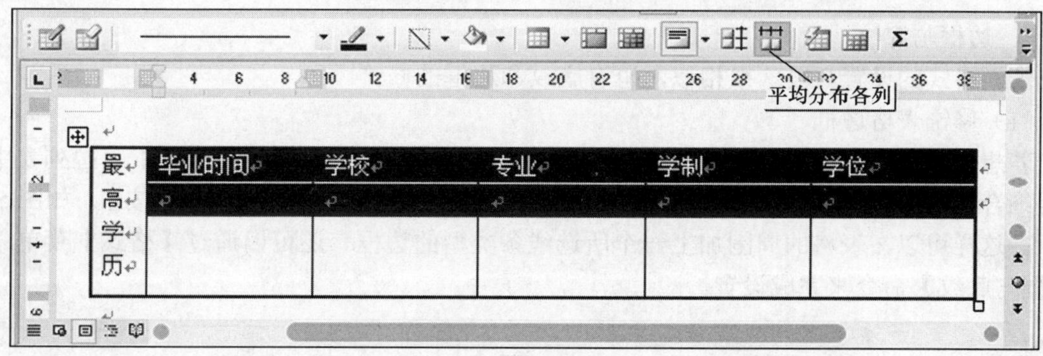


图 5-55 平均分布各列

若希望将选中的两行的宽度设置为相等，可使用【平均分布各行】工具。具体操作方法为：将这两行选中，然后单击【表格与边框】工具栏中的【平均分布各行】工具即可，效果如图 5-56 所示。

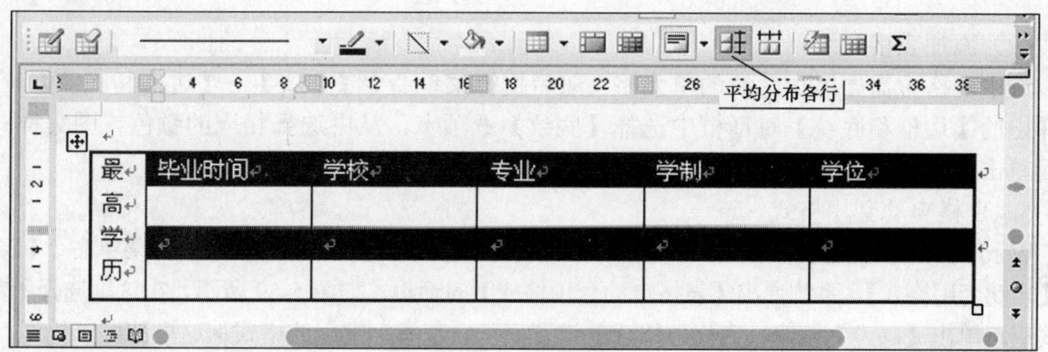


图 5-56 平均分布各行

3．对齐方式

利用【对齐方式】命令可以轻松地对单元格中的文字进行格式设置。如将图 5-56 中选中的单元格内容设置在单元格正中间，即文字在单元格中左右局中、上下局中排列。具体操作方法为：选中需要设置的单元格，在【表格和边框】工具栏中选择【对齐方式】工具，再选择所需要的格式类型“中部居中”，如图 5-57 所示。

对齐方式除中部居中外，还有靠上两端对齐、靠上居中、靠上右对齐、中部两端对齐、中部右对齐、靠下两端对齐、靠下居中、靠下右对齐。

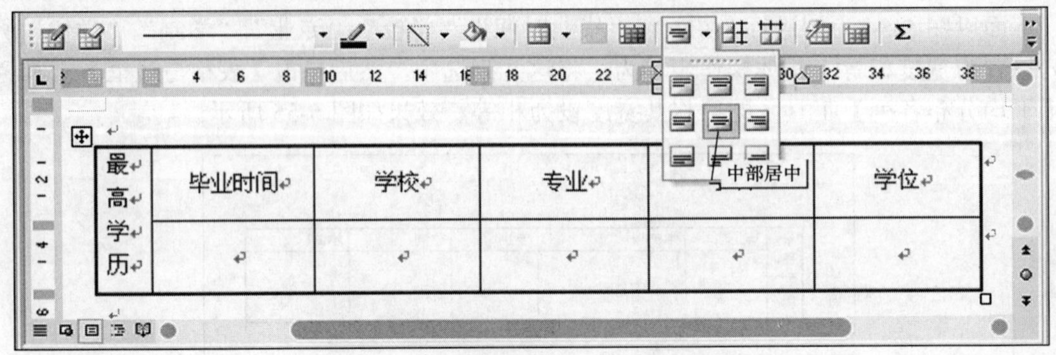


图 5-57　【表格和边框】工具栏——对齐方式

4．边框与底纹

表格格式的设置与段落很相似，也有底纹和边框的修饰。

（1）修饰表格边框

若想把表格周围的框线变粗一些，可从【表格和边框】工具栏上【粗细】下拉列表中选择粗细合适的线条，然后单击【框线】按钮的下拉箭头，再单击【外侧框线】按钮，如图 5-58 所示。这样可以在表格的周围加上一个所选线条类型的边框。还可以通过【格式】菜单中的【边框与底纹】命令来完成设置。

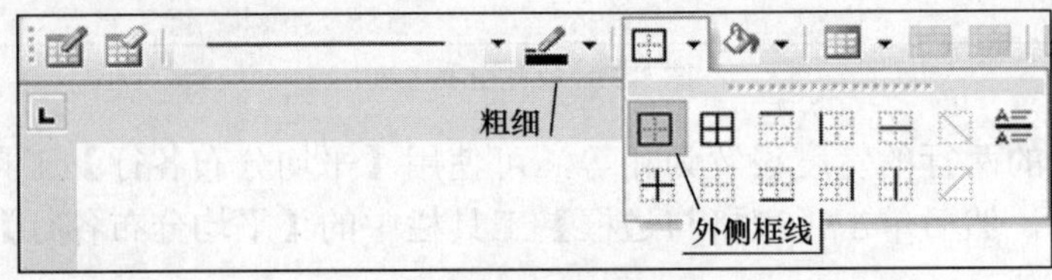


图 5-58　表格边框的修饰

（2）添加表格底纹

选中表格中需要添加底纹的单元格，然后执行菜单命令【格式】→【边框和底纹】，在系统弹出的【边框和底纹】对话框中选择【底纹】选项卡，从中选择相应的颜色或图案样式，然后单击【确定】按钮即可。

5．表格自动套用格式

Word 2003 为我们提供了表格自动套用格式功能。将光标定位在表格中，执行菜单命令【表格】→【自动套用格式】，系统弹出【表格自动套用格式】对话框，如图 5-59 所示。在这里选择所需的格式后，单击【确定】按钮，表格的格式就设置好了。基本上常用的格式从这里都可以找到。

6．标题行重复

如果表格很长，如学生成绩单、考勤表等在一页内显示不完时将分布在两页内显示，而第二页中的表格若没有表头，这样在单看第二页的表格时就会不知所云。在 Word 2003 中可以使用【标题行重复】命令来解决这个问题。具体操作方法为：选中表格的表头（一行或多行），然后执行菜单命令【表格】→【标题行重复】，此时在第二页的表格中就会显示与第一页同样的标题行。若想修改标题，只需要修改第一页中的标题内容，第二页的标题就会随之变化。

7．拆分表格

如果需要将一个表格拆分成两个表格，可利用【拆分表格】菜单命令。具体操作方法为：

将光标定位在拆分后第二个表格的第一行中，然后执行菜单命令【表格】→【拆分表格】即可。拆分前后的表格分别如图 5-60 和图 5-61 所示。

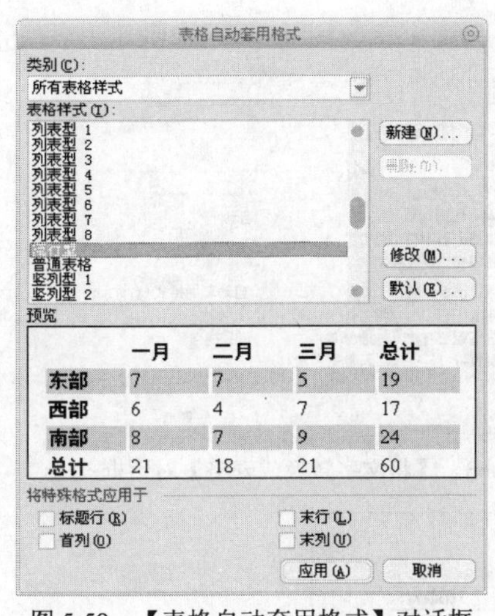


图 5-59　【表格自动套用格式】对话框

基 本 情 况

| 姓名 | 现名 | | 性别 | | 出生日期 | |
|---|---|---|---|---|---|---|
| | 曾用名 | | 民族 | | 工作时间 | |
| 出生地 | | | 标准工资 | | 兼····任行政职务 | |
| 最高学历 | 毕（肄、结）业时间 | 学校 | 专业 | | 学制 | 学位 |
| | | | | | | |
| 何时获何专业技术职务·任职资格··（职称） | | | 何时聘任何专业技术职务及聘期 | | | |
| 参加何学术团体任何职务或其它社··会兼职 | | | 何时入何党派任何职 | | | |

图 5-60　拆分前的表格

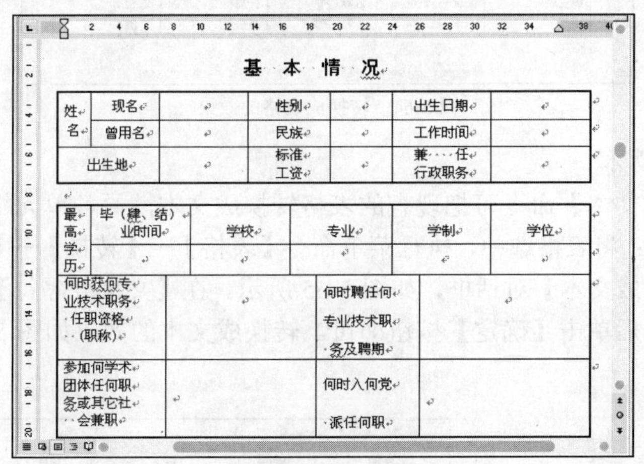
基 本 情 况

| 姓名 | 现名 | | 性别 | | 出生日期 | |
|---|---|---|---|---|---|---|
| | 曾用名 | | 民族 | | 工作时间 | |
| 出生地 | | | 标准工资 | | 兼····任行政职务 | |

| 最高学历 | 毕（肄、结）业时间 | 学校 | 专业 | 学制 | 学位 |
|---|---|---|---|---|---|
| | | | | | |
| 何时获何专业技术职务·任职资格··（职称） | | | 何时聘任何专业技术职务及聘期 | | |
| 参加何学术团体任何职务或其它社··会兼职 | | | 何时入何党派任何职 | | |

图 5-61　拆分后的表格

## 问题四　表格与文本之间如何进行相互转换，以方便对数据进行整理和加工呢？

### 学习资料四

在编辑文档时会遇到这种情况：最初是文字，最后希望文字在表格中体现；或是表格制作好了，又希望将表格删除，只剩下文字。在这种情况下，Word 2003 给我们提供了一个非常快捷的工具，即【文本转换成表格】和【表格转换成文本】。

1．文本转换成表格

图 5-62 中是一个课表，“星期”、“时间”、“班级”、“课程”、“主播教室”之间均用空格分开，如果转成表格，看起来可能会更整齐。选中这些文字，执行菜单命令【表格】→【转换】→【文字转换成表格】，系统弹出【将文字转换成表格】对话框，如图 5-63 所示。由于

文字内容之间已用空格进行分离，系统会自动识别出生成的表格为 5 列。在【文字分隔位置】选项组中选择【空格】单选按钮，然后单击【确定】按钮，文字就转换成了表格。转换成表格的效果如图 5-64 所示。

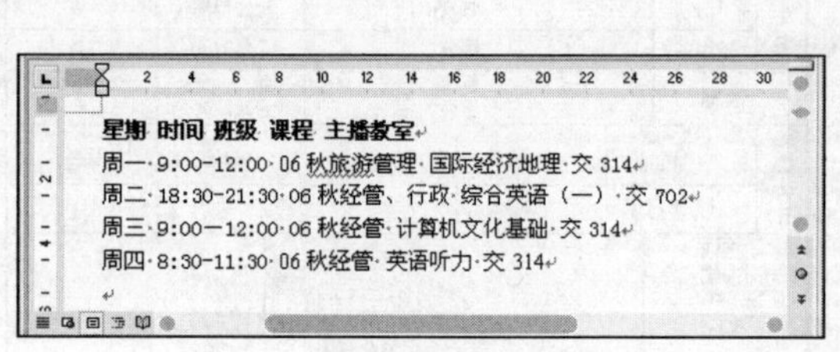


图 5-62　文本

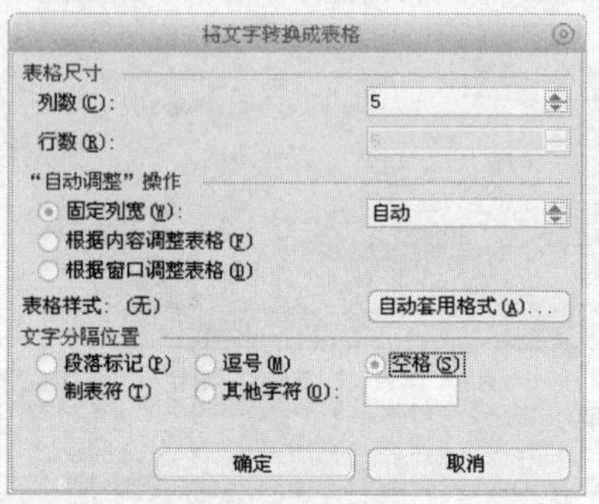


图 5-63　【将文字转换成表格】对话框

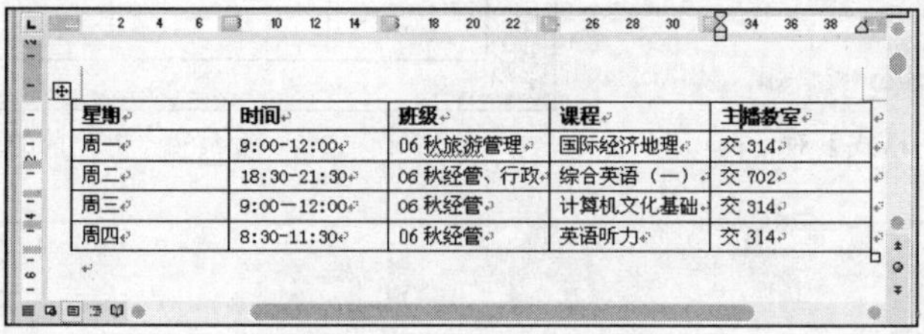

| 星期 | 时间 | 班级 | 课程 | 主播教室 |
|---|---|---|---|---|
| 周一 | 9:00-12:00 | 06 秋旅游管理 | 国际经济地理 | 交 314 |
| 周二 | 18:30-21:30 | 06 秋经管、行政 | 综合英语（一） | 交 702 |
| 周三 | 9:00—12:00 | 06 秋经管 | 计算机文化基础 | 交 314 |
| 周四 | 8:30-11:30 | 06 秋经管 | 英语听力 | 交 314 |

图 5-64　转换成表格的效果

2．表格转换成文本

使用【表格转成文本】命令可把现有的表格转换成文本，原各单元格之间可用分隔符分开。具体操作步骤为：将表格选中，执行菜单命令【表格】→【转换】→【表格转换成文本】，系统弹出【表格转换成文本】对话框，如图 5-65 所示。在【文字分隔符】选项组中选择【制表符】单选按钮，然后单击【确定】按钮即可。转换成文本的效果如图 5-66 所示。

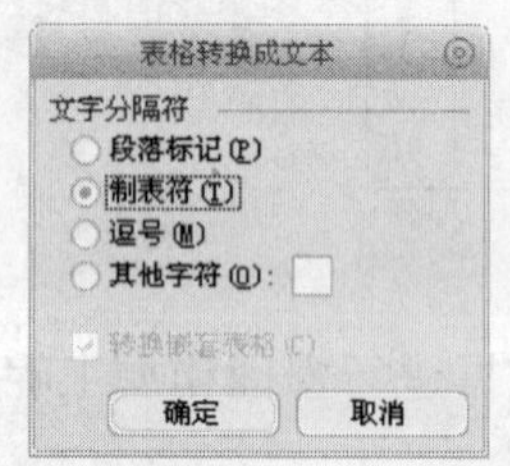


图 5-65　【表格转换成文本】对话框

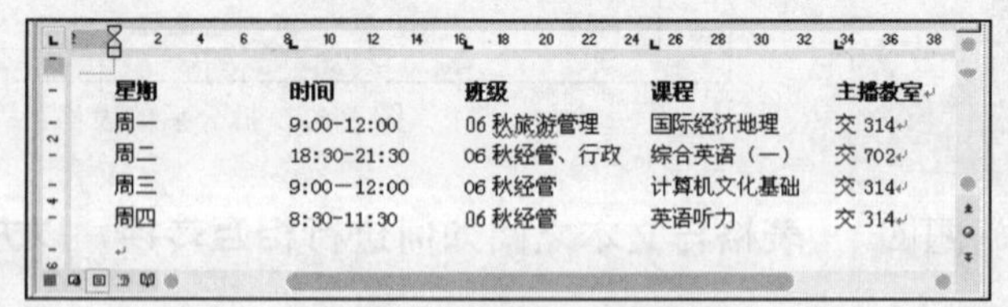


图 5-66　转换成文本的效果

## 环节二　表格的计算与排序

### 问题情境

假如学期末一个班级需要统计该学期各门功课的总评成绩及各方面的加权分数，以此来评选优秀学生和奖学金，由于类别众多，人数众多，你对这一大堆数据感到非常挠头，那么如何利用 Word 表格功能快速计算总分并排序呢？

## 问题一　对表格中的有关数据如何进行计算呢？

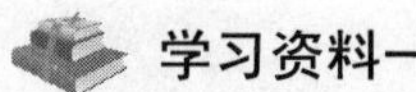

### 学习资料一

使用表格中的【公式】命令可以对表格中的数字进行运算，下面以“求和”为例介绍表格中数据的计算方法。

图 5-67 所示的是学生本学期成绩统计表，可使用“求和”功能对 3 个门课程的成绩进行累加，具体操作步骤如下。

步骤 1：将光标定位在第一个“总分”单元格中，执行菜单命令【表格】→【公式】，系统弹出【公式】对话框，如图 5-68 所示。

学生成绩统计表

| 学号 | 姓名 | 性别 | 英语 | 高数 | 物理 | 总分 |
|---|---|---|---|---|---|---|
| 20061343 | 郝芳 | 女 | 86 | 73 | 90 | |
| 20061338 | 张力 | 男 | 95 | 81 | 86 | |
| 20061341 | 吴见好 | 男 | 91 | 92 | 89 | |
| 20061329 | 古广东 | 男 | 81 | 84 | 91 | |
| 20061324 | 曹量 | 男 | 84 | 72 | 65 | |
| 20061325 | 胡歌 | 女 | 95 | 91 | 96 | |
| 20061320 | 刘杰伦 | 男 | 80 | 85 | 86 | |
| 20061322 | 张娜拉 | 女 | 82 | 74 | 95 | |
| 20061327 | 胡慷慨 | 男 | 79 | 87 | 84 | |

图 5-67　举例

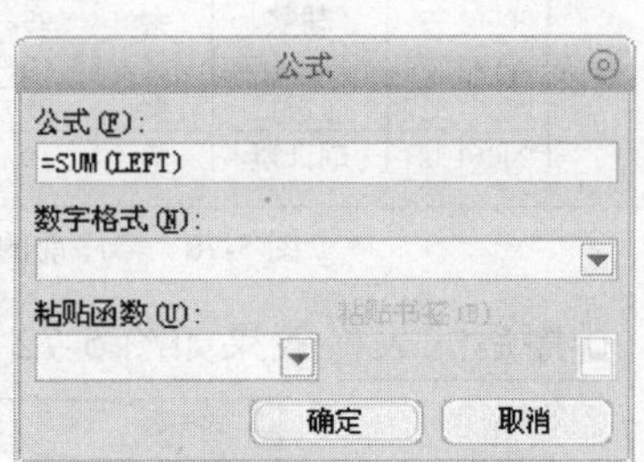


图 5-68　【公式】对话框

步骤 2：在【公式】文本框中输入等号，单击【粘贴函数】列表右侧的下拉按钮，从列表中选择求和函数 SUM，然后在括号里输入要进行计算的单元格范围，再单击【确定】按钮。

步骤 3：运算后的结果将插入到表格中，效果如图 5-69 所示。

学生成绩统计表

| 学号 | 姓名 | 性别 | 英语 | 高数 | 物理 | 总分 |
|---|---|---|---|---|---|---|
| 20061343 | 郝芳 | 女 | 86 | 73 | 90 | 249 |
| 20061338 | 张力 | 男 | 95 | 81 | 86 | |
| 20061341 | 吴见好 | 男 | 91 | 92 | 89 | |
| 20061329 | 古广东 | 男 | 81 | 84 | 91 | |
| 20061324 | 曹量 | 男 | 84 | 72 | 65 | |
| 20061325 | 胡歌 | 女 | 95 | 91 | 96 | |
| 20061320 | 刘杰伦 | 男 | 80 | 85 | 86 | |
| 20061322 | 张娜拉 | 女 | 82 | 74 | 95 | |
| 20061327 | 胡慷慨 | 男 | 79 | 87 | 84 | |

图 5-69　举例——求和

步骤 4：若继续对下面的各行进行求和，不必再一一进行求和操作，可将第一行的“总分”值复制到下面各行“总分”单元格中。这时每一行的“总分”值都与第一行一样，选中这一列，按一下“F9”键，其余各行的“总分”就都更新出来了。

## 问题二　如何对表格中的数据进行排序呢？

### 学习资料二

下面以图 5-70 中的表格为例介绍表格的排序功能，要求按照“总分”列从高到低进行排序，“总分”值相同的按照姓名拼音的升序进行排序。具体操作步骤为：选择整个表格，然后执行菜单命令【表格】→【排序】，系统弹出【排序】对话框，按图 5-71 进行设置后单击【确定】按钮。

学生成绩统计表

| 学号 | 姓名 | 性别 | 英语 | 高数 | 物理 | 总分 |
|---|---|---|---|---|---|---|
| 20061343 | 郝芳 | 女 | 86 | 73 | 90 | 249 |
| 20061338 | 张力 | 男 | 95 | 81 | 86 | 262 |
| 20061341 | 吴见好 | 男 | 91 | 92 | 89 | 272 |
| 20061329 | 古广东 | 男 | 81 | 84 | 91 | 256 |
| 20061324 | 曹量 | 男 | 84 | 72 | 65 | 221 |
| 20061325 | 胡歌 | 女 | 95 | 91 | 96 | 282 |
| 20061320 | 刘杰伦 | 男 | 80 | 85 | 86 | 251 |
| 20061322 | 张娜拉 | 女 | 82 | 74 | 95 | 251 |
| 20061327 | 胡慷慨 | 男 | 79 | 87 | 84 | 250 |

图 5-70　排序前的效果

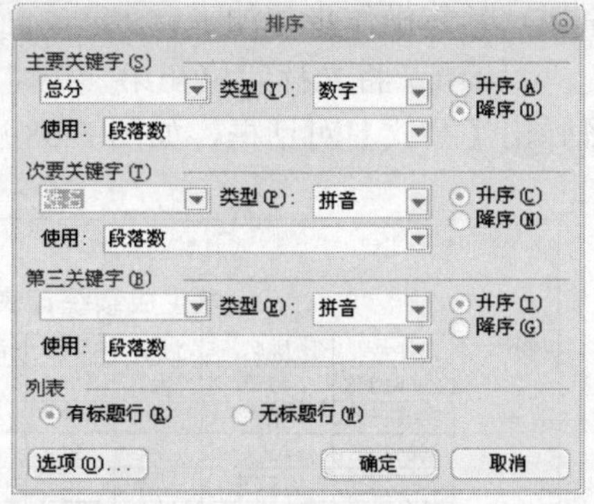


图 5-71　【排序】对话框

排序后的表格效果如图 5-72 所示。

学生成绩统计表

| 学号 | 姓名 | 性别 | 英语 | 高数 | 物理 | 总分 |
|---|---|---|---|---|---|---|
| 20061325 | 胡歌 | 女 | 95 | 91 | 96 | 282 |
| 20061341 | 吴见好 | 男 | 91 | 92 | 89 | 272 |
| 20061338 | 张力 | 男 | 95 | 81 | 86 | 262 |
| 20061329 | 古广东 | 男 | 81 | 84 | 91 | 256 |
| 20061320 | 刘杰伦 | 男 | 80 | 85 | 86 | 251 |
| 20061322 | 张娜拉 | 女 | 82 | 74 | 95 | 251 |
| 20061327 | 胡慷慨 | 男 | 79 | 87 | 84 | 250 |
| 20061343 | 郝芳 | 女 | 86 | 73 | 90 | 249 |
| 20061324 | 曹量 | 男 | 84 | 72 | 65 | 221 |

图 5-72　排序后的效果

# 第三单元　图形对象的高级应用

## 环节一　图片的插入与设置

### 问题情境

有位同事想和你联合编写一本专业教材，需要你撰写其中的一部分。这部分内容不但专业知识新颖、深刻，而且需要很多图片、表格等辅助说明内容，如何才能配合同事顺利地完成书稿的写作任务呢？这时就需要了解在 Word 中进行文字和图片混排的方法了。

**问题一**　在编写教材的时候经常会在文档中添加一些图片来说明问题，如何将文字和图片搭配合理呢？下面我们就来看看如何在文档中应用剪贴画和插入外部图片文件。

## 学习资料一

有时候需要为文章添加一些生动的图片以增加趣味性，图片可以是软件自带的剪贴画，也可以是我们从数码相机、扫描仪或网络中得到的图片文件。

1．插入剪贴画

剪贴画是在安装 Office 2003 办公软件时就随软件安装到了我们的计算机中。执行菜单命令【插入】→【图片】→【剪贴画】，在 Word 2003 工作区域右侧会出现【剪贴画】任务窗口，如图 5-73 所示。可在【搜索文字】文本框中输入剪贴画的关键字，然后单击【搜索】按钮，也可以直接单击【搜索】按钮，系统将会列出全部剪贴画。在选定的剪贴画上用鼠标单击一下，该剪贴画就插入到了文档中光标所在的位置。

图 5-73　【剪贴画】任务窗口

2．插入图片文件

除可将剪贴画插入到文档中，很多情况下还需要在文档中插入一些图片文件。操作方法为：执行菜单命令【插入】→【图片】→【来自文件】，系统弹出图 5-74 所示的【插入图片】对话框，选择要插入的图片后，单击【插入】按钮。该图片文件就插入到了文档光标所在的位置。

图 5-74　【插入图片】对话框

3．对图像进行处理

在插入到文档中的图像上用鼠标单击，会出现【图片】工具栏，如图 5-75 所示。可以利用这些工具对图片进行处理。

图 5-75 【图片】工具栏

【调整图像大小】：插入的图片周围有 8 个黑色的小正方形，这些是尺寸句柄，把鼠标指针放到尺寸句柄上面，鼠标指针会变成双箭头形状，这时按下鼠标左键拖动鼠标，就可以改变图片的大小了。

【颜色】：可以快速将图片的颜色变为灰色、黑白、冲蚀效果。

【裁剪】：单击【图片】工具栏上的【裁剪】按钮，鼠标指针变成【裁剪】按钮的形状，再在图片的尺寸句柄上按下鼠标左键，等鼠标指针变成推动光标的形状时，向图片内侧推动鼠标，线框所到的地方就是图片的裁剪位置。不过这样拖动虚线一次移动的距离较大，按住“Alt”键再拖动时就可以平滑地改变线框的位置了。松开鼠标左键，就把线框以外的部分“裁剪”掉了。

【亮度或对比度】：可以为图片增加对比度（）或降低对比度（），增加亮度（）或降低亮度（）。

【重设图片】：单击按钮，可使已经修改过的图片恢复至原始效果。

## 问题二　如何才能够使文字和图片搭配得美观呢？

### 学习资料二

编辑书稿的时候经常会遇到文字和图片同时显示的情况，这时可以通过设置图片的文字环绕方式使图片与文字实现完美的结合。图 5-76 所示为刚刚插入图片后的效果，若希望图片四周被文字环绕，可由下面的操作来完成。选中图片，单击【图片】工具栏中的【文字环绕】工具，从图 5-77 所示的列表中选择四周型环绕方式。再用鼠标拖动图片，将其移到合适的位置上，如图 5-78 所示。

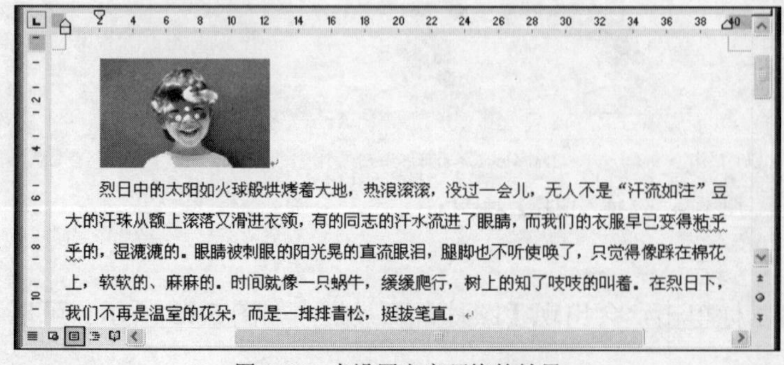


图 5-76　未设置文字环绕的效果

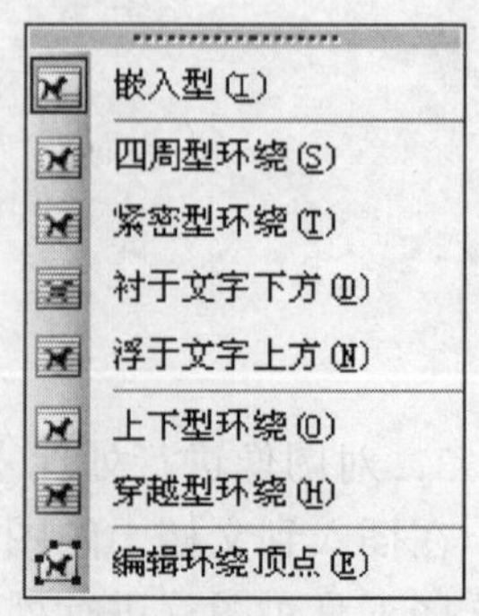


图 5-77　文字环绕方式

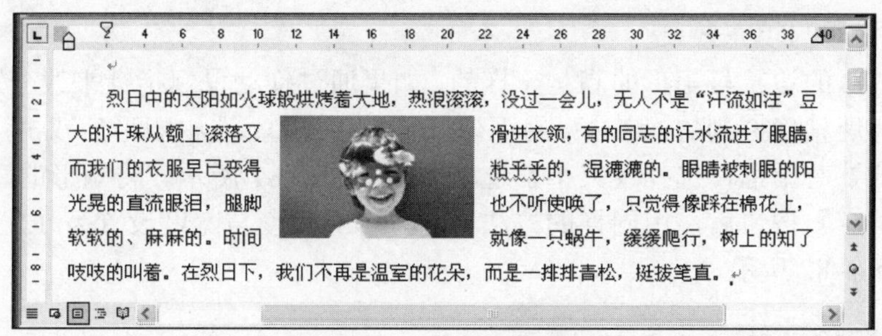


图 5-78　四周型环绕效果

## 环节二　绘图工具的高级应用

问题情境

在编写书稿的时候，不仅需要插入剪贴画和一些图片文件，在更多的时候需要我们亲自绘制很多与教学相关的流程图。各种复杂的流程图都需要我们利用 Word 2003 强大的绘图工具来绘制，那么如何让绘制图例不再陌生呢？让我们一起来来看看吧。

### 问题　如何才能够熟练地利用绘图工具进行图形绘制呢？

学习资料

可以通过绘图工具绘制各种各样的图形，【绘图】工具栏中的【自选图形】工具提供了多系列的图形对象，可以直接进行选择插入，还可对图形对象进行不同效果的设置。下面以图 5-79 为例来介绍绘图工具的各项功能和使用方法。

1．绘制图形

在 Word 2003 中创建图形时，默认情况是在其四周会显示一个绘图画布（可在该区域上绘制多个形状，因为形状包含在绘图画布内，所以它们可作为一个单元进行移动和调整大小）。

步骤 1：单击文档中要放置图形的位置，然后执行菜单命令【插入】→【图片】→【绘制新图形】，将绘图画布插入到文档中。

步骤 2：选取【绘图】工具栏中的【矩形】工具，然后在绘图画布中拖动鼠标指针绘制一个矩形，再绘制一个小的正方形，如图 5-80 所示。用【矩形】工具绘制正方形时，应在拖动鼠标的同时按住“Shift”键，绘制出来的就是正方形。

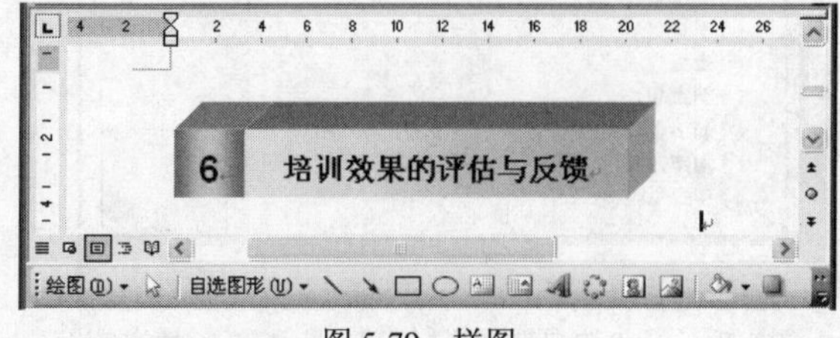


图 5-79　样图

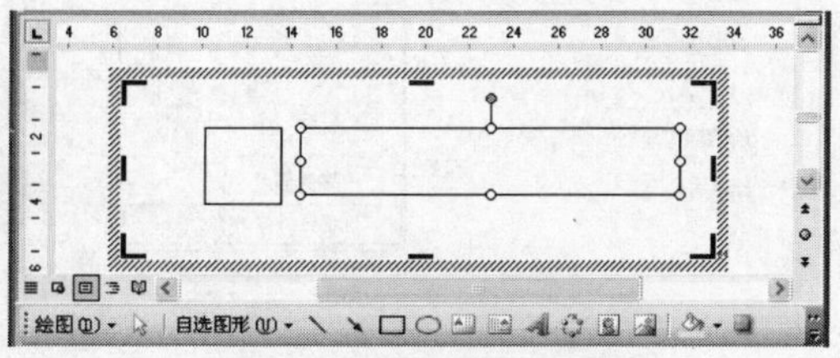

图 5-80　绘制矩形

2．图形的大小与填充效果

样图中正方形的边长与矩形的高是一样的，如果通过拖动鼠标指针来改变矩形（正方形）的大小是很难实现精确控制的。这时可用下列方法进行调整：选中矩形后双击，系统弹出【设置自选图形格式】对话框，选择【大小】选项卡，如图 5-81 所示。将矩形的高度设置为 1.2 厘米，单击【确定】按钮后，用同样的方法将正方形的高度与宽度设置为 1.2 厘米。设置尺寸后的效果如图 5-82 所示。

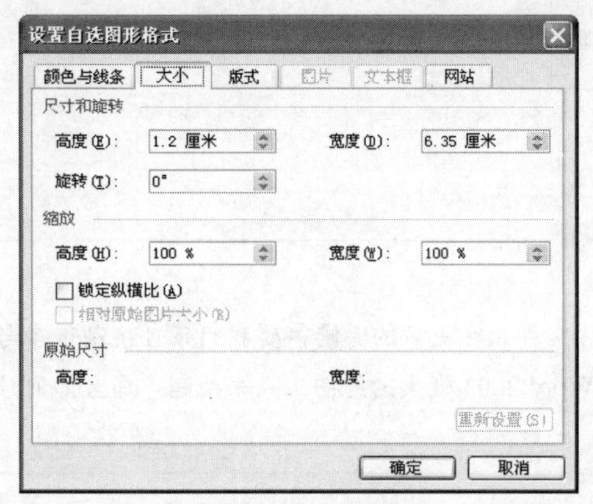


图 5-81　【设置自选图形格式】对话框——设置大小

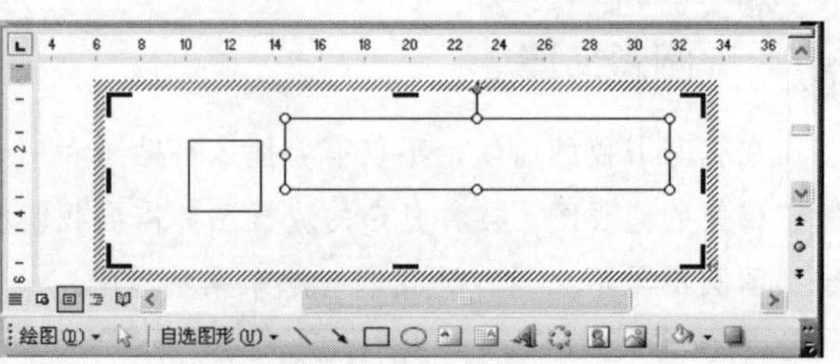


图 5-82　设置尺寸后的效果

样图中的矩形四周是没有线条的，而且填充的颜色是以渐变的方式进行填充的。下面将给矩形填充颜色，具体方法为：选中矩形后双击，系统弹出【设置自选图形格式】对话框，然后选择【颜色与线条】选项卡，如图 5-83 所示。在【线条】设置组中的【颜色】下拉菜单中选择“无线条颜色”，在【填充】设置组中的【颜色】下拉菜单中选择填充颜色，进入【填充效果】对话图，如图 5-84 所示。在【填充效果】对话图中，在【底纹样式】选项组中选择“垂直”以及相应的变形类型，然后单击【确定】按钮，设置好的效果如图 5-85 所示。

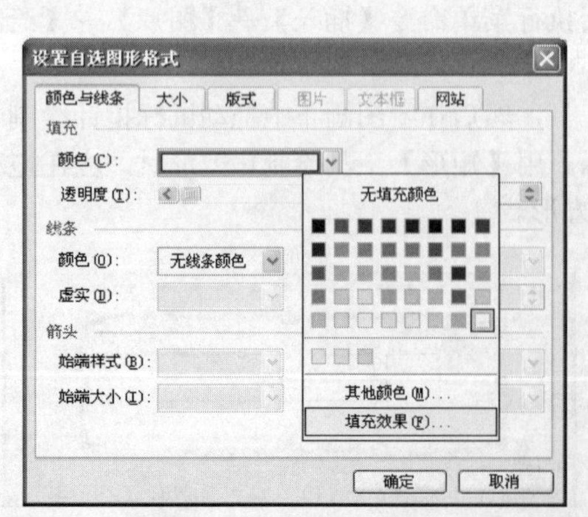


图 5-83　【设置自选图形格式】对话框——颜色与线条

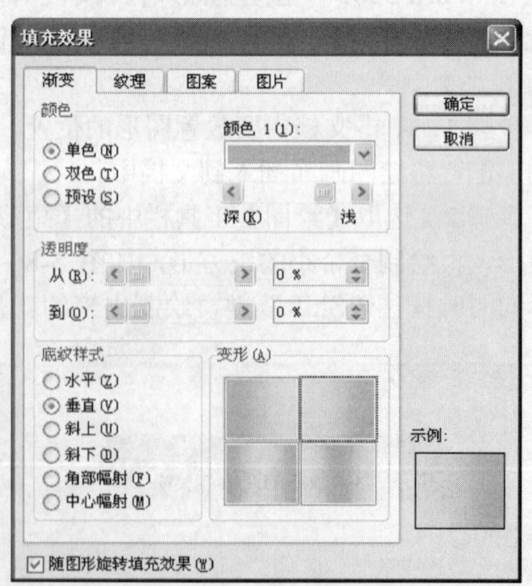


图 5-84　【设置自选图形格式】对话框——填充效果

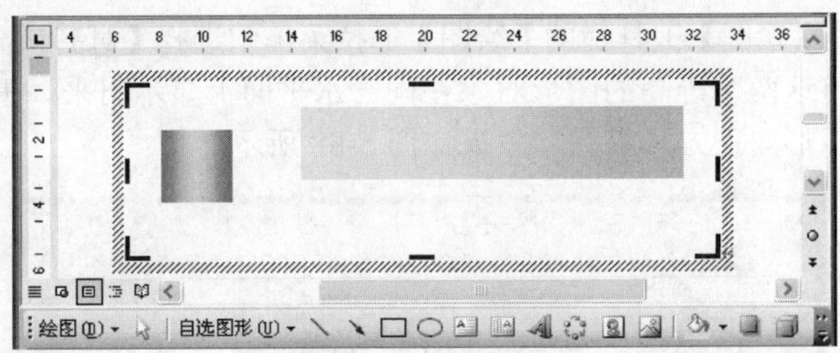

图 5-85　设置后的效果

3．在图形中添加文字

选中矩形后，单击鼠标右键，在右键快捷菜单中选择【添加文字】命令，光标将出现在矩形中，这时可输入需要的文字，并可对该文字进行字体、字号、颜色等设置。添加文字后的效果如图 5-86 所示。

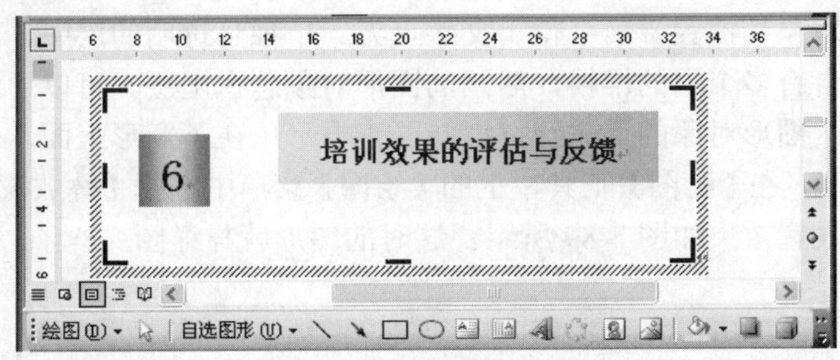


图 5-86　添加文字后的效果

4．为图形设置特殊效果

可以利用【绘图】工具栏给图形对象添加阴影与三维效果，添加这两种特殊效果的操作方法基本一样，本样图中采用的是三维效果样式。

选中矩形后，在【绘图】工具栏中单击【三维效果样式】工具，然后从多种效果样式中选择“三维样式 1”，就会使得该矩形有立体效果，如图 5-87 所示。还可以通过【三维设置】工具栏，对已有的三维效果的深度、方向、照明角度、表面效果、三维颜色等参数进行设置。

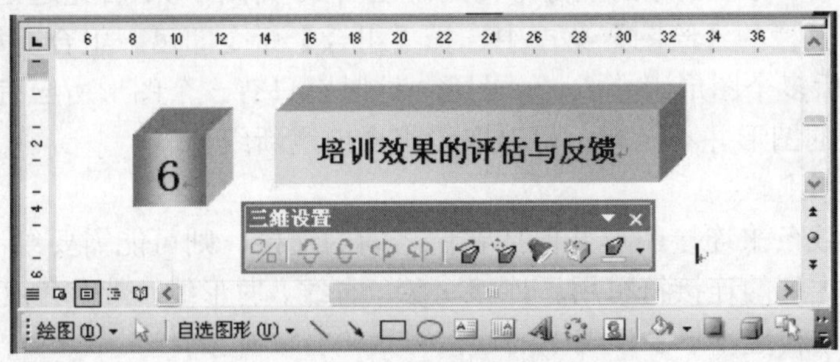


图 5-87　添加三维效果样式后的效果

5．图形的叠放与组合

现在将正方形和矩形靠拢到一起组合成一个整体，这里会运用到叠放次序、对齐或分布以及组合操作。

用鼠标选中正方形，然后按住“Shift”键，再单击矩形。按住“Shift”键是为了同时选择多个图形对象。在【绘图】工具栏的【绘图】下拉菜单中选择【对齐或分布】命令中的【垂直居中】子命令，将这两个等高的图形对象在同一水平面上显示出来。重新选择矩形，按键盘上的左箭头，使矩形向正方形靠拢，效果如图 5-88 所示。

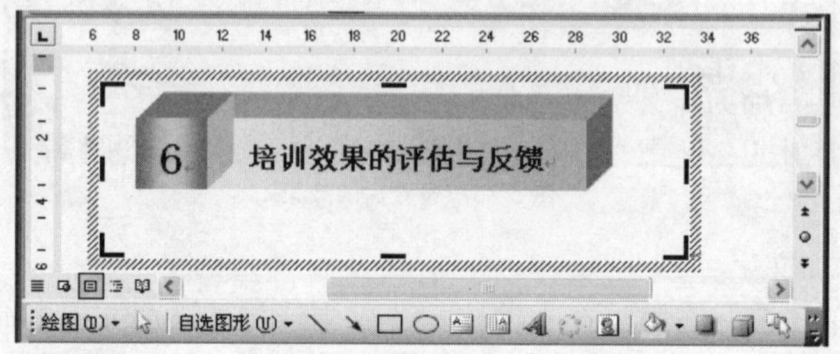


图 5-88　两图形靠拢后的效果

这时的效果与样图并不一样，这是由于正方形与矩形的层次叠放问题。在文档中绘制图形时，每一个图形对象都被置于一个位于文字上方、单独且透明的层中，因此一个含有图片的文档也就相当于含有多个层的堆栈，后画的图形对象总在上层。可以通过改变堆栈中层的叠放次序来指定某个图形对象的优先级。现在是正方形压在了矩形上面，需要进行叠放层次的变化。选中正方形，在【绘图】工具栏上的【绘图】菜单中选择【叠放次序】命令下的【下移一层】子命令，设置效果如图 5-89 所示。这时的图形就与样图一样了。

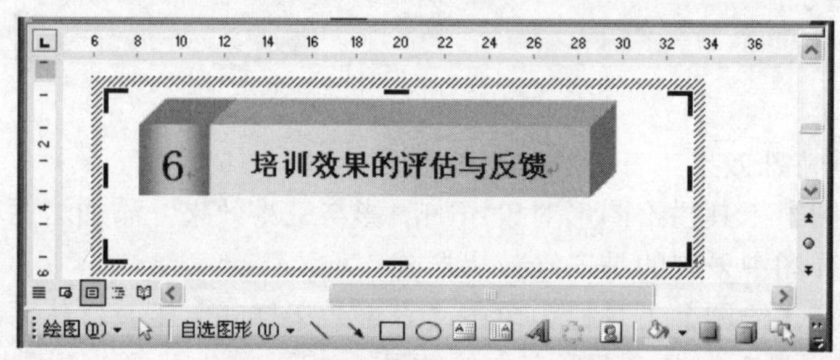


图 5-89　【叠放次序】调整后的效果

可用【组合】命令将叠放好的正方形与矩形组合成一个图形。首先选定所有的图形对象，然后在【绘图】工具栏的【绘图】菜单中选择【组合】命令即可。组合前每个图形都有各自的尺寸句柄，组织后多个图形组合成一个图形，这时它只有一个图形所应有的 8 个尺寸句柄。如果用户对所组合的图形并不满意，可以取消组合或重新组合。

6．连接符的使用

如果希望使用线条来连接图形并保持它们之间的连接，则可能需要绘制连接符而不是常规的线条。有 3 种类型的连接符可用于连接对象：直线、肘形线（带有角度）和曲线。在【绘图】工具栏中选择【自选图形】列表中的连接符后，将鼠标指针移动到对象上时，会在其上显示蓝色的点，这些点表示可以附加连接符的位置，如图 5-90 所示。

图 5-90　连接符绘制示意图

连接符看起来与普通的线条没有什么区别，但是如果使用了连接符来连接图形对象，无论我们如何移动连接符两端的图形对象，它将始终与其附加在两端的图形对象保持相连，如图 5-91 所示。

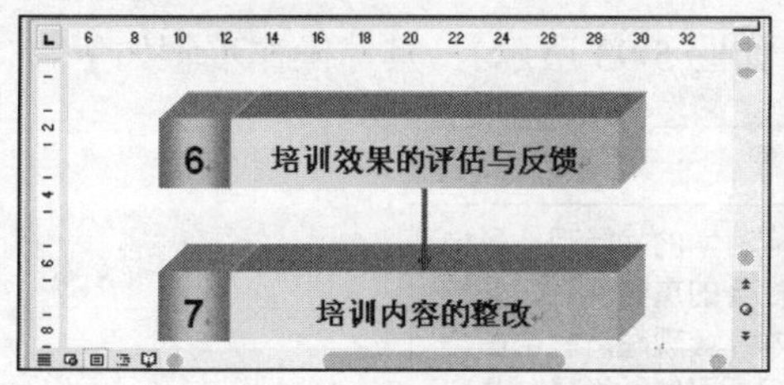

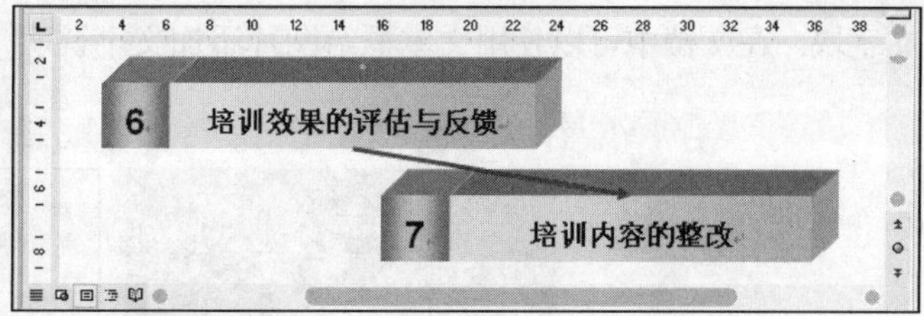


图 5-91　连接符的应用

## 环节三　其他图形对象的应用

**问题情境**

在制作教学文档时，经常需要插入特殊效果字符、数学公式或特殊的图形来说明问题，这时使用绘图工具就办不到了。Word 2003 为我们提供了非常方便简单的工具，让我们一起来熟悉一下它们的使用方法吧。

### 问题一　如何插入和使用艺术字？

**学习资料一**

恰当地使用艺术字可以为我们的文档增添很多艺术色彩。通过使用【绘图】工具栏上的【插入艺术字】按钮，可以插入装饰文字，具体步骤如下。

步骤 1：在【绘图】工具栏上单击【插入艺术字】按钮，在【艺术字库】对话框中选择所需的艺术字样式，再单击【确定】按钮。

步骤 2：在【编辑"艺术字"文字】对话框中输入所需的文字，并且可以设置"字体"、"字号"、"加粗"、"倾斜"等效果，然后单击【确定】按钮。

步骤 3：选择已插入的艺术字，利用【艺术字】工具栏里的工具来改变艺术字的文字内容、样式、格式、形状等。插入的艺术字如图 5-92 所示。

图 5-92　插入的艺术字和【艺术字】工具栏

### 问题二　什么是文本框？如何使用文本框？

**学习资料二**

文本框是一种可移动、可调节大小的文字或图形容器。使用文本框，可以在一页上放置数个文字块。在文档中可以使用文本框给图片添加文字说明（如图 5-93 所示），具体操作步骤如下。

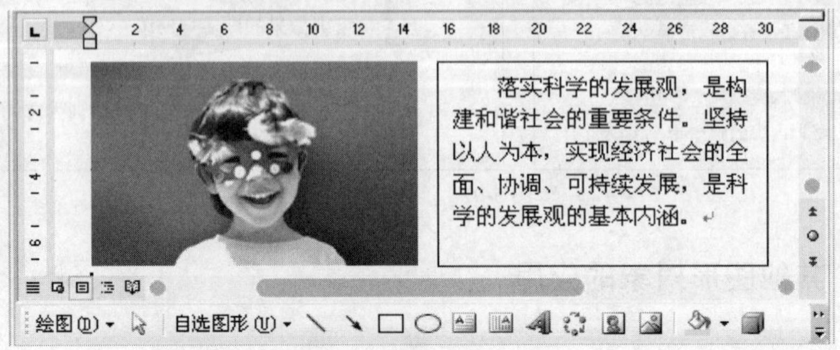


图 5-93　文本框的应用

步骤 1：插入图片，将图片的环绕方式设置为四周型环绕。然后在【绘图】工具栏上单击【文本框】按钮，在照片右侧拖动鼠标指针绘制文本框，然后在文本框中输入文字。可通过文本框四周的 8 个尺寸句柄调整文本框的大小。

步骤 2：使用【绘图】工具栏上的选项来增强文本框的效果，例如更改填充颜色。具体操作方法与处理其他任何图形对象没有区别。

步骤 3：去掉文本框的框线。选中文本框，单击【绘图】工具栏上【线条颜色】按钮旁边的下拉箭头，在弹出的列表中选择【无线条颜色】命令，再单击文本框以外的地方。现在就看不到文本框的痕迹了，如图 5-94 所示。

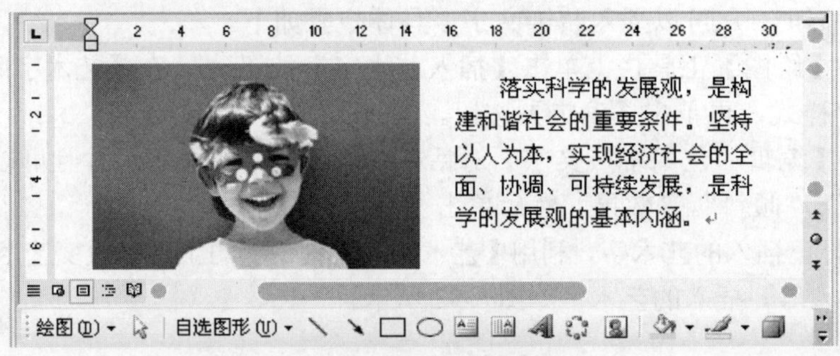


图 5-94　去掉文本框的框线

## 问题三　公式编辑器的使用可以使制作公式变得非常简单，那么如何操作呢？

### 学习资料三

理科的教师经常需要在文档中输入各种各样的公式，而公式的烦琐又常常使教师感到非常费神。可以利用 Word 2003 提供的公式编辑器达到事半功倍的效果，具体操作步骤如下。

步骤 1：单击要插入公式的位置，执行菜单命令【插入】→【对象】，系统弹出【对象】对话框。

步骤 2：在【对象类型】列表框中选择“Microsoft 公式 3.0”，然后单击【确定】按钮，进入【公式编辑器】窗口，如图 5-95 所示。

步骤 3：从【公式】工具栏上选择符号，输入变量和数字，以创建公式。在【公式】工具栏的上面一行中，可以在 150 多个数学符号中进行选择。在下面一行中，可以在众多的样板或框架（包含分式、积分和求和符号等）中进行选择。编辑好的公式如图 5-96 所示。

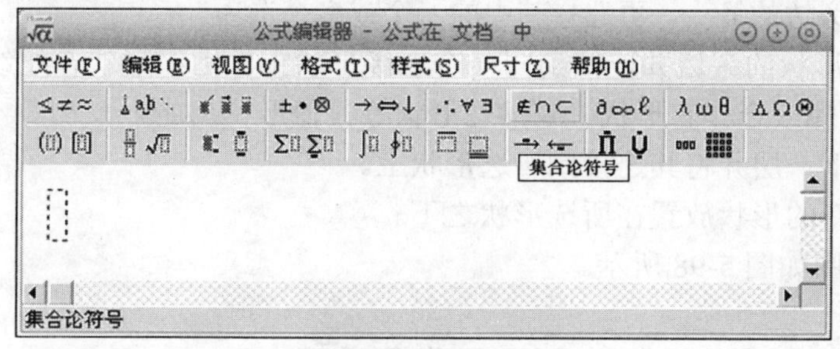


图 5-95　公式编辑器

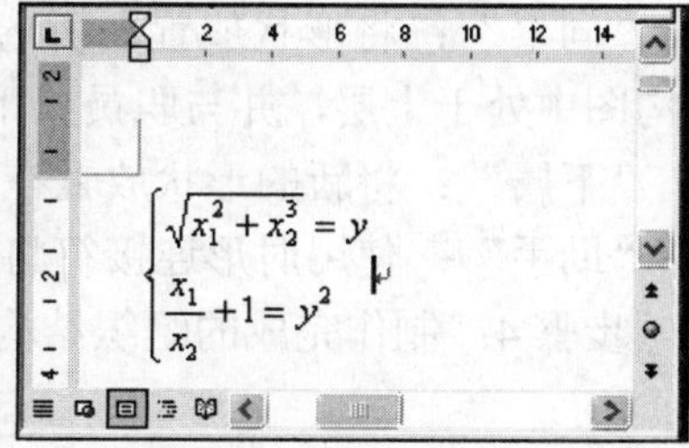


图 5-96　制作好的公式

**问题四　可以制作哪些类型的图示呢？每种图示又是如何制作的呢？**

### 学习资料四

图示可用来说明各种概念性的材料，使文档更加生动。合理地使用图示可以使抽象的文字更加易于理解和记忆。利用【绘图】工具栏上的【图示】工具可为文档添加不同的图示。图示包括组织结构图、循环图、目标图、射线图、维恩图、棱锥图等类型。

组织结构图：用于显示层次关系。

循环图：用来显示连续循环过程。

目标图：用于说明为实现目标而采取的步骤。

射线图：用于显示元素与核心元素的关系。

维恩图：用于显示元素之间的重叠区域。

棱锥图：用于显示基于基础的关系。

这几种图示的操作方法基本相同，下面以绘制组织结构图为例介绍图示的使用方法，具体操作步骤如下。

步骤 1：在【绘图】工具栏上单击【插入组织结构图或其他图示】按钮，系统弹出【图示库】对话框。

步骤 2：选择“组织结构图”图示，单击【确定】按钮，将出现组织结构图的基本式样，如图 5-97 所示。可在文本框中输入相应的文字，也可使用【组织结构图】工具栏中的工具对该图示的结构进行修改，以及对格式进行修饰。

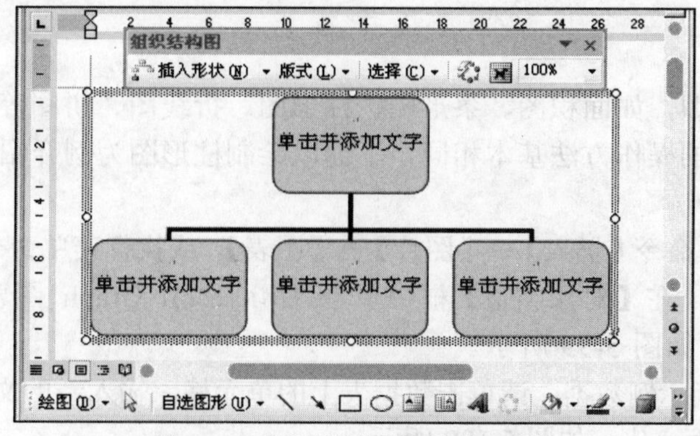


图 5-97　【组织结构图】的基本式样

步骤 3：若要添加形状，请选择要在其下方或旁边添加新形状的形状，然后单击【组织结构图】工具栏上【插入形状】按钮旁边的箭头，再选择其中的一个或多个选项。

“同事”：将形状放置在所选形状的旁边并连接到同一个上级形状上。上级形状在组织结构图中处于上层，并与职员（下属或合作者形状）或助理形状等其他形状相连。

“下属”：将新的形状放置在下一层并将其连接到所选形状上。

“助手”：使用肘形连接符将新的形状放置在所选形状之下。

步骤 4：制作完成的组织结构图如图 5-98 所示。

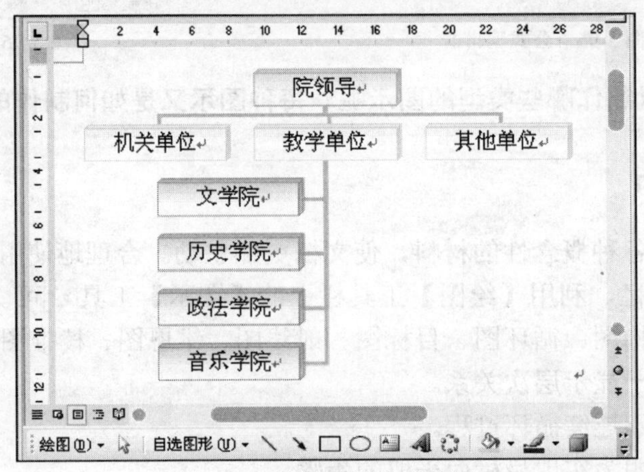


图 5-98　制作好的组织结构图

## 环节四　图表的高级应用

**问题情境**

在办公文档中往往需要添加一些图表，图表能更加直观地反映数据的变化情况。通过图表，可以将工作表数据转换成图片，从而使对比效果或趋势变得一目了然。

### 问题一　如何创建图表呢？

**学习资料一**

图表有很多种类型，如面积图、条形图、柱形图、折线图、饼图等，用户可以根据需要进行选择。几种图表的操作方法基本相同，下面以绘制柱形图为例介绍图表的使用方法，具体操作步骤如下。

步骤 1：执行菜单命令【插入】→【图片】→【图表】，或执行菜单命令【插入】→【对象】，单击【新建】选项卡，在【对象类型】框中单击“Microsoft Graph 图表”，用这两种方法都可以新建一个图表，如图 5-99 所示。

步骤 2：若要替换示例数据，请单击数据表上的单元格，输入新的文字或数字，这时用户会发现图表随着数据而变化，如图 5-100 所示。

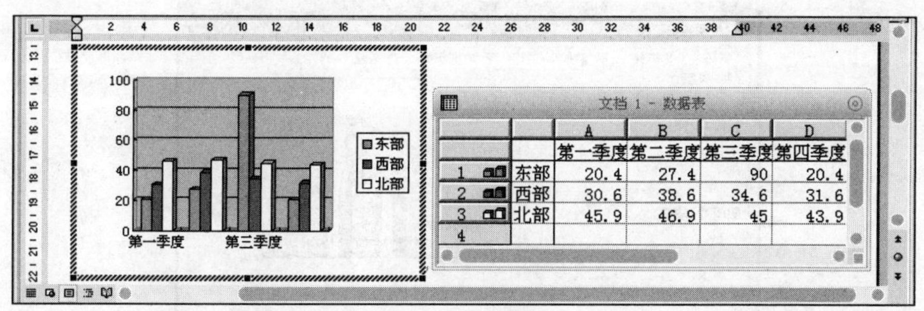


图 5-99　柱形图

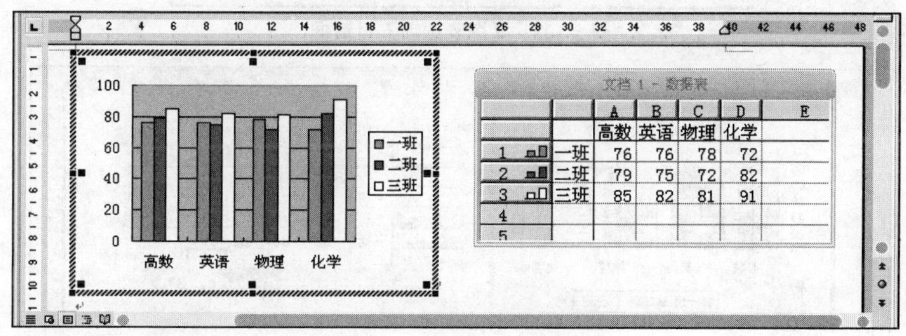


图 5-100　修改数据后的柱形图

步骤 3：要想改变图表的类型，可单击工具栏中的【图表类型】工具进行选取，如图 5-101 所示。

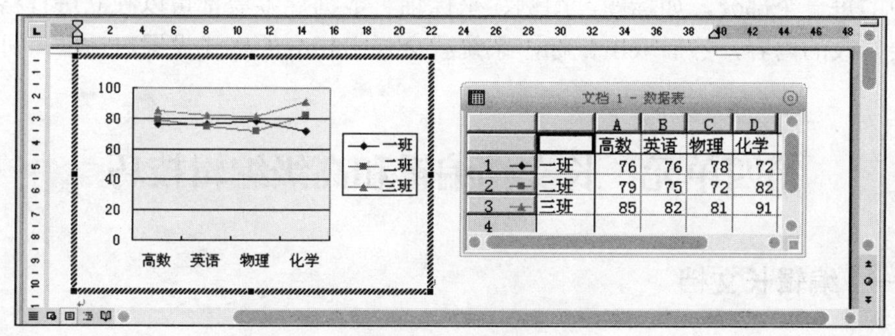


图 5-101　折线图

## 问题二　如何修改图表的样式呢？

### 学习资料二

如果要对制作好的图表进行图例、坐标轴、图表区格式、图表选项等设置，请参考下面的资料。

1．设置图表选项

在【图表选项】对话框中可以对图表的标题、坐标轴、网络线、图例、数据标签、数据表进行设置，如图 5-102 所示。

在图表区内单击鼠标右键，在弹出的快捷菜单中选取【图表选项】命令，出现图 5-102 所示的对话框。根据需要，在该对话框的相应选项卡中依次进行设置，效果如图 5-103 所示。

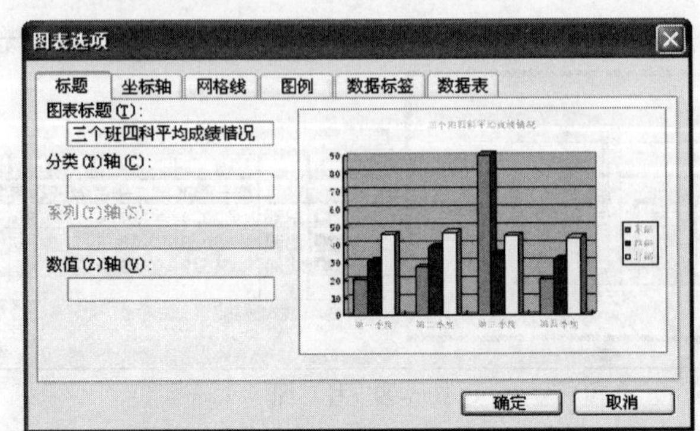


图 5-102 【图表选项】对话框

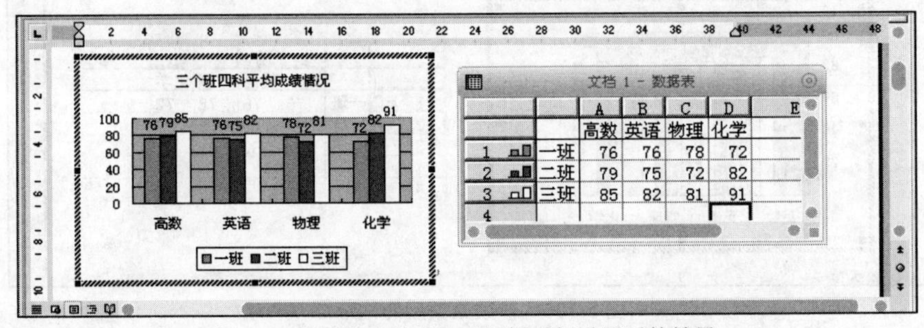


图 5-103 【图表选项】对话框重新设置后的效果

2．单独设置某一项格式

图表中的每一个部分，如标题、图例、坐标轴、数据标签等都可以独立进行格式设置。只要选取要修改的内容，然后双击鼠标，系统就会弹出相应的格式设置对话框，可根据需要进行设置。

# 第四单元 长文档编辑和高级编辑技巧

## 环节一 编辑长文档

问题情境

如果使用 Word 文档编写了一份 30～40 页的国家级精品课程申请书，内容非常充实，且条目众多，那么，如何对该份文档进行适当的加工和编辑，使其阅读更加清晰呢？下面我们就来介绍如何为长文档制作目录结构及相应配套索引功能。

### 问题一 如何使用大纲视图对文档结构进行组织？

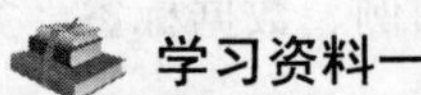

学习资料一

在大纲视图中，Microsoft Word 简化了文本格式的设置，以便用户将精力集中在文档结构上。下列内容描述了大纲视图中出现的格式以及可以更改的格式。

1. 进入大纲视图

执行菜单命令【视图】→【大纲】，进入大纲视图，系统同时弹出【大纲】工具栏，如图 5-104 所示。

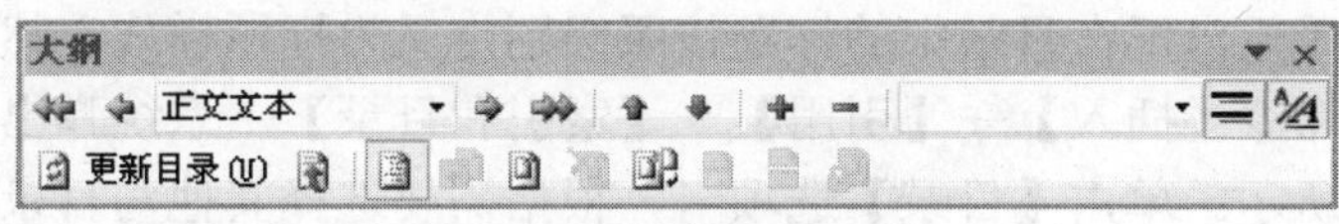


图 5-104　【大纲】工具栏

2. 从头开始创建一个大纲

步骤 1：输入每一个标题，然后按“Enter”键，Word 将按照内置标题样式中“标题 1”的样式来设置标题。

步骤 2：若要为不同的级别指定标题并应用相应的标题样式，可将插入点置于标题中，然后在【大纲】工具栏中单击【提升】按钮或【降低】按钮，将标题调整至所需级别，如图 5-105 所示。

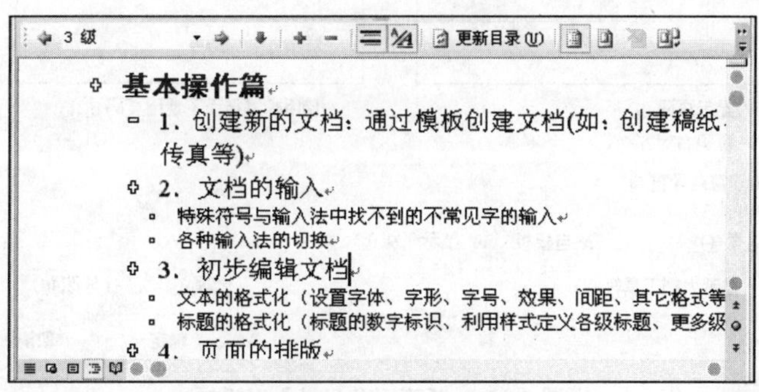


图 5-105　大纲视图

步骤 3：若要将标题移动到不同的位置，请将插入点置于标题中，然后单击【大纲】工具栏上的【上移】按钮或【下移】按钮，将标题移动至所需位置。标题的从属文本将随标题移动。

步骤 4：如果觉得文字格式混乱（例如大号字符或斜体），可以用纯文本方式显示大纲。在【大纲】工具栏上单击【显示格式】按钮即可。

步骤 5：在大纲视图中，通过折叠大纲只显示所需的标题和正文，可以很容易地查看文档结构并重新安排文本块。若想让所有正文只能看到标题，可将插入点置于第一个标题中，在【大纲】工具栏上单击【折叠】按钮。若要重新显示正文，请将插入点置于第一个标题中，再单击【展开】按钮。

步骤 6：若想显示特定标题级别下的文本，可在【大纲】工具栏上单击【显示级别】列表框中要显示的最低一级标题。例如，在【显示级别】列表框中选择 显示级别 3 ，可显示第 1 级到第 3 级的标题。若要显示所有级别，可在【显示级别】列表框中选择“显示所有级别”。

步骤 7：如果对当前的布局满意，请切换到其他视图来添加详细的正文文字和图片。

## 问题二　如何在文档中自动生成目录呢？

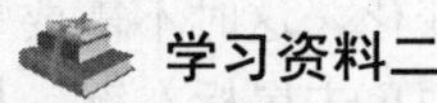

### 学习资料二

文章目录是一篇文章的框架结构，是文档中标题的列表，可以通过目录浏览文档中讨论了哪些主题。当在页面视图中显示文档时，目录中将包括标题及相应的页码。当切换到 Web 版式视图时，标题将显示为超链接，单击后可以直接跳转到文章的某个标题。

1．生成目录

首先要把所有希望出现在目录中的标题按照级别定义为标题样式，然后单击要插入目录的位置，执行菜单命令【插入】→【引用】→【索引和目录】，系统弹出【索引和目录】对话框，如图 5-106 所示。单击【目录】选项卡，根据需要选择其他与目录有关的选项。若要使用现有的设计，请在【格式】列表框中进行选择。最后单击【确定】按钮，目录就会插入到文档中了。

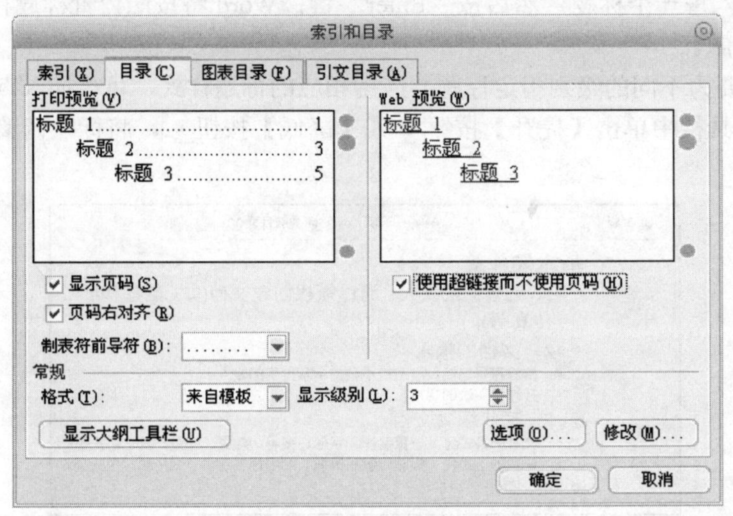


图 5-106　【索引和目录】对话框

图 5-107 所示为在页面视图中显示的目录效果，在目录中按住“Ctrl”键，同时单击鼠标左键，就可以跳转到标题所在文档中的位置。

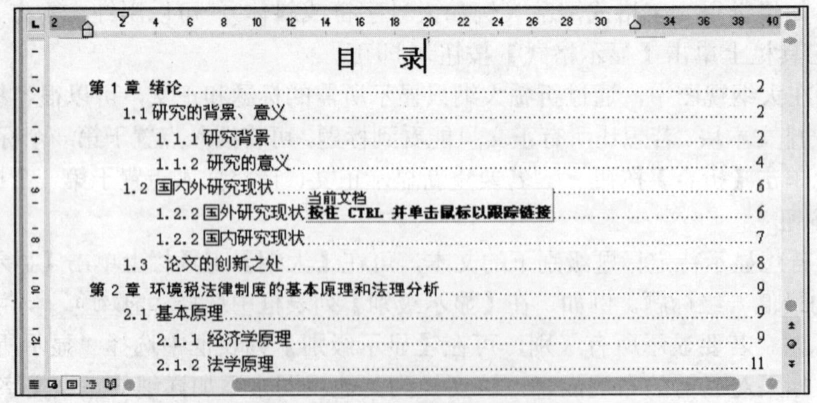


图 5-107　目录生成效果

2．修改目录

若在修改文档时有些标题的内容发生了变化或文档的页码发生了变化，这时不需要重新生成目录，只需要在目录中进行更新即可。具体操作方法为：在目录中单击鼠标右键，从弹出的快捷菜单中选择【更新域】命令，进入【更新目录】对话框，如图 5-108 所示。若文档中只有页码发生变化，标题内容没有修改，单击【只更新页码】单选按钮即可，而单击【更新整个目录】单选按钮时将对所有标题和页码进行更新。

## 问题三　如何在文档中创建索引？

### 学习资料三

索引列出了一篇文档中的词条和主题以及它们所在的页码。要编制索引，需要先在文档中标记索引项并生成索引。标记索引项后，Microsoft Word 会在文档中添加特殊的 XE（索引项）域。

1．标记索引项

要想创建索引目录，就必须将所有要再现在索引目录中的内容定义为索引项。若要使用原有文本作为索引项，可以选择该文本，然后按“Alt+Shift+X”组合键，系统弹出【标记索引项】对话框。这时可在【主索引项】文本框中输入或编辑文本，还可以通过编制次索引项（更大范围标题下的索引项，例如索引项“行星”可具有次索引项“火星”和“金星”）来自定义索引项，然后单击【标记】按钮，如图 5-109 所示。

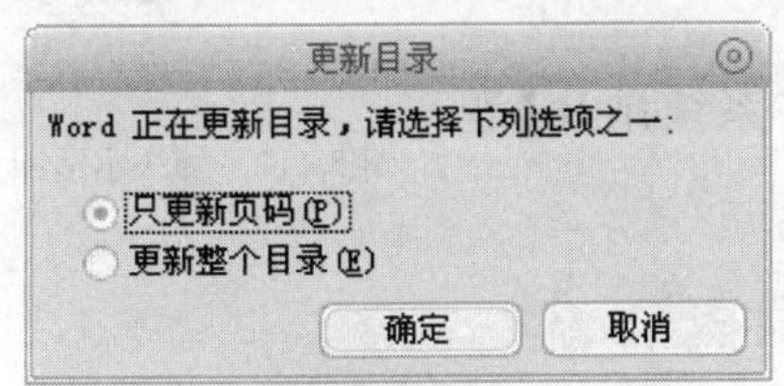


图 5-108　【更新目录】对话框

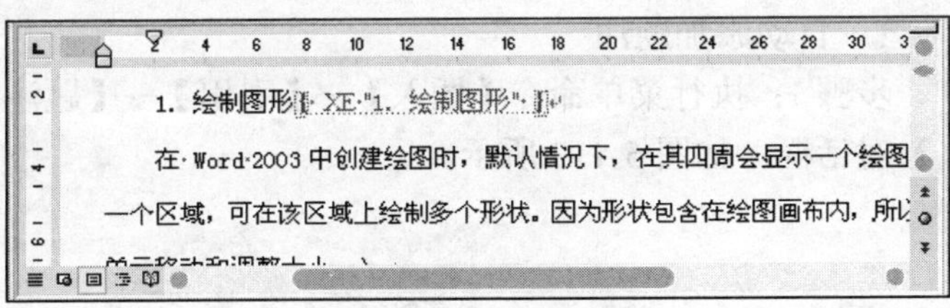


图 5-109　标记索引项

2．创建索引目录

步骤 1：执行菜单命令【插入】→【引用】→【索引和目录】，系统弹出【索引和目录】对话框，选择【索引】选项卡，如图 5-110 所示。

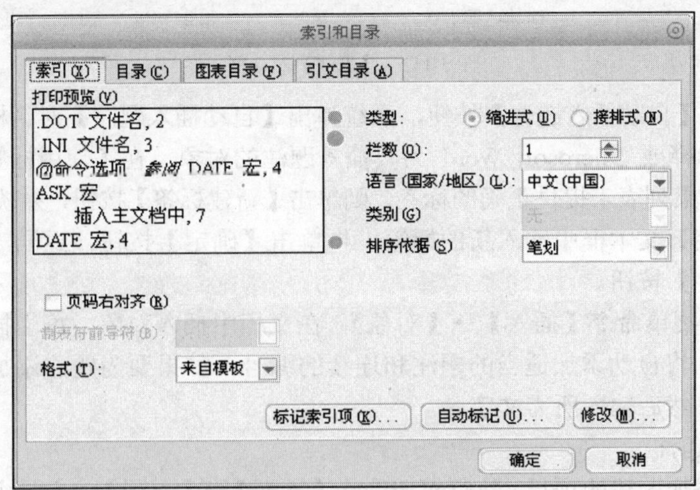


图 5-110　【索引和目录】对话框

步骤 2：根据需要，可以修改该对话框中的参数，然后单击【确定】按钮，生成索引目录，如图 5-111 所示。

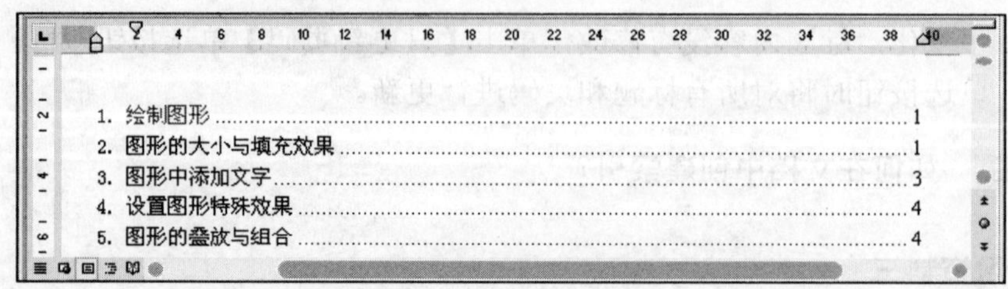


图 5-111　索引目录

## 问题四　如何在文档中使用题注功能呢？

### 学习资料四

题注是可以添加到表格、图表、公式或其他项目上的编号标签。例如在图 5-112 中“图”为选择标签，“1”为自动插入的数字。

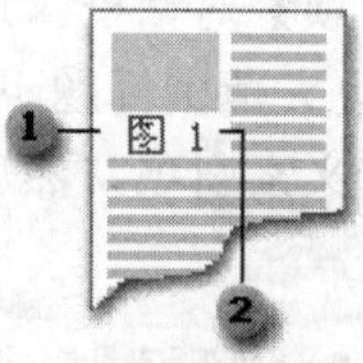

在文档中插入表格、图表或其他项目时，Word 可以自动添加题注；如果已经插入了项目，则可以手动方式添加题注。

图 5-112　题注示意图

1．自动添加题注

步骤 1：执行菜单命令【插入】→【引用】→【题注】，系统弹出【题注】对话框，如图 5-113 所示。

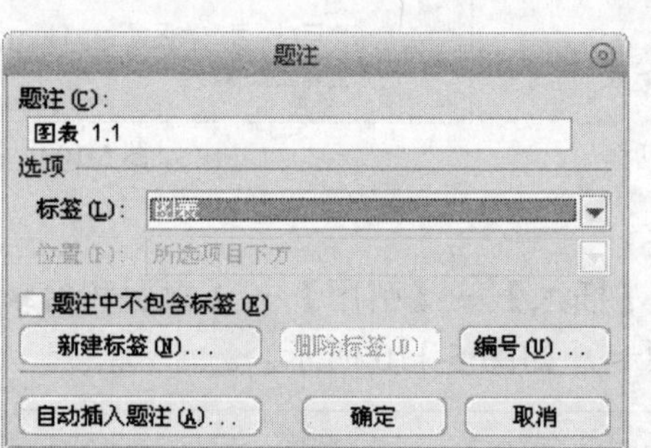


图 5-113　【题注】对话框

步骤 2：单击【自动插入题注】按钮，系统弹出【自动插入题注】对话框，在【插入时添加题注】列表中选择要 Microsoft Word 为其插入题注的对象。在【使用标签】列表中选择一个现有的标签。如果列表未提供正确的标签，则单击【新建标签】按钮，系统弹出【新建标签】对话框，在【标签】文本框中输入新的标签，再单击【确定】按钮，返回【题注】对话框，在这里单击【确定】按钮。

步骤 3：执行菜单命令【插入】→【对象】，在文档中插入对象。每当插入选中的某个对象时，Word 2003 将自动添加适当的题注和连续的编号。如果要为题注添加更多的文字，可在题注之后单击，然后输入所需文字。

2．手动添加题注

选取要为其添加题注的项目，执行菜单命令【插入】→【引用】→【题注】，系统弹出【题注】对话框，在【标签】列表中选择最能准确描述对象的标签，例如图表或公式。如果列表未能提供正确的标签，则单击【新建标签】按钮，系统弹出【新建标签】对话框，然后在【标签】文本框中输入新的标签，再单击【确定】按钮。

## 问题五　什么是分隔符？分隔符有哪些种类，在文章排版时分别起什么作用？

### 学习资料五

分隔符中包括分页符、换行符、分节符，下面一一进行介绍。

1．分页符

如果在文章的排版中想把标题放在下一页的页首处或将表格完整地放在一页上，按回车键、加几个空行的方法虽然可行，但这样做的话，在调整前面的内容时只要有行数的变化，原来的排版就全变了，还需要再把整个文档调整一次。其实，只要在需要分页的地方插入一个分页符就可以了。

在输入文本时，Word 会按照页面设置中的参数使文字填满一行时自动换行，填满一页后自动分页，这叫做自动分页，而分页符则可以使文档从插入分页符的位置强制分页。

若要把两段文字分开在两页内显示时，把光标定位到第一段的后面，执行菜单命令【插入】→【分隔符】，系统弹出【分隔符】对话框，如图 5-114 所示。然后选择【分页符】单选按钮，单击【确定】按钮，在这里就插入了一个分页符，这两段就分在两页上显示了。

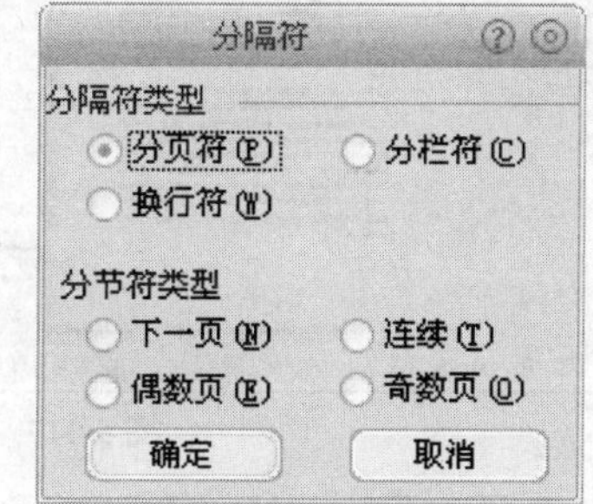


图 5-114　【分隔符】对话框——分页符

2．换行符

换行符只是分隔符的一种，它和分段有一些区别，下面用图 5-115 中的标题来说明这个问题。通常为了排版的需要会给标题设置一个比较大的段前、段后间距，如果不使用换行符，而把这个标题用回车键分成两段的话，就要重新设置段落的格式。而换行符则只是把内容放到了另外的一行中，并没有分段，行与行之间还是只有行距在起作用，这样就不用再设置段落格式了。换行符主要是在那种需要换行但又不想分段的地方使用。

把光标定位到需要换行的位置上，执行菜单命令【插入】→【分隔符】，系统弹出【分隔符】对话框，如图 5-116 所示。在这里选择【换行符】单选按钮，单击【确定】按钮，就插入了一个换行符，一行文字就分在两行显示了。通过使用组合键“Shift+回车”，也可以添加换行符。

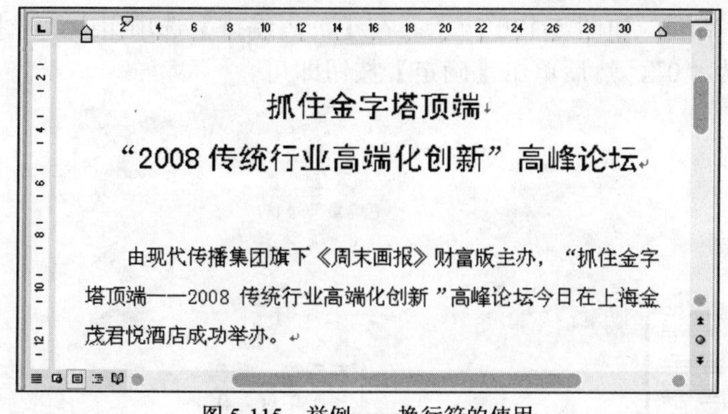


图 5-115　举例——换行符的使用

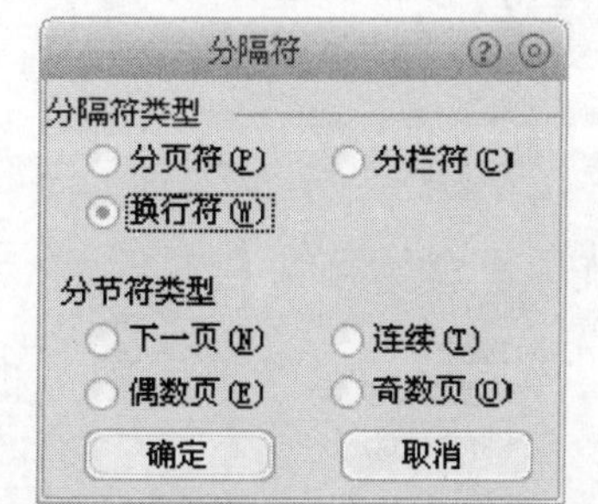


图 5-116　【分隔符】对话框——换行符

3．分节符

有时候会在文档的不同部分使用不同的页面设置，如上一页的文字是 A4 纸纵向使用，下一页的表格是A4纸横向使用，如图5-117所示。在这种情况下，可以用插入分节符的方法来实现，具体操作步骤如下。

步骤1：将光标定位在第一页文字后的位置上，执行菜单命令【插入】→【分隔符】，系统弹出【分隔符】对话框，如图5-118所示。

步骤2：选择分节符类型为“下一页”，然后单击【确定】按钮，在这里就插入了一个分节符。在下一页中，可以重新对页面进行设置，新的设置不会影响到上一页的页面效果。

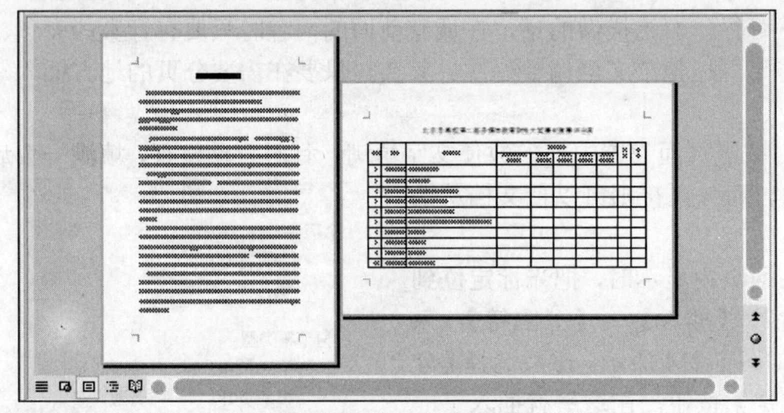

图5-117　举例——分节符

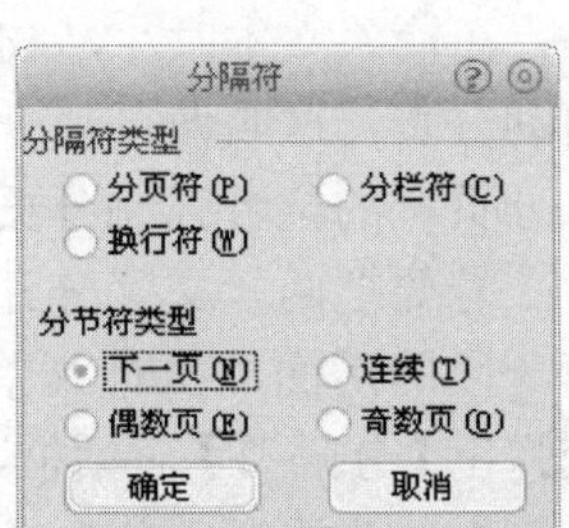


图5-118　【分隔符】对话框

## 问题六　如何插入页码？如何按照要求显示页码呢？

### 学习资料六

1．插入页码

执行菜单命令【插入】→【页码】，系统弹出图5-119所示的【页码】对话框，可以设置页码的位置、对齐方式。

2．从第二页开始显示页码

在有些文章的排版过程中，第一页为文章封面，不需要页码，第二页才是正文，开始有页码。在这种情况下，需要在图5-119中将【首页显示页码】选项取消，然后单击【格式】按钮，进入下一级【页码格式】对话框，如图5-120所示。在【页码编排】选项组中，选择【起始页码】单选按钮并设置其值为“0”，然后单击【确定】按钮即可。

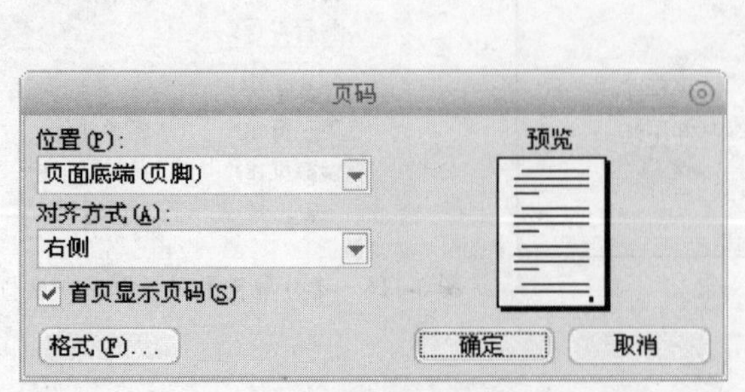


图5-119　【页码】对话框

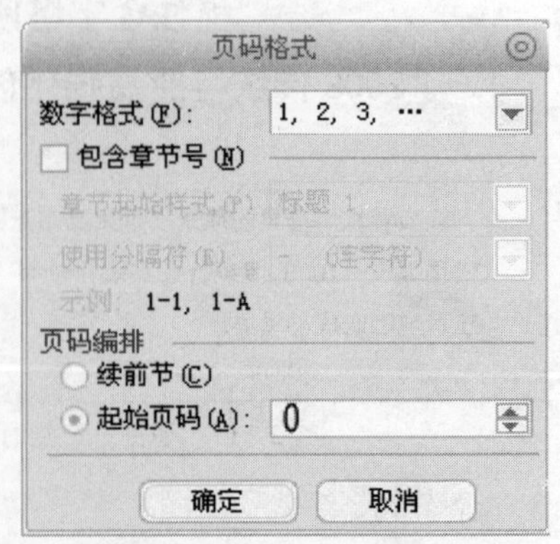


图5-120　【页码格式】对话框

3．页码从任意页开始

该操作涉及“页眉页脚”的内容，将在“页眉页脚”中进行介绍。

4．删除页码

在页码的位置上双击，用鼠标选择页码，这时将出现“”，然后按“Delete”键将页码删除。

## 问题七　如何在论文中插入符合要求的页眉和页脚呢？

### 学习资料七

在一般情况下，页眉和页脚分别出现在文档的顶部和底部，在其中可以插入页码、文件名以及章节名称等内容。当一篇文档创建了页眉和页脚后，就会感到版面更加新颖，别具风格。

1．插入页眉和页脚

下面通过一个例子介绍在文章中插入页眉和页脚的方法，其内容与格式要求如下。

页眉：内容为“‘2009 清华国际设计管理大会’论文”，格式要求为居中、五号、宋体。

页脚：第一行内容为“作者：×××”，格式要求为居左、楷体、五号；第二行内容为“第×页　共×页”，格式要求为居右、楷体、五号。

具体操作步骤如下。

步骤 1：执行菜单命令【视图】→【页眉和页脚】，进入页眉和页脚的编辑状态。这时系统弹出【页眉和页脚】工具栏，默认状态是编辑页眉，此时可以输入页眉内容并进行格式设置，如图 5-121 所示。

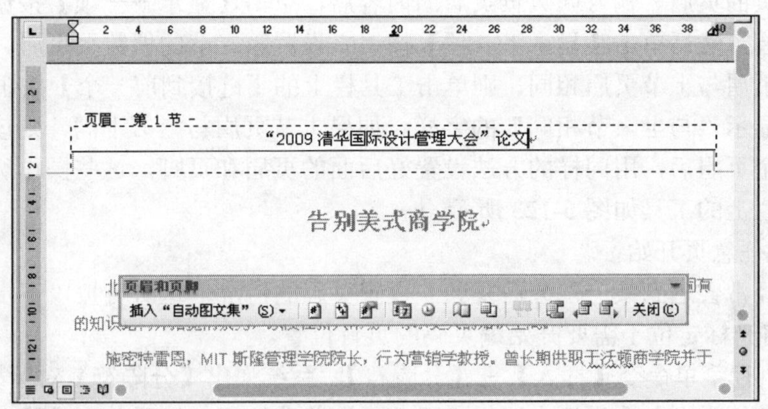


图 5-121　页眉设置效果

步骤 2：页眉编辑结束后，单击【页眉和页脚】工具栏上的【在页眉和页脚间切换】按钮，切换到页脚编辑状态。首先输入第一行内容“作者：×××”，并按要求进行字体格式的设置，按回车键确认。再输入第二行的内容“第×页　共×页”，然后打开【页眉和页脚】工具栏上【插入“自动图文集”】工具的下拉菜单，从中直接选择“第×页　共×页”，最后按照字体格式要求进行设置，具体效果如图 5-122 所示。

步骤 3：编辑完毕后，单击【页眉和页脚】工具栏上的【关闭】按钮，回到文档的编辑状态。以上只是最简单的页眉和页脚的设置。

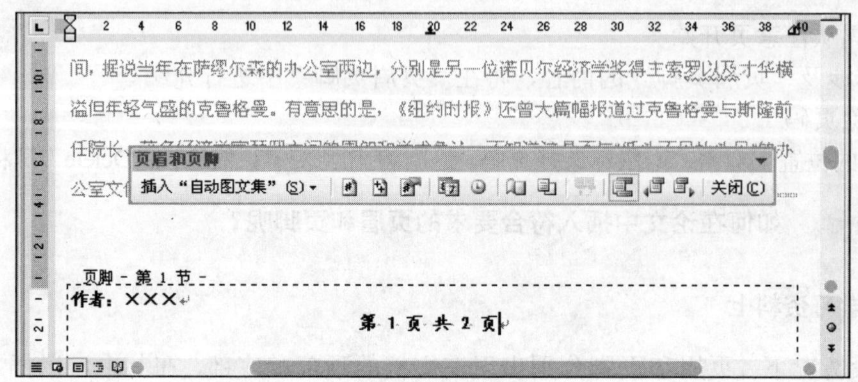

图 5-122　页脚设置效果

2．利用分节符分页

平常看到的书籍中大多是各个章节的页眉和页脚都不相同，而且奇、偶页的页眉和页脚也是不同的，这时就需要使用分节符来设置，具体操作步骤如下。

步骤 1：首先要在需要设置不同页眉和页脚的两部分之间插入分节符，类型选择“下一页”。

步骤 2：执行菜单命令【视图】→【页眉和页脚】，系统弹出【页眉和页脚】工具栏。这时单击其上的【页面设置】按钮，系统弹出【页面设置】对话框，选择对话框中“奇偶页不同”前的复选框，然后单击【确定】按钮。请注意页眉虚线框上的提示，现在的显示表示正在设置第一节奇数页的页眉。

步骤 3：输入有关内容后，利用【页眉和页脚】工具栏上的【显示下一项】按钮，设置第一节偶数页的页眉。输入偶数页页眉的内容后，单击【显示下一项】按钮，再设置第二节的奇数页页眉，然后单击【显示下一项】按钮来设置第二节的偶数页页眉。

如果本节页眉与上节页眉相同，则单击工具栏上的【链接到前一个】按钮，此时页眉编辑状态中会显示“与上一节相同”的字样。如果本节页眉与上节不同，则该按钮是未按状态。设置好这个页眉后，用同样的方法设置好后面的页眉和页脚，这些操作所用到的【页眉和页脚】工具栏上的工具如图 5-123 所示。

3．页码从任意页开始

在文章中经常会遇到某一部分需要独立设置页码的情况，这时可按以下步骤操作。

步骤 1：将光标定位于需要开始编页码的页首位置。

步骤 2：执行菜单命令【插入】→【分隔符】，系统弹出【分隔符】对话框，如图 5-124 所示。在【分节符类型】选项组中选择【下一页】单选按钮，然后单击【确定】按钮。

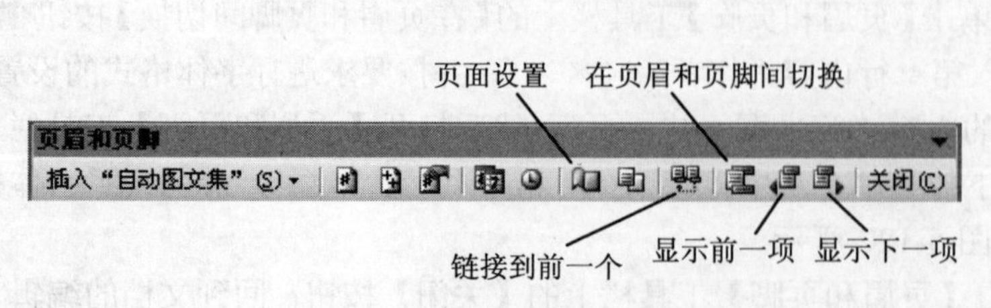


图 5-123　【页眉和页脚】工具栏

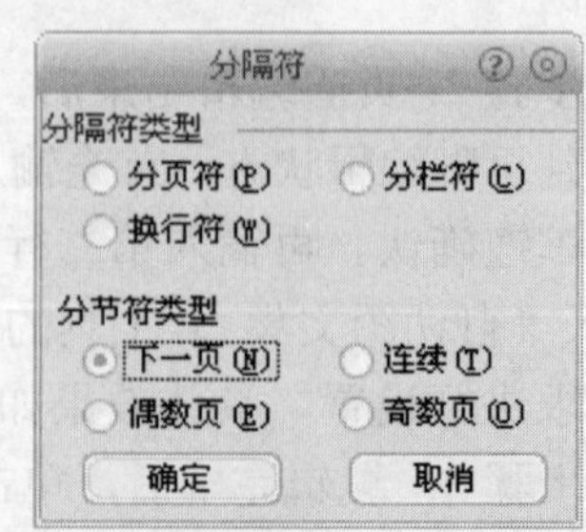


图 5-124　【分隔符】对话框——分节符

步骤 3：在第二节中执行菜单命令【视图】→【页眉和页脚】，进入页眉和页脚编辑状态，将光标定位于页脚处。

步骤 4：在【页眉和页脚】工具栏中单击【链接到前一节】按钮，断开同前一节的链接，如图 5-125 所示。

步骤 5：单击【插入页码】按钮，在【页码】对话框中单击【页码格式】按钮，打开【页码格式】对话框。

步骤 6：在【起始页码】文本框中输入相应的页码起始数字，如图 5-126 所示。

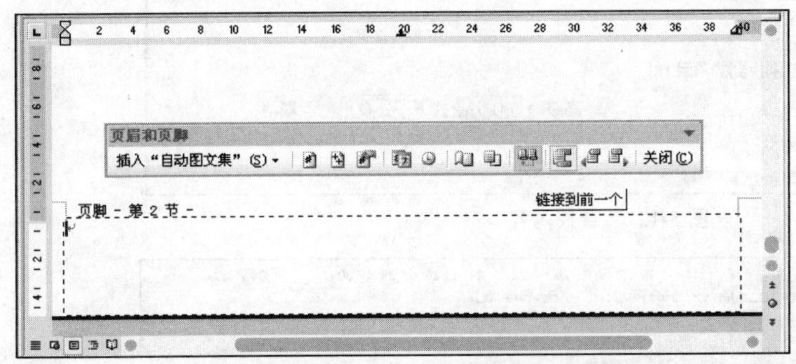

图 5-125　页脚——【链接到前一节】

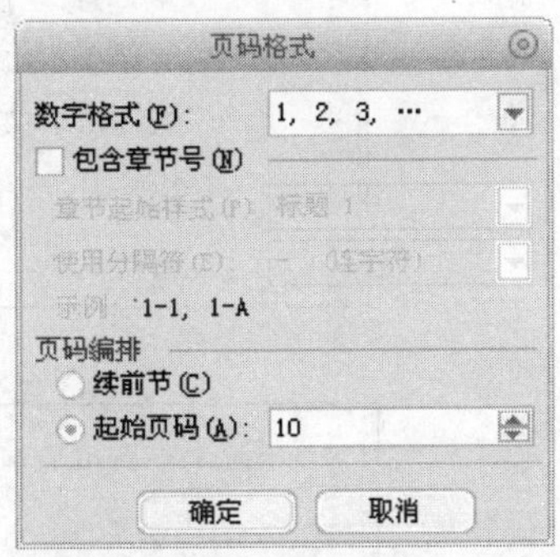


图 5-126　【页码格式】对话框

步骤 7：设置好起始页码后，单击【关闭】按钮，退出页眉和页脚编辑状态。

4．删除页眉和页脚

在文档编辑状态中，双击页眉或页脚，进入页眉和页脚编辑状态，选中要删除的页眉或页脚内容，按“Delete”键即可将其删除。

## 问题八　如何使用查找、替换功能进行批量操作呢？

### 学习资料八

在批阅学生论文时经常发现有些术语使用不当，需要批量修改，而一个一个地修改又太烦琐了。这时可以使用查找、替换文本功能批量完成此项操作。使用查找和替换功能可查找和替换文字、格式、段落标记、分页符以及特殊字符。

1．查找内容

可以快速搜索每一处指定的字或词语，具体操作方法为：执行菜单命令【编辑】→【查找】，系统弹出【查找和替换】对话框。在【查找内容】文本框内输入要查找的文字，单击【查找下一处】或【查找全部】按钮，可以查找到符合条件的文字，如图 5-127 所示。按“Esc”键可取消正在执行的搜索。

2．替换

自动替换文字的具体操作方法为：执行菜单命令【编辑】→【替换】，系统弹出【查找和替换】对话框。在【查找内容】文本框内输入要搜索的文字，在【替换为】文本框内输入替换的文字，再选择其他所需选项。可以有选择地进行替换，如通过单击【查找下一处】和【替换】按钮逐个进行替换，还可以通过单击【全部替换】按钮进行全部替换操作，如图 5-128 所示。按“Esc”键可取消正在执行的搜索。

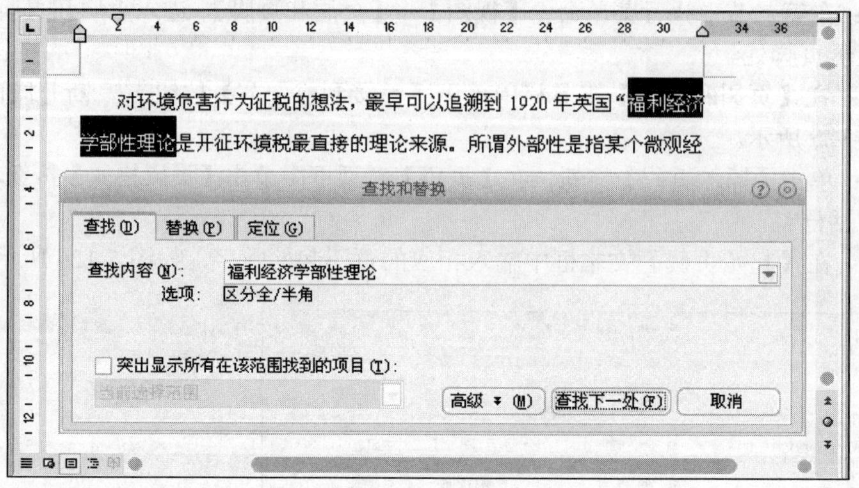


图 5-127　查找内容

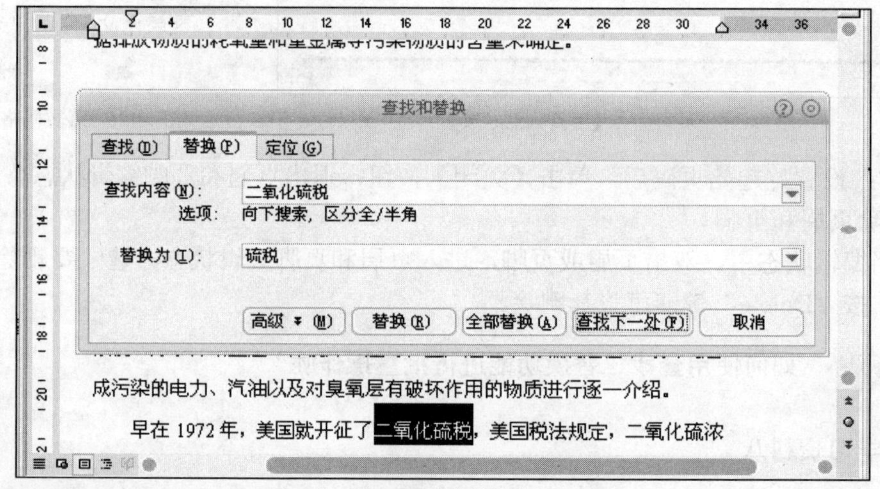


图 5-128　【替换】

**提示：**用替换操作还可以删除文档中的指定文字，在【查找内容】文本框内输入要删除的文字，【替换为】文本框为空，然后单击【全部替换】按钮，将删除所有【查找内容】文本框中的文字。

3．查找和替换指定的格式

若要查找或替换指定格式的文字，需在【查找和替换】对话框中单击【高级】按钮，在【搜索选项】中进行设置。还可以单击【格式】按钮，选择需要的格式内容，再进行查找或替换操作，如图 5-129 所示。

4．查找和替换特殊字符

利用查找和替换功能不仅可以对普通的文字进行操作，而且可以方便地查找和替换特殊字符和文档元素，例如分页符、制表符、段落标记。执行菜单命令【编辑】→【查找】（或【替换】），系统弹出【查找和替换】对话框。单击【高级】按钮后，就会看到【特殊字符】按钮。再单击该按钮后，可以选择特殊字符的类型，然后进行查找和替换操作。

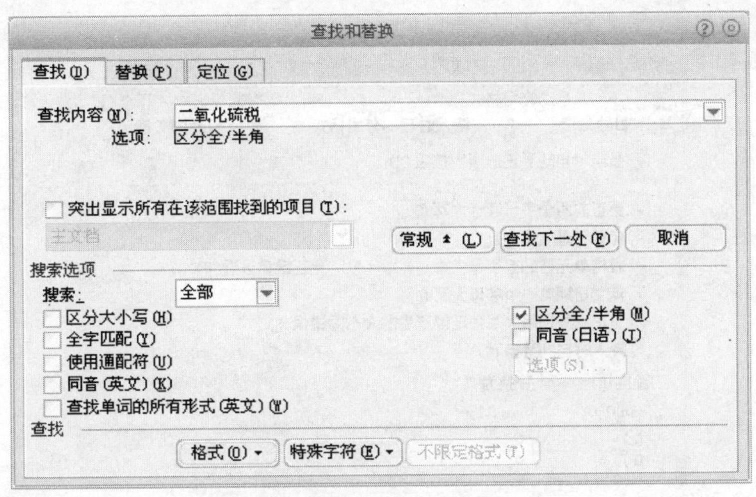


图 5-129　高级查找和替换

## 环节二　Word 的高级编辑技巧

**问题情境**

Word 软件提供了大量的用于现代排版的功能，可以大大节省我们的排版时间和提高排版效率。例如几位老师合写一本教材，大家编写的格式都不尽相同，后期的校对是非常烦琐和耗费精力的事情。希望通过几个步骤可以使一篇七零八落的文章变得格式统一而且美观舒适。

**问题一**　**自动更正功能可以帮助我们查找论文中的某些明显错误，那么如何使用自动更正功能呢？**

### 学习资料一

若要自动检测和更正输入错误、错误拼写的单词和不正确的大写，可以使用自动更正功能。

1．在执行拼写检查时应用自动更正功能

在 Word 文档中经常可以看到单词下方出现红色波浪线，这是应用软件在提醒用户该单词可能存在拼写错误或搭配有误，这时可利用自动更正功能加以更正。具体操作方法为：用鼠标右键单击带有红色波浪线的单词，在弹出的快捷菜单中选择【自动更正】命令，然后单击所需的更正内容。

2．在自动更正列表中添加词条

如果内置词条列表不包含所需的更正内容，可以添加词条。具体操作步骤为：执行菜单命令【工具】→【自动更正选择】，系统弹出【自动更正】对话框，如图 5-130 所示。这时在【替换】栏中输入经常输入或拼写错误的单词或短语，例如“usualy”，在【替换为】栏中输入拼写正确的单词，例如“usually”，然后单击【替换】按钮，即可添加词条。

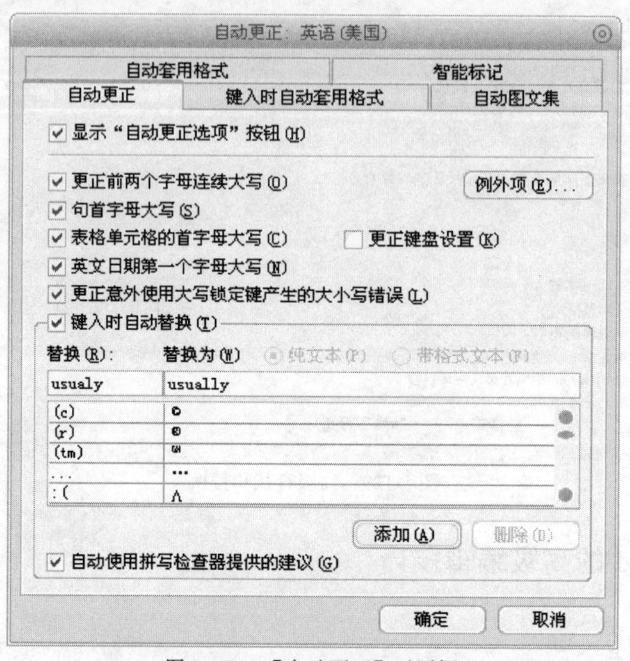


图 5-130 【自动更正】对话框

## 问题二 如何使用自动图文集功能来减少重复录入呢？

### 学习资料二

录入文字时经常遇到一小块文字需要重复录入（如合同文书中甲方、乙双方的单位名称）或一句短语在多个文件中频繁出现（如“本合同一式三份，双方签字盖章后生效”）的情况，借助 Word 2003 提供的自动图文集功能可以避免重复录入，提高效率。

1．插入自动图文集词条

自动图文集词条被分成若干类别，如“结束语”和“称呼”，如图 5-131 所示。

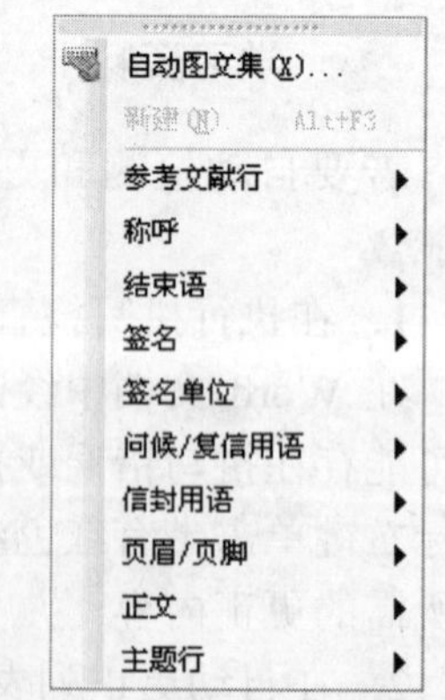


图 5-131 【自动图文集】菜单

单击文档中要插入自动图文集词条的位置，执行菜单命令【插入】→【自动图文集】，然后指向要插入词条的类型，选择所需的自动图文集词条名称。

2．创建自动图文集词条

如果想在文档中创建自动图文集词条，可执行下列操作步骤。

步骤 1：选择要保存为自动图文集词条的文本，若要将段落格式与词条一起保存，请将段落标记↵包含在选定内容中。

步骤 2：执行菜单命令【插入】→【自动图文集】→【新建】，系统弹出【创建“自动图文集”】对话框，如图 5-132 所示。当为自动图文集词条提供建议名称时，接受该名称或输入新的名称即可。

如果要使用记忆式输入功能插入词条，请确认名称至少包含 4 个字符，因为 Word 只有在输入 4 个字符后才能插入词条。

3．启用记忆式输入功能

启用记忆式输入功能后，当输入已定义好的自动图文集词条名称的前几个字符时，Word会显示屏幕提示，此时可以按回车键插入自动图文集词条。如果想打开或关闭记忆式输入功能，可执行以下操作：执行菜单命令【插入】→【自动图文集】，再选择【自动图文集】子命令，系统弹出【自动更正】对话框，默认设置为【自动图文集】选项卡，如图 5-133 所示。在这里选中或取消【显示“记忆式键入”建议】复选框。

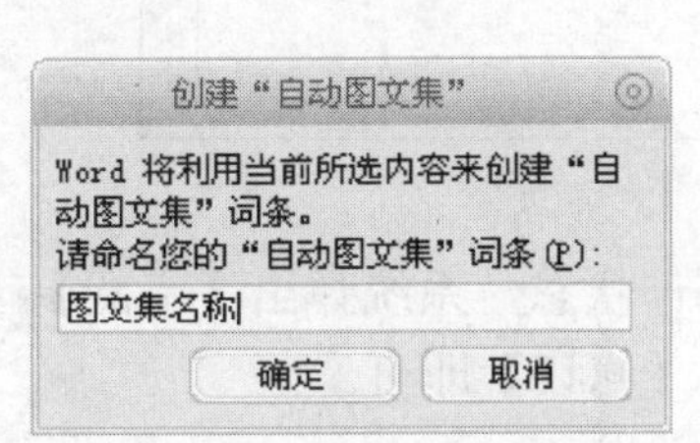


图 5-132　【创建“自动图文集”】对话框

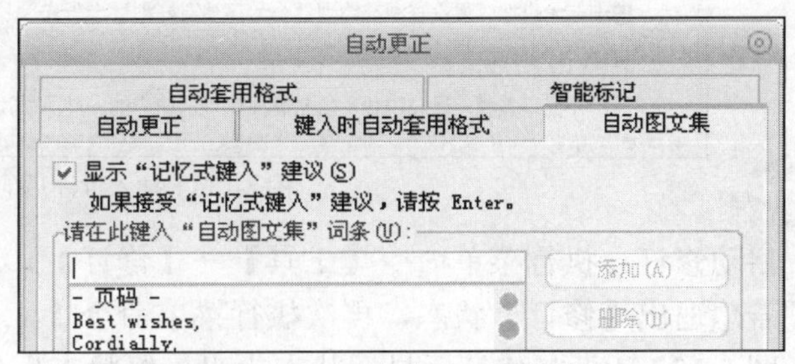


图 5-133　【自动更正】对话框

## 问题三　在文档中如何进行批注与修订呢？

### 学习资料三

批注与修订是教师在修改学生论文时经常会用到的功能，正确合理地使用批注与修订功能，可以清晰地示意教师对论文提出的意见与修改的内容。

1．【审阅】工具栏

在做批注与修订操作时，将使用【审阅】工具栏中的各种工具，如图 5-134 所示。

2．批注

在修改学生论文时，需要在论文的某些地方加注释，在这种情况下可以使用【批注】功能。它是作者或审阅者为文档添加的注释或批注，批注内容显示在文档的页边距或审阅窗格中的气球上。批注由“批注标记①”与“批注框②”组成，如图 5-135 所示。

图 5-134　【审阅】工具栏

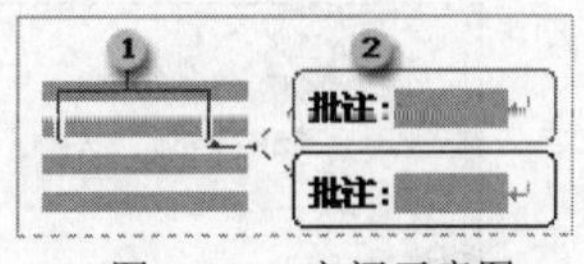


图 5-135　审阅示意图

添加批注的方法为：选择要设置批注的文本或内容，或单击文本的尾部，然后执行菜单命令【插入】→【批注】，在批注框中输入批注文字，如图 5-136 所示。

若想删除批注，需将光标定位在批注框中，在【审阅】工具栏上单击【拒绝所选修订】按钮旁边的下拉三角，然后单击【删除文档中的所有批注】或【删除批注】选项。

3．修订

教师给学生修改论文，或别人的文章请你帮着看看并做修改时，为了让他人知道修改了哪些地方，可使用修订功能。启用修订功能后，审阅者的每一次插入、删除或格式更改都会被标记出来。当查看修订时，可以接受或拒绝更改之处。

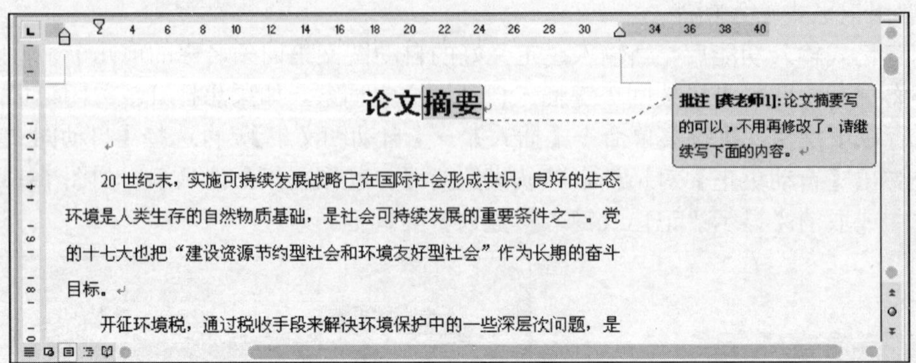


图 5-136 插入批注后的效果

启动修订：执行菜单命令【工具】→【修订】，进入修订状态，系统弹出【审阅】工具栏。若想退出【修订】状态，再次执行菜单命令【工具】→【修订】即可。

图 5-137 所示是修订后显示状态为“最终状态”的文档效果。

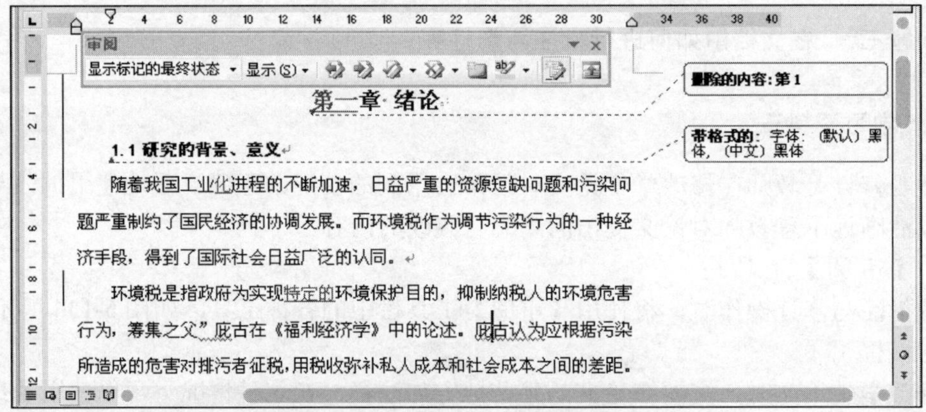


图 5-137 修订后显示状态为“最终状态”的效果

图 5-138 所示是修订后显示状态为“原始状态”的文档效果。

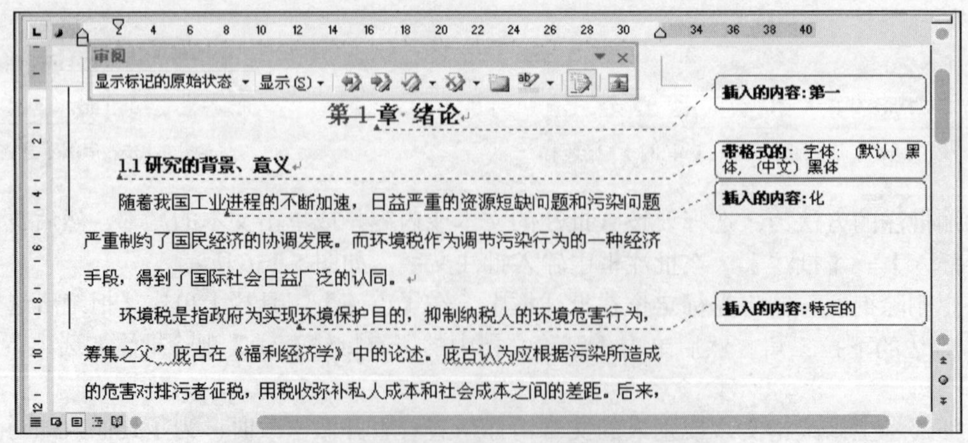


图 5-138 修订后显示状态为“原始状态”的效果

在修订时会用到下列这些操作。

① 审阅句子中的每一项：在【审阅】工具栏上单击【后一处修订或批注】按钮或【前一处修订或批注】按钮。若同意修订，单击【接受所选修订】按钮；若同不意修订，单击【拒绝所选修订】按钮。

② 一次接受所有修订：单击【接受所选修订】按钮旁边的下拉三角，然后单击【接受对文档所做的所有修订】按钮。

③ 一次拒绝所有修订或删除所有批注：单击【拒绝所选修订】按钮旁边的下拉三角。单击【拒绝对文档所做的所有修订】按钮，可以拒绝所有修订内容；单击【删除文档中的所有批注】按钮，可以删除所有批注。

# 第五单元　使用宏和 Office 组件协同工作

## 环节一　宏的应用

**问题情境**

我们经常为某一系列重复的排版操作而忙碌，如果学会使用宏，那么就可以大大减化我们的很多重复性工作，使我们的工作效率更高。

### 问题一　什么是宏？宏是如何录制的呢？

**学习资料一**

Word 中宏录制器的作用如同磁带记录器。录制器通过将有目的的键击和鼠标按键单击翻译为 Microsoft Visual Basic for Applications 代码进行记录。录制宏时，可以使用鼠标单击命令和选项，但不能选择文本，必须使用键盘记录这些操作。例如，可以使用“F8”功能键选择文本并按“End”键将光标移到行的结尾处。

下面用一个简单的实例来说明宏的录制方法。在录制宏之前，请计划好需要宏执行的步骤和命令。本例中录制宏的内容集合下列操作：设置字体为宋体、小四号；设置段落为首行缩进 2 字符、行距为 1.5 倍，插入页码，页码居中。

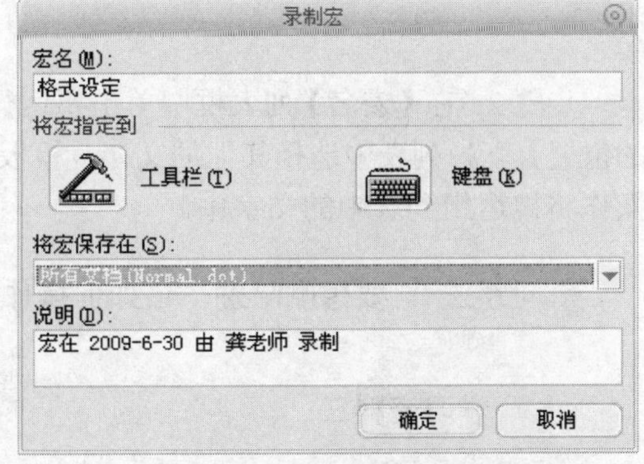


图 5-139　【录制宏】对话框

步骤 1：执行菜单命令【工具】→【宏】→【录制新宏】，系统弹出【录制宏】对话框，如图 5-139 所示。在【宏名】文本框中输入宏的名称为“格式设定”，在【将宏保存在】下拉列表中选择将保存宏的模板或文档，在【说明】文本框中输入对宏的说明。如果不希望将宏指定到工具栏、菜单或快捷键，请单击【确定】按钮开始录制宏。

步骤 2：系统进入录制宏的状态，弹出图 5-140 所示的工具栏，按顺序执行要包含在宏中的字体、段落、页码等设置操作。录制宏时，可以使用鼠标单击命令和选项，但不能选择文本，如果需要选择文本，必须使用键盘记录这些操作。

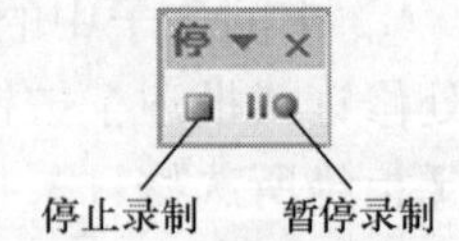


图 5-140 【录制宏】工具栏

步骤 3：在录制宏的过程中，可以单击【暂停录制】按钮进行暂停；若要停止录制宏，请单击【停止录制】按钮，完成录制宏操作。

如果在录制宏的过程中进行了错误操作，更正错误的操作也将被录制。录制结束后，你可以编辑宏以删除录制的不必要的操作。

## 问题二 录制好的宏如何运行呢？

### 学习资料二

运用宏是为了避免用户进行重复性的工作，当用户需要执行与事先录制好的宏一样的操作步骤时，只需要运行宏，就可以完成指定宏中的所有步骤，具体操作方法如下。

步骤 1：选取准备运用宏的文字内容，执行菜单命令【工具】→【宏】→【宏】，系统弹出【宏】对话框，如图 5-141 所示。

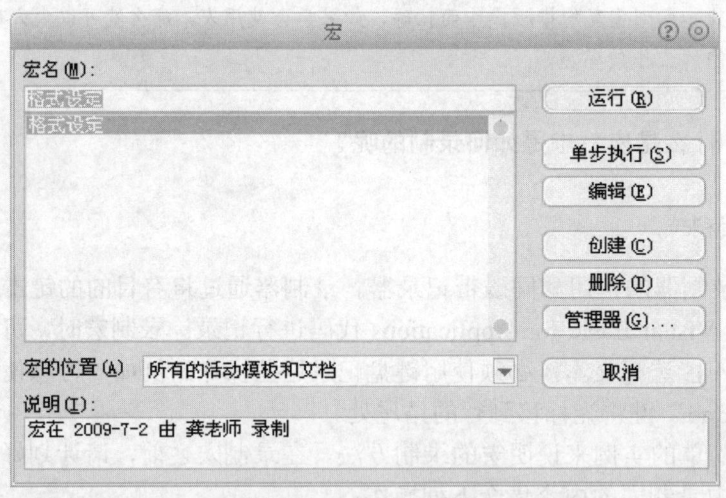


图 5-141 【宏】对话框

步骤 2：在【宏名】列表框中单击要运行宏的名称。如果该宏没有出现在列表中，请在【宏的位置】下拉列表中选择其他的文档、模板或列表，然后单击【运行】按钮。指定宏中的所有操作将被运用到选中的文字中。

## 问题三 要想删除宏，该如何操作呢？

### 学习资料三

执行菜单命令【工具】→【宏】→【宏】，在【宏名】列表框中单击要删除的宏的名称。如果该宏没有出现在列表中，请在【宏的位置】下拉列表中选择其他文档或模板，然后单击【删除】按钮。

## 环节二　Word 2003 与其他 Office 组件协同工作

### 问题情境

有些教师在备课过程中经常需要在Excel和PowerPoint、Word等几个办公软件之间相互链接或套用，那么怎样才能够轻松流畅地玩转于这几个办公软件之间，并且得心应手地应用在教学中呢？

### 问题一　如何将 Word 表格复制到 Excel 中？

#### 学习资料一

有时 Word 中的表格需要进行比较复杂的计算或筛选，这时将其复制到 Excel 中进行计算会更加方便，具体操作步骤如下。

步骤 1：在 Word 中选定表格中需要复制的行和列，也可选中整个表格，然后单击【常用】工具栏上的【复制】工具。

步骤 2：切换到 Excel 工作表中，在需要粘贴表格的工作表区域的左上角单击，然后单击【粘贴】按钮，复制表格中的单元格可替换此区域中任何已有的单元格。

步骤 3：若要调整格式，可单击数据旁的【粘贴选项】按钮，选择“匹配目标格式”，以使用 Excel 单元格原有的格式。若要尽量匹配 Word 表格的格式，请选择“保留源格式”。

步骤 4：Excel 将 Word 表格中每个单元格的内容粘贴到单独的 Excel 单元格中。如果要进一步拆分单元格中的数据，例如要将名字和姓氏拆分到不同的单元格中，可使用【数据】菜单上的【分列】命令。

### 问题二　如何在 Word 文档中插入 Excel 电子表格？

#### 学习资料二

如果想把在 Excel 中制作好的电子表格引用到 Word 文档中，并希望在 Word 中仍然可以完成 Excel 的所有运算操作，需要执行以下操作步骤。

步骤 1：在 Excel 中选定所要复制的数据或图表，单击【复制】按钮。

步骤 2：切换到 Word 文档中，执行菜单命令【编辑】→【选择性粘贴】，在【形式】列表中选择“Microsoft Office Excel 工作表对象”，然后单击【确定】按钮。

步骤 3：粘贴到文档中的表格不能使用 Word 文档中的表格工具来操作，如果想对该表格进行修改，应双击表格，进入 Excel 电子表格的工作环境，使用 Excel 中的运算方法对表格进行修改，如图 5-142 所示。

步骤 4：修改后单击表格外的任何位置，即可退出 Excel 工作表环境，返回到 Word 文档编辑状态。

前面介绍的是如何将已经做好的 Excel 电子表格插入到 Word 文档中，如想在 Word

文档中创建新的 Excel 工作表，则执行下面的操作步骤：执行菜单命令【插入】→【对象】，系统弹出【对象】对话框，在【新建】选项卡中设置对象类型为“Microsoft Excel 工作表”，然后单击【确定】按钮，即可完成在 Word 文档中创建新的 Excel 工作表的操作。

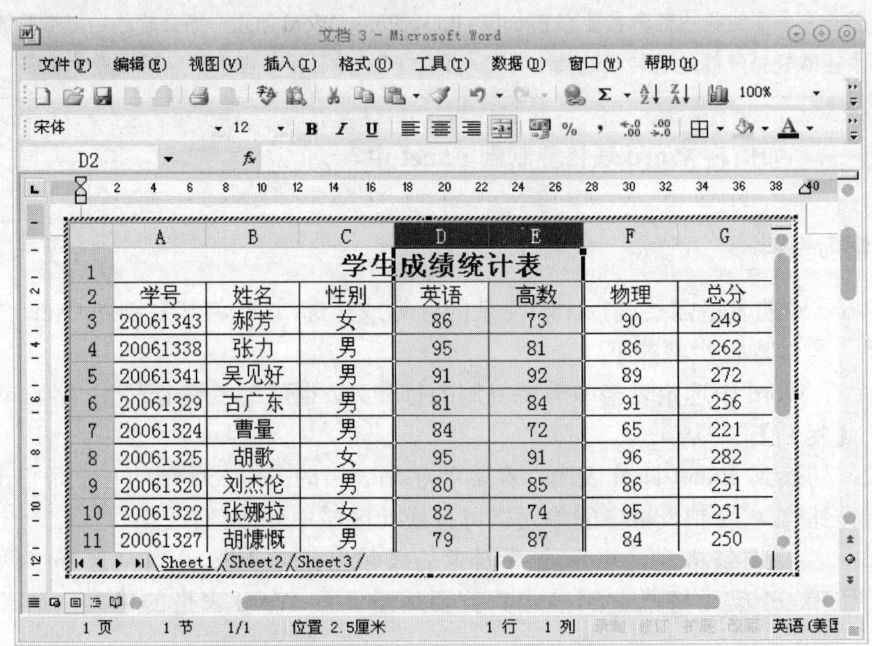


| | A | B | C | D | E | F | G |
|---|---|---|---|---|---|---|---|
| 1 | 学生成绩统计表 | | | | | | |
| 2 | 学号 | 姓名 | 性别 | 英语 | 高数 | 物理 | 总分 |
| 3 | 20061343 | 郝芳 | 女 | 86 | 73 | 90 | 249 |
| 4 | 20061338 | 张力 | 男 | 95 | 81 | 86 | 262 |
| 5 | 20061341 | 吴见好 | 男 | 91 | 92 | 89 | 272 |
| 6 | 20061329 | 古广东 | 男 | 81 | 84 | 91 | 256 |
| 7 | 20061324 | 曹量 | 男 | 84 | 72 | 65 | 221 |
| 8 | 20061325 | 胡歌 | 女 | 95 | 91 | 96 | 282 |
| 9 | 20061320 | 刘杰伦 | 男 | 80 | 85 | 86 | 251 |
| 10 | 20061322 | 张娜拉 | 女 | 82 | 74 | 95 | 251 |
| 11 | 20061327 | 胡慷慨 | 男 | 79 | 87 | 84 | 250 |

图 5-142　在 Word 文档中插入 Excel 工作表

## 问题三　如何在 Word 文档中插入 PowerPoint 演示文稿？

### 学习资料三

当教师在写教学计划或教学大纲的过程中想把课程演示文稿 PPT 也插入到 Word 文档中，这时需要执行下面的操作步骤来完成。

步骤 1：在 Word 文档中选择插入的位置，然后执行菜单命令【插入】→【对象】，系统弹出【对象】对话框，在【由文件创建】选项卡中选择指定的演示文稿文件。单击【确定】按钮后，演示文档将被插入到 Word 文档中。插入后的形式与插入一张普通的图片没有什么区别，这张“图片”呈现的是演示文档的第一张幻灯片，如图 5-143 所示。

步骤 2：如果要在 Word 文档中对演示文档执行显示、编辑、打开等操作，可单击鼠标右键，从【演示文稿对象】命令中选择执行相应的选项，如图 5-143 所示。

单击【显示】选项，将放映演示文稿，放映结束后返回到 Word 文档中。

单击【编辑】选项，将在 Word 文档中进入演示文稿的工作环境，利用演示文稿的菜单与工具进行编辑。编辑结束后，单击演示文稿外的任何位置，即可退出演示文稿工作环境，返回到 Word 文档编辑状态。

单击【打开】选项，系统将自动打开 PowerPoint 应用软件。用户可以编辑演示文稿，修改好后关闭该演示文稿，返回到 Word 文档中，这时的演示文稿是被修改后的效果。

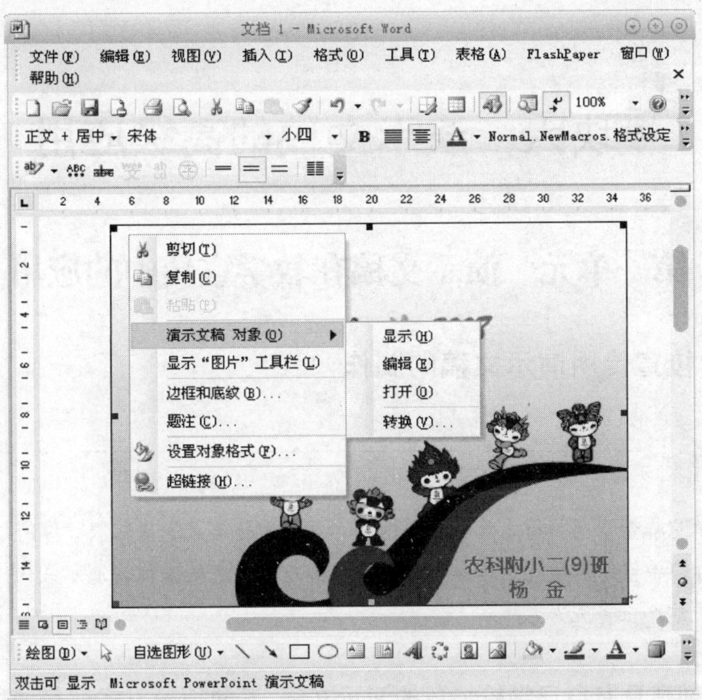


图 5-143　在 Word 文档中插入演示文稿

## 本模块思考题

1．利用 Word 2003 模板制作一份现代型报告，内容为课题研究成果分析报告，在报告首页中加入学院的 LOGO。

2．为学院制作一份宣传资料，资料内容以文本、文本框、图片、图表等不同方式进行呈现，并利用图文混排功能合理安排位置。

3．使用 Word 2003 强大的表格制作工具，制作一份个人中文简历。

4．利用组织结构图绘制学院机构设置图。

5．在修改文档时灵活运用审阅和修订功能。

6．掌握长文档的编辑技巧，运用大纲视图方式对文档结构进行组织，在长文档中学会使用目录、索引、题注功能。

7．在 Word 2003 中学会录制宏、运用宏，避免重复性工作，提高效率。

8．学会如何在 Word 文档中插入、编辑 Excel 电子表格与演示文稿。

# 模块六　演示文稿的高级应用

## 第一单元　演示文稿在教学宣传中的应用

### 环节一　学校宣传用演示文稿的制作

问题情境

每所大学和学院都希望用具有本学校特色的演示文稿宣传自己。现在假如你们学院的领导把这个艰巨的任务交给了你，希望你为学院制作一个具有学院标志和特色的宣传用演示文稿，你怎样才能在短时间内高质量地完成这个任务呢？

**问题一**　**创建具有自己学校特色的演示文稿，最便捷的方式就是使用设计模板。那么，如何通过设计模板来快速规划演示文稿呢？**

学习资料一

PowerPoint 2003 提供可应用于演示文稿的设计模板，以便为演示文稿提供设计完整、专业的外观。设计模板为包含演示文稿样式的文件，包括项目符号和字体的类型和大小、占位符的大小和位置、背景设计和填充配色方案以及幻灯片母版和可选的标题母版，具体设置步骤如下。

步骤 1：在【格式】工具栏上单击【设计】工具，通过使用编辑窗口右侧的【幻灯片设计】任务窗格可以预览设计模板并将其应用于演示文稿。如果已打开【幻灯片设计】任务窗格并显示有配色方案或动画方案，可单击顶部的【设计模板】。

步骤 2：选中需要的设计模板后，单击鼠标左键，该模板就会应用到该演示文稿中的每一张幻灯片上，包括字形、占位符的大小或位置、背景设计和配色方案都将添加到演示文稿中，如图 6-1 所示。

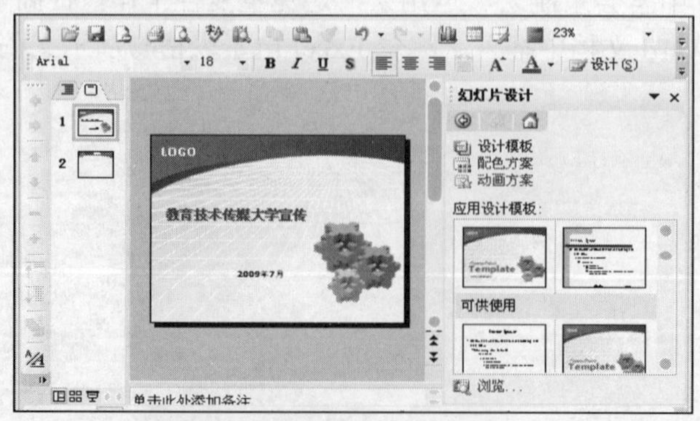


图 6-1　选定一个设计模板

步骤 3：将鼠标指针移到某个模板上时，在模板略图的右侧将出现下拉菜单按钮，单击后可以选择将模板应用于所有的幻灯片或应用于选定的幻灯片中。

如果现有的设计模板并不完全适合我们的需求，可以对设计模板进行更改并保存新模板，使其可供其他演示文稿使用，具体操作步骤如下。

步骤 1：在【常用】工具栏上单击【新建】按钮。

步骤 2：执行菜单命令【格式】→【幻灯片设计】，然后在【幻灯片设计】任务窗格中单击要修改的模板。如果需要的模板不在任务窗格中，可单击窗格底部的【浏览】以找到并应用该模板。

步骤 3：执行菜单命令【视图】→【母版】→【幻灯片母版】，对幻灯片母版进行所需更改。修改后单击【关闭母版视图】按钮，退出母版编辑状态，如图 6-2 所示。

步骤 4：执行菜单命令【文件】→【另存为】，系统弹出【另存为】对话框，在【保存类型】下拉列表中选择“设计模板”，在【文件名】列表框中输入模板的名称。注意，如果要修改 PowerPoint 附带的模板，该模板将被另存为新模板，而且需要为其指定新名称，然后单击【保存】按钮。

**问题二**　**通过设计模板以及幻灯片母版制作好学校用的模板后，下面的工作就是为每页幻灯片的内容选择合适的版式。那么，幻灯片有哪些版式？如何根据不同页面的特点选择不同的幻灯片版式呢？**

## 学习资料二

“版式”指的是幻灯片内容在幻灯片上的排列方式。版式由占位符组成，而占位符中可以放置文字（例如标题和项目符号列表）和幻灯片内容（例如表格、图表、图片、形状和剪贴画），如图 6-3 所示。在图 6-3 中，1 为由标题和项目符号列表的占位符所组成的基本版式，2 为由 3 个占位符所组成的版式。

图 6-2　修改母版视图

图 6-3　幻灯片版式

每次添加新幻灯片时都可以在【幻灯片版式】任务窗格中为其选择一种版式。版式涉及所有的配置内容，但也可以选择一种空白版式，图 6-4 所示是“标题、文本、内容（图片）”的版式。

若要变换当前幻灯片版式，可执行菜单命令【格式】→【幻灯片版式】，在【幻灯片版式】任务窗格中指向所需的版式，再单击它。

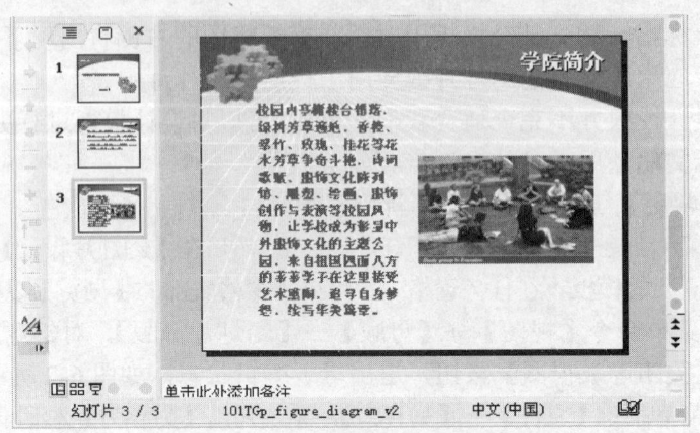


图 6-4　选择一种幻灯片版式

**问题三**　我们在编辑学校宣传用的演示文稿的时候，可以通过幻灯片的不同视图方式来查看当前幻灯片的外观，以方便浏览和修改。那么，幻灯片的视图有哪些，都在何时使用呢？

## 学习资料三

PowerPoint 2003 有 3 种主要视图：普通视图、幻灯片浏览视图和幻灯片放映视图。

1．普通视图

普通视图是主要的编辑视图，可用于撰写或设计演示文稿。该视图有 3 个工作区域：左侧为可在幻灯片文本大纲（【大纲】选项卡）和幻灯片缩略图（【幻灯片】选项卡）之间切换的选项卡；右侧为【幻灯片】窗格，以大视图显示当前幻灯片；底部为【备注】窗格。图 6-5 所示就是普通视图。

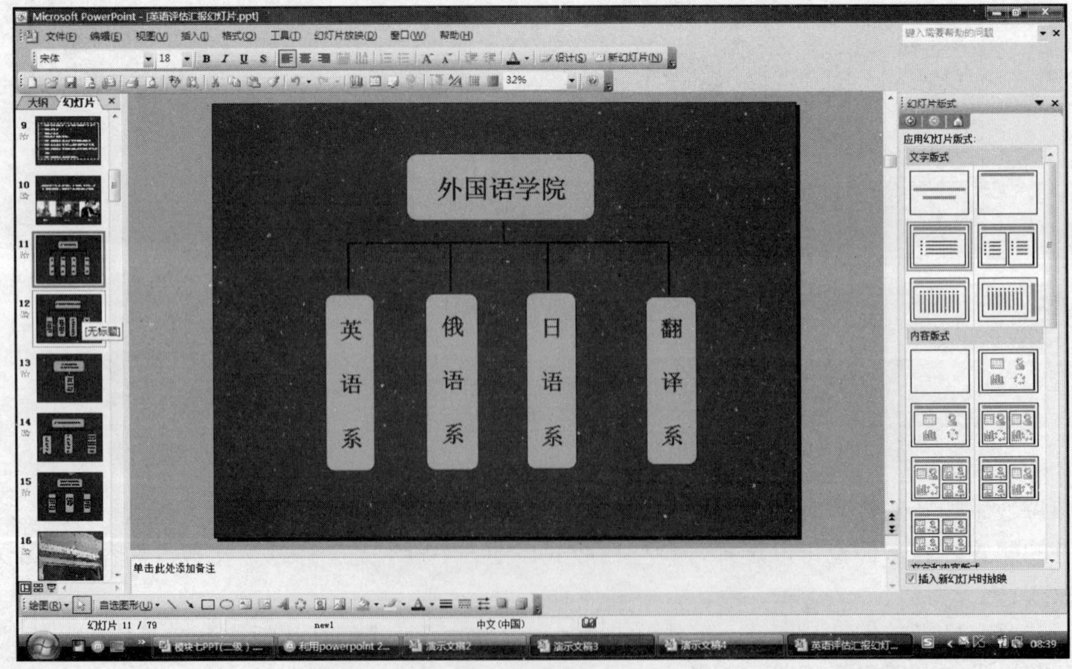


图 6-5　普通视图

2．幻灯片浏览视图

幻灯片浏览视图是用缩略图的形式显示幻灯片的视图。创建结束或编辑完演示文稿后，幻灯片浏览视图将显示演示文稿的整个图片，使重新排列、添加或删除幻灯片以及预览切换和动画效果都变得很容易。图 6-6 所示为幻灯片浏览视图的缩略图。

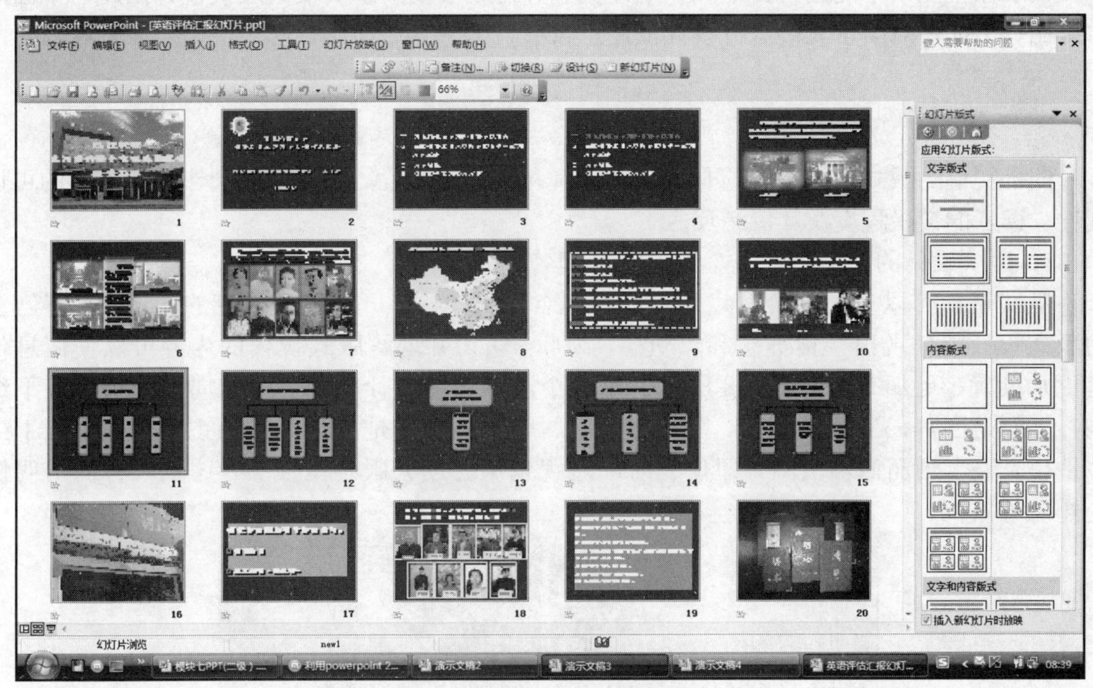

图 6-6　幻灯片浏览视图的缩略图

3．幻灯片放映视图

幻灯片放映视图占据整个计算机屏幕，就像对演示文稿进行真正的幻灯片放映。在这种全屏幕视图中，你所看到的演示文稿就是将来观众所看到的。你可以看到图形、时间、影片、动画元素以及将在实际放映中看到的切换效果，如图 6-7 所示。

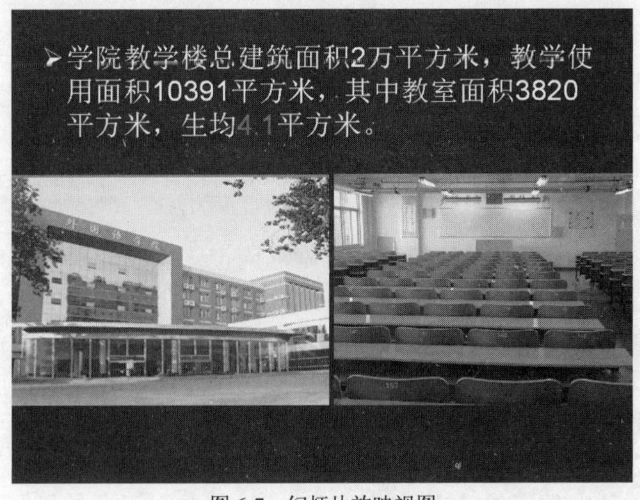

图 6-7　幻灯片放映视图

**提示**：开启幻灯片放映视图之后，幻灯片占据整个屏幕，无法进行 Windows 窗口操作，按“Esc”键可以回到普通视图。

**问题四** 为什么有的学校制作的演示文稿非常有特色，让人看后过目不忘，而有的演示文稿制作平淡，不能给人留下深刻的印象呢？这就涉及演示文稿的版式设计问题，下面简单介绍一下如何对演示文稿进行设计及注意事项。

### 学习资料四

演示文稿的版式设计关注的是设计中文字和图片的安置。这一切都会影响到内容的可识别性、读者的接受程度及其情绪反应。

1．版式设计的含义

版式设计可以有效地传达设计作品所包含的信息，也可以阻碍信息的传达。富有创意的版式设计能体现出一种美感和价值感，因此，认识并理解版式设计的内容可以使信息传递更加准确、更加有效。图 6-8 所示的是一个演示文稿设计作品，在布局上采用了上下结构，上面是图片，下面是文字。图片起到陪衬作用，文字是教学信息的主要内容，处于主体地位，整个画面简洁清晰，即使长时间注视也不会使人眼感觉疲劳，这是一种简洁明快的排版方式。

图 6-8　上下结构的幻灯片设计

2．版式设计实例

版式设计基础主要是指版式设计的基本准则，应把一些设计要素合理地编排进页面空间中。版式设计的主要目的是展示视觉化和文字性的信息。一个优秀的版式设计（不论何种形式）都可以将复杂的信息编排得十分合理，便于用户迅速找到所需要的信息内容。图 6-9 采用了左右布局方式，插入的素材图片突出说明了文字以外的内容，简洁明快，方便用户快速接收信息。下面通过实例介绍几种形式的版式设计。

（1）宣传画册式版式

图 6-10 所示是一种宣传画册风格的版式设计，采用左右平分的排版方式，左侧文字排版

使用左对齐，主要运用的颜色为灰色，给人以优雅宁静的感觉。

图 6-9　左右版式的幻灯片设计

图 6-10　宣传画册式版式

（2）网页式排版

在图 6-11 中以左对齐的方式进行排版，整齐统一，黑色的底色搭配白色的文字，用户可以一目了然地得知界面所表达的目的，根据排版方式可以很容易地指向视觉中心。

（3）幻灯片版式

根据之前的左右对齐、上下对齐的布局，在 PowerPoint 中设计出图 6-12 所示的表现形式。在设计时，首先要了解到文字内容与图片之间的关系，通过对它们之间关系的了解进行版式设计，在有限的空间里设计出让人一眼就能看明白的版式。

图 6-11　网页式版式

图 6-12　幻灯片版式

（4）图片与文字搭配的版式

还可以采用形象的图片与简单的文字解释相搭配的风格，使得版面具有电子杂志的效果，如图 6-13 所示。

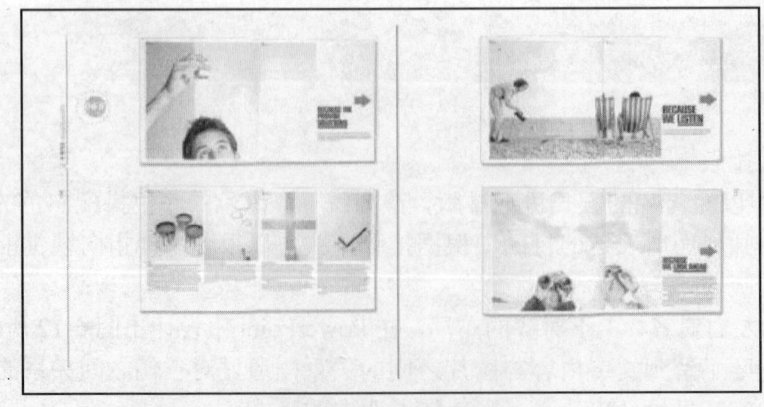

图 6-13　图片与文字搭配的版式

## 环节二　科普知识讲座演示文稿的制作

### 问题情境

有些时候教师需要到校外一些场所举办科普知识讲座，比如有关生物、地理、历史、天文物理等方面的知识。这些知识不但需要大量的图片作为佐证，还经常需要为图片配备大量的文字，但是演示文稿中的一张幻灯片文字容量有限，如何才可以让文字滚动以便于阅读呢？

**问题**　**为图片配备的说明性文字不能在同一屏幕上展示的时候，可以考虑为文字添加滚动显示。这样不但可以扩大文字容量，还可以方便阅读。那么，怎样制作科普讲座演示文稿呢？**

### 学习资料

在使用 PowerPoint 制作幻灯片时会遇到这样的问题：一个图文并茂的幻灯片，左面是图，右面是说明性文字，文字内容过多，不能全部展示；又如产品演示，分成若干页，上下翻页非常不方便，放在一页又受版面限制，容纳不下……其实可以用控件工具箱来解决，具体操作步骤如下。

步骤 1：新建一个幻灯片，选择所需版式。

步骤 2：打开控件工具箱。单击【视图】→【工具栏】→【控件工具箱】，或在任意工具栏或菜单栏上单击鼠标右键，在弹出的快捷菜单中选择【控件工具箱】命令，系统弹出图 6-14 所示的控件箱工具箱窗口。

步骤 3：插入文本框控件。选择控件工具箱中的【文本框】选项（如图 6-15 所示），在编辑区按住鼠标左键拖拉出一个文本框，并调整其位置和大小。

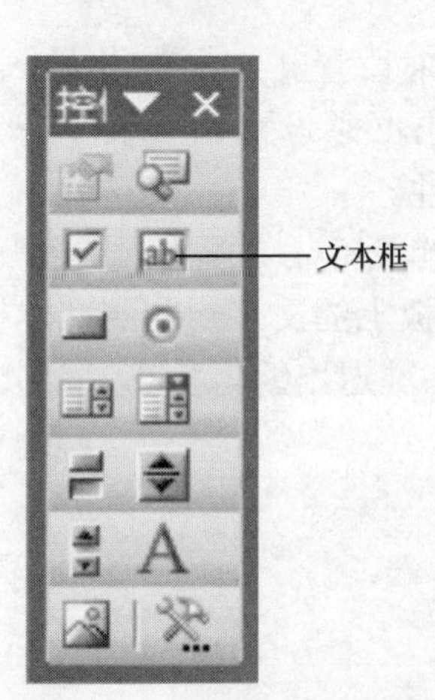


图 6-14　控件箱工具箱窗口

图 6-15　调整文本框的位置和大小

步骤 4：设置文本框属性。在文本框上单击鼠标右键，在弹出的快捷菜单中选择【属性】命令，系统弹出【属性】窗口（如图 6-16 所示），在这里可以对文本框的一些属性进行设置。

EnterKeyBehavior 属性：设为 True 时允许使用回车键换行。

ScrollBars 属性：利用滚动条来显示多行文字内容，其中 1-fmScrollBarsHorzontal 为水平滚动条，2-fmScrollBarsVertical 为垂直滚动条，3-fmScrollBarsBoth 为水平滚动条与垂直滚动条均存在。当文字不超出文本框时，滚动条设置无效；当文字超出文本框时，则出现一个可拖动的滚动条，如图 6-17 所示。

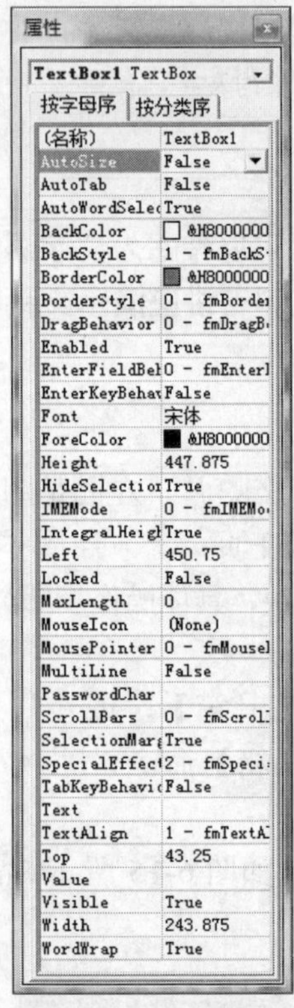

图 6-16 【属性】窗口

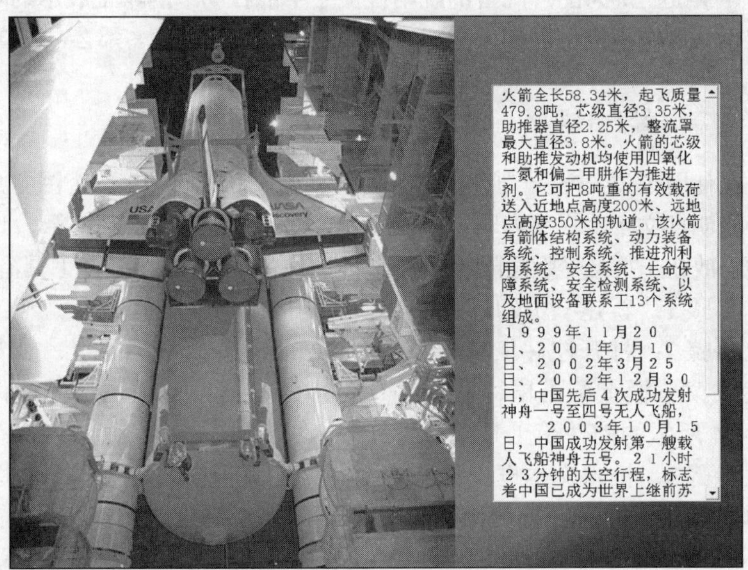


图 6-17 带滚动条的说明文字

其他属性可根据个人需要进行设置，比如 BackColor 用来设置文本框的背景颜色，TextAlign 用来设置文字对齐方式等。要实现滚动条对文本的控制，必须设置 EnterKeyBehavior 属性为 True，MultiLine 属性为 True，并按需设置 ScrollBars 属性。

步骤 5：输入文本框内容。用鼠标右键单击文本框，选择菜单命令【文本框对象】→【编辑】，即可进行文字内容的输入，或按“Ctrl + V”组合键把剪贴板上的文字复制到文本框中。

步骤 6：文本编辑完之后，在文本框外任意位置单击鼠标左键退出编辑状态。至此，一个文字可以随滚动条上下拖动而移动的文本框就制作完成了。

## 环节三 科研报告演示文稿的制作

**问题情境**

现代教师除了在教学中使用演示文稿制作课件以外，在科研项目中期汇报等场合经常也会用到演示文稿。而在这样的短时间汇报中，可以使用图表、组织结构图等形式增加文稿的信息解析率，展示信息更加形象、直观、生动。下面通过用几个例子看一下科研报告中常用图表的制作方法。

## 问题一　如何利用 PowerPoint 2003 制作图表？

### 学习资料一

下面通过一个实例看看在 PowerPoint 中制作图表的具体过程。

1．基本图表的制作

下面先来制作一个基本的图表，如图 6-18 所示。

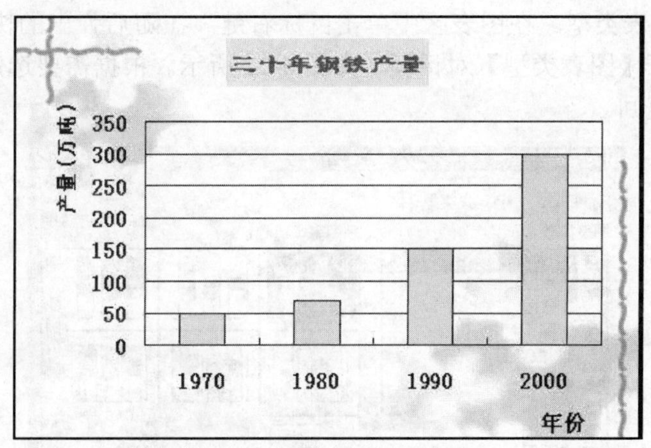


图 6-18　基本图表的显示内容

步骤 1：插入图表。启动 PowerPoint 2003，新建一个空白文稿或打开需要添加图表的演示文稿。

步骤 2：打开一个空白幻灯片，单击【常用】工具栏上的【插入图表】按钮，进入图表编辑状态，如图 6-19 所示。

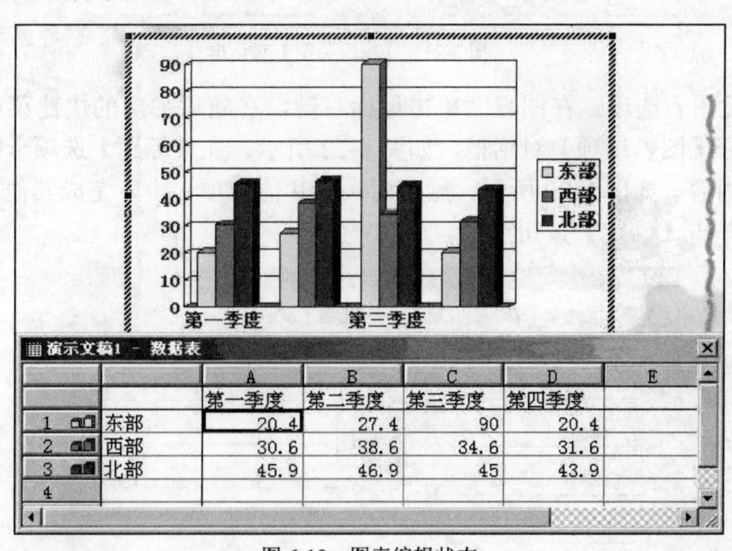


| | | A | B | C | D | E |
|---|---|---|---|---|---|---|
| | | 第一季度 | 第二季度 | 第三季度 | 第四季度 | |
| 1 | 东部 | 20.4 | 27.4 | 90 | 20.4 | |
| 2 | 西部 | 30.6 | 38.6 | 34.6 | 31.6 | |
| 3 | 北部 | 45.9 | 46.9 | 45 | 43.9 | |
| 4 | | | | | | |

图 6-19　图表编辑状态

步骤 3：在数据表中删除不需要的第 2、3 行，修改其中的内容并填入需要的数据，如图 6-20 所示。

演示文稿1 － 数据表

| | | A | B | C | D | E |
|---|---|---|---|---|---|---|
| | 年份 | 1970 | 1980 | 1990 | 2000 | |
| 1 | 产量 | 50 | 70 | 150 | 300 | |
| 2 | | | | | | |
| 3 | | | | | | |
| 4 | | | | | | |

图 6-20　在数据表中填入需要的数据

2．图表设置

步骤 1：修改图表类型。在图表区中单击鼠标右键，在随后弹出的快捷菜单中选择【图表类型】命令，打开【图表类型】对话框，如图 6-21 所示。根据需要选定一种图表类型后，单击【确定】按钮返回。

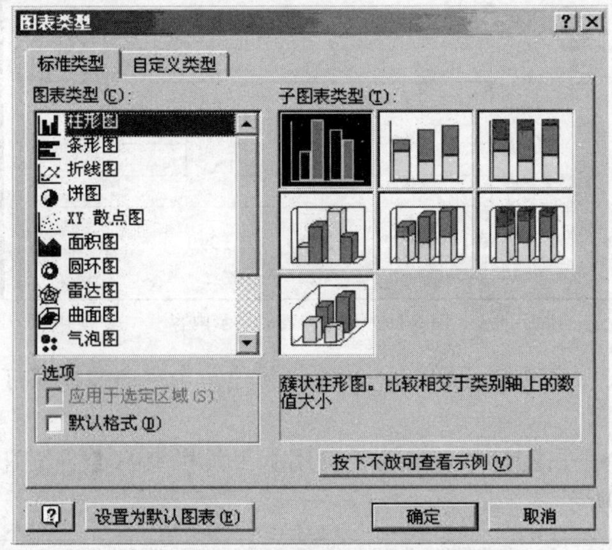


图 6-21　【图表类型】对话框

步骤 2：设置图表选项。在图表区单击鼠标右键，在随后弹出的快捷菜单中选择【图表选项】命令，打开【图表选项】对话框，如图 6-22 所示。在【标题】选项卡中，设置好图表和数值轴标题等内容，如图 6-22 所示。然后切换到其他选项卡中，完成其他选项的设置。全部设置完成后，单击【确定】按钮返回。

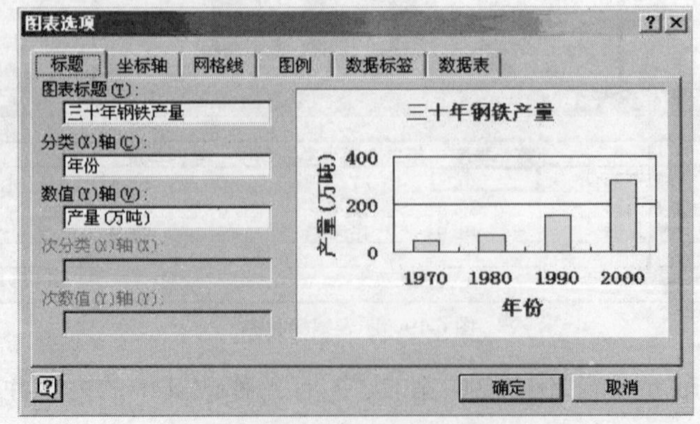


图 6-22　【图表选项】对话框

步骤 3：修改字符参数。选中“图表标题”（相当于一个文本框），然后将鼠标指针移至“文本框”周边处双击，打开【图表标题格式】对话框，如图 6-23 所示。切换到相应的选项卡中，设置好字符的相关参数后，单击【确定】按钮返回。

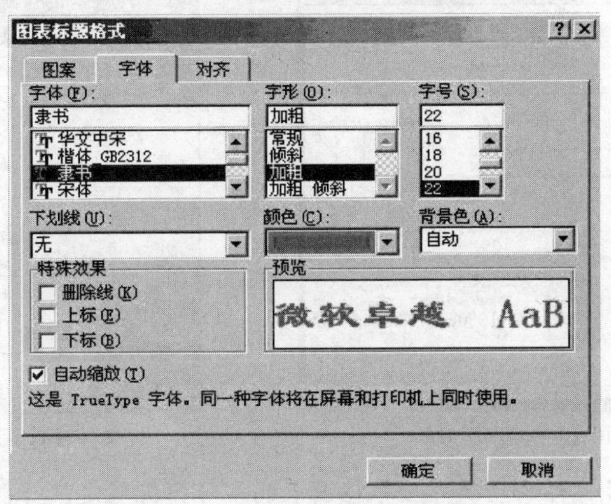


图 6-23　【图表标题格式】对话框

**注意：仿照上面的操作设置数值轴标题字符的相关参数。**

3．调整大小

图表编辑完成后，在图表编辑区外围任意位置单击一下，退出图表编辑状态。然后选中图表，并将鼠标指针移至图表边缘，当鼠标指针呈双向拖拉箭头形状时，按住鼠标左键拖拉，将图表调整至合格的大小即可，如图 6-18 所示。

## 问题二　如何利用 PowerPoint 2003 使制作的图表动起来呢？

### 学习资料二

可把图表分割成一个个图形对象，然后为其添加动画效果，具体操作步骤如下。

步骤 1：在图表区中单击鼠标右键，在随后出现的快捷菜单中选【组合】→【取消组合】命令，此时系统会弹出一个提示框（如图 6-24 所示），单击其中的【是（Y）】按钮。

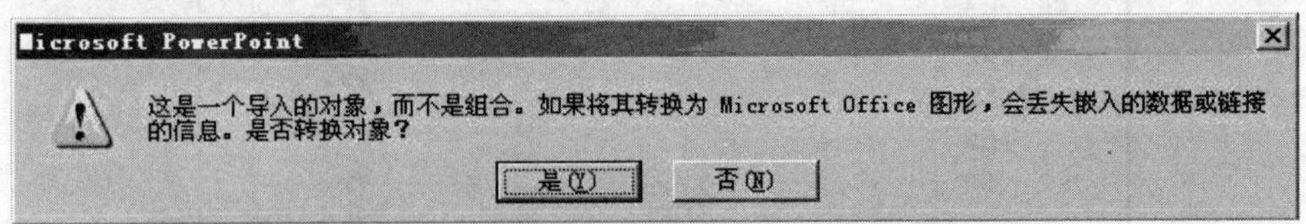


图 6-24　取消组合提示对话框

步骤 2：再重复上面的“取消组合”操作，将图表拆分成若干个对象，如图 6-25 所示。

步骤 3：选中“1970 年”对应的图形，单击鼠标右键，在随后弹出的快捷菜单中选择【自定义动画】命令，打开【自定义动画】任务窗格，如图 6-26 所示。单击【添加动画】右侧的下拉按钮，在随后出现的下拉列表中选择菜单命令【进入】→【飞入】，为选中的对象添加动画。

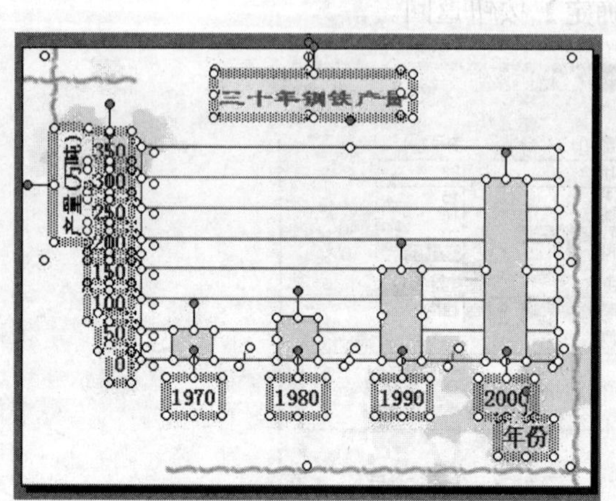

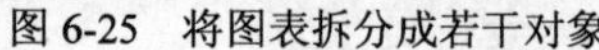

图 6-25　将图表拆分成若干对象

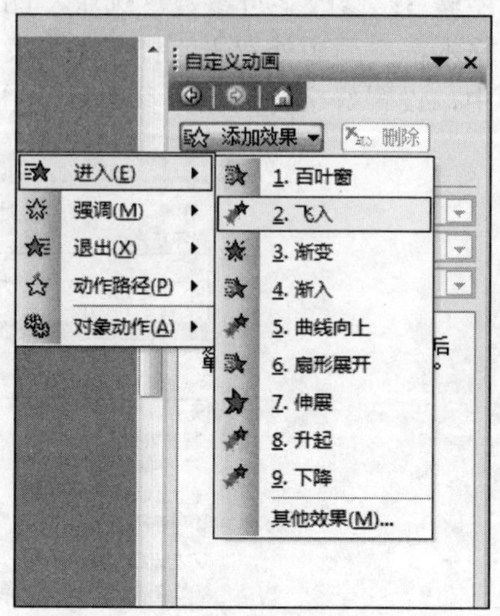


图 6-26　【自定义动画】任务窗格

**注意**：具体设置什么样的动画，应根据图表的实际情况确定。

步骤 4：重复上面步骤 3 的操作，为其他图形对象添加动画效果。放映一下，看看图表是不是动起来了。

**提示**：图表经过这样的“取消组合”操作后，与数据表之间的链接即被切断，图表成了一个独立的图形对象了。

## 问题三　如何利用 PowerPoint 2003 对制作好的图表进行修饰呢？

### 学习资料三

下面把图表的“柱形”打扮打扮（如图 6-27 所示）。

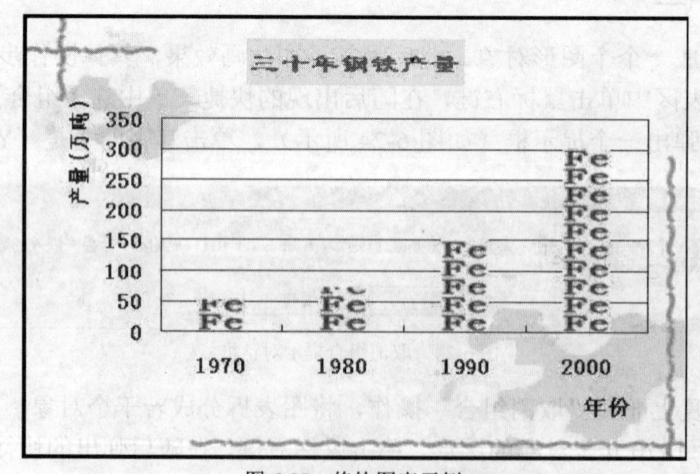


图 6-27　修饰图表示例

步骤 1：准备一张大小合适（推荐使用 50 × 50 像素）且与图表内容相适应的小图片。

步骤 2：在幻灯片的图表区中双击鼠标，再次进入图表编辑状态。

步骤 3：在其中任意一个“柱形”上单击一下，使得每个“柱形”中间出现一个黑色的控制点，如图 6-28 所示。

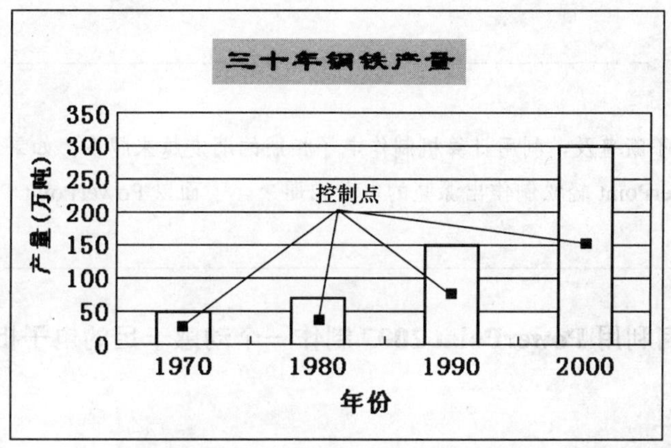


图 6-28 “柱形”中间出现一个控制点

步骤 4：单击鼠标右键，在随后弹出的快捷菜单中选择【数据系列格式】命令，打开【数据点格式】对话框，如图 6-29 所示。

步骤 5：切换到【图案】选项卡下（通常是默认设置），单击其中的【填充效果】按钮，打开【填充效果】对话框，如图 6-30 所示。

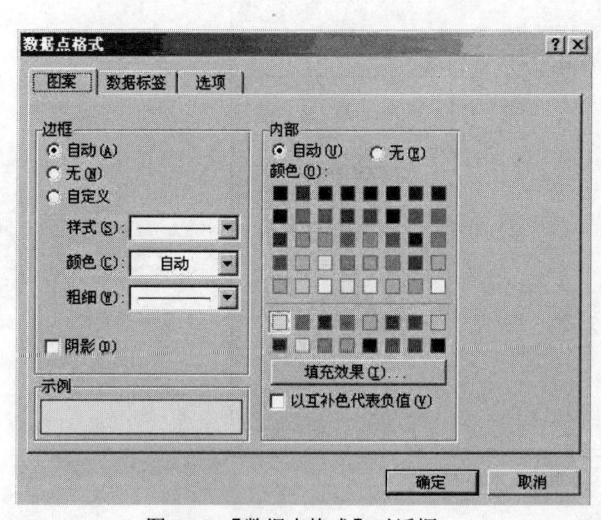


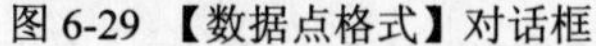

图 6-29 【数据点格式】对话框

图 6-30 【填充效果】对话框

步骤 6：切换到【图片】选项卡中，单击其中的【选择图片】按钮，打开【选择图片】对话框，定位到图片所在的文件夹，并选中相应的图片，单击【插入】按钮返回到【填充效果】对话框。再选中【层叠并缩放】选项并设置好下面的数值（如图 6-30 所示），单击【确定】按钮返回到【数据点格式】对话框。

**提示：**【层叠并缩放】单选按钮下面方框中的数值设置得越小，则每个“柱形”上显示的图片越少，反之则越多（推荐使用 30）。

步骤 7：再次单击【确定】按钮退出，一个极具个性化的图表就制作完成了（参见图 6-27）。

## 环节四　教学宣传用电子相册的制作

### 问题情境

随着数码相机的不断普及，利用计算机制作电子相册的朋友越来越多，如果你手中没有这方面的专门软件，也能用 PowerPoint 轻松制作出漂亮的电子相册来。下面以 PowerPoint 2003 为例讲述制作 PPT 电子相册的方法。

### 问题一　如何利用 PowerPoint 2003 制作一个动感十足的电子相册呢？

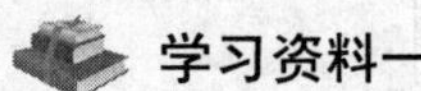

#### 学习资料一

利用 PowerPoint 2003 的电子相册功能可以非常方便快捷地将大量数码照片制作成一个动态十足的电子相册。

步骤 1：启动 PowerPoint 2003，新建一空白演示文稿。

步骤 2：执行菜单命令【插入】→【图片】→【新建相册】，打开【相册】对话框，如图 6-31 所示。

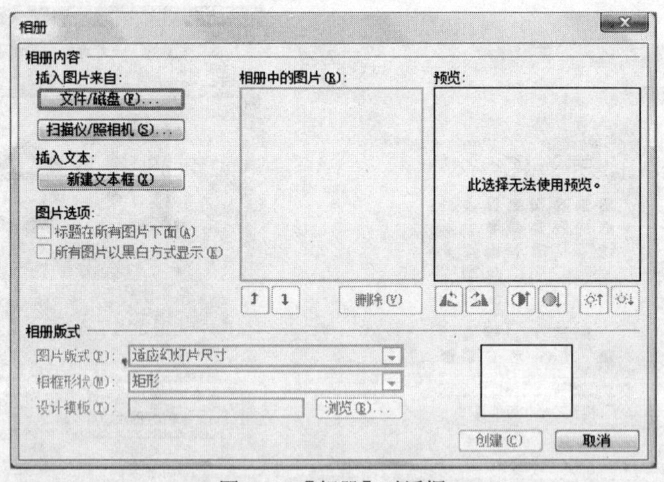


图 6-31 【相册】对话框

步骤 3：单击其中的【文件/磁盘】按钮，打开【插入新图片】对话框，如图 6-32 所示。通过单击【查找范围】右侧的下拉按钮，定位到相片所在的文件夹，选中需要制作成相册的图片，然后单击【插入】按钮，返回【相册】对话框。

**提示：在选中图片时，按住“Shift”键或“Ctrl”键，可以一次性选中多个连续或不连续的图片文件。**

步骤 4：单击【图片版式】右侧的下拉按钮，在随后出现的下拉列表中选择【1 张图片（带标题）】选项，如图 6-33 所示。

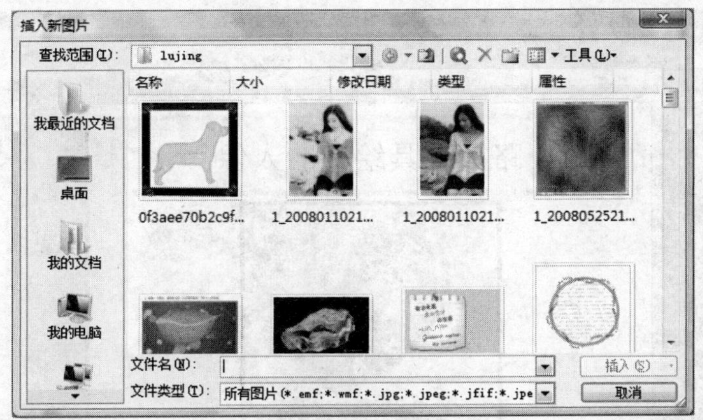


图 6-32 【插入新图片】对话框

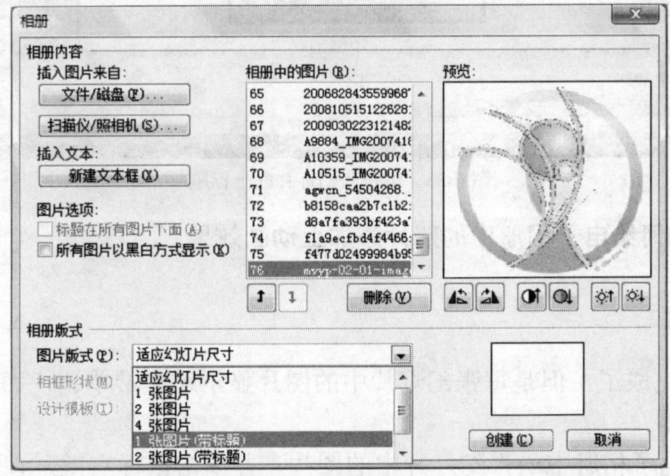


图 6-33 设置图片版式

**提示**：可以不进行此操作，也可以选择其他选项。

步骤 5：单击【创建】按钮，图片将被一一插入到演示文稿中，并在第一张幻灯片中留出相册的标题（如图 6-34 所示），可在这里输入相册标题等内容。

图 6-34 相册第一张幻灯片效果

步骤 6：切换到每一张幻灯片中，为相应的相片配上标题，如图 6-35 所示。

图 6-35　给每张幻灯片配上标题

## 问题二　如何给电子相册中的照片添加上动画效果？

### 学习资料二

电子相册创建完成了，但是每张幻灯片中的图片显示还非常单调，如何给每张相片添加丰富的动画效果呢？

步骤 1：选中电子相册中一张幻灯片中的图片，并单击鼠标右键，在弹出的快捷菜单中选择【自定义动画】命令，系统弹出【自定义动画】任务窗格，如图 6-36 所示。

图 6-36 【自定义动画】任务窗格

步骤 2：执行菜单命令【添加效果】→【进入】→【扇形展开】，为该图片选择一种动画效果，如图 6-37 所示。用同样的方法为其他页面幻灯片中的相片添加不同的动画进入效果。

步骤 3：按“Crrl+S”组合键保存，按“F5”键可以查看显示效果。

## 问题三　如何给电子相册中的幻灯片添加页面切换效果？

### 学习资料三

为每张电子相册中的相片添加了动画进入效果之后，如果还觉得电子相册的动感不足，还可以为每张幻灯片添加相应的幻灯片切换效果。

步骤 1：执行菜单命令【幻灯片放映】→【幻灯片切换】，打开【幻灯片切换】任务窗格，如图 6-38 所示。

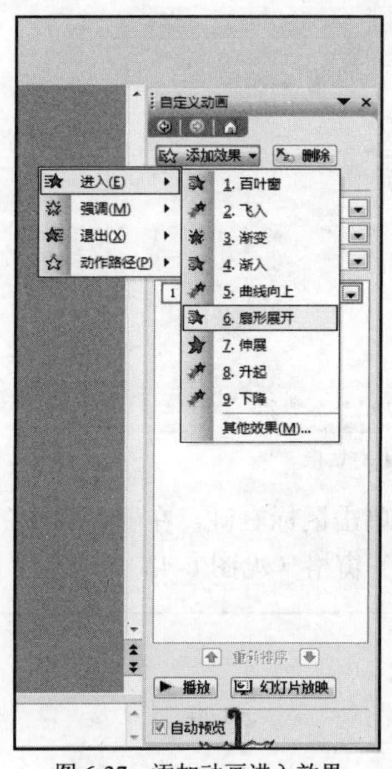


图 6-37　添加动画进入效果

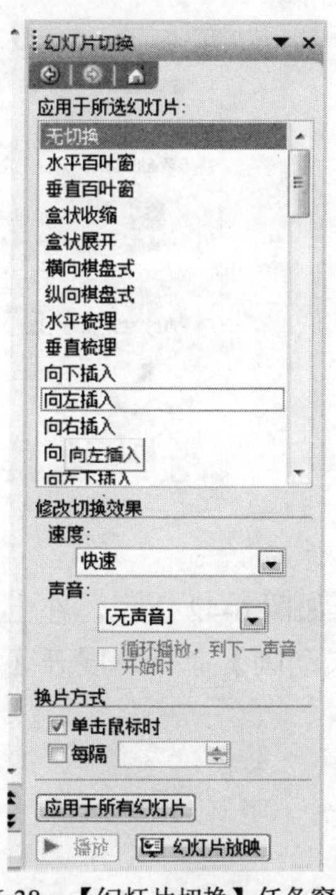


图 6-38　【幻灯片切换】任务窗格

步骤 2：在【幻灯片切换】任务窗格中选择一种效果，可以直接将其应用于当前幻灯片中。还可以通过修改切换效果中的速度和声音，为幻灯片切换添加各种显示效果，如图 6-39 所示。

步骤 3：如果希望电子相册自动播放，则可以在【幻灯片切换】任务窗格中将【换片方式】选项组中【单击鼠标时】复选框前的勾号去掉，选择【每隔】复选框，并在其后面的文本框内输入每页幻灯片显示的时间，如图 6-39 所示。

**提示**：*如果希望每张幻灯片的切换方式和时间统一设置，则可以在当前幻灯片切换效果和时间设定好之后，单击【幻灯片切换】任务窗格中的【应用于所有幻灯片】按钮，则所有幻灯片都将应用*

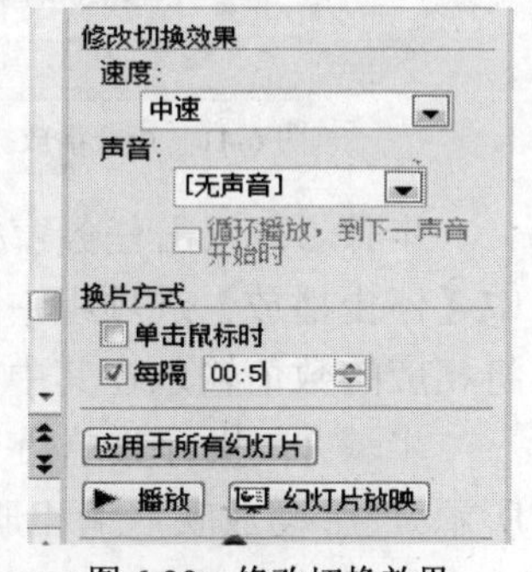


图 6-39　修改切换效果

当前设置的幻灯片切换效果和时间了，如图 6-39 所示。

## 问题四　如何为电子相册添加背景音乐？

### 学习资料四

还可以为电子相册添加背景音乐以增加氛围。下面我们就一起来看看如何为电子相册添加背景音乐。

步骤 1：准备一个音乐文件，执行菜单命令【插入】→【影片和声音】→【文件中的声音】，打开【插入声音】对话框，如图 6-40 所示。选中相应的音乐文件后，系统会弹出图 6-41 所示的提示框。在这里单击【自动】按钮设置自动播放方式，则将该声音文件插入到第 1 张幻灯片中（幻灯片中出现一个小喇叭标记）。

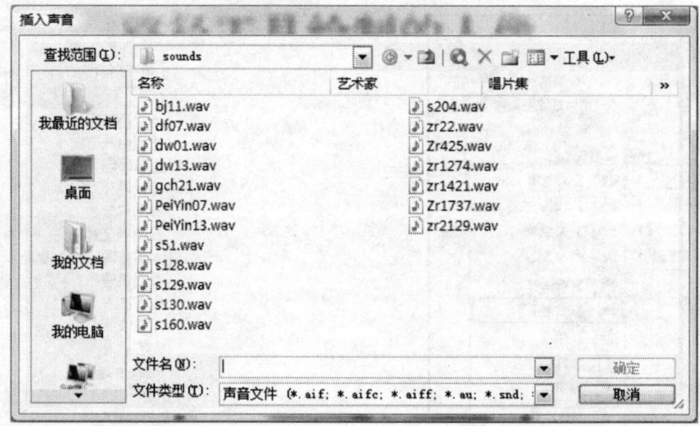


图 6-40　【插入声音】对话框

步骤 2：如图 6-42 所示，在上述小喇叭标记上单击鼠标右键，在随后出现的快捷菜单中选择【自定义动画】命令，展开【自定义动画】任务窗格（见图 6-43）。

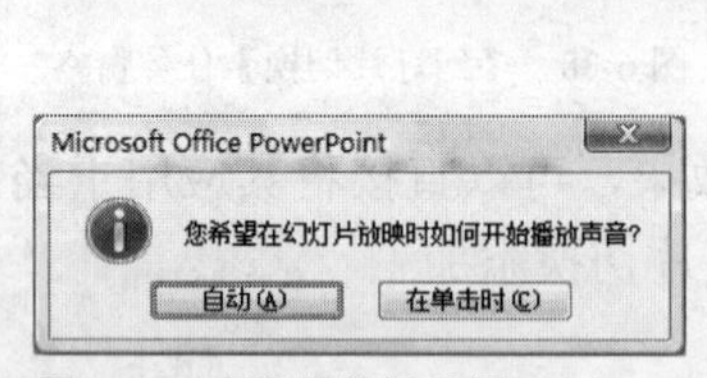


图 6-41　声音播放提示框

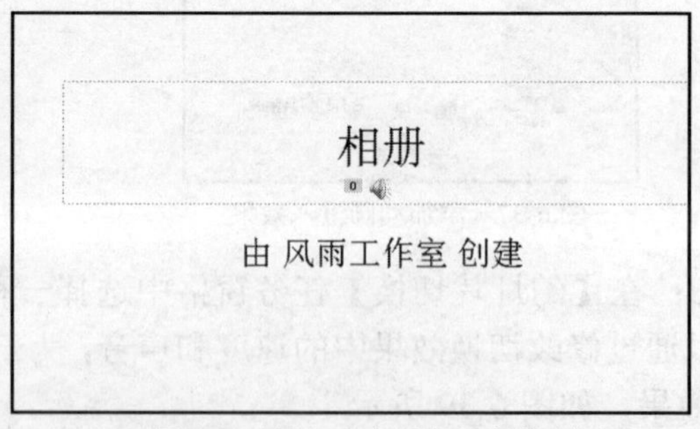


图 6-42　插入声音后出现小喇叭标记

步骤 3：双击任务窗格中的时钟图片，打开【播放声音】对话框（如图 6-44 所示），选中【停止播放】选项组中的【在 X 张幻灯片后】单选按钮，并查看一下相册幻灯片的数量，将相应的数值输入在其中，然后单击【确定】按钮退出。

步骤 4：执行菜单命令【幻灯片放映】→【排练计时】，进入排练放映状态（如图 6-45 所示），手动放映一遍相册文件。放映结束后，系统会弹出图 6-46 所示的对话框，单击其中的【是（Y）】按钮。

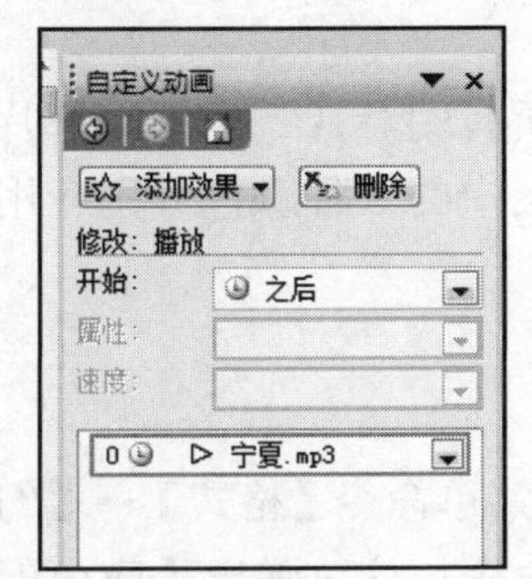


图 6-43 【自定义动画】任务窗格

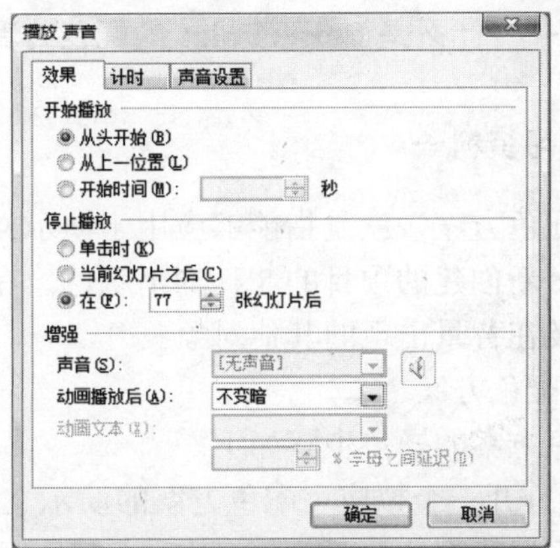


图 6-44 【播放声音】对话框

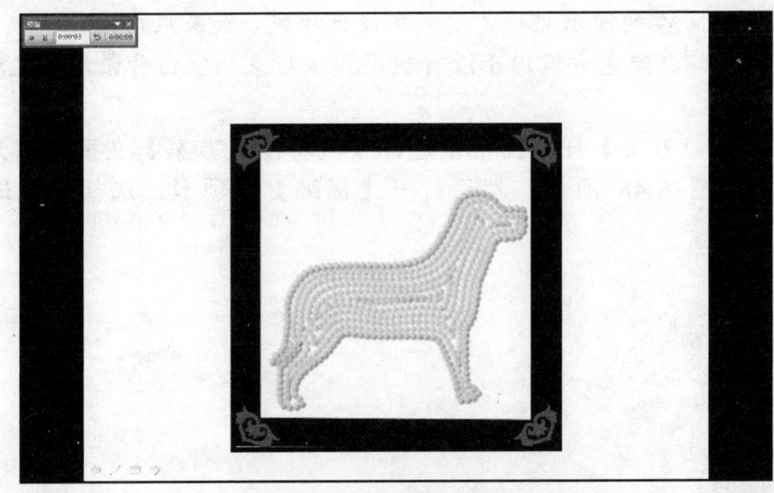

图 6-45　排练放映状态

图 6-46　幻灯片排练时间提示框

**提示**：如果对排练的时间不满意，可以单击【否（N)】按钮，然后重新排练计时。至此，电子相册制作完成，现在按下“F5”功能键，欣赏欣赏效果吧！

## 环节五　多媒体演示文稿的修饰

### 问题情境

我们利用 PowerPoint 软件制作了一份多媒体演示文稿课件，课件中的图片和文字都已经添加好了，但是文字和背景颜色的搭配总是不理想，那么如何使文字、背景颜色的搭配又清晰又美观呢？

## 问题一　什么是 **PowerPoint** 的配色方案，如何应用配色方案呢？

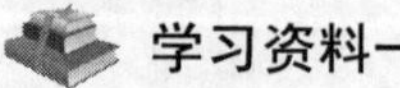

### 学习资料一

所谓“配色方案”就是指能够应用于演示文稿中的所有幻灯片、个别幻灯片、备注页、听众讲义甚至新创建的项目的 8 种均衡颜色。在配色方案中的 8 种颜色分别应用于背景、文本、线条以及在背景出现的其他对象。

1．应用配色方案

应用配色方案的操作步骤如下。

步骤 1：打开一个拟应用配色方案的演示文稿，选择菜单命令【格式】→【幻灯片设计】，在弹开的【幻灯片设计】任务窗格中选择【配色方案】命令，这时弹出【应用配色方案】任务窗格，如图 6-47 所示。

**提示**：*应用配色方案的演示文稿不要应用设计模板，如果应用设计模板，则使用配色方案的效果显示不出来。配色方案用于没有使用模板对象的空白背景演示文稿的效果比较理想。*

步骤 2：在【配色方案】任务窗格中选择【编辑配色方案】文字，打开【编辑配色方案】对话框，如图 6-48 所示。然后打开【标准】选项卡，选择一种最满意的配色方案。

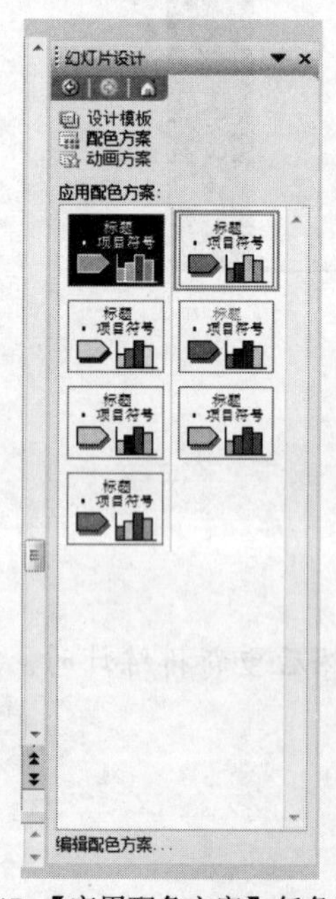


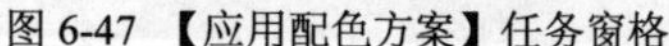
图 6-47 【应用配色方案】任务窗格

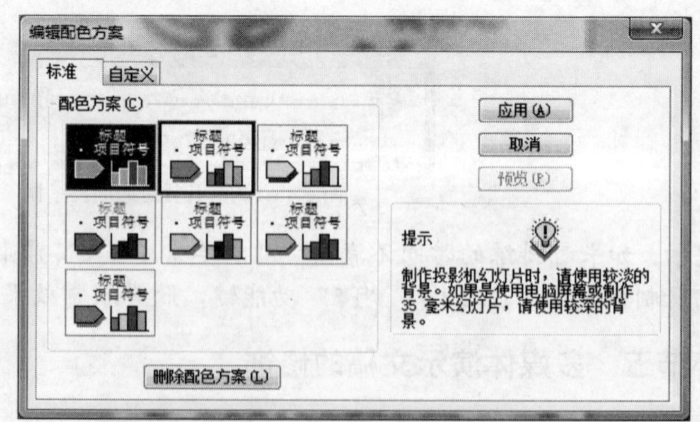


图 6-48 【编辑配色方案】对话框

步骤 3：在完成设置后，单击【应用】按钮，该配色方案只应用于当前的幻灯片之中。如果单击【全部应用】按钮，那么所选择的配色方案将会应用于演示文稿中的每一张幻灯片中。

2．修改配色方案

如果需要更加丰富、更加个性化的配色方案，则现在的标准设计配色方案就满足不了要求了。可以使用自定义配色方案修改配色方案，并且保存起来以便在其他演示文稿中采用。更改配色方案的方法如下。

步骤 1：执行菜单命令【格式】→【幻灯片设计】，在弹出的【幻灯片设计】任务窗格中选择【配色方案】命令，这时弹出【应用配色方案】任务窗格。

步骤 2：在【配色方案】任务窗格中选择【编辑配色方案】文字，打开【编辑配色方案】对话框，如图 6-48 所示。单击【标准】标签，在【标准】选项卡中选择一种最接近要求的现有配色方案，然后单击对话框中的【自定义】标签，如图 6-49 所示。在此【配色方案颜色】选项组里列出了配色方案中的 8 种基本颜色，这 8 种颜色的功能如下。

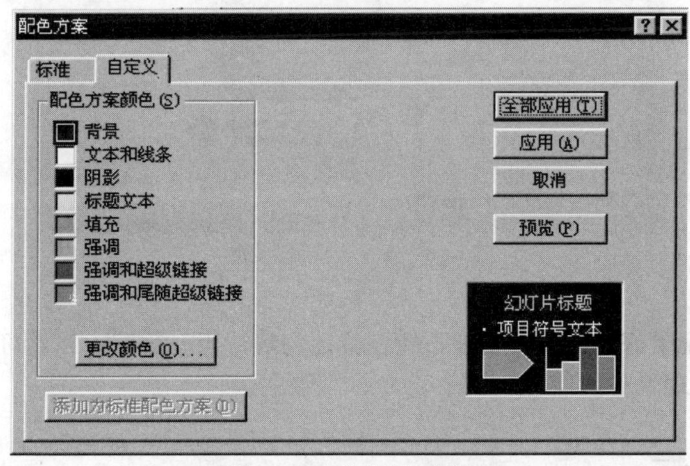


图 6-49　自定义配色方案

① 背景：背景颜色方案应用于幻灯片的背景颜色中。

② 文本和线条：文本和线条颜色配色方案运用于幻灯片上文本框中的文本及层次小标题。

③ 阴影：阴影颜色方案应用于幻灯片上图形对象的文本对象边框的阴影效果。

④ 标题文本：标题文本颜色方案用于幻灯片中的标题和副标题中的文本。

⑤ 填充：填充颜色方案应用于幻灯片上的图形对象，包括自选图形和用其他绘图工具所画的图形对象，以及图表中的第一个数据系列对应图形的内部填充色彩。

⑥ 强调：强调颜色方案用于图表中的第二个数据系列对应图形的内部填充色彩，也可用于组织结构图和增加到幻灯片上的其他对象。

⑦ 强调和超级链接：强调和超级链接颜色方案用于图表中的第三个数据系列对应用图形的内部填充色彩。该颜色方案还应用于超级链接。

⑧ 强调和尾随超级链接：强调和尾随超级链接颜色方案用于图表中的第四个数据系列对应图形的内部填充色彩。同前两种颜色方案一样，该颜色方案也应用于组织结构图和增加到幻灯片上的其他对象。此外，该颜色方案还应用于标识幻灯片上已经使用过或正在使用的超级链接。

步骤 3：从【配色方案颜色】选项组里选择一种需要修改的颜色方案，再单击【更改颜色】按钮，于是弹出相应的颜色对话框。比如，如果选择了“文本和线条”颜色方案并单击【更改颜色】按钮，于是便弹出【文本和线条颜色】对话框，如图 6-50 所示。

步骤 4：重新选择一种文本和线条颜色，单击【确定】按钮，设置满意后就可以单击【添加为标准配色方案】按钮，将该方案添加到标准配色方案中去，即可重复使用了。

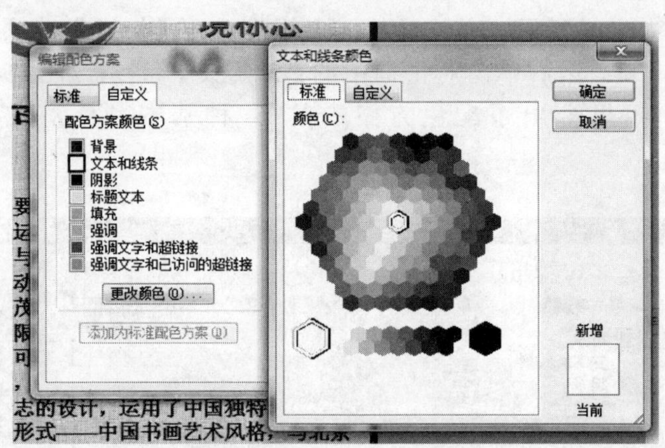


图 6-50　修改文本和线条颜色

**问题二**　**配置好的配色方案能不能在其他幻灯片里应用呢？当然可以了，下面我们就一起来看看如何实现这种功能吧。**

### 学习资料二

如果需要在其他的幻灯片中应用配置好了的配色方案，这也不难。利用常用工具栏里的格式刷，就可以将一张幻灯片中的配色方案应用于另外的一张幻灯片上。在其他的幻灯片里应用另一张幻灯片的配色方案的方法如下。

步骤 1：切换到幻灯片浏览视图中，选择其中一张含有要应用的配色方案的幻灯片。

步骤 2：在常用工具栏上找到【格式刷】按钮，就可以重新着色一张幻灯片；如果要同时重新着色多张幻灯片，只须双击【格式刷】按钮便可。

步骤 3：在要着色的一张或多张幻灯片中单击，该幻灯片便按此配色方案重新着色。假如只是对一张幻灯片着色，那么在单击该幻灯片后，格式刷的工作便自动终止；假如对多张幻灯片进行重新着色，那么在依次单击它们后，按“Esc”键将停止格式刷的工作。

步骤 4：同样，也可以将一份演示文稿的配色方案应用于另一份演示文稿上。只要同时将这两份演示文稿打开，并在【窗口】菜单上单击【全部重排】命令，此时会看到这两份演示文稿中的幻灯片在同一个 PowerPoint 2003 的窗口中并排出现。于是，便可以按照以上所述的步骤重新着色幻灯片。

# 第二单元　演示文稿在电子教学中的应用

## 环节一　教学流程图的制作

**问题情境**

教师在制作 PowerPoint 演示文稿的时候经常会遇到一些原理和模式需要使用各种流程图来表现。若直接使用教材上的图片，效果不甚清晰，非常不理想。其实教师可以直接利用 PowerPoint 软件提供的绘图工具来制作精美的流程图。

**问题**　**如何利用 PowerPoint 软件提供的绘图工具绘制设计精美的流程图呢？下面通过一个实例来介绍其制作方法。**

**学习资料**

流程图使用描述性文字、各种形状和表示方向的箭头来描述过程。每种形状都有其特定用途，它们可以用来帮助表现过程。例如，有表示过程开始和结束的形状类型，有表示决策点的形状类型，还有表示主要步骤的形状类型。PowerPoint 绘制流程图的功能是最强的。现在分 6 个环节在 PowerPoint 里绘制一个完整的流程图（见图 6-51）。

1．准备工作区

执行菜单命令【视图】→【网格和参考线】，弹开【网格线和参考线】对话框，如图 6-52 所示。选择【屏幕上显示网格】和【屏幕上显示绘图参考线】复选框，在幻灯片上将显示网格和参考线。

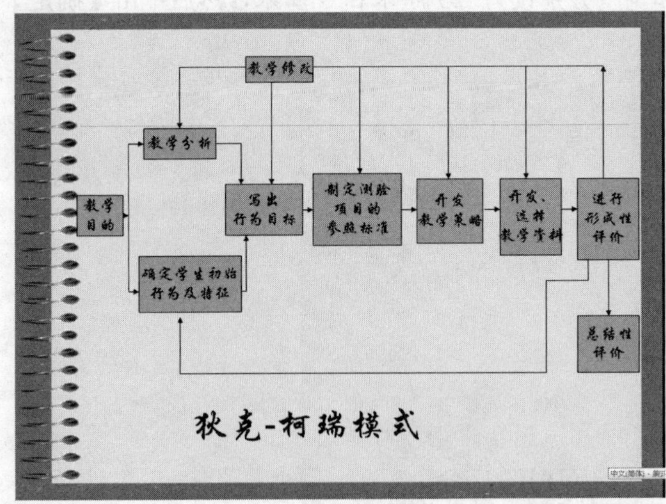


图 6-51　流程图实例

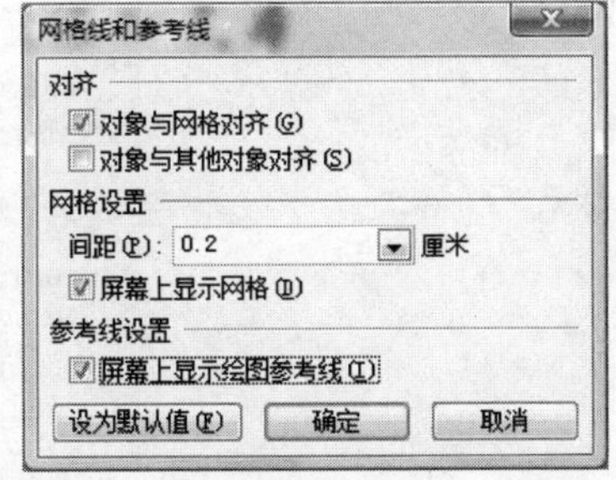


图 6-52　【网格线和参考线】对话框

2．绘制框图

单击【绘图】工具栏上的【自选图形】按钮，选择【流程图】选项，再选择【过程】式样，这时鼠标指针变为十字形。在编辑区中按下鼠标左键，然后进行拖动，这个框就画出来了，如图 6-53 所示。用同样的方法可以把别的框图也画出来。

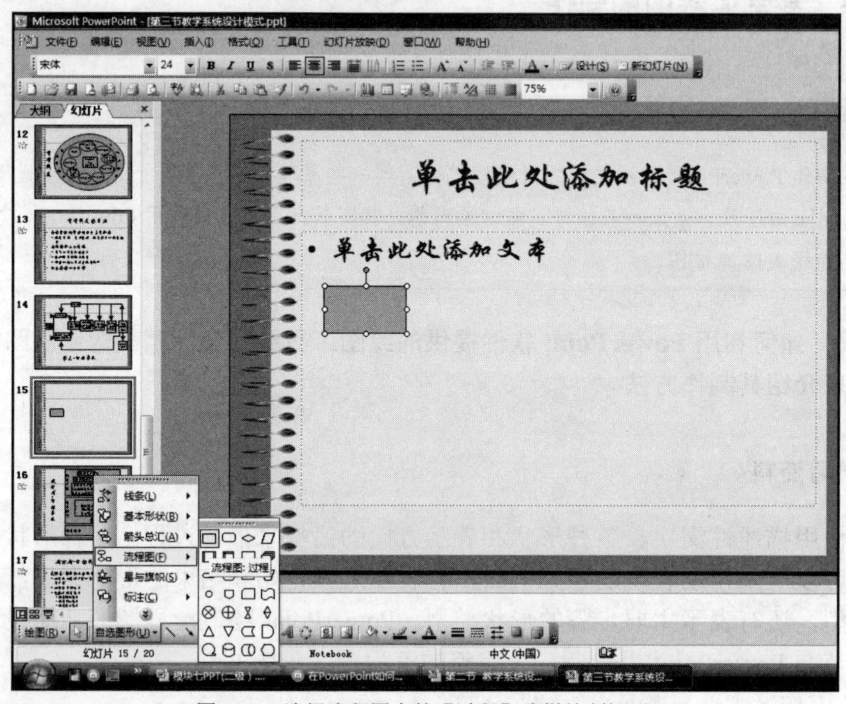


图 6-53 选择流程图中的【过程】式样绘制矩形

3．设置框图的大小和分布

步骤 1：选中中间一排右侧的 5 个框图，在图上单击鼠标右键，在弹出的快捷菜单中选择【设置自选图形格式】命令，系统弹出【设置自选图形格式】对话框，如图 6-54 所示。打开【尺寸】选项卡，将框图的高度和宽度分别设为 2.5 厘米和 3 厘米，然后单击【确定】按钮，这样所有图形的尺寸就都一样了。

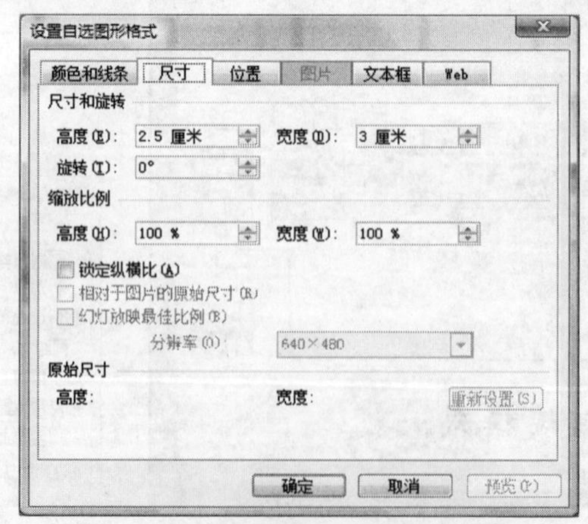


图 6-54 【设置自选图形格式】对话框

步骤 2：选中中间一排右侧的 5 个框图，单击绘图工具栏中的【绘图】按钮，选择【对齐或分布】→【顶端对齐】命令，现在所有的图形都是顶端对齐了。再次单击【绘图】按钮，选择【对齐或分布】选项，选择【横向分布】子命令，这样所有的框图不仅顶端对齐，而且其横向间隔也是均匀的，如图 6-55 所示。

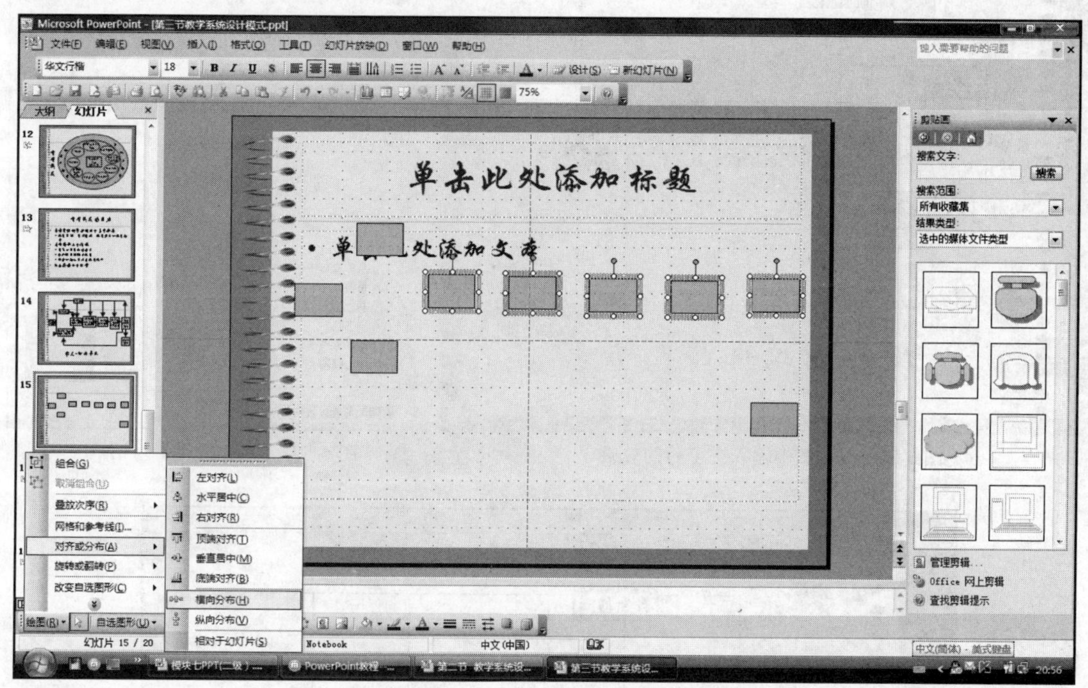


图 6-55　排列分布框图

4．绘制连接符

绘制好一系列流程图并排列整齐后，单击【绘图】工具栏中的【自选图形】按钮，再选其中的【连接符】里的【直线箭头连接符】式样。用鼠标拖动连接符，从第一个框图的下框线位置拖动到第二个框图的上框线位置，释放鼠标，连接符就自动连接到图形的中点处。绘制好直线箭头连接符后，选择【肘形箭头连接符】式样，用肘形箭头连接符把相应的框图连起来，采用同样的方法将所有框图都连接好。

5．输入文字

选中第一个框图，按下“F2”功能键，进入文本编辑状态，输入文字“教学目的”。用同样的方法将其他框图中的文字逐个输入。按住“Shift”键，依次单击所有的框图，将它们选中，然后执行菜单命令【格式】→【字体】，在弹出的对话框中将字号设为 18 号，将字符颜色设为黑色，然后单击【确定】按钮。图 6-56 所示是设定后的效果。

6．填充效果

保持所有框图处于选中状态，单击【填充】按钮下拉菜单中的【填充效果】按钮，系统弹出【填充效果】对话框。打开【渐变】选项卡，在【颜色】选项组中选择【双色】单选按钮，在【颜色 1】下拉列表中选择紫色，在【颜色 2】下拉列表中选择白色，在【底纹样式】选项组中选择【垂直】单选按钮，选择第三种变形方式，如图 6-57 所示。单击

【确定】按钮，然后用鼠标单击幻灯片空白处，这样所有框图的效果都设置好了，如图 6-58 所示。

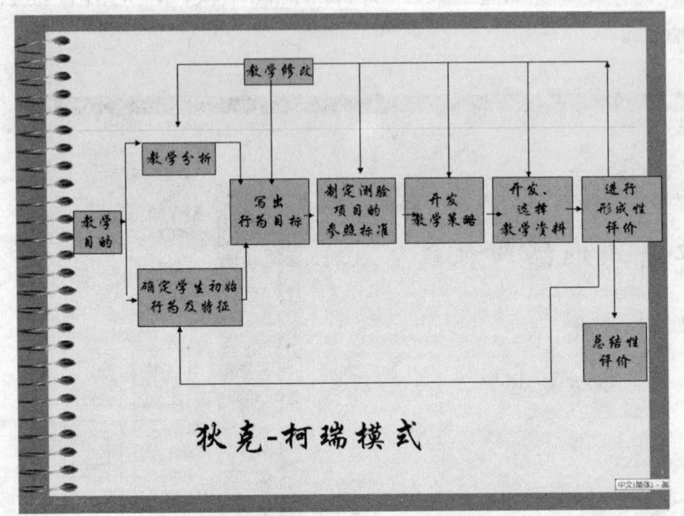


图 6-56　在框图中输入文字后的效果

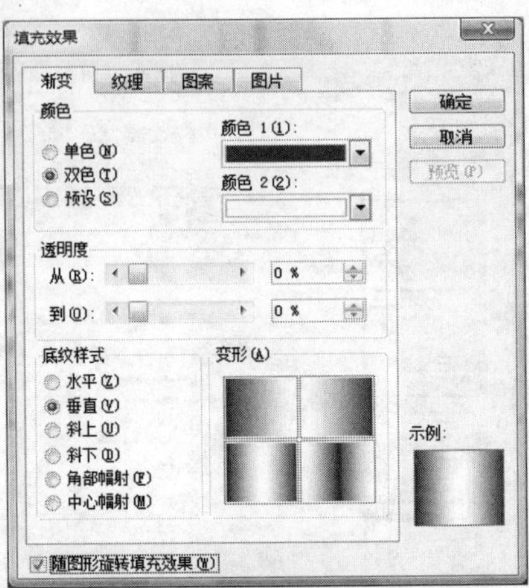


图 6-57 【填充效果】对话框

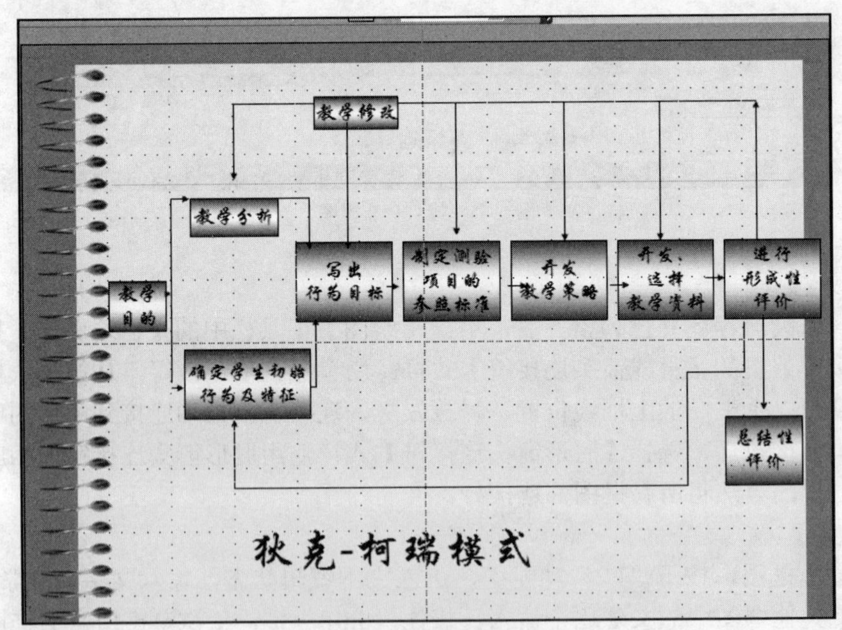


图 6-58　设置完毕效果

7．对象组合

按下“Ctrl + A”组合键，将所有图形对象都选中，然后在图形上单击鼠标右键，在弹出的快捷菜单中选择【组合】命令中的【组合】子命令，如图 6-59 所示。这样所有的图形都被组合成一个图形对象了，可以很方便地对其进行缩放和移动。组合对象周围的虚框部分即为用鼠标左键按住整个图形拖动的情景，如图 6-60 所示。如果按下“F5”功能键，还可以全屏浏览整个流程图。

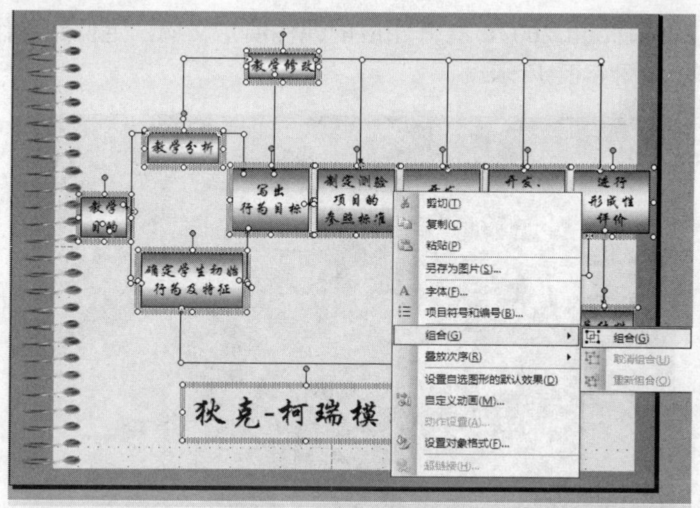


图 6-59　选中【组合】子命令

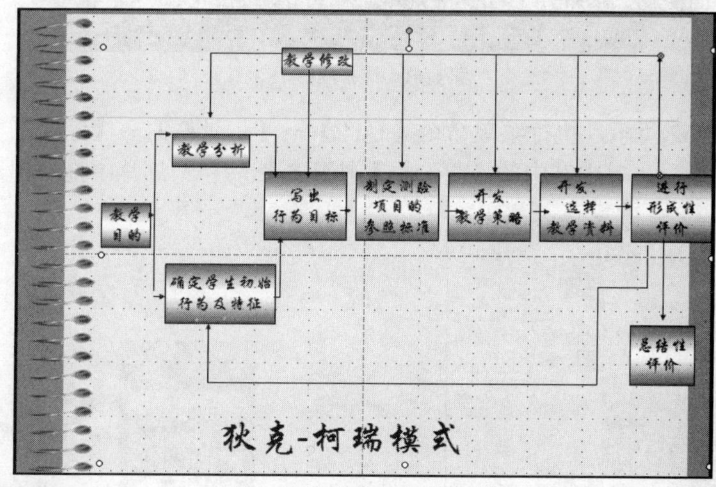


图 6-60　组合为一个图形对象

## 环节二　创建交互式问答课件

### 问题情境

教师在每节课结束前可以留几道习题让学生自行练习，以巩固当堂课所学的知识。如果用 PowerPoint 来做相应的演示文稿，可以利用其 VB 功能，让这些练习具有交互功能。

**问题一**　如何利用 **PowerPoint** 软件提供的交互功能制作可以判断对错的多选题呢？下面通过一个实例讲解具体操作步骤。

### 学习资料一

利用 PowerPoint 软件提供的交互功能制作可以判断对错的多选题的步骤如下。

步骤 1：启动 PowerPoint 2003，打开相应的课件演示文稿，定位到制作练习题的幻灯片中，输入题干字符，如图 6-61 所示。

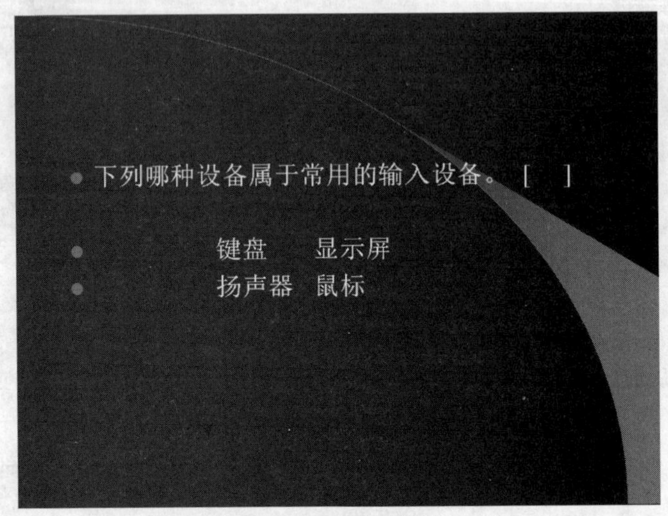


图 6-61 选择题题干

步骤 2：如图 6-62 所示，执行菜单命令【视图】→【工具栏】→【控件工具箱】，打开控件工具箱，如图 6-63 所示。单击其中的【复选框】按钮，然后在幻灯片中拖拉出一个复选框来。

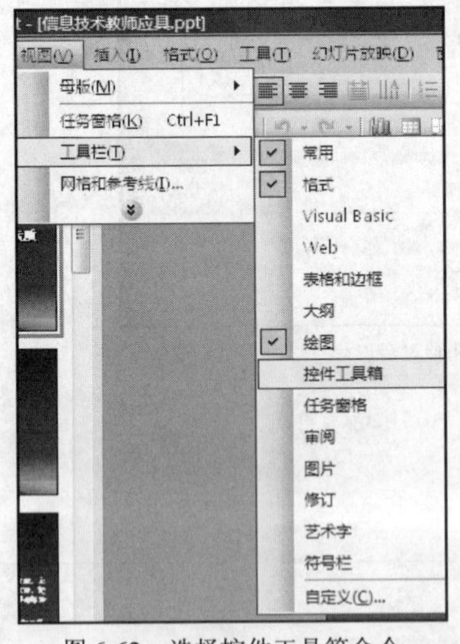


图 6-62 选择控件工具箱命令

图 6-63 控件工具箱

步骤 3：选中上述复选框（CheckBox1），单击控件工具箱上的【属性】按钮，打开【属性】对话框，切换到【按分类序】选项卡中，展开【外观】选项，将其中“Caption”后面的字符修改为题目相应的选项字符（如“键盘”），如图 6-64 所示。再展开【字体】选项，单击右侧的【省略号】按钮，打开【字体】对话框，设置好字体、字号等。控件的其他属性可以直接采用默认的属性。

步骤 4：将上述复选框复制 3 份（根据备选项的多少确定复制数量），分别将“Caption”属性修改为题目中的其他选项字符（如“鼠标”、“扬声器”、“显示屏”），如图 6-65 所示。

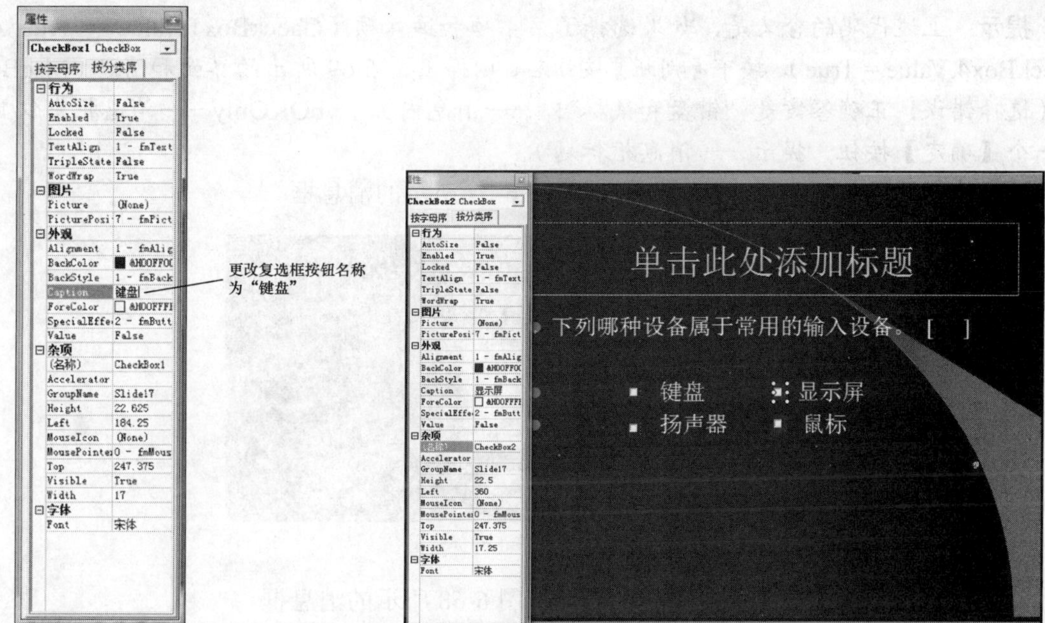


图 6-64　在【属性】窗口中修改复选框按钮的名称　　　　图 6-65　修改复选框名称

步骤 5：再利用控件工具箱中的【命令】按钮在幻灯片上添加一个按钮，并将其“Caption”属性修改为“判断”（或其他字符）。再双击该按钮，进入 Visual Basic 编辑器状态（如图 6-66 所示），将下述代码输入到出现的一组代码中间。输入完成后，关闭窗口返回。

```
If CheckBox1.Value = True And CheckBox4.Value = True Then
MsgBox "选择正确。", vbOKOnly, "结果"
Else
If CheckBox1.Value = True Or CheckBox4.Value = True Then
MsgBox "选对了一个。", vbOKOnly, "提示"
Else
MsgBox "选择错误！正确答案是“鼠标和键盘”！", vbOKOnly, "提示"
End If
End If
```

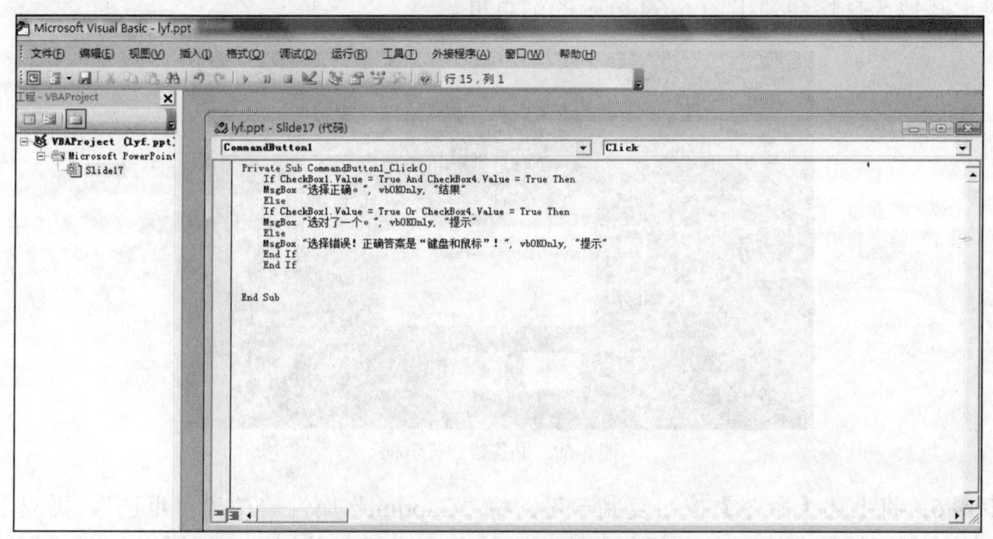


图 6-66 【Visual Basic 编辑器】窗口

**提示**：上述代码的含义是，如果选择了第 1 项和第 4 项（CheckBox1.Value = True And CheckBox4.Value = True），按下【判断】按钮后，则弹出图 6-69 所示的界面和消息（MsgBox）框（选择错误！正确答案是“键盘和鼠标”！——消息内容；vbOKOnly——消息框中仅显示出一个【确定】按钮；提示——消息框标题）。

如果选择了第 1 项和第 4 项，则会弹出图 6-67 所示的消息框。

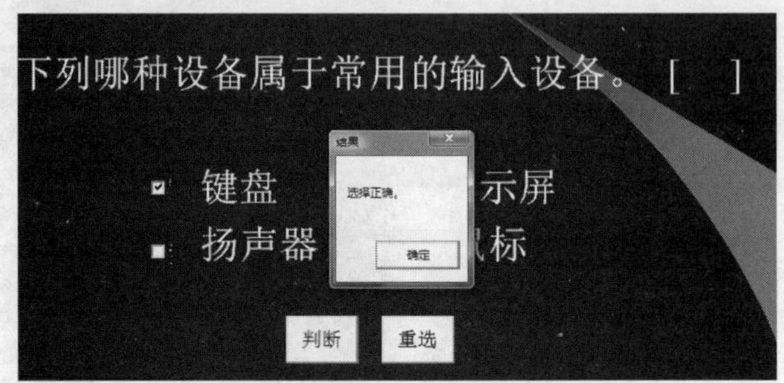


图 6-67 回答正确提示框

如果只选择了第 1 项或第 4 项，则会弹出图 6-68 所示的消息框。

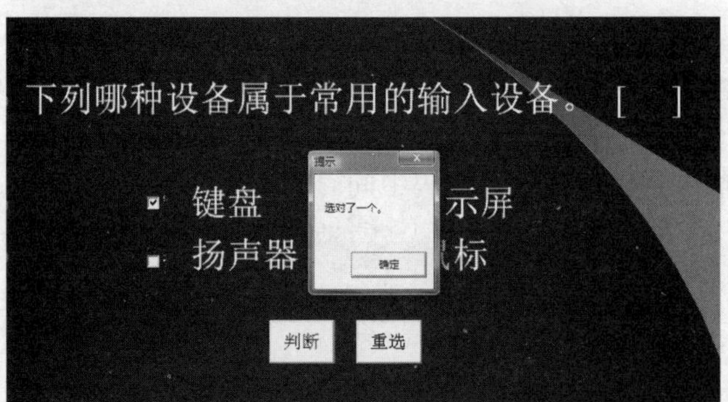


图 6-68 回答部分正确提示框

对于其他选择均会弹出图 6-69 所示的消息框。

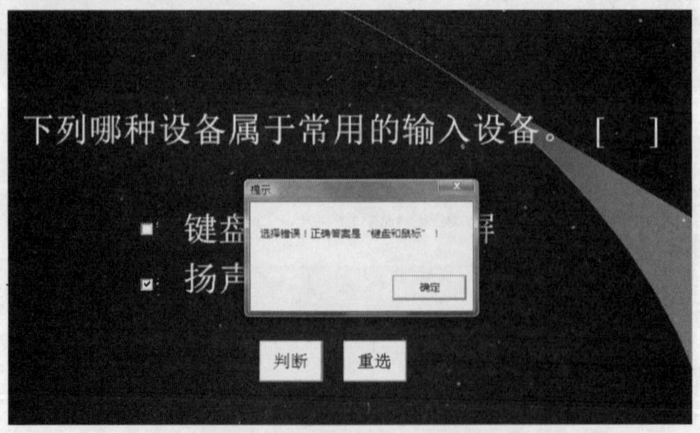


图 6-69 回答错误提示框

步骤 6：将上述【命令】按钮复制一份，将“Caption”属性修改为“重选”，再双击该按钮，将下述代码输入到出现的一组代码中间。输入完成后，关闭窗口返回。

```
CheckBox1.Value = False
CheckBox2.Value = False
CheckBox3.Value = False
CheckBox4.Value = False
```

步骤 7：在演示过程中学生进行相应的选择后，按下【判断】按钮，即可做出相应判断；如果认为选择有误，按一下【重选】按钮，即可重新选择。

步骤 8：保存文档，并按照同样方法制作其他题目。

## 问题二　如何使用 PowerPoint 的编程功能制作单项选择题？

### 学习资料二

使用 PowerPoint 的编程功能制作单项选择题的步骤如下。

步骤 1：题目制作。可用文本框，也可用标签。如果用文本框，直接输入文本即可。如果用标签，插入后双击该标签启动 VB，修改 Caption 属性为“5X-15=0 的解是：”，再根据需要修改其他属性（如颜色等），如图 6-70 所示。

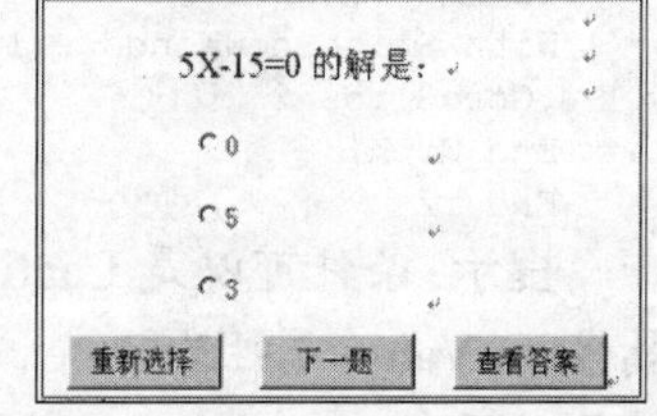


图 6-70　单选题的题干、选项和按钮

步骤 2：制作选项。插入一个单选框，修改其 Caption 属性为“0”，其他属性可自行修改。其他的单选项可复制制作好的单选框，然后再修改它们的 Caption 属性。

步骤 3：【查看答案】按钮制作。在此使用命令按钮，可根据单选框的 Value 属性的值来判断答案，如正确选项（单选框）的 Value 的值为 True，则为该题选择正确，否则为选择错误，还可根据选择正误来给出信息。用 MsgBox()，如果选择正确，显示信息“Very Good!请继续！”，选择错误时则显示“正确答案是 3，请继续努力”。

双击单选框可以进入 VB，在编辑窗口中完成以下操作。

首先在编辑窗口中找到如下两条语句：

```
Private Sub OptionButton3_Click()
End Sub
```

然后在上面这两条语句中间插入以下语句：

```
If OptionButton3.Value=True Then ex=MsgBox("Very Good!请继续努力!", Vbokonly)
```

同理，找到如下两条语句：

```
Private Sub OptionButton1_Click()
End Sub
```

在这两条语句中间插入语句：

```
If OptionButton1.Value=True Then ex=MsgBox("正确答案是 3 ，请继续努力。", Vbokonly)
```

找到如下两条语句：

```
Private Sub OptionButton2_Click()
End Sub
```

在这两条语句中间插入以下语句：

```
If OptionButton2.Value=True Then ex=MsgBox("正确答案是 3，请继续努力。", Vbokonly)
```

说明：ex 为自定义变量

步骤 4：【重新选择】按钮制作。在幻灯片适当的地方插入一个命令按钮，修改其 Caption

属性为“重新选择”，在编辑窗口中的 Private Sub CommandButton1_Click()和 End Sub 语句间插入以下语句：

```
OptionButton1.Value = False
OptionButton2.Value = False
OptionButton3.Value = False
Label2.Caption ="" (如判断正误用的是第一种方法，则此语句不要)
```

步骤 5：【下一题】按钮制作。在幻灯片适当的地方插入一个命令按钮，修改其 Caption 属性为“下一题”，在编辑窗口中的 Private Sub CommandButton1_Click()和 End Sub 语句间插入以下语句：

```
If MsgBox("是否继续", vbYesNo + vbQuestion, "下一题")=vbYes Then
With SlideShowWindows(1).View
.GotoSlide 2
End With (2 为第 2 张幻灯片，此语句表示转到第 2 张幻灯片)
End if
```

如果要根据条件的不同转到不同的幻灯片，可用下面语句：

```
if 条件  then
With SlideShowWindows(1).View
.GotoSlide 2
End With
End if
```

**提示：** 条件可以是 Caption 属性或 Value 属性，书写方法为：控件名称（在 VB 中的名称）。属性=（Value 属性为 True 或 False，Caption 属性为具体文本，注意文本要加双引号），例如下面的语句：

```
if optionbutton1.value=true then
```

表示如果单选框 1 的 value 值为 True，那么运行 then 后的语句，一直到 end if。

**问题三** 很多学科内容也可以填空题来考核学生的知识掌握情况，教师可以在课程结束时让学生回答几个可以判断答案的填空题来考核学生对本节课的掌握情况。那么，如何制作填空题呢？

### 学习资料三

下面介绍填空题的具体制作方法。

步骤 1：题目的设置。具体方法与单选题一样，填空的地方采用文本框，如图 6-71 所示。

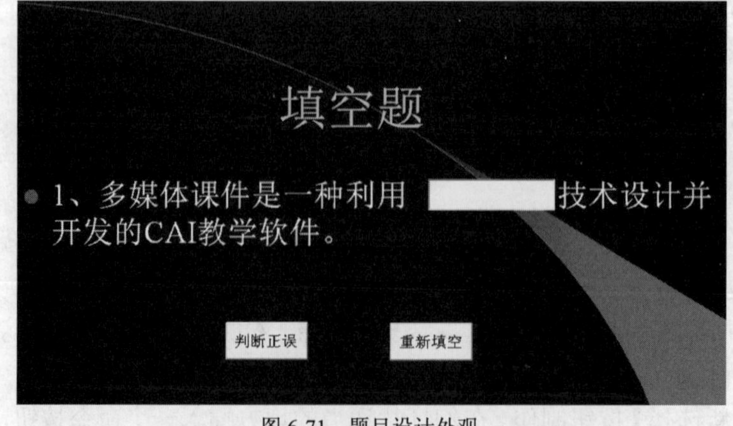


图 6-71 题目设计外观

步骤 2:【判断正误】按钮的制作。因为是填空题，所填答案是文本，所以条件书写为：

```
if TextBox1.value="正确的文本" then 给出正确的提示信息，与单选题一样
else
```

给出错误的提示信息，与单选题一样。

```
end if
```

**注意：**正确的文本一定要用半角双引号引起来，如几个空一起判断，方法与多选题一样。

步骤 3:【重新填空】按钮的制作。需要完成如下语句的设置：

```
Private Sub CommandButton2_Click()
TextBox1.Value = "请双击后填入你的答案！"
End Sub
Private Sub TextBox1_DblClick(ByVal Cancel As MSForms.ReturnBoolean)
TextBox1.Value = " "
End Sub
```

## 环节三　化学教学演示动画的制作

**问题情境**

化学、物理、生物等理科教学中经常有一些教学难点需要使用动画的方式进行演示，一般动画需要使用专门的软件来制作，例如 Flash 软件，但是对于多数教师来说制作 Flash 动画比较困难。实际上可以利用 PowerPoint 2003 软件提供的路径动画功能实现大多数动画的制作。

### 问题一　在 PowerPoint 2003 软件中有哪些自定义动画路径的方法和技巧呢？

**学习资料一**

如果对 PowerPoint 演示文稿中内置的动画路径不满意，可以自定义动画路径。下面以演示“布朗运动”为例，看看具体的实现过程。

步骤 1：利用【绘图】工具栏上的【椭圆】工具在幻灯片中画出一个（或多个）小“质点”，如图 6-72 所示。

图 6-72　使用绘图工具绘制多个“质点”

步骤 2：分别选中相应的“质点”，单击【自定义动画】任务窗格中的【添加效果】按钮，依次选择【动作路径】→【绘制自定义路径】→【自由曲线】选项（此时鼠标指针变成钢笔

形状），如图 6-73 所示。

步骤 3：发挥你的想象力，自“质点”处开始随意绘制曲线，如图 6-74 所示。

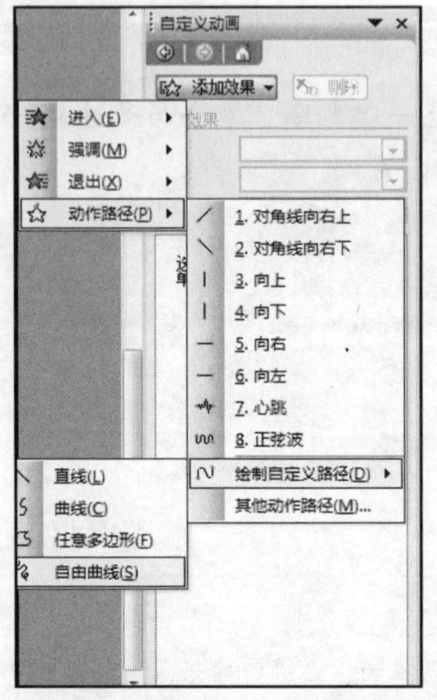


图 6-73　选择【自由曲线】命令

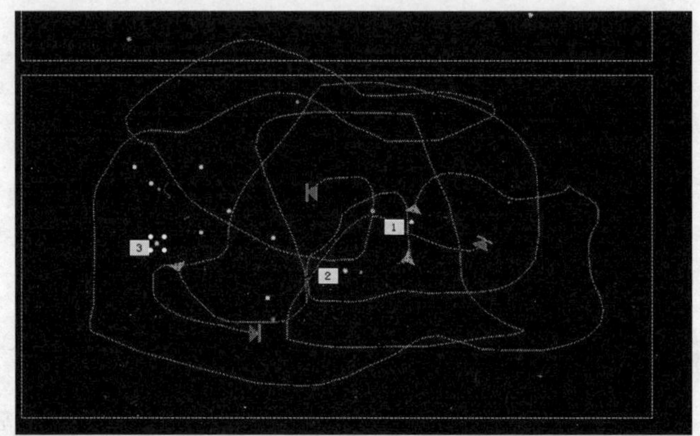

图 6-74　绘制自由曲线路径

步骤 4：单击任务窗格中椭圆对象后面的下拉菜单，选择【计时】命令，在弹出的【自定义路径】对话框的【计时】选项卡中，在【重复】下拉列表中选择“直到幻灯片末尾”，如图 6-75 所示。

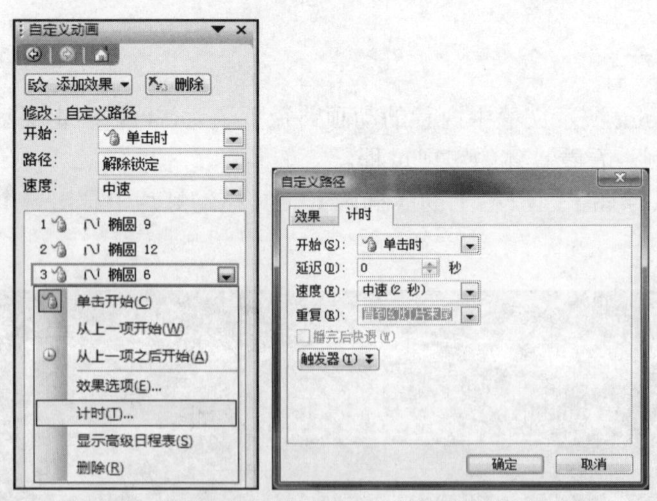


图 6-75　设置【自定义路径】对话框的【计时】选项卡

**问题二**　在 **PowerPoint** 演示文稿中设置好动画后，如果发现播放的顺序不理想，该怎样快速调整呢？

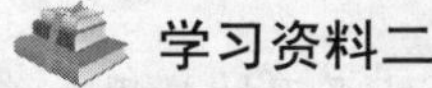
## 学习资料二

下面以将第三个动画方案调整到第二个顺序播放为例，介绍在 PowerPoint 演示文稿中调整动画顺序的方法和技巧。

步骤 1：选中需要调整的对象，单击鼠标右键，在随后出现的快捷菜单中选择【自定义动画】命令，系统弹出【自定义动画】任务窗格，如图 6-76 所示。

步骤 2：展开【自定义动画】任务窗格，选中第三个动画方案，按住鼠标左键，将其拖拉到第二个动画方案上方，松开鼠标即可。

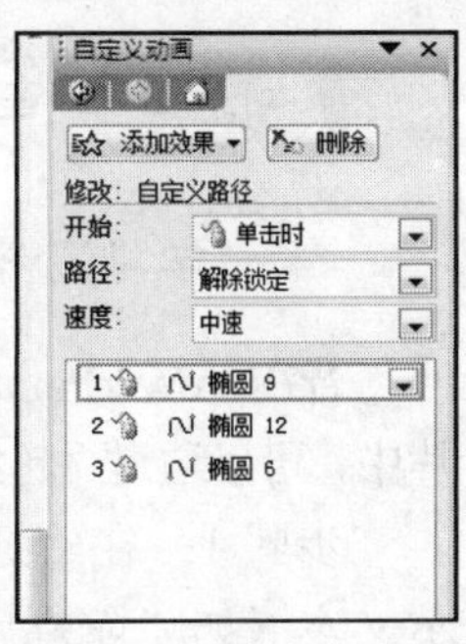


图 6-76　【自定义动画】任务窗格

**注意：此处利用右键菜单快速展开【自定义动画】任务窗格。**

## 问题三　在 PowerPoint 演示文稿中如何设置强调动画？

### 学习资料三

PowerPoint 2002 之后的版本添加了一个“强调”动画设置功能。所谓“强调”动画就是在放映过程中引起观众注意的一类动画，设置方法与设置“进入”动画相似。

步骤 1：选中需要设置强调动画的对象，执行菜单命令【幻灯片放映】→【自定义动画】，展开【自定认动画】任务窗格。

步骤 2：单击其中的【添加动画】按钮，在随后弹出的快捷菜单中展开【强调】命令下面的级联菜单，选择一种【强调】动画（如“陀螺旋”）即可，如图 6-77 所示。

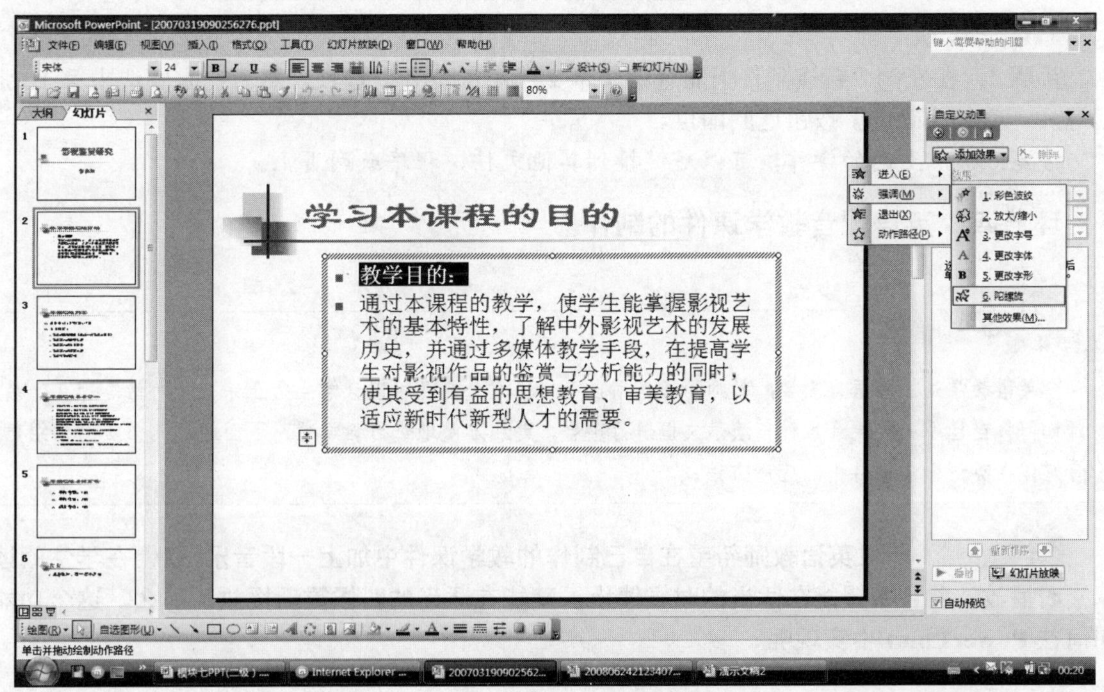


图 6-77　给指定文字设置强调动画

**注意：选择其中的【其他效果】选项，打开【添加强调效果】对话框，在此可以设置多种强调动画。**

### 问题四　在 PowerPoint 演示文稿中有哪些设置超级链接的方法和技巧？

#### 学习资料四

若在 PowerPoint 演示文稿的放映过程中希望从某张幻灯片快速切换到另外一张不连续的幻灯片中，可以通过“超级链接”来实现。下面以超级链接到第 10 张幻灯片为例介绍具体的设置过程。

步骤 1：在幻灯片中，用文本框、图形（片）制作一个超级链接按钮，并添加相关的提示文本（如“陀螺旋”）。

步骤 2：选中相应的按钮，执行菜单命令【插入】→【超链接】，打开【插入超链接】对话框，如图 6-78 所示。

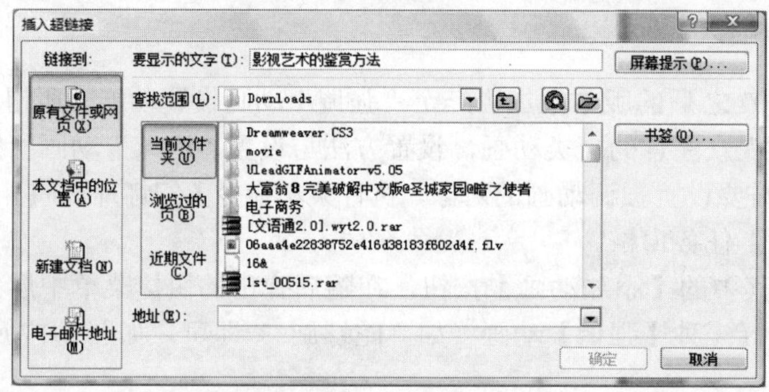


图 6-78　【插入超链接】对话框

步骤 3：在左侧“链接到”下面选中【本文档中的位置】选项，然后在右侧选中第 10 张幻灯片，单击【确定】按钮返回即可。

注意：仿照上面的操作，可以超链接到其他文档、程序或网页上。

## 环节四　英语配音教学课件的制作

#### 问题情境

英语教学是一种语言教学，教师除了运用自身口语之外，还可以让学生听正宗美音对话。那么，教师如何将自己手头的声音素材与演示文稿进行整合，更加方便地进行教学呢？下面通过几个实例介绍声音媒体在英语教学课件中的应用方法。

### 问题一　一位英语教师希望在自己制作的教学课件中加上一段音乐，以便在学生朗读课文时播放，并且希望能在适当的时候停止，又能在适当的时候重新播放。那么，这个功能如何在 PowerPoint 中实现呢？

#### 学习资料一

在 PowerPoint 中插入声音非常容易，但是对插入声音的控制不是非常灵活。下面我们一起来探索控制播放声音文件的方法。

步骤 1：在幻灯片中执行菜单命令【插入】→【影片和声音】→【文件中的声音】，把所需的声音文件导入。导入声音文件后会出现一个提示，问是否需要在幻灯片放映时自动播放声音，选择“否”。

步骤 2：执行菜单命令【幻灯片放映】→【动作按钮】→【自定义按钮】，在幻灯片中拖出 3 个按钮，在出现的【动作设置】对话框中设置为“无动作”。分别选择 3 个按钮，在右键菜单中选择【编辑文本】命令，为 3 个按钮分别加上文字——“播放”、“暂停”、“停止”。

步骤 3：将声音文件播放控制设定为用播放按钮控制。选择幻灯片中的小喇叭图标，执行菜单命令【幻灯片放映】→【自定义动画】，在幻灯片右侧出现自定义动画窗格（如图 6-79 所示），可以看到背景音乐已经加入了自定义动画窗格中。双击有小鼠标的那一格，出现【播放声音】设置对话框，选择【计时】标签，在【单击下列对象时启动效果】右侧的下拉列表中选择触发对象为“播放按钮”，然后单击【确定】按钮。

步骤 4：将声音暂停控制设定为用暂停按钮控制。继续选择小喇叭图标，在【自定义动画】窗格中依次选择【添加效果】→【声音操作】→【暂停】，如图 6-80 所示。

图 6-79 【自定义动画】任务窗格

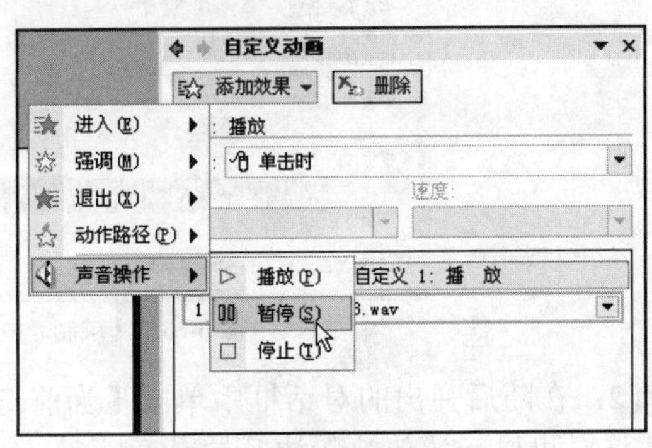


图 6-80 声音暂停操作

步骤 5：在【自定义动画】窗格下方出现了暂停控制格，双击控制格，出现【暂停声音】设置对话框。单击【触发器】按钮，在【单击下列对象时启动效果】右侧的下拉列表中选择触发对象为“暂停”按钮（如图 6-81 所示），然后单击【确定】按钮。

步骤 6：将声音停止控制设定为用停止按钮控制。在【自定义动画】窗格中依次单击【添加效果】→【声音操作】→【停止】，以后的操作方法同步骤 4，将触发对象设定为“停止”按钮。此时【自定义动画】窗格如图 6-82 所示。

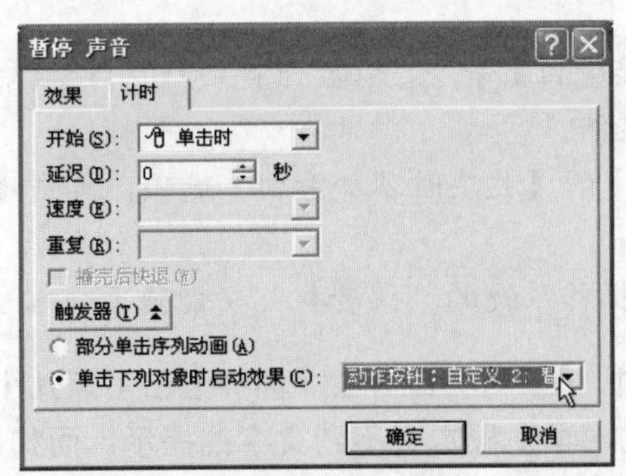


图 6-81 【暂停声音】对话框

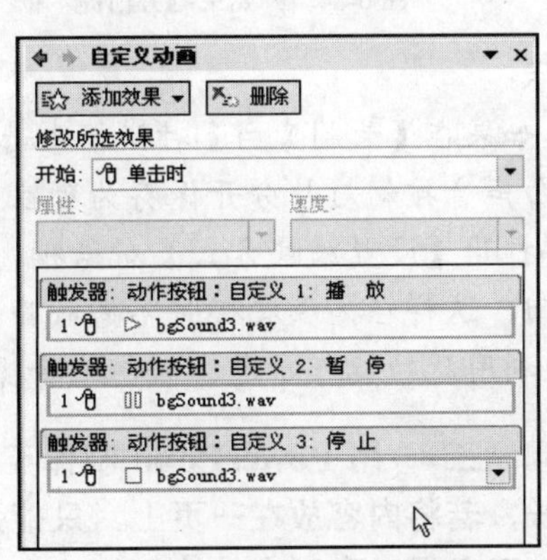


图 6-82 给动作按钮设置触发器

**问题二** 如果一位英语教师自身的英文发音十分标准的话，可以将自己朗读课文的声音录制到演示文稿中去，课上可以随时给学生播放。那么，如何通过 PowerPoint 软件提供的录制旁白功能实现上述要求呢？

## 学习资料二

有时教师需要去外地出差或者进修，在有些课程教学中如果想通过直接录音的方法为演示文稿配音，请按下述步骤进行操作。

步骤 1：打开演示文稿，定位到配音开始的幻灯片，执行菜单命令【幻灯片放映】→【录制旁白】，打开【录制旁白】对话框，通过单击【设置话筒级别】按钮可以测试话筒音量，如图 6-83 所示。其他选项可以根据需要进行设定，设置完毕后可以直接单击【确定】按钮。

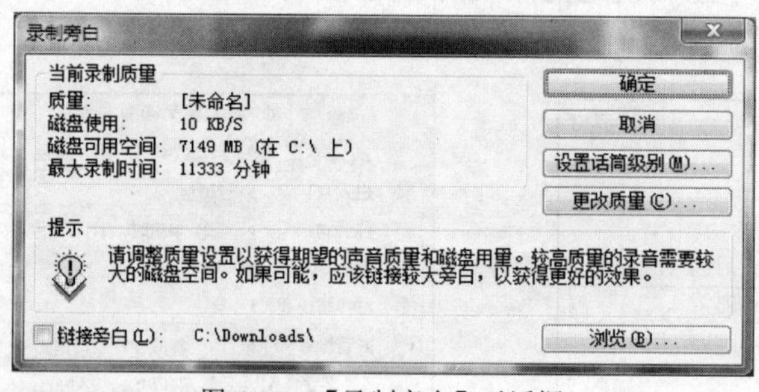


图 6-83 【录制旁白】对话框

步骤 2：在随后弹出的对话框中单击【当前幻灯片】按钮（见图 6-84），进入幻灯片放映状态，这时可以一边放映一边开始录音。

步骤 3：在播放和录音结束时，单击鼠标右键，在随后弹出的快捷菜单中选择【结束放映】命令，退出录音状态，并在随后弹出的对话框中单击【保存】按钮，退出即可，如图 6-85 所示。

图 6-84 开始录制旁白提示框

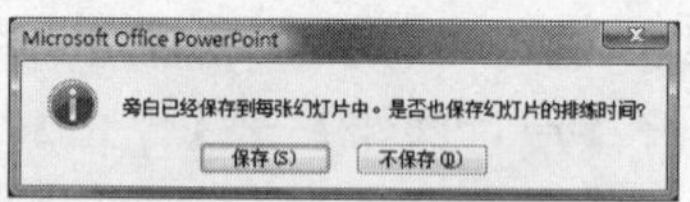


图 6-85 保存旁白提示框

**提示：**

① 如果在【录制旁白】对话框中选定【链接旁白】命令，以后保存幻灯片时系统会将相应的旁白声音按幻灯片分开保存为独立的声音文件。

② 打开【设置放映方式】对话框，选中其中的【放映时不加旁白】选项，单击【确定】按钮返回，这样在播放文稿时不播放声音文件。

③ 利用此功能可以进行任何录音操作，比操作系统的“录音机”功能强大得很多。

**问题三** 用 PowerPoint 制作英语课件时，在“听力配课文”环节上出了点儿小问题：课文很长，若将内容放在一页上，只能是个形式，学生根本看不到文字的提示，而如果放到多页上，又必须对声音文件按幻灯片内容进行截取。那么，如何解决这个问题呢？

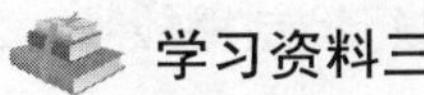

### 学习资料三

英语课件中“听力配课文”功能可以通过将课文的录音当作背景声音来处理，并结合排练计时解决这个问题，实现方法如下。

步骤 1：在课文听力部分插入录音，在弹出的【您希望在幻灯片放映时如何开始播放声音】提示框时单击【自动】按钮，让幻灯片放映到该页时自动播放插入的声音，当前幻灯片上将出现一个小喇叭图标。

步骤 2：在这个小喇叭图标上单击鼠标右键，在弹出的快捷菜单中选择【自定义动画】命令，打开【自定义动画】任务窗格，双击【自定义动画】任务窗格中的声音对象，弹开图 6-86 所示的【播放声音】对话框。选择【效果】选项卡，在【停止播放】选项组选择【在 X 张幻灯片后】单选按钮，并在相应的文本框中输入“5”。这里设置 5 张幻灯片是因为我们将英文课文分为 5 页，可视具体情况而定。

步骤 3：执行菜单【幻灯片放映】→【设置放映方式】命令，在弹出的【设置放映方式】对话框中进行图 6-87 所示的设置，目的是让幻灯片在指定区域放映。

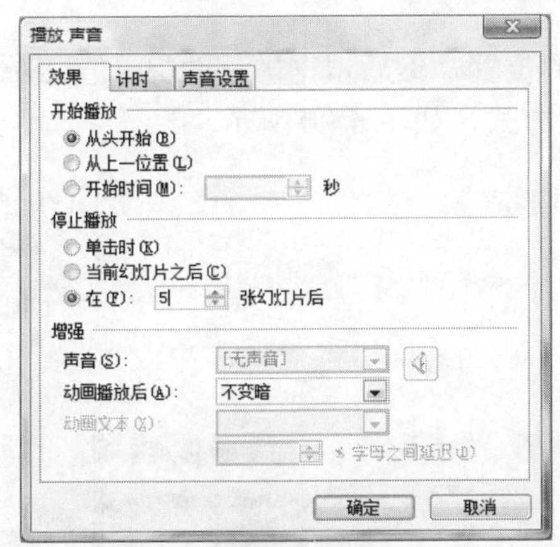


图 6-86　【播放声音】对话框

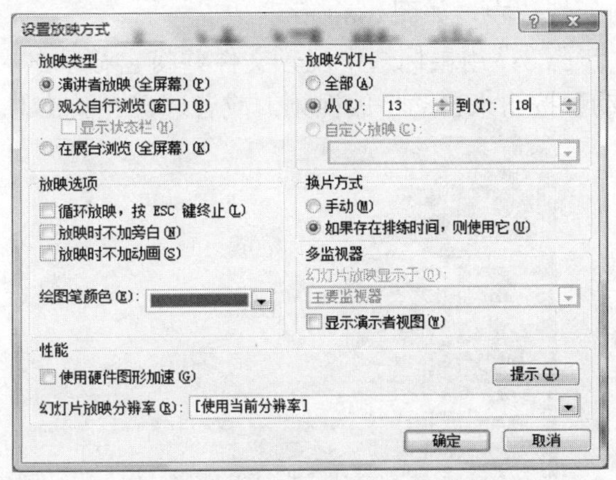


图 6-87　【设置放映方式】对话框

步骤 4：执行菜单命令【幻灯片放映】→【排练计时】，目的是使幻灯片的切换和声音相符合。在排练计时状态下操作幻灯片的展示，可以从预演消息框中看到当前页排练所用时间和总共所用的时间（如图 6-88 所示）。

预演　页时间　总时间　0:00:08　0:01:22

图 6-88　预演消息窗口

## 环节五　影视鉴赏类演示课件的制作

### 问题情境

高校课程门类众多，有一些课程教师需要在课堂上播放一些视频资料，让学生通过视频片段分析相关知识内容。下面就通过一个影视鉴赏类课件的制作来介绍如何在 PowerPoint 软件中使用视频媒体和 Flash 动画类媒体。

## 问题一　在 PowerPoint 中如何插入影片？对插入的影片如何进行控制播放呢？

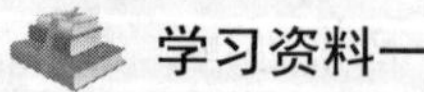

### 学习资料一

影视鉴赏课程是为了使学生了解影视艺术的基本特征，提高对影视艺术的鉴赏能力，因此在讲解理论知识之外需要在教学过程中穿插为学生播放相关的视频片段。那么，如何将视频文件嵌入在演示文稿中，以便在需要的时候按时播放呢？下面分别介绍在 PowerPoint 中播放视频文件的几种方法。

1．直接播放视频

这种播放方法是将事先准备好的视频文件作为电影文件直接插入到幻灯片中，该方法是最简单、最直观的一种方法。使用这种方法将视频文件插入到幻灯片中后，PowerPoint 只提供简单的暂停和继续播放控制，而没有其他更多的操作按钮供选择。以下是具体的操作步骤。

步骤 1：运行 PowerPoint 程序，打开需要插入视频文件的幻灯片。

步骤 2：执行菜单命令【插入】→【影片和声音】→【文件中的影片】，系统弹出【插入影片】对话框，将事先准备好的视频文件选中，并单击【确定】按钮，将视频文件插入到当前幻灯片中，如图 6-89 所示。

步骤 3：用鼠标选中视频文件并将它移动到合适的位置，然后根据屏幕的提示直接单击【自动】按钮来自动播放视频，或者选择在单击时播放方式，如图 6-90 所示。

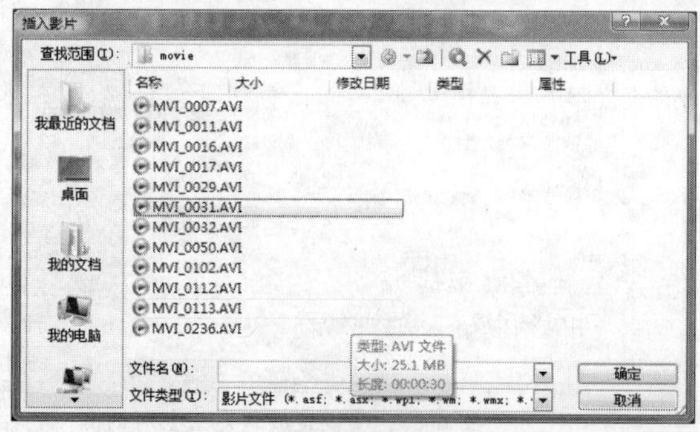


图 6-89 【插入影片】对话框

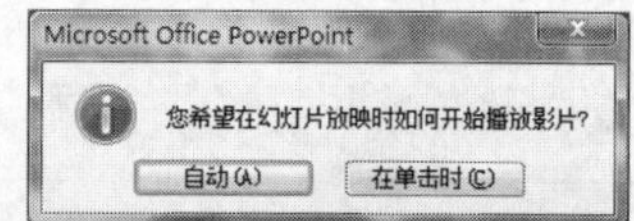


图 6-90　影片播放方式提示窗口

步骤 4：在播放过程中可以将鼠标指针移动到视频窗口中，单击一下，视频就能暂停播放。如果想继续播放，再用鼠标单击一下即可。图 6-91 所示为插入到 PPT 中的外部视频。

图 6-91　插入到 PPT 中的外部视频

2．插入控件播放视频

这种方法就是将视频文件作为控件插入到幻灯片中，然后通过修改控件属性达到播放视频的目的。使用这种方法，有多种可供选择的操作按钮，播放进程可以完全自己控制，更加方便、灵活。该方法更适合 PowerPoint 课件中图片、文字、视频出现在同一页面的情况。

步骤 1：运行 PowerPoint 程序，打开需要插入视频文件的幻灯片。

步骤 2：执行菜单命令【视图】→【工具栏】→【控件工具箱】，打开【控件工具箱】窗口，然后单击控件工具箱右下角的【其他控件】按钮，如图 6-92 所示。

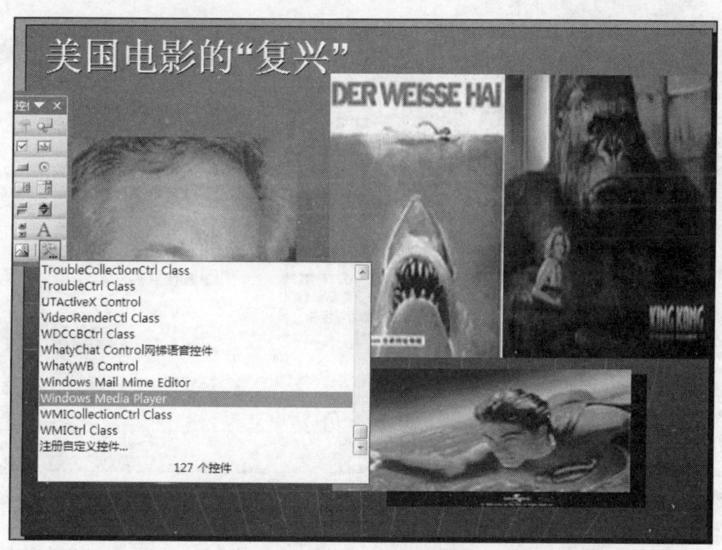


图 6-92　在控件工具箱中单击【其他控件】按钮

步骤 3：在随后打开的控件选项界面中选择【Windows Media Player】选项，再将鼠标指针移动到 PowerPoint 的编辑区域中，画出一个大小合适的矩形区域，随后该区域就会自动变为 Windows Media Player 的播放界面，如图 6-93 所示。

图 6-93　Windows Media Player 的播放界面

步骤 4：用鼠标选中该播放界面，然后单击鼠标右键，从弹出的快捷菜单中选择【属性】命令，打开该媒体播放界面的【属性】窗口，如图 6-94 所示。

步骤 5：在【属性】窗口中，单击“自定义”右侧的 3 个小点，系统弹出图 6-95 所示的对话框，通过【文件名或 URL】文本框后面的【浏览】按钮选择所需视频文件的详细路径及文件名。这样在打开幻灯片时就能通过【播放】控制按钮来播放指定的视频了，其他选项可以根据情况进行设定。最后单击【确定】或【应用】按钮，视频添加完毕。

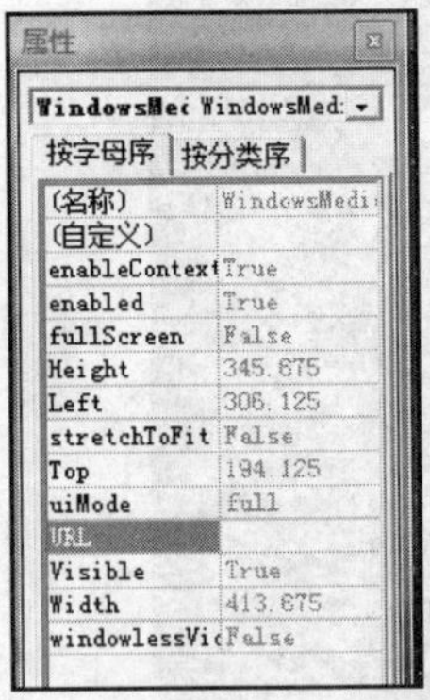

图 6-94　媒体播放界面的【属性】窗口

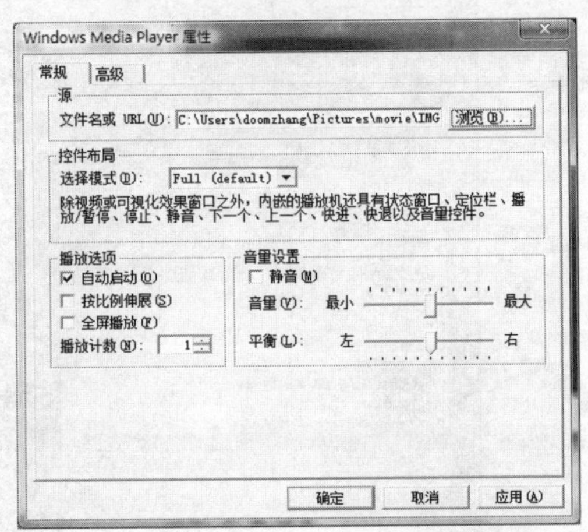


图 6-95　【Windows Media Player 属性】对话框

步骤 6：为了让插入的视频文件更好地与幻灯片组织在一起，还可以修改属性设置界面中控制栏、播放滑块以及视频属性栏的位置。

步骤 7：在播放过程中可以通过媒体播放器中的【播放】、【停止】、【暂停】和【调节音量】按钮对视频进行控制，如图 6-96 所示。

图 6-96　使用播放器控制视频

**问题二　网上 Flash 格式的课件和资源非常丰富，教师如何将下载的 Flash 动画插入到当前演示文稿中呢？**

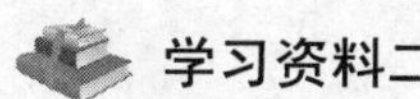

## 学习资料二

首先我们来看一下如何在 PowerPoint 中插入 Flash 动画，下面介绍了几种方法，大家可以根据自己的喜好选择其中的一种方法。

1．利用控件

这种方法是将动画作为一个控件插入到 PowerPoint 中去，该方式的特点是它的窗口大小在设计时就固定下来，设定的方框的大小就是在放映时动画窗口的大小。当鼠标指针在 Flash 播放窗口中时，响应 Flash 的鼠标事件；当鼠标指针在 Flash 窗口外时，响应 PowerPoint 的鼠标事件，很容易控制。

步骤 1：运行 PowerPoint 程序，打开要插入动画的幻灯片。

步骤 2：执行菜单命令【视图】→【工具栏】→【控件工具箱】，打开【控件工具箱】窗口，然后单击控件工具箱右下角的【其他控件】按钮。

步骤 3：在随后打开的控件选项界面中，选择【Shockwave Flash Object】选项，如图 6-97 所示。出现“十”字形光标后，再将该光标移动到 PowerPoint 的编辑区域中，画出大小适合的矩形区域，也就是播放动画的区域，如图 6-98 所示。

图 6-97　选择【Shockwave Flash Object】选项

图 6-98　播放动画窗口

步骤 4：选中这个方框，单击鼠标右键，在弹出的快捷菜单中选择【属性】命令，在弹出的【属性】对话框中，“movie”属性后面的空白处输入要插入的 Flash 动画的名称和后缀（.swf），然后单击【确定】按钮即可。

**提示：**最好将要插入的 Flash 动画事先复制到当前幻灯片所在目录中，而且要注意的是输入的路径中必须完整地填写后缀名。

2．插入对象

采用这种方式，在播放幻灯片时会弹出一个播放窗口，它可以响应所有的 Flash 鼠标事件。还可以根据需要在播放的过程中调整窗口的大小，它的缺点是播放完了以后要单击【关闭】按钮来关闭窗口。

步骤 1：运行 PowerPoint 程序，打开要插入动画的幻灯片。

步骤 2：执行菜单命令【插入】→【对象】，系统弹出【插入对象】对话框，选择【由文件创建】单选按钮，然后单击【浏览】按钮，选中需要插入的 Flash 动画文件，最后单击【确定】返回幻灯片，如图 6-99 所示。

步骤 3：这时在幻灯片上就出现了一个 Flash 文件的图标（见图 6-100），可以更改图标的大小或者移动它的位置，然后在这个图标上单击鼠标右键，在弹出的快捷菜单中选中【动作设置】命令。

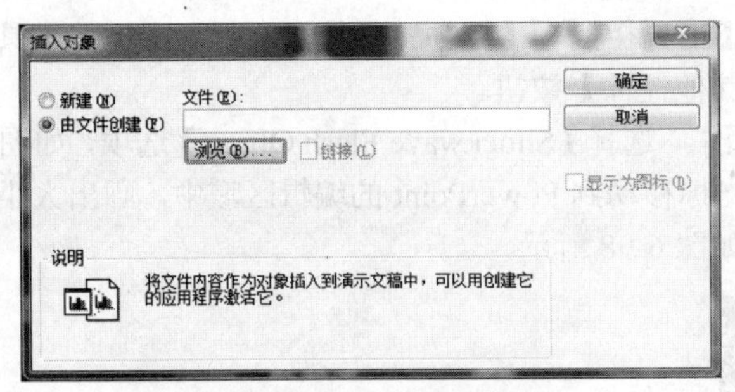


图 6-99 【插入对象】对话框

图 6-100 Flash 文件图标

步骤 4：在弹出的窗口中选择【单击鼠标】、【鼠标移动】两个标签都可以，再单击【对象动作】，在下拉菜单中选择【激活内容】命令，最后单击【确定】按钮，完成插入动画的操作。

步骤 5：按“F5”功能键，切换到幻灯片放映状态，然后在 Flash 文件图标上单击，弹出图 6-101 所示的对话框，单击【是】按钮后则开始播放 Flash 动画。

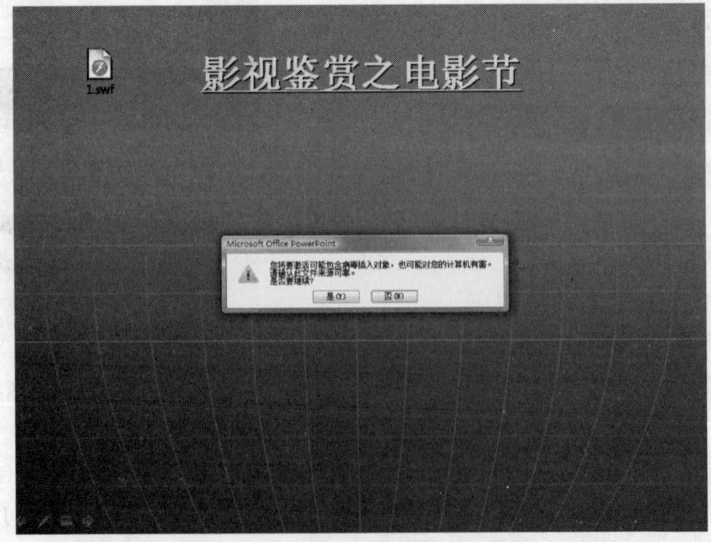


图 6-101 单击 Flash 文件图标后开始播放 Flash 动画

3．插入超链接

这种方法的特点是简单，适合 PowerPoint 的初学者，同时它还能将 EXE 类型的文件插入到幻灯片中去。

步骤 1：运行 PowerPoint 程序，打开要插入动画的幻灯片。

步骤 2：在其中插入任意一个对象，比如一段文字、一幅图片等，目的是对它设置超链接。最好这个对象与链接到的动画的内容相关。

步骤 3：例如本例中选择一个图片对象，执行菜单命令【插入】→【超链接】，弹出【插入超链接】对话框，如图 6-102 所示。

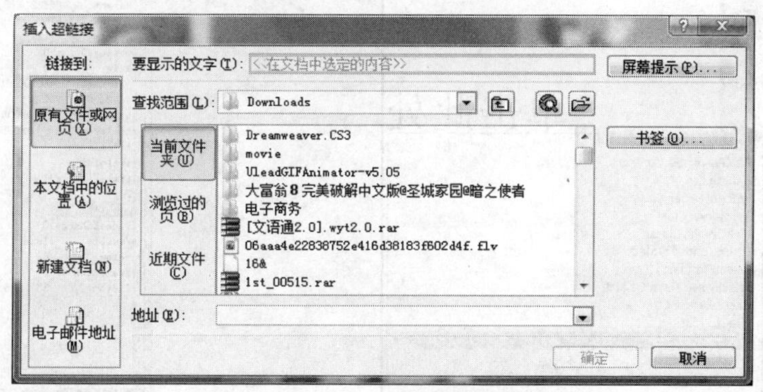


图 6-102　【插入超链接】对话框

步骤 4：在弹出的窗口中，在“链接到”下面选择“原有文件或网页”，单击【当前文件夹】按钮，选择想插入的动画，再单击【确定】按钮即可完成。播放动画时只要单击设置的超链接对象即可。

**问题三　现在网络上有很多视频资料是 FLV 视频格式（一种 Flash 视频），如果我们从网上下载了 FLV 视频文件，如何将其插入到当前幻灯片中来呢？**

**学习资料三**

暴风影音视频播放器能够播放 FLV 视频，只要在演示文稿中插入暴风影音的控件就能在当前的演示文稿中播放了。

步骤 1：首先使用专门的工具软件，例如影音嗅探器等，从网上下载 FLV 视频并保存到当前编辑的幻灯片所在目录下。

步骤 2：选择需要插入的 FLV 视频幻灯片，执行菜单命令【视图】→【工具栏】→【控件工具箱】，打开图 6-103 所示的【控件工具箱】窗口。

步骤 3：单击控件工具箱右下角的【其他控件】按钮，找到“Stormplayer Object”（这个就是暴风影音的控件）并单击，再用鼠标在幻灯片上拖出一个框，这个框的大小就决定了播放器的大小。在这个框的中间单击鼠标右键，在弹出的快捷菜单中选择【属性】命令，系统弹出图 6-104 所示的【属性】窗口。

步骤 4：设置相应属性参数。上面一项 autoPlay 后面的值是 0，代表不自动播放，改为 1 后当打开幻灯片时视频就可以自动播放了。在图 6-104 中，在被选中的 URL 后面填上需要插入视频的地址。这里给大家提个建议，视频最好与 PPT 文件放在一个文件夹中。在这个 URL 中填入相对地址就行了，这样将 PPT 移到别的计算机上时不会出错。

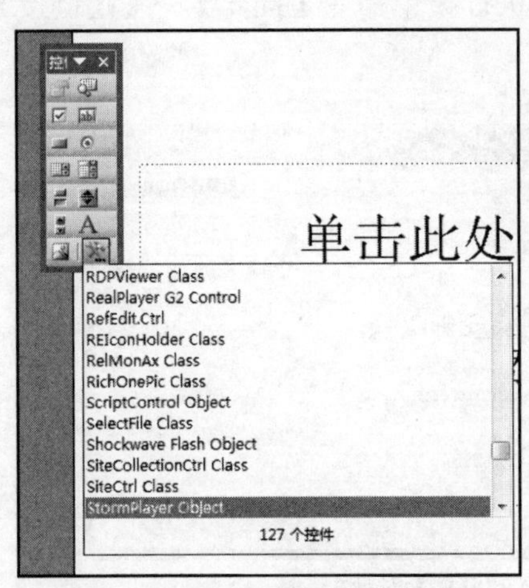


图 6-103　控件工具箱中的其他控件

图 6-104　【属性】对话框

步骤 5：关闭属性窗口，保存文件，这时按下“F5”功能键切换到幻灯片放映状态下，即可查看 FLV 视频播放效果。

# 第三单元　演示文稿在会议交流中的应用

## 环节一　打印输出汇报演示文稿

**问题情境**

你和同事制作了一个多媒体教学课件准备参加全国的课件比赛，比赛有一个现场汇报环节，现在需要你制作一个参赛用的演示文稿并将其打印出来。在这个环节我们就一起来看一下如何将自己的演示文稿根据需要打印出来；如何将其转换成 Word 文档；如何使用打包命令将演示文稿所需要的所有文件、字体以及 PowerPoint 播放器打包到某个文件夹内，然后将播放器和演示文稿一起压缩到另外一台计算机上，使得即使这台计算机没有安装 PowerPoint 也可进行幻灯片的放映。

### 问题一　如何将汇报用的演示文稿打印出来呢？

 **学习资料一**

如果想把幻灯片打印出来校对一下其中的文字，但是一张纸只打印出一幅幻灯片，太浪

费了，如何在一张纸上打印多幅幻灯片呢？

执行菜单命令【文件】→【打印】，打开【打印】对话框，在【打印内容】下拉列表中选择“讲义”，然后再设置一下其他参数，单击【确定】按钮，即可开始打印，如图 6-105 所示。

**提示：**

① 如果选中【颜色/灰度】下拉列表中的【灰度】选项，打印时可以节省墨水。

② 如果经常要进行上述打印，可将其设置为默认的打印方式：执行菜单命令【工具】→【选项】，打开【选项】对话框，再切换到【打印】选项卡中，如图 6-106 所示。选中【使用下列打印设置】单选按钮，然后设置好下面的相关选项，再单击【确定】按钮返回即可。

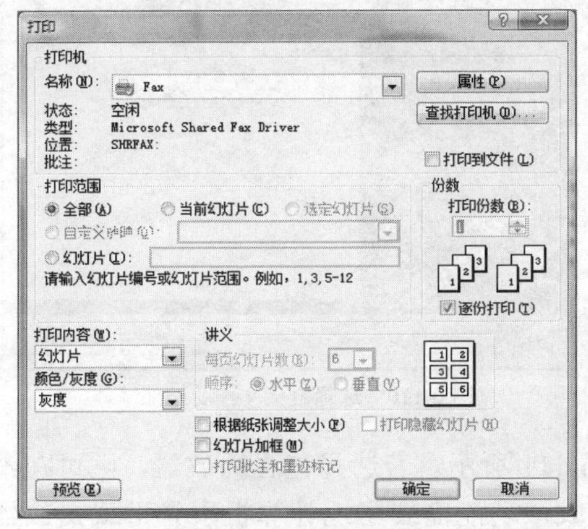


图 6-105 【打印】对话框

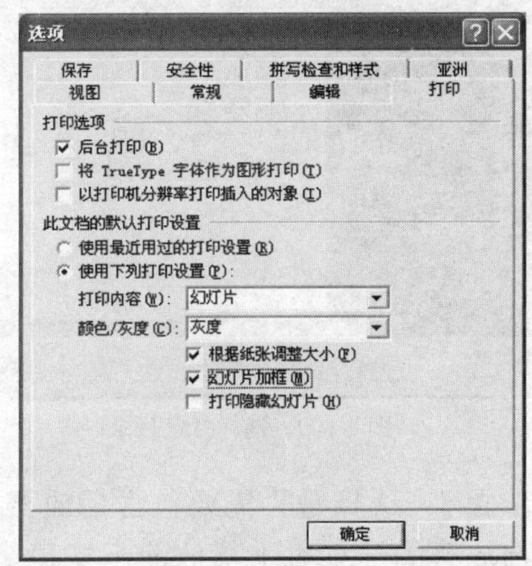


图 6-106 【选项】对话框的【打印】选项卡

## 问题二 如何在没有安装 PowerPoint 软件的机器上放映汇报用的演示文稿呢？

### 学习资料二

下面介绍打包和展开演示文稿的方法。

1．打包演示文稿

步骤 1：执行菜单命令【文件】→【打包】，打开【打包向导】对话框，如图 6-107 所示。按照向导的提示，可以完成打包的过程。

步骤 2：选择需要打包的演示文稿，这里选择【当前演示文稿】复选框，然后单击【下一步】按钮，如图 6-108 所示。

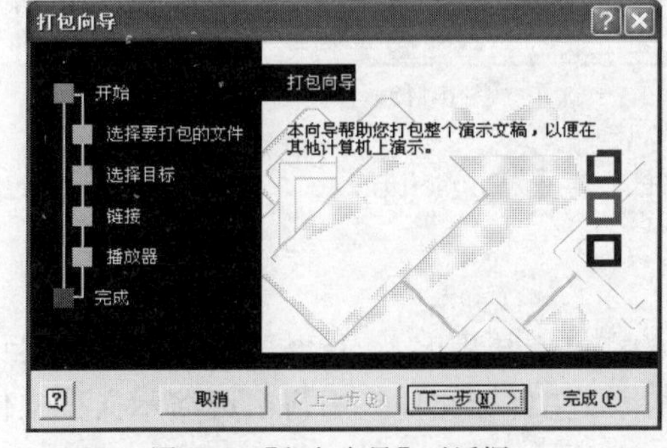


图 6-107【打包向导】对话框

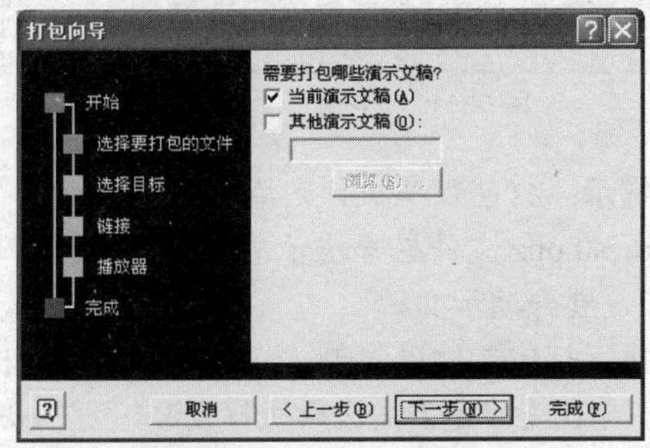


图 6-108 选择要打包的文件

步骤 3：选择将文件复制到的驱动器及位置，这里选择【选择目标】单选按钮，然后通过单击【浏览】按钮，选择计算机磁盘上的一个位置。这里选择打包目录为“我的文档”中的打包目录，单击【下一步】按钮，如图 6-109 所示。

步骤 4：如果在演示文稿制作中使用了大量的外部媒体素材或者文件，可以在这里将包含的链接打包进去。还可以将自己使用的特殊字体一起打包（见图 6-110），这样保证在其他机器上能够正常显示。根据情况选择相应的选项即可，然后单击【下一步】按钮。

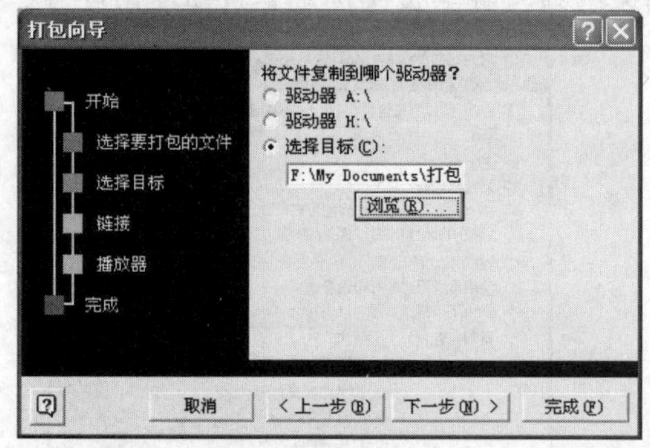


图 6-109　选择打包目录

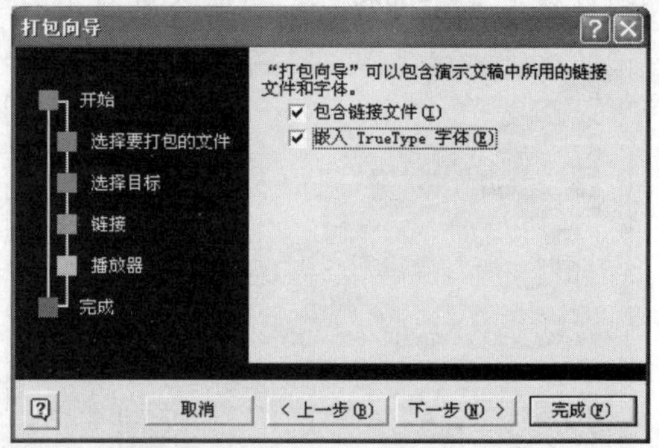


图 6-110　选择链接文件及外部字体

步骤 5：选择是否需要包含播放器，如图 6-111 所示。若选择包含播放器，则可在没有安装播放器的计算机上播放演示文稿。但是完成该功能需要本地计算机事先下载播放器，可以单击【下载播放器】按钮，连接到相应的网站进行下载。安装完毕，单击【下一步】按钮。

步骤 6：单击【完成】按钮，即开始打包过程，如图 6-112 所示。

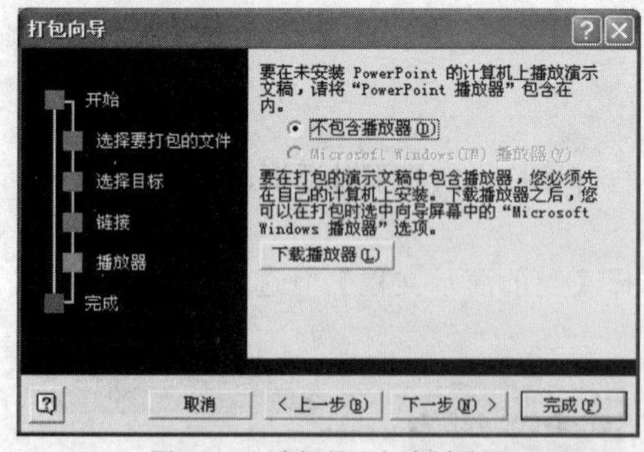


图 6-111　选择是否包含播放器

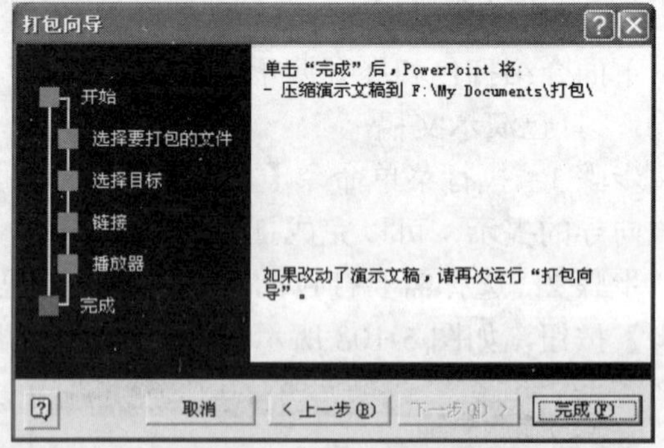


图 6-112　检查修改

**提示**：打包程序执行完毕后则可形成两个文件，其中 Pngsetup.exe 文件用于展开打包文件，pres0.ppz 文件包含演示文稿的信息。

2．展开演示文稿

执行打包文件里的 Pngsetup.exe 文件，出现【打包安装程序】对话框，指定安装的目标路径，单击【确定】按钮后执行安装过程。安装结束后在目标文件夹中将出现演示文稿文件，打开即可使用。

## 问题三　如何将演示文稿发布到网络上呢？

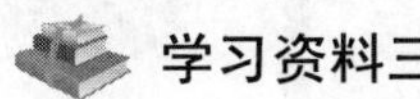

### 学习资料三

在网上发布演示文稿，需要将演示文稿转换为 HTML 网页文件，以便通过浏览器观看演示文稿的内容，具体方法如下。

步骤 1：执行菜单命令【文件】→【另存为 Web 页】，打开【另存为】对话框，如图 6-113 所示。

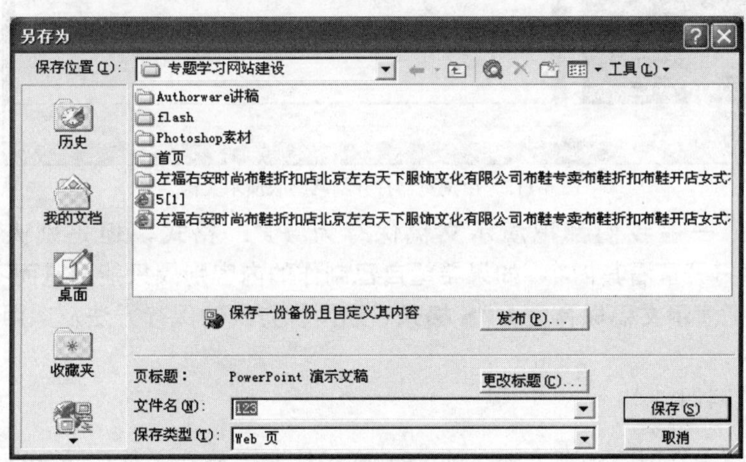

图 6-113　【另存为】对话框

步骤 2：单击【发布】按钮，出现【发布为 Web 页】对话框，如图 6-114 所示。根据实际情况设置相关选项，这里选择默认选项，然后选择发布路径，单击【发布】按钮。

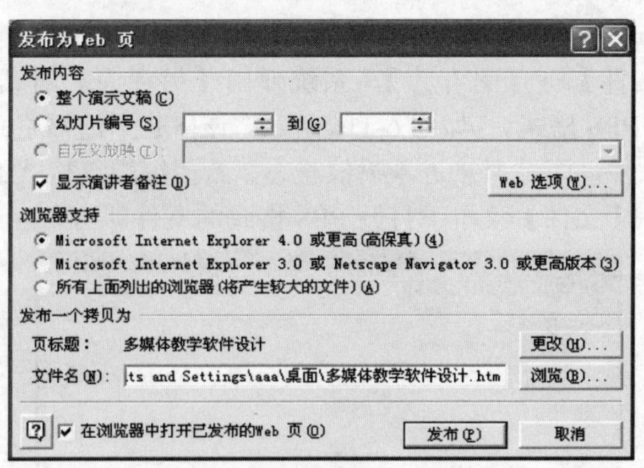

图 6-114　【发布为 Web 页】对话框

步骤 3：打开浏览器，执行菜单命令【文件】→【打开】，在出现的窗口中按照路径选择打开转换好的 HTML 文件即可，如图 6-115 所示。

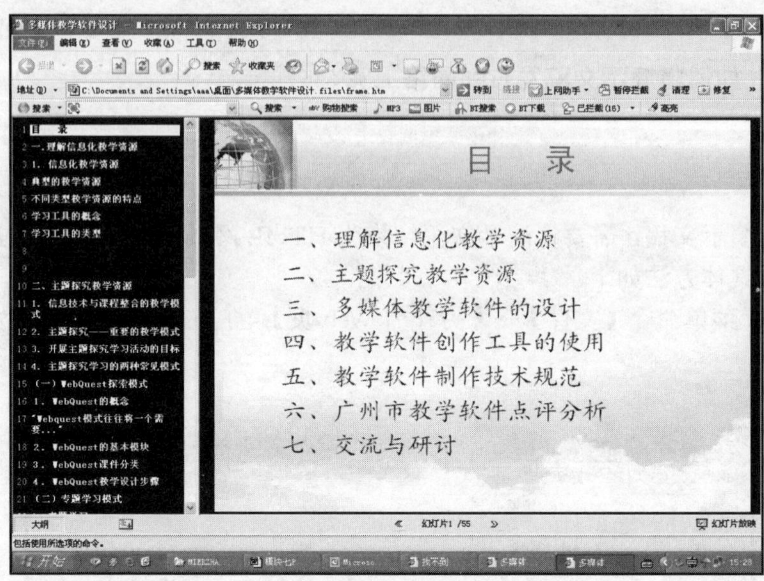


图 6-115　用浏览器打开的网络版演示文稿

**问题四**　**一般我们都把演示文稿保存为 PPT 格式，但是别人可以直接使用 PowerPoint 软件打开查看其内容。如果希望自己制作的内容别人只能浏览而不能查看里面内容的话，就可以把演示文稿保存为 PPS 格式。这两种方式的保存方法及适用场合是什么？**

## 学习资料四

演示文稿有两种常用的保存方式，即 PPT 格式与 PPS 格式，默认是 PPT 格式。

1．保存为 PPT 格式

执行菜单命令【文件】→【另存为】，系统弹出【另存为】对话框，选择保存类型为“演示文稿”（即 PPT 格式）。该格式主要用于对演示文稿的重新编辑和修改，双击该类型的文件直接启动 PowerPoint 软件。

2．保存为 PPS 格式

执行菜单命令【文件】→【另存为】，系统弹出【另存为】对话框，选择保存类型为“PowerPoint 放映”（即 PPS 格式），如图 6-116 所示。该格式是演播格式，双击该格式的文件时不启动 PowerPoint 软件，而是直接进入播放状态。希望编辑该格式的演示文稿时，只要启动 PowerPoint 软件，在【文件】菜单下打开 PPS 格式的文件即可。

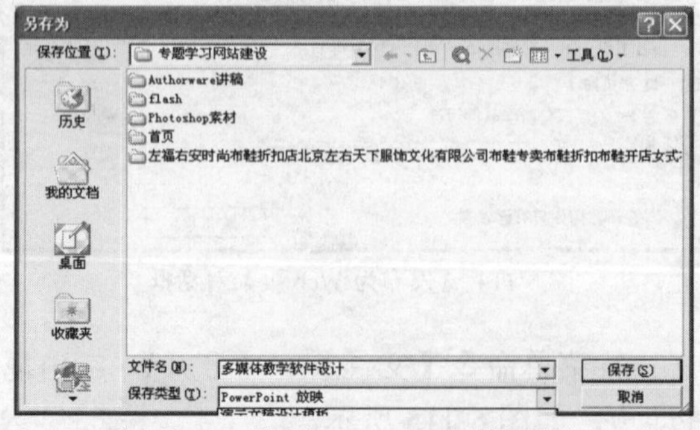


图 6-116　另存为 PowerPoint 放映格式

**问题五** 在没有安装 PowerPoint 的计算机上播放演示文稿，可利用软件的“打包”功能来实现，可以将演示文稿、播放器及相关的配置文件直接刻录到光盘上，制作成一个具有自动播放功能的光盘。那么，如何制作呢？

### 学习资料五

制作具有自动播放功能的演示文稿的方法如下。

步骤 1：启动 PowerPoint 2003，打开需要打包刻盘的演示文稿。执行菜单命令【文件】→【打包用于制作 CD】，打开【打包成 CD】对话框，在【将 CD 命名为】文本框中输入一些字符，为制作的光盘取名，如图 6-117 所示。

**提示：** 如果需要将多个演示文稿刻录到同一光盘上，可以通过单击【添加文件】按钮来进行添加。

步骤 2：单击【选项】按钮，打开【选项】对话框，完成必要设置后单击【确定】按钮返回，如图 6-118 所示。此步操作也可以不进行，而直接采用其默认设置。

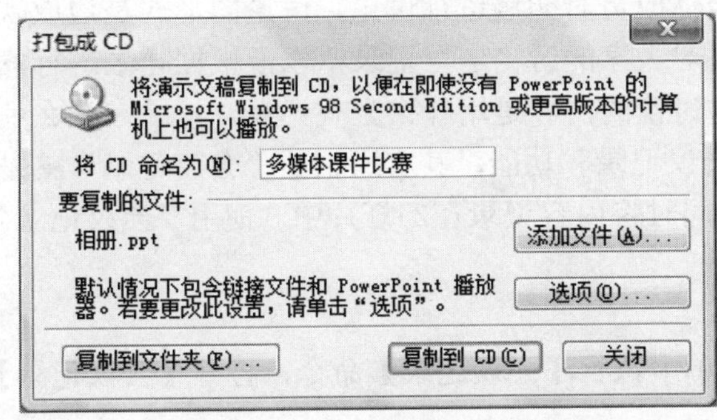


图 6-117 【打包成 CD】对话框

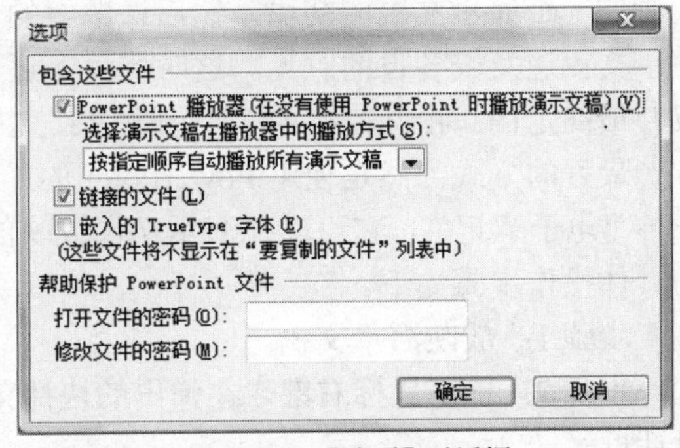


图 6-118 【选项】对话框

步骤 3：在刻录机中放置一张空白刻录盘，然后单击【复制到 CD】按钮，系统出现图 6-119 所示的刻录进度提示框，一会儿刻录完成，关闭【打包成 CD】对话框。

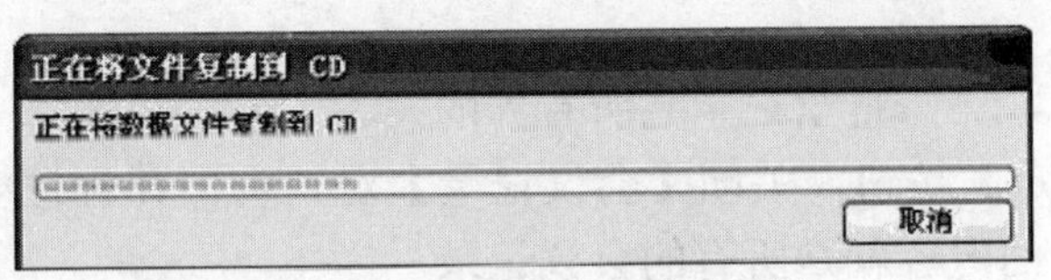


图 6-119 复制到 CD 进度提示框

如果单击【复制到文件夹】按钮，则打开【复制到文件夹】对话框，为文件夹取一个名称，并设置好保存路径，然后按下【确定】按钮，系统将上述演示文稿复制到指定的文件夹中，同时复制播放器及相关的播放配置文件到该文件夹中。以后用刻录软件将上述文件夹中所有的文件全部刻录到光盘的根目录下，也可以制作出具有自动播放功能的光盘。

步骤 4：如果需要播放演示文稿，只要将上述光盘放入光驱中，无论相应的计算机上是否安装了 PowerPoint 2003 软件，系统都会自动启动播放器，并按步骤 2 中的设置播放光盘上相应的演示文稿，非常方便。

## 环节二　会议记录功能的教学应用

**问题情境**

PowerPoint 软件不但可以用于教学演示，还可以用于研究生教学中的小组讨论，每个成员都可以将自己的意见和感受随时记录下来以便交流。那么如何利用 PowerPoint 软件制作电子笔记?一起来看看吧。

### 问题一　如何在会议进行中做会议记录以制作电子笔记呢？

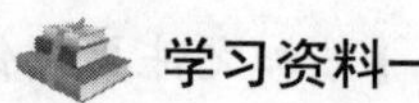

**学习资料一**

1．在小组讨论中使用“会议记录”做电子笔记

由于研究性学习中的研究课题通常是由一个课题组集体承担的，因而要经常进行小组讨论。例如，各类演讲报告就是在课题组讨论的基础上形成的，首先由课题组的一个主要撰稿人制作一个演示文稿的初稿，然后课题组的全体成员对初稿进行讨论，讨论的形式是边放映演示文稿边发表各自的意见。这时撰稿人还要对大家的讨论进行记录，以便根据记录进行修改并最终定稿。由此产生的一个问题是：此时讨论的内容是用什么方式记录，记录在什么地方？最好的方式当然是使用 PowerPoint 的“会议记录”功能，其实所谓的“会议记录”就是一种“电子笔记”，它可以在演示文稿放映的同时将内容记录在幻灯片中。使用“会议记录”的具体操作步骤如下。

步骤 1：放映演示文稿。

步骤 2：单击鼠标右键，在弹出的快捷菜单中执行【会议记录】命令，打开【会议记录】对话框。

步骤 3：选择【即席反应】选项卡。

步骤 4：在【分配至】文本框中输入发言者的姓名，在【描述】文本框中输入发言的内容。

步骤 5：单击【添加】按钮，此时发言者的姓名、发言的内容和发言的日期均被添加在下面的文本显示区域中。

步骤 6：重复步骤 4、5，直至记录完所有人的发言。

步骤 7：单击【确定】按钮，关闭【会议记录】对话框，并且自动在演示文稿的后面插入若干新幻灯片，其中的内容就是所有的会议记录。

使用“会议记录”的好处有两点：第一，提高工作效率，由于可以在幻灯片放映状态下（非幻灯片编辑状态）通过键盘输入文字，因而既能看到实际的播放效果又能够进行文字的记录，一切工作都是同步完成的；第二，方便浏览和编辑，由于记录的内容和演示文稿是一个有机的整体，因而日后的浏览和编辑可以在同一个演示文稿中进行。

2．在合作学习中使用“批注”进行交流

研究性学习的特点之一是合作学习。在合作学习中经常要对演示文稿进行交流，其中的一种交流形式是：先由一个撰稿人写出一个演示文稿的初稿，然后将初稿分发给课题组的每个成员带回家去审阅，每个人提出自己的意见后，再将初稿连同意见一起交回撰稿人。

意见记录在什么地方呢？最好使用 PowerPoint 中的“批注”功能将其记录在演示文稿中。在 PowerPoint 中使用批注的特点是：批注不是幻灯片正文的一部分，批注不会破坏原稿，批注在播放时既可以显示又可以隐藏。使用“批注”的具体操作步骤如下。

步骤 1：打开演示文稿。

步骤 2：执行菜单命令【插入】→【批注】，打开【审阅】工具栏，同时在幻灯片中插入一个批注文本框。

步骤 3：在批注文本框中输入需要批注的内容。

步骤 4：使用【审阅】工具栏中的工具对批注进行编辑，如显示或隐藏批注、插入新的批注、删除批注等。

由于批注和幻灯片是一个演示文稿的有机组成部分，因而既方便了批注者的审阅，也方便了撰稿人的浏览和编辑。

3．在汇报研究成果时使用“备注页”准备讲稿

对于在研究性学习中取得的研究成果，学生往往通过演示文稿的形式进行汇报。从演示文稿的特点来说，其中的文字不宜过多，列出的只是演讲的提纲。但是，一个演讲不可能没有详细的演讲内容，而演讲内容并非都是即兴发言，因此需要事先准备讲稿。现在的问题是讲稿用什么方式来写？是用纸和笔还是用 Word 文档？其实最好的方式是使用 PowerPoint 中的“备注页”。

所谓“备注”，顾名思义是指幻灯片正文以外的内容。其实，“备注页”是 PowerPoint 的另一种视图方式，它的上半部分是幻灯片的正文，下半部分就是备注。按通常的方式播放演示文稿时，不会显示备注页的内容，因而备注页一般可以用来写无需观众看到的讲稿。使用“备注页”的操作步骤如下。

步骤 1：执行菜单命令【编辑】→【备注页】，则切换到备注页视图。

步骤 2：在有文字提示“单击此处添加文本”的文本预留区中单击鼠标，则光标出现在该区域的左上角。

步骤 3：输入讲稿内容。

**提示：**通常的播放方式是不显示备注页内容的。如果要在播放时显示备注页的内容，需要单击鼠标右键，在弹出的快捷菜单中执行【演讲者备注】命令，备注的内容就会显示在弹出的【演讲者备注】对话框中了。

## 问题二　如何在会议进行中记录下放映的感受呢？

### 学习资料二

在 PPT 演示文稿放映过程中，随时记录下自己的感受或者观众的意见，对进一步完善演示文稿大有益处。

在放映过程中单击鼠标右键，在随后出现的快捷菜单中依次选择【屏幕】→【演讲者备注】选项，打开【演讲者备注】对话框，输入自己的感受或者观众的意见，然后【关闭】对话框，返回继续播放。

**注意：**记录下来的内容会被保存在幻灯片的备注窗口中。

**问题三　在会议进行中，如何在播放时画出重点呢？**

**学习资料三**

在演示文稿放映过程中，如果希望临时标记一下幻灯片中的重点内容，如何实现呢？在播放过程中，可以在屏幕上画出相应的重点内容，方法如下：在放映过程中单击鼠标右键，在随后出现的快捷菜单中选择【指针选项】→【毡尖笔】选项，此时鼠标指针变成钢笔形状，可以在屏幕上随意绘画。

**提示：**

①单击鼠标右键，在随后弹出的快捷菜单中选择【指针选项】→【墨迹颜色】选项，即可修改“笔”的颜色。

②在退出播放状态时系统会提示是否保留墨迹，根据需要做出选择就可以了。

## 环节三　与其他软件的整合运用

**问题情境**

PowerPoint 软件是 Office 办公组件中的一个，它与 Office 组件中的其他软件功能各有所长，经常会配合起来使用，那么这几个软件之间应该如何整合应用呢？下面一起来看看吧。

**问题一　如何将 PPT 文档中的文字快速转换为 Word 文档？**

**学习资料一**

下面介绍在 PowerPoint 2003 中将演示文稿转换为 Word 文档的方法和技巧。如果想把 PowerPoint 演示文稿中的字符转换到 Word 文档中进行编辑处理，可以用“另存为大纲”功能来快速实现。

打开需要转换的演示文稿，执行菜单命令【文件】→【另存为】，打开【另存为】对话框，如图 6-120 所示。选择保存类型中的“大纲/RTF 文件（*.rtf）”格式，单击【保存】按钮，系统会自动在所选目录位置保存同名的 RTF 文档。该文档可以使用 Word 软件打开和编辑，其中包括 PPT 文档中所有占位符中的文字内容。

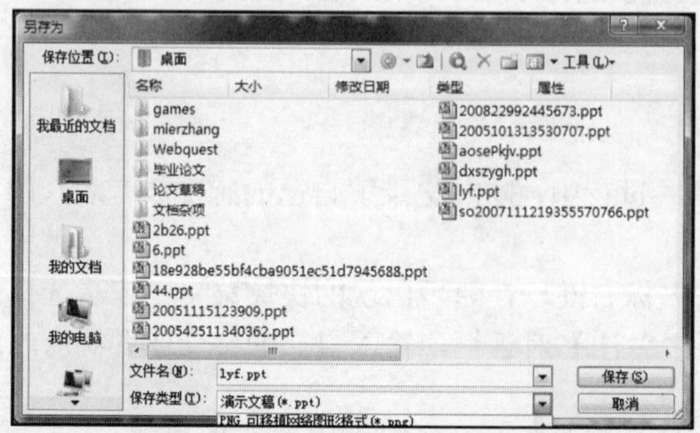


图 6-120　另存为大纲格式

**提示**：要转换的演示文稿必须是用 PowerPoint 内置的“幻灯片版式”制作的幻灯片。如果是通过插入文本框等方法输入的字符，是不能实现转换的。

## 问题二　如何在 PPT 中实现 Excel 表格的插入呢？

### 学习资料二

制作演示文稿少不了要用到表格，而我们习惯用 Excel 制作表格，再将制作好的 Excel 表格插入到幻灯片中就可以了。

定位到相应的幻灯片中，执行菜单命令【插入】→【对象】，打开【插入对象】对话框（如图 6-121 所示），选中【由文件创建】选项，通过其中的【浏览】按钮选中需要插入的 Excel 表格文件，单击【确定】按钮返回。这时表格就插入到其中了，调整一下大小即可。

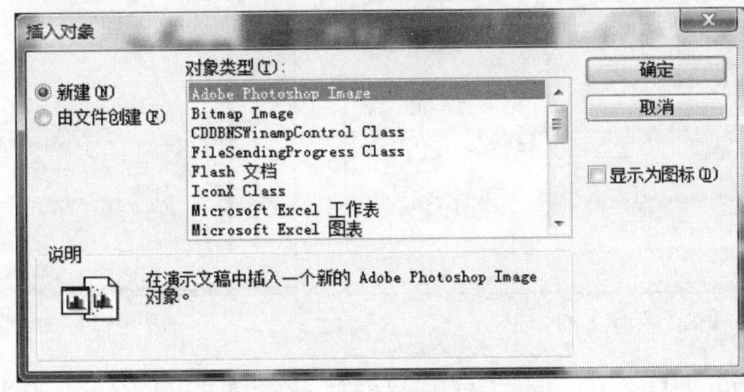


图 6-121　【插入对象】对话框

**提示**：

① 在 Excel 中将表格的网格线隐藏起来，使插入的表格观感效果更好。

② 如果选中【插入对象】对话框中的【链接】选项，则该表格与源表格可实现联动，如图 6-122 所示。

③ 在文稿中双击表格，可以启动 Excel 对表格进行编辑。

④ 仿此操作，也可以将 Word 表格（文档）插入到幻灯片中。

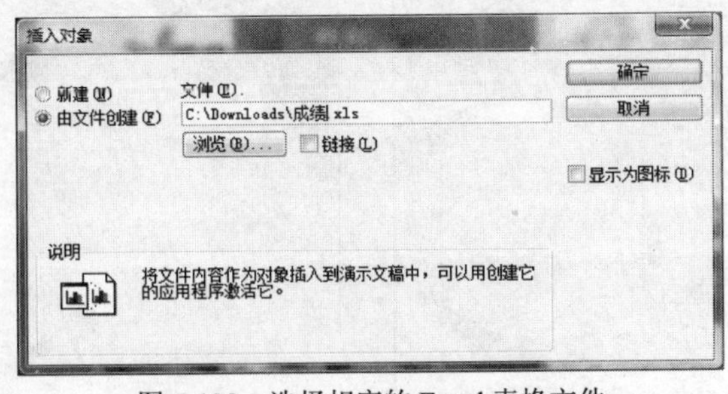


图 6-122　选择相应的 Excel 表格文件

## 问题三　如何在 PPT 中实现数据的录入和计算？

### 学习资料三

现在 PowerPoint 仍然是很多教师制作课件的工具，但是大多数教师在使用 PowerPoint

时都还是使用它最简单的功能——逐页展示文字或图片。其实将 PowerPoint 演示文稿与 Excel 工作表结合起来也可以进行数据的录入和计算，这将大大地方便数理化教师在课堂演示实验时的数据计算，只要将教师或学生的实验数据输入即可获得正确的计算结果。

步骤 1：打开 PowerPoint 2003，新建一张幻灯片，设置好背景。

步骤 2：执行菜单命令【插入】→【对象】，在弹出的【插入对象】对话框中选择新建“Microsoft Excel 工作表”，如图 6-123 所示。单击【确定】按钮后即在幻灯片中出现 Excel 的工作界面（如图 6-124 所示），接下来就可以按 Excel 表格的使用方法进行表格的设计和公式的输入。

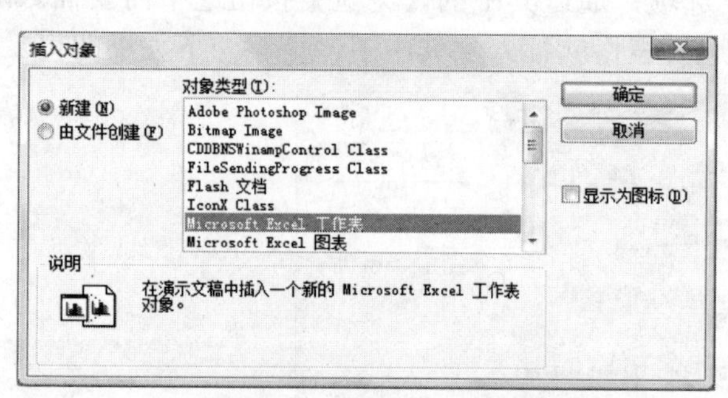


图 6-123 【插入对象】对话框

图 6-124 插入的表格对象

步骤 3：调节 Excel 工作表的边框，直到只露出我们需要的表格（如 12 行 5 列）为止（见图 6-125），否则旁边多余的行和列将会使表格显得太小，影响观看。然后用鼠标在幻灯片上单击，退出工作表编辑状态，将鼠标指针放在表格边框的圆点上调节表格 1 直到我们需要的大小。

步骤 4：双击表格再次进入 Excel 工作表的工作界面，对表格的背景、边框、文字的颜色进行设置（在 Excel 中通常都是采用白色背景，这里应该考虑到与幻灯片背景的协调），如图 6-126 所示。

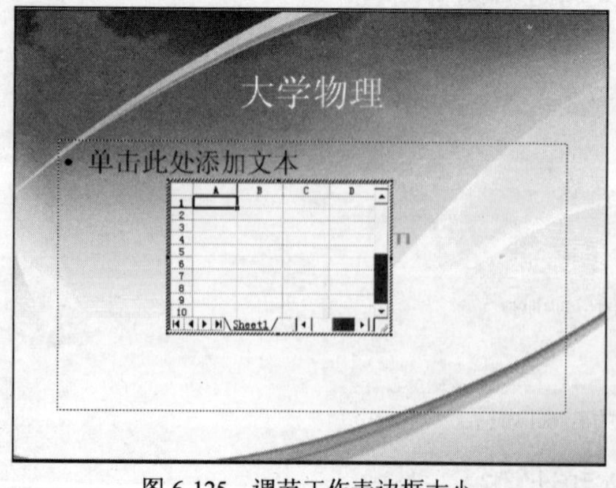


图 6-125 调节工作表边框大小

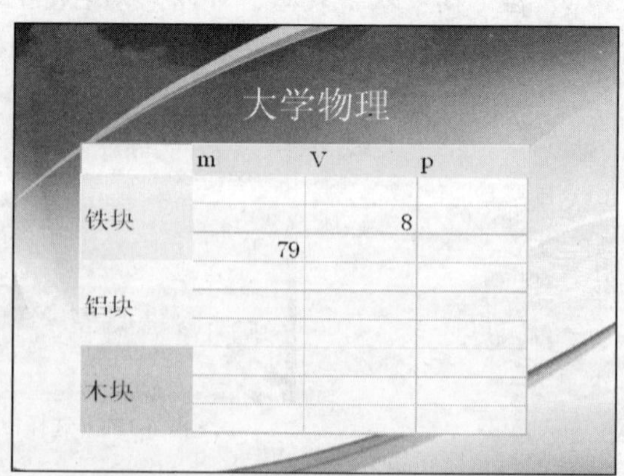


图 6-126 设置表格的背景、边框和文字颜色

步骤 5：在选定的单元格中进行公式编辑，以便录入数据时能自动进行计算。但要注意有时在未录入数据时会出现错误的提示符号（如图 6-127 所示），会影响幻灯片播放时的美观。为此可以用 IF 函数和 ISERROR 函数进行设置，如“= IF(ISERROR(B2/C2)，"", B2/C2)”

表示检测此单元格，如果用 B2 单元格内容除以 C2 单元格内容出现错误，则显示空白；如果正确，则显示 B2 单元格内容除以 C2 单元格内容的结果。

步骤 6：用鼠标在幻灯片上单击，退出工作表编辑状态。将鼠标指针放在表格上单击右键，在弹出的快捷菜单中选择【动作设置】命令，在出现的选择页中选择单击鼠标时的动作为“对象动作→编辑”，这样在幻灯片播放时只要单击表格就可以调用 Excel 程序进行数据的录入了，如图 6-128 所示。录入后只要关闭 Excel 就会回到幻灯片的播放中了。

| | A | B | C | D |
|---|---|---|---|---|
| 1 | | m | V | p |
| 2 | | | | #DIV/0! |
| 3 | 铁块 | | 8 | 0 |
| 4 | | 79 | | #DIV/0! |
| 5 | | | | #DIV/0! |
| 6 | 铝块 | | | #DIV/0! |
| 7 | | | | #DIV/0! |
| 8 | | | | #DIV/0! |
| 9 | 木块 | | | #DIV/0! |
| 10 | | | | #DIV/0! |

图 6-127　输入公式

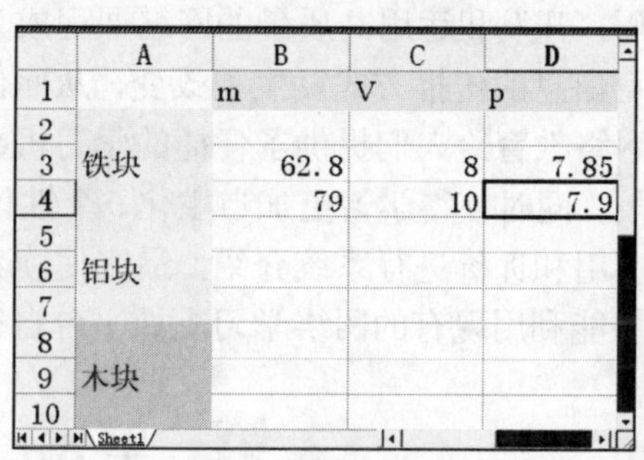

| | A | B | C | D |
|---|---|---|---|---|
| 1 | | m | V | p |
| 2 | | | | |
| 3 | 铁块 | 62.8 | 8 | 7.85 |
| 4 | | 79 | 10 | 7.9 |
| 5 | | | | |
| 6 | 铝块 | | | |
| 7 | | | | |
| 8 | | | | |
| 9 | 木块 | | | |
| 10 | | | | |

图 6-128　录入数据

步骤 7：利用 Excel 中的菜单命令【插入】→【图表】→【xy 散点图】，还可以建立以一列数据为 x 轴、另一列数据为 y 轴的坐标系。在表格中录入数据时不但能自动计算出结果，还可以自动画出图像来，如图 6-129 所示。当然，图像的色彩也要进行相应的设置。

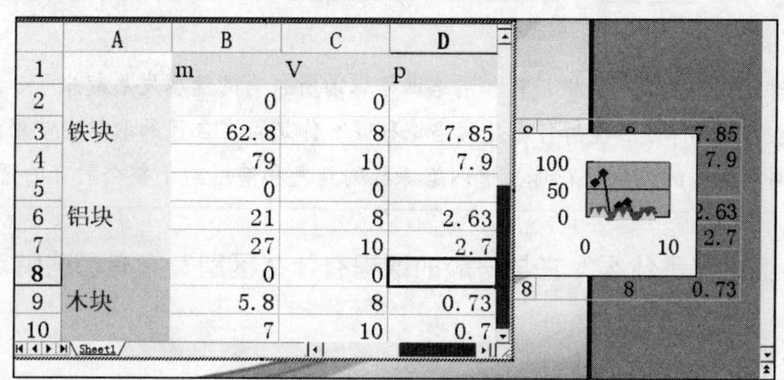

| | A | B | C | D |
|---|---|---|---|---|
| 1 | | m | V | p |
| 2 | | 0 | 0 | |
| 3 | 铁块 | 62.8 | 8 | 7.85 |
| 4 | | 79 | 10 | 7.9 |
| 5 | | 0 | 0 | |
| 6 | 铝块 | 21 | 8 | 2.63 |
| 7 | | 27 | 10 | 2.7 |
| 8 | | 0 | 0 | |
| 9 | 木块 | 5.8 | 8 | 0.73 |
| 10 | | 7 | 10 | 0.7 |

图 6-129　插入散点图

## 本模块思考题

1．什么是 PPT 的版式设计？
2．如何利用 PowerPoint 实现背景音乐连续播放？
3．如何将 PowerPoint 演示文稿发布为网络形式？
4．PowerPoint 查看文稿有几种模式？
5．如何利用 PowerPoint 软件快速制作电子相册？
6．教师如何利用 PowerPoint 软件的强调功能对教学重点进行强调突出？
7．如何将用 PowerPoint 软件制作的演示文稿发布为脱离环境的格式？
8．如何对插入到 PowerPoint 演示文稿中的视频进行控制播放？
9．教师设计演示教学用演示文稿时需要注意哪些问题？

# 模块七　网络课程设计与制作

随着互联网向宽带、高速、多媒体化方向迅速发展，以网络为基础的现代教育手段得到了广泛应用，开发和运用高质量的网络课程成为当前教学改革的重要内容。网络应用于教育领域使得教育信息的传播方式发生了改变，从而促使教育理念、教育模式、教学方法等发生了极大改变。网络教育给人们提供了便捷的学习机会、丰富的教学资源、动态的教学内容和人性化的教学环境，同时使得学习更加自主化、个性化。本模块将对网络课程的含义、系统构成、设计、制作、应用和评价进行系统介绍，最终使读者能够了解网络课程的基本概念、设计思路和开发流程，并能利用现有的网络学习支撑平台自行设计和开发教学所需的网络课程。

## 第一单元　网络课程概述

### 环节一　网络课程的概念

**问题情境**

在信息化高速发展的今天，远程教育和网络课程以前所未有的速度发展起来了，那么，作为新时期掌握新技术的大学教师，你是否了解什么是网络课程呢？你是否在自己的教学中使用网络课程来改善学习效果？你了解网络课程的构成吗？你知道网络课程的开发和使用对于整个教育的意义吗？

**问题**　**网络课程是什么？它与一般的课程有什么区别？它有哪些特点？**

**学习资料**

网络课程是高等学校教学建设的基本内容之一。很多学校都在积极进行网络课程的开发与应用，以提高学校信息化教学水平，实现高等教育思想、教学内容、教学模式和教学手段的改革，开创高等教育的新局面。

根据全国信息技术标准化技术委员会制定的教育信息化技术标准 CELTS-41.1《教育资源建设技术规范》中对网络课程的表述，网络课程是通过网络表现的某门学科的教学内容及实施的教学活动的总和，它包括两个组成部分，即按一定的教学目标、教学策略组织起来的教学内容和网络教学支撑环境，其中网络教学支撑环境特指支持网络教学的软件工具、教学资源以及在网络教学平台上实施的教学活动。

网络课程作为一种网络教学资源，具有如下特点。

① 开放性。开放性是指网络课程在时间、空间和课程体系及内容结构上是开放的。网络课程是跨时空开展教学活动的，学习者可以通过网络随时随地参与课程学习；网络课程体系及内容结构是模块化、扩展性的，并能让教师方便地进行调整和更换。

② 共享性。共享性是指网络课程可通过超链接等多种方式引入丰富的网上学习资源供不同学习者共享。

③ 交互性。交互性是指网络课程不仅有人机交互功能，更重要的是教师与学生、学生与学生之间可通过网络实现人与人之间的教与学的交互。

④ 协作性。协作性是指网络课程可以让教师、学生通过讨论、合作、竞争等形式完成一个确定的学习任务。

⑤ 自主性。自主性是指网络课程以学生自主学习为主，充分体现了学习的个性化特征，学生在学习过程中具有较大的选择性和自由度。

⑥ 动态性。动态性是指网络课程的学习内容是及时更新的、可生长的。它可以不断吸收本学科领域最新的科技成果和前沿信息，保持鲜活的学习内容，也可以在教学过程中通过教师和学生不断扩充新的内容。

⑦ 多维性。多维性是指网络课程内容表现形态的多维性。网络课程的内容可以通过文字、图形、图像、声音、动画和视频等多媒体形式来表现，可以进行二维模拟和三维仿真，还可以通过虚拟现实实现多维的教学信息传递。

⑧ 多元化。多元化是指网络课程具有多种文化特性，体现了多种不同文化的集合。一方面，由于网络课程的开放性和扩展性，通过 Web 实现跨地区、跨国界的网站链接，网络课程在内容构成上具有多种文化的成分；另一方面，在教学活动过程中，不同地区、不同国家、不同文化背景的人共同参与网络课程的学习、讨论、交流和协作，他们具有不同的思维方式和表达方式，使得网络教与学的过程充满不同文化的融合和碰撞，从而形成多元文化的特性。

⑨ 非线性。非线性是指网络课程的内容结构是非线性、超链接的，这是由 Web 本身的特性所决定的。非线性的信息表达方式有助于培养学生的联想式、发散式思维。

⑩ 整合性。整合性是指网络课程体现了信息技术、信息资源、信息方法、人力资源、课程内容和现代教育思想的整合，是一种新型的课程模式。

## 环节二　网络课程的构成和作用

### 问题一　网络课程应该由哪些模块来构成？具体应该完成哪些功能呢？

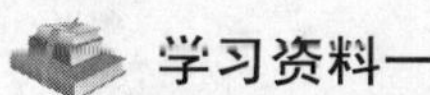

#### 学习资料一

网络课程系统从组成结构上来看可以由以下几个模块组成。

① 学习内容系统：是网络课程系统的核心组成部分，它由学习内容、学习活动、学习指导性内容组成，是学习者完成学习的主要模块。

② 虚拟实验系统：对于以操作性技能为目标的要求，按照课程实验要求应该设置网络虚拟实验系统，为学习者提供虚拟实验环境与设备。此模块不是网络课程必需的。

③ 学习导航系统：网络课程的学习一般以学生的自主学习为主，课程信息量大。为了帮助学习者完成学习，网络课程应该至少提供两方面的导航系统：一是网络课程系统导航，帮助学习者定位网络课程的系统路径；二是学习内容导航，帮助学习者定位学习内容与学习活动。

④ 学习工具系统：为学习者进行学习反思、学习意义建构提供强大的认知学习工具，可以包括思维导图、博客、Wiki、词典等。

⑤ 学习评价系统：从评价的时间来看包括诊断性评价、形成性评价、总结性评价；从评价主体来看包括自我评价、教师评价、伙伴评价。学习评价系统为课程学习提供多元化评价的环境，可帮助学习者定位自己的学习能力与能力发展，帮助教师定位学生的学习水平和发展水平，确定学生的学习效果。

⑥ 协商交流系统：建构主义认为“协作”、“会话”是学习过程完成意义建构的重要因素。为了帮助学习者在学习中交流合作，网络课程应提供讨论区、聊天室、E-mail 等工具构建协商交流环境，促进学习者之间的知识共享、协同建构。

⑦ 开放环境系统：为学习者课程学习提供学习资源，包括相关文献资源、实验资源、素材资源等。

⑧ 学习档案系统：包括学生的用户信息管理、个人学习记录、与学生课程学习相关的报表管理。

图 7-1 所示是现代教育技术概论网络课程的构成。

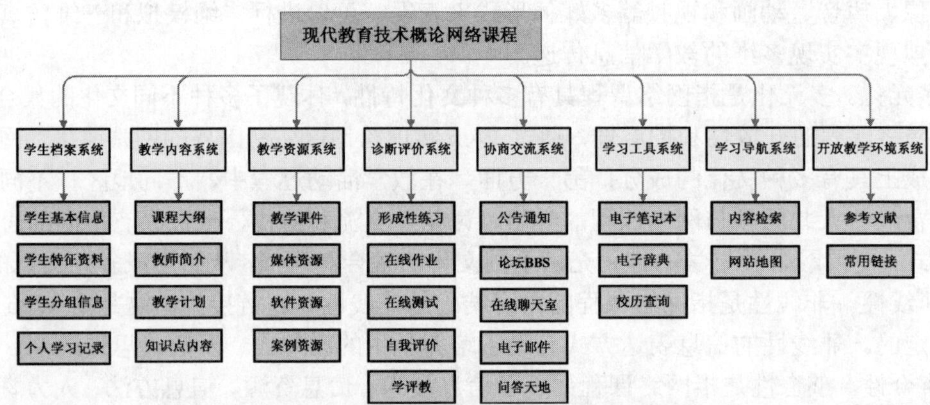


图 7-1　现代教育技术概论网络课程的构成

**问题二**　**为什么要使用网络课程？网络课程的开发和使用对于高等教育有哪些方面的作用呢？**

## 学习资料二

高等学校力行倡导开发和运用网络课程，具有如下三方面的意义。

第一，促进教育的信息化建设。发展现代远程教育，构建终身学习体系是教育信息化的一项重要任务。现代远程教育是随着现代信息技术的发展而产生的一种新型教育方式，开发大量高质量的网络课程有助于实施现代远程教育工程，提高教育信息化水平。

第二，有助于课程教学模式的改革。面对科学技术的迅猛发展，我们必须改革传统的课程教学模式和教学方法，借助多媒体技术和网络通信技术等，探索新型的课程教学模式和教学方法，网络课程的开发正符合这一时代要求。

第三，创新人才培养的需要。实施网络课程，丰富的信息资源和图文音像并茂的、丰富多彩的交互式人机界面，能为学习者提供符合人类联想思维与联想记忆特点的、按超文本结构组织的大规模知识库与信息库，易于激发学习者的学习兴趣，并为学习者实现探索式、发现式学习创造有利条件，特别适合学生进行“自主发现、自主探索”式学习。

# 第二单元　网络课程的开发与设计

## 环节一　网络课程的设计原则和模式

**问题情境**

了解了网络课程的概念以后，你可能要问了，如果我想自己设计一门网络课程，需要参照哪些原则呢？网络课程又有哪些不同的表现方式呢？如何根据实际需要来选择合适的网络课程设计模式呢？

**问题一　网络课程的设计有没有规律可循？一般有哪些设计原则？**

**学习资料一**

网络课程的设计一般有以下几个原则。

① 学习的个性化。学生是学习的主体，学习的过程是学生主动探索、发现问题、意义建构的过程。网络课程要尽可能地为学生提供个性化的学习空间，体现“以学习者为中心”的建构主义教学思想，允许学生自定学习进度，并且根据自己的实际情况调整学习内容和进度，为学生提供多种认知学习工具帮助他们更好地自主学习，提供协作学习空间以利于学习者结伴学习，提供多样化的评价方式允许学生自主评价、互动评价。

② 学习内容的多媒体化。由于互联网和宽带技术的快速发展，网络课程的多媒体传输成为可能，也为学习者的学习提供了极大的方便。为提高学生的学习兴趣，应根据教学目标的需要提供图文声像并茂的教学内容。这改变了以往单调文字的简单呈现，给学习者提供多种媒体的感官刺激，使学习的效率更高。

③ 学习方式的交互性。主要体现为：学生与教师之间的交流（如作业系统、答疑区）、学生与学生之间的交流（讨论区、聊天室、电子邮件）、学生与教学材料之间的交互、教师与教学材料之间的交互。针对不同类型的交互，采取不同的方式和方法，运用不同的交互手段和交互管理规则。

④ 学习系统的开放性。提高结构的开放性，提供相关的参考资料和相应的网址，对于同一知识内容，提供不同角度的解释和描述，让学生在不同看法中进行交叉思考，提高学生分析问题和解决问题的能力。

**问题二　网络课程有哪几种表现形式？如何根据实际教学需要来选择不同的设计模式？**

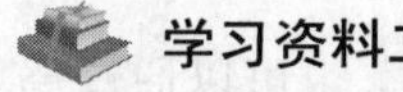

**学习资料二**

根据网络课程的类型不同，网络课程的设计模式可分为 3 种，即基于教的网络课程设计模式、基于学的网络课程设计模式和“主导—主体”的网络课程设计模式。

1．基于教的网络课程设计模式

这种网络课程等同于将教师在教室授课的过程录制以后再通过多媒体音视频技术、流媒体技术搬到网络上，让身处异地的学习者也能享受到一流教师的教学成果，其特点如下。

① 这是一种传统的教学形式，模拟面授过程，学习者比较容易接受。

② 结构化知识展示部分通常以教师的视频或音频信息 + 讲授目录 + 课件内容的方式呈现，俗称“三分屏”页面（如图 7-2 所示），学习者可以通过单击目录自主选择学习内容。

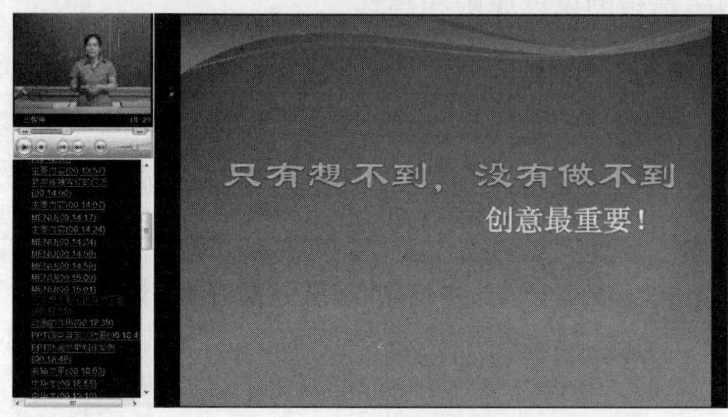


图 7-2　基于教的网络课程

③ 通常只注重结构化知识内容的学习，缺少个性化学习空间和协作交流空间。

④ 学生缺少自主学习的权利，教师不能有效控制学习过程和学习进度。

⑤ 学生仅是被动听讲，难以获取与教师面对面的沟通交流机会，容易使学习者产生厌倦感。

由于流媒体制作费时费力，并且学习效果不佳，因此目前这种单纯基于教的网络课程开发得不是很多，一般都将其作为学习内容的一部分嵌入到学习资源中。

2．基于学的网络课程设计模式

基于学的网络课程是完全基于 Web 技术，按照一定的教育技术规范来编写的多媒体网络学习课程。这种网络课程可为学生提供庞大的资源库和系统的多媒体化的学习内容，支持学生自主学习及个性化、协作化的学习空间，学习形式灵活多样，学生有较大的学习控制权，可自行安排学习时间、内容、地点，适合于学生使用网页浏览器进行完全自主的学习。这类课程通常较少有教师直接参与，对学习过程的控制和监督多由系统自动完成，师生交流通常以 E-mail 或论坛形式进行。

基于学的网络课程主要针对有较强学习需求的成年人，他们具有一定的自主学习能力和约束力，可通过网络课程提供的大量资源，借助一定的协商交流工具实现自我管理和提高。基于学的网络课程通常由六大部分组成：理论学习部分、相关支持资源、案例分析部分、学习导航系统、工具平台部分和评价检测部分，图 7-3 是华南师范大学精品网络课程教学设计原理与方法的界面，可以看出该网络课程基于以学为主的教学模式，包括课程内容学习、相关资源、设计案例、专题研讨、在线评价、学生作品等功能模块。

3．“主导—主体”的网络课程设计模式

“主导—主体”的网络课程是指学生既可以接受教师的实时面授教学，也可以通过局域网或互联网点播视频课程或网络课程进行学习，和教师通过互联网实时讨论、答疑的一种课程。这种网络课程比较适合于用在高校，作为课堂辅助教学和课后巩固复习环节使用，学生除自主学习外，还可参与授课教师的面授辅导或视频辅导。通常“主导—主体”的网络课程具有以下几个常用的功能：学习内容在线浏览、学习资源下载（含教师的 PPT 课件、视频录像及其他资源）、作业在线提交与评阅、学生自我测试与评价、论坛答疑讨论、学生优秀作品赏析等。图 7-4 是天津师范大学国家级精品网络课程多媒体画面艺术基础的界面，作为学生自主学习或课堂教学的补充，该网络课程能起到较好的导学、助教作用。

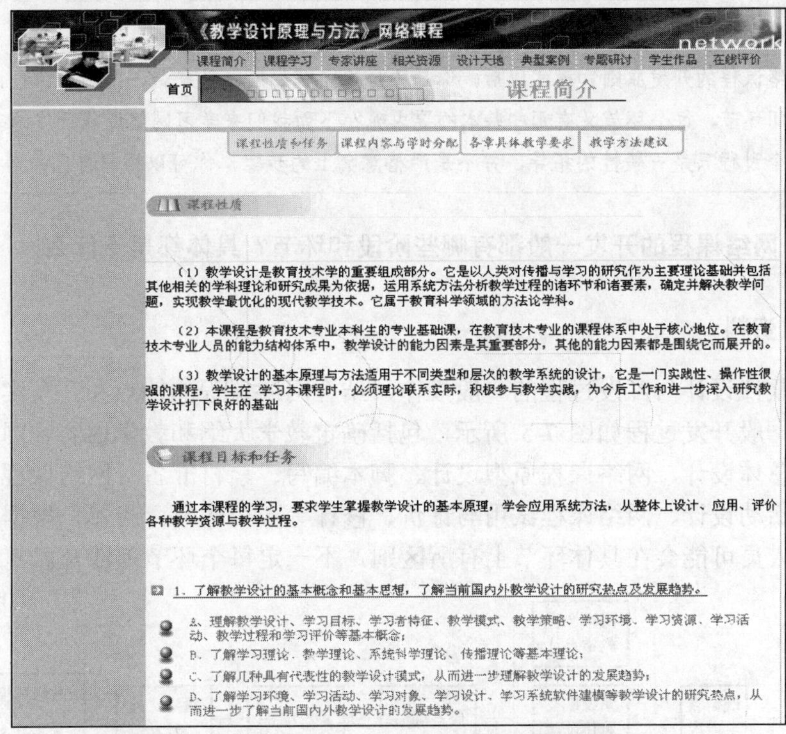


图 7-3　教学设计原理与方法网络课程界面

图 7-4　多媒体画面艺术基础网络课程界面

## 环节二　网络课程的开发过程

问题情境

了解了网络课程的开发原则和模式以后，你是不是想了解如果自己来做一门网络课程，需要从哪里开始，有哪些中间环节，每个环节又有哪些基本的要求呢？下面我们来学习网络课程开发的基本过程。需要注意的是，这个过程只是一般性的指导，并不是严格意义上的步骤，你可以根据自己的需要有所取舍。

**问题　网络课程的开发一般都有哪些阶段和环节？具体都是干什么？**

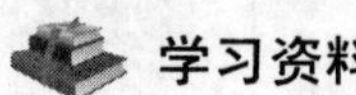

学习资料

根据教学软件设计与开发过程的一般规律，结合网络课程的特点和开发实践经验，总结出网络课程的一般开发过程如图 7-5 所示，包括确定教学大纲和教学内容、网络课程教学设计、系统框架总体设计、网络课程原型设计、脚本编写、素材准备、网络课程开发、教学环境设计、教学活动设计、网络课程试用与评价、修订等多个环节。当然，根据不同网络课程的需求，开发人员可能会在具体环节上有所区别，不一定每个环节都涉及。

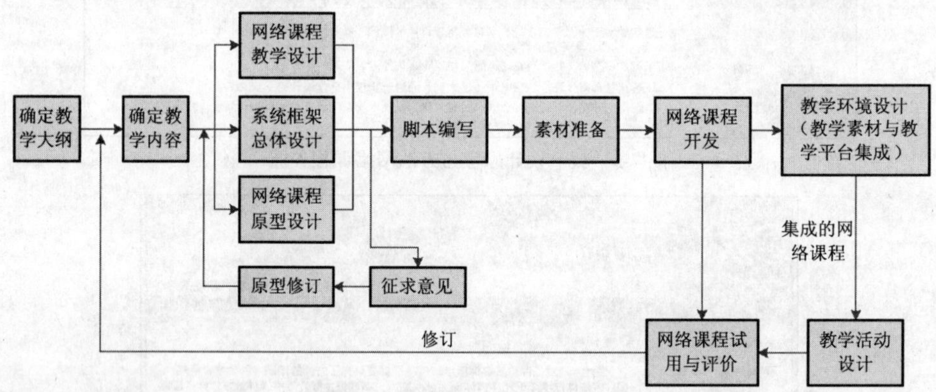


图 7-5　网络课程开发的一般过程

1．确定教学大纲

教学大纲是以纲要的形式规定出学科的内容、体系和范围，规定课程的教学目标和课程的实质性内容，是编写教科书的直接依据，也是检查教学质量的直接尺度，对教学工作具有直接的指导意义。

教学大纲的编写应遵循如下原则：科学性、思想性、主观联系实际、基础性、系统性、开放性等。如果开发的课程已有教学大纲，应尽可能选用现有大纲；如果没有，则要编写一个，而且编写的大纲要经过学科专家审查。

2．确定教学内容

根据教学大纲编写教材、配套的练习册、实验手册，如果已有优秀教材，尽可能选用。教材的内容应具有科学性、系统性和先进性，表达形式应符合国家的有关规范和标准。应当结合“高等教育面向 21 世纪教学内容和课程体系改革计划”的成果，符合本门课程的内在逻辑体系和学生的认知规律。

3．网络课程教学设计

网络课程开发区别于其他软件开发的最显著的特点就是教学设计在其中发挥重要的作用，网络课程设计质量的高低除了与软件制作水平有关系外，还与教学设计的质量有直接的关系。一门好的网络课程能否真正为学习者所用，真正起到应有的教育教学作用，必须重视教学设计环节。在下一环节将针对网络课程的教学设计进行具体介绍。

4．系统框架总体设计和原型设计

系统总体设计是形成软件系统设计总体思路的过程。完整的网络课程应具有通常所要求的一般模块和栏目，但根据每门网络课程的教学对象和教学目标不同，可以突出网络课程某方面的特点，并在教学功能上有所体现。在这个环节要确定网络课程的主要功能模块，建立各模块之间的关系，从而形成网络课程的系统结构。

选择一个相对完整的教学单元，设计出一个教学单元的软件原型，确定软件的总体风格、界面、导航风格、素材的规格以及脚本内容。总体设计是设计过程中最重要的一环，它是形成软件设计总体思路的过程，决定了后续开发的各个方面，软件设计过程所要遵循的所有原则都要在这一阶段得到充分体现。原型实现后，应在一定范围内征求意见，尤其是征求最终用户（学生）的意见，并根据征求的意见进行修订，以减少后续开发过程中修改的工作量。

5．脚本编写

脚本的编写由有丰富经验的专业课教师完成。脚本必须显示学生将要在计算机上看到的细节，还必须根据计算机的特点，在一定学习理论的指导下对每个教学单元的内容和安排以及各单元之间的逻辑关系进行教学设计，并写出相应的教材。这样的教材很像电影剧本，因此通常也把它叫做脚本。脚本既是设计阶段的总结，又是开发和实施阶段的依据。从其内容来看，它是网络课件中的教学内容和教学方法的载体，而不是课本或教案的简单复制。

图 7-6 是某网络课程一级页面和二级页面的脚本示意图。

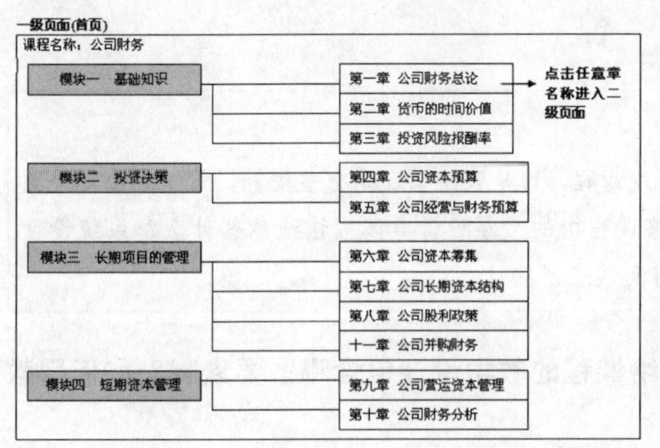


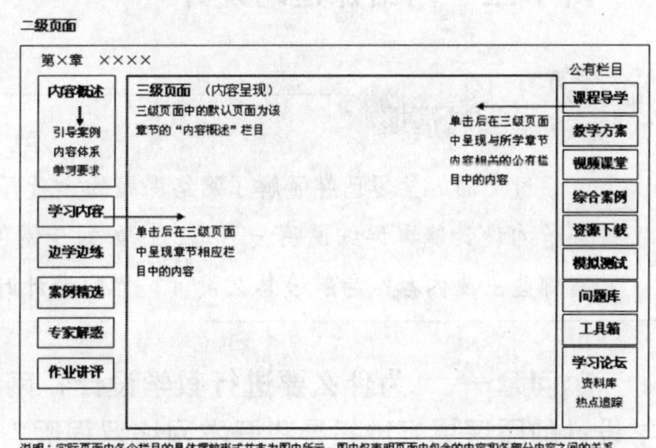


图 7-6 网络课程制作脚本示意图

6．素材准备

根据脚本的要求，准备所需要的素材，如文字、动画演示等，特别是音频和视频素材，（通过录音和摄像得到）。把准备好的音频和视频素材通过声卡和视频采集卡转换为计算机可识别的数据文件。

7．课件开发

根据脚本提供的要求和建议，参考开发的软件原型，利用网络课程开发工具（如FrontPage、Dreamwaver、Flash、JavaScript、ASP、JSP、ASP.NET 等）集成课程内容，或直接采用现有的网络课程支撑平台（如 WebCT、Moodle、BlackBoard 等）进行集成，从而形成网络课程。完成软件的制作以后，还要编写相应的文字材料，例如软件的内容适于何种程度的学生使用、软件的使用环境和适用机型、网络课程的使用方法以及其他配套使用的文字材料等。

8．教学环境设计

基本教学环境包括与网络课程学习直接相关的课程大纲、练习题、答疑系统、课程学习讨论系统和作业提交与管理系统，主要指在统一的教学支持平台下的教学内容设计，而不是教学系统的设计。所有内容直接在统一的网络教学平台界面中录入，或通过Scorm、IMS 标准文件导入，属性项、格式等规定应保持一致。这一点在集体开发时显得尤为重要。

9．教学活动设计

教学活动是网络课程的核心内容，网络教学活动设计主要是针对相关学习内容和学习对象设计相应的教与学策略和模式，以便能够更好地支持教学的有效实施。

在一门完整的网络课程中，至少需要设计如下教学活动：实时讲座、实时答疑、分组讨论、布置作业、作业讲评、协作解决问题、探索式解决问题。教学活动的安排要根据课程具体内容确定。

10．系统试用与评价

整个网络课程的设计与开发完成后就进入了试用期，测试系统的性能并对系统进行各个功能模块的详细检测，给出评价和修改意见，以便进一步完善系统功能，提高网络课程的质量和水平。

## 环节三　网络课程的设计

**问题情境**

通过上面的学习已经了解了网络课程的大致开发过程，可是我感觉还是有些模糊，对于其中几个关键环节的设计能再详细说明一下吗？比如对于网络课程中的教学设计具体应该注意些什么？系统设计又有哪些主要内容？导航该怎么设计？界面设计时又该注意些什么？

**问题一　为什么要进行教学设计？网络课程的教学设计包含哪些要素呢？如何用教学设计的原理更好地指导我开发网络课程呢？**

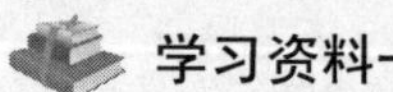

网络课程是一种重要的网络教学资源，在其设计和开发过程中都离不开教学设计理论的指导，教学设计是网络课程设计阶段的重要任务。网络课程设计中的教学系统设计主要包括以下几个方面：学习者特征分析、教学内容的选择与设计、教学目标的确定、学习环境设计、

教学策略的制定、教学评价的实施等。表 7-1 列出了教学系统设计要素与网络课程设计活动的对应关系。

表 7-1　　教学设计要素与网络课程设计活动的对应关系

| 教学系统<br>设计要素 | 网络课程设计活动 |
|---|---|
| 学习者 | A．测量学习风格　B．建立学生档案　C．电子学习档案评价 |
| 教学内容 | A．用超文本编排知识内容结构　B．设计不同内容的媒体表现<br>C．建立庞大的动态数据库和案例库 |
| 教学目标 | A．设计学科网络教学的总体目标　B．设计单元学习目标<br>C．展示知识点的层级目标 |
| 学习环境 | A．设计自主学习环境，编排超文本教学内容，设计丰富的案例和学习资源，搭建学习者作品展示区，建立自测题库<br>B．设计协作学习环境，搭建学习社区，提供协作工具（聊天室、E-mail、BBS），设计讨论主题 |
| 教学策略 | A．设计教学内容的媒体表现　B．设计导航策略<br>C．提供适宜的学习方法和学习组织形式　D．创设教学情境 |
| 评价 | A．诊断性评价　B．形成性评价　C．总结性评价 |

1．学习者特征分析

学习者是网络教学活动的主体，对学习者进行特征分析是网络教学系统设计的关键环节。学习者特征分析主要包括对学习者的社会背景、心理和生理发展的特点、学生的学习期望、学习风格以及已有知识结构的分析等。在网络课程的设计活动中，应该相对应地对参加该课程学习的学习者开展网络调查，包括对学习风格的测量，并建立学习者档案。通过对这些数据的分析来掌握不同学习者的学习需要和个性需求，并对不同学习风格的学习者提供适宜的学习建议，从而真正实现因材施教。

2．内容的选择与组织

首先，教学内容要尽量选取适宜计算机网络表现的信息内容；其次，把选定的教学内容进一步分解为若干知识点，形成节点；再次，以超文本的形式来编排和组织教学内容，使学习者可以依据个人的学习需求通过文本、图形、热按钮等超文本链接方式任意选择学习路径，在设计过程中尽量加入交互环节以激发学生在学习过程中主动参与和积极思考的精神；最后，还应建立一个动态的、庞大的资源库，该资源包括参考资料、背景知识、案例、素材、网址资源以及学习工具等。另外，资源库内容与相关教学内容之间要有链接，但是不应太多，同时应注明链接内容与教学内容之间的关联度，或给出建议阅读的等级。

3．教学目标的设计

近年来在网络教学的研究中都在强化建构主义认知理论在网络教学中的指导意义，提出了“意义建构”为学生学习活动的终极目标，与此同时淡化了对教学目标的设计要求。然而，意义建构并不能完全代替教学目标，教学目标是学习者在网络教学活动实施中应达到的学习结果或标准，对教学目标的阐明可以使这种结果或标准具体化、明确化，从而为制定教学策略提供依据。

4．学习环境的设计

网络课程中的学习环境应包括自主学习环境与协作学习环境两部分。自主性是网络学习的一大特点，如何为学生创设一个良好的自主学习空间是实现自主学习的保障，应该既能体现不同学习者的个性特征，又能够为学习者开展自主学习提供示例和帮助，而且能为学习者开辟展现自我和进行自我评价的空间。可以从以下几个方面考虑自主学习的设计。

① 借助超文本或超媒体的方式组织教学内容。这不仅符合人脑的思维结构和特点，而且还能增强知识的覆盖面和迁移性。各种多媒体信息均可以由学习者自行控制，学习者根据自己的知识起点水平和学习需求自主选择感兴趣的内容进行学习。

② 提供大量与教学内容密切相关的拓展性资源和案例，并按照一定的类别和顺序进行编排，同时还提供方便的检索和查询功能，以方便学习者根据学习需要查找相关资源进行学习。

③ 提供各种认知工具，便于学习者根据学习需要自由选用，自主完成知识建构。

④ 设计不同类型的在线练习并提供及时反馈，便于学习者进行自我测评，了解自身对学习的掌握程度。

⑤ 设计“内容导学”，加强网络课程中自主学习的导向性。“内容导学”应置于每一章学习内容的初始界面，起到方向盘和航标的作用，指点学习者采用何种方式来学习本章内容，可以进行哪些学习活动等。

⑥ 协作学习是网络教学活动的又一大特征，学生在认知过程中通过与人协作可以进一步培养其高级认知能力。网络课程应为学生之间以及学生与教师之间的交流与协作设计一个良好的支撑环境和多样化的通信工具（聊天室、E-mail、BBS），让不同时空的学习者在该环境中通过协商、会话共同完成特定的学习任务。

5．教学策略的设计

网络课程中教学策略的设计包括：设计教学内容的媒体表现、创设学习情境、设计一定的导航策略以及提供适宜的学习方法和学习组织形式。网络课程由于其信息量庞大、开放性强等特点，使得学习者在学习过程中容易产生迷航现象，因此，设计清晰、明确、符合学生认知心理的导航系统对学习者的学习能提供很大帮助。

6．教学评价系统的设计

网络课程中的教学评价包括形成性评价和总结性评价两种，相对于传统课堂教学无法跟踪学生学习过程，从而对学生做出有效的形成性评价的弱点。网络课程在形成性评价方面有着天然的优势，可以利用强大的软件开发技术对学习者各方面的学习状况（如登录次数、在线时长、发贴数量、活动记录、作业提交、资源利用等）进行详细记录，获取相关数据和资料来调整教学使之更富成效，从而有利于教师全面掌握学生的学习情况。总结性评价是在教学活动完成后对网络教学活动的最终效果所进行的价值判断，学生可以通过在线考试测评自己对知识的掌握程度，还可以设计调查问卷，让学生对网络课程的设计、实施进行评价，以帮助教师改进下一轮的教学。

**问题二　网络课程的系统设计指的是什么意思？网络课程的整体框架应该是什么样的结构？有哪些网络课程制作工具？**

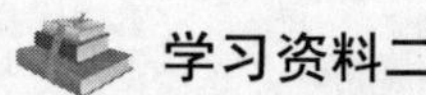

**学习资料二**

网络课程系统设计的主要工作是确定网络课程的整体框架结构，进行详细功能模块的设计和数据库设计，选择技术开发工具等。网络课程一般基于三层 B/S 结构，如图 7-7 所示。用户浏览界面层面向网络课程的最终用户，一般分为学生、教师和管理员三类。很多网络课程还设置了"访客"用户，即允许没有任何权限的用户使用网络课程的部分功能。学生、教师和管理员三类用户的权限各不相同。一般来说，网络课程中学生的查看、浏览、下载权限较多，在协作交流、学习评价、教学资源等模块可以允许学生有录入、修改、删除、上传等权限。教师对几乎全部的模块都具有修改、删除等权限。在有的网络课程中教师和管理员的权限是相同的，但考虑到网络课程功能扩展、适用范围扩大的要求，最好将教师和管理员的权限设置分开。教师的权限也可以按所担负的不同教学任务分为不同的权限类型，如答疑教师、内容编辑教师、资源管理教师等。

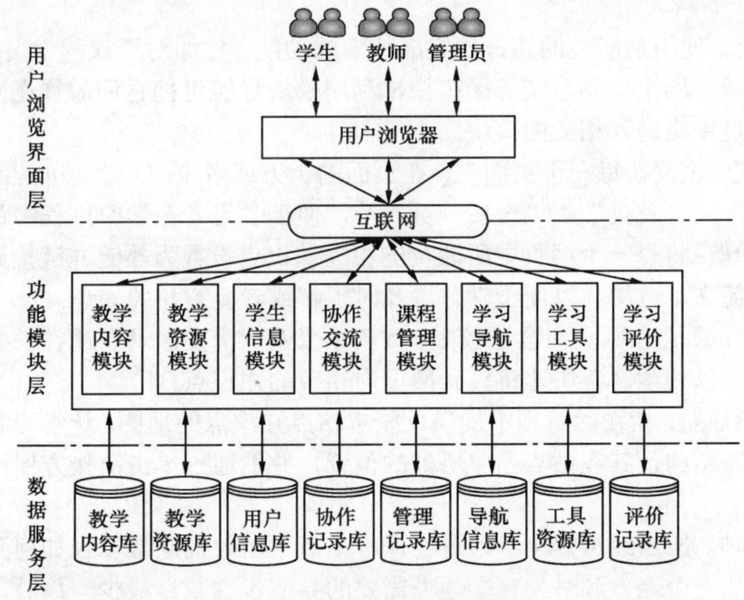


图 7-7　网络课程的整体框架结构

在网络课程制作工具选择上，能够用于网络课程开发的工具软件很多，它们各有所长。一门优秀的网络课程往往需要使用多个开发工具软件。例如，要制作美观大方的网页，可能需要用到"网页三剑客"（Flash、Firework、Dreamweaver）或类似 FrontPage、Photoshop、Flash 的组合。而要开发媒体丰富、交互功能完善的网络课程，除了"网页三剑客"之外，还可能需要用到流媒体课件制作工具和虚拟现实课件制作工具，需要用到 DHTML、ASP、ASP.NET、JSP、PHP、JAVA、JavaScript、VBScript 等网络编程语言中的一两种或多种，以实现网页的动态交互性，并结合数据库技术对多媒体素材进行合理组织和管理。这就要求教师应根据自己对计算机操作的熟练程度和对课件制作软件功能的了解程度选择最恰当的制作软件。

**问题三**　**在网络课程的制作中导航策略是十分重要的，它对于提高学习者的学习兴趣和学习效率有很大影响，那么在网络课程中该如何设计导航呢？**

### 学习资料三

在网络课程的学习中，学习者是主动的探索者，学习内容、学习进度、学习过程由学习者自己掌握。如果学习者在学习过程中缺乏教师的指导，容易发生迷航现象，因此导航的设计尤为重要。常用的导航方式有检索导航、目录树导航、模块导航、书签导航、菜单导航、热键导航、知识点导航、站点地图导航等。

① 检索导航：通过在网页当中使用表单的形式给学习者提供检索功能。这种方式使用起来比较方便，但是对学习者的要求比较高，学习者必须对学习的内容有所了解，因此，比较适合课程内容丰富且有经验的学习者使用。

② 目录树导航：适用于课程的整体组织，把整门课程各个章节的内容做成类似于Windows资源管理器的文件组织样式，每个章节的目录可以打开或折叠。这种导航方式有利于学习者对整门课程总体框架的把握，能够快速到达需要的网页，因此，这种导航方式的应用较为广泛。

③ 模块导航：使用功能性的超链接完成特定的功能，比如对于课程学习、学生管理、网上答疑、信息资源、网上自测系统等子模块，利用模块导航可把它们放置在网页的上方，学习者随时可以通过单击进入相应的模块。

④ 热键导航：设置在每一个页面上，在页面的上方或者末尾设置功能热键，比如“上一页”、“下一页”、“首页”、“最后一页”等，便于学习者在学习过程中跳转。

⑤ 知识点导航：将每一个网页中所涉及的相关知识点设置为热键并链接到知识点所在的网页上，也就是超文本链接，以便于学习者及时了解或者复习相关知识。

⑥ 书签导航：适合在网页内容比较多、阅读单张网页需要滚动条或在长的网页内浏览课程内容时使用，可以使学习者快速跳转到网页内相应的知识点。

⑦ 站点地图导航：指在网页当中提供反映本站点知识点的地图，让学习者直观地了解整个网络课程的功能结构及其在站点当中所处的位置，并能通过单击链接方便地跳转到相应的位置。

在导航设计时，应当经常提示学习者在课程站点中所处的层级以及如何到达他们的下一个目标，应保证从一个地方到另外一个地方需要的导航步骤数目最少。最后，可以用序列指示学习者的距离和方位（比如当前是第5页，共15页等），应根据课程内容的复杂程度以及学习对象的特点，适当地使用一种或者多种导航方式。

**问题四　网络课程的界面是其最终表现形式，界面设计的好坏直接影响学习者的学习兴趣，那么网络课程的界面设计应遵循哪些原则呢？**

### 学习资料四

网络课程在网络上的直接表现形式是网页，网页界面质量的优劣将对学习者的学习效果产生直接的影响，因此，除了注意教学设计、总体结构设计以及导航设计之外，还应当注意网页界面的设计。设计界面时应注意以下几个方面的问题。

① 整体风格的确定。应该根据网络课程的自身特点确定网络课程的总体风格，根据不同的科目选择不一样的色彩和布局，但在同一网络课程内应保持统一的风格。

② 框架的使用。框架能够很好地从内容当中分离导航成分，使页面的内容排列整齐，避免杂乱地显示在屏幕上使学习者产生迷惑。因此，网络课程应该多使用统一的框架，特别是在学习内容较多的页面上。

③ 图像的运用。在图像使用过程中，应选用合适的图像格式，一般的图像可选用 JPEG 或 PNG 格式，图形、图表以及剪辑插图材料可使用 GIF 格式。另外，为了提高网页浏览速度，尽量使图片在保持质量的同时压缩数据量和分辨率。图片之间要有隔行，这样当图片加载的时候能得到更多的注意。在比较慢的浏览速度下，如果能给学习者提供一些其他浏览内容，学习者就会少显得不耐烦。最后，若图片正在下载，在浏览器上显示图片的位置应显示特定的文本，以提示学习者图片正在下载过程中。

④ 图标的选用。图标是概念的符号或者图形表示，所选用的图标内涵应当清晰地表现出其功能，不能选用只有自己明白的图标，而应选用通用的图标，使每一个学习者都能理解。

⑤ 内容要素的组织和安排。组织和安排好课程站点的各种要素以及设计好各部分相互之间的联系，对页面的效果有很大的影响。图形应当起到服务的功能而不能仅仅是一种装饰，背景或者其他的可视化元素要有内在的统一，不能为了追求某种效果而使用无关的图形分散学生的注意力，应当激发而不是削弱学习者对网络课程的学习兴趣。

⑥ 文本的应用。所使用的文字应符合基本的语法规则，拼写要正确，标点符号的使用要恰当；文字应当简明清晰，不能与图形和背景杂乱地混在一起，以免分散学习者的注意力；文字要避免过多的滚动，可读性要好。另外，文字的大小应适当，文本标题要清晰醒目，必要时可用特殊的字体、字号、颜色进行区分，以突出重点。

# 第三单元　网络课程的制作与应用

## 环节一　网络课程支撑平台

**问题情境**

通过上面的介绍，你应该了解网络课程设计方面的一些知识，实际上需要很多不同的制作角色经过长时间的努力才有可能制作出一门实用性强、交互性好、内容丰富的网络课程。这对于一般的学科教师来说是不太现实的。那么，有没有捷径可循呢？或者说，我不懂程序设计方面的知识，是不是就不能在我的教学中使用网络课程了呢？答案是否定的，实际上有很多现成的网络课程教学支撑平台可以提供给你使用。它们功能强大，制作良好，经过简单的设计和修改就可以拿来教学了。想了解它们是什么吗？那就一起往下学习吧！

### 问题一　什么是网络课程教学支撑平台？有哪些产品？

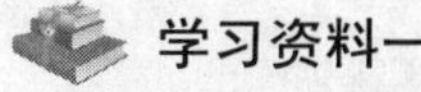

**学习资料一**

网络课程教学支撑平台就是通过网络技术建立一个基于 Web 的支持和管理教学过程、提供共享学习资源和各种学习工具的虚拟学习环境，为网络教学的实施提供通信支持与学习管理服务。随着网络技术教育应用的发展，目前国内外相关机构已经开发了大量类似的教学平台，这些平台大都有用户管理、网络课程编辑创作、网络学习过程跟踪与管理、同步/异步交流工具等相似功能，此外每种教学平台还都有自己特殊的功能。

从不同用户的角度看，学习者通过网络课程教学支撑平台可以进行选课、课程学习、提交作业、下载资源、交流讨论、测试练习等学习活动，教师通过平台可以实现网络课程的开设、内容创作、布置作业、提供学习资源、答疑交流、教学过程管理与评价等教学工作，而系统管理员可以实现用户管理、内容备份与恢复、数据交换、版本升级等系统维护工作。

目前国内外可以用于实施网络课程教学的软件平台产品很多，其中较为流行的网络教学平台有 WebCT (Web Courses Tools)、BlackBoard、ATutor、LearningSpace、WebCl、Moodle 等。WebCT 和 BlackBoard 是目前功能较为完善、使用较广泛的两大网络教学平台，国内教育界近几年内也开始致力于引进和开发网络教学平台，如 CERNET 与 BlackBoard 公司组建的赛尔毕博有限公司（其网站见图 7-8）负责中文版 BlackBoard 的开发和推广。目前国内已有几十家重点大学引进了 BlackBoard 教学平台，如北京大学、北京师范大学、中山大学等。

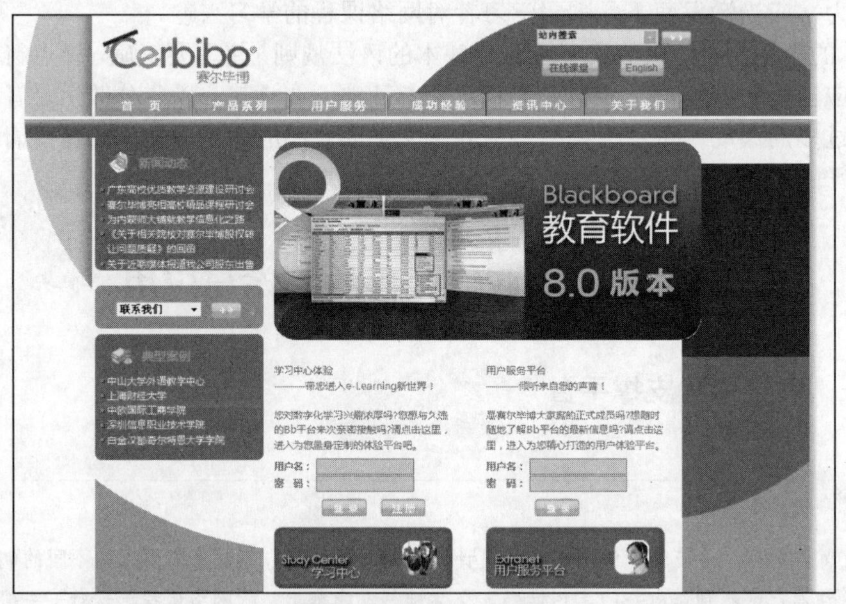


图 7-8 赛尔毕博公司网站

与大多数网络教学支撑平台高昂的引进费用不同的是，Moodle 是一套完全开放和免费的网络课程管理系统，目前已在全世界 70 多个国家广泛应用，全世界的程序员都可以方便地为系统增加和修改各种学习模块。自 2005 年被引入中国以来，Moodle 在国内的发展可谓日新月异，由于其易安装、易使用、易扩展、零成本等特点，受到国内广大一线教师的欢迎。本书下面的内容即以 Moodle 平台为例简要介绍 Moodle 的主要功能及其开发网络课程的过程。

**问题二　什么是 Moodle？在诸多的网络课程支撑平台中，我们为什么单单选用 Moodle？**

### 学习资料二

Moodle（Modular Object-Oriented Dynamic Learning Environment，模块化面向对象的动态学习环境）最初是由澳大利亚教师 Martin Dougiamas 基于建构主义教育理论而开发的课程管理系统，是一款基于 MySql+PHP 的免费开放源代码软件。同时 Moodle 又是一个动词，用来描述一个循序渐进的过程，一个可以引导学习者不断地洞察和创造的过程。正因为如此，这个系统不仅应用于网络课程的开发，还应用于学生或教师对在线课程的学习或教学中，可以应用在教师专业发展、校本培训以及建立家校互动社区等方面。

Moodle 的重要特色是以社会建构教学法为其设计基础。Moodle 采用可自由组合的动态模块化设计，教师组织在线教学时就像搭积木一样简单。Moodle 的功能强大，易于使用，近来发展十分迅速。迄今为止，有近百个国家 2000 余个机构采用了 Moodle 网络教育平台。

Moodle 具有以下特点。

① 既适合于 100%在线的课程，也可以作为传统课程的补充，课程可以通过打包的形式方便地进行备份和恢复。

② 简单、精巧、高效，兼容性好，界面易用，有近 70 种语言供不同地域的用户选择。

③ 几乎可以在任何支持 PHP 的平台上安装，安装过程简单，几分钟即可构建一个单机版或服务器版的网络课程开发环境。

④ 具有全面的数据库抽象层，几乎支持所有的主流数据库。

⑤ 有强大的安全性设置，所有提交的数据都被检查和校验，并对 Cookie 进行加密。

⑥ 可以对课程分类和搜索——一个 Moodle 网站可以支持成千上万门课程。

⑦ 用先进的教育思想作指导，以建构主义学习理论为依据，支持 IMS、SCORM 等内容标准，可方便地与其他平台共享内容和资源。

⑧ 绝大部分的文本（资源、论坛帖子等）可以用所见即所得的在线编辑器进行编辑。

⑨ 采用模块化结构，有聊天、作业、投票、论坛、测验、资源、专题等模块，而且在其官方网站中不断地增加和更新各种用途的模块，而新模块也只需要简单的操作便能与原来的系统共存使用。

⑩ 系统对用户的各项操作都有详细记录，教师可以方便地追踪任何学生的学习情况，如各项考试、评论、投票结果，易于查询及管理。

### 问题三　Moodle 怎么安装，怎么运行？Moodle 的界面到底是什么样子的？

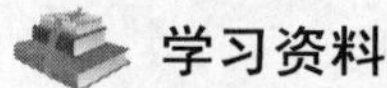

#### 学习资料三

1. Moodle 的安装

Moodle 的安装方法如下。

① 在安装前确保机器具有 Web 服务器、PHP 程序运行环境和 MySql 数据库，如果没有，可以下载 Moodle 一体化安装包，这样安装起来更加便捷迅速。

② 到 Moodle 官方网（http://moodle.org）或者国内较知名的中文 Moodle 网站易魔灯（http://www.emoodle.org/）上下载最新版本的组合安装包或一体化安装包（本书后面的实例都是基于 Moodle 1.9.3 版本，新版本在功能、界面上都会有所区别，请读者注意区分）。

③ 解压安装包，并将解压后的 Moodle 文件夹直接复制到 Web 服务器的发布目录下（或 d 盘根目录下亦可），然后修改 Moodle 文件夹中 config.php 文件中的 wwwroot、dirroot、dataroot 三个变量，将其设置成 Moodle 系统安装的正确路径。如果机器上装有 IIS，还会导致 80 端口冲突，需要先停止 IIS 的使用。网上有很多关于 Moodle 安装的指导手册和问题解决办法，根据所下载的 Moodle 安装包不同而有所区别，读者可自行到百度上搜索关

于 Moodle 的安装方法。

④ 启动浏览器，输入“http://localhost/install.php”，然后按提示逐步完成系统的安装操作，如复制各种表、设置数据库密码、设置管理员密码等。在安装过程中一定要将输入的密码记牢，否则一旦忘记密码，很可能又要重新安装。

2．Moodle 的运行

系统正确安装后，在浏览器中输入“http://127.0.0.1”，就可以看到 Moodle 的运行界面了，如图 7-9 所示。这时还没有添加任何课程、模块和活动。

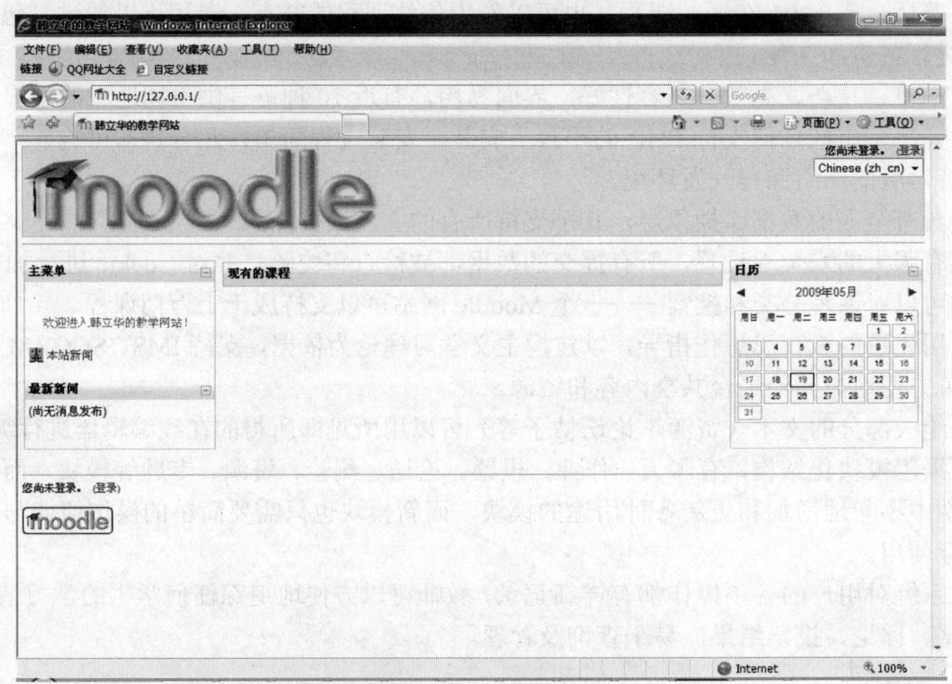


图 7-9 Moodle 的运行界面

## 环节二 用 Moodle 制作网络课程的步骤

问题情境

在上面我们了解了 **Moodle** 的特点和安装方法，那么，究竟该如何用 **Moodle** 来制作一门网络课程呢？有哪些具体的步骤？能否结合具体的实例来介绍呢？

**问题** 用 Moodle 开发网络课程的流程是什么？分为哪几个步骤和阶段？

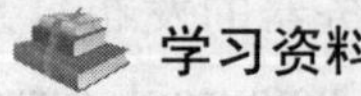

学习资料

利用 Moodle 平台开发网络课程不仅省时省力，而且起点较低，一般的教师经过基础培训后都可以自行设计和开发满足自己需求的网络课程。利用 Moodle 制作网络课程的一般流程如图 7-10 所示，基本上可以分为课程分析、课程设计、课程实现、课程实施与管理、课程评价以及修改完善等几个部分，下面分别介绍。

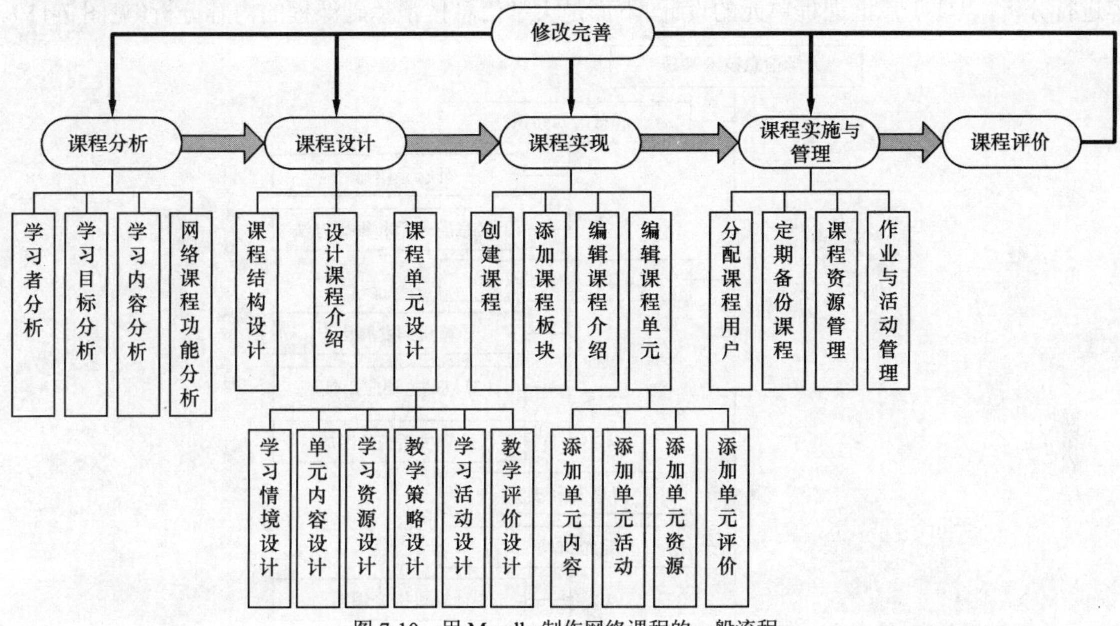


图 7-10　用 Moodle 制作网络课程的一般流程

1．课程分析

在该阶段主要进行课程学习者特征分析、课程学习目标分析、学习内容分析与确定，以及对网络课程应该具有的功能进行分析。

学习者特征分析的目的主要是确定学习者的学习基础、学习风格以及学习态度等，进而确定在课程实现时的操作。下面是大学信息技术基础课程的学习者分析以及对应的操作。

本课程面向大学一年级学生，他们初进大学，新鲜感强，大部分学生对计算机感兴趣，但各人程度差别很大，水平参差不齐。为详细了解每个人的情况，实施个别化辅导，非常有必要做整门课前的学习基础调查和技能水平测试，了解其起始能力和目标技能，也可以在每个单元前面做学前调查或学前测试。

对课程学习目标和单元学习目标的分析有助于教师从整体上把握整个课程的设计思路和实现要求，确定课程或单元的学习方式以及教学策略、评价方式等。下面是大学信息技术基础课程的部分学习目标分析内容。

- **知识目标：**
  理解信息技术的概念，了解计算机的发展历史、应用领域；
  了解计算机硬件基础知识，能说出计算机的主要部件。
- **技能目标：**
  熟练掌握 Office 常用操作软件；
  会用所学知识组装一台计算机。
- **情感目标：**
  对计算机理论及操作产生浓厚兴趣；
  能够主动学习，完成教师教给的任务。

对学习内容的分析主要是根据教学内容的特点采用层级分析法或图解分析法等对课程的内容进行分析，以便于后面课程单元的设计。下面是大学信息技术基础课程的内容分析(见图 7-11)。

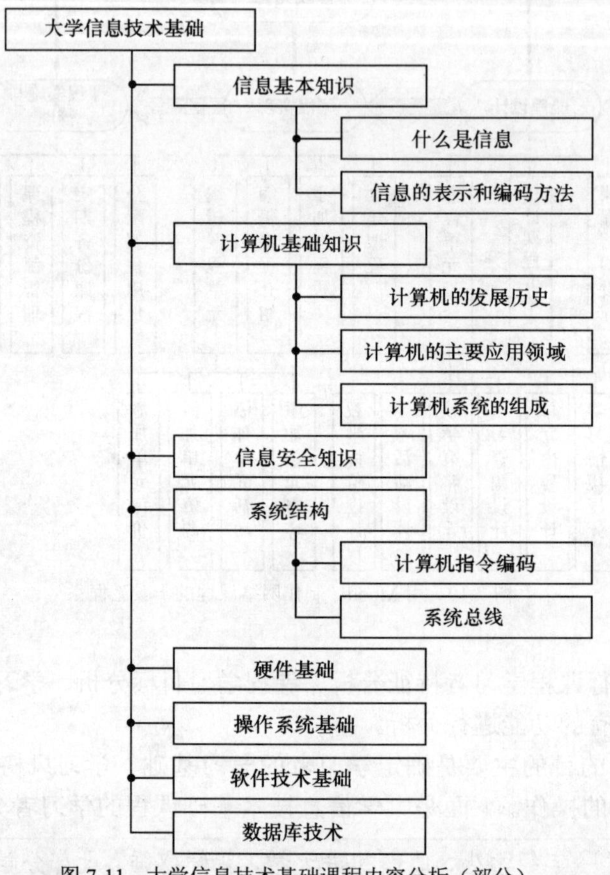


图 7-11　大学信息技术基础课程内容分析（部分）

分析环节还包括对网络课程所具有的功能进行分析。Moodle 本身提供了许多复杂的教学活动，这些功能不太可能也没有必要全部用在一门课程中，而是要根据课程的性质、教学模式等来进行取舍。例如，大学信息技术基础是一门操作性较强的基础课程，这就需要在课程中要为学习者提供丰富的内容和资源以扩大他们的知识面，同时还要设计交流区以便于学习者提出自己的问题。对于某些主题可以采用以学为主的教学模式，这就需要网络课程能给学生提供任务情境、任务资源、评价方式、小组协作的空间等。图 7-12 所示是大学信息技术基础课程的功能分析。

2．课程设计

课程设计包括课程结构设计、课程介绍和课程单元设计。课程结构设计主要是根据 Moodle 提供的 3 种主要课程模式（主题模式、星期模式和社区模式）和课程特点（传递内容、技能训练、理论研讨）来确定课程的主要结构，如表 7-2 所示。例如，大学信息技术基础课程主要以传递内容和技能发展训练为中心，因此，较适宜采用星期格式或主题格式确定课程的基本结构。其中星期格式与教学周对应，可以方便学生了解当前所处的课程位置，但课程内容必须按周来设计，对于有些需要两周甚至更长的时间才能学完的章节，采用主题格式比较灵活一些，例如将每一章内容作为一个主题创建课程。

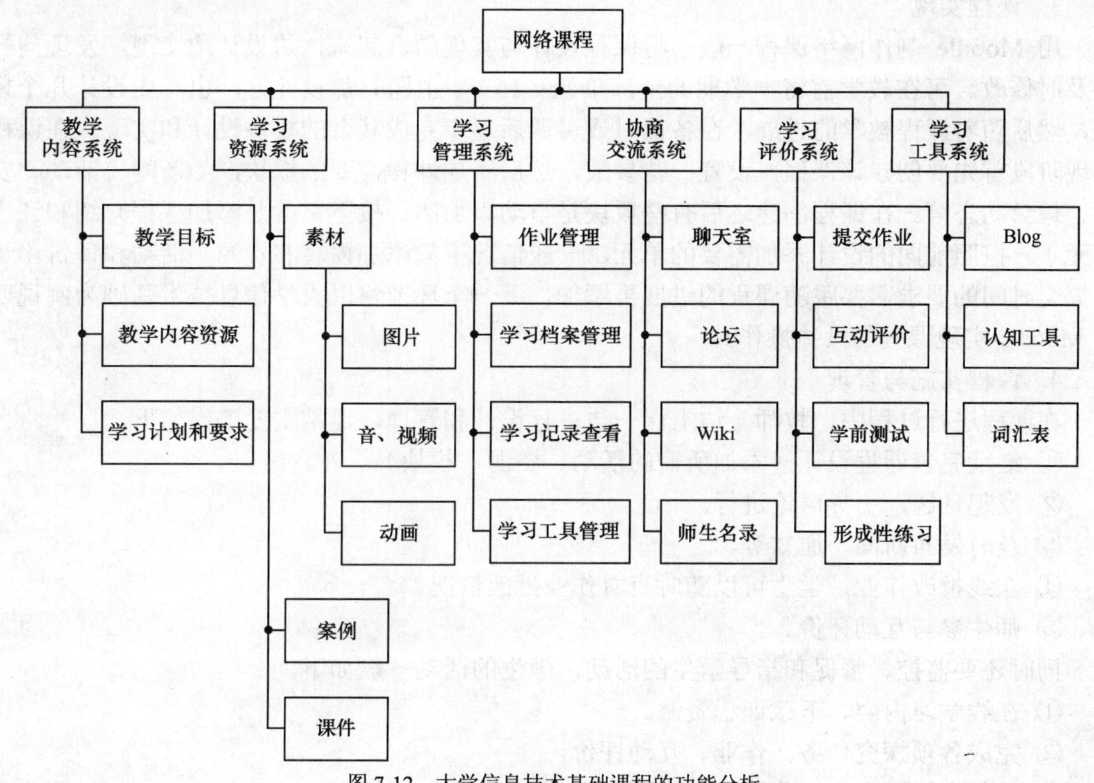


图 7-12　大学信息技术基础课程的功能分析

表 7-2　　Moodle 课程格式与课程设计模式的对应关系

| Moodle 课程格式 / 课程特点 | 星期格式 | 主题格式 | 社区格式 |
| --- | --- | --- | --- |
| 以传递课程内容为中心 | 课程内容按周组织 | 课程内容按主题组织 | — |
| 以技能发展训练为中心 | 技能项目按周组织 | 技能项目按主题组织 | — |
| 以理论研究讨论为中心 | 讨论题目按周组织 | 讨论题目按主题组织 | 在论坛上发布讨论题目 |

课程介绍是学生进入课程的第一个模块，是引导学生进入课程的桥梁，其地位很特殊。一般在该模块里要完成的任务如下。

① 利用醒目的图片、文字说明课程的名称，或用亲切的话语吸引学生的注意力和兴趣。

② 明确课程的主要内容、要求。

③ 明确学习方法（特别是在线学习的方法）。

④ 了解教师和学伴。

⑤ 有关课程的讨论。

⑥ 进行学习者分析，如学前测试、学习风格测试、学前调查等。

关于大学息技术基础的课程介绍设计，请参阅下一个环节的内容。

当课程的结构确定了以后，就进入到课程单元设计环节了，针对不同的单元内容和目标要求，设计不同的教学策略、学习资源和学习活动等。具体的案例请参见下一个环节中的实例。

3．课程实现

用 Moodle 制作网络课程一般会将课程设计与实现结合起来，边设计边实现，发现问题并及时修改。可在教学前将一学期的全部单元（16 周/主题）都设计好，也可先设计几个模块，然后随着课程教学的进展，在备课时或讲课后逐步完成其余的模块设计和实现。在课程实现阶段首先要创建该课程，设置一些参数，然后添加课程需要的板块，如新闻、活动、资源、最新动态等。在课程创建之后有些板块是自动添加的。接下来就是添加课程介绍和课程单元了，按照前面的设计添加需要的单元，一般情况下只添加内容和资源，活动和评价由于有提交时间的要求需要跟随课程的进展再添加。下一个环节将以大学信息技术基础为例说明用 Moodle 实现课程的具体操作。

4．课程实施与管理

在课程进行过程中，教师一边上课一边进行设计和管理，通常主要工作如下。

① 继续完善课程设计（添加所需的活动、资源、模块）。

② 发起话题，引导讨论进行。

③ 及时发布新闻、通知等。

④ 在线批改作业，学生可以随时查看作业批改情况。

⑤ 师生参与互动评价。

同时还要监控、督促和指导学生的活动，学生的活动一般如下。

① 在线学习内容、下载课程资源。

② 完成各项探究任务、作业、互动评价。

③ 参与在线调查、自我测试、投票。

④ 发起话题，参与讨论。

⑤ 自我信息的管理。

5．课程评价与修改完善

在课程进行过程中或结束以后一般要进行全方位评价，可以制定调查问卷并找一部分学生进行调查，或者找几个学生座谈，请他们说说自己使用网络课程学习的感受，并请他们提出修改意见和建议。除了学生以外，还需要找同行或专家对自己的网络课程进行评议，总结优势，找出不足，对课程进行修改完善，为下一轮的教学作准备。

## 环节三　Moodle 网络课程开发实例

**问题情境**

上面你已经了解了用 **Moodle** 开发网络课程的一般步骤，是不是马上就想制作一门自己的网络课程呢？下面以大学信息技术基础为例讲述在 **Moodle** 中制作网络课程的一些基本操作，你可以选择自己正在教授的一门课程，模仿下面的实例，一步一步地来实现。

### 问题一　如何在 Moodle 中创建一门课程？

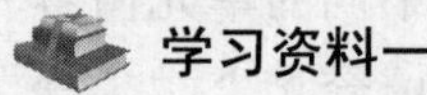

学习资料一

创建一门课程的方法很简单，只需几分钟便可开设一门所需的课程。

以管理员身份登录 Moodle 平台，在【网站管理】模块中单击【课程】菜单，在打开的下级菜单中单击【添加/修改课程】(如图 7-13 所示)，打开课程类别、课程添加页面。为了方便维护，Moodle 允许将课程按类别管理，因此，在添加新课程之前，如果需要添加课程类别，则要先添加课程类别。【添加新类别】页面如图 7-14 所示。

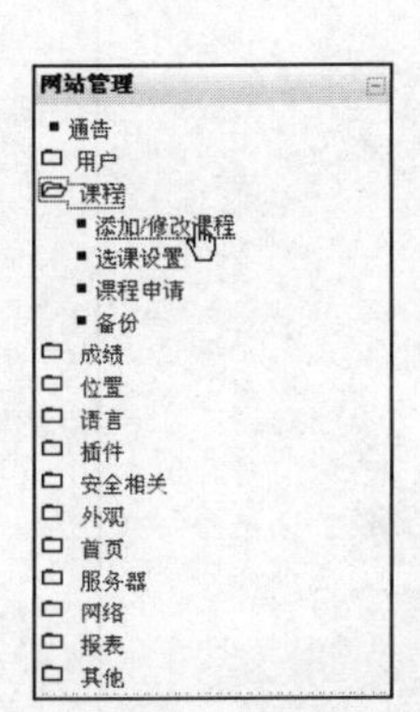


图 7-13　【网站管理】模块

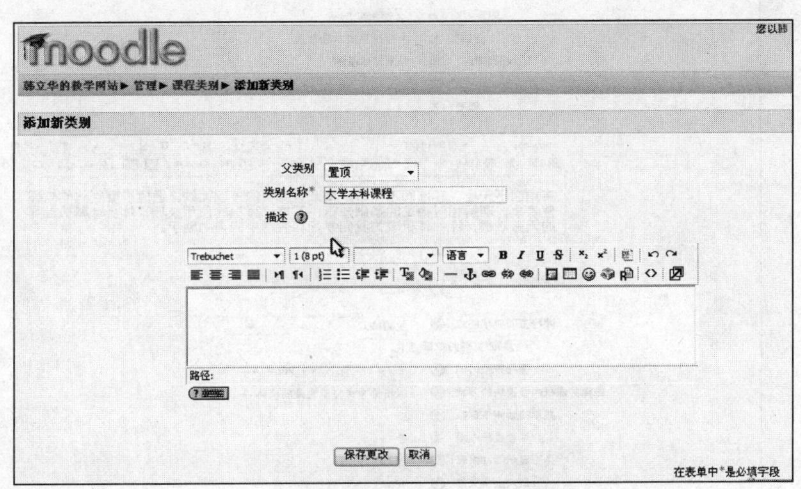


图 7-14　【添加新类别】页面

添加完类别后返回课程添加页面，此时便可以看到新添加的类别了，如图 7-15 所示。若对新添加的课程类别不满意，可以单击该类别后面的链接进行修改，或者直接单击将其删除。

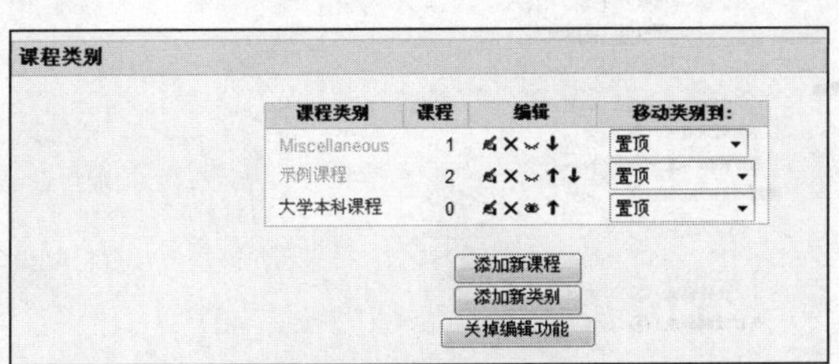


图 7-15　【课程类别】面板

添加完类别后，下面该添加所需创建的网络课程了。单击图 7-15 中的 添加新课程 按钮，打开【添加新课程】页面，如图 7-16 所示。下面对主要的设置项进行说明。

1．编写概要

【课程类别】：选择课程类别，如选择上面刚刚添加的“大学本科课程”类别。

【全名】：这是必填项，必须指定要添加的课程的名称。该名称将显示在 Moodle 的主页面上，与其他课程一起按一定顺序排列，便于区分。

【课程简称】：也是必填项，可以用简单的词语代表课程。该名称将显示在 Moodle 的导航栏上。

【概要】：可以用一段简短有趣的话或者图片描述本课程。它将和全名一起显示在 Moodle 主页面上，方便学习者选课和进入课程。

【课程页面显示格式】：选择“星期格式”或“主题格式”，并指定主题或星期的数目。

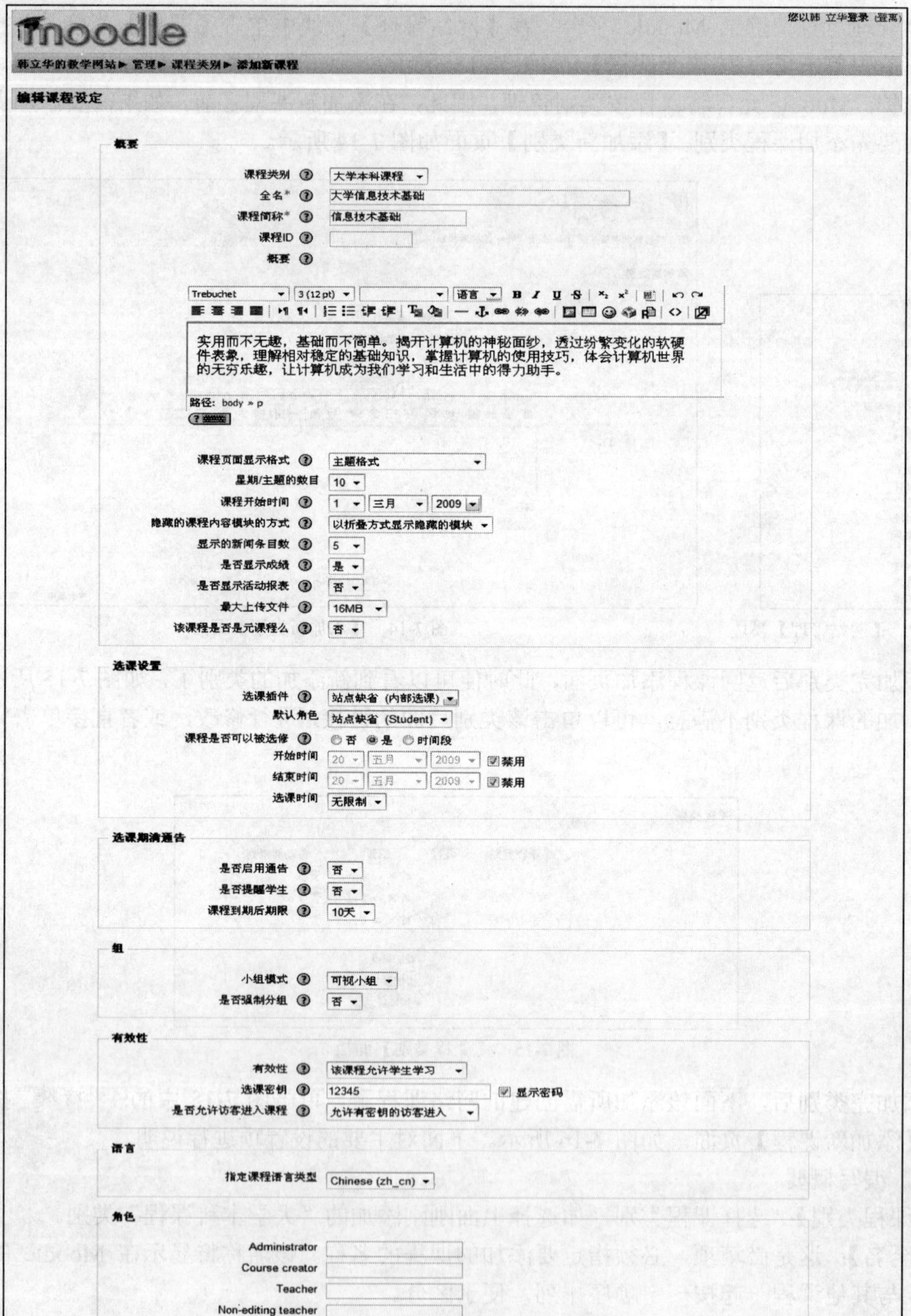
moodle
您以韩 立华登录 (登离)
韩立华的教学网站 ▶ 管理 ▶ 课程类别 ▶ 添加新课程
编辑课程设定
概要
课程类别 大学本科课程
全名* 大学信息技术基础
课程简称* 信息技术基础
课程ID
概要
Trebuchet 3 (12 pt) 语言
实用而不无趣，基础而不简单。揭开计算机的神秘面纱，透过纷繁变化的软硬件表象，理解相对稳定的基础知识，掌握计算机的使用技巧，体会计算机世界的无穷乐趣，让计算机成为我们学习和生活中的得力助手。
路径: body » p
课程页面显示格式 主题格式
星期/主题的数目 10
课程开始时间 1 三月 2009
隐藏的课程内容模块的方式 以折叠方式显示隐藏的模块
显示的新闻条目数 5
是否显示成绩 是
是否显示活动报表 否
最大上传文件 16MB
该课程是否是元课程么 否
选课设置
选课插件 站点缺省 (内部选课)
默认角色 站点缺省 (Student)
课程是否可以被选修 否 是 时间段
开始时间 20 五月 2009 禁用
结束时间 20 五月 2009 禁用
选课时间 无限制
选课期满通告
是否启用通告 否
是否提醒学生 否
课程到期后期限 10天
组
小组模式 可视小组
是否强制分组 否
有效性
有效性 该课程允许学生学习
选课密钥 12345 显示密码
是否允许访客进入课程 允许有密钥的访客进入
语言
指定课程语言类型 Chinese (zh_cn)
角色
Administrator
Course creator
Teacher
Non-editing teacher
Student
Guest
Authenticated user
老师 复制 1
保存更改 取消
在表单中*是必填字段

图 7-16　添加一门课程

【课程开始时间】：指定课程的开始时间。

【隐藏的课程内容模块的方式】：如果有的主题不想让学生看到，可以将其隐藏，此处指定是否要显示折叠的隐藏内容或干脆不显示。

【显示的新闻条目数】：指定在课程的首页最多显示几条新闻。

【最大上传文件】：指定学生可以上传的最大文件数据量，通常以 MB 为单位。

2．选课设置

【课程是否可以选修】："否"表示虽有该课程，但不允许学生选课，一般可用于教师自己准备课程；"是"表示从该课程创建起，学生就可以选修，可以指定课程选修的起始和截止时间，学生在此时间内可以选择课程。

3．课程分组

【小组模式】：可以有 3 种选择，即不分组、分隔小组和可视小组。分隔小组和可视小组的区别在于各小组成员能否看到其他成员的活动成果，一般要是分组的话，选择可视小组。

【是否强制分组】：指定是否在课程中强制分组及分组的形式。如果上面的【小组模式】选择"无小组"，则课程中所有的活动都不能进行分组操作。

4．有效性

【有效性】：指定该课程是否允许学生学习。

【选课密钥】：指定访问课程的密码，如果设置了密码，则学生在进入课程学习前必须输入正确的密码才可以进行学习。

【是否允许访客进入课程】：可以选择"不允许访客进入"、"允许没有密钥的访客进入"或"允许有密钥的访客进入"。

5．语言

【语言】：指定课程使用的语言类型。

6．角色

【角色】：为该课程分配用户角色，如果不在这里指定，当单击【保存更改】按钮后，会出现【委派角色】页面，可以选择课程中已有的用户角色，如管理员、教师、学生等，如图 7-17 所示。

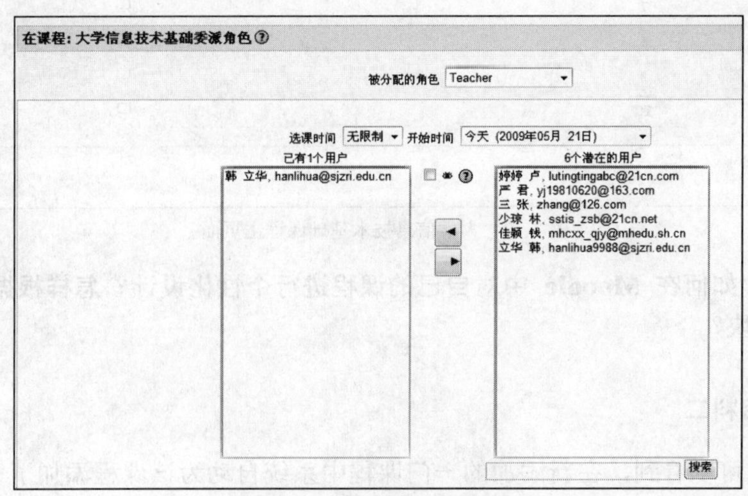


图 7-17　为课程分配用户角色

课程添加完毕后，可以在 Moodle 主页面上看到刚刚添加的课程，如图 7-18 所示。如果需要修改课程，还可以从【课程】→【编辑/修改课程】处选择课程类别后进行修改，修改的页面与图 7-16 完全相同，不再赘述。

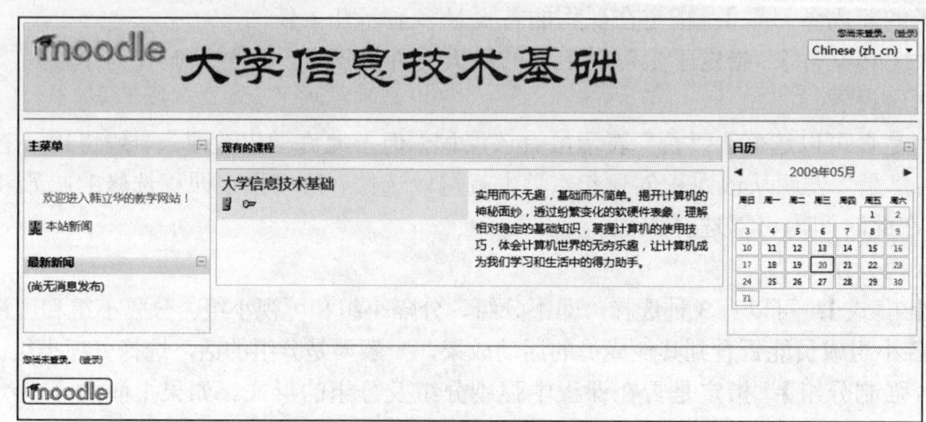


图 7-18　添加课程后的 Moodle 主界面

在图 7-18 中单击“大学信息技术基础”课程名称，进入该课程，如图 7-19 所示。下面介绍向该课程中添加模块、内容和活动的方法，开始体验“搭积木”的乐趣吧！

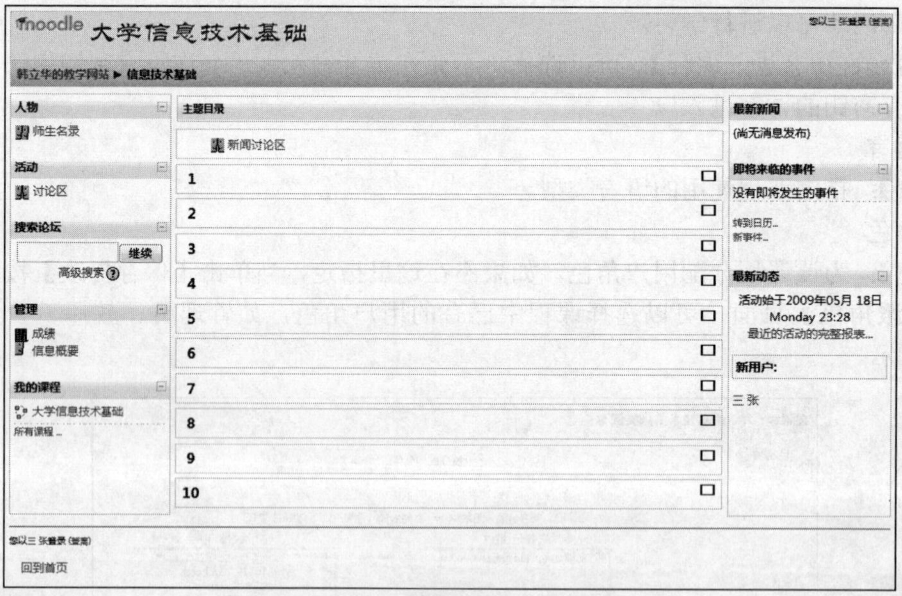

图 7-19　大学信息技术基础课程主页面

**问题二**　**如何在 Moodle 中对自己的课程进行个性化设计？怎样根据自己的需求编辑和添加功能模块？**

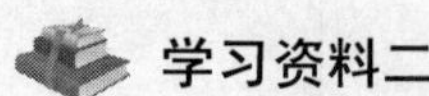

## 学习资料二

在图 7-19 中可以看到，在新添加的一门课程中系统自动为该课程添加了一些功能模块，如【人物】、【活动】、【搜索论坛】、【管理】、【我的课程】、【最新新闻】、【即将来临的事件】、

【最新动态】等。这些模块都是一门课程最常用的版块，下面对其进行简单介绍。

1.【人物】版块

该版块主要显示师生名录，即师生的基本信息列表，如图 7-20 所示。

2.【活动】版块

该版块显示了本课程中添加的所有活动，如图 7-21 所示。在课程刚开始建立时，可能并没有多少活动，随着课程的进展，添加的活动会越来越多，此处的列表也将越来越丰富。可以单击任何一个活动名称，进入到此类活动的列表查看该类型的所有活动。图 7-22 所示是当单击【资源】链接以后打开的所有资源列表。【活动】版块提供了主题目录之外的活动入口。

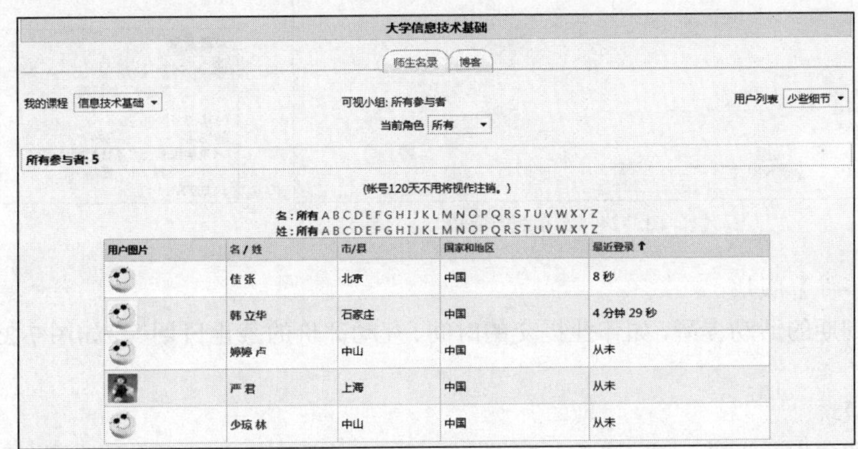


图 7-20　师生名录

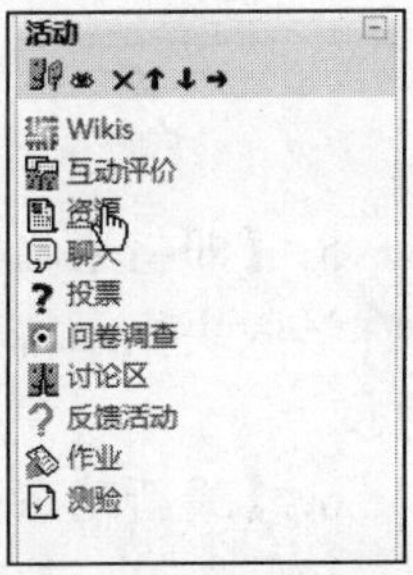

图 7-21　【活动】版块

3.【管理】版块

如图 7-23 所示，此版块的功能只有管理员和教师能够看到，对课程的设置、分配角色、查看所有人的成绩列表、备份和恢复课程等全部在该版块中实现。

图 7-22　资源列表

图 7-23　【管理】版块

4.【最新新闻】版块

该版块可以允许教师发布教学通知，学生登录后首先想到的是到【最新新闻】版块中浏览课程通知，如图 7-24 所示。

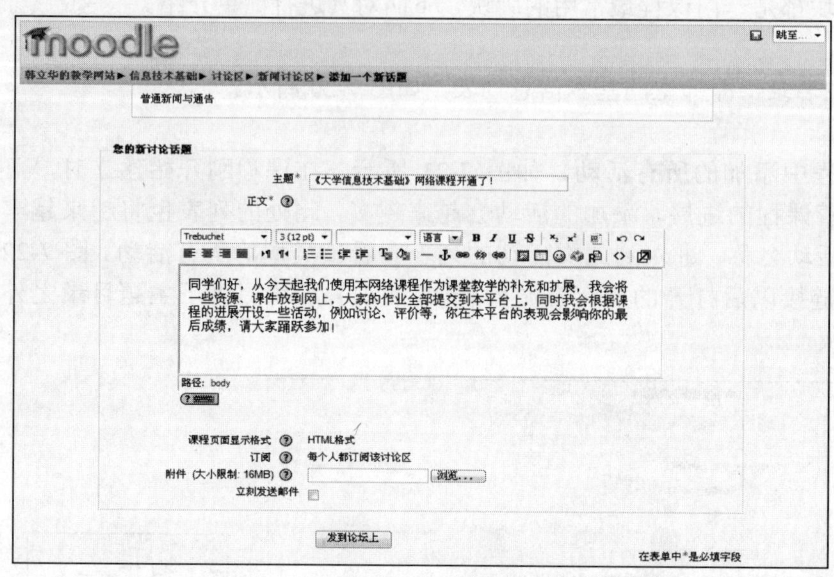


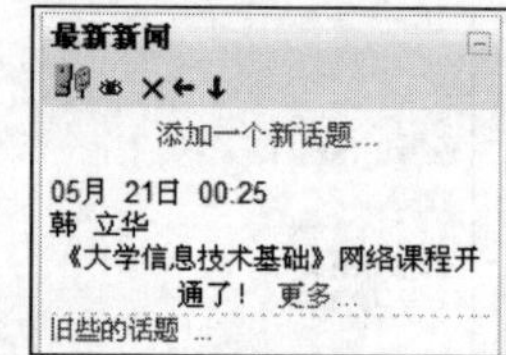


图 7-24　发布新闻通知

5.【即将来临的事件】版块

该版块显示将要到期的活动提醒，如作业提交的时间、互动评价的截止日期等，如图 7-25 所示。

6.【最新动态】版块

该版块显示教师和学生最近的活动，如图 7-26 所示。可以单击【最近的活动的完整报表】，查看所有课程参与者（包括教师、学生、管理员等）的最近活动记录。

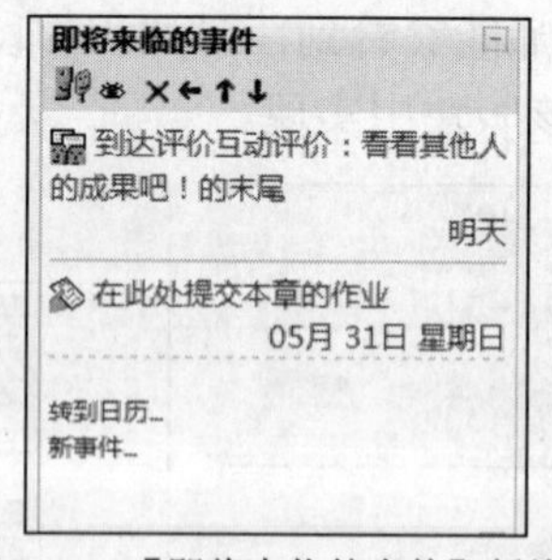


图 7-25　【即将来临的事件】版块

图 7-26　【最新动态】版块

除了上面的基本模块以外，Moodle 还为用户提供了丰富多彩的扩展版块。安装完 Moodle 平台后，自带的版块如图 7-27 所示（Moodle 的版本不同，版块列表也会有所不同）。比较常用的版块有：【HTML】、【在线用户】、【日历】等，关于其他的版块读者可以自行了解其功能。有一点要特别说明的是，由于 Moodle 是开源软件，因此每天都会有大量的程序员开发出功能实用的版块（或活动等，后面将要介绍）放到网上供世界各地的用户使用，读者可以到 Moodle 官方网站或国内相关的 Moodle 网站上下载所需的版块，然后将其安装到 Moodle 系统中即可。

【HTML】版块允许用户添加任何自定义的 HTML 代码，这在很大程度上扩展了 Moodle

的功能。例如添加“天气预报”版块的步骤是：首先依次单击【版块】→【HTML】，在主页面的右下方将出现【新 HTML 版块】，单击【编辑】进入配置 HTML 页面，如图 7-28 所示。单击第二排倒数第二个按钮“<>”，进入源代码编辑状态，输入一段天气预报的代码，然后单击【保存更改】按钮，即可看到主页面上原【HTML】版块变为了“天气预报”。除此之外，【HTML】版块还可以实现更多的功能，如制作一个自定义“工具软件下载”的版块，将常用的工具作为链接放置其中以便于下载；或者制作一个“在线资源”版块，将常用的网站链接放置其中，供学习者参考。

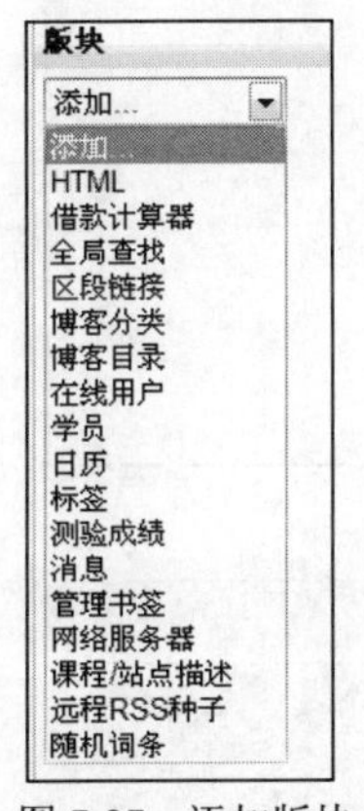


图 7-27　添加版块

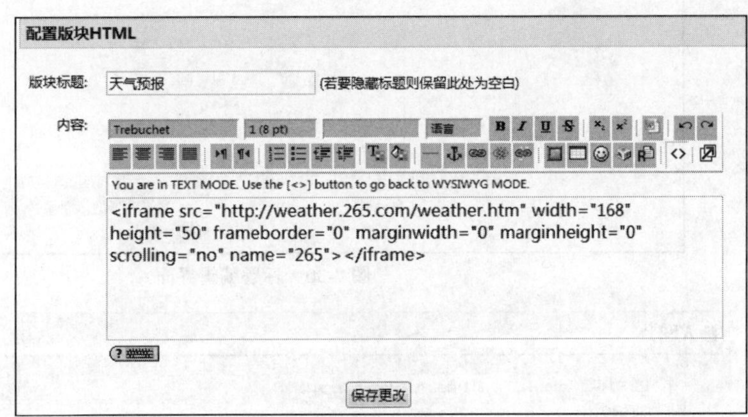


图 7-28　添加【HTML】版块

**问题三**　**从哪里开始进入设计自己的课程？如何让学习者了解自己的课程的主要内容、学习方法和学习要求呢？**

## 学习资料三

接下来该编辑课程介绍（也就是主题 0）了。前面已讲过课程介绍的作用，下面根据本课程的特点在课程介绍中添加了以下项目。

1．图文并茂的标题

如图 7-29 所示，单击【修改】链接进入标题的编辑状态，打开图 7-30 所示的编辑界面。首先插入一个图片（单击▣按钮即可打开图 7-31 所示的【插入图片】对话框，按里面的步骤提示可上传一个本地图片并插入到编辑框中），然后输入“让我们一起进入丰富多彩的计算机世界吧！”并设置字体为标题 2、加粗、16 号字。单击【保存修改】按钮返回主页面，此时便可看到新设置的标题了。

图 7-29　添加课程标题

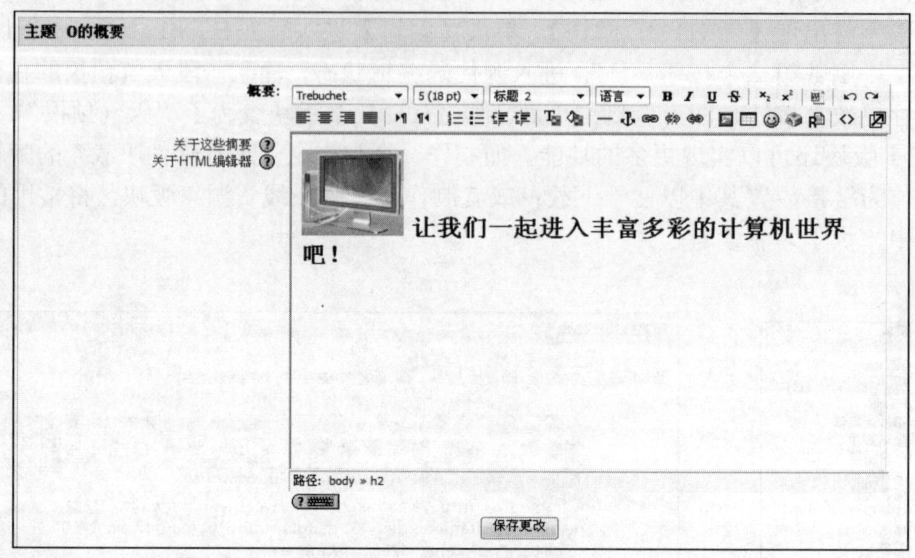


图 7-30　标题编辑界面

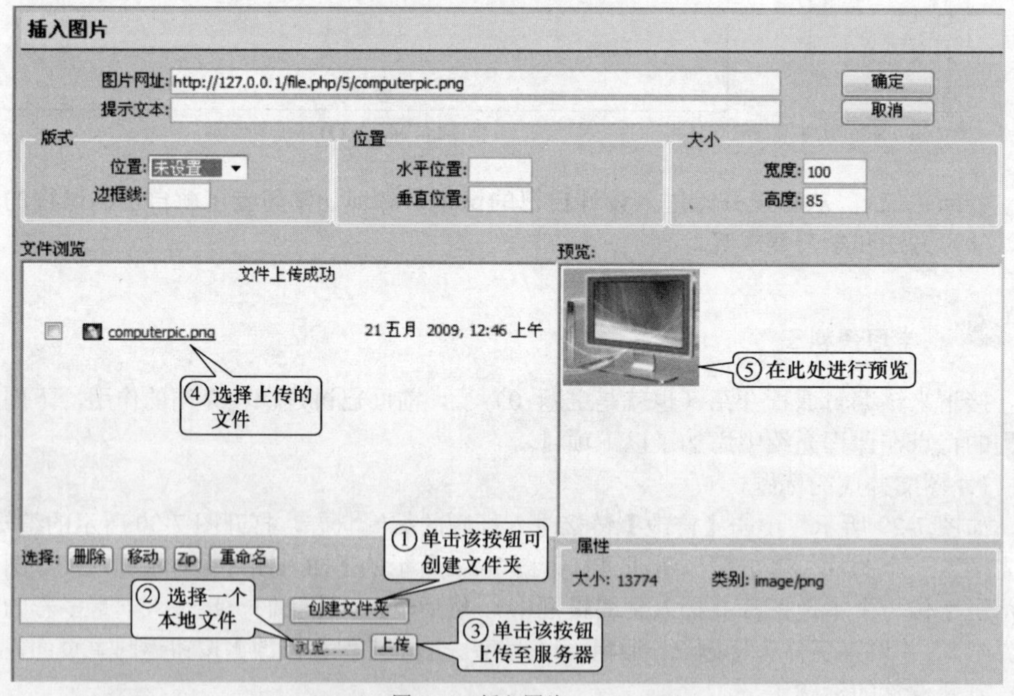


图 7-31　插入图片

2．课程教学目标与内容

依次单击【添加资源...】→【编写网页】，添加一个名为“了解课程教学目标”的页面，如图 7-32 所示。学习目标的编辑方法与刚刚介绍的标题编辑方法相同。用同样的方法再添加一个“课程教学内容”页面，将本课程的教学内容以框图的形式提供给学习者。

3．添加活动

在课程介绍版块中，可以对学习者进行问卷调查，例如添加一个“问卷调查”活动，如图 7-33 所示。在打开的窗口中可以设置问卷调查的名称和类型，如添加一个“学习与思考态度问卷调查”，如图 7-34 所示。添加后的结果如图 7-35 所示，学生看到的页面基本如此。当学生做完问卷调查后，管理员或教师可以看到问卷调查统计结果。此外还可以对原来存在的讨论区名称进行修改，如改为“让我们彼此了解一下”，这样更能吸引学生进入。

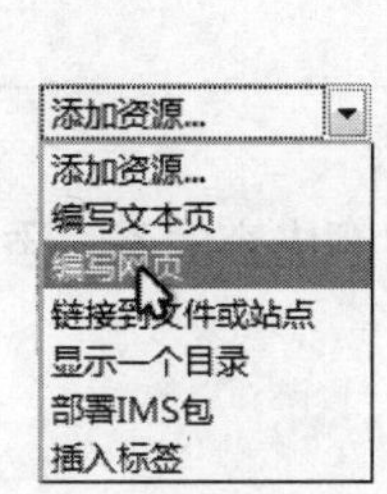


图 7-32　添加课程教学目标

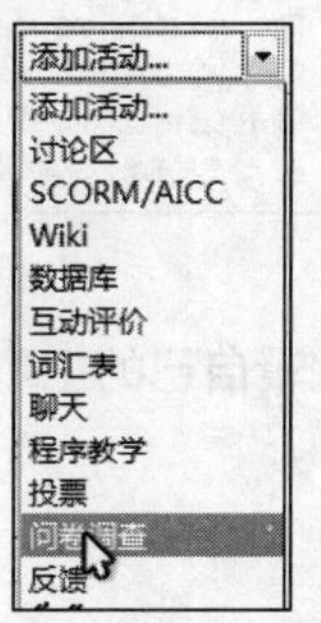


图 7-33　添加问卷调查活动

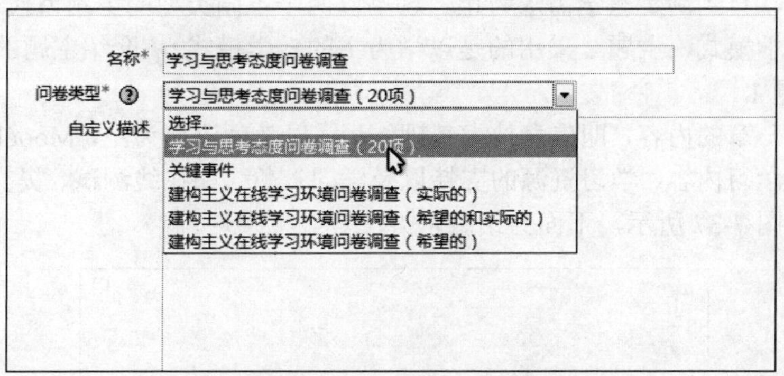


图 7-34　设置问卷调查的名称

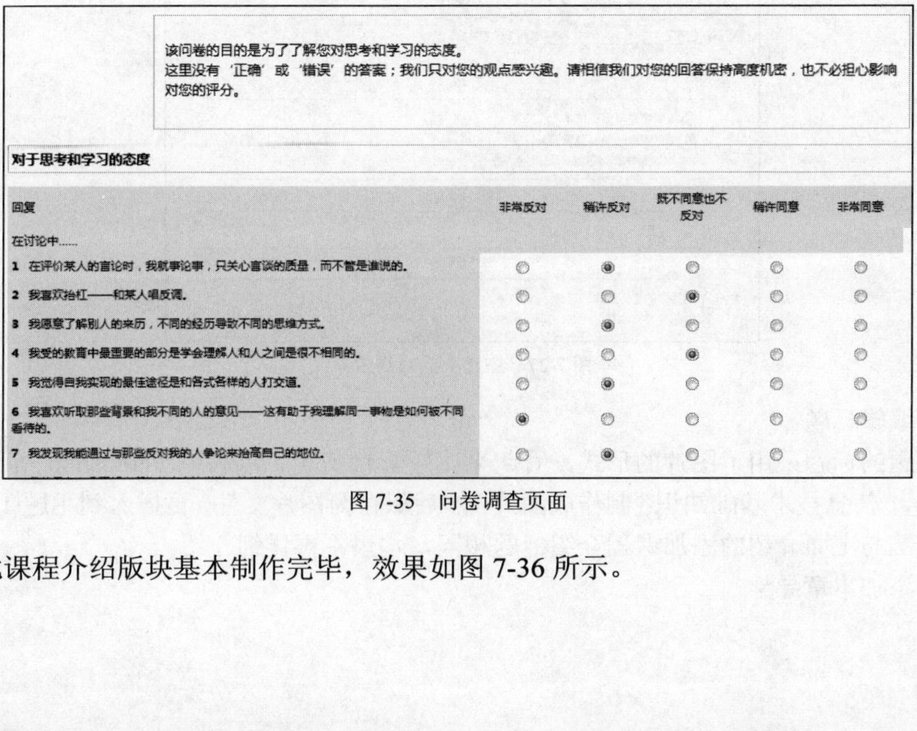

该问卷的目的是为了了解您对思考和学习的态度。
这里没有‘正确’或‘错误’的答案；我们只对您的观点感兴趣。请相信我们对您的回答保持高度机密，也不必担心影响对您的评分。

对于思考和学习的态度

回复　非常反对　稍许反对　既不同意也不反对　稍许同意　非常同意

在讨论中……

1　在评价某人的言论时，我就事论事，只关心言谈的质量，而不管是谁说的。
2　我喜欢抬杠——和某人唱反调。
3　我愿意了解别人的来历，不同的经历导致不同的思维方式。
4　我受的教育中最重要的部分是学会理解人和人之间是很不相同的。
5　我觉得自我实现的最佳途径是和各式各样的人打交道。
6　我喜欢听取那些背景和我不同的人的意见——这有助于我理解同一事物是如何被不同看待的。
7　我发现我能通过与那些反对我的人争论来抬高自己的地位。

图 7-35　问卷调查页面

至此课程介绍版块基本制作完毕，效果如图 7-36 所示。

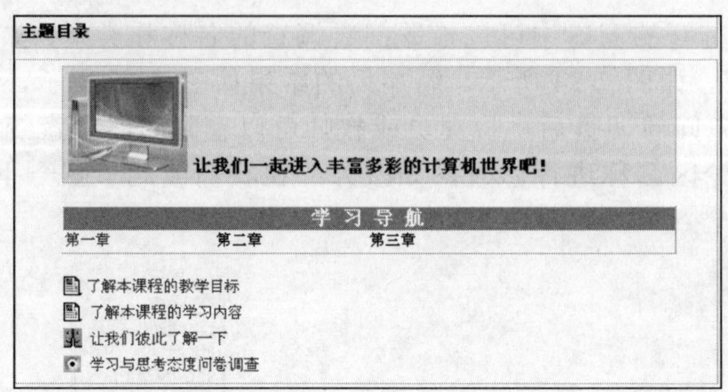


图 7-36　主题 0 的界面

## 问题四　如何编辑自己的主题内容？怎样根据主题内容的不同添加所需要的教学活动？

### 学习资料四

主题内容是网络课程的主体部分，也是工作量最大的设计。一般每个主题的设计需要反复地测试和完善，直到满足教学需求为止。这里以两个不同类型的主题为代表（主题 1 是采用以教为主的教学模式，主题 2 采用的是以学为主的教学模式），介绍主题的添加方法。

1．添加主题 1

主题 1 为第一章的内容，即信息技术基础知识，以教师讲授为主，Moodle 平台的作用主要是为学生提供学习内容、学习资源的支持以及学习评价（如在线测试、提交作业等）。添加完成后的页面如图 7-37 所示，下面介绍编辑方法。

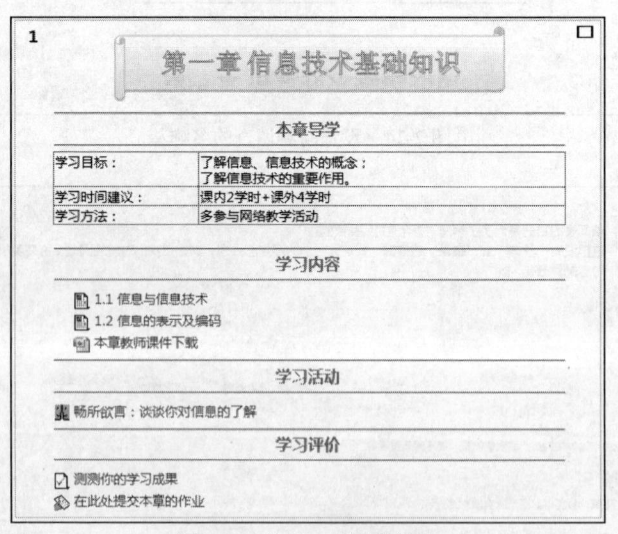


图 7-37　主题 1 的最终效果

（1）编辑标题

本主题的标题采用了图片的形式，看起来比较醒目美观。可利用 Photoshop 等绘图工具将“第一章 信息技术基础知识”制作成图片，然后保存为图片文件，再插入到主题 1 中即可。编辑的方法与上面介绍的添加课程介绍标题相同，这里不再详细介绍。

（2）添加本章导学

本章导学部分主要是学习目标、学习建议以及要求等，制作的方法是：依次单击【添加资源…】→【标签】，打开标签编辑窗口，如图 7-38 所示。单击按钮插入两条水平线，然后在两条水平线之间输入“本章导学”并设置为红色、12 号字、居中，再单击按钮插入三行两列的表格，输入相应的内容即可。

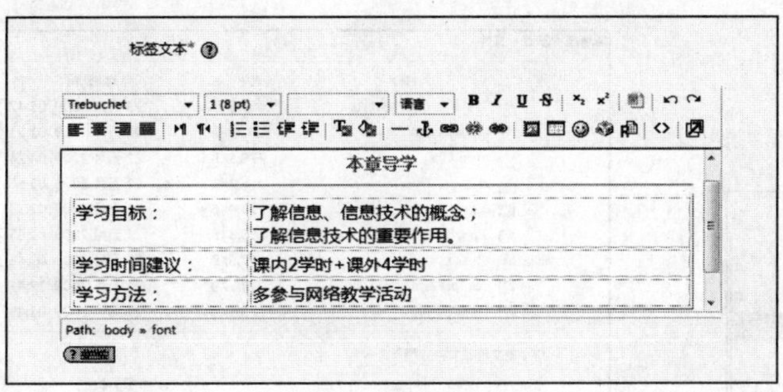


图 7-38　编辑标签文本

（3）添加学习内容

按照添加“本章导学”的方法添加“学习内容”标签。

此处有 3 个学习内容，分别是 1.1 节信息与信息技术、1.2 节信息的表示及编码方法，以及“教师课件下载”。其中前两项添加的方法是依次单击【添加资源…】→【网页】，在网页内容中可以录入文字或插入图片，对文字进行格式设置，如图 7-39 所示。

图 7-39　添加一个网页

添加“教师课件下载”的方法是依次单击【添加资源...】→【链接到文件或站点】，如图 7-40 所示，然后在打开的窗口中录入文件的标题，并单击【选择或上传一个文件】按钮，打开图 7-41 所示的选择文件对话框，从中选择所要链接的课件即可。文件添加完毕后，单击标题“本章教师课件下载”即可打开下载窗口。

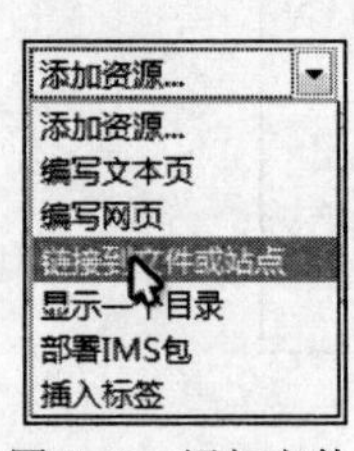


图 7-40　添加文件

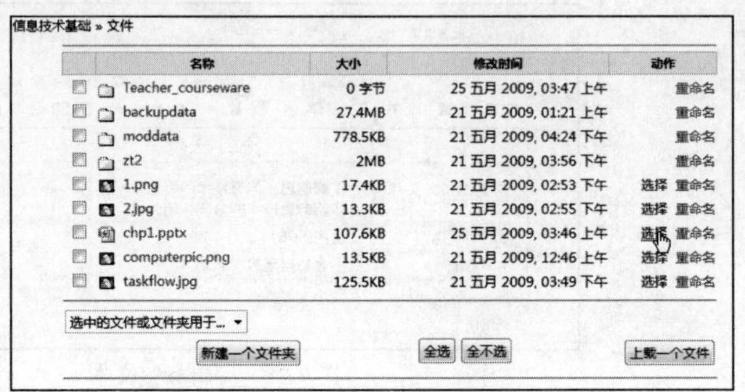


图 7-41　选择第一章课件

（4）添加学习活动

主题 1 由于是以教师讲授为主，因此仅添加了一个讨论区活动，名为“畅所欲言：谈谈你对信息的理解”，允许大家自由发言，对于发言的学生，系统可以给予一定的成绩鼓励。

下面介绍添加讨论区的方法。依次单击【添加活动...】→【讨论区】，在打开的窗口中输入讨论区的名称，选择类型，并输入讨论区简介，如图 7-42 所示。其他的参数请读者自行测试。

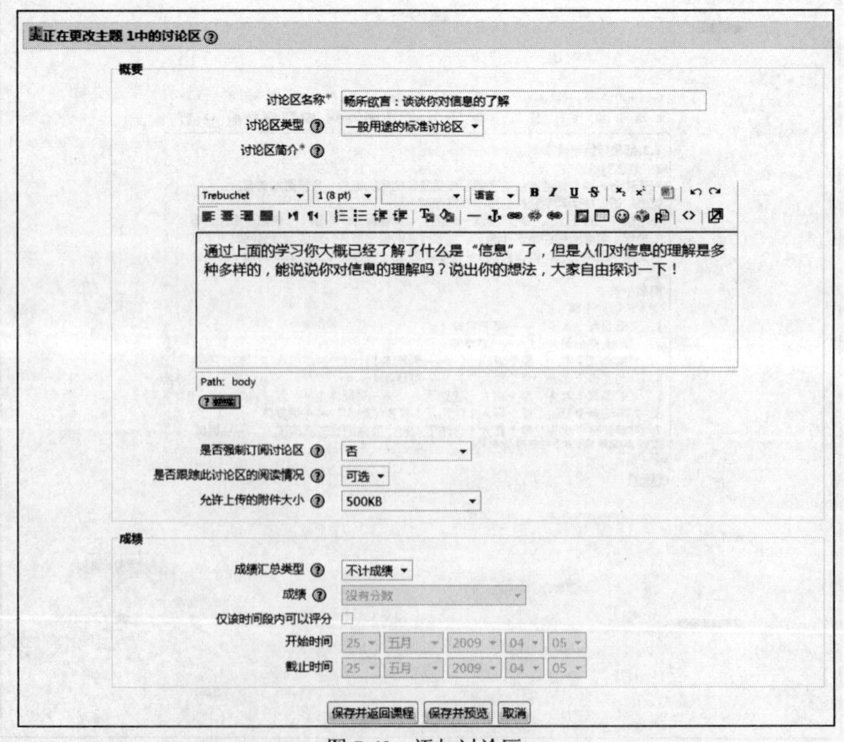


图 7-42　添加讨论区

（5）添加学习评价

本章的学习评价有两个，一个为在线测试，另一个是作业提交，下面分别介绍。

依次单击【添加活动...】→【测验】，打开图 7-43 所示的窗口（有些内容省略，请读者注意区别），按照提示设置一些参数后，单击【保存并预览】按钮进入试题的预览和编辑界面，如图 7-44 所示。可以在此窗口中预答试题，查看学生的答题情况及进行统计分析，对学生试卷进行打分，还可以编辑试题库生成试卷等，题库中的题型可以是选择题、填空题、匹配题、判断题、问答题等，如图 7-45 所示。图 7-46 是添加一个多项选择题的界面。Moodle 的测验功能非常强大，完全可以作为在线考场使用。

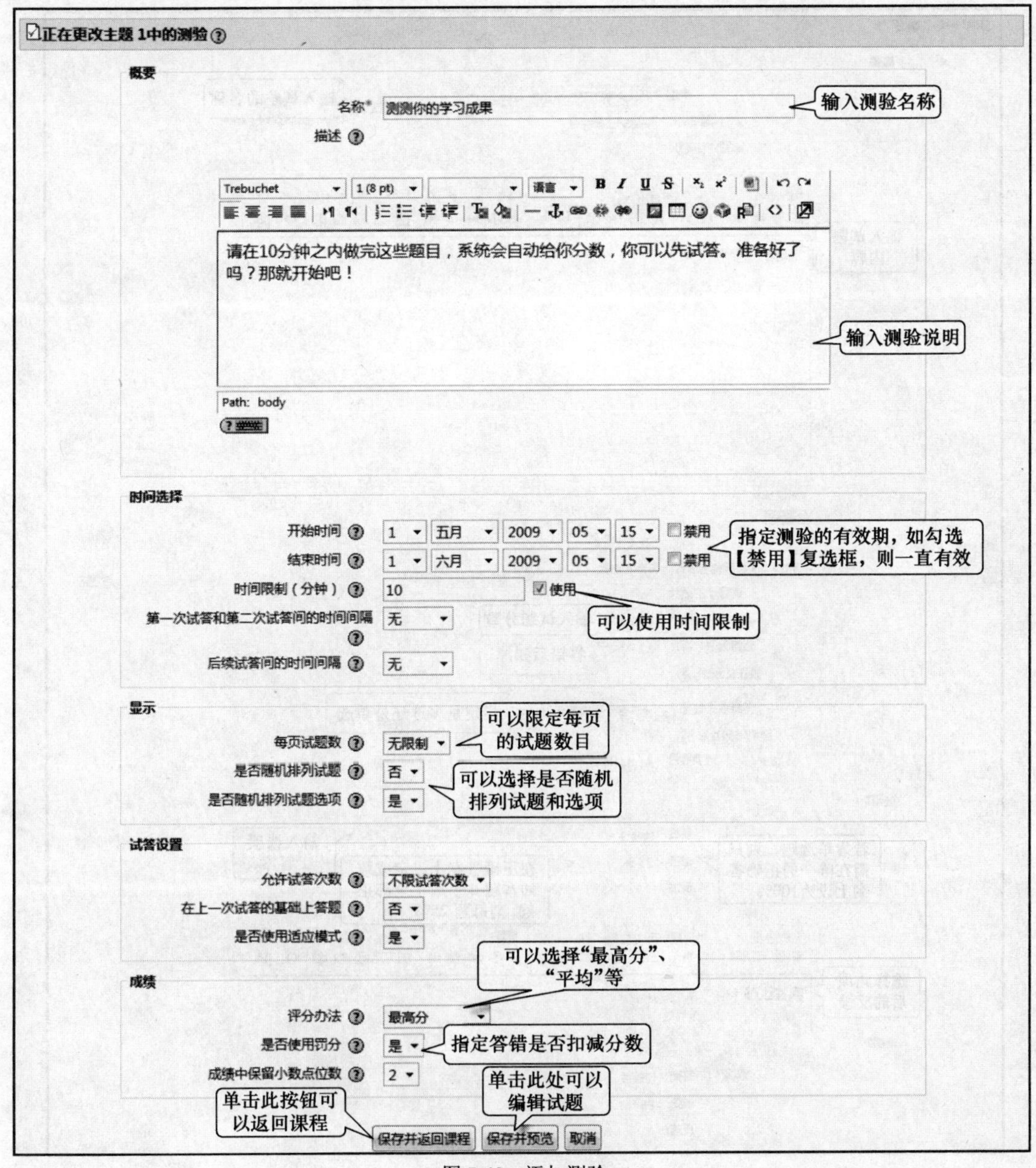


图 7-43　添加测验

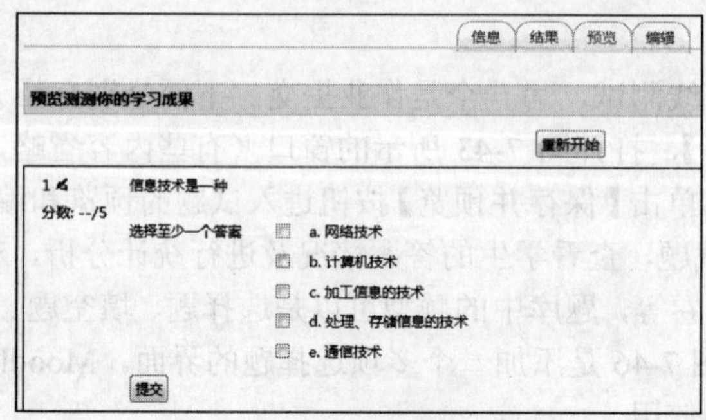


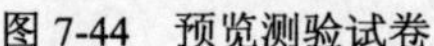
图 7-44　预览测验试卷

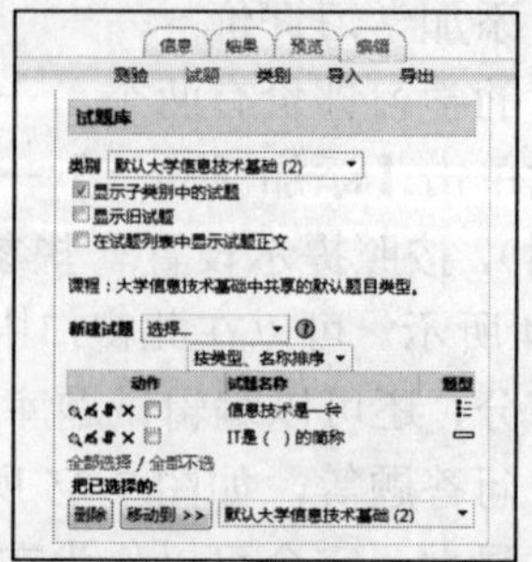


图 7-45　添加、修改试题库

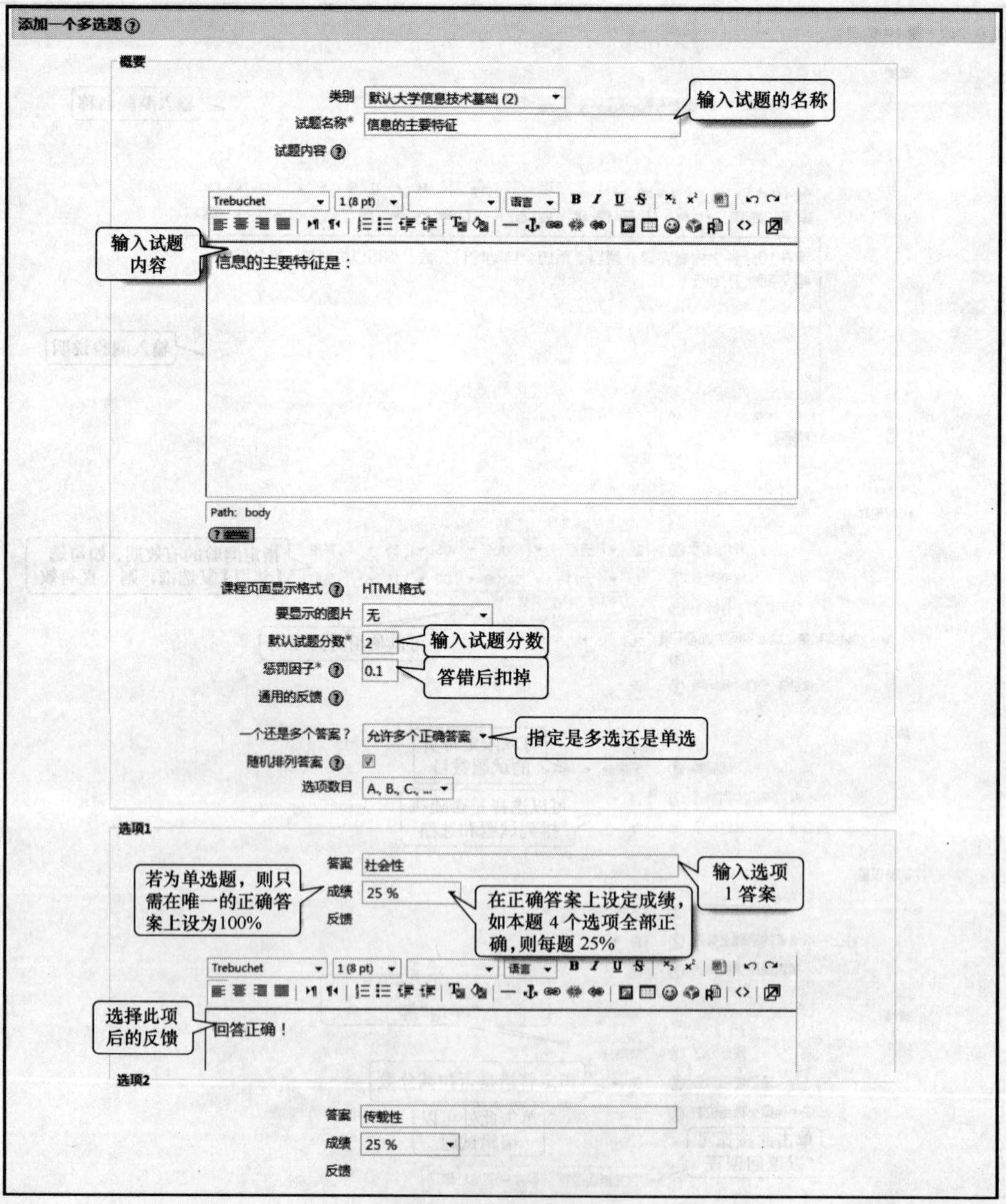

图 7-46　添加一道试题

添加作业的方法比较简单，可依次单击【添加活动...】→【作业】，有多种作业类型可供选择。如【高级文件上传】允许学生上传多个文件，【在线文本】表示学生只能在线编辑作业，【上传单个文件】表示学生只能上传一个作业文件。图 7-47 为上传单个文件的作业编辑页面。

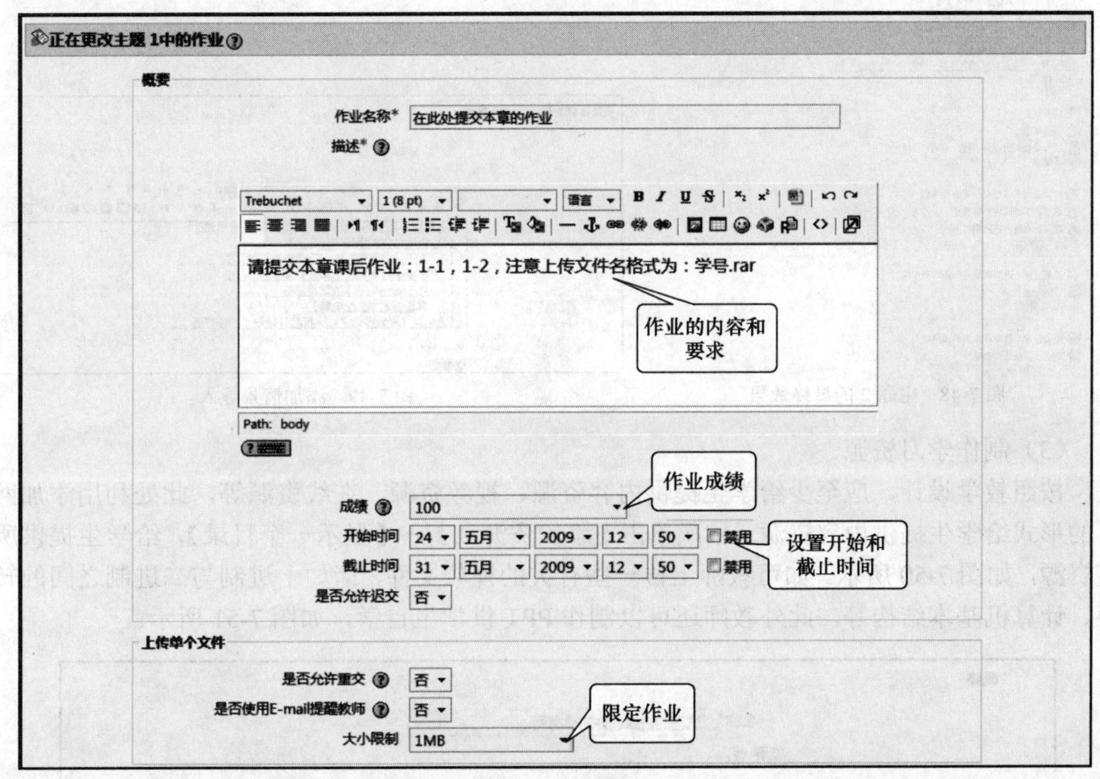


图 7-47　添加作业

2．制作主题 2

主题 2 采用以学为主的教学模式，其教学设计过程已在前面做了详细的介绍，现在就一起来学习一下如何利用 Moodle 平台为其设计以学生为中心的网络学习环境。根据主题 2 的教学设计，在 Moodle 上共设计了 5 个阶段，分别是情景导入、学习任务、学习资源、求助与合作、总结与交流。图 7-48 所示为主题 2 的最终效果。

（1）编辑情景导入

情景导入可用添加标签的方法实现，下面的情境内容也可以再添加一个标签，或者使用同一个标签。如图 7-49 所示，其中每个问题都链接到了一个单独的页面，显示与此问题相关的内容，此处用的是问题情境和资源情境。看了问题和相关的资源之后，学习者若有跃跃欲试的感觉，这样情境导入就算成功了。

（2）制作学习任务

此处用了 3 个网页，分别为任务说明、任务要求和任务流程，使学习者对任务有一个清晰的了解，对任务的执行也有一个大概的思路。网页的添加方法前面已介绍过，这里不再介绍。

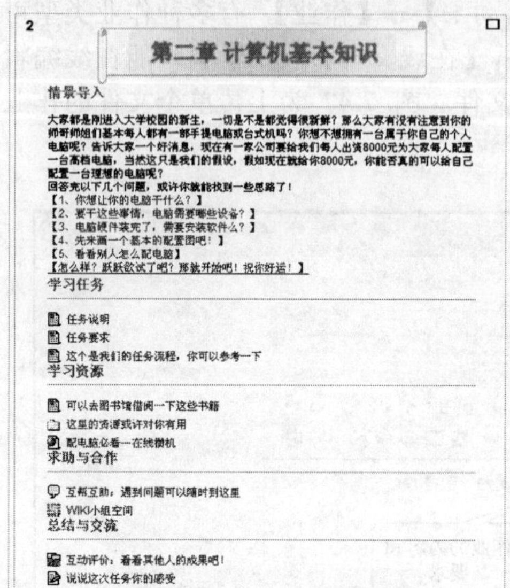


图 7-48 主题 2 的最终效果

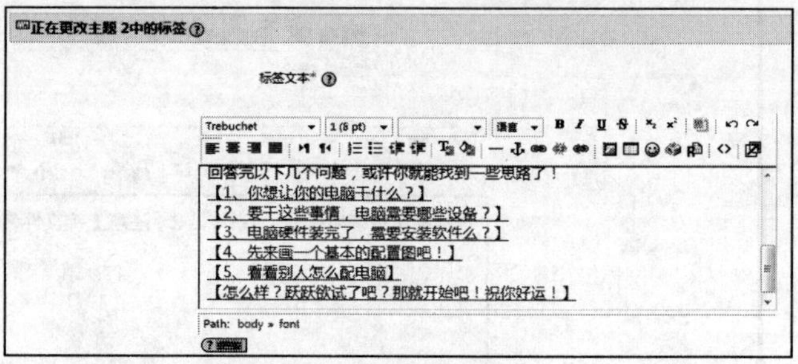

正在更改主题 2中的标签

标签文本*

回答完以下几个问题，或许你就能找到一些思路了！
【1、你想让你的电脑干什么？】
【2、要干这些事情，电脑需要哪些设备？】
【3、电脑硬件装完了，需要安装软件么？】
【4、先来画一个基本的配置图吧！】
【5、看看别人怎么配电脑】
【怎么样？跃跃欲试了吧？那就开始吧！祝你好运！】

Path: body » font

图 7-49 添加情景导入

（3）制作学习资源

按照教学设计，应至少给学生提供内容资源、视频资源、在线资源等，此处利用添加网页的形式给学生提供内容资源。依次单击【添加资源...】→【显示一个目录】，给学生提供所需资源，如图 7-50 所示。如可教师上传一些有关的视频文件，诸如十进制与二进制之间的转换、计算机基本结构等，此外教师还可以制作 PPT 供学生自学，如图 7-51 所示。

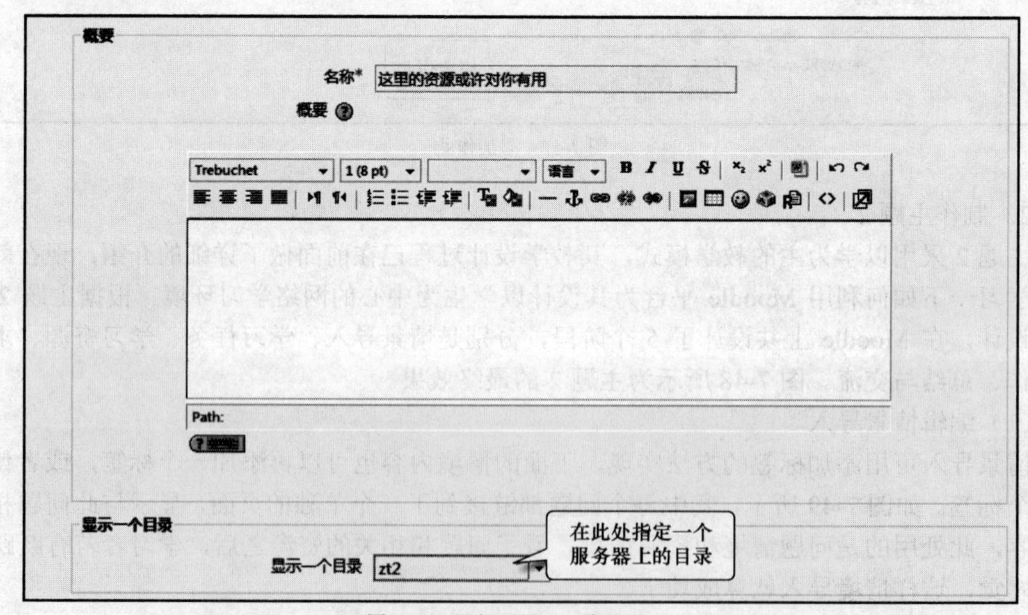


图 7-50 添加“显示一个目录”

依次单击【添加资源...】→【链接到文件或站点】，可以添加若干需要的在线资源。

（4）制作求助与合作

求助与合作阶段主要有两个活动，即在线聊天和小组 Wiki。

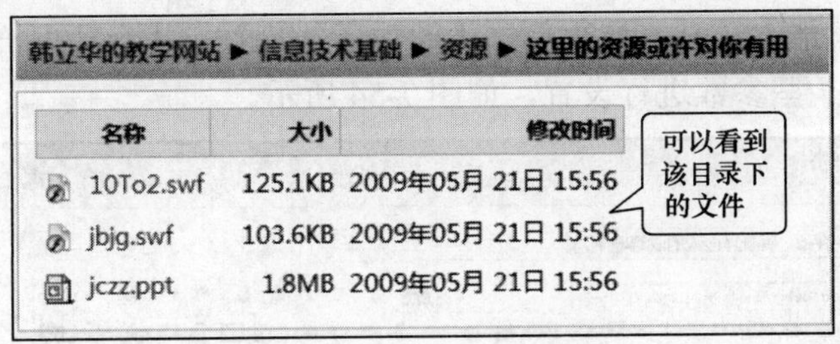


图 7-51　浏览指定目录的资源

“互帮互助”是一个在线聊天室，学生可以通过在线聊天的形式探讨有关问题。添加方法是：依次单击【添加活动…】→【聊天】，打开添加聊天室页面，如图 7-52 所示。

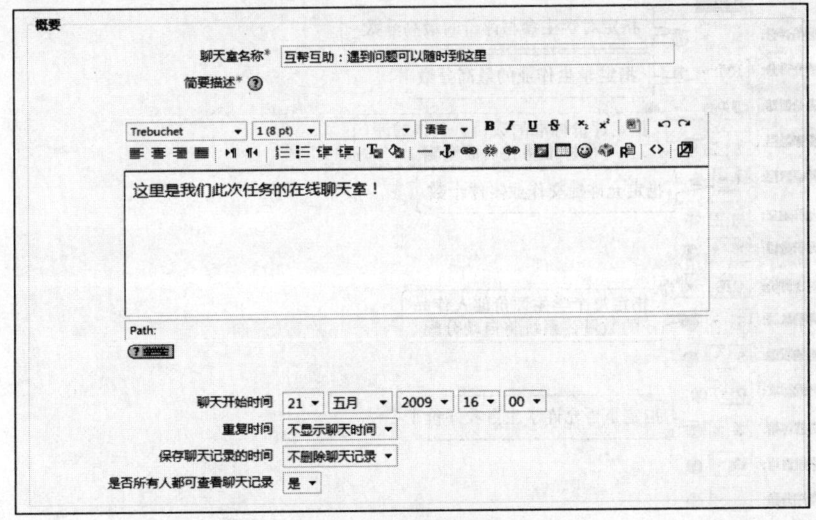


图 7-52　添加在线聊天室

“Wiki 小组空间”是一个在线协同编辑的环境，每个小组有一个 Wiki，组内成员可以共同编辑这个 Wiki，以便将自己小组的活动进程记录下来，如图 7-53 所示。

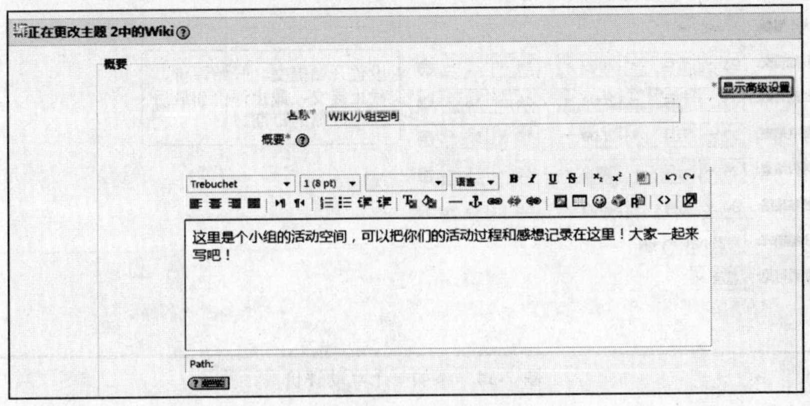


图 7-53　添加 Wiki

（5）制作总结与交流

总结与交流阶段主要是提交个人成果、个人自我评价、大家互相评价以及书写心得报告（即 Blog）。

“互动评价”的添加方法是：依次单击【添加活动...】→【互动评价】，即可打开互动评价编辑页面，然后对一些参数进行设置，如图 7-54 所示。

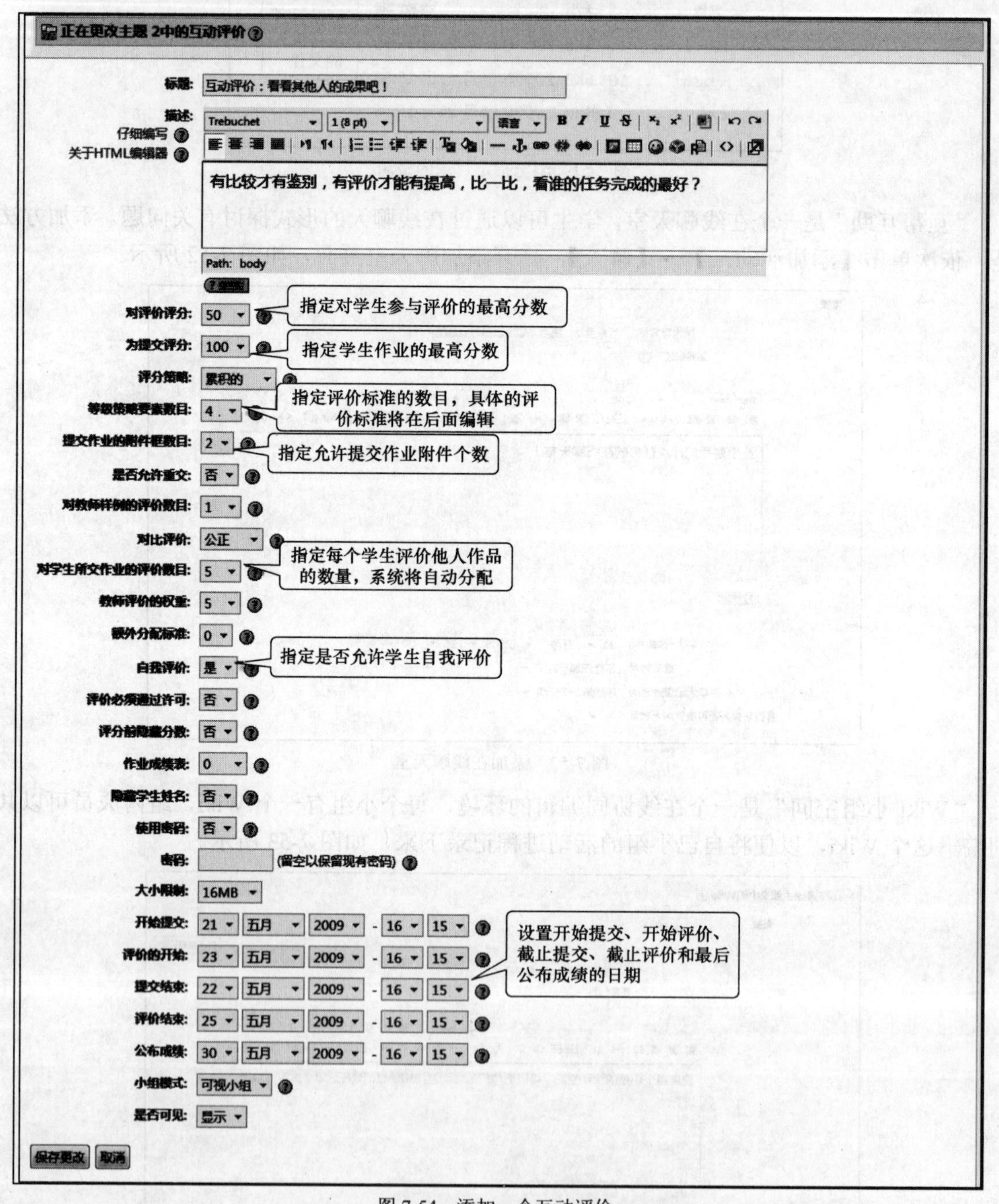


图 7-54　添加一个互动评价

添加了互动评价后，可以单击互动评价的名称进入互动评价页面，如图 7-55 所示。如果有学生进行了评价，可以在此处浏览全部内容，还可以查看成绩分析结果。在学生评价之前，教师应当将评价标准设定好。单击图 7-55 中的“样本评价表单”右侧的修改按钮，即可打开图 7-56 所示的修改评价要素窗口，其中评价要素的数目是在互动评价编辑时指定的。

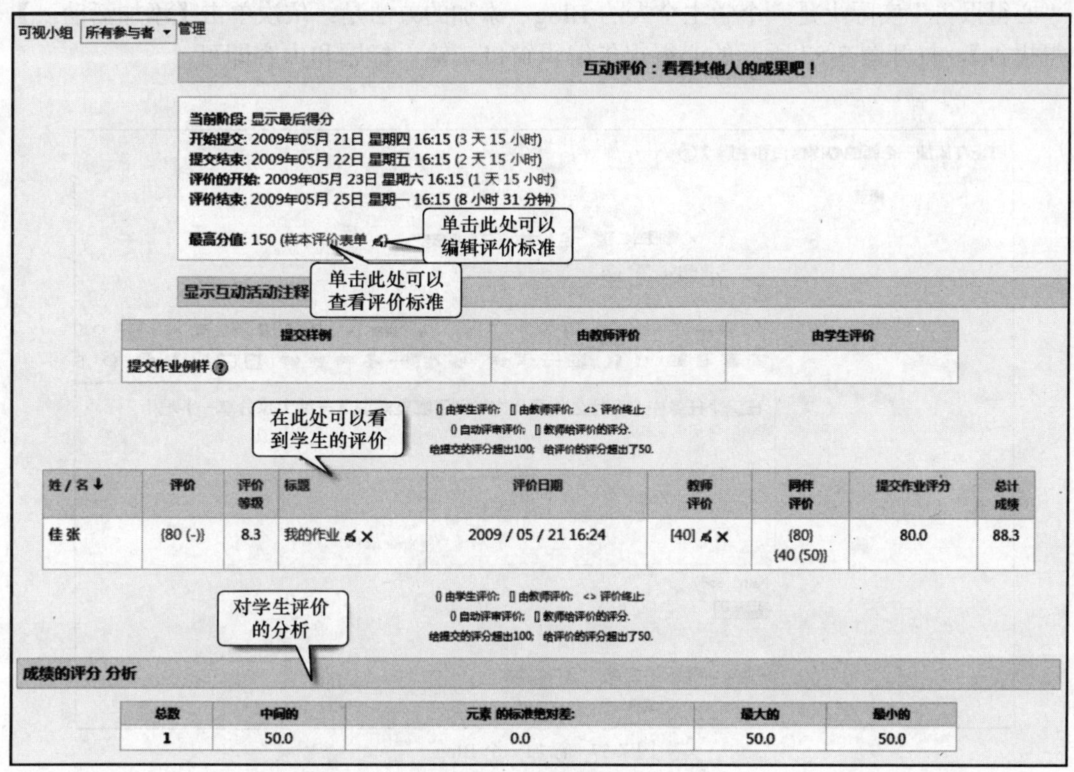


图 7-55　互动评价页面

编辑评价要素 ?

| | |
|---|---|
| 要素 1: | 各组件的价格分配合理，在预算范围内充分体现了该配置的主要目的 |
| 量表类型: | 4 点极好/极差量表 |
| 要素权重: | 4 |
| 要素 2: | 演示文稿清楚地表明了配置者的意图 |
| 量表类型: | 4 点极好/极差量表 |
| 要素权重: | 2 |
| 要素 3: | 展示者语言清晰，富有逻辑，表现出很强的表达能力 |
| 量表类型: | 4 点极好/极差量表 |
| 要素权重: | 2 |
| 要素 4: | 在回答学友及教师的提问时，表现出对相关知识的掌握与了解 |
| 量表类型: | 4 点极好/极差量表 |
| 要素权重: | 2 |

图 7-56　编辑评价标准（要素）

“心得报告”实际上是一个学生个人的 Blog，添加的方法是：依次单击【添加活动...】→【心得报告】，打开图 7-57 所示的心得报告编辑窗口，输入标题和内容即可。

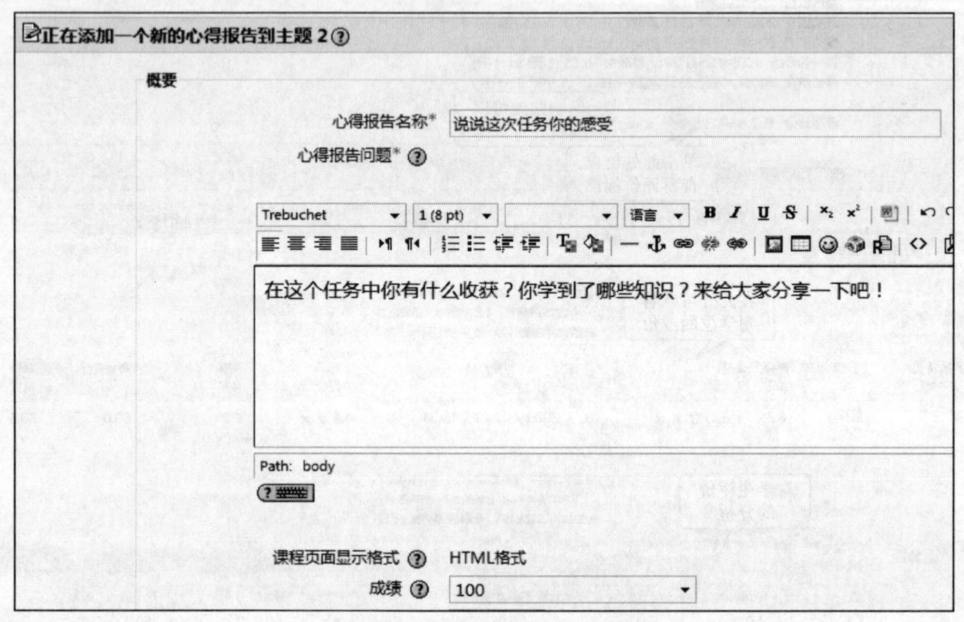


图 7-57　添加一个 Blog

Blog 添加完毕后，学生或者教师都可以在此处编写自己的心得体会，教师可以看到每个学生的 Blog，还可以添加反馈意见，给出成绩等，如图 7-58 所示。

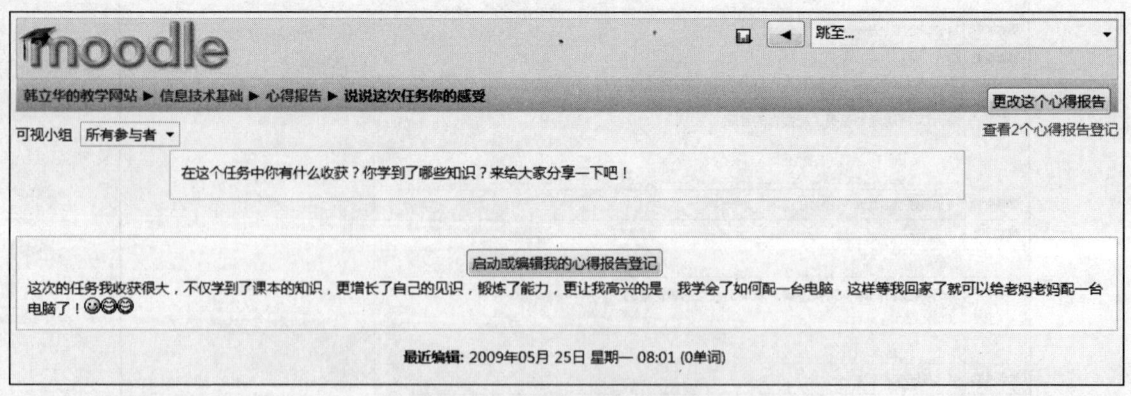


图 7-58　查看和编辑心得报告

3．小结

上面介绍了课程说明、主题 1、主题 2 的编辑以及常用活动的添加方法，对于没有讲到的活动相信你也可以按类似的方法自己设计了。那么，你是否体会到了 Moodle 的强大课程管理功能了呢？图 7-59 所示是编辑后的大学信息技术基础网络课程的主页面，与前面课程刚刚创建时的空页面对比一下，是不是一下子丰富了很多？

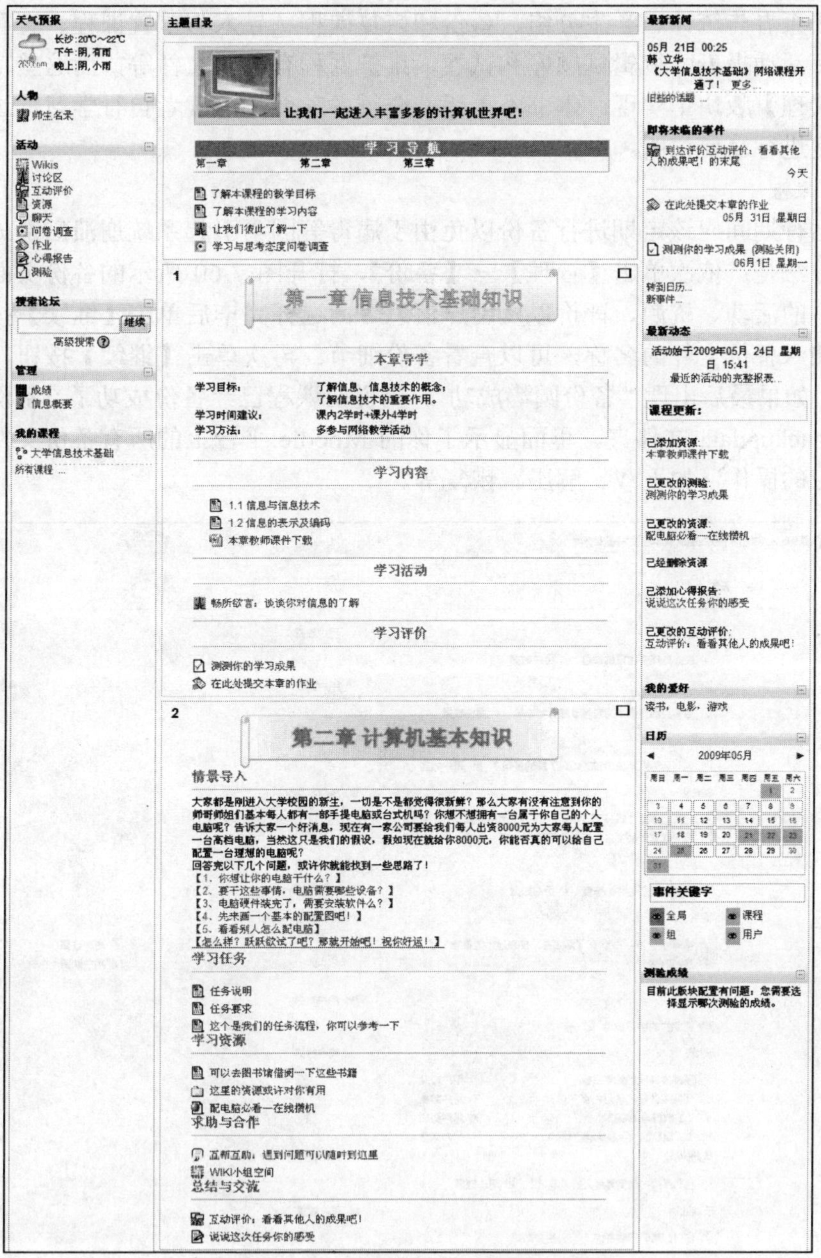

图 7-59　大学信息技术基础课程的主页面

**问题五**　**到现在为止你已经知道如何在你的网络课程中添加各种资源和活动了，相信接下来的主题你可以轻车熟路地进行操作了。那么，你可能还想知道如何将自己的课程导入到其他的 Moodle 平台上？或者如何将从网上下载的 Moodle 课程包导入到自己的 Moodle 平台上？这就是有关课程管理的内容了。**

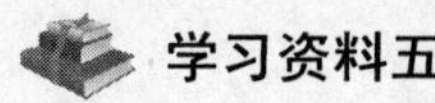

### 学习资料五

在 Moodle 平台中对课程的管理功能是非常全面的，包括对课程信息的设置、课程角色的分配、成绩查看与统计、学生分组、备份和恢复课程、导入与重置课程、查看某一时段的所有用户所有活动报表、编辑试题库和试卷、维护课程有关的文件等，而这些功能全部都可以在【课程管理】版块中实现。本书不再逐一介绍各功能，请读者自行学习，这里只对课程的备份和恢复进行简要说明。

1．备份课程

课程在运行期间应该定期进行备份以免由于病毒等因素引起系统崩溃后造成数据损失。备份课程的方法是：依次单击【管理】→【备份】，打开图 7-60 所示的备份页面，可以选择是否备份其中的活动、资源、评价以及用户信息等。选择完毕后单击【继续】按钮，在接下来的页面内输入备份文件的名称，可以查看备份细节。再次单击【继续】按钮，可以看到备份正在进行，如果最后出现“备份圆满成功”，则说明课程已经备份成功了。备份成功之后系统自动打开 backupdata 文件夹，里面显示了你的 Moodle 平台上的所有备份文件。你可以在此处选择相应的操作，如下载、解压、恢复等。

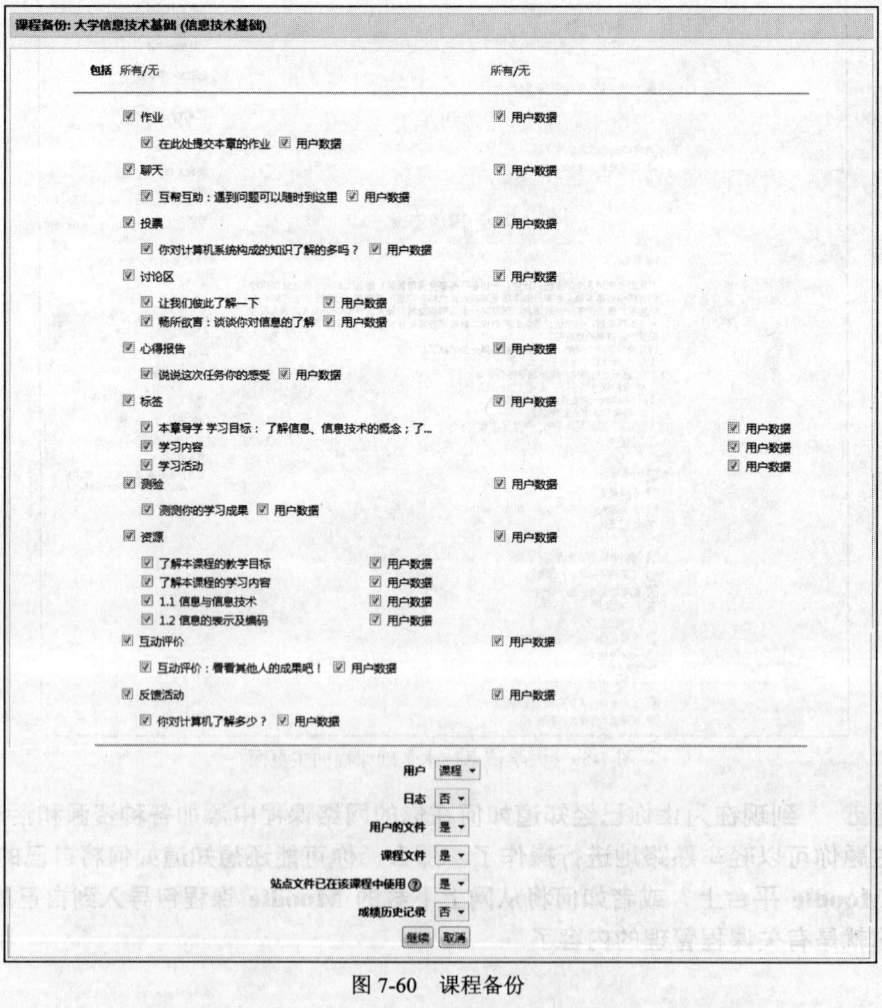

图 7-60　课程备份

2．恢复课程

与备份相反，恢复课程可以允许你从一个课程压缩包中恢复 Moodle 中的一门课程。如今随着 Moodle 平台的广泛应用，开始出现了一些以制作 Moodle 课程为项目的制作比赛，例如 Moodle 课程包《庐山云雾》曾经获得中国教育技术学会 2008 征文一等奖（下载地址为 http://www.emoodle.org/vread-431.html）。从网络上下载该课程包后，可以很方便地将其导入到你的 Moodle 平台上进行学习研究。下面简单介绍一下如何将该课程包恢复。

首先必须下载该课程包，下载之后是一个.zip 文件，然后在 Moodle 平台的课程管理中选择【恢复】，此时将打开图 7-61 所示的 backupdata 文件列表。单击【上载一个文件】按钮，将刚刚下载的课程包上传，然后在该文件对应的操作后面选择【恢复】，在打开的窗口中单击【是】按钮，如图 7-62 所示。此时会显示该课程的备份细节，单击【继续】按钮进行恢复。接下来的页面需要设置一些恢复参数（如是否添加到新课程、课程的名称和简称等），还可以指定一些细节，如是否恢复一些活动及其里面的用户数据等，如图 7-63 所示。设定好参数后，单击【继续】按钮即可进行恢复。出现“恢复成功”提示后说明课程已经恢复成功，此时返回到你的 Moodle 平台主页，可以看到新添加了一门课程，单击该课程即可进行学习研究了。图 7-64 所示为恢复后的《庐山云雾》课程的部分页面。

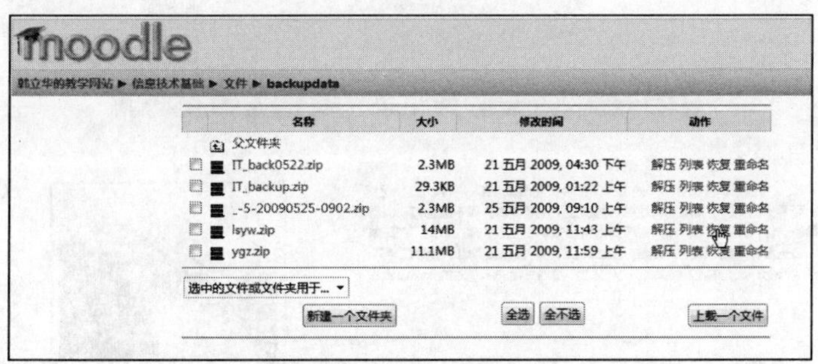


图 7-61　选择一个课程包进行恢复

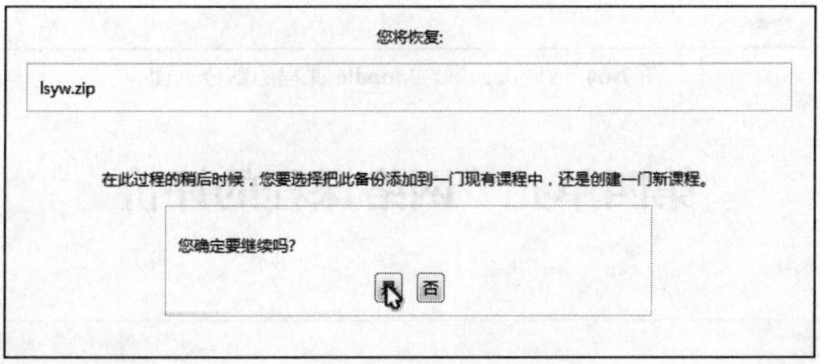

图 7-62　确定恢复

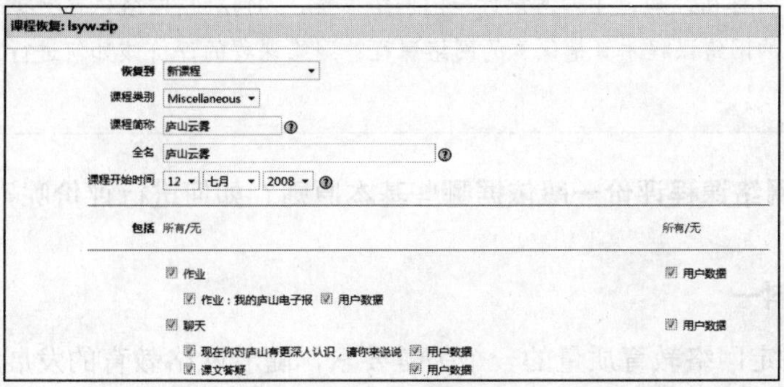

图 7-63　设置恢复参数

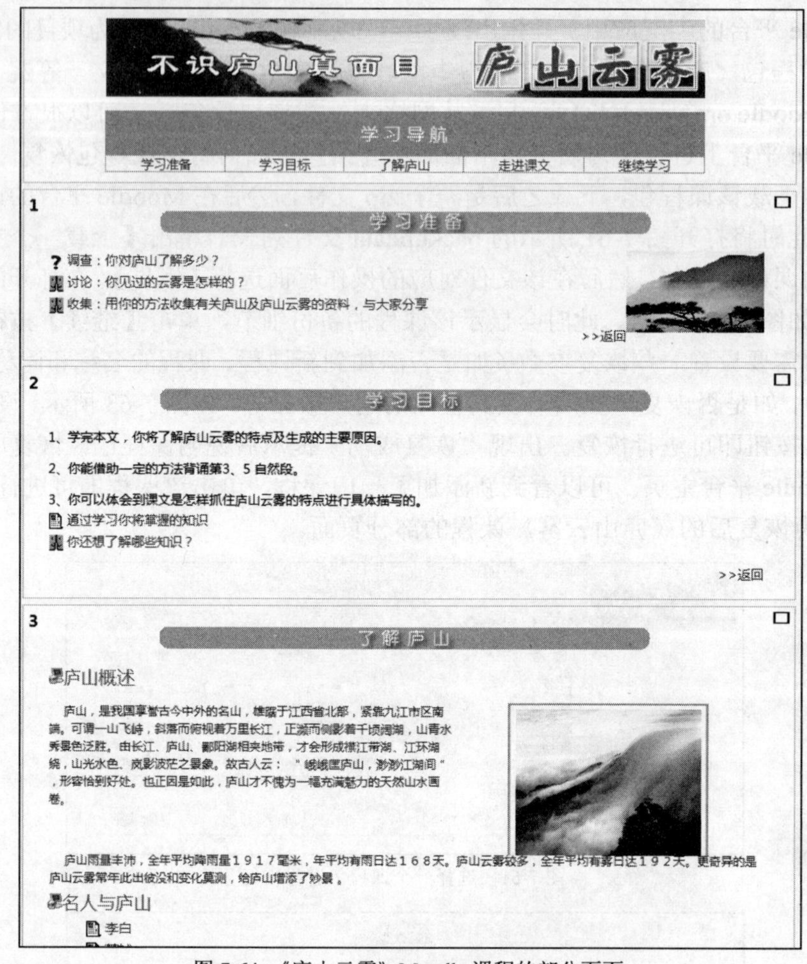


图 7-64 《庐山云雾》Moodle 课程的部分页面

# 第四单元　网络课程的评价

## 问题情境

通过前面的学习你已经知道了如何设计一门网络课程，如何利用网络课程支撑平台制作一门网络课程，那么，什么样的网络课程才算是优秀的网络课程？网络课程的评价该如何进行？有没有明确的评价标准呢？

## 问题一　网络课程评价一般依据哪些基本原则？如何进行评价呢？

### 学习资料一

网络课程是决定网络教育质量的一个关键要素，随着网络教育的发展，网络课程的数量也在迅速增长。因此，对其质量进行评价的研究越来越受到人们的重视。制定科学合理的评价标准，据此对网络课程进行全方位的评价将会对网络课程的质量进行有效的监控和管理，避免很多低水平的重复开发工作，有利于保证网络教育和网络课程的健康发展。

网络课程由于其自身的特性而区别于传统的学校课程，因此，网络课程评价须遵循其特殊的评价原则。

① 全面性原则。对网络课程进行评价要根据系统论的观点，从整体出发，考察课程各个部分的关联情况和综合性能，不能因为某一方面特别突出而以偏概全。由于不同的课程模块可能对学习者影响的程度不同，可设置合理的权重，以强调该模块的重要性。完整的评价标准应从3类用户（即学生、教师和管理员）的角度出发，对网络课程的各个子系统进行考察，包括内容资源系统、协作交流系统、管理系统、学习支持系统、评价考核系统、网络传输系统等。

② 客观性原则。对事物进行量（或质）的记述称为事实判断。事实判断是对事物的现状、属性与规律的客观描述，它的基本要求是客观性，即真实地反映事物的本来面目。事实判断是评价活动的基础，因此评价最基本的原则就是客观，要协调评价者之间的价值观念，最终形成对该事物客观一致的评价。

③ 个性化原则。个性化是网络教育的独特品质，网络课程的评价既要坚持全面性原则也要突出个性化原则。也就是说，网络课程评价要因人而宜，因课程而异，注重引导课程的个性化。

④ 重视学习原则。根据认知心理学，学习的发生是学习者积极主动建构主观图式的过程，他们才是学习的主体。因而，在对网络课程进行评价时，唯一的出发点是一切以促进学习者有效的学习为目标。所有的学习活动和资源都要与教学密切相关，以激发学生主动地参与学习，以合适的教学和学习为前提。

⑤ 评价主体多元化原则。由于网络教育的个性化特点，网络课程评价既要讲究他评（他评中既有网络教师为评价主体，也有网络教育管理人员为评价主体，还有社会各界组成的评价主体）又要讲究自评。也就是说，在评价中要将外部标准（需要与可能）和自我标准（需要与可能）结合起来，坚持评价主体的多元化原则，这样才能保证得到客观的评价结果。

⑥ 定性评价与定量评价相结合原则。网络课程评价既要通过统计资料说明问题，又要利用访谈、问卷调查、录音或录像调查等手段阐述结论。也就是说，要将人本主义评价手段和技术评价手段结合起来，将定量计算和定性判断结合起来。

⑦ 发展性原则。由于网络课程的基本目标是促进网络学生的发展，所以，网络课程评价要坚持发展性原则。其一，发展性原则要求注意总结网络课程的不足；其二，发展性原则要求以人的发展和网络课程的完善为本调整网络课程；其三，发展性原则还要求既注重总结性评价又重视形成性评价。

### 问题二　网络课程的评价有没有标准可循？主要从哪些方面来进行评价？

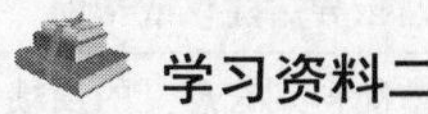

### 学习资料二

网络课程的评价标准多种多样，国内外的研究文献非常多，这里不再详细介绍每个评价标准的特点，主要介绍较权威的一个网络课程评价标准，即由教育部教育信息化技术标准委员会颁布的《网络课程评价规范》。该规范从课程内容、教学设计、界面设计和技术4个维度进行评价，如图 7-65 所示。

① 课程内容：应符合课程目标的要求，科学严谨，课程结构的组织和编排合理，并具有开放性和可拓展性。

② 教学设计：课程的教学设计良好，教学功能完整，在学习目标、教学过程与策略以及学习测评等方面均设计合理，能促成有效的学习。

③ 界面设计：界面风格统一，协调美观，易于使用和操作，具有完备的功能。

④ 技术：所采用的硬件、软件技术能支持网络课程的可靠安装、运行和卸载，适合网络传输。

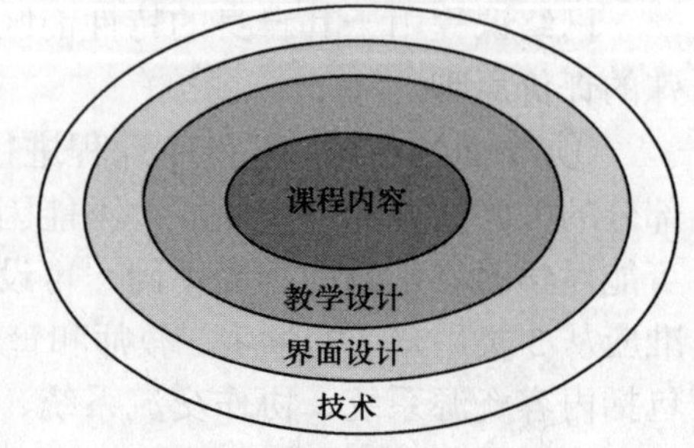


图 7-65 网络课程评价的维度

表 7-3 详细列出了每个维度下的二级指标、约束以及评价标准。

表 7-3 网络课程四维评价指标体系

| 一级指标 | 二级指标 | 约束 | 评价标准 |
|---|---|---|---|
| 1. 课程内容 | 1.1 课程说明 | M | 明确说明整个课程的目标、所属领域、学习者群体、典型学习时间 |
| | 1.2 内容目标一致性 | M | 课程内容充实，范围和深度与课程目标相一致 |
| | 1.3 科学性 | M | 课程内容科学严谨，且能够适当反映、渗透该领域的最新进展 |
| | 1.4 内容分块 | M | 按主题把内容逐级划分为合适的学习单元或模块，每个页面主题明确，每个段落意思集中 |
| | 1.5 内容编排 | O | 针对学习者的心理特征，按照各主题之间的逻辑关系合理地组织编排课程内容 |
| | 1.6 内容链接 | O | 针对共同涉及的核心知识点建立页面间的链接，互相链接的资源在意义上密切相关 |
| | 1.7 资源扩展 | O | 提供与课程内容相关的、有学习价值的外部资源链接 |
| 2. 教学设计 | 2.1 学习目标 | M | 各学习单元都有明确具体的学习目标，各主要单元有高层次的学习目标 |
| | 2.2 学习者控制 | M | 学习者能按照自己的需要选择和组织学习内容，控制学习进程 |
| | 2.3 内容交互性 | M | 课程提供了充分的交互机会，引发学习者对学习内容的积极投入、操纵和思考 |
| | 2.4 交流与协作 | O | 结合主要课程内容设计需要学生讨论或协作解决的问题及相应的要求 |
| | 2.5 动机兴趣 | O | 采用适当策略吸引学习者的注意力，激发和维持学习者对课程的学习动机和兴趣 |
| | 2.6 信息呈现 | M | 采用两种以上的教学方法有效地向学习者传达新信息，促进学习者对知识的理解和掌握 |
| | 2.7 媒体选用 | M | 适当运用文本、图表、图像、音频、视频、动画等媒体形式来表现课程内容 |
| | 2.8 学习指导 | O | 针对课程的重点、难点内容提供有价值的学习指导、建议或帮助 |
| | 2.9 练习与反馈 | M | 课程提供了不同层次的练习，学习者在练习中能得到有意义的反馈 |
| | 2.10 追踪 | O | 追踪记录学习过程，包括各单元的学习情况和掌握程度，形成学习者可以随时查看的报表 |
| | 2.11 测评 | M | 课程提供了有效的测评，并提供反馈 |

续表

| 一级指标 | 二 级 指 标 | 约束 | 评 价 标 准 |
|---|---|---|---|
| 3．界面设计 | 3.1 风格统一 | O | 课程在格式、风格、语言上具有内在的一致性，避免给学习者造成不必要的分心或认知负担 |
| | 3.2 屏幕布局 | O | 屏幕设计简洁美观，文本、图形等可视元素搭配协调得当 |
| | 3.3 易识别性 | M | 课程中的文字、图形等对象的大小合适，颜色对比适当，在 800 × 600 分辨率下清晰易辨 |
| | 3.4 导航与定向 | M | 学习者能方便地进入课程的各个模块，向前进，向后退，保存操作，回到主菜单，或退出，并且在课程中能确认自己当前的位置 |
| | 3.5 链接标识 | O | 链接明显易辨，有明确的标签，学习者在打开链接以前能知道所指向的主题内容 |
| | 3.6 电子书签 | O | 能标记学习者学习到的位置，当学习者再次登录时能自动定位到上次结束时的位置，并允许学习者对特定内容做标记 |
| | 3.7 内容检索 | O | 能通过关键词检索到以各种媒体形式表现的有关内容 |
| | 3.8 操作响应 | O | 对学习者的操作做出反馈，利用视觉效果变化或听觉提示等表明操作已经生效。当连接或显示下载需要较长时间时，在屏幕上提示用户需要等待的时间或显示所下载文件的大小 |
| | 3.9 操作帮助 | M | 针对课程的导航方式、技术应用或特殊功能等提供明确的指导说明 |
| 4．技术 | 4.1 系统要求 | M | 向用户完整、具体地说明课程运行所需的基本硬件要求、网络配置及软件名称和版本 |
| | 4.2 安装与卸载 | M | 课程无需安装，或能顺利安装和顺利卸载，无需专门技术帮助 |
| | 4.3 可靠运行 | M | 课程能正常、可靠运行，能可靠地启动和退出，各功能按钮能正常工作，没有链接中断或错误，没有明显的技术故障 |
| | 4.4 多媒体技术 | M | 课程中所采用的媒体格式符合有关技术标准，适合网络传输要求 |
| | 4.5 兼容性 | M | 课程能够适应不同的学习管理系统（LMS），符合关于网络课程的互操作性的规范 |

注：“约束性”栏内的 M 表示“必需”指标，O 表示“可选”指标。

# 第五单元　优秀网络课程案例分析

## 问题情境

到现在为止，你已经清楚了网络课程设计和开发的基本知识了，是不是还想从一些优秀网络课程的设计中吸取更多的网络课程制作方面的经验呢？下面提供了两个比较好的网络课程，你可以学习一下，为自己的网络课程设计打开一些思路吧！

**问题一**　**网络课程一般由哪些模块构成？各个模块都有哪些功能？如何根据自己的教学内容特点设计个性化的网络课程呢？网络课程在导航设计方面有哪些经验可以借鉴？学习者特征分析又如何在网络课程上实现？带着这些问题，请大家学习下面对远程教育原理与技术网络课程的分析吧。**

### 学习资料一

下面从课程简介、课程功能模块、课程的设计思想以及主要界面等方面来介绍远程教育原理与技术网络课程。

1．课程简介

远程教育原理与技术（http://202.110.190.170/yuan/default.aspx）是华中师范大学制作的一门优秀网络课程，其目的在于为所有希望了解远程教育的学习者提供丰富翔实的学习资源、个性化的学习空间和人性化的导学服务。这是一个开放性的网络学习站点，任何人都可以在上面注册之后进行学习，该网络课程提供的所有资源、活动以及支持服务对任何用户都是免费开放的。

2．网络课程的基本结构与主要模块

如图 7-66 所示，该网络课程除了学员注册外，主要有五大功能区，即学习风格测试、课程学习指南、课程内容学习、综合案例学习以及学习支持服务，在这 5 项中又属课程内容学习和学习支持服务功能最全面，是该网络课程的核心和主体部分。图 7-67 示出了该网络课程的基本结构。

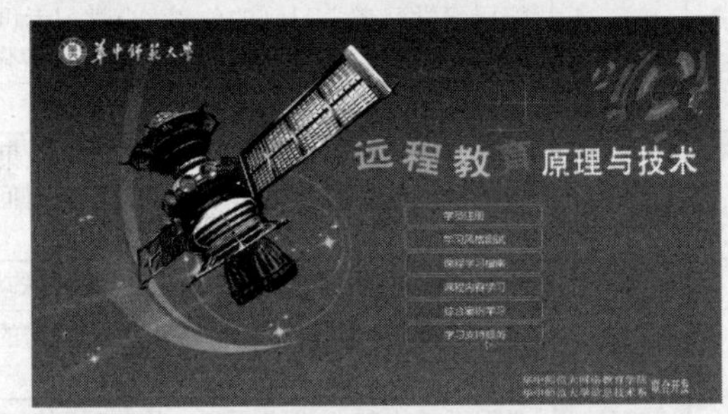


图 7-66　远程教育原理与技术网络课程首页

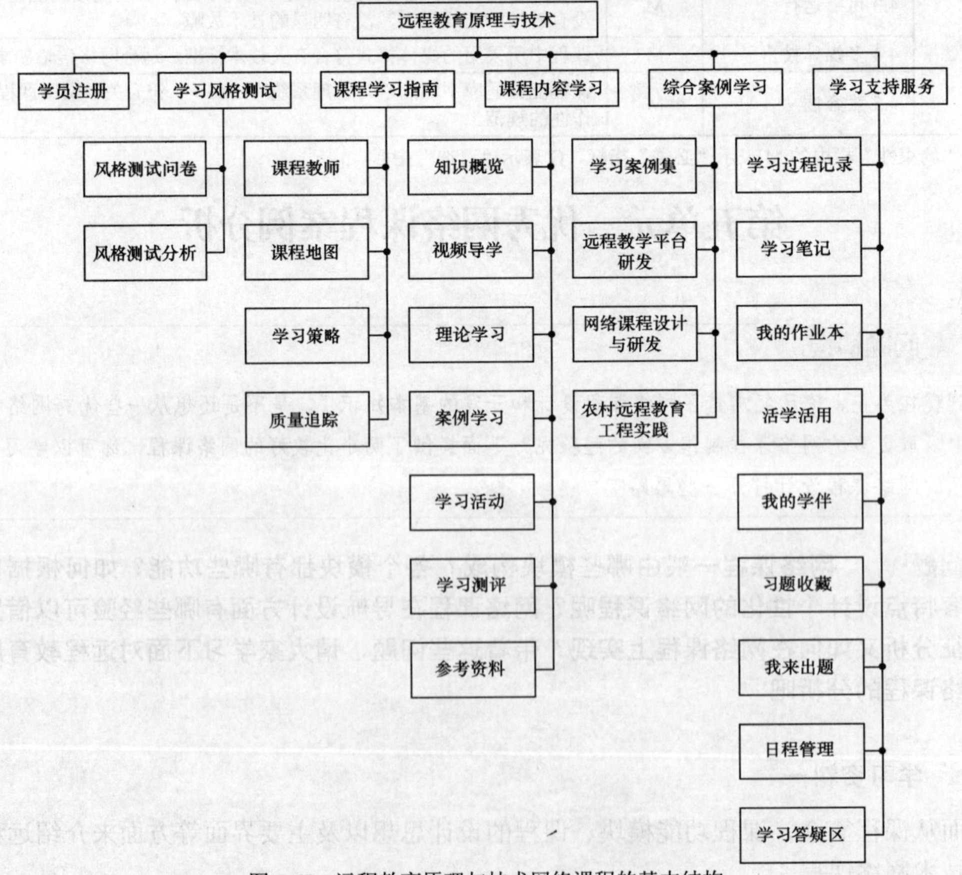


图 7-67　远程教育原理与技术网络课程的基本结构

（1）课程学习部分

该课程将内容划分为一个个小的单元或模块，以理论学习、案例学习和学习活动的方式开展单元的学习，并提供相应的学习评测，以有效引导学习者的学习，刺激学习者的学习动机，克服远程学习的弊端。

① 知识概览：该部分包括“学习目标”和“知识结构”，通过此让学习者在学习开始时明确课程的学习目标和章节的知识点，获得学习的感性认识。

② 视频导学：该部分包括“视频导学”和“问题导入”，通过刺激学习者的好奇心和积极性，引导学习者开展远程学习。

③ 理论学习：以图文并茂、多种媒体结合的方式介绍课程的基本内容和知识体系。

④ 案例学习：提供与理论学习相关的案例，供学习者学习讨论，使学习者在学习的同时结合具体的应用，加深对理论知识的理解。

⑤ 学习活动：在学习者经历了理论学习和案例学习之后，进行相应的活动学习，让学习者应用所学的知识，有效地激发了学习者的学习主动性。

⑥ 学习评测：该部分包括“自我测试”和“课后研习”，通过这两个模块及时对学习者的学习进行评价，让学习者获得学习的反馈，以有效开展后续的学习。

⑦ 参考资料：该部分包括“教学课件”和“参考文献”，给学习者提供丰富的助学资源。

（2）学习支持服务部分

为了促进学习者的有效学习，提高远程网络教育的服务质量，在网站中提供了丰富的学习支助服务功能。

① 学习过程记录：对学习者的学习过程进行跟踪与服务，记录学习的进度、浏览的次数以及学习所取得的成绩等。

② 学习笔记：在该空间学习者可以记录自己的学习心得，并可将平时看到的有用的资源摘录下来，以供今后学习之用。

③ 我的作业本：将学生做得较好的作品放在公共空间，既是对学生的肯定和鼓励，又能促进学生之间的相互竞争和互相学习，促进共同发展。

④ 活学活用：学习者可以通过该平台向同伴展示自己的所学所获，促进学生内部的竞争与共同发展。

⑤ 我的学伴：学习者可以寻找与自己兴趣相投的学伴，开展协作探究，交流学习心得等。

⑥ 习题收藏：将学习者在练习测试时做错的题收集到一起，便于学习者复习，温故知新。

⑦ 我来出题：转换角色，让学习者站在教师的角度将学习过程中认为比较好的知识点出成练习题来考其他学生，既加深学习者对知识的理解，又增加学生的成就感。

⑧ 日程管理：对学习者每天所做的事情进行管理，让学习者明确自己已做的以及今后的努力方向。

⑨ 学习答疑区：在该社区内主讲教师事先提供了一些与课程相关的专题，学生可围绕这些专题展开讨论学习。

3．网络课程的教学设计思想

该网络课程的总体教学设计思想主要体现在以下几个方面。

① 基于学习者的认知风格，提供个性化的学习导学服务。由于成人学习者在社会背景、心理和生理发展特点、学习期望、学习风格以及已有的知识结构等方面存在着巨大的

差异，因此在开展网络课程的教学之初，首先对参加该课程学习的学习者开展网络调查，测量他们的学习认知风格，了解他们当前的知识水平和学习偏好，并建立相应的学习者档案。通过收集这些学习者的认知风格，掌握不同学习者的学习需要和个性需求，并针对学习者不同的学习风格提供相应的具有个性化的学习建议和学习支助，真正实现“个性化学习支助”。

② 基于学业动机理论，构建“理论学习—案例学习—活动学习”的自主学习模式。实效性、综合性、反馈的及时性是成人网络课程开发的特点，以有价值的实际问题为切入点，组织相关的理论学习内容，针对教学的重点和难点有针对性地提供与理论学习内容相关的学习案例，让学习者通过案例分析理解知识的实际应用，最后通过相应的学习活动引导学习者自主完成学习活动，真正掌握所学内容。学习者经历了从理论到实践、从实践到应用的整个过程，既有利于培养主动探究的精神，又具有很强的灵活性和针对性，可以构建完整的自主学习模式。

③ 基于远程教育质量保障理论和技术标准，提供强大的学习支助服务体系。本课程在建设时尤为注重远程教育的质量保障，从课程结构、课程资源、教学环境等各方面的设计来体现现代远程教育的相关标准，体现网络资源的重用性和复用性。通过学习支助服务体系对学习者的学习状况进行详细记录和跟踪，并提供及时的形成性评价和过程性评价，从反馈中调整和改进网络教学活动，提高网络教学的服务质量。

4．网络课程的主要界面

（1）学习者注册界面

任何想要学习该课程的学习者只要正确注册后均可免费使用该课程的一切资源，相应的界面如图 7-68 所示。

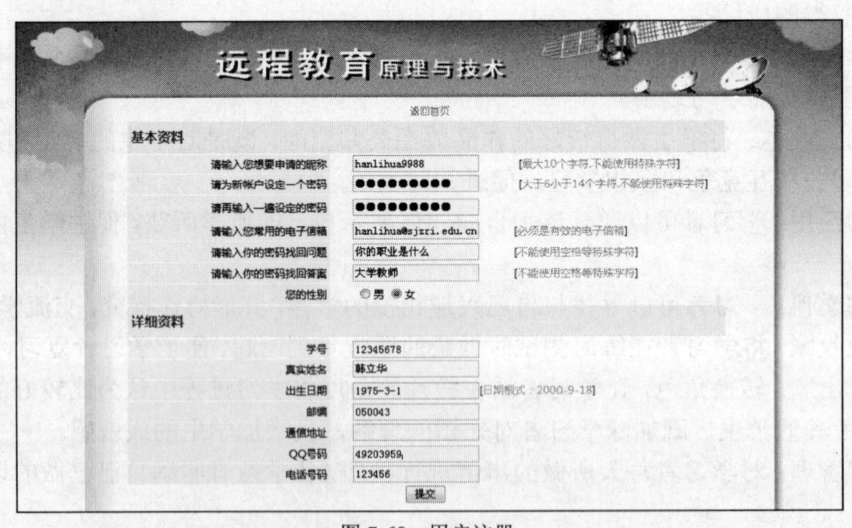


图 7-68　用户注册

（2）学习者风格测试与分析

对学习者进行风格测试并根据测试结果提供具体的学习指导和建议是该网络课程的一大特色。图 7-69 所示为风格测试页面。

该网络课程对学习风格测试的结果进行了详细分析，并提出了学习指导建议，如图 7-70 所示。

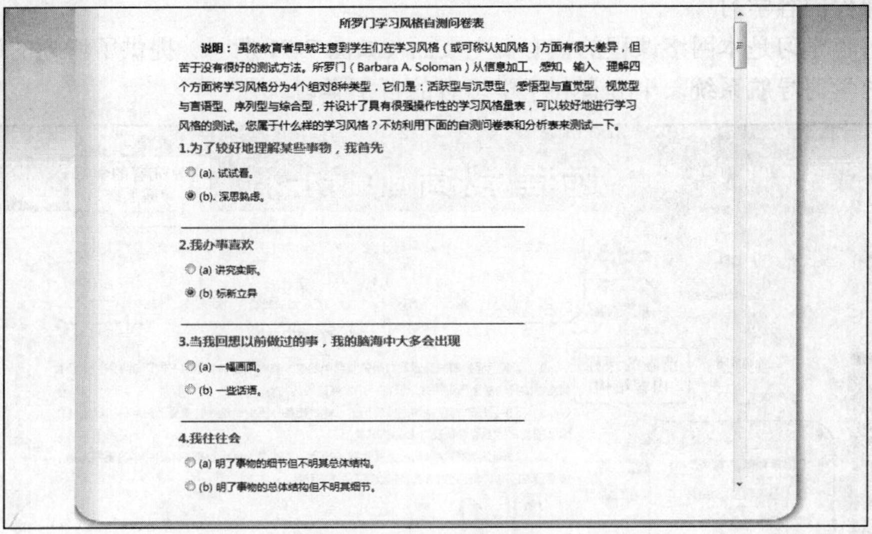

所罗门学习风格自测问卷表

**说明：** 虽然教育者早就注意到学生们在学习风格（或可称认知风格）方面有很大差异，但苦于没有很好的测试方法。所罗门（Barbara A. Soloman）从信息加工、感知、输入、理解四个方面将学习风格分为4个组对8种类型，它们是：活跃型与沉思型、感悟型与直觉型、视觉型与言语型、序列型与综合型，并设计了具有很强操作性的学习风格量表，可以较好地进行学习风格的测试。您属于什么样的学习风格？不妨利用下面的自测问卷表和分析表来测试一下。

**1.为了较好地理解某些事物，我首先**

- (a). 试试看。
- (b). 深思熟虑。

**2.我办事喜欢**

- (a) 讲究实际。
- (b) 标新立异

**3.当我回想以前做过的事，我的脑海中大多会出现**

- (a) 一幅画面。
- (b) 一些话语。

**4.我往往会**

- (a) 明了事物的细节但不明其总体结构。
- (b) 明了事物的总体结构但不明其细节。

7-69　学习风格测试

| 活跃型 / 沉思型 | | | 感悟型 / 直觉型 | | | 视觉型 / 言语型 | | | 序列型 / 综合型 | | |
|---|---|---|---|---|---|---|---|---|---|---|---|
| 问题 | a | b | 问题 | a | b | 问题 | a | b | 问题 | a | b |
| 1 | √ | | 2 | √ | | 3 | √ | | 4 | | √ |
| 5 | √ | | 6 | √ | | 7 | √ | | 8 | √ | |
| 9 | | √ | 10 | √ | | 11 | √ | | 12 | | √ |
| 13 | | √ | 14 | √ | | 15 | √ | | 16 | | √ |
| 17 | √ | | 18 | √ | | 19 | √ | | 20 | √ | |
| 21 | √ | | 22 | √ | | 23 | √ | | 24 | √ | |
| 25 | √ | | 26 | | √ | 27 | √ | | 28 | | √ |
| 29 | √ | | 30 | √ | | 31 | √ | | 32 | | √ |
| 33 | | √ | 34 | | √ | 35 | √ | | 36 | √ | |
| 37 | | √ | 38 | √ | | 39 | | √ | 40 | | √ |
| 41 | | √ | 42 | √ | | 43 | | √ | 44 | √ | |
| **总计** | **6** | **5** | **总计** | **9** | **2** | **总计** | **9** | **2** | **总计** | **5** | **6** |
| （较大数—较小数）+ 较大数的字母 | | | | | | | | | | | |
| 1a | | | 7a | | | 7a | | | 1b | | |
| 您偏向于活跃型 | | | 您偏向于感悟型 | | | 您偏向于视觉型 | | | 您偏向于综合型 | | |

**解释：** 每一种量表的取值可能为11a、9a、7a、5a、3a、a、11b、9b、7b、5b、3b、b中的一种。其中字母代表学习风格的类型不同，数字代表程度的差异。若得到字母“a”，表示属于前者学习风格，且“a”前的系数越大，表明程度越强烈；若得到字母“b”，表示属于后者学习风格，且“b”前的系数越大，同样表明程度越强烈。例如：在活跃型/沉思型量表中得到“9a”，表明测试者属于活跃型的学习风格，且程度很强烈；如果得到“5b”，则表明测试者属于沉思型的学习风格，且程度一般。在视觉型/言语型量表中得到“a”，表明测试者属于视觉型的学习风格，且程度非常弱；如果得到“3b”，则表明测试者属于言语型的学习风格，且程度较弱。

| **学习建议：**（进一步明晰自身的学习优势，更好的使用本课程所具有的功能） | |
|---|---|
| **活跃型 / 沉思型** | 从信息加工的角度看，您的学习风格偏向于活跃型，那么您会倾向于和别人一起做事或讨论，喜欢和团体一起来解决问题。您可以多关注“学习支持服务”中的“我的学伴”，“我来出题”和“活学活用”等模块。和众多网友一起讨论，学习，或者帮助他人提出问题。 |
| **感悟型 / 直觉型** | 从信息感知的角度看，您的学习风格偏向于感悟型，那么您可能很擅长记忆事实和做一些现成的工作，对复杂和突发的情况感到反感。您应当多看一些相关的案例，平时多记录一些有用的心得体会。而在“课程学习”中的“案例学习”和“学习支持服务中”的“学习笔记”都能给您提供帮助。 |
| **视觉型 / 言语型** | 从信息输入的角度看，您的学习风格偏向于视觉型，那么你就一定是用眼睛学习一切学习材料。你应当多使用图片、图表、流程图、图像、影片等视觉辅助性工具。要多使用“课程学习”中的“知识概览”和“视频导学”，练习将词汇或概念等在脑海里视觉化或形成图象，并及时回顾。 |
| **序列型 / 综合型** | 从信息理解的角度看，您的学习风格偏向于综合型，那么您可能习惯大步学习，吸收没有任何联系的随意的材料，然后突然获得它。或许您能更快地解决复杂问题，或者一旦您抓住了主要部分就用新奇的方式将它们组合起来，但您却很难解释清楚他们是如何工作的。您应当多看看“综合案例学习”，及有关的案例。您也可以到“学习答疑”那里试着解决问题。 |
| 再测试一次　学习指南　开始学习 | |

图 7-70　学习风格结果分析及学习建议

（3）课程内容学习

课程内容学习是本网络课程的核心，主页面（如图 7-71 所示）提供了清晰的课程内容结构和完善的学习导航系统，十分有利于学习者的自主学习。

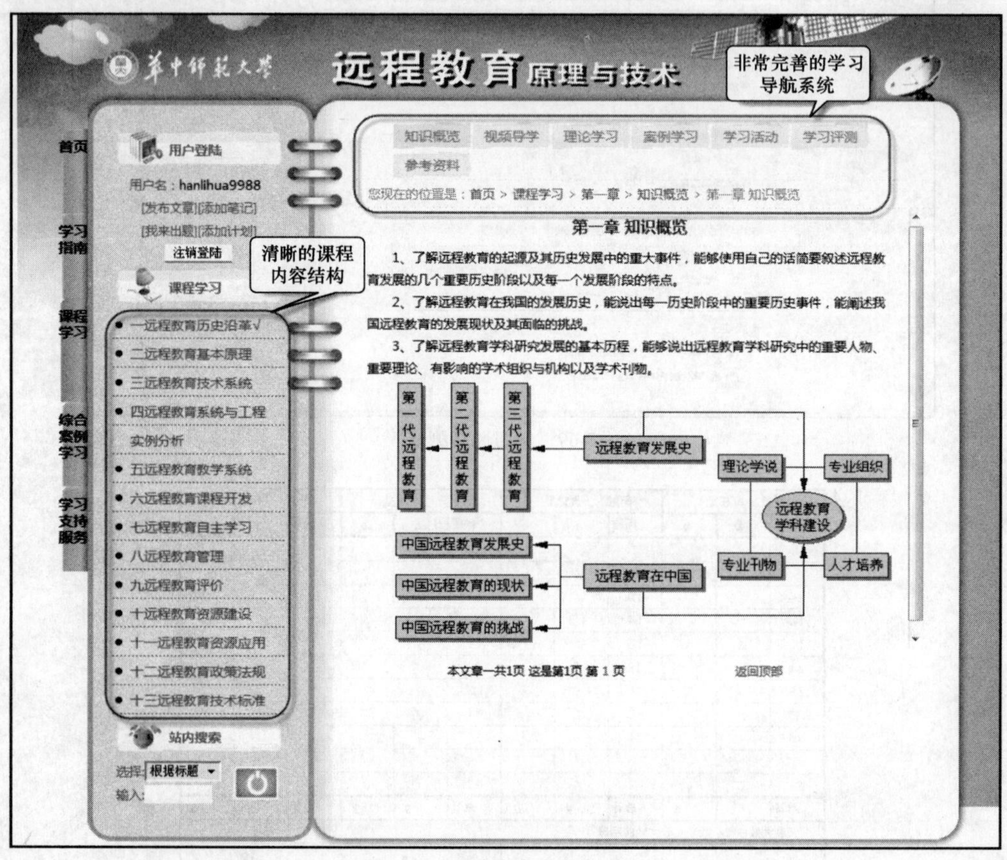


图 7-71　课程内容学习主页面

【学习活动】列出了本章相关的学习活动，图 7-72 所示为活动一的主要内容和要求，学习者可以在线添加活动内容。

活动一 制作远程教育大事年表

| | | |
|---|---|---|
| 1957 | 第一台模拟式电子计算机研制成功 | 哈尔滨工业大学研制 |
| 1958 | 103型机研制成功 | 中国第一台计算机；中国科学院计算所与北京有线电厂共同研制；字长31位，内存容量为1024字节，运算速度每秒450次。 |
| | 数字指挥仪901样机问世 | 第一台电子管专用数字计算机 |
| 1960 | 105型机研制成功 | 第一台大型通用电子计算机；字长32位，内存容量为1024字节，有加减乘除等16条指令；主要用于弹道计算。 |
| … | …… | …… |

请在广泛参阅有关资料的基础上，制作一个世界远程教育发展历史的大事年表。

| 时间 | 事件 | 备注 |
|---|---|---|
| | | |
| | | |
| | | |
| | | |
| | | |

提交到我的作业本　　查看参考答案

图 7-72　完成学习活动

【学习测评】提供了本章的练习题，做完单个题目后可以单击“答题”判断是否答对，可以及时查看答案，还可以将答错的习题添加到自己的习题集中进行收藏，以便以后重点学习，如图 7-73 所示。

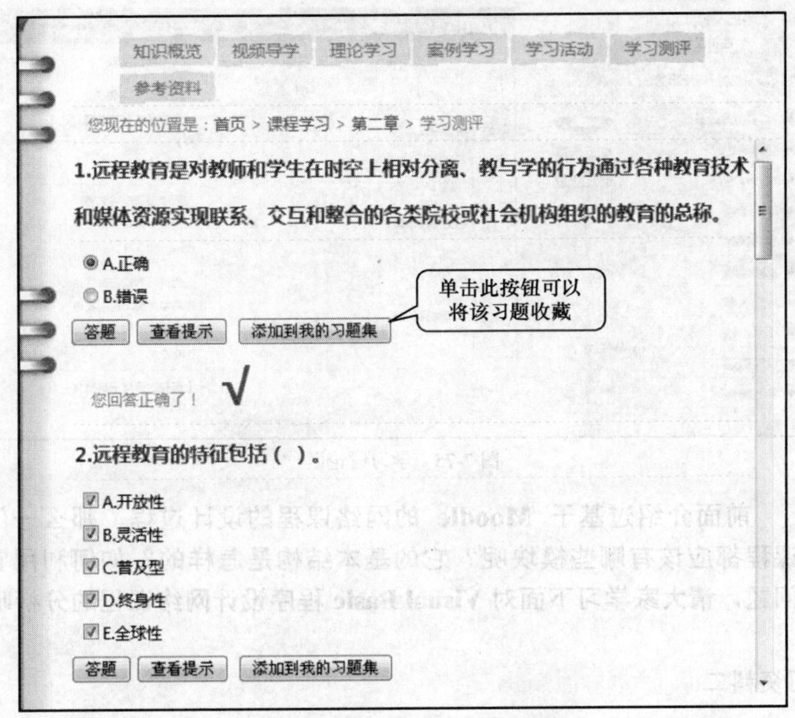


图 7-73　功能强大的学习测评系统

（4）学习支持服务

完善的人性化学习支持服务是该网络课程的最大亮点。图 7-74 所示为学习过程记录页面，单击相应的标题可以立刻进入相应章节的学习页面。图 7-75 所示为讨论区页面。

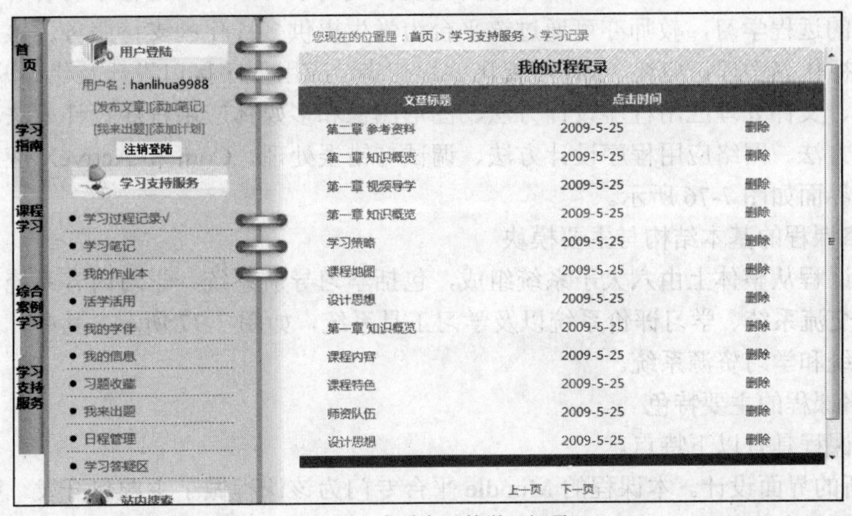


图 7-74　查看自己的学习记录

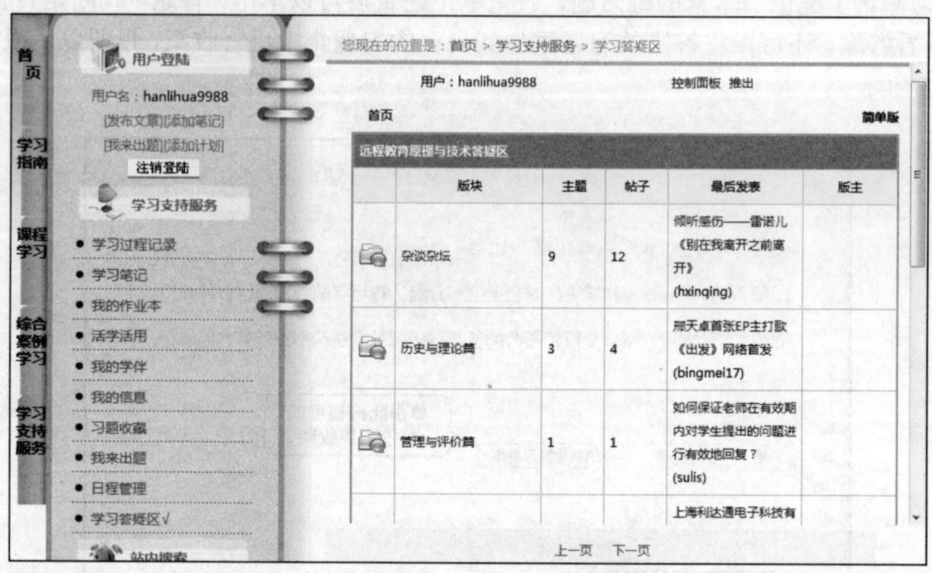

图 7-75 学习讨论区

**问题二** **前面介绍过基于 Moodle 的网络课程的设计过程，那么一门比较优秀的 Moodle 网络课程都应该有哪些模块呢？它的基本结构是怎样的？如何利用它进行远程学习？带着这些问题，请大家学习下面对 Visual Basic 程序设计网络课程的分析吧。**

### 学习资料二

下面从课程简介、课程基本结构、课程的主要特色以及主要的界面等方面来介绍 Visual Basic 程序设计网络课程。

1．课程简介

Visual Basic 程序设计网络课程（http://202.152.190.221/course/view.php?id=20）是由中央广播电视大学基于开源平台 Moodle 制作的完全在线的学习平台，远程学习者可以通过该平台实现完全的远程学习，教师亦可通过该平台为学生提供多样化的支持服务。该课程的主要内容有：可视化编程理论概述、VB 可视化编程初步、应用程序接口设计及代码编写、VB 高级语言技巧、文件处理应用程序设计方法、图形图像和多媒体应用程序设计方法、数据库应用程序设计方法、网络应用程序设计方法、调试与错误处理、Com 和 ActiveX 应用。该网络课程的部分界面如图 7-76 所示。

2．网络课程的基本结构与主要模块

该网络课程从整体上由六大子系统组成，包括学习导航系统、学习内容系统、学习资源系统、协商交流系统、学习评价系统以及学习工具系统，如图 7-77 所示。其中，核心部分是学习内容系统和学习资源系统。

3．网络课程的主要特色

该网络课程具有以下特点。

① 清新的界面设计。本课程的 Moodle 平台专门为该课程做了主题包开发，整个页面以绿色和白色两种色调为主，给人感觉清新舒畅，乐于其中。

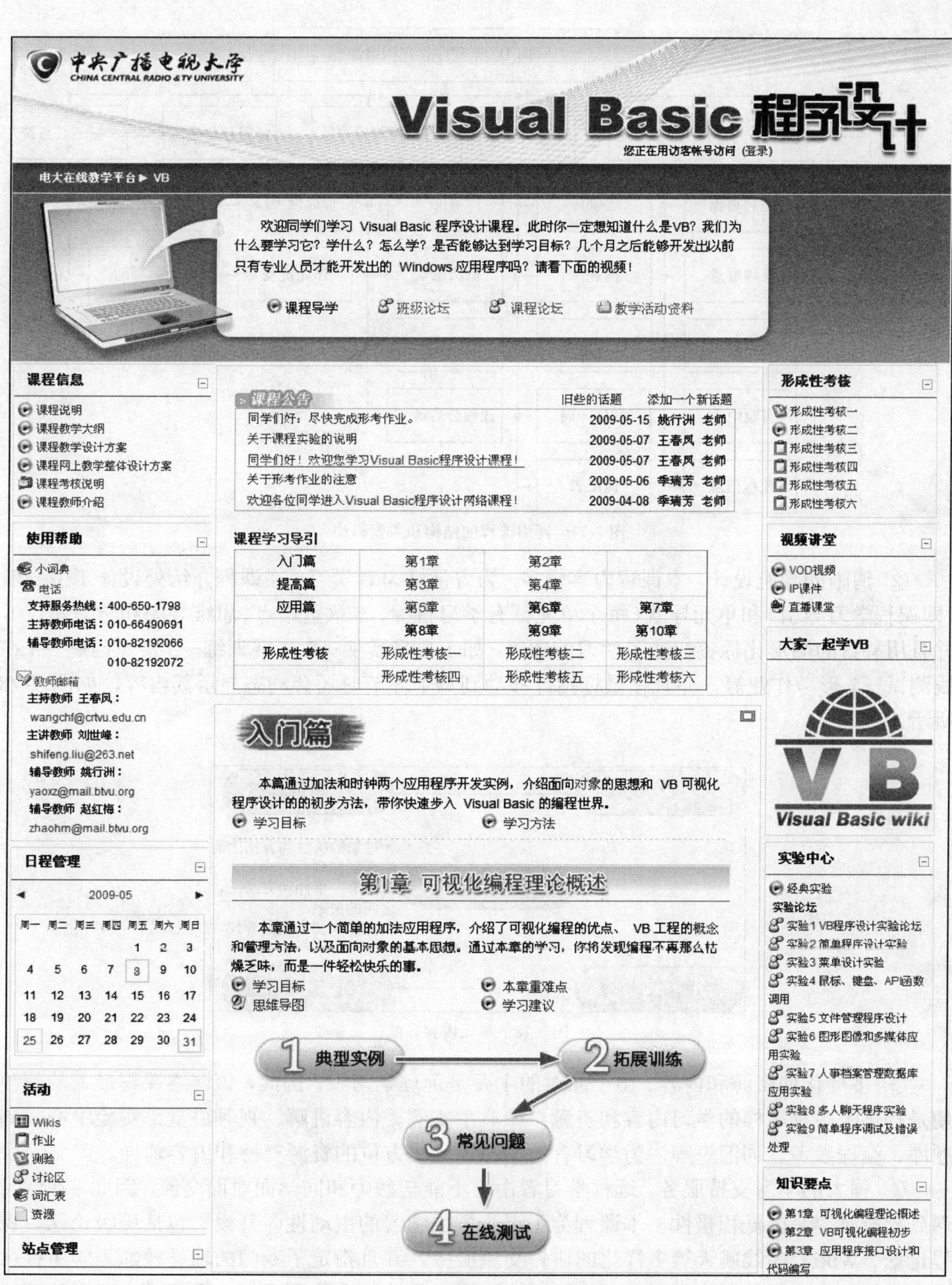


图 7-76　Visual Basic 程序设计网络课程学习平台

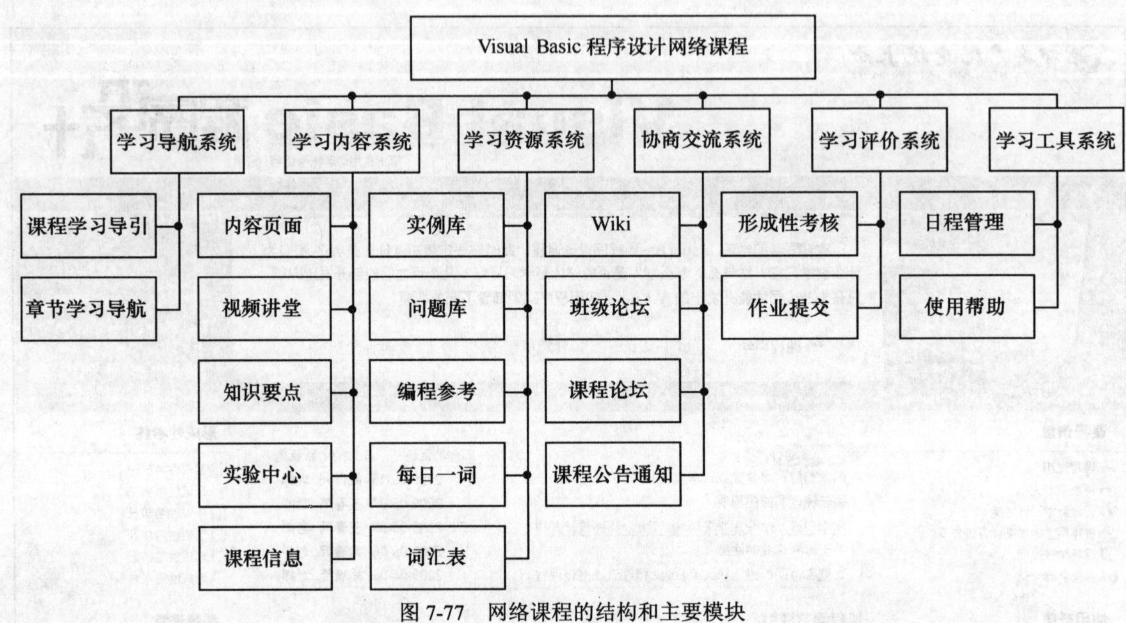


图 7-77　网络课程的结构和主要模块

② 清晰的导航设计。本课程内容较多，为方便学习者学习，在课程介绍处设计了主导航（即课程学习导引）和单元导航（每个单元都有学习目标、本章重难点、思维导图和学习建议），并且用醒目的图形化标签标注了学习的顺序，如 1 典型实例→2 拓展训练→3 常见问题→4 在线测试→5 形考作业等，并且在鼠标指针移动到每个环节时还会动态显示其内容，如图 7-78 所示。

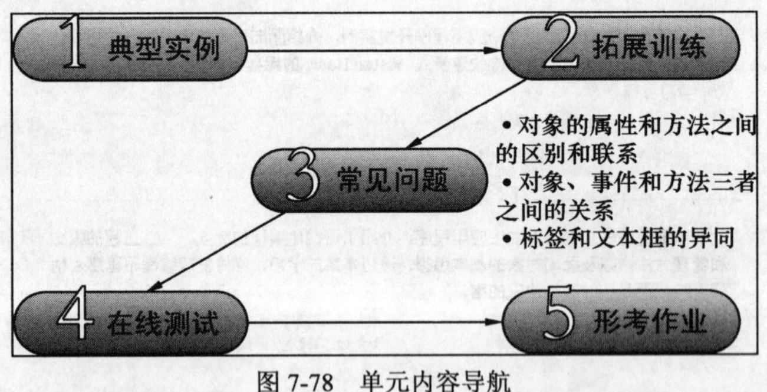


图 7-78　单元内容导航

③ 多样化的资源和内容。由于面对的主要是远程学习者，因此，该网络课程最大的特色便是提供了多种多样的学习内容和资源，如典型实例、内容讲解、视频讲堂、实验中心、问题库、编程参考、词汇表等，为学习者的学习提供全方位的资源支持和内容辅导。

④ 强大的学习支持服务。远程学习者由于不能与教师和同学面对面交流，因此，在学习遇到挫折时容易降低积极性。本课程为了提高学生学习的主动性，开设了包括班级论坛、课程论坛、Wiki、在线聊天等多样化的协作交流服务，并且指定了专门的辅导教师为学生提供学习支持服务。另外还提供了包括拓展训练、形考作业、在线测试等一系列难度不同的形成性评价，为学习者评价自己的学习成果提供了多种途径。

4. 网络课程的主要界面

（1）学习内容和学习资源

图 7-79 为每章开始的思维导图，有利于学习者了解本章知识结构。图 7-80 为实例讲解页面，包括任务要求、设计思路、实验步骤、举一反三、错误分析等几个环节，为学习者提供解题的思路和步骤。而对于课程内容的讲解则大量用流媒体视频的形式表现（如图 7-81 所示），让学习者耳听教师讲解，眼看教师操作，有身临其境的感觉，更有益于知识的传播。

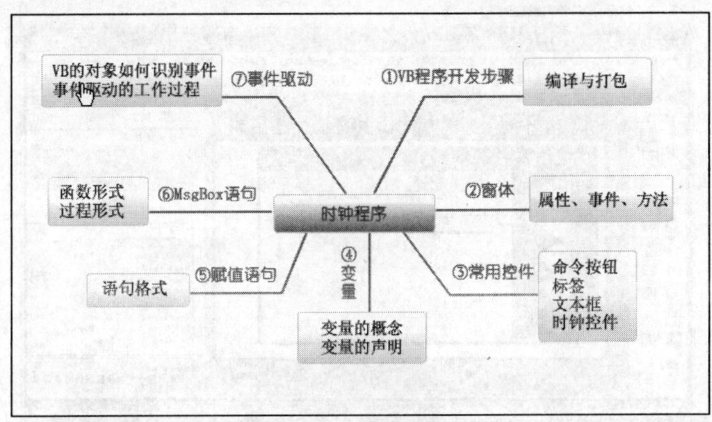


图 7-79　单元思维导图

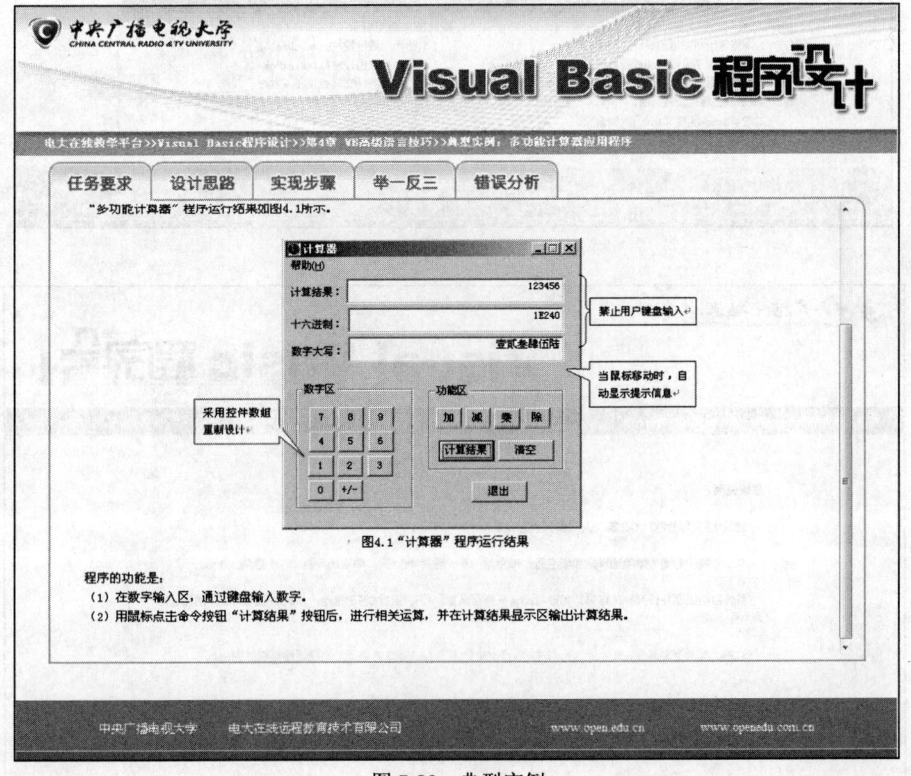


图 7-80　典型实例

（2）形成性练习

图 7-82 为每章形成性练习的进入界面。

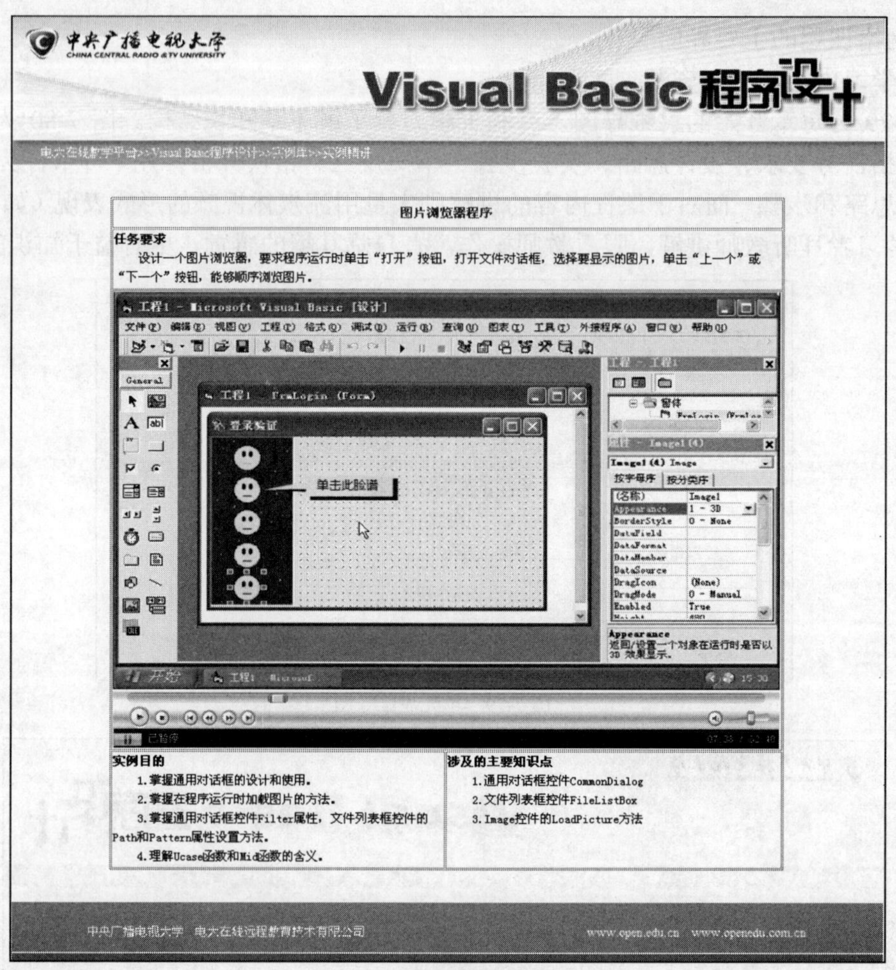


图 7-81 实验内容视频讲解

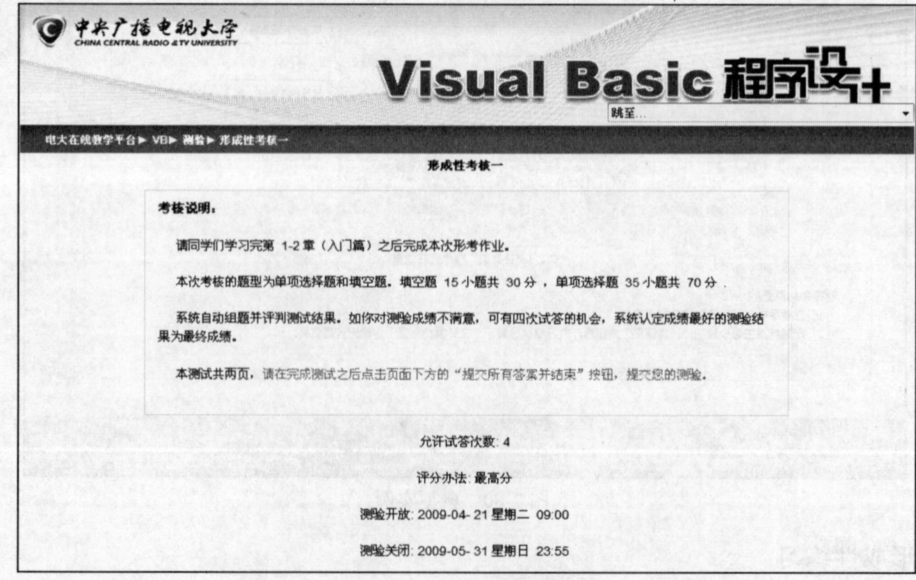


图 7-82 形成性练习页面

（3）协作 Wiki

Wiki 是大家可以一同编辑的页面，如图 7-83 中的“大家一起学”。

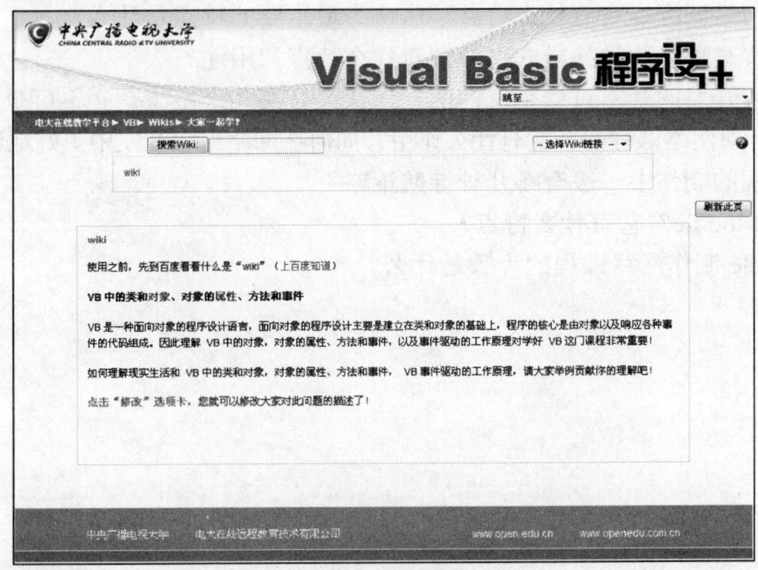


图 7-83　Wiki 页面

（4）词汇表

将常用的词汇放到词汇表中，便于学习者随时查阅，可以按多种方式检索查询，如图 7-84 所示。

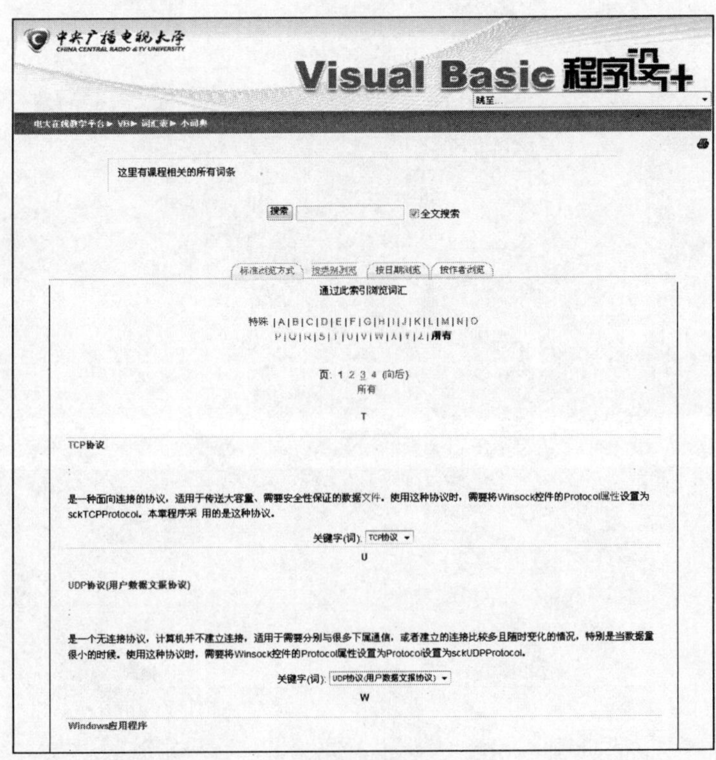


图 7-84　词汇表

## 本模块思考题

1．什么是网络课程？它有什么特点？你认为最重要的特点是什么？
2．网络课程有哪几种设计模式？分别有什么特点和用途？
3．网络课程开发的基本过程是怎样的？你认为有哪几个步骤是必不可少的？
4．教学设计对网络课程的开发有什么作用？如何在网络课程开发中更好地进行教学设计？
5．网络课程的制作中一般有哪几种导航策略？
6．什么是 Moodle？它有什么特点？
7．用 Moodle 制作网络课程的步骤是什么？

# 参 考 文 献


[1] 全国高等学校教育技术协作委员会．现代教育技术研究与应用——网络教学的理论与实践[M]．北京：北京大学出版社，2003.

[2] 张义兵．信息技术教师素养：结构与形成[M]．北京：高等教育出版社，2003.

[3] 何克抗．教学系统设计[M]．北京：北京师范大学出版社，2002.

[4] 乌美娜．教学设计[M]．北京：高等教育出版社，1994.

[5] 黎加厚．信息化课程设计——Moodle 信息化学习环境的创设[M]．上海：华东师范大学出版社，2007.

[6] 武法提．网络课程设计与开发[M]．北京：高等教育出版社，2007.